500만 독자 여러분께
감사드립니다!

세상이 아무리 바쁘게 돌아가더라도
책까지 아무렇게나 빨리 만들 수는 없습니다.

길벗은 독자 여러분이
가장 쉽게, 가장 빨리 배울 수 있는 책을
한 권 한 권 정성을 다해 만들겠습니다.

독자의 1초를 아껴주는
정성을 만나보세요.

미리 책을 읽고 따라해 본 2만 베타테스터 여러분과
무따기 체험단, 길벗스쿨 엄마 2% 기획단,
시나공 평가단, 토익 배틀, 대학생 기자단까지!
믿을 수 있는 책을 함께 만들어주신 독자 여러분께 감사드립니다.

(주)도서출판 길벗 www.gilbut.co.kr
길벗 스쿨 www.gilbutschool.co.kr

최신개정판

직장인을 위한 실무 엑셀 & 파워포인트

배준오 지음

길벗

최신개정판

직장인을 위한 실무 엑셀&파워포인트
The Business Practice Series-Excel&PowerPoint

초판 발행 · 2020년 6월 8일
초판 3쇄 발행 · 2022년 9월 26일

지은이 · 배준오
발행인 · 이종원
발행처 · (주)도서출판 길벗
출판사 등록일 · 1990년 12월 24일
주소 · 서울시 마포구 월드컵로 10길 56(서교동)
대표 전화 · 02)332-0931 | **팩스** · 02)322-0586
홈페이지 · www.gilbut.co.kr | **이메일** · gilbut@gilbut.co.kr

기획 및 책임 편집 · 박슬기(sul3560@gilbut.co.kr)
표지 디자인 · 황애라 | **본문 디자인** · 이도경, 예다움 | **제작** · 이준호, 손일순, 이진혁
영업마케팅 · 전선하, 차명환, 박민영 | **영업관리** · 김명자 | **독자지원** · 윤정아, 최희창
교정 교열 · 안혜희북스 | **전산편집** · 예다움 | **CTP 출력 및 인쇄** · 벽호 | **제본** · 경문제책

· 잘못된 책은 구입한 서점에서 바꿔 드립니다.
· 이 책은 저작권법에 따라 보호받는 저작물이므로 무단전재와 무단복제를 금합니다.
  이 책의 전부 또는 일부를 이용하려면 반드시 사전에 저작권자와 (주)도서출판 길벗의 서면 동의를 받아야 합니다.

ⓒ 배준오, 2020

ISBN 979-11-6521-174-5 03000
(길벗 도서번호 007086)

가격 22,000원

독자의 1초를 아껴주는 정성 길벗출판사

길벗 | IT단행본, IT교육서, 교양&실용서, 경제경영서
길벗스쿨 | 어린이학습, 어린이어학

페이스북 · www.facebook.com/gilbutzigy
네이버 포스트 · post.naver.com/gilbutzigy

 작가의 말

엑셀과 파워포인트를 하나의 프로그램처럼
업무에 효율적으로 사용하도록 도와줍니다!

2017년 10월, 독자들께 엑셀과 파워포인트를 따로 익히지 않고 하나의 프로그램처럼 사용할 수 있도록 도와드리자는 마음에서 시작한《직장인을 위한 실무 엑셀&파워포인트》가 많은 사랑을 받았습니다. 이제 약 3년 만에 개정판으로 다시 인사드립니다.

서점에 훌륭한 엑셀과 파워포인트 책이 계속 출간되고 있습니다. 하지만《직장인을 위한 실무 엑셀&파워포인트 최신 개정판》은 계속해서 엑셀 따로, 파워포인트 따로 배워서 사용하는 것이 아니라 하나의 프로그램처럼 사용할 수 있도록 도와주는 내용으로 구성되었습니다.

두 가지 프로그램을 모두 다루고 있기 때문에 여전히 기본 기능보다는 실무적인 내용 위주로 선별해서 책에 담았습니다. 선별한 부분은 독자들께서 유용하다고 피드백 주신 내용을 중심으로 다루었습니다. 또한 유용한 정보라고 칭찬해 주신 '특별부록'은 최신 정보로 보완해서 이 책에 수록했습니다.

《직장인을 위한 실무 엑셀&파워포인트 최신 개정판》에서는 직장에서 엑셀과 파워포인트를 사용할 때 가장 많이 사용하는 기능과 작업 시간을 줄일 수 있는 방법을 깊이 고민해서 집필했습니다. '엑셀로 분석하고 파워포인트로 표현하라!'는 말처럼 엑셀을 이용하여 데이터에서 의미 있는 부분을 뽑아낸 후 파워포인트로 그 핵심을 잘 전달할 수 있는 방법을 정리했습니다. 엑셀과 파워포인트를 몰라도 살아갈 수 있습니다. 하지만 엑셀과 파워포인트가 필요한 분들께는 시간을 절약할 수 있고, 일을 해나가는 데 분명 도움이 될 것입니다.

15년 동안 한결같이 한 회사, 한 팀처럼 서로를 배려하고 아껴주며, 강의 개발과 저술 활동을 함께하는 강사 모임인 PTIA 멤버들 임제현, 채종서, 신익상, 이도원 대표님들께 감사드립니다. 항상 좋은 아이디어와 동기를 부여해 주는 IT 기술 번역 및 강연 모임인 GoDev의 김도균 수석 외 멤버들, 그리고 서로를 격려하며 쉼이 되어 주는 MVP4 동료들(김도균, 금재용, 유승호)께 감사드립니다.

아울러 자식을 위해서 항상 기도해 주시는 부모님과 열심히 뒷바라지해 주는 사랑하는 아내 정영화, 이제 성인이 되어 새로운 도전을 시작하는 아들 수현이에게도 감사와 사랑의 마음을 전합니다.

2020년 5월
저자 배준오 드림

작업 속도를 빠르게! 업무에 꼭 필요한 필수 팁

엑셀과 파워포인트에 담긴 모든 기능을 다 익힐 필요가 없어요. 여기에서는 업무에서 가장 많이 사용하는 필수 팁만 쏙쏙 뽑아 알려줍니다.

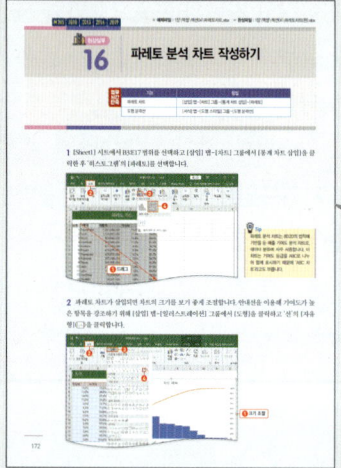

| 모든 버전 대응 | M365 2010 2013 2016 2019

Microsoft 365('M365'로 표시)부터 2010~2019 버전까지 사용 가능한 버전을 알려줍니다. 사용할 수 없는 버전은 2010 과 같이 표시했습니다.

| 업무 시간 단축 |

업무에서 빠르게 사용할 수 있는 실무 팁을 간략하게 정리했습니다.

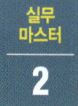

데이터 분석은 정확하게! 프레젠테이션 기획은 설득력 있게!

실무에서 가장 많이 사용하는 현장 밀착 예제로 빅데이터의 효율적 관리부터 비주얼 보고서 작성을 위한 프레젠테이션 기획까지 체계적으로 알려줍니다.

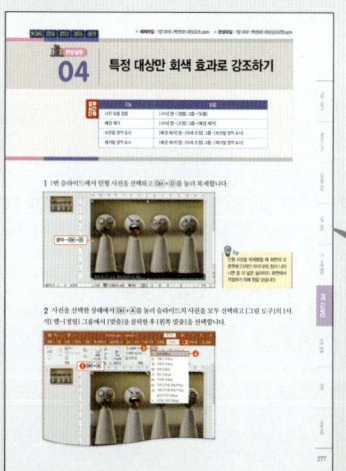

| 현장 밀착 실무 예제 |

실제 업무 환경에 맞는 예제로, 엑셀과 파워포인트를 활용하여 데이터 분석부터 슬라이드 디자인까지 완성할 수 있습니다.

| TIP |

실습을 따라하면서 알아두면 좋은 유용한 팁이나 궁금한 점을 정리해 놓았습니다.

이 책에서는 방대한 양의 빅데이터를 효율적으로 관리하고 분석하여 결과를 도출하는 방법부터 설득력 높은 프레젠테이션으로 기획 및 디자인하는 방법까지 담고 있어 실무 현장에서 엑셀과 파워포인트를 하나의 프로그램처럼 자유자재로 다룰 수 있습니다.

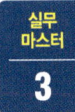

엑셀과 파워포인트를 하나의 프로그램처럼!

실무에서 가장 많이 사용하는 엑셀과 파워포인트, 두 프로그램을 연동하여 업무 생산성을 향상시키고, 경쟁력까지 갖출 수 있도록 실무에 꼭 필요한 연동 사례를 알려줍니다. 실무 협업을 위한 온라인 및 모바일 오피스 사용법도 다룹니다.

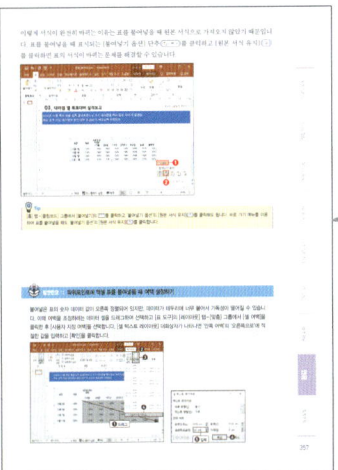

| 엑셀 & 파워포인트 연동 |
데이터 분석 결과를 최적화하여 보여줄 수 있는 다양한 해법을 제시합니다. 실습을 따라하기만 해도 데이터가 명확하게 분석된 비주얼 보고서가 뚝딱 만들어져요.

| 잠깐만요 |
추가로 알아두면 좋을 팁과 주의할 점을 정리해 놓았습니다. 실무 능력 향상에 큰 도움이 되니 꼭 읽어보세요.

특별부록, 엑셀과 파워포인트 실무 업그레이드

아이콘과 차트 등 인포그래픽 소스와 고품질 샘플 문서를 얻을 수 있는 웹 사이트를 소개합니다. 또한 스마트한 직장인을 위한 온라인 오피스 사용법까지 전문가의 노하우를 아낌없이 알려줍니다.

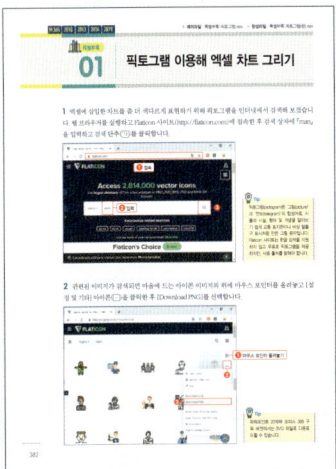

| 특별부록 |
프로 비즈니스맨으로 발돋움할 수 있는 유용한 실무 노하우를 알려줍니다.

핵심 직장인을 위한 핵심 기능만 모았다!

실제 업무에서 가장 유용하게 사용하는 엑셀과 파워포인트의 핵심 기능만 모아 알려줍니다. 여기에 모아놓은 서른 여섯 가지 기능만 익혀도 프로 비즈니스맨으로 발돋움할 수 있습니다.

	업무에 꼭 필요한 핵심 기능	빠른 쪽 찾기
1	데이터 선택과 이동 방법 쉽게 익히기	33쪽
2	엑셀로 한글 문서의 표 가져오기	59쪽
3	피벗 테이블로 집계 보고서 작성하기	91쪽
4	슬라이서 이용해 데이터 필터링하기	94쪽
5	피벗 테이블로 대시보드 만들기	98쪽
6	기초 데이터 집계해 피벗 테이블 완성하기	103쪽
7	보고서 양식에 필요한 데이터 채우기 - GETPIVOTDATA 함수	115쪽
8	매출 단가 계산하기 - VLOOKUP 함수	128쪽
9	총 매출 금액과 담당자 알아내기 - VLOOKUP 함수	130쪽
10	담당자별 매출 합계 계산하기 - SUMIF 함수	134쪽
11	영업 담당자별 성과급 계산하기 - VLOOKUP 함수	136쪽
12	엑셀 차트와 파워포인트 차트 비교하기	139쪽
13	목적에 맞는 차트의 유형과 용도 살펴보기	158쪽
14	오피스 2019 차트 살펴보기	167쪽
15	차트를 작성할 때 꼭 지켜야 할 기본 원칙 살펴보기	176쪽
16	아이디어 발상 기법으로 전체적인 맥락 구성하기	183쪽
17	메모장으로 프레젠테이션 문서의 초안 작성하기	187쪽
18	슬라이드 마스터로 기본 템플릿 만들기	215쪽
19	설정한 슬라이드 마스터를 기본 서식 파일로 저장하기	224쪽
20	표 작성의 기본 원칙 살펴보기	248쪽
21	차트 사용해 데이터를 시각적으로 보기 좋게 표현하기	260쪽
22	데이터 표현에 적합한 차트 유형 살펴보기	266쪽
23	핵심 메시지를 강조하는 다섯 가지 방법 살펴보기	273쪽
24	매출 계획 대비 달성 현황 시나리오	293쪽
25	장기적인 매출 추이 분석 시나리오	323쪽
26	제품별 매출 기여도 분석 시나리오	343쪽
27	파워포인트에 엑셀 표와 차트 붙여넣기	355쪽
28	파워포인트에 자동으로 엑셀 표 연동시키기	361쪽
29	파워포인트에 엑셀 개체 삽입해 데이터 연결하기	363쪽
30	붙여넣기 옵션 이용해 차트 데이터 연결하기	365쪽
31	파워포인트에 엑셀의 대시보드 연결하여 복사하기	371쪽
32	파워포인트의 모핑 전환 효과로 프레지 효과 연출하기	417쪽
33	PowerPointLabs 기능으로 애니메이션 효과 쉽게 사용하기	423쪽
34	확대/축소 기능으로 생동감 넘치는 발표 자료 만들기	431쪽
35	3D 모델로 입체감 있는 프레젠테이션 발표하기	436쪽
36	원격 발표 작업을 위한 슬라이드 쇼 녹화 기능 익히기	454쪽

 목차

Chapter 01 엑셀로 분석하고 파워포인트로 표현해라!

엑셀 기본기 — **Section 01** 엑셀 기본기를 완전히 마스터하자!

01	기본 글꼴과 글꼴 크기, 시트 수 지정하기	17
02	오류 검사 규칙 재설정하기	19
03	사용 가능한 추가 기능 확대 설치하기	21
04	보고서에 페이지 나누기 표시하기	23
05	모든 매크로를 포함해서 엑셀 문서 열기	24
06	빠른 실행 도구 모음에 필요한 도구 추가하기	25
07	엑셀 옵션 초기화하기	29
핵심 08	데이터 선택과 이동 방법 쉽게 익히기	33
09	표에 한 행씩 빈 행 추가하기	38
10	데이터 목록 삭제해도 자동으로 순번 채우기	
	– ROW 함수	42
11	값이 변경된 셀만 선택하기	44
12	누락 정보 연결해 추이 그래프 완성하기	46
13	조건부 서식 이용해 수치 데이터를 막대로 표현하기	48
14	데이터와 분리해 데이터 막대만 표시하기	50
15	데이터 막대로 매출 증감 표시하기	52

데이터 정리 — **Section 02** 데이터 정리부터 제대로 시작하자!

01	엑셀로 네이버 환율 정보 가져오기	55
핵심 02	엑셀로 한글 문서의 표 가져오기	59
03	이름에 입력된 공백 제거하기	
	– SUBSTITUTE 함수	61
04	데이터 통합해 표로 완성하기	64
05	빈 셀만 선택해서 삭제하기	67
06	데이터가 입력된 셀의 공백 제거하기	69
07	유령 문자 삭제하기	70
08	데이터의 속성 정확하게 이해하고 입력하기	73
09	텍스트로 입력된 날짜 데이터의 형식 변경하기	74
10	빠른 채우기 이용해 데이터 한 번에 입력하기	82
11	조건부 서식 이용해 중복 데이터 제거하기	84

12	고급 필터 이용해 중복 데이터 제거하기	85
알아두면 좋아요 01	PDF 문서를 엑셀 문서로 변환하기	88

데이터 활용 ······ Section 03 원하는 데이터만 가져와서 정확하게 활용하자!

핵심 01	피벗 테이블로 집계 보고서 작성하기	91
핵심 02	슬라이서 이용해 데이터 필터링하기	94
핵심 03	피벗 테이블로 대시보드 만들기	98
핵심 04	기초 데이터 집계해 피벗 테이블 완성하기	103
05	중복된 값과 데이터 삭제하기	106
06	행과 열 변경하기	110
07	행과 열 전환해 보고서의 레이블 배치하기	111
핵심 08	보고서 양식에 필요한 데이터 채우기	
	– GETPIVOTDATA 함수	115
09	필요한 범위에 해당하는 데이터만 자동 필터링하기	119
10	데이터 영역을 표로 전환하고 슬라이스 삽입하기	122
11	고급 필터 이용해 특정 데이터만 추출하기	124
핵심 12	매출 단가 계산하기	
	– VLOOKUP 함수	128
핵심 13	총 매출 금액과 담당자 알아내기	
	– VLOOKUP 함수	130
핵심 14	담당자별 매출 합계 계산하기	
	– SUMIF 함수	134
핵심 15	영업 담당자별 성과급 계산하기	
	– VLOOKUP 함수	136

차트 효과 ······ Section 04 차트로 시각적인 효과를 극대화하자!

핵심 01	엑셀 차트와 파워포인트 차트 비교하기	139
02	차트의 구성 요소 살펴보기	141
03	추천 차트 이용해 차트 그리기	142
04	단축키 이용해 차트 그리기	
	– Alt + F1	145
05	기능키 이용해 차트 그리기	
	– F11	147

06	차트의 데이터 영역 수정하기	149
07	차트의 종류 변경하기	151
08	차트의 레이아웃과 스타일 변경하기	153
09	차트에 데이터 레이블과 계열선 추가하기	154
10	차트의 축 서식 변경하기	155
11	차트의 계열 서식 변경하기	157
핵심 12	목적에 맞는 차트의 유형과 용도 살펴보기	158
13	3차원 막대형 차트의 막대 모양과 색 변경하기	160
14	엑셀 차트를 파워포인트에 연결해 붙여넣기	162
핵심 15	오피스 2019 차트 살펴보기	167
16	파레토 분석 차트 작성하기	172
핵심 17	차트를 작성할 때 꼭 지켜야 할 기본 원칙 살펴보기	176

PT 기본 환경 ···· Section 05 파워포인트를 실행하기 전에 생각부터 정리하자!

핵심 01	아이디어 발상 기법으로 전체적인 맥락 구성하기	183
02	생각을 정리해 디지털로 전환하기	186
핵심 03	메모장으로 프레젠테이션 문서의 초안 작성하기	187
알아두면 좋아요 02	텍스트 문서를 파워포인트로 불러오기	191
04	개요 보기에서 전체 문서의 구성 파악하기	192
알아두면 좋아요 03	오피스 참가자(Office Insider) 신청하기	197
알아두면 좋아요 04	온라인 사이트의 자료 스크랩하기	198
알아두면 좋아요 05	워드에서 PDF 문서 열고 한글 문서 편집하기	200

Section 06 파워포인트의 기본 환경 설정하기

01	PowerPoint Designer 표시하기	203
02	한/영 자동 고침 옵션 해제하기	205
03	자주 사용하는 특수 문자 입력하기	206
04	실행 취소의 최대 횟수 늘리기	207
05	리본 메뉴에 [개발 도구] 탭과 [녹화] 탭 추가하기	208
06	빠른 실행 도구 모음 이용해 작업 시간 절약하기	209
07	눈금자와 안내선, 눈금선 표시하기	212
핵심 08	슬라이드 마스터로 기본 템플릿 만들기	215
09	눈금자로 들여쓰기 간격과 글머리 기호 변경하기	220

핵심	10	설정한 슬라이드 마스터를 기본 서식 파일로 저장하기	224
11	빠르게 슬라이드 마스터 적용하기	226
12	슬라이드의 크기 조절하기	228
13	4:3 비율의 슬라이드를 기본 화면으로 설정하기	229

PT 디자인

Section 07 글을 구조화하여 체계적으로 표현하자!

01	핵심 키워드만 정확하게 추출하기	233
02	키워드에 맞는 도해 사용하기	235
03	텍스트를 스마트아트 그래픽으로 변환하기	239
04	점 편집해 기본 도형을 새 도해 스타일로 변경하기	241
05	양이 많거나 복잡한 데이터를 표로 정리하기	244
06	표 그리기 기능으로 데이터를 표로 변환하기	246
핵심 07	표 작성의 기본 원칙 살펴보기	248
08	셀 여백 설정해 표 데이터 정렬하기	252
알아두면 좋아요 06	엑셀의 표 데이터를 파워포인트로 불러오기	254
알아두면 좋아요 07	워드에 입력한 텍스트를 표로 변환하기	257
핵심 09	차트 사용해 데이터를 시각적으로 보기 좋게 표현하기	260
알아두면 좋아요 08	웹에서 메시지 표현에 적합한 차트 가져오기	263
알아두면 좋아요 09	색상 추출 프로그램 이용하기	264
핵심 10	데이터 표현에 적합한 차트 유형 살펴보기	266

Section 08 청중들의 시선으로 프레젠테이션을 디자인하자!

핵심 01	핵심 메시지를 강조하는 다섯 가지 방법 살펴보기	273
02	중요하지 않은 항목은 회색으로 처리하기	274
03	투명도 조절해 회색 효과 지정하기	275
04	특정 대상만 회색 효과로 강조하기	277
05	색 사용해 정보 강조하기	282
알아두면 좋아요 10	사진에서 색상 값 추출해 배경과 제목에 적용하기	284
알아두면 좋아요 11	색 사용에 유용한 사이트 살펴보기	286
06	모양을 다르게 지정해 차이점 강조하기	287
07	텍스트의 크기와 굵기 조정해 핵심 강조하기	288
08	관련 있는 구성 요소끼리 가깝게 배치하기	289

Chapter 02 엑셀과 파워포인트의 실무 활용 사례

실무 활용

Section 09 매출 계획 대비 달성 현황 분석하기

- **핵심** 00 매출 계획 대비 달성 현황 시나리오 293
- 01 무엇을 보여줄 것인지 결정하기 294
- 02 엑셀 데이터 취합하고 빈 셀에 데이터 채우기 295
- 03 숫자 데이터를 날짜 형식으로 변경하기 300
- 04 피벗 테이블 이용해 매출액과 매출 평균 구하기 307
- 05 시각적으로 데이터 표현하기 313
- 06 비교 수치를 효과적으로 전달하는 차트 작성하기 314
- 07 파워포인트로 핵심 메시지 강조하기 317
- 08 파워포인트로 시각적인 차트 작성하기 318

Section 10 Z 차트로 장기적인 매출 추이 분석하기

- **핵심** 00 장기적인 매출 추이 분석 시나리오 323
- 01 Z 차트로 엑셀 데이터 표현하기 324
- 02 매출 방향을 예측하는 Z 차트 작성하기 325
- 03 파워포인트에서 엑셀의 Z 차트 강조하기 334
- 04 Z 차트에 비교 기준선 삽입해 강조하기 337
- 05 차트에 애니메이션 효과 지정하기 339

Section 11 마케팅 전략 수립을 위한 제품별 매출 기여도 분석하기

- **핵심** 00 제품별 매출 기여도 분석 시나리오 343
- 01 엑셀로 ABC 매출 기여도 분석 차트 작성하기 345
- 알아두면 좋아요 12 그레이아웃 효과로 차트의 핵심 부분 강조하기 350

Chapter 03 엑셀과 파워포인트를 연동해 사용하기

연동 ········ **Section 12** 엑셀과 파워포인트를 하나의 프로그램처럼 사용하자!

⚡핵심 01	파워포인트에 엑셀 표와 차트 붙여넣기	355
02	색 사용자 지정해 테마 색 통일하기	358
⚡핵심 03	파워포인트에 자동으로 엑셀 표 연동시키기	361
⚡핵심 04	파워포인트에 엑셀 개체 삽입해 데이터 연결하기	363
⚡핵심 05	붙여넣기 옵션 이용해 차트 데이터 연결하기	365
06	파워포인트 차트에 연결된 엑셀 데이터 변경하기	367
⚡핵심 07	파워포인트에 엑셀의 대시보드 연결하여 복사하기	371

특별부록 엑셀과 파워포인트를 수준 높게 사용하기

특별부록 ········ 01	픽토그램 이용해 엑셀 차트 그리기	382
02	확장 포스트스크립트 파일(EPS) 활용하기	386
알아두면 좋아요 13	EPS 파일을 제공하는 유용한 사이트 살펴보기 ①	389
03	파워포인트에서 SVG 파일 사용하기	390
04	SVG 벡터 파일을 이미지 파일로 변환하기	393
05	파일 탐색기에서 SVG 파일 미리 보기	396
알아두면 좋아요 13	SVG 파일을 제공하는 유용한 사이트 살펴보기 ②	399
06	엑셀 차트 분해해 파워포인트 차트 꾸미기	400
07	검색 사이트에서 필요한 이미지 찾기	403
알아두면 좋아요 14	무료 이미지 검색 사이트 살펴보기	405
알아두면 좋아요 15	인포그래픽 차트 참고 사이트 살펴보기	406
08	이미지의 크기를 크게 조절하기	408
09	이미지를 벡터 파일로 만들기	410
10	이미지에서 필요 없는 영역 제거하기	412

핵심 11	파워포인트의 모핑 전환 효과로 프레지 효과 연출하기	417
핵심 12	PowerPointLabs 기능으로 애니메이션 효과 쉽게 사용하기	423
13	PowerPointLabs에서 제공하는 애니메이션 효과 살펴보기	428
핵심 14	확대/축소 기능으로 생동감 넘치는 발표 자료 만들기	431
핵심 15	3D 모델로 입체감 있는 프레젠테이션 발표하기	436
알아두면 좋아요 16	3D 모델 개체를 무료 제공하는 사이트 살펴보기	441
16	슬라이드 쇼 화면 캡처를 도와주는 TipsPPT 유틸리티 이용하기	442
17	번거로운 작업을 도와주는 PowerPoint add-in 익히기	447
핵심 18	원격 발표 작업을 위한 슬라이드 쇼 녹화 기능 익히기	454

찾아보기   458

부록 실습 파일 사용법

길벗 홈페이지(www.gilbut.co.kr)의 검색 창에 도서명을 입력하고 [검색]을 클릭해 해당 도서 페이지의 [자료실]에서 부록 실습파일을 다운로드하세요. 회원으로 가입하지 않아도 자료를 이용할 수 있습니다. 이 책의 부록 실습파일에는 실습을 따라할 수 있는 예제파일과 완성파일이 챕터별로 수록되어 있습니다. 부록 실습파일의 예제파일 및 완성파일은 내 컴퓨터에 저장하여 사용할 것을 권장합니다.

EXCEL
엑셀

엑셀(Excel)은 방대한 데이터를 체계적으로 관리 및 분석하기 위한 도구이고, 파워포인트(PowerPoint)는 전달하려는 메시지를 청중들의 뇌리와 가슴 속에 남길 수 있게 표현하는 도구입니다. 그래서 분석을 좋아하는 사람들은 엑셀을, 감성적인 사람들은 파워포인트를 좀 더 잘 다루는 경향이 있습니다. 이와 같이 프로그램의 성향이 전혀 달라서 엑셀과 파워포인트를 모두 잘 다루는 사용자는 많지 않습니다. 하지만 직장인에게는 이들 프로그램이 모두 필요하므로 각 프로그램의 기본 기능을 정확하게 학습하고 특성에 맞춰 잘 다루어야 경쟁력 있게 직장생활을 할 수 있습니다.

Section 01 엑셀 기본기를 완전히 마스터하자!

Section 02 데이터 정리부터 제대로 시작하자!

Section 03 원하는 데이터만 가져와서 정확하게 활용하자!

Section 04 차트로 시각적인 효과를 극대화하자!

CHAPTER 01

엑셀로 분석하고 파워포인트로 표현해라!

SECTION

01

엑셀 기본기를
완전히 마스터하자!

엑셀 프로그램의 수많은 기능을 모두 익히는 것은 쉽지 않습니다. 따라서 본인의 업무와 연관된 기능부터 차근차근 학습하고 반복해서 사용해야 실력이 크게 향상될 것입니다. 엑셀의 기본기를 탄탄히 다지면서 완전히 익혀야 작업 속도를 높이고 실력을 향상시킬 수 있습니다.

M365 | 2010 | 2013 | 2016 | 2019

01 | 기본 글꼴과 글꼴 크기, 시트 수 지정하기

기능	방법
기본 글꼴 지정	[Excel 옵션] 창 → [일반] 범주 → '다음을 기본 글꼴로 사용'
기본 글꼴 크기 지정	[Excel 옵션] 창 → [일반] 범주 → '글꼴 크기'
기본 시트의 수 지정	[Excel 옵션] 창 → [일반] 범주 → '포함할 시트 수'

1 엑셀 통합 문서에서 [파일] 탭을 클릭한 후 시작 화면에서 [옵션]을 선택합니다.

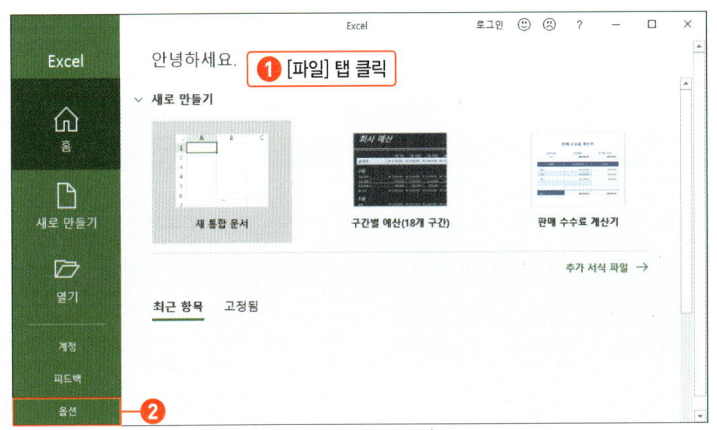

2 [Excel 옵션] 창이 나타나면 [일반] 범주를 선택하고 '새 통합 문서 만들기'의 '다음을 기본 글꼴로 사용'에서 [맑은 고딕]을 선택합니다. '새 통합 문서 만들기'의 '글꼴 크기'도 [10.5]로 변경합니다.

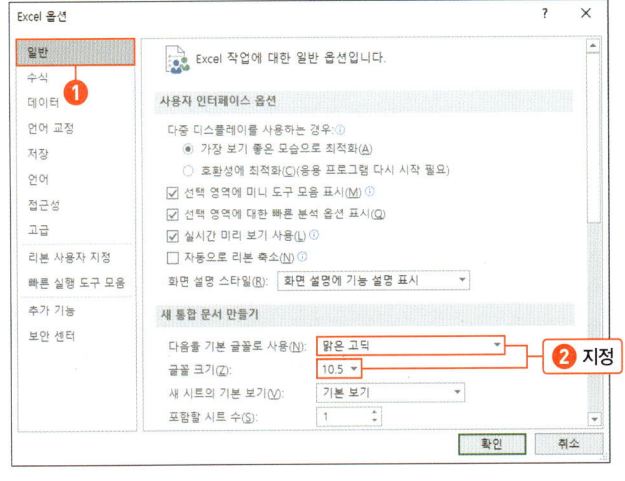

 Tip
윈도우는 화면 해상도를 96dpi로 사용합니다. 즉 1인치당 96개의 점이 있는 것입니다. 포인트(pt)를 픽셀(px, pixel)로 환산하면 10포인트=13.333픽셀, 10.5포인트=14픽셀, 11포인트=14.666픽셀, 12포인트=16픽셀로, 10pt와 11pt의 글꼴 크기는 애매한 px 값을 가지므로 10.5pt로 글꼴 크기를 조정하는 것이 좋습니다. 10.5포인트의 글꼴 크기가 너무 작으면 12포인트(16픽셀)로 설정하세요.

3 '새 통합 문서 만들기'의 '포함할 시트 수'를 [1]에서 [3]으로 변경하여 엑셀을 시작할 때 열리는 기본 시트의 개수를 설정하고 [확인]을 클릭합니다. 일반 사용자라면 기본값 [1]로 설정해도 좋습니다.

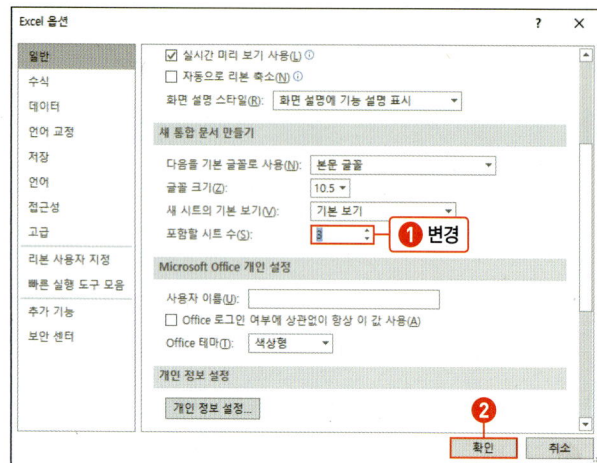

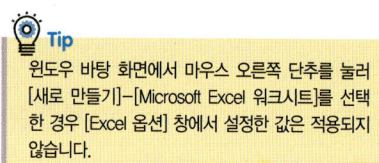

Tip
윈도우 바탕 화면에서 마우스 오른쪽 단추를 눌러 [새로 만들기]-[Microsoft Excel 워크시트]를 선택한 경우 [Excel 옵션] 창에서 설정한 값은 적용되지 않습니다.

4 엑셀을 종료했다가 다시 시작합니다. 변경한 글꼴이 적용된다는 메시지 창이 나타나면 [확인]을 클릭합니다.

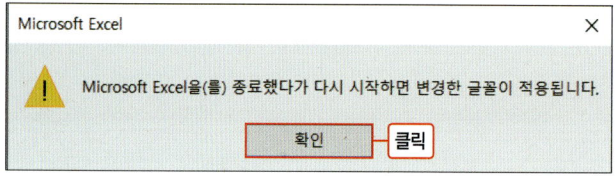

 잠깐만요 :: 엑셀에서 가독성 좋은 시스템 글꼴 살펴보기

엑셀은 문자와 숫자가 함께 표시되는 프로그램으로, 사용자의 작업 환경과 필요한 문서 작업에 맞추어서 엑셀 환경을 설정해야 작업 속도를 높일 수 있습니다. 엑셀은 혼자서 작업하는 경우도 많고, 여러 사람들이 함께 내용을 작성하고 취합하는 경우도 많습니다. 따라서 문자와 숫자를 잘 구분해서 표시하려면 글꼴 선택이 매우 중요합니다. 위의 실습에서는 엑셀의 기본 글꼴을 '맑은 고딕'으로 설정했지만, 영어와 숫자 경우에는 가독성이 좋은 Arial 글꼴로 설정하는 것이 좋습니다. Arial 글꼴은 한글 기본 글꼴인 맑은 고딕과 잘 어울리면서 영어와 숫자 가독성이 좋은 시스템 글꼴입니다.

Excel + PowerPoint 2019   Excel + PowerPoint 2019

▲ Arial 글꼴   ▲ 맑은 고딕 글꼴

02 오류 검사 규칙 재설정하기

기능	방법
오류 검사	[Excel 옵션] 창 → [수식] 범주 → [앞에 아포스트로피가 있거나 텍스트로 서식이 지정된 숫자]

1 엑셀에서 숫자를 텍스트로 입력하거나 001, 002와 같이 일련번호를 입력할 때 숫자 앞에 아포스트로피(')를 입력하는 경우가 많습니다. 이렇게 입력하면 엑셀에서는 오류로 감지되어 셀의 왼쪽 위에 마크업 표시가 나타나는데, 이 표시를 없애기 위해 [파일] 탭-[옵션]을 선택합니다.

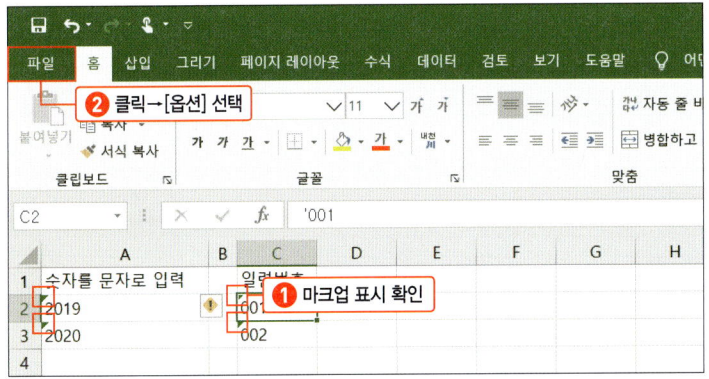

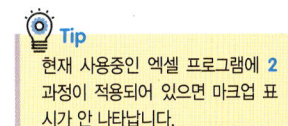

Tip
현재 사용중인 엑셀 프로그램에 **2** 과정이 적용되어 있으면 마크업 표시가 안 나타납니다.

2 [Execl 옵션] 창이 나타나면 [수식] 범주를 선택하고 '오류 검사 규칙'에서 [앞에 아포스트로피가 있거나 텍스트로 서식이 지정된 숫자]의 체크를 해제한 후 [확인]을 클릭합니다.

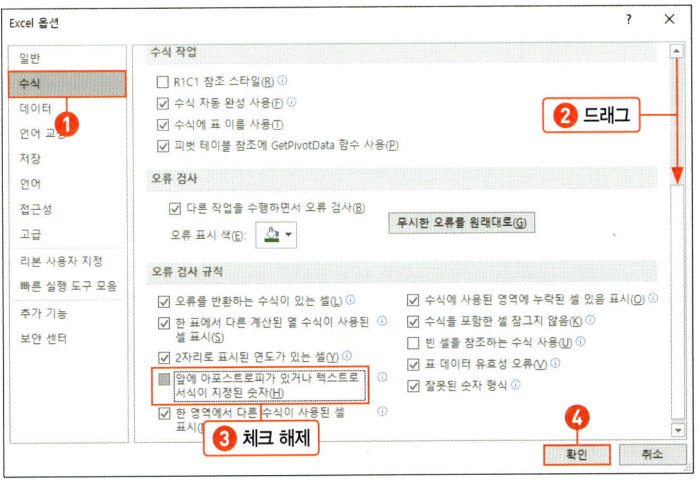

3 셀의 왼쪽 위에 있는 마크업 표시가 없어졌는지 확인합니다.

잠깐만요 :: 엑셀에 표시되는 수식 오류의 종류 살펴보기

엑셀에서 작업하다 보면 다양한 오류가 발생할 수 있습니다. 이 경우 오류의 원인을 정확하게 알아야 오류를 해결할 수 있습니다.

오류의 종류	오류 발생 원인
#DIV/0! 오류	나눗셈 함수를 사용할 때 분모가 0이면 발생
#N/A! 오류	참조 함수를 사용할 때 범위에 찾는 값이 없는 경우에 발생
#NAME? 오류	함수 이름을 잘못 입력했거나 큰따옴표("") 없이 텍스트를 입력한 경우에 발생
#NULL! 오류	함수식에서 두 범위의 교차되는 부분이 없을 때 발생
#NUM! 오류	수식 결과값이 너무 작거나 커서 계산 결과를 반환할 수 없는 경우에 발생
#VALUE! 오류	잘못된 계산 방식으로 수식을 구성한 경우에 발생
#REF! 오류	수식에서 참조한 셀이 삭제된 경우에 발생
######### 오류	• 계산된 값이 열 너비보다 커서 표현할 수 없는 경우에 발생 • 날짜나 시간이 음수로 계산된 경우에 발생

03 사용 가능한 추가 기능 확대 설치하기

업무시간단축	기능	방법
	사용 가능한 추가 기능 선택	[Excel 옵션] 창 → [추가 기능] 범주 → '관리'의 [COM 추가 기능]
	분석 도구/해 찾기 기능 추가	[추가 기능] 대화상자 → [분석 도구]/[해 찾기 추가 기능]

1 [파일] 탭-[옵션]을 선택하여 [Excel 옵션] 창을 나타내고 [추가 기능] 범주의 '관리'에서 [COM 추가 기능]을 선택한 후 [이동]을 클릭합니다.

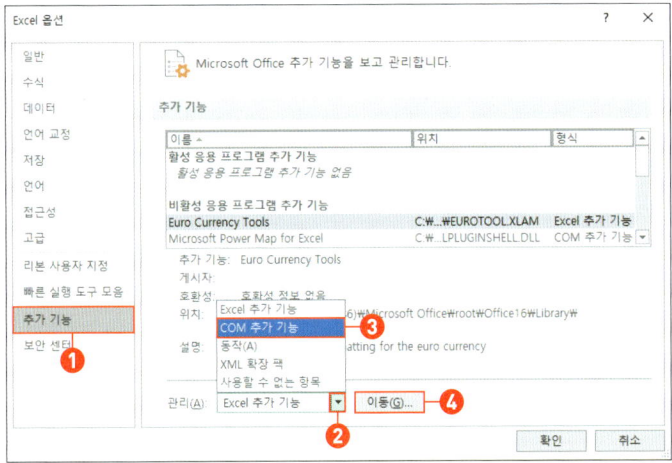

2 [COM 추가 기능] 대화상자가 나타나면 '사용 가능한 추가 기능'에서 [Microsoft Power Map for Excel]과 [Microsoft Power Pivot for Excel], [Microsoft Power View for Excel]에 모두 체크하고 [확인]을 클릭합니다.

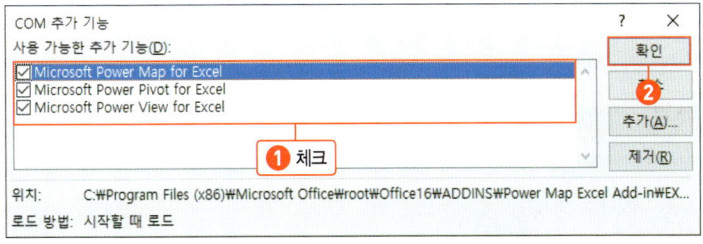

 Tip
[COM 추가 기능]은 사용중인 오피스 라이선스와 관련이 있습니다. [COM 추가 기능]을 사용할 수 있는 추가 기능 중 Power Map for Excel의 기능은 오피스 2016 버전부터는 '3D맵'으로 이름이 변경되었습니다(참고 링크: bit.ly/3bzcx7L). 그리고 Power Pivot for Excel의 기능은 제품 라이선스와 관련이 있습니다(참고 링크: bit.ly/2Ssmj44). 엑셀 2010 버전에서 Power Pivot을 사용하려면 별도의 추가 기능을 다운로드해서 설치해야 합니다(다운로드 링크: bit.ly/39x7nqT). 바로 가기 사이트는 부록 실습파일의 '1장\엑셀\섹션01\참고링크' 폴더의 URL을 참고하세요.

3 [파일] 탭-[옵션]을 선택하여 다시 [Excel 옵션] 창을 나타내고 [추가 기능] 범주의 '관리'에서 [Excel 추가 기능]이 선택되어 있는지 확인한 후 [이동]을 클릭합니다.

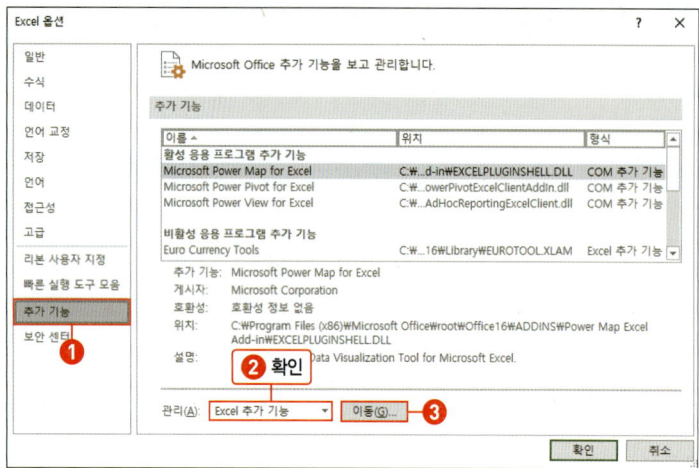

4 [추가 기능] 대화상자가 나타나면 '사용 가능한 추가 기능'에서 [분석 도구]와 [해 찾기 추가 기능]에 체크하고 [확인]을 클릭합니다.

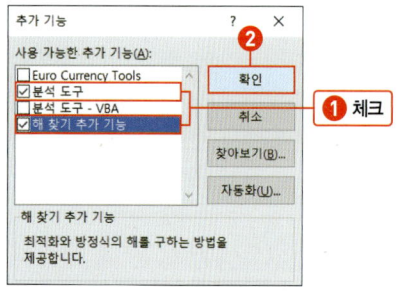

5 [데이터] 탭의 맨 오른쪽에 있는 [분석] 그룹에 [데이터 분석]과 [해 찾기]가 추가되었는지 확인합니다. [Power Pivot] 탭도 추가되었는지 확인합니다.

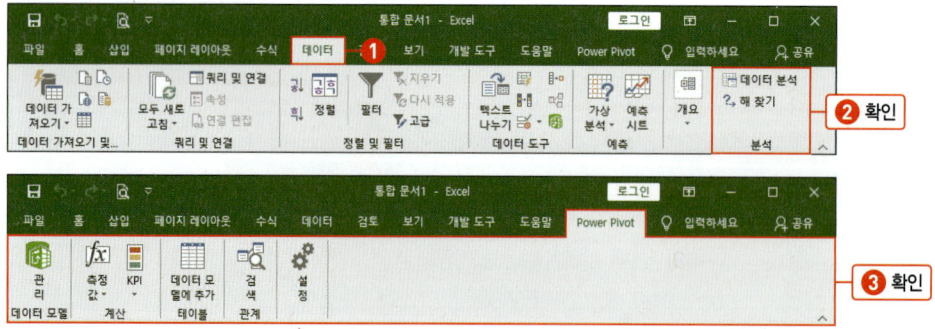

필수기능 04 보고서에 페이지 나누기 표시하기

기능	방법
페이지 나누기 표시	[Excel 옵션] 창 → [고급] 범주 → [페이지 나누기 표시]

1 [파일] 탭-[옵션]을 선택하여 [Excel 옵션] 창을 나타내고 [고급] 범주의 '이 워크시트의 표시 옵션'에서 [페이지 나누기 표시]에 체크한 후 [확인]을 클릭합니다.

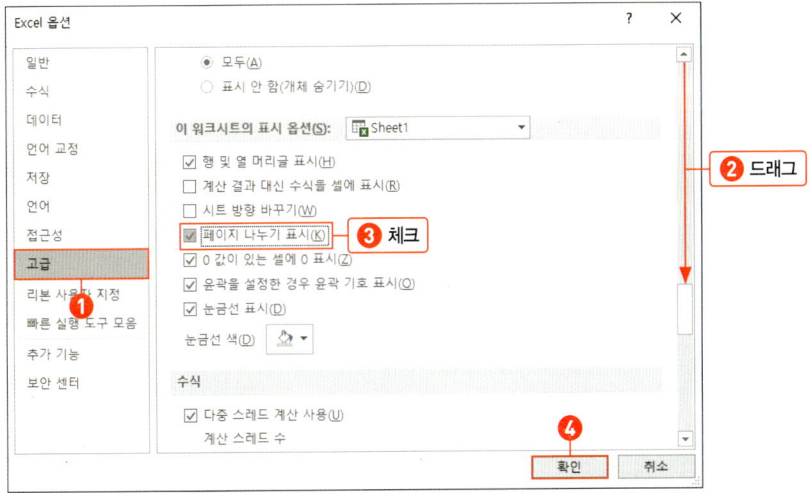

2 통합 문서에 점선으로 페이지가 구분되어 표시되었는지 확인합니다.

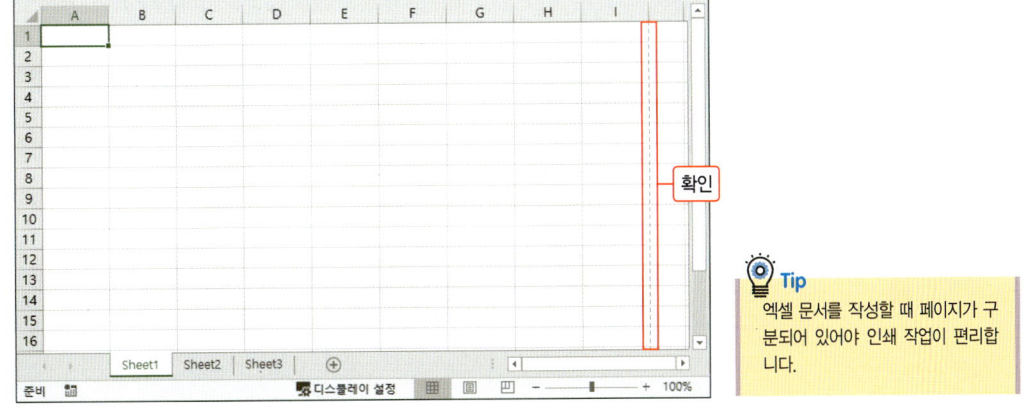

> **Tip**
> 엑셀 문서를 작성할 때 페이지가 구분되어 있어야 인쇄 작업이 편리합니다.

모든 매크로를 포함해서 엑셀 문서 열기

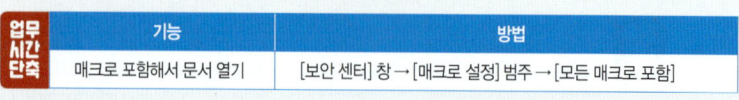

기능	방법
매크로 포함해서 문서 열기	[보안 센터] 창 → [매크로 설정] 범주 → [모든 매크로 포함]

1 [파일] 탭-[옵션]을 선택하여 [Excel 옵션] 창을 나타내고 [보안 센터] 범주에서 [보안 센터 설정]을 클릭합니다.

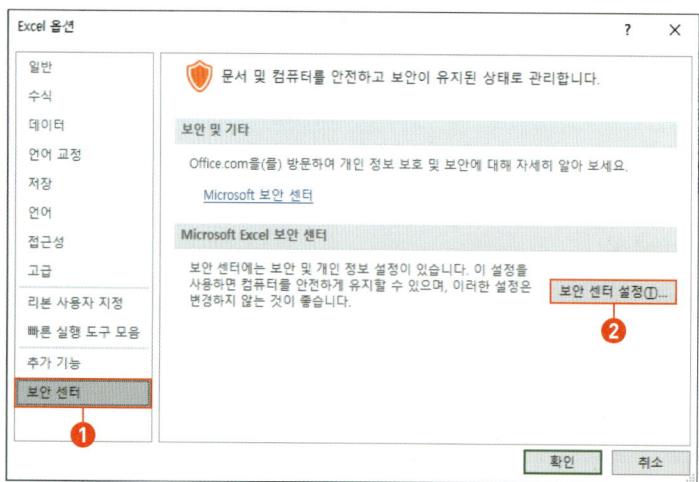

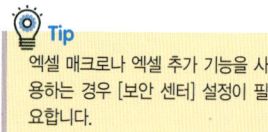

Tip
엑셀 매크로나 엑셀 추가 기능을 사용하는 경우 [보안 센터] 설정이 필요합니다.

2 [보안 센터] 창이 나타나면 [매크로 설정] 범주의 '매크로 설정'에서 [모든 매크로 포함(위험성 있는 코드가 실행될 수 있으므로 권장하지 않음)]을 선택하고 [확인]을 클릭합니다.

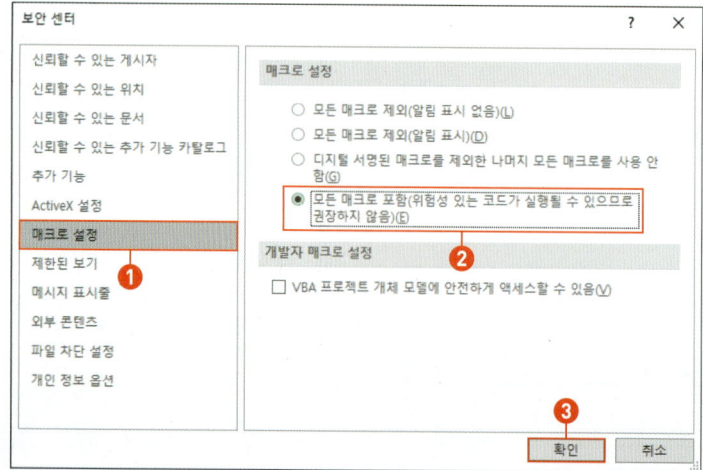

06 빠른 실행 도구 모음에 필요한 도구 추가하기

현장실무

기능	방법
빠른 실행 도구 모음에 도구 추가	[Excel 옵션] 창 → [빠른 실행 도구 모음] 범주 → 명령 추가

1 [파일] 탭-[옵션]을 선택하여 [Excel 옵션] 창을 나타내고 [빠른 실행 도구 모음] 범주를 선택합니다. '명령 선택'에서 [모든 명령]을 선택하고 [병합하고 가운데 맞춤]을 선택한 후 [추가]를 클릭합니다.

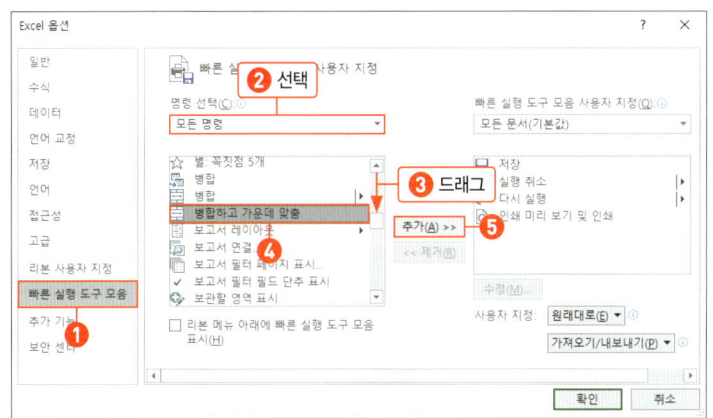

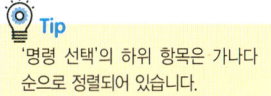

Tip
'명령 선택'의 하위 항목은 가나다 순으로 정렬되어 있습니다.

2 '빠른 실행 도구 모음 사용자 지정'에 [병합하고 가운데 맞춤]이 추가되었는지 확인합니다. 이와 같은 방법으로 [자동 서식]을 추가합니다.

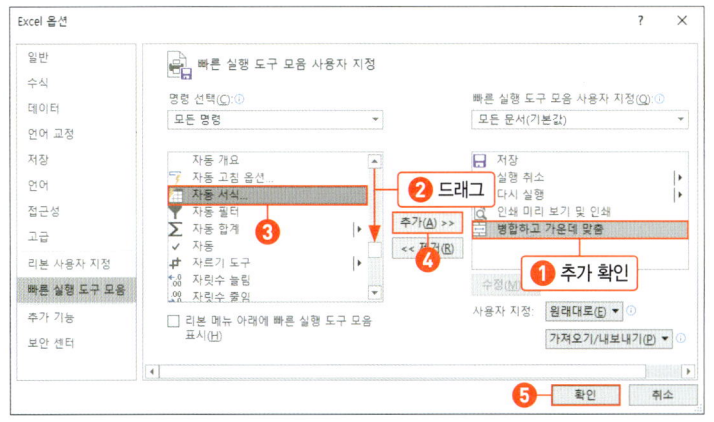

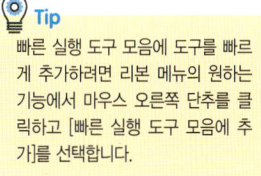

Tip
빠른 실행 도구 모음에 도구를 빠르게 추가하려면 리본 메뉴의 원하는 기능에서 마우스 오른쪽 단추를 클릭하고 [빠른 실행 도구 모음에 추가]를 선택합니다.

3 빠른 실행 도구 모음에 [병합하고 가운데 맞춤] 도구( )와 [자동 서식] 도구( )가 추가되었는지 확인합니다. 빠른 실행 도구 모음의 오른쪽에 있는 [빠른 실행 도구 모음 사용자 지정] 단추( )를 클릭하고 [리본 메뉴 아래에 표시]를 선택합니다.

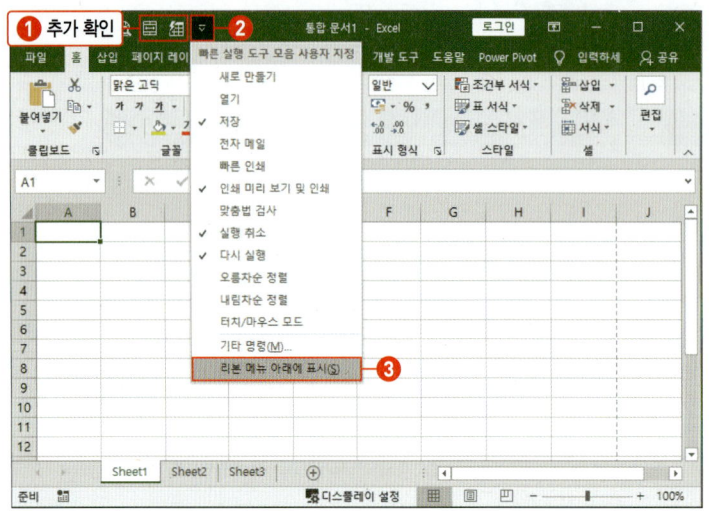

 Tip
엑셀 작업에서 자주 사용하는 기능은 사용자 작업 환경에 맞춰 빠른 실행 도구 모음에 추가해서 편리하게 사용할 수 있습니다. '병합하고 가운데 맞춤' 기능은 표 작업할 때 머리글 행을 병합하고 가운데 정렬할 때 주로 사용합니다.

4 '셀병합.xlsx'를 열고 [Sheet1] 시트에서 E2:G2 범위를 선택한 후 빠른 실행 도구 모음에서 [병합하고 가운데 맞춤] 도구( )를 클릭합니다.

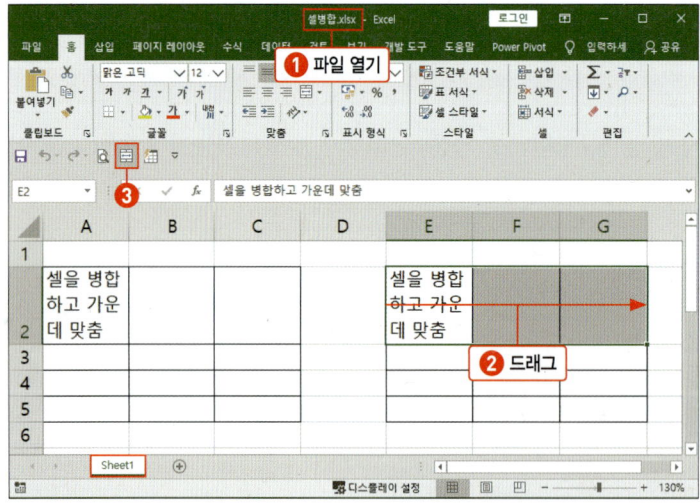

5 선택한 E2:G2 범위가 병합되면서 텍스트가 가운데 맞춤되었는지 확인합니다.

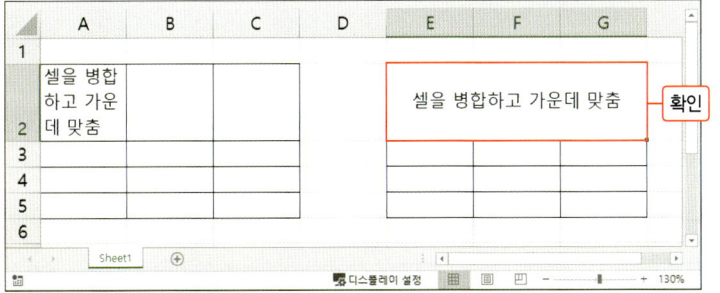

6 '자동 서식' 기능을 이용하면 표를 작성할 때 추천하는 표 스타일로 빠르게 작업할 수 있습니다. '자동서식.xlsx'를 열고 B4셀을 클릭한 후 빠른 실행 도구 모음에서 [자동 서식] 도구(📋)를 클릭합니다.

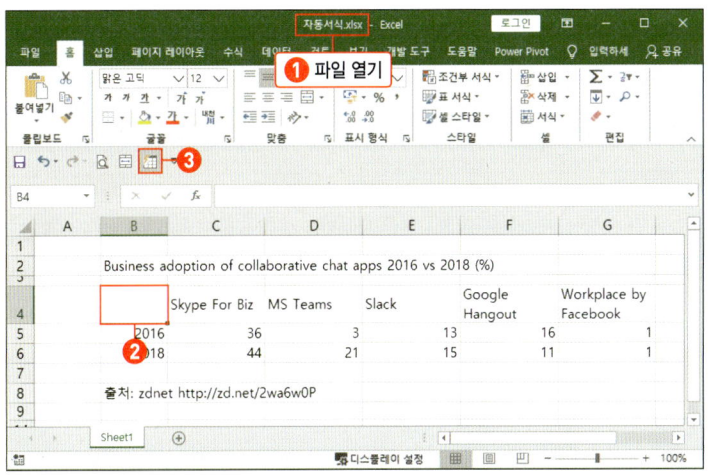

7 연속된 셀 영역이 자동으로 선택되면서 [자동 서식] 대화상자가 나타나면 [회계형 2]를 선택하고 [확인]을 클릭합니다.

8 선택한 셀 영역이 '회계형 2' 서식으로 변경되었는지 확인합니다.

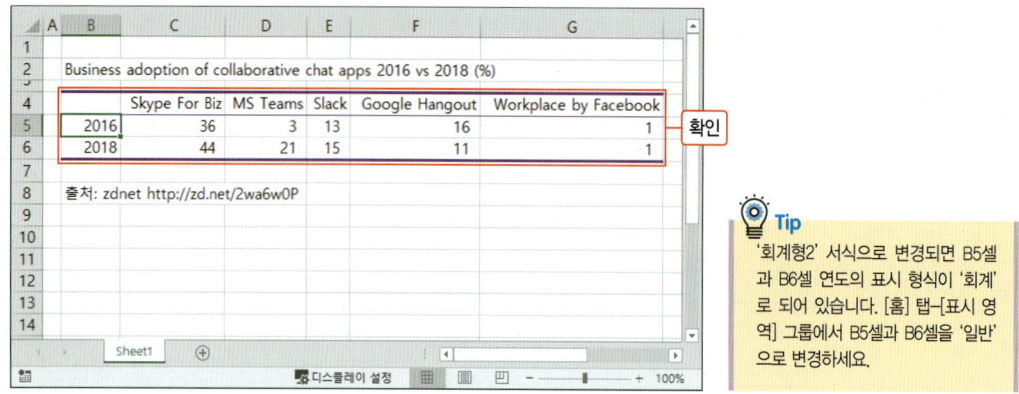

> **Tip**
> '회계형2' 서식으로 변경되면 B5셀과 B6셀 연도의 표시 형식이 '회계'로 되어 있습니다. [홈] 탭-[표시 영역] 그룹에서 B5셀과 B6셀을 '일반'으로 변경하세요.

잠깐만요 :: 오피스 프로그램의 기본 단축키 익히기

오피스 프로그램을 잘 사용하려면 기본 단축키를 익히는 것은 필수입니다. 일일이 마우스를 사용해서 작업하는 것보다 단축키를 적절하게 활용하면 작업 속도를 크게 향상시킬 수 있습니다. 모든 단축키를 외울 필요는 없지만, 엑셀 작업할 때는 데이터 입력과 선택에 대한 단축키를 꼭 익혀두어야 합니다.

● **참고파일** : 1장\엑셀\섹션01\엑셀기본단축키.xlsx

단축키	기능	단축키	기능
Ctrl+Spacebar	열 전체 선택	Shift+Spacebar	행 전체 선택
Ctrl+PgUp	왼쪽 시트로 이동	Shift+PgUp	한 화면의 위까지 선택
Ctrl+PgDn	오른쪽 시트로 이동	Shift+PgDn	한 화면의 아래까지 선택
Ctrl+방향키(→, ←, ↑, ↓)	연속된 셀의 끝까지 이동	Shift+방향키(→, ←, ↑, ↓)	한 셀씩 선택
Ctrl+Shift+방향(→, ←, ↑, ↓)	모든 데이터 선택	Alt+'	스타일 지정
Alt+Shift+→	행/열 그룹화하기	Alt+Shift+←	행/열 그룹 해제
Shift+Home	선택 셀에서 해당 항목의 처음까지 선택	Shift+End	선택 셀에서 해당 항목의 끝까지 선택
Ctrl+Shift+!	통화(쉼표) 스타일 지정	Ctrl+Shift+#	날짜 서식 지정
Ctrl+Shift+$	통화(기호) 서식 지정	Ctrl+Shift+%	백분율 서식 지정
Ctrl+Shift+&	셀에 테두리 지정	Ctrl+Shift+*	현재 영역 선택하기(Ctrl+A)
Ctrl+Shift+_	셀에 테두리 제거	Ctrl+Shift+(	선택 영역 안의 숨김 행 모두 취소
Ctrl+(	선택 영역의 행 숨기기	Ctrl+Shift++	삽입하여 붙여넣기
Ctrl+'(작은따옴표)	윗 셀을 복사&붙여넣기	Ctrl+:	현재 시간 입력
Ctrl+`	셀 값과 수식 표시줄 간 전환	Ctrl+;	현재 날짜 입력

07 엑셀 옵션 초기화하기

기능	방법
[레지스트리 편집기] 창	[실행] 대화상자 → 『regedit』 입력
옵션 초기화	[레지스트리 편집기] 창 → 경로에서 마우스 오른쪽 단추 → [이름 바꾸기]
빠른 실행 도구 모음 초기화	[Excel 옵션] 창 → [빠른 실행 도구 모음] 범주 → [원래대로] → [빠른 실행 도구 모음만 다시 설정], [모든 사용자 지정 다시 설정]
빠른 실행 도구 모음을 리본 메뉴의 위에 표시	[빠른 실행 도구 모음 사용자 지정] 단추(▼) → [리본 메뉴 위에 표시]

1 윈도우의 [시작] 단추(⊞)에서 마우스 오른쪽 단추를 클릭하고 [실행]을 선택하거나 ⊞+R을 누릅니다.

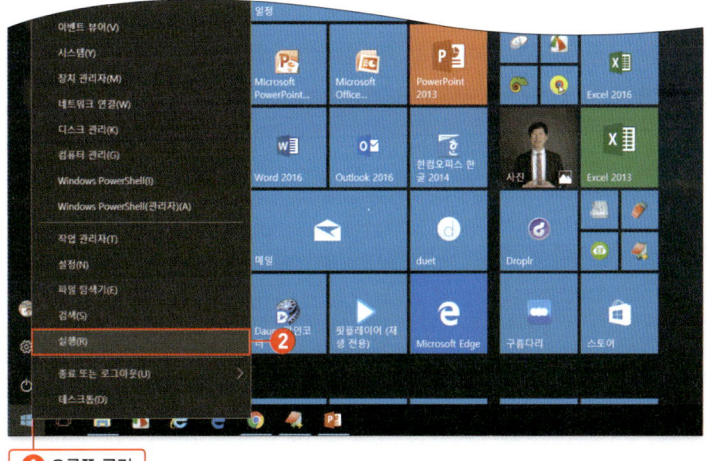

❶ 오른쪽 클릭

2 [실행] 대화상자가 나타나면 '열기'에 『regedit』를 입력하고 [확인]을 클릭합니다.

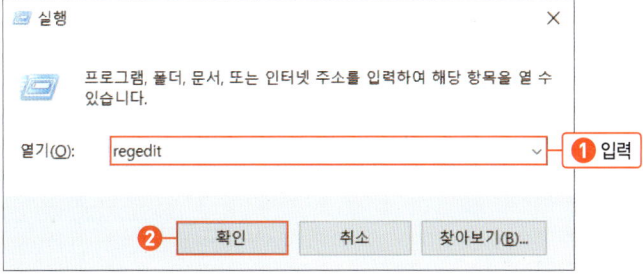

❶ 입력
❷ 확인

3 [사용자 계정 컨트롤] 대화상자가 나타나면 [예]를 클릭합니다.

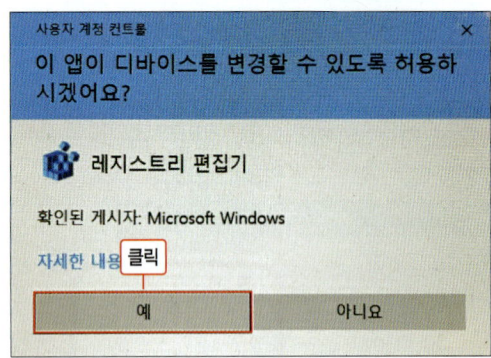

4 [레지스트리 편집기] 창이 나타나면 '컴퓨터\HKEY_CURRENT_USER\Software\Microsoft\Office\16.0\Excel' 경로로 이동하여 'Excel'에서 마우스 오른쪽 단추를 클릭하고 [이름 바꾸기]를 선택합니다.

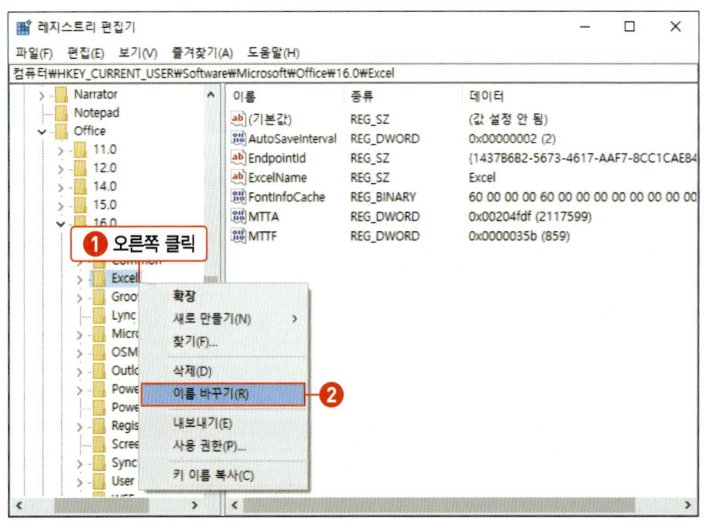

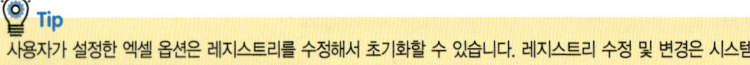

Tip
사용자가 설정한 엑셀 옵션은 레지스트리를 수정해서 초기화할 수 있습니다. 레지스트리 수정 및 변경은 시스템에 영향을 줄 수 있기 때문에 이 작업에 익숙하지 않은 사용자들에게는 추천하지 않습니다. 파일 경로 중에서 '16.0'은 사용중인 오피스 버전을 표시한 것입니다.
• 2007 버전 : 12.0   • 2010 버전 : 14.0   • 2013 버전 : 15.0   • 2016, 2019, M365 버전 : 16.0

5 경로에서 'Excel'을 'Excel_Backup'으로 수정하고 [레지스트리 편집기] 창을 종료합니다.

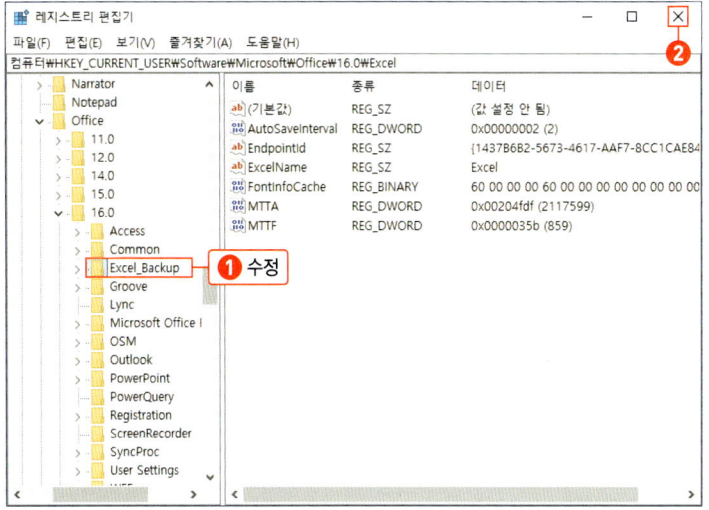

Tip
경로에서 'Excel'을 삭제하지 않고 이름을 변경하는 이유는 레지스트리를 변경해서 오류가 발생할 경우 원래의 상태로 되돌리기 위해 백업용 파일로 만드는 것입니다.

6 엑셀을 실행하고 옵션을 살펴보면 새로 추가한 빠른 실행 도구 모음과 [데이터 분석 추가 기능]을 제외하고는 모두 초기화되었습니다. 빠른 실행 도구 모음을 초기화하기 위해 [파일] 탭-[옵션]을 선택하여 [Execl 옵션] 창을 나타내고 [빠른 실행 도구 모음] 범주에서 '사용자 지정'의 [원래대로]를 클릭한 후 [빠른 실행 도구 모음만 다시 설정] 또는 [모든 사용자 지정 다시 설정]을 선택합니다.

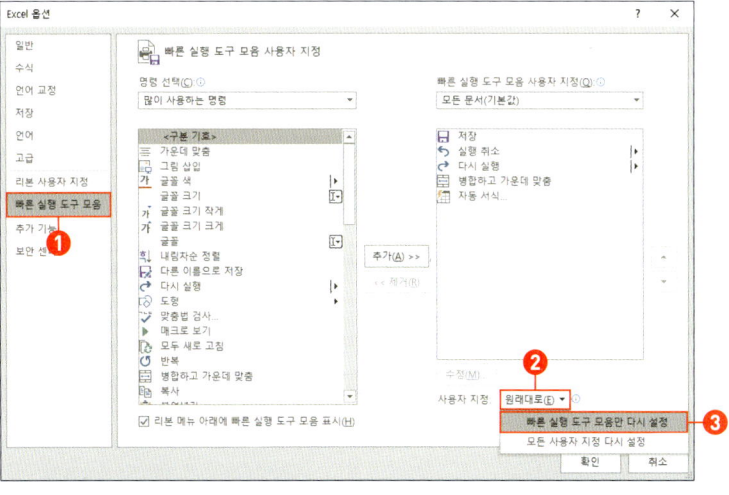

7 '모든 문서에서 공유된 빠른 실행 도구 모음을 기본 콘텐츠로 복원하시겠습니까?'라고 묻는 메시지 창이 나타나면 [예]를 클릭합니다. [Excel 옵션] 창으로 되돌아오면 [확인]을 클릭합니다.

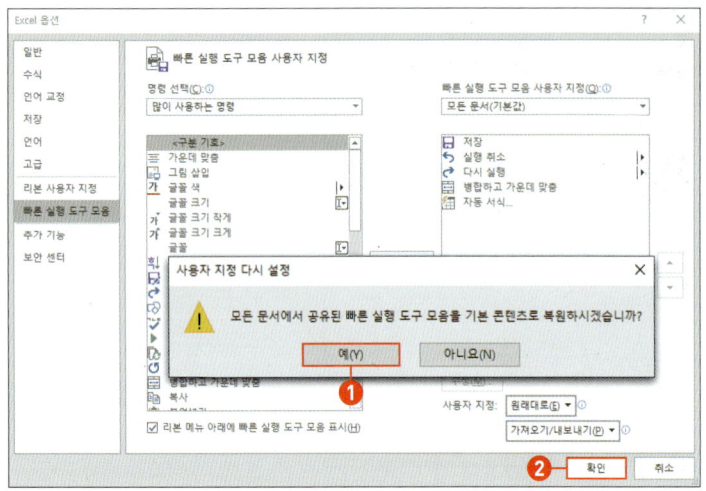

8 엑셀을 다시 실행하면 모든 설정을 초기화한 후에도 21쪽에서 추가한 [Power Pivot] 탭은 남아 있고 빠른 실행 도구 모음도 리본 메뉴의 아래쪽에 표시되어 있습니다. 빠른 실행 도구 모음을 리본 메뉴의 위에 표시하려면 [빠른 실행 도구 모음 사용자 지정] 단추(▼)를 클릭하고 [리본 메뉴 위에 표시]를 선택합니다.

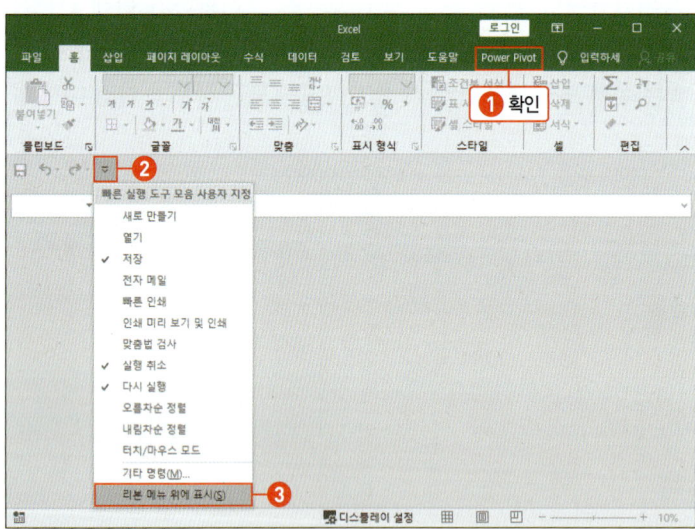

08 데이터 선택과 이동 방법 쉽게 익히기

기능	방법
1씩 증가하는 데이터 입력	Ctrl + 자동 채우기 핸들
데이터나 함수 결과값 일괄 입력	Ctrl + Enter
하나의 표에만 행 삽입	Shift + 자동 채우기 핸들
마지막 열/행까지 빠르게 이동	Ctrl + 방향키(←, →, ↑, ↓)
연속 범위 선택	Ctrl + Shift + 방향키(←, →, ↑, ↓)
선택 영역의 맨 앞/맨 뒤로 이동	Ctrl + .
셀 추적해 수식 점검	F2 또는 Ctrl + /
셀 계산 값 빠르게 확인	상태 표시줄에서 확인

1 1씩 증가하는 데이터를 쉽게 입력하기 – Ctrl + 자동 채우기 핸들

'데이터입력.xlsx'에서 순번 '1'이 입력된 B4셀을 클릭한 후 Ctrl 을 누른 상태에서 셀의 오른쪽 아래에 있는 자동 채우기 핸들(+)의 위에 마우스 포인터를 올려놓습니다. 마우스 포인터가 ✚ 모양으로 바뀌면 B13셀까지 드래그하세요. 그러면 숫자가 하나씩 증가하면서 순번이 자동으로 채워집니다.

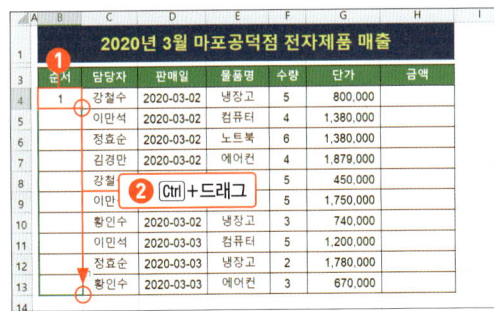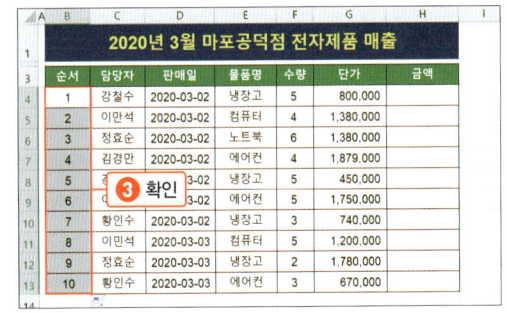

▲ Ctrl + 자동 채우기 핸들을 드래그해 데이터를 1씩 증가시키기

2 데이터나 함수 결과값을 일괄적으로 입력하기 – Ctrl + Enter

'일괄입력.xlsx'에서 금액을 계산할 H4:H13 범위를 선택합니다. 수식 입력줄에 『=F4*G4』를 입력하고 Ctrl + Enter 를 누르면 H4:H13 범위에 수량과 단가가 곱해진 값이 일괄적으로 입력됩니다.

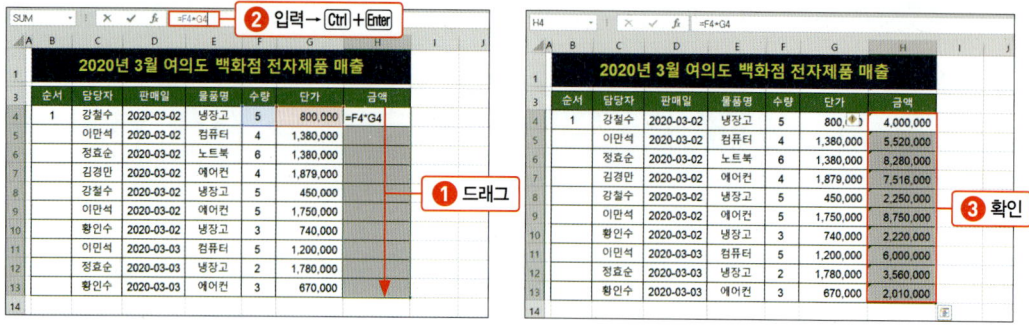

▲ H4:H14 범위에 수식 입력 후 Ctrl + Enter 를 눌러 일괄적으로 결과값 구하기

3 여러 개의 표 중 하나의 표에만 행 삽입하기 – Shift + 자동 채우기 핸들

워크시트에 여러 개의 표가 있는 경우 다른 표에는 영향을 미치지 않고 하나의 표에만 행을 삽입할 수 있습니다. '행삽입.xlsx'에서 지역별 표에서 A5:B5 범위를 선택하고 Shift 를 누른 상태에서 셀 범위의 오른쪽 아래에 있는 자동 채우기 핸들을 B8셀까지 드래그합니다. 그러면 주변 표에는 영향을 미치지 않고 지역별 표의 행만 삽입됩니다.

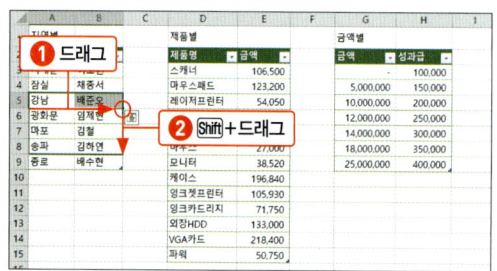
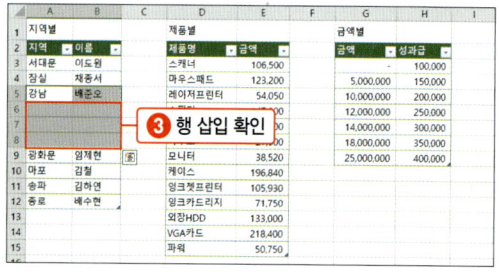

▲ Shift + 자동 채우기 핸들을 드래그해 행 삽입하기

4 마지막 열/행까지 빠르게 이동하기 – Ctrl + 방향키

워크시트에 포함된 데이터 행과 열의 개수가 많을 때는 열 데이터 또는 행 데이터의 선택이 쉽지 않습니다. '셀이동.xlsx'에서 B2셀을 클릭한 후 Ctrl + ↓ 를 누르면 B열의 마지막 행인 B240001셀로 한 번에 이동합니다. 이와 같이 Ctrl + 방향키(→, ←, ↑, ↓)를 누르면 원하는 방향의 마지막 셀로 빠르게 이동할 수 있습니다.

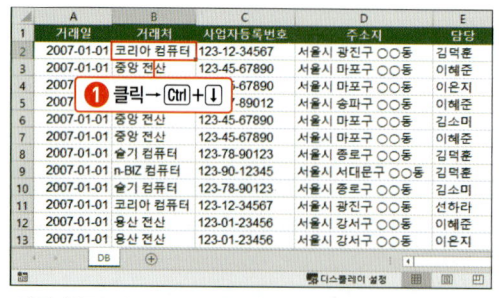

▲ Ctrl + ↓ 를 눌러 마지막 셀로 빠르게 이동하기

5 연속 범위 선택하기 – Ctrl + Shift + 방향키

데이터 합계나 기타 계산을 위해 데이터 범위를 빠르게 선택할 경우가 있습니다. '연속선택.xlsx'에서 L열의 금액 총합을 계산하기 위해 L1셀을 클릭하고 Ctrl + ↓ 를 눌러 L240001셀로 한 번에 이동합니다.

 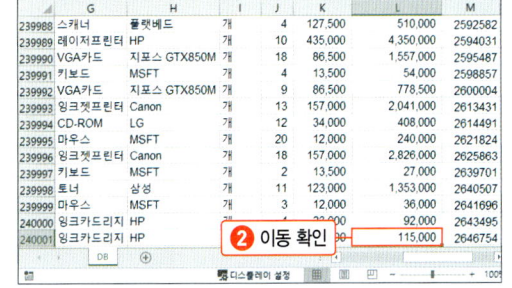

▲ Ctrl + ↓ 를 눌러 L240001셀로 이동하기

다시 ↓ 를 눌러 L240002셀을 선택하고 『=SUM(』를 입력한 후 L240001셀을 클릭합니다. 이 상태에서 Ctrl + Shift + ↑ 를 누르면 L240001셀부터 위쪽으로 연속된 열의 맨 처음 셀인 L1셀까지 한 번에 선택됩니다.

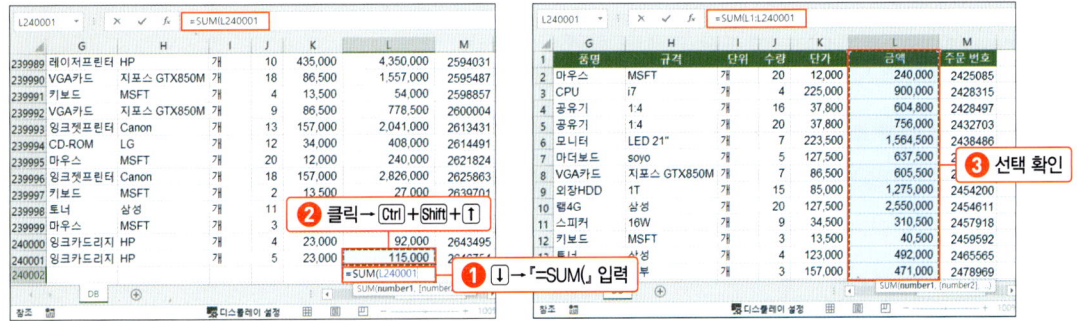

▲ 『=SUM(』 입력 후 Ctrl + Shift + ↑ 눌러 연속된 열을 한 번에 선택하기

표의 머리글인 L1셀의 '금액'은 합계 계산에 포함되면 안 되므로 Shift + ↓ 를 눌러 선택에서 제외하고 Enter 를 누르면 L240002셀에 합계가 계산됩니다.

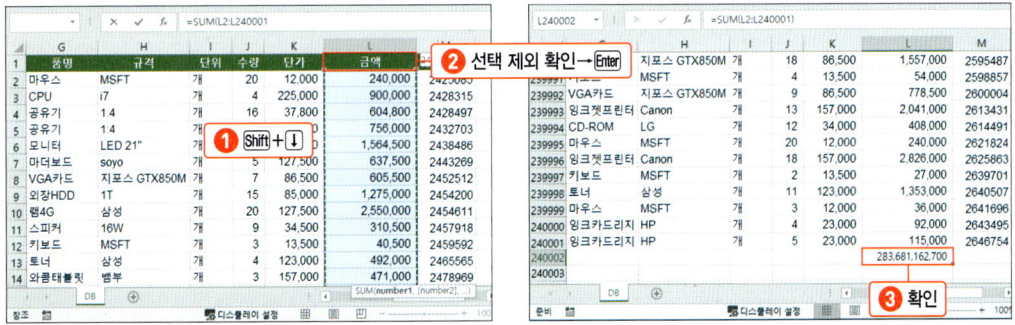

▲ Shift + ↓ 를 눌러 선택에서 제외하고 Enter 누르기

6 선택 영역의 맨 앞/맨 뒤로 이동하기 – Ctrl + .

Ctrl + Shift + 방향키(→, ←, ↑, ↓)를 눌러 연속된 데이터 범위를 선택하고 맨 앞/맨 뒤의 셀로 이동하려면 Ctrl + . 를 눌러야 합니다. '연속선택영역.xlsx'에서 L2셀을 클릭한 후 Ctrl + Shift + ↓를 눌러 L240001셀까지 선택합니다. 이 상태에서 Ctrl + . 를 2번 누르면 L2셀로 이동합니다.

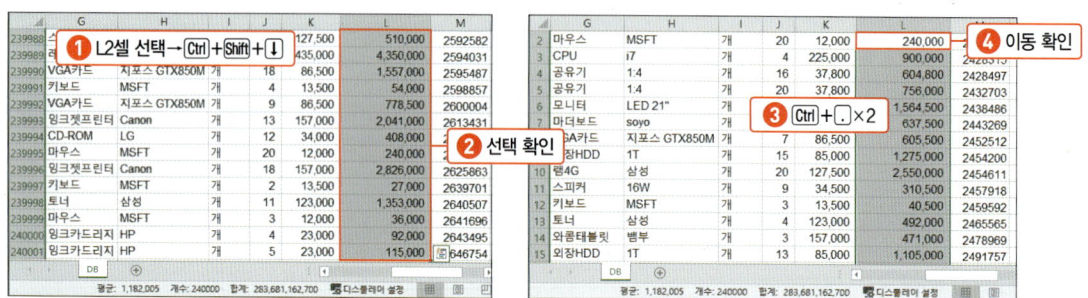

▲ Ctrl + Shift + ↓ → Ctrl + . 2번 눌러 L2셀로 이동하기

> **Tip**
> Ctrl + . 를 눌러 선택 영역의 앞뒤로 이동할 때 선택된 영역은 해제되지 않습니다.

7 셀 추적해 수식 점검하기 – F2 또는 Ctrl + [

워크시트에서 수식과 함수를 이용한 셀을 포함하고 있는 경우 수식은 제대로 입력되었는지, 어느 셀을 참조로 하는지 확인해야 합니다. '수식확인.xlsx'에서 G5셀을 클릭한 후 F2 를 누르면 수식이 표시됩니다. G8셀을 클릭하고 Ctrl + [를 누르면 G8셀의 수식에 참조한 C8셀과 F8셀이 선택되어 표시됩니다.

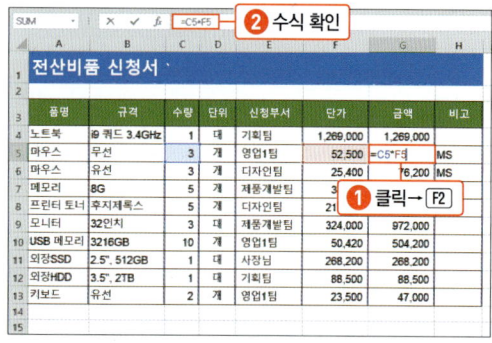 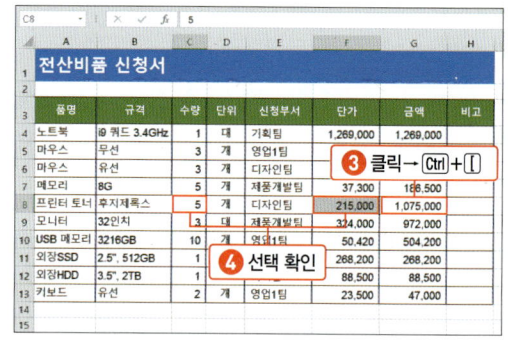

▲ F2 와 Ctrl + [눌러 수식과 참조 셀 표시하기

G10셀을 클릭하고 [수식] 탭-[수식 분석] 그룹에서 [참조되는 셀 추적]을 클릭하면 워크시트에 참조되는 셀에 연결선이 표시됩니다.

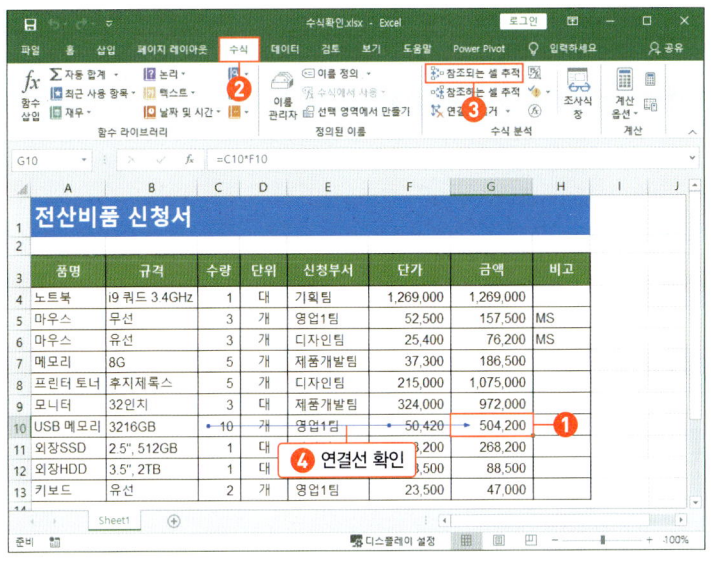
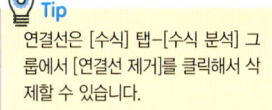

▲ 참조되는 셀 추적해 연결선 표시하기

8 셀 계산 값 빠르게 확인하기 – 상태 표시줄에서 확인

선택한 셀 값의 합계 등 간단하게 계산할 경우에는 일일이 공식을 입력하는 것보다 해당 셀을 클릭한 후 워크시트의 아래쪽에 있는 상태 표시줄에서 결과값을 확인하면 됩니다. 상태 표시줄에는 평균 값, 선택된 셀 개수, 합계 등이 표시되어 편리합니다. '빠른셀계산.xlsx'에서 최대값을 구하려는 셀 범위를 선택하고 상태 표시줄에서 마우스 오른쪽 단추를 클릭하면 최소값, 최대값 등이 표시됩니다. 여기에서 계산 값을 설정하고 상태 표시줄에 표시할 정보를 추가할 수 있습니다.

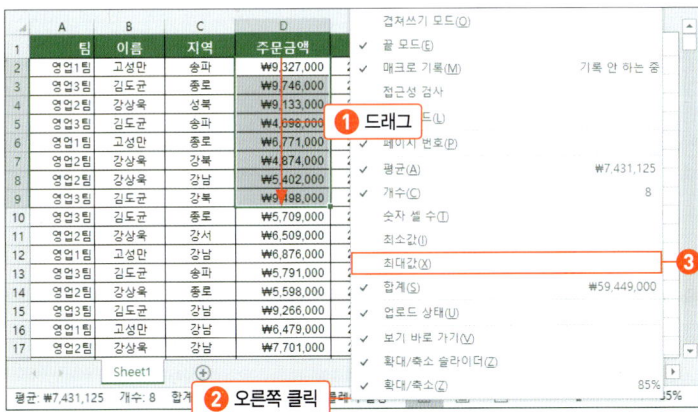

▲ 셀 범위 선택 후 상태 표시줄에서 최대값 구하기

표에 한 행씩 빈 행 추가하기

기능	방법
숫자 오름차순 정렬	[데이터] 탭–[정렬 및 필터] 그룹–[숫자 오름차순 정렬]
테두리	[홈] 탭–[글꼴] 그룹–[테두리]–[모든 테두리]
내용 지우기	[홈] 탭–[편집] 그룹–[지우기]–[내용 지우기]

1 [Sheet1] 시트의 '비고' 항목에 일련번호를 입력하기 위해 I4셀에는 『1』을, I5셀에는 『2』를 입력합니다. I4:I5 범위를 선택하고 I5셀의 자동 채우기 핸들을 I16셀까지 드래그합니다.

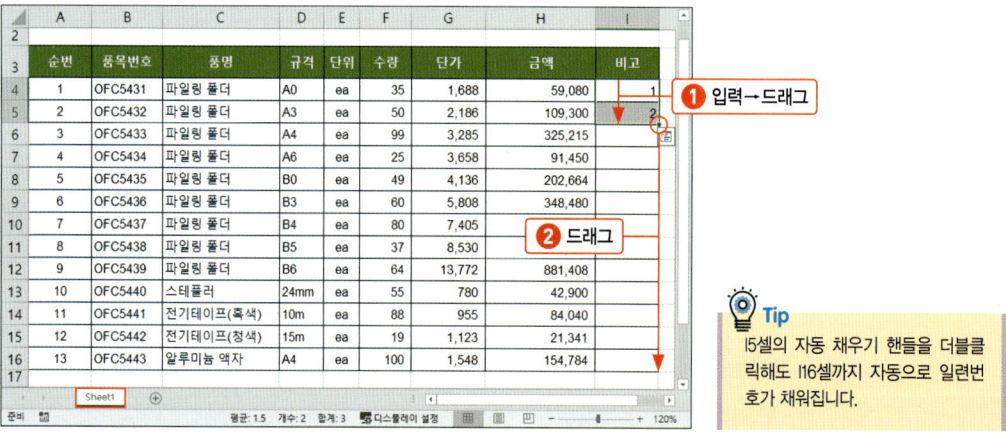

Tip
I5셀의 자동 채우기 핸들을 더블클릭해도 I16셀까지 자동으로 일련번호가 채워집니다.

2 I4:I16 범위에 자동으로 일련번호가 입력되었는지 확인합니다.

3 I4:I16 범위를 선택한 상태에서 마우스 오른쪽 단추를 클릭하고 [복사]를 선택하여 일련번호를 복사합니다.

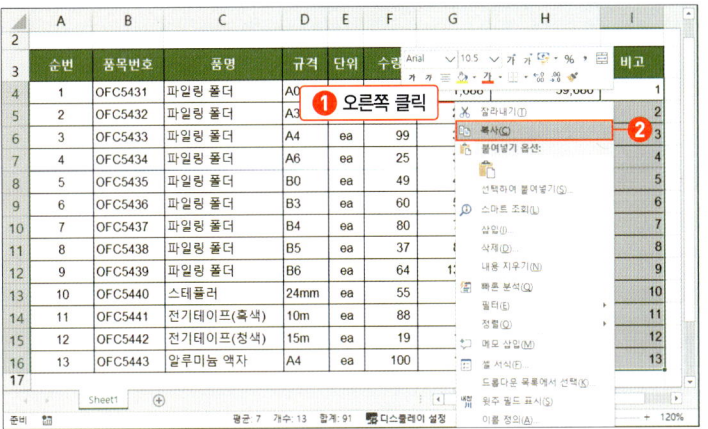

4 I17셀에서 마우스 오른쪽 단추를 클릭하고 '붙여넣기 옵션'의 [붙여넣기]()를 클릭합니다.

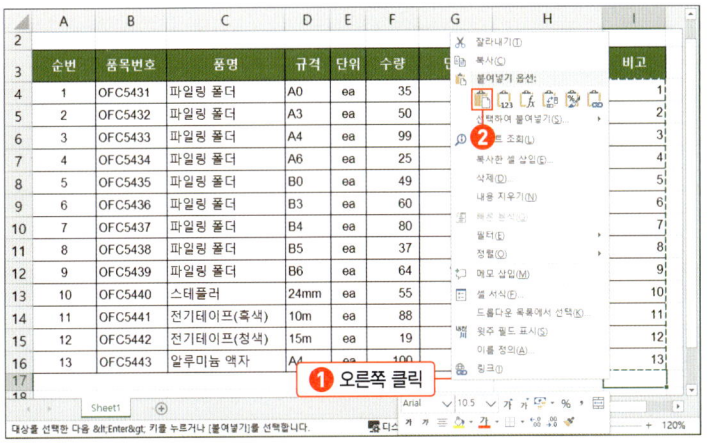

5 I17셀부터 일련번호가 붙여넣어지면 Esc 를 눌러 점선으로 표시된 선택 영역을 해제하고 다른 셀을 클릭하여 복사한 범위의 선택도 해제합니다.

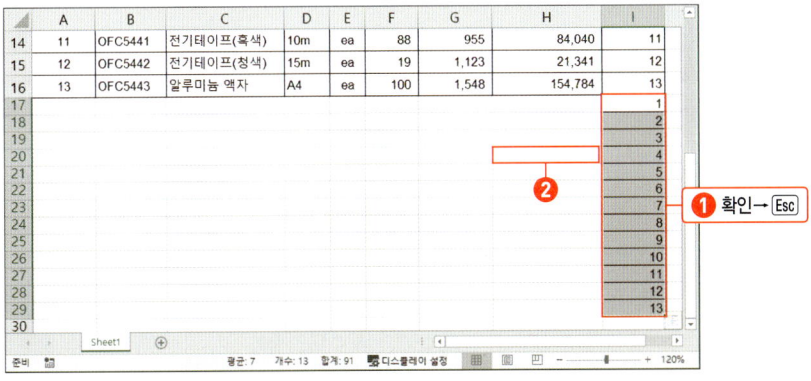

6 I4셀을 클릭하고 [데이터] 탭-[정렬 및 필터] 그룹에서 [숫자 오름차순 정렬]을 클릭합니다.

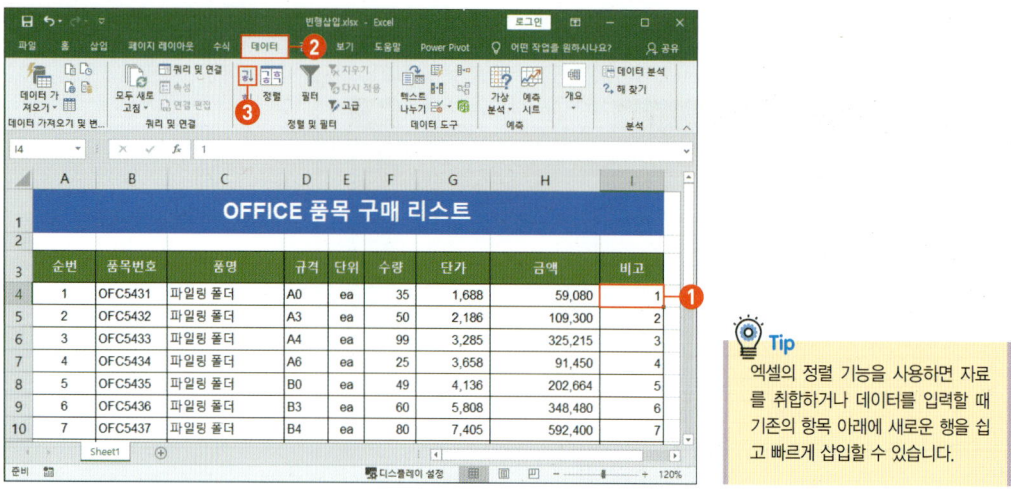

Tip
엑셀의 정렬 기능을 사용하면 자료를 취합하거나 데이터를 입력할 때 기존의 항목 아래에 새로운 행을 쉽고 빠르게 삽입할 수 있습니다.

7 숫자가 오름차순 정렬되면서 한 행씩 추가되면 A4셀을 클릭합니다.

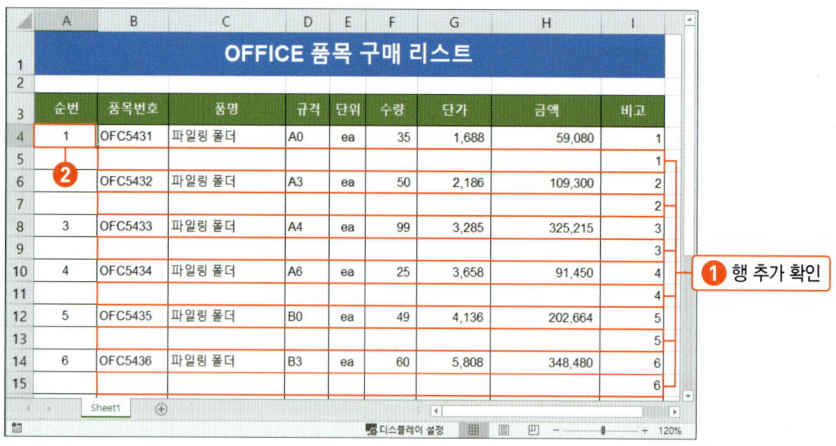

❶ 행 추가 확인

8 Shift를 누른 상태에서 마지막 데이터 셀인 I29셀을 클릭하여 전체 데이터 범위(A4:I29)를 선택합니다.

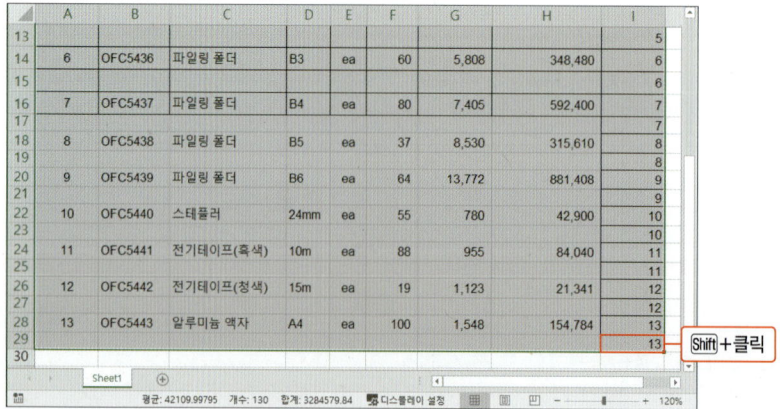

9 [홈] 탭-[글꼴] 그룹에서 [테두리]의 내림 단추(▼)를 클릭하고 [모든 테두리]를 선택합니다.

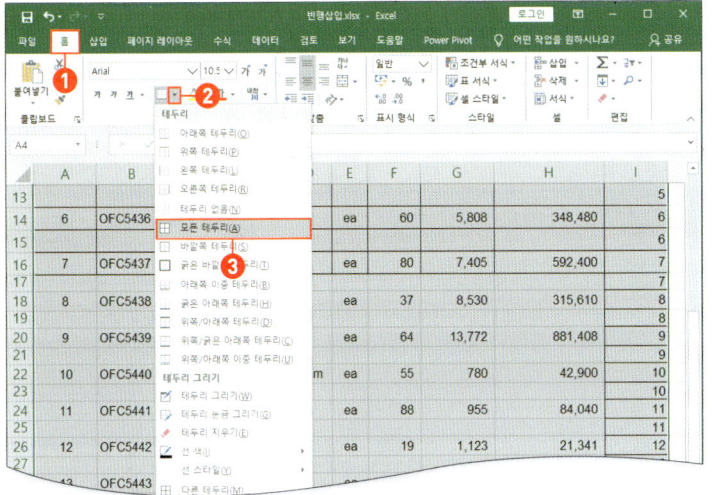

10 '비고' 항목의 일련번호 영역인 I4셀을 클릭하고 Ctrl+Shift+↓를 눌러 I29셀까지 한 번에 범위를 선택합니다. [홈] 탭-[편집] 그룹에서 [지우기]를 클릭하고 [내용 지우기]를 선택합니다.

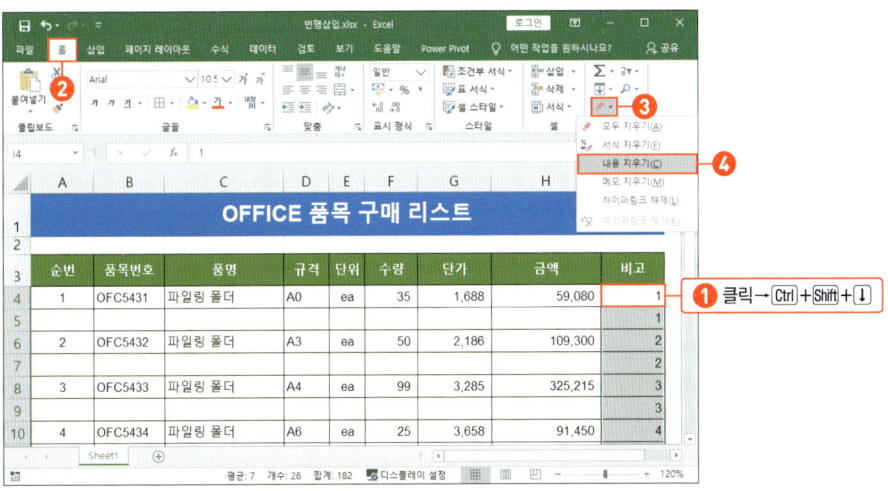

11 '비고' 항목의 숫자 데이터를 지웠으면 하나의 셀을 클릭하여 선택한 범위를 해제합니다.

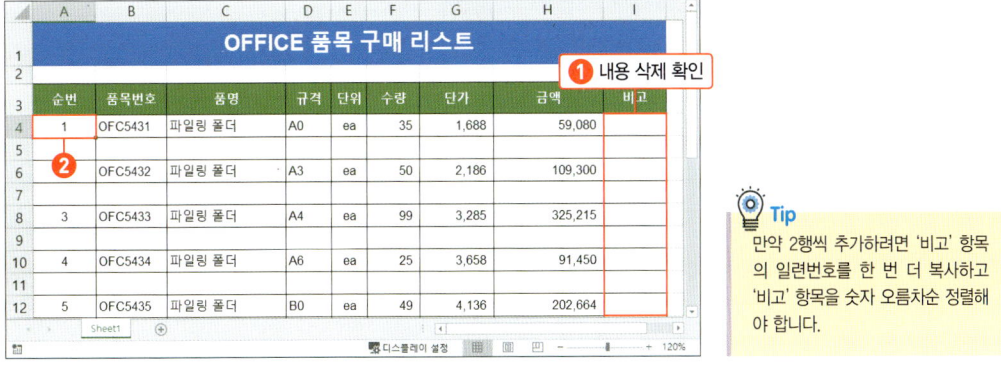

Tip
만약 2행씩 추가하려면 '비고' 항목의 일련번호를 한 번 더 복사하고 '비고' 항목을 숫자 오름차순 정렬해야 합니다.

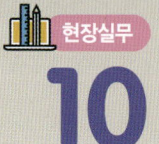

데이터 목록 삭제해도 자동으로 순번 채우기 – ROW 함수

기능	방법
데이터 목록 삭제	범위 선택 → 마우스 오른쪽 단추 → [내용 지우기]
자동으로 순번 채우기	ROW(선택 요소)

1 [Sheet1] 시트에서 A4:A16 범위를 선택하고 마우스 오른쪽 단추를 클릭한 후 [내용 지우기]를 선택합니다.

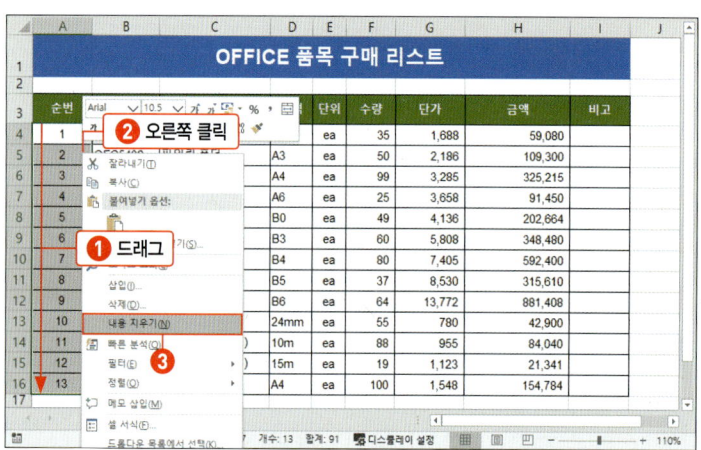

> **Tip**
> [홈] 탭-[편집] 그룹에서 [지우기]를 클릭한 후 [내용 지우기]를 선택해도 됩니다.

2 A4셀을 클릭하고 『=ROW()-3』을 입력한 후 Enter 를 누릅니다.

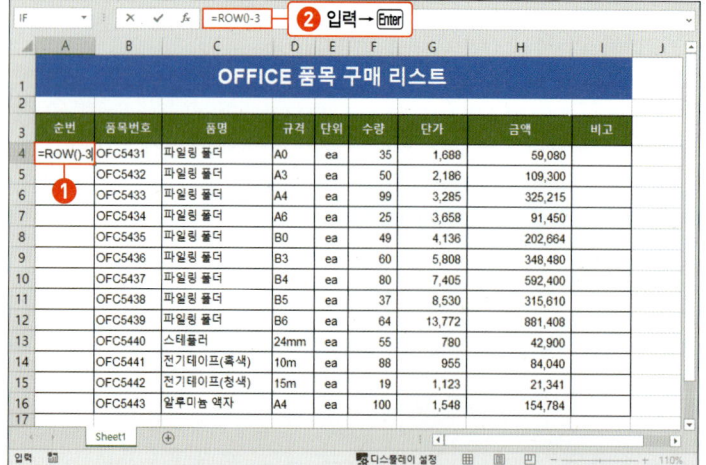

> **Tip**
> ROW 함수는 참조 행을 구하는 함수로, ROW 함수와 함께 입력한 3에 해당하는 값은 순번에서 첫 번째에 해당하는 행 번호보다 하나 작은 수입니다. 순번의 숫자를 삭제하거나 수정할 경우 ROW 함수를 이용해 순번을 입력하면 중간에 숫자가 삭제되어도 자동으로 채워집니다.

3 A4셀에 결과값이 구해졌으면 A4셀의 자동 채우기 핸들을 더블클릭하여 '순번' 항목의 모든 데이터를 자동으로 채웁니다.

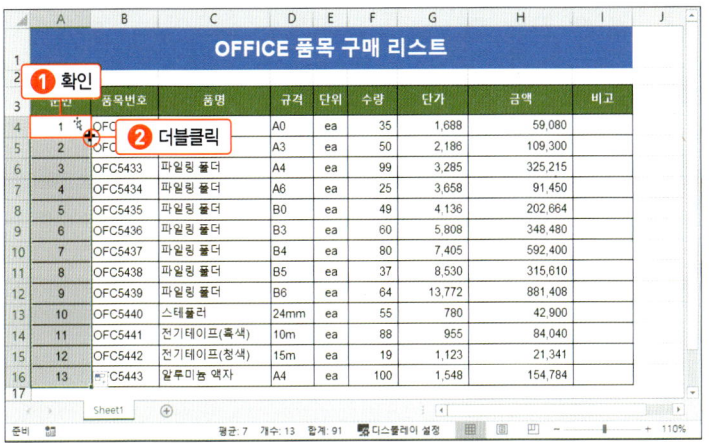

4 목록이 삭제되어도 자동으로 순번이 채워지는지 확인해 보겠습니다. 순번 6번 행인 9행 머리글에서 마우스 오른쪽 단추를 클릭하고 [삭제]를 선택합니다.

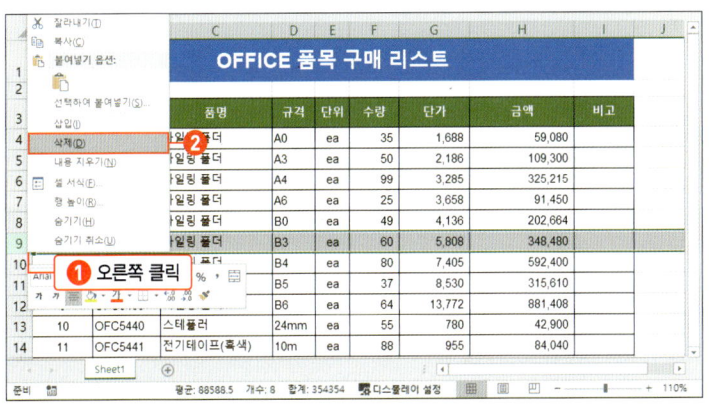

5 6번 행이 삭제되었지만 순번이 자동으로 채워져서 다시 순번을 수정할 필요가 없습니다.

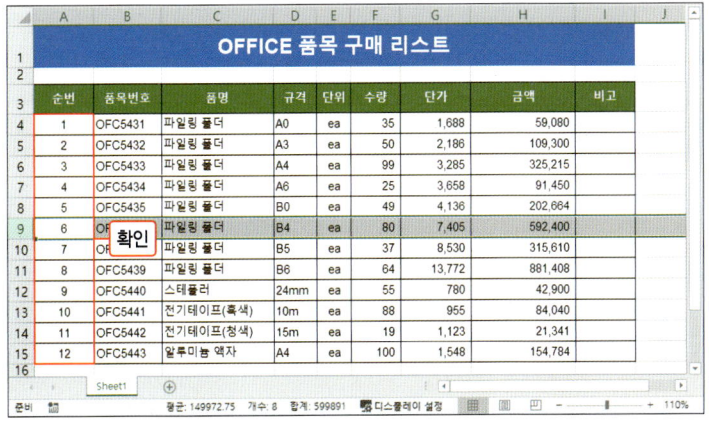

> **Tip**
> 행을 삽입한다고 자동으로 순번이 채워지지 않습니다. 새롭게 삽입된 행의 '순번' 항목에는 값이 비워져 있지만, '순번' 항목에 데이터가 이미 있으면 순번이 변동되어 적용됩니다. 삽입한 행에서 비워져 있는 셀에만 데이터를 입력하면 되므로 나머지 순번을 모두 바꾸는 것보다 훨씬 편리합니다.

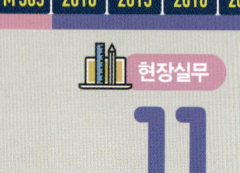

값이 변경된 셀만 선택하기

기능	방법
데이터 이동	[홈] 탭-[편집] 그룹-[찾기 및 선택]-[이동]
변경된 데이터 찾기	[이동 옵션] 대화상자 → [동일 행에서 값이 다른 셀]

1 [Sheet1] 시트에서 변경된 값을 찾을 영역부터 선택하기 위해 수정본의 '수량' 항목인 P4:P15 범위를 선택합니다. Ctrl 을 누른 상태에서 원본의 '수량' 항목인 F4:F15 범위를 선택합니다.

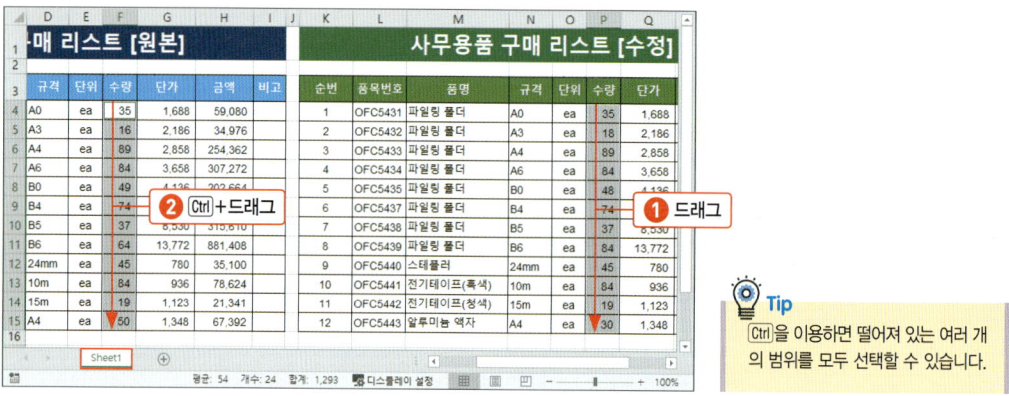

> **Tip**
> Ctrl 을 이용하면 떨어져 있는 여러 개의 범위를 모두 선택할 수 있습니다.

2 [홈] 탭-[편집] 그룹에서 [찾기 및 선택]을 클릭하고 [이동]을 선택하거나 Ctrl + G 를 누릅니다.

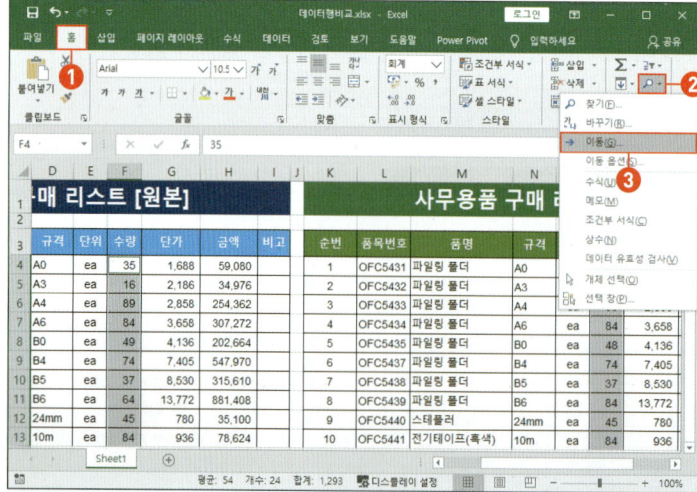

3 [이동] 대화상자가 나타나면 [옵션]을 클릭합니다. [이동 옵션] 대화상자가 나타나면 [동일 행에서 값이 다른 셀]을 선택하고 [확인]을 클릭합니다.

 Tip
데이터 범위를 선택한 상태에서 [홈] 탭-[편집] 그룹의 [찾기 및 선택]을 클릭하고 [이동 옵션]을 선택해도 됩니다. 입금 확인이나 주소록 업데이트 확인, 각종 물품 재고 수량 비교 등 원본 데이터와 현재 데이터를 비교할 때 '이동 옵션' 기능을 이용하면 변경 데이터를 빠르게 찾을 수 있습니다.

4 원본 데이터와 값이 다르게 변경된 셀만 선택되었는지 확인합니다.

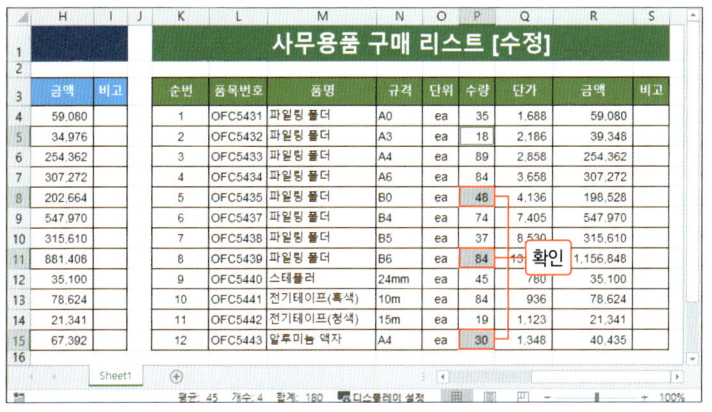

잠깐만요 :: 리본 메뉴와 빠른 실행 도구 모음의 단축키 표시하기

엑셀을 실행하고 Alt 를 누르면 리본 메뉴와 빠른 실행 도구 모음의 단축키가 표시됩니다. 빠른 실행 도구 모음의 경우는 Alt 를 누른 상태에서 각 도구에 표시된 숫자를 누르면 됩니다. 예를 들어 [저장](🖫)은 Alt + 1 을, [실행 취소](↶)는 Alt + 2 를 눌러 실행할 수 있습니다.

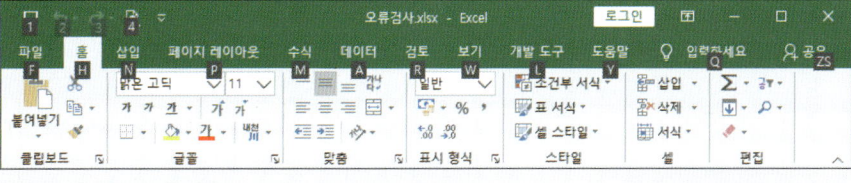

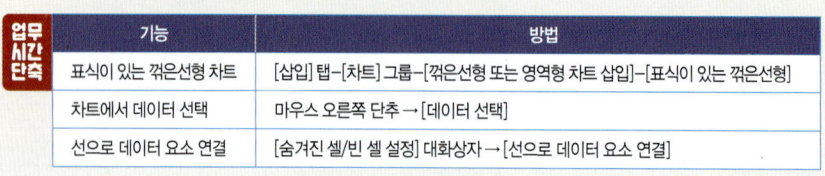

누락 정보 연결해 추이 그래프 완성하기

기능	방법
표식이 있는 꺾은선형 차트	[삽입] 탭-[차트] 그룹-[꺾은선형 또는 영역형 차트 삽입]-[표식이 있는 꺾은선형]
차트에서 데이터 선택	마우스 오른쪽 단추→[데이터 선택]
선으로 데이터 요소 연결	[숨겨진 셀/빈 셀 설정] 대화상자→[선으로 데이터 요소 연결]

1 [Sheet1] 시트에서 표 데이터를 살펴보면 8월과 9월의 매출 데이터가 누락되어 있습니다. A3:B15 범위를 선택하고 [삽입] 탭-[차트] 그룹에서 [꺾은선형 또는 영역형 차트 삽입]을 클릭한 후 '2차원 꺾은선형'의 [표식이 있는 꺾은선형]을 클릭합니다.

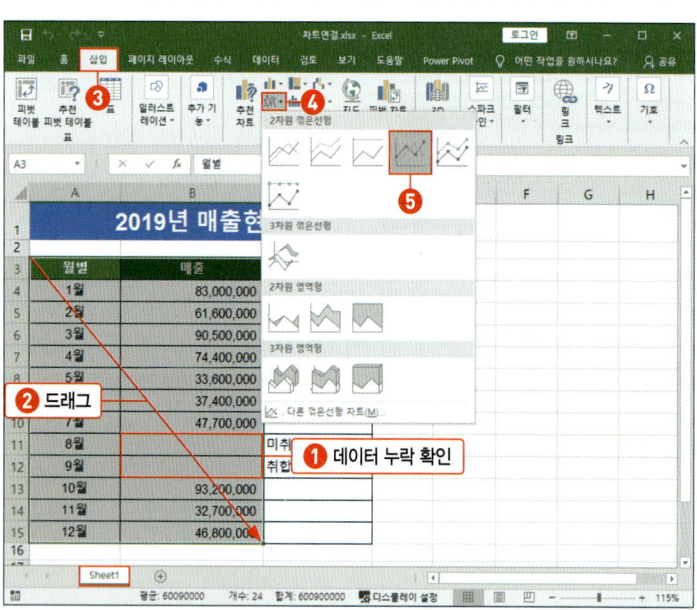

2 꺾은선형의 연결되지 않은 부분의 선을 매출 데이터가 취합되기 전까지 이어진 상태로 표현하려고 합니다. 차트 영역에서 마우스 오른쪽 단추를 클릭하고 [데이터 선택]을 선택합니다.

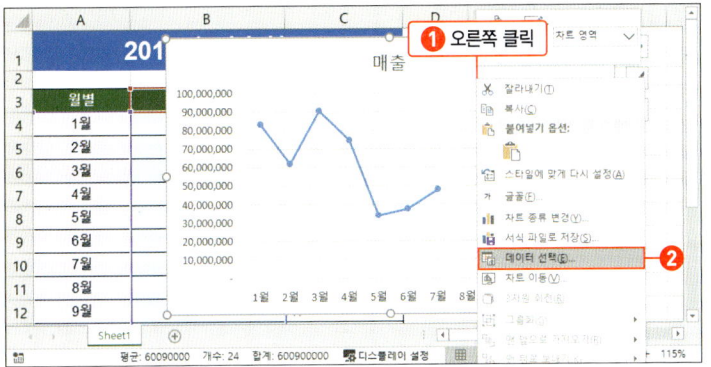

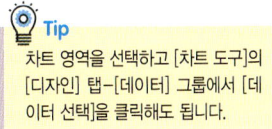

> **Tip**
> 차트 영역을 선택하고 [차트 도구]의 [디자인] 탭-[데이터] 그룹에서 [데이터 선택]을 클릭해도 됩니다.

3 [데이터 원본 선택] 대화상자가 나타나면 [숨겨진 셀/빈 셀]을 클릭합니다. [숨겨진 셀/빈 셀 설정] 대화상자가 나타나면 '빈 셀 표시 형식'의 [선으로 데이터 요소 연결]을 선택하고 [확인]을 클릭합니다. [데이터 원본 선택] 대화상자로 되돌아오면 [확인]을 클릭합니다.

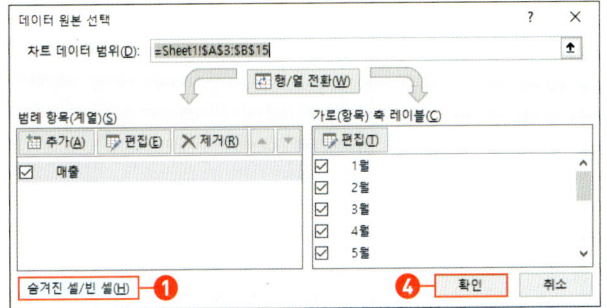

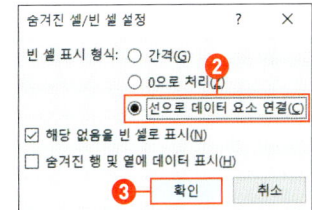

4 표 데이터에서 8월과 9월 정보가 누락되어 꺾은선형 그래프가 제대로 표시되지 않은 부분이 선으로 연결되어 표시되었는지 확인합니다.

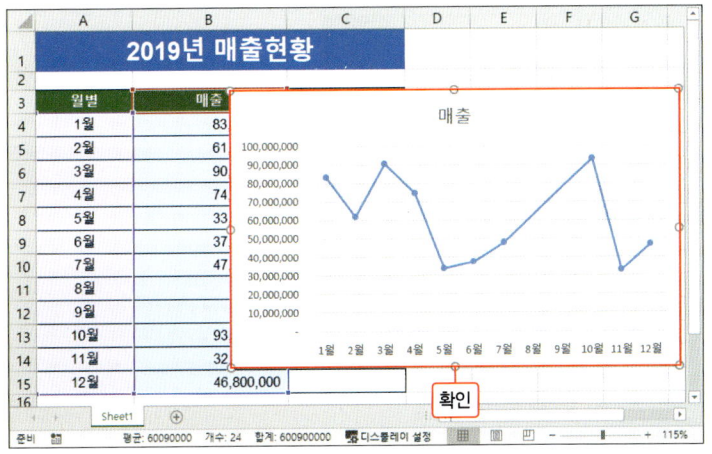

> **Tip**
> 데이터를 취합할 때 누락된 데이터의 빈 셀을 선으로 연결하여 표시할 수 있습니다. 하지만 이렇게 연결하면 데이터가 왜곡될 수 있으므로 급한 상황에서만 사용하고 빠르게 데이터를 취합하는 것을 권장합니다.

현장실무 13 | 조건부 서식 이용해 수치 데이터를 막대로 표현하기

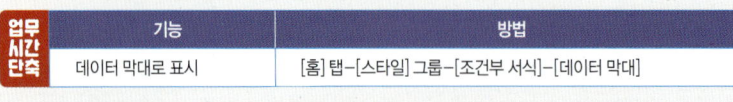

1 표 데이터를 그래프로 작성해도 되지만 수치 값을 시각화하여 전달해 보겠습니다. [성과급1] 시트에서 '대비율' 항목의 D4:D10 범위를 선택합니다.

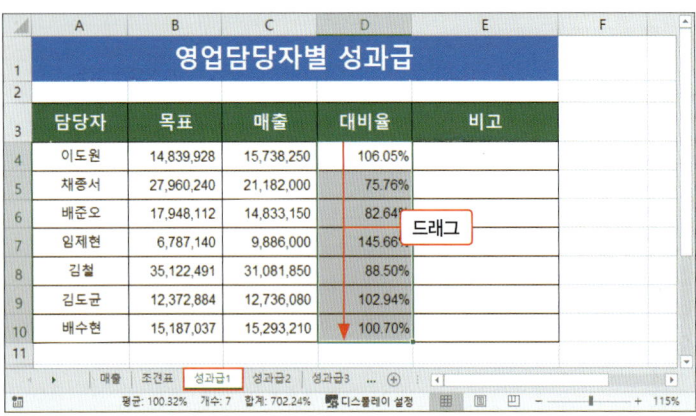

2 [홈] 탭-[스타일] 그룹에서 [조건부 서식]을 클릭하고 [데이터 막대]를 선택한 후 '단색 채우기'의 [녹색 데이터 막대]를 클릭하여 '대비율' 항목의 수치 값을 가장 큰 값을 기준으로 녹색 막대로 시각화합니다.

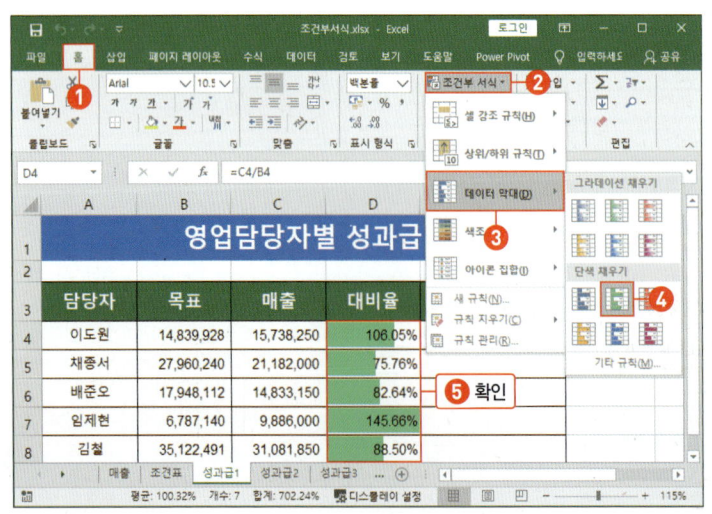

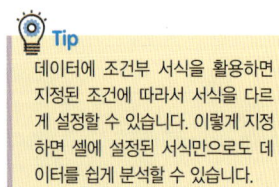

Tip
데이터에 조건부 서식을 활용하면 지정된 조건에 따라서 서식을 다르게 설정할 수 있습니다. 이렇게 지정하면 셀에 설정된 서식만으로도 데이터를 쉽게 분석할 수 있습니다.

3 '대비율' 항목인 D4:D10 범위의 오른쪽 아래에 나타나는 [빠른 분석] 단추()를 클릭하거나 Ctrl+Q를 누르고 [서식]의 [데이터 막대]를 클릭해도 '대비율' 항목의 수치 값을 시각화할 수 있습니다.

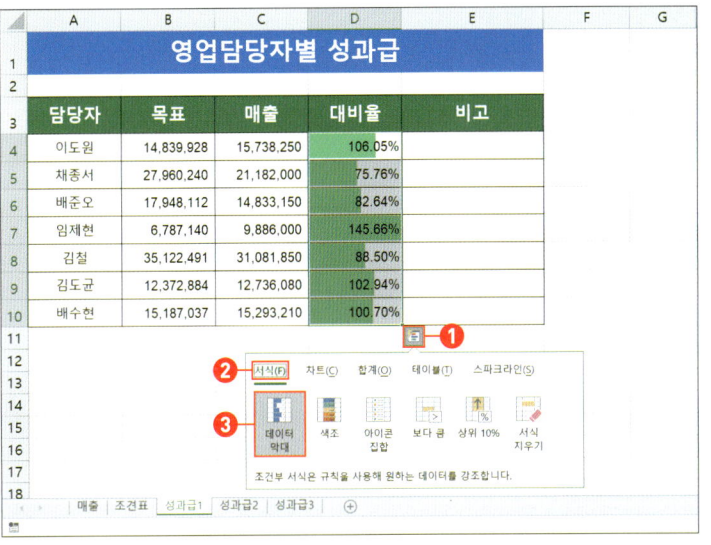

> **Tip**
> 데이터 막대의 색은 [홈] 탭-[스타일] 그룹에서 [조건부 서식]을 클릭하고 [데이터 막대]를 선택한 후 변경할 수 있습니다.

잠깐만요 :: 집계된 데이터 정보를 시각적으로 표현하기

마이크로소프트 오피스 2007 버전부터는 시각적인 부분이 가장 크게 향상되어 파워포인트에서는 스마트아트 기능이, 엑셀에서는 스파크라인 등의 기술이 좋아졌습니다. 이러한 기능은 아직 영어로만 지원하지만, Power BI(Business Intelligence, http://www.microsoft.com/en-us/powerbi/default.aspx) 기술이 엑셀과 연동되어 빅데이터와 시각화 기능이 더욱 강화되고 있습니다. Power BI나 복잡한 시각화 기법 외에 엑셀의 조건부 서식 기능을 이용하면 집계한 데이터에 대한 정보를 빠르게 시각화할 수 있습니다.

▲ 3D 맵 기능

데이터와 분리해 데이터 막대만 표시하기

기능	방법
[새 서식 규칙] 대화상자	[홈] 탭-[스타일] 그룹-[조건부 서식]-[데이터 막대]-[기타 규칙]
데이터 막대만 표시	[새 서식 규칙] 대화상자 → [막대만 표시]

1 조건부 서식을 사용하면 크기나 색으로 데이터를 쉽게 구분할 수 있지만, 셀에 있는 데이터가 가려져서 가독성이 떨어질 수 있으므로 데이터 막대를 다른 셀에 표시해 보겠습니다. [성과급2] 시트에서 E4셀을 클릭하고 D4셀 값과 똑같이 『=D4』를 입력한 후 Enter 를 누릅니다.

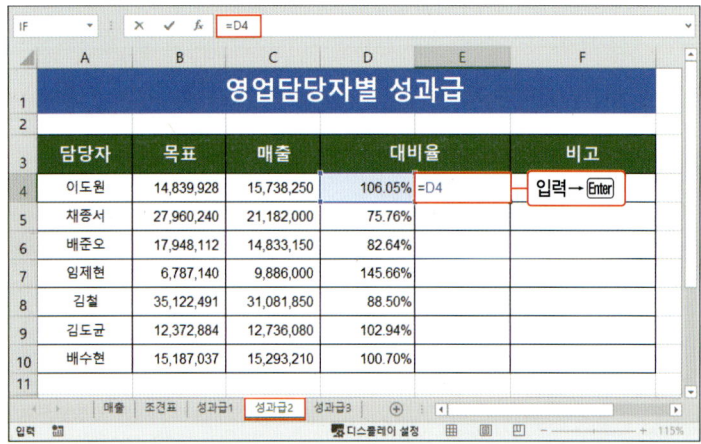

2 E4셀의 자동 채우기 핸들을 더블클릭하여 나머지 영역의 데이터를 자동으로 채웁니다.

3 새로 데이터가 채워진 E4:E10 범위를 선택한 상태에서 [홈] 탭-[스타일] 그룹의 [조건부 서식]을 클릭하고 [데이터 막대]-[기타 규칙]을 선택합니다.

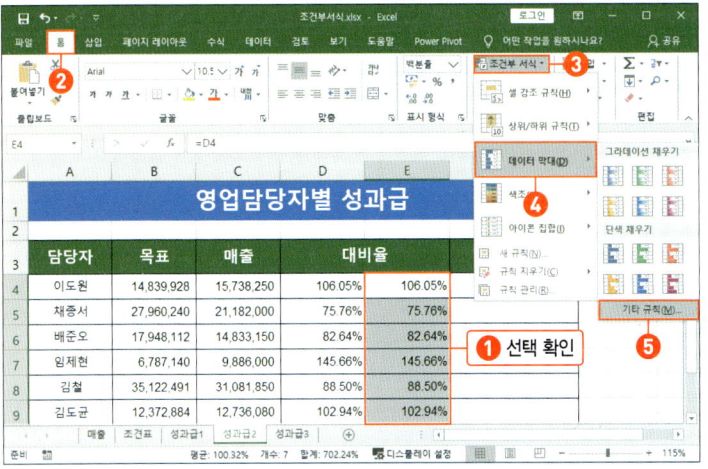

4 [새 서식 규칙] 대화상자가 나타나면 '규칙 설명 편집'에서 [막대만 표시]에 체크하고 [확인]을 클릭합니다.

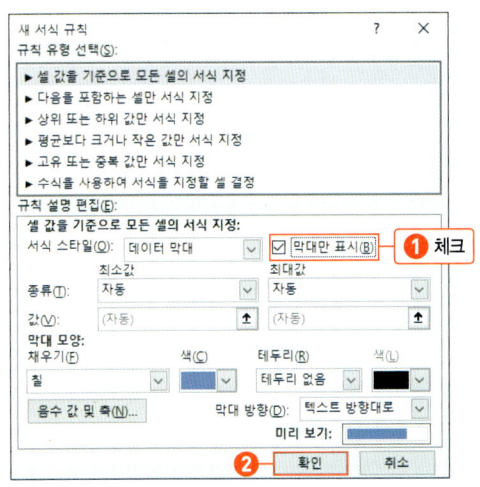

5 E4:E10 범위의 데이터가 막대로 표시되었는지 확인합니다.

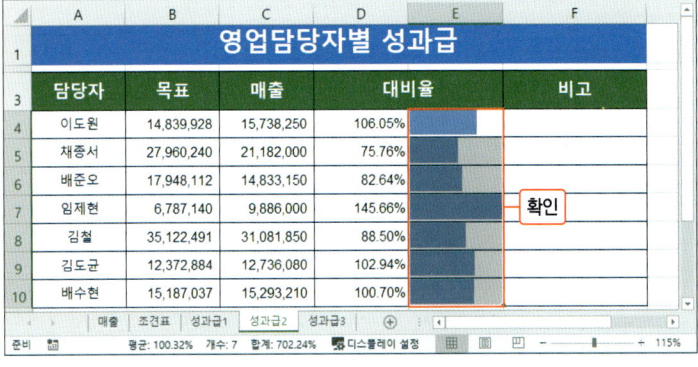

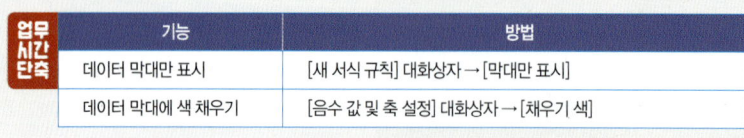

현장실무 15
데이터 막대로 매출 증감 표시하기

기능	방법
데이터 막대만 표시	[새 서식 규칙] 대화상자 → [막대만 표시]
데이터 막대에 색 채우기	[음수 값 및 축 설정] 대화상자 → [채우기 색]

1 [성과급3] 시트에서 '증감' 항목인 D4:D10 범위를 선택하고 [홈] 탭-[스타일] 그룹에서 [조건부 서식]을 클릭한 후 [데이터 막대]-[기타 규칙]을 선택합니다.

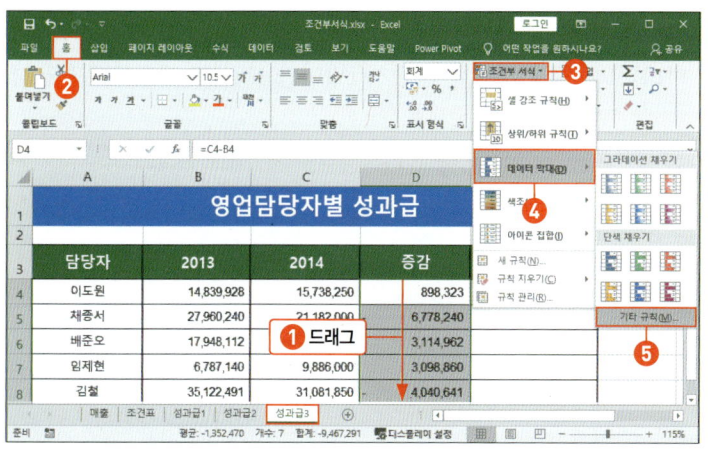

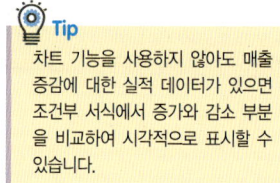

Tip
차트 기능을 사용하지 않아도 매출 증감에 대한 실적 데이터가 있으면 조건부 서식에서 증가와 감소 부분을 비교하여 시각적으로 표시할 수 있습니다.

2 [새 서식 규칙] 대화상자가 나타나면 '규칙 설명 편집'에서 [막대만 표시]에 체크하고 [음수 값 및 축]을 클릭합니다.

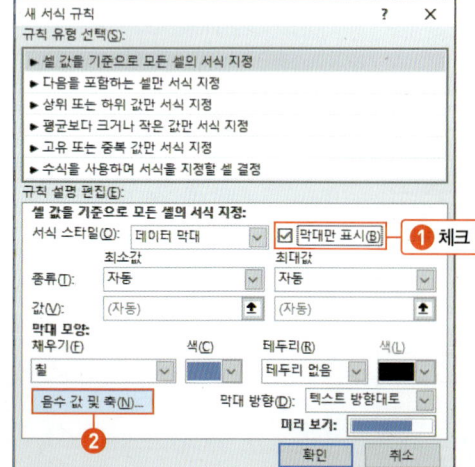

3 [음수 값 및 축 설정] 대화상자가 나타나면 '음수 막대 채우기 색'에서 [채우기 색]을 선택하고 '표준 색'의 [진한 빨강]을 클릭합니다. '축 설정'에서 [셀 중간점]을 선택하고 [확인]을 클릭합니다. [새 서식 규칙] 대화상자로 되돌아오면 [확인]을 클릭합니다.

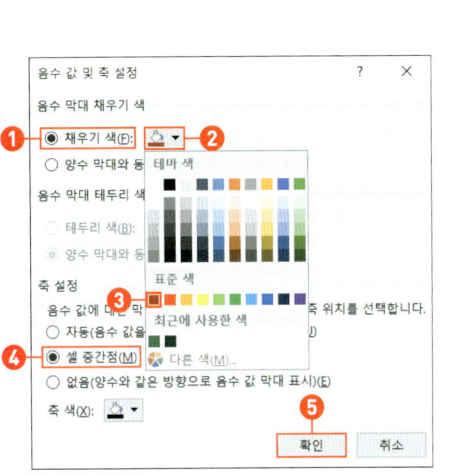

4 가운데 축을 중심으로 매출이 감소되었으면 진한 빨강으로, 증가되었으면 파랑으로 표시되고 증감 비율에 따라 막대 크기가 다른지 확인합니다.

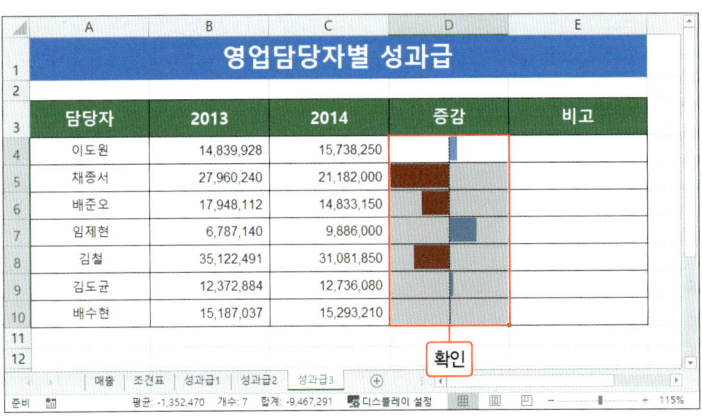

SECTION

02

데이터 정리부터 제대로 시작하자!

엑셀(Excel)은 'Export'+'Cel', 즉 '셀(cell)에서 다양한 정보를 분석하고 추출(export)하는 도구'라는 의미입니다. 이와 같이 엑셀 작업은 셀에 데이터를 채우고, 채워진 셀을 분석하여 원하는 정보를 얻어내기 위한 것부터 시작합니다.
엑셀에서는 셀에 데이터를 직접 입력하는 경우도 있지만, 데이터베이스나 텍스트 파일 또는 웹 페이지와 같은 외부 자료에서 데이터를 가져오는 경우도 많습니다. 직장인의 경우에는 지점이나 부서 등 여러 곳의 데이터를 취합하여 많이 사용하기 때문에 엑셀로 데이터를 분석하기 전에는 항상 해당 데이터를 정리하는 습관이 필요합니다.

엑셀로 네이버 환율 정보 가져오기

1 인터넷 익스플로러를 실행하고 주소 표시줄에 『https://www.naver.com』을 입력한 후 Enter 를 누릅니다. 네이버 화면이 나타나면 검색 입력 상자에 『네이버 환율』을 입력하고 Enter 를 누릅니다.

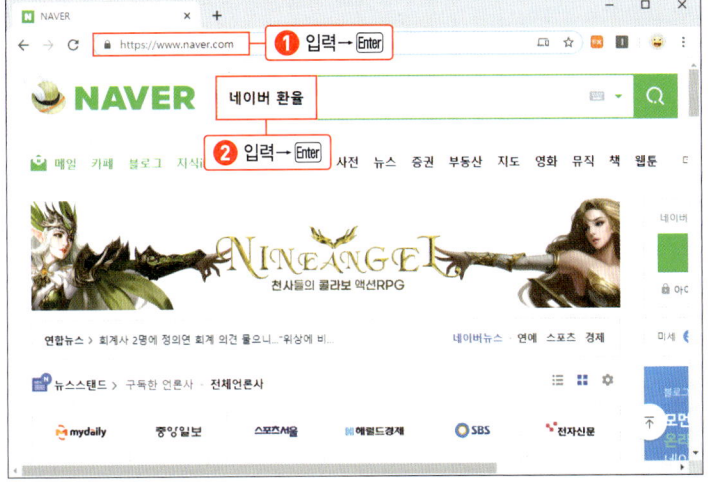

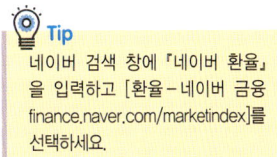

Tip
네이버 검색 창에 『네이버 환율』을 입력하고 [환율-네이버 금융 finance.naver.com/marketindex]를 선택하세요.

2 네이버 환율 페이지가 나타나면 '해외 정보' 영역의 아래에 있는 [환율 더보기]를 선택합니다.

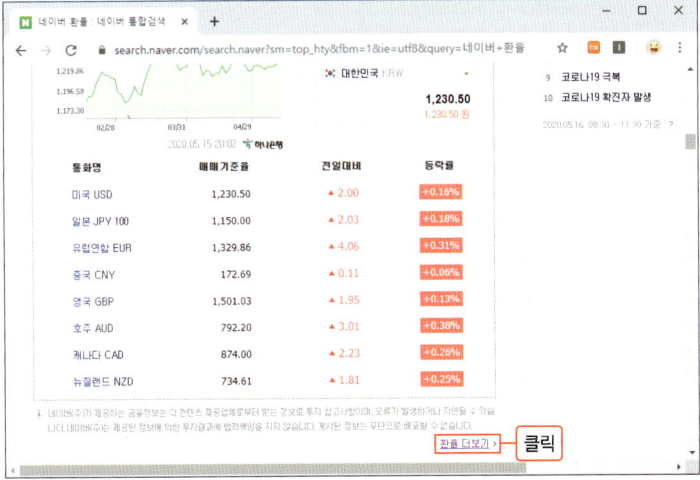

3 환율 정보 화면이 나타나면 엑셀로 가져올 영역을 마우스로 드래그하여 선택하고 마우스 오른쪽 단추를 클릭한 후 [복사]([Ctrl]+[C])를 선택합니다.

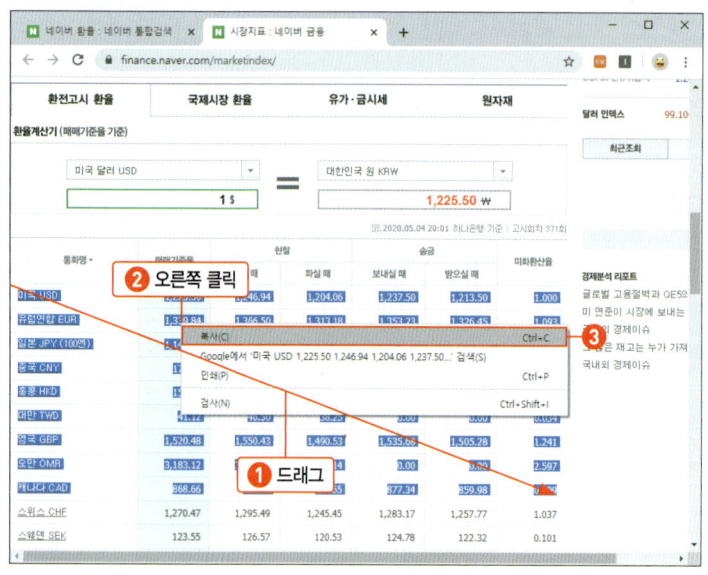

> **Tip**
> 엑셀 작업할 때 외부 데이터를 엑셀로 가져와서 사용하면 원본 데이터가 업데이트될 때마다 데이터를 반복하여 복사 및 입력할 필요가 없고, 가져온 데이터를 새로 고침으로 업데이트해서 사용할 수 있습니다.

4 엑셀 프로그램을 실행하고 새 통합 문서의 A1셀에서 마우스 오른쪽 단추를 클릭한 후 '붙여넣기 옵션'의 [원본 서식 유지]( )를 클릭합니다.

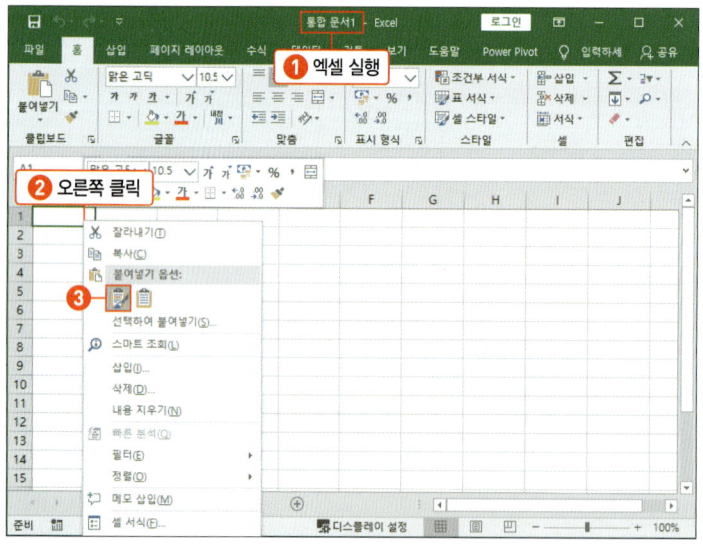

> **Tip**
> [Ctrl]+[V]를 눌러도 복사한 데이터를 붙여넣을 수 있습니다.

5 데이터가 복사되면 [붙여넣기 옵션] 단추( )를 클릭하고 [새로 고칠 수 있는 웹 쿼리]를 선택합니다.

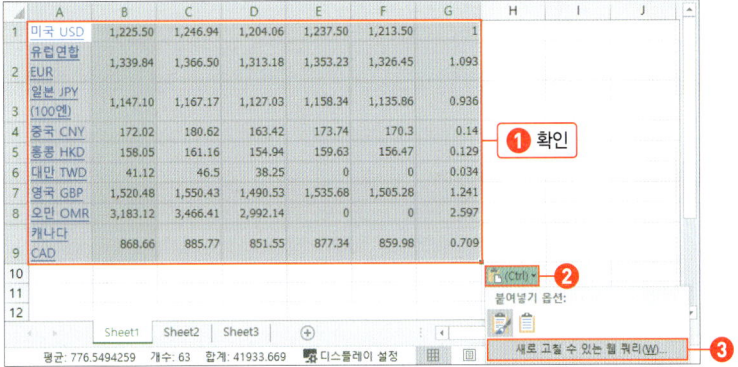

6 [새 웹 쿼리] 대화상자에서 선택할 표의 왼쪽 위에 있는 을 클릭하고 [가져오기]를 클릭합니다.

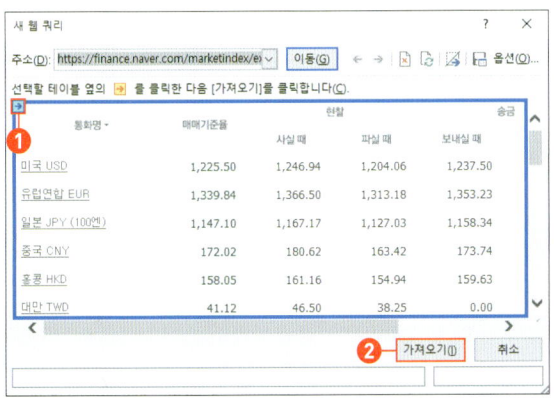

7 가져온 데이터를 최신 내용으로 업데이트하기 위해 [데이터] 탭-[쿼리 및 연결] 그룹에서 [모두 새로 고침]의 을 클릭합니다.

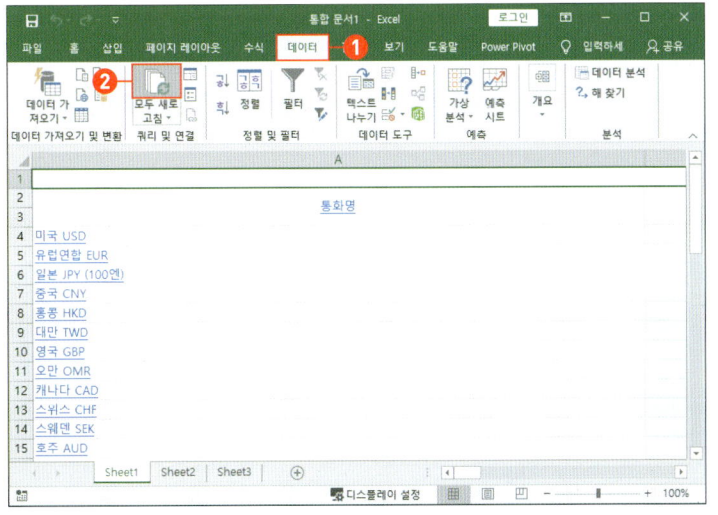

> **Tip**
> 엑셀 2007, 2010, 2013 버전에서 외부 데이터를 가져올 때는 [데이터] 탭-[외부 데이터 가져오기] 그룹에서 [웹]을 클릭해도 됩니다. 사용중인 엑셀 버전에 따라서 [쿼리 및 연결] 그룹이 [연결] 그룹으로 나타날 수도 있습니다.

8 웹 데이터를 엑셀로 가져왔으면 행 머리글 사이에 마우스 포인터를 올려놓고 모양으로 변경되었을 때 더블클릭하여 행 너비를 보기 좋게 조절합니다.

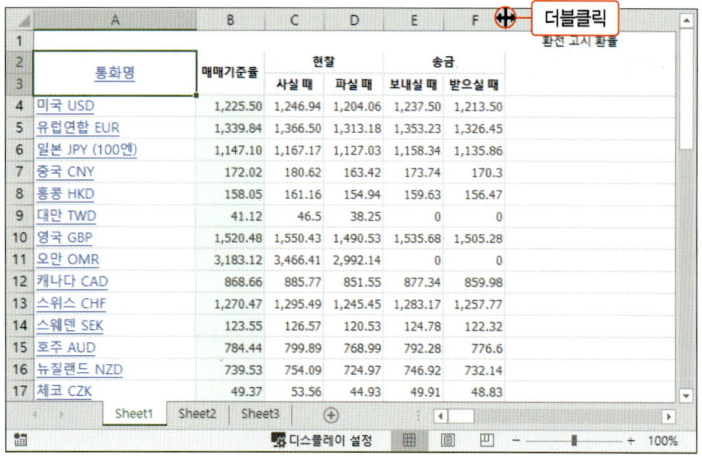

 잠깐만요 :: 다양한 공공 정보 활용하기

'공공데이터포털(http://www.data.go.kr)'과 '공공데이터활용지원센터(http://www.nia.or.kr)'에서는 국가가 보유하고 있는 다양한 공공 정보를 개방하고 있으므로 이곳을 편리하고 쉽게 활용해 보세요.

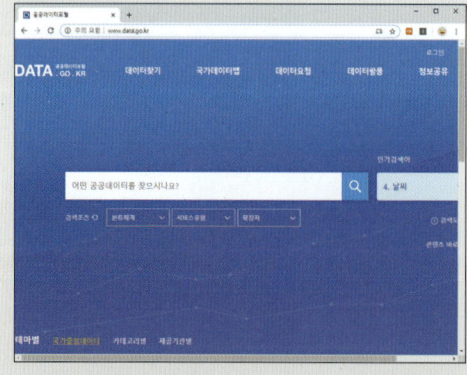

▲ 공공데이터포털(http://www.data.go.kr)

▲ 공공데이터활용지원센터(http://www.nia.or.kr)

● 예제파일 : 1장\엑셀\섹션02\한글WEF순위표.hwp, 한글WEF순위표.html
● 완성파일 : 1장\엑셀\섹션02\한글WEF순위표변환(완).xlsx

02 엑셀로 한글 문서의 표 가져오기

1 '한글WEF순위표.hwp'에서 [파일] 탭-[보내기]-[웹 브라우저로 보내기] 메뉴를 선택합니다. [인터넷 문서 종류] 대화상자가 나타나면 '문자 코드 선택'에서 [한국(KS)]를 선택하고 [확인]을 클릭합니다.

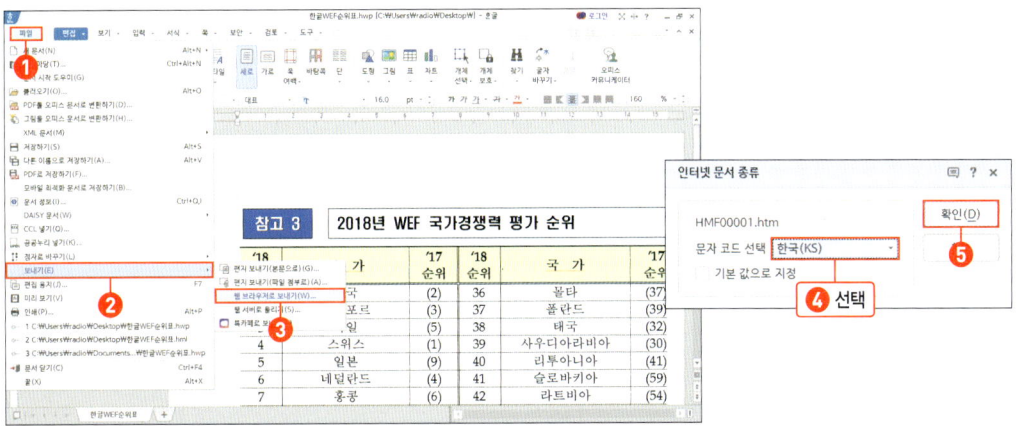

> **Tip**
> 해당 예제를 따라하려면 컴퓨터에 '한글' 프로그램이 설치되어 있어야 하는데, 여기서는 '한글2020' 버전으로 실습했습니다. 한글 2014 버전 이하에서는 [파일] 탭-[다른 이름으로 저장하기] 메뉴에서 '파일 형식'을 [인터넷 문서]로 선택하고 저장하세요.

2 웹 브라우저에 한글 WEF 순위표가 표시되면 마우스 오른쪽 단추를 클릭하고 [(으)로 저장]을 선택합니다. [다른 이름으로 저장] 대화상자가 나타나면 '파일 이름'에 『한글WEF순위표』를 입력하고 [저장]을 클릭합니다.

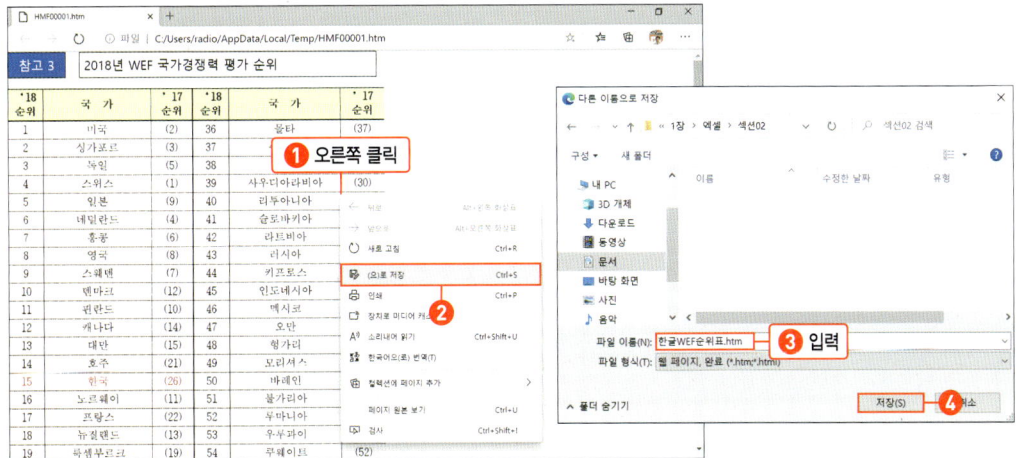

3 엑셀 프로그램을 실행하고 시작 화면에서 [열기]를 선택한 후 열기 화면에서 [찾아보기]를 선택합니다.

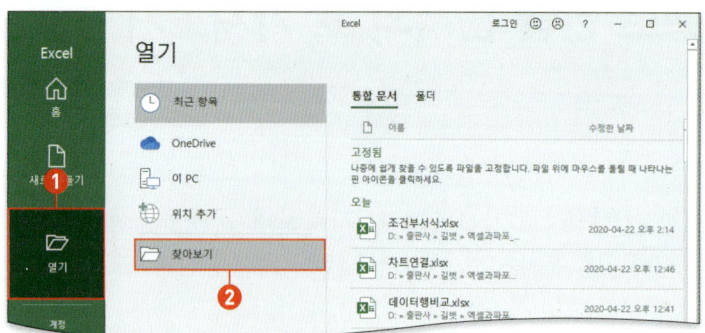

> **Tip**
> 엑셀로 분석한 데이터를 워드 또는 한글로 옮기는 작업을 많이 하지만, 외부에서 가져온 워드나 한글로 작성한 보고서에 담겨있는 표 데이터를 엑셀로 옮기는 작업도 많습니다. 이 경우 표를 선택하여 복사한 후 엑셀에서 붙여넣지만, 한글 표를 엑셀로 붙여넣으면 표의 열 너비 정보를 가져오지 못해서 다시 수정해야 합니다. 따라서 약간 번거로운 작업이지만, 한글 문서를 인터넷 문서(HTM)로 변환한 후 엑셀에서 불러오는 방법을 익히는 것이 좋습니다.

4 [열기] 대화상자가 나타나면 **2** 과정에서 지정한 폴더로 이동하여 변환된 인터넷 문서 파일인 '한글WEF순위표.htm'을 선택하고 [열기]를 클릭합니다.

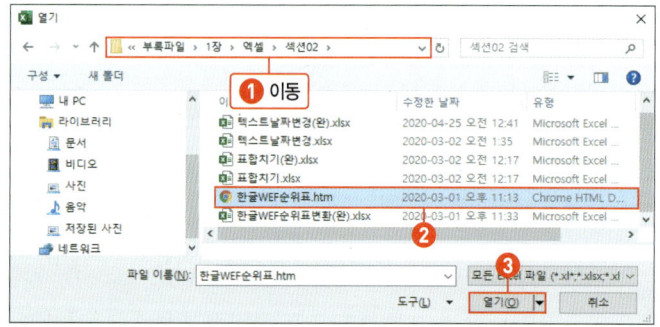

> **Tip**
> 부록 실습파일에서 '1장\엑셀\섹션02' 폴더의 '한글WEF순위표.htm'을 선택해도 됩니다.

5 한글 파일에서 불러온 표 데이터가 각각의 셀에 입력되었는지 확인합니다.

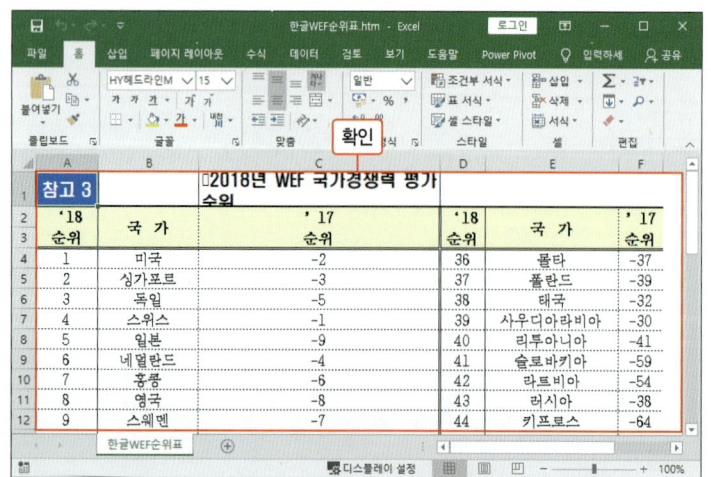

> **Tip**
> 인터넷 문서(HTM)로 저장하여 엑셀로 불러오는 방법은 워드 문서에서도 동일하게 적용됩니다.

03 | 이름에 입력된 공백 제거하기
– SUBSTITUTE 함수

기능	방법
새 열 추가/삭제	머리글에서 마우스 오른쪽 단추 → [삽입]/[삭제]
공백 제거	SUBSTITUTE(텍스트,인수(바꿀 문자),인수(새로 변경할 문자),[바꿀 대상 : 생략 가능])

1 [Sheet1] 시트에서 'E-Name' 항목에는 공백과 함께 이름이 입력되어 있으므로 새로운 열을 만든 후 이름에서 공백을 삭제해 보겠습니다. F열 머리글을 클릭하여 F열 전체를 선택하고 마우스 오른쪽 단추를 클릭한 후 [삽입]을 선택합니다.

 Tip
엑셀 데이터를 정리할 때 같은 시트에서 함수 계산이 적용된 새로운 열을 추가하고 기존 데이터 열을 대신하는 작업을 해야 원본 데이터를 보호할 수 있습니다. 그러므로 번거로워도 새로운 열을 추가하고 작업하세요.

2 새로운 F열이 추가되면 F4셀을 클릭하고 함수식 『=SUBSTITUTE(E4," ","")』를 입력한 후 Enter 를 누릅니다. 함수식 '=SUBSTITUTE(E4," ","")'에서 '바꿀 문자'에 해당하는 " "에서는 Spacebar 를 눌러 공백을 입력하고 '새로 변경할 문자'에 해당하는 ""에는 공백 없이 붙여서 입력합니다.

 Tip
함수식 '=SUBSTITUTE(텍스트,인수(바꿀 문자),인수(새로 변경할 문자),[바꿀 대상 : 생략 가능])'은 문자열 중에서 '바꿀 문자'를 찾아 '새로 변경할 문자'로 바꿉니다.

3 F4셀에 공백을 제거한 이름 데이터를 구했으면 F4셀의 자동 채우기 핸들을 F20셀까지 드래그하여 나머지 셀에도 데이터를 자동으로 채웁니다.

4 F4:F20 범위를 선택한 상태에서 마우스 오른쪽 단추를 클릭하고 [복사]를 선택합니다.

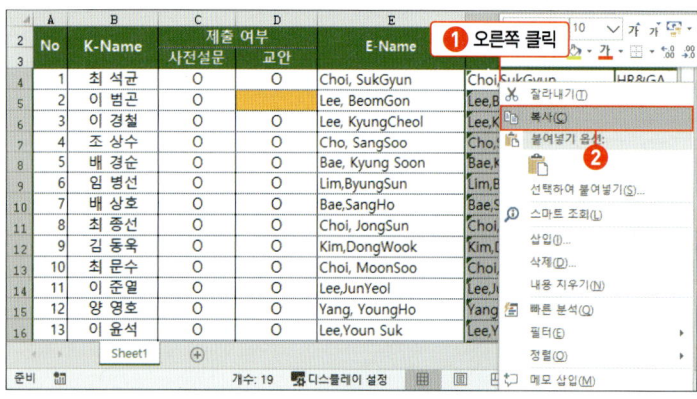

5 원본 데이터인 E4:E20 범위를 선택하고 마우스 오른쪽 단추를 클릭한 후 [선택하여 붙여넣기]-'값 붙여넣기'의 [값](📋)을 클릭합니다.

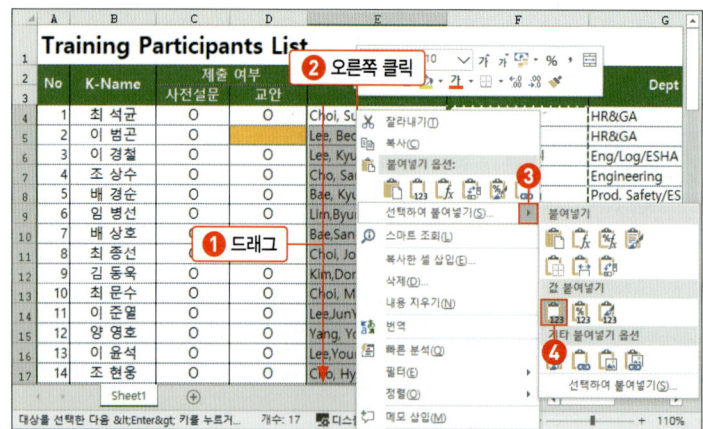

6 E4:E20 범위에 있던 원본 데이터 대신 공백을 제거한 F4:F20 범위의 이름 데이터를 붙여넣었습니다.

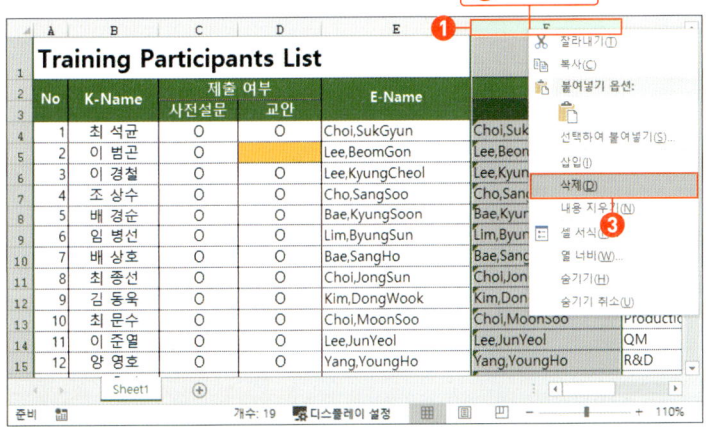

7 1 과정에서 새로 추가한 F열 머리글을 클릭하여 F열 전체를 선택하고 마우스 오른쪽 단추를 클릭한 후 [삭제]를 선택합니다.

8 F열이 삭제되면서 오른쪽의 G열이 F열로 이동합니다. 'E-Name' 항목에 공백 없이 이름 데이터가 완성되었는지 확인합니다.

데이터 통합해 표로 완성하기

기능	방법
데이터 통합	[데이터] 탭-[데이터 도구] 그룹-[통합]
표 만들기	[삽입] 탭-[표] 그룹-[표]
표의 필터 단추 제거	[데이터] 탭-[정렬 및 필터] 그룹-[필터]

1 파견 시간은 기관(기업, 공공기관, 학교, 기타)과 구성원별로 나누어 두 곳의 회사에서 파견된 기록 데이터입니다. PTIA 파견 기관의 순서와 구성원의 현황이 일정하지 않게 입력되어 있으므로 데이터를 통합하기 위해 [Sheet1] 시트에서 결과를 표시할 A10셀을 클릭하고 [데이터] 탭-[데이터 도구] 그룹에서 [통합]을 클릭합니다.

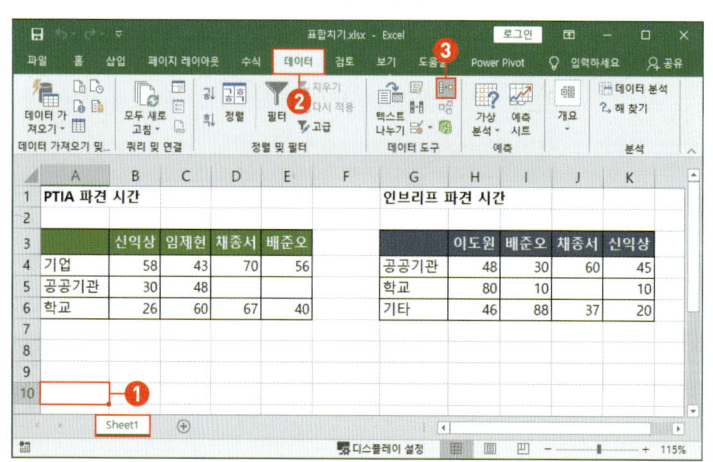

> **Tip**
> 예제파일의 경우 한 화면에서 잘 보이게 하나의 시트에 데이터를 입력했지만, 관리적인 측면에서는 시트별로 데이터를 구분하여 입력하는 경우가 많습니다. 시트별로 입력된 데이터도 통합이 가능합니다.

2 [통합] 대화상자가 나타나면 '참조'에 커서를 올려놓고 'PTIA 파견 시간' 데이터인 A3:E6 범위를 선택한 후 [추가]를 클릭하여 '모든 참조 영역'에 범위를 추가합니다.

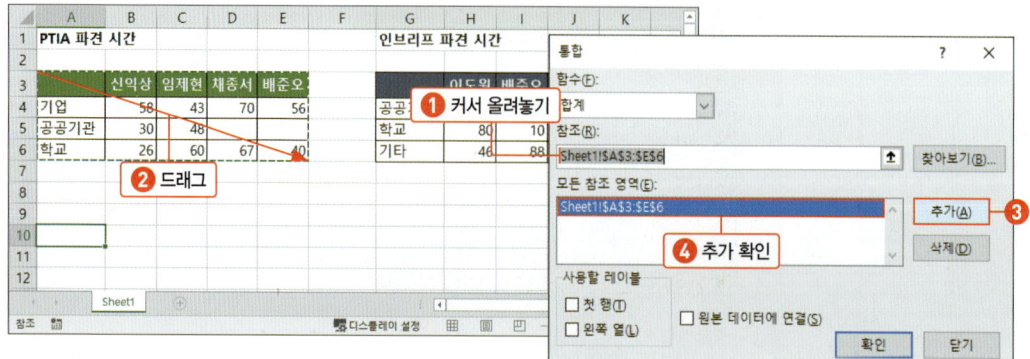

3 이번에는 '인브리프 파견 시간' 데이터인 G3:K6 범위를 선택하고 [추가]를 클릭합니다. '모든 참조 영역'에 통합할 데이터 영역이 추가되면 '사용할 레이블'의 [첫 행]과 [왼쪽 열]에 체크하고 [확인]을 클릭합니다.

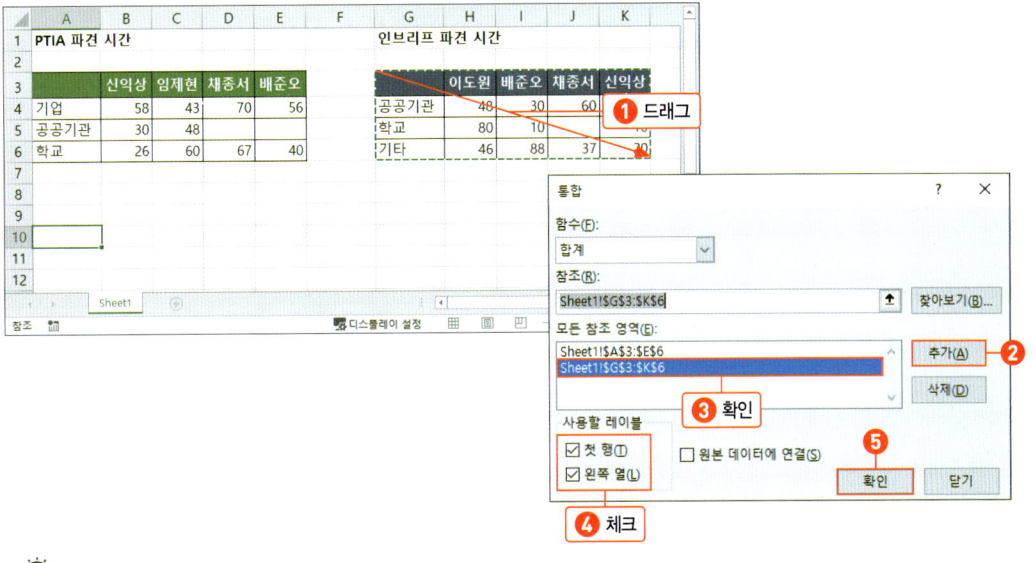

> **Tip**
> [첫 행]과 [왼쪽 열]은 데이터를 합산할 때 첫 행과 왼쪽 열을 기준으로 분류할 것인지 선택하는 것입니다. 여기서는 '기업', '공공기관', '학교', '기타' 항목으로 데이터를 구분할 것이므로 [첫 행]에 체크하고 구성원(신익상, 임제현, 채종서, 배준오, 이도원)으로도 구분해야 하므로 [왼쪽 열]에 체크합니다.

4 A10셀에 2개의 데이터 영역이 통합되어 표시되었으면 B11셀을 클릭하고 [삽입] 탭-[표] 그룹에서 [표]를 클릭합니다. [표 만들기] 대화상자가 나타나면 표에 사용할 데이터 영역이 맞는지와 [머리글 포함]에 체크되었는지 확인하고 [확인]을 클릭합니다.

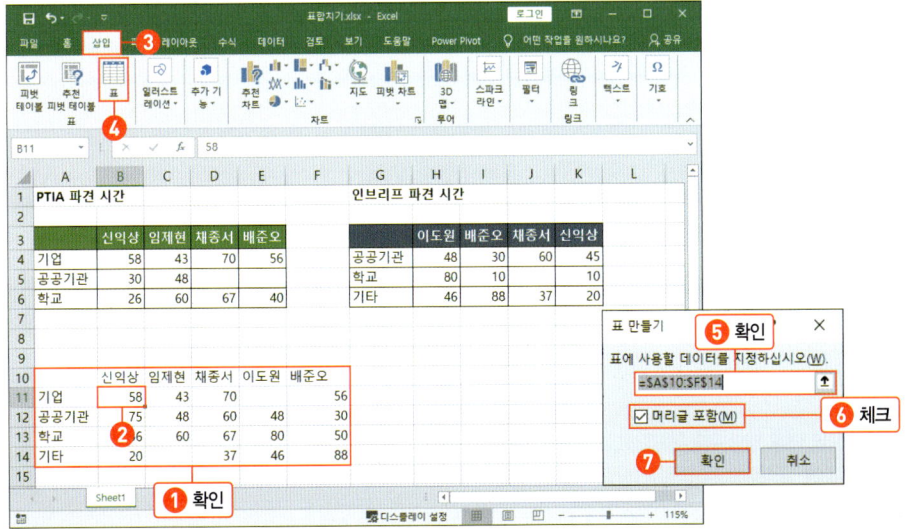

5 선택한 데이터가 표로 만들어졌으면 표 머리글에 있는 필터 단추(▼)를 제거하기 위해 [데이터] 탭-[정렬 및 필터] 그룹에서 [필터]를 클릭합니다.

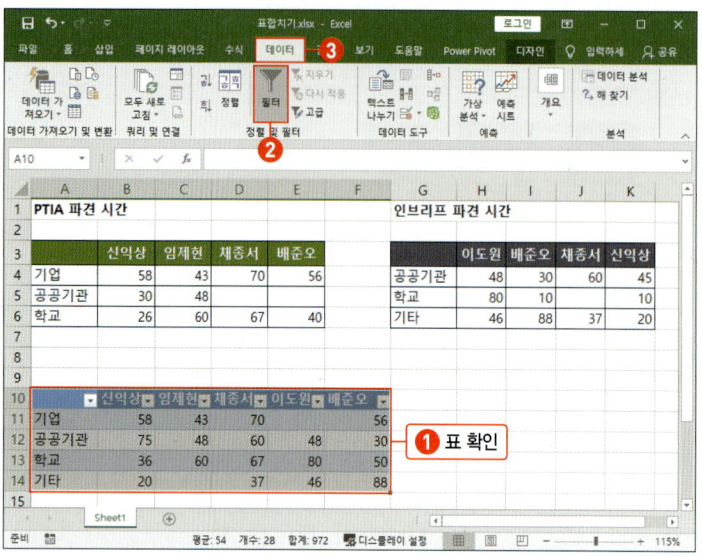

6 PTIA와 인브리프 파견 시간 데이터를 통합한 표가 완성되었는지 확인합니다.

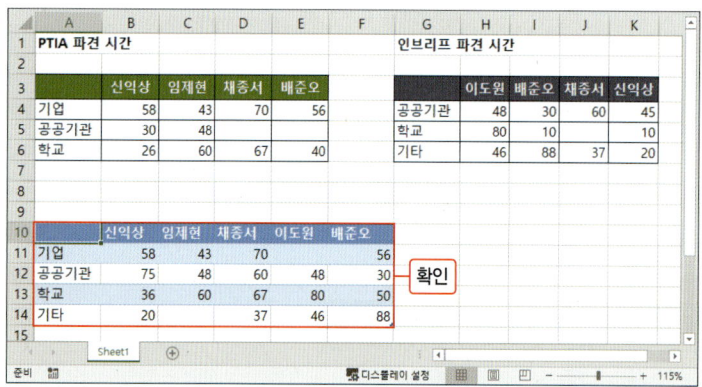

 잠깐만요 :: 데이터 통합 기능의 유용성 이해하기

여러 사람들이 입력한 엑셀 데이터를 취합하다 보면 데이터가 일정한 순서대로 입력되어 있지 않거나 일부 항목이 누락되어 데이터를 취합 및 정리하는 데 어려움이 많습니다. 엑셀에서는 데이터가 일정한 순서대로 규칙적으로 입력되어야 원하는 결과를 도출할 수 있습니다. 하지만 ERP(Enterprise Resource Planning, 전사적 자원 관리) 시스템에서 관리하지 않는 데이터는 직접 손으로 입력해야 해서 항목과 데이터 내용이 일정하지 않은 경우가 많은데, 이러한 문제는 '데이터 통합' 기능을 이용해서 쉽게 해결할 수 있습니다.

05 빈 셀만 선택해서 삭제하기

기능	방법
데이터 이동	[홈] 탭-[편집] 그룹-[찾기 및 선택]-[이동]/[이동 옵션]
빈 셀 제거	[이동 옵션] 대화상자 → [빈 셀]
행 삭제	[삭제] 대화상자 → [행 전체]

1 [Sheet1] 시트에서 빈 셀을 제거할 A2:E29 범위를 선택하고 [홈] 탭-[편집] 그룹에서 [찾기 및 선택]을 클릭한 후 [이동] 또는 [이동 옵션]을 선택합니다.

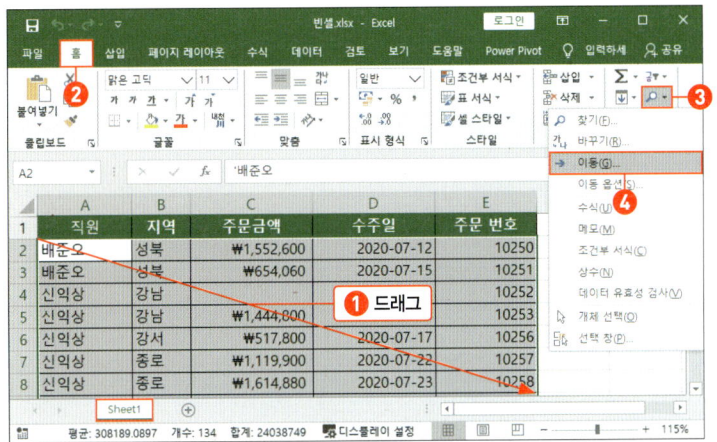

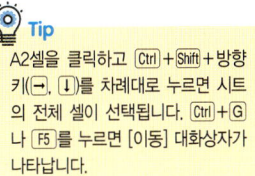

Tip
A2셀을 클릭하고 Ctrl + Shift + 방향키(→, ↓)를 차례대로 누르면 시트의 전체 셀이 선택됩니다. Ctrl + G 나 F5 를 누르면 [이동] 대화상자가 나타납니다.

2 [이동] 대화상자가 나타나면 [옵션]을 클릭합니다. [이동 옵션] 대화상자가 나타나면 '종류'에서 [빈 셀]을 선택하고 [확인]을 클릭합니다.

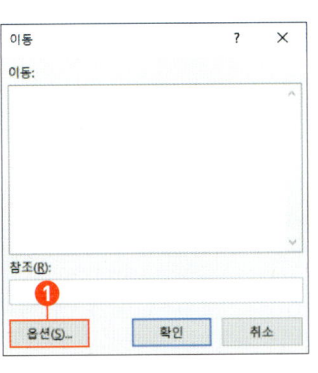
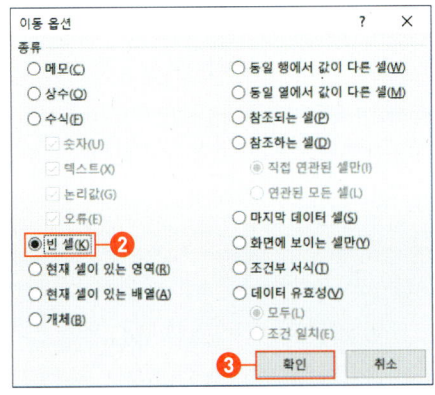

3 선택한 A1:E29 범위에서 빈 셀만 선택되었는지 확인하고 빈 셀 중 하나인 C4셀에서 마우스 오른쪽 단추를 클릭한 후 [삭제]를 선택합니다. [삭제] 대화상자가 나타나면 [행 전체]를 선택하고 [확인]을 클릭합니다.

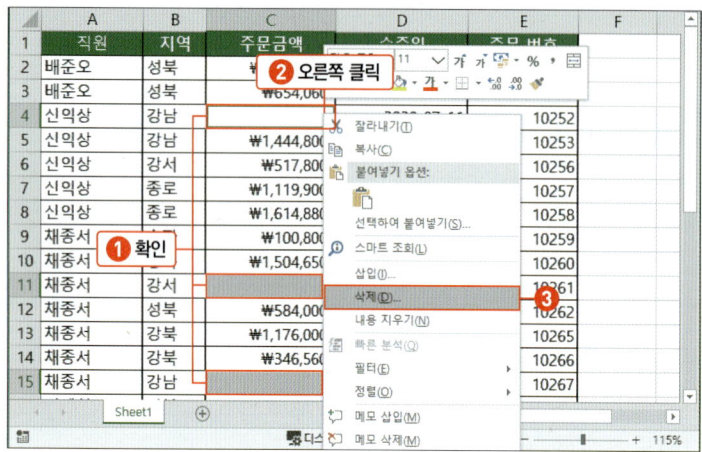
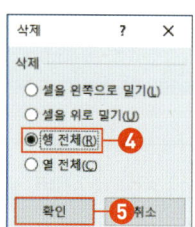

4 빈 셀이 없어지면서 빈 셀이 있던 행 전체가 삭제되었는지 확인합니다.

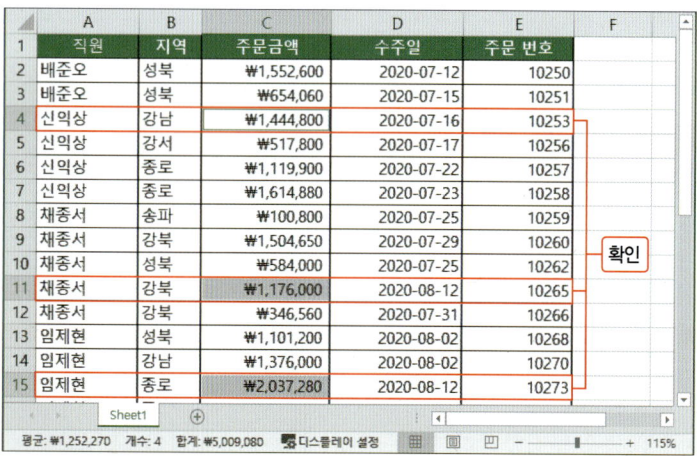

 Tip

엑셀 문서를 취합하는 과정에서 외부 데이터를 가져온 경우 셀이 비어있을 수 있습니다. 이런 상황에서 COUNT 함수로 셀 개수를 세면 결과가 원래 셀 개수보다 +1 되거나 IF 함수 조건의 일치 여부 등을 방해할 수 있으므로 데이터를 정리할 때는 반드시 엑셀 데이터에 포함된 빈 셀과 공백을 없애야 합니다.

06 데이터가 입력된 셀의 공백 제거하기

기능	방법
내용 바꾸기	[홈] 탭-[편집] 그룹-[찾기 및 선택]-[바꾸기]
셀의 공백 제거	[찾기 및 바꾸기] 대화상자 → [바꾸기] 탭에 공백 입력

1 자료 취합 과정에서 셀 데이터에 공백이 있으면 계산 오류가 발생할 수 있으므로 공백을 제거해야 합니다. [Sheet1] 시트에서 B2셀을 선택하고 Ctrl+Shift를 누른 상태에서 ↓와 →를 차례대로 눌러 B2:J227 범위를 선택합니다. [홈] 탭-[편집] 그룹에서 [찾기 및 선택]을 클릭한 후 [바꾸기]를 선택합니다.

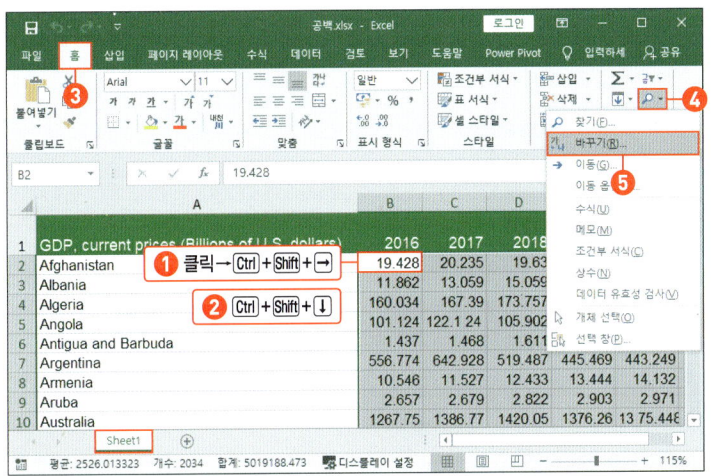

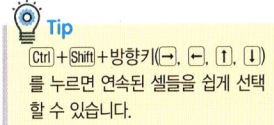

Tip
Ctrl+Shift+방향키(→, ←, ↑, ↓)를 누르면 연속된 셀들을 쉽게 선택할 수 있습니다.

2 [찾기 및 바꾸기] 대화상자의 [바꾸기] 탭이 나타나면 '찾을 내용'에 커서를 올려놓고 Spacebar를 눌러 공백을 입력한 후 '바꿀 내용'에는 아무 값도 입력하지 않고 [모두 바꾸기]를 클릭합니다. 48개의 공백을 처리했다는 메시지 창이 나타나면 [확인]을 클릭하고 [찾기 및 바꾸기] 대화상자에서 [닫기]를 클릭한 후 B2:J227 범위의 공백이 모두 제거되었는지 확인합니다.

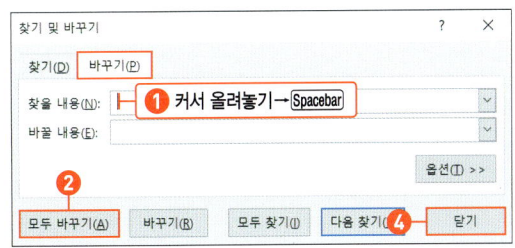

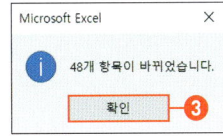

● 예제파일 : 1장\엑셀\섹션02\유령문자.xlsx   ● 완성파일 : 1장\엑셀\섹션02\유령문자(완).xlsx

07 유령 문자 삭제하기

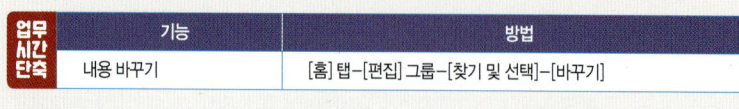

기능	방법
내용 바꾸기	[홈] 탭-[편집] 그룹에서 [찾기 및 선택]-[바꾸기]

1 [Sheet1] 시트에서 B3:I22 범위를 선택하고 [홈] 탭-[편집] 그룹에서 [찾기 및 선택]을 클릭한 후 [바꾸기]를 선택합니다.

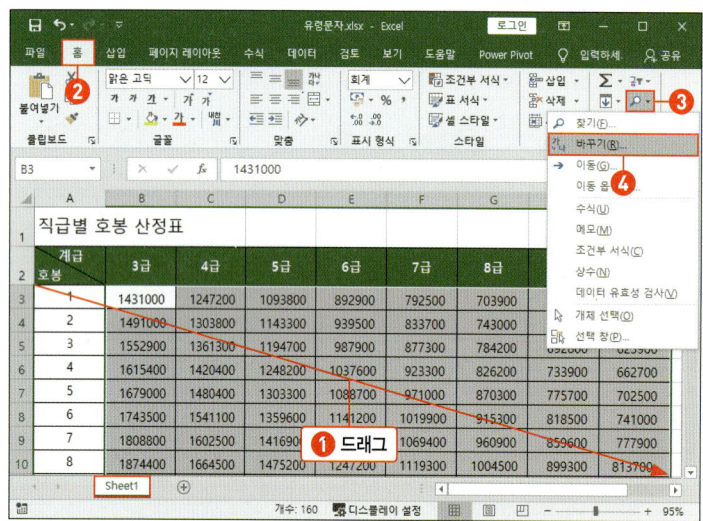

2 [찾기 및 바꾸기] 대화상자의 [바꾸기] 탭이 나타나면 '찾을 내용'에 커서를 올려놓고 Spacebar 를 눌러 공백을 입력한 후 '바꿀 내용'에는 아무 값도 입력하지 않고 [모두 바꾸기]를 클릭합니다. 147개의 공백을 처리했다는 메시지 창이 나타나면 [확인]을 클릭하고 [찾기 및 바꾸기] 대화상자에서 [닫기]를 클릭합니다.

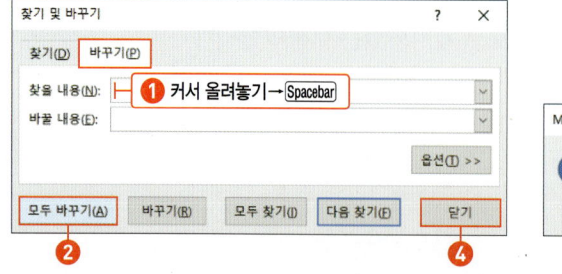
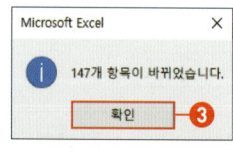

3 B3:I22 범위에 있는 공백이 제대로 제거되었는지 확인하기 위해 호봉별 합계(SUM)를 계산해 보겠습니다. K2셀에 『합계』를 입력하고 Enter 를 누른 후 K3셀에 『=SUM(B3:I3)』을 입력하고 Enter 를 누릅니다.

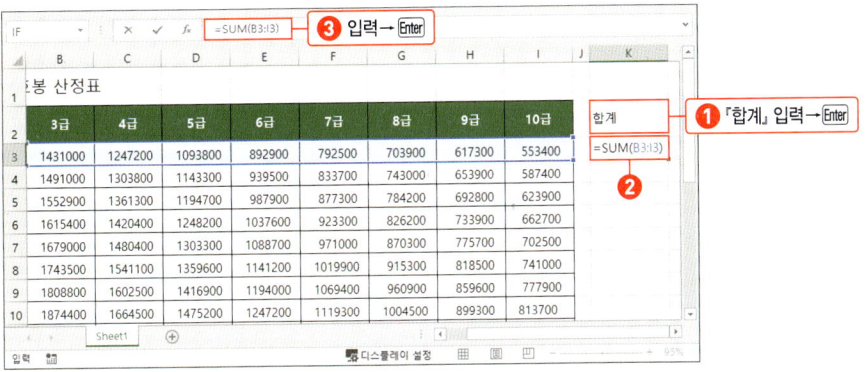

4 K3셀에 합계(SUM) 함수식을 정확히 입력했는데도 제대로 된 합계 값이 표시되지 않았습니다.

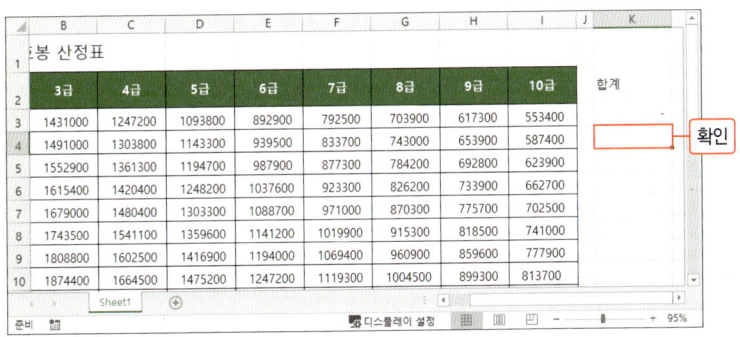

5 공백을 제거해도 합계 함수가 제대로 계산되지 않으므로 유령 문자가 있는 것입니다. B3:I22 범위를 선택하고 [홈] 탭-[편집] 그룹에서 [찾기 및 선택]을 클릭한 후 [바꾸기]를 선택합니다.

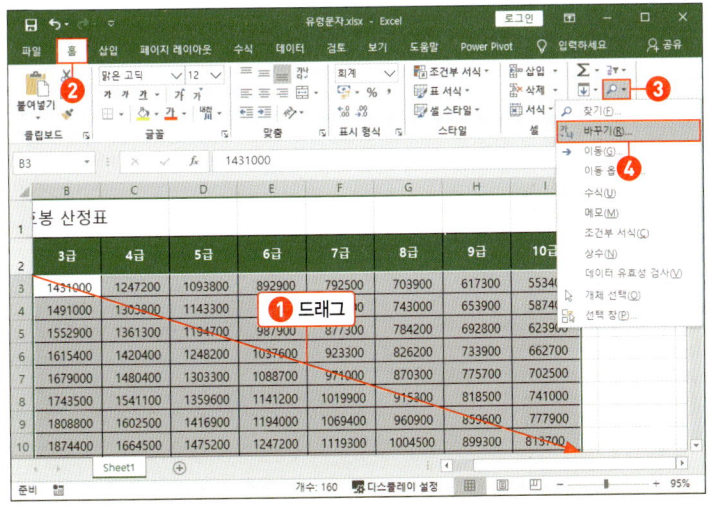

> **Tip**
> 인터넷에서 정보를 가져올 때 HTML 태그인 (한 칸 띄우기 태그) 등은 단순한 공백으로 인식되지 못하고 유령 문자로 남습니다. 기본 공백은 바꾸기 기능을 이용해 쉽게 제거할 수 있지만, 유령 문자는 이 방법으로 제거할 수 없습니다.

6 [찾기 및 바꾸기] 대화상자의 [바꾸기] 탭이 나타나면 I10셀을 클릭합니다. 수식 입력줄에서 I10셀의 '숫자' 뒷부분에 포함된 공백을 드래그하여 선택하고 마우스 오른쪽 단추를 클릭한 후 [복사]를 선택합니다.

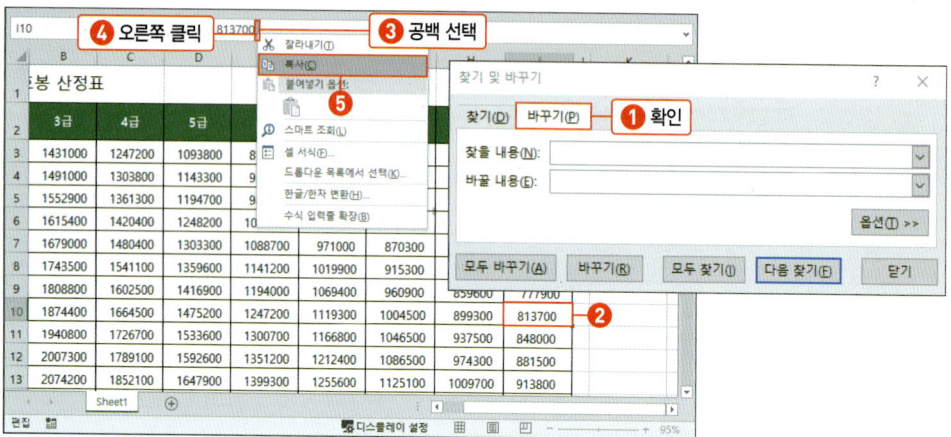

7 [찾기 및 바꾸기] 대화상자의 [바꾸기] 탭에서 '찾을 내용'에 커서를 올려놓고 Ctrl+V를 눌러 6 과정에서 복사한 공백을 붙여넣습니다. '바꿀 내용'에는 아무 값도 입력하지 않고 [모두 바꾸기]를 클릭합니다.

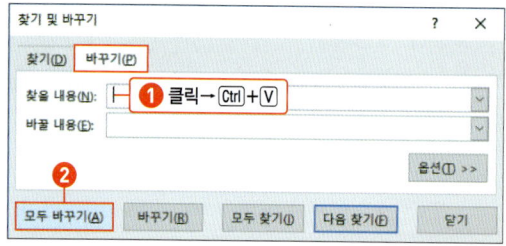

8 185개의 공백을 처리했다는 메시지 창이 나타나면 [확인]을 클릭하고 [찾기 및 바꾸기] 대화상자에서 [닫기]를 클릭합니다. B3:I22 범위의 유령 문자가 제거되어 K3셀에 합계 값이 제대로 표시되었는지 확인합니다.

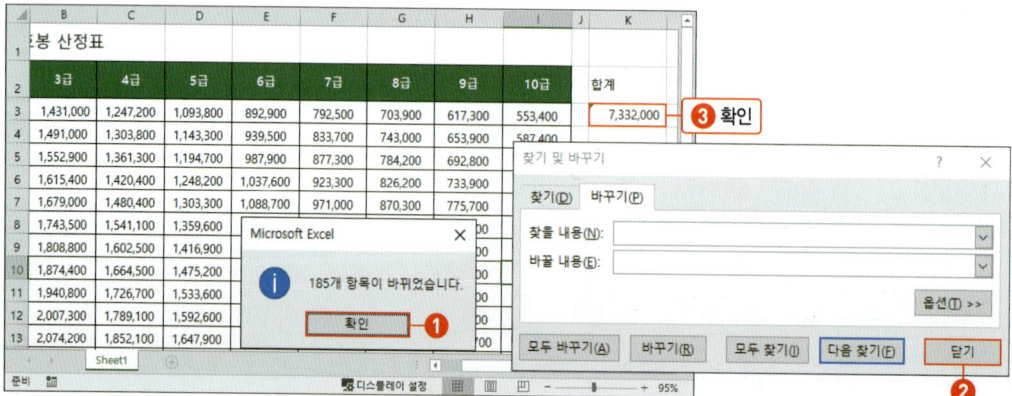

08 데이터의 속성 정확하게 이해하고 입력하기

엑셀에 데이터를 입력할 때 숫자인지, 텍스트인지 정확한 데이터 정보를 입력해야 하지만, 간혹 숫자 데이터를 텍스트로 입력하거나 텍스트를 숫자로 입력하여 잘못된 결과값이 나타날 수 있습니다. 특히 날짜 데이터를 입력할 때 날짜 형식을 다르게 입력하거나, 텍스트 서식이 지정된 셀에 날짜를 입력하거나, 외부 데이터 원본에서 데이터를 가져와서 붙여넣을 때 날짜에 텍스트 서식이 지정되어 셀에 저장되는 경우가 많습니다. 이 경우 입력된 텍스트는 날짜 형식이 아니라 겉모습만 날짜로 보이는 것입니다. 텍스트를 숫자로, 숫자를 텍스트로 변경하는 기능은 요일별 매출 및 매입 자료 정리와 같이 날짜와 관련된 데이터를 다룰 때 꼭 알아야 합니다.

엑셀에서 숫자 1을 입력한 후 날짜 형식으로 속성을 변경하면 셀에 '1900-01-01', '1900년 1월 1일 일요일' 등과 같이 표시됩니다. 엑셀에서 날짜 속성 값은 1900년 1월 1일을 기준으로 하루가 지날 때마다 숫자 1씩 더해집니다. 이런 속성을 이해하지 못하고 날짜를 텍스트로 입력하면 정확한 데이터를 얻지 못할 수 있으므로 주의해야 합니다.

▲ 텍스트로 입력된 '수주일' 날짜   ▲ 날짜로 수정된 '수주일' 데이터

텍스트로 입력된 날짜 데이터의 형식 변경하기

기능	방법
텍스트 나누기	[데이터] 탭-[데이터 도구] 그룹-[텍스트 나누기]
DATE 함수	DATE(년,월,일)

1 [Sheet1] 시트에서 D열의 '수주일' 항목에는 날짜가 입력되어 있지만, 표시 형식이 '텍스트'로 설정되어 있습니다. D3:D23, D24:D40, D41:D51 범위의 날짜도 각각 다르게 입력되어 있습니다.

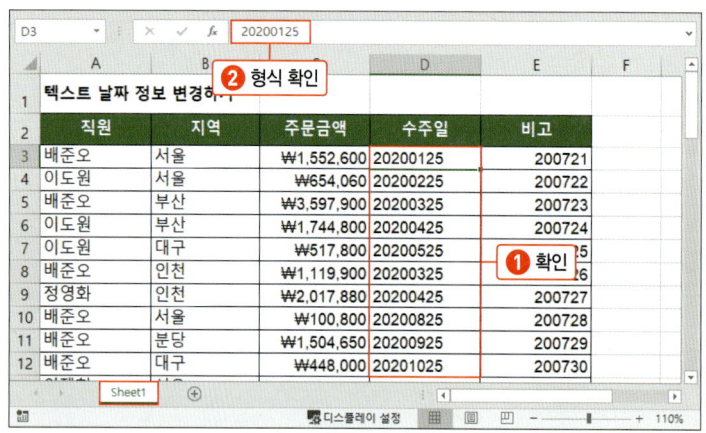

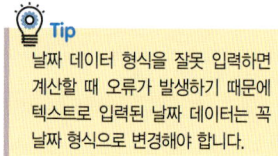

> **Tip**
> 날짜 데이터 형식을 잘못 입력하면 계산할 때 오류가 발생하기 때문에 텍스트로 입력된 날짜 데이터는 꼭 날짜 형식으로 변경해야 합니다.

2 일반 텍스트 형식으로 입력되어 있는 D열의 '수주일'에 해당하는 데이터를 날짜 형식으로 변경해 보겠습니다. D열 머리글을 클릭하여 D열 전체를 선택하고 마우스 오른쪽 단추를 클릭한 후 [복사]를 선택합니다.

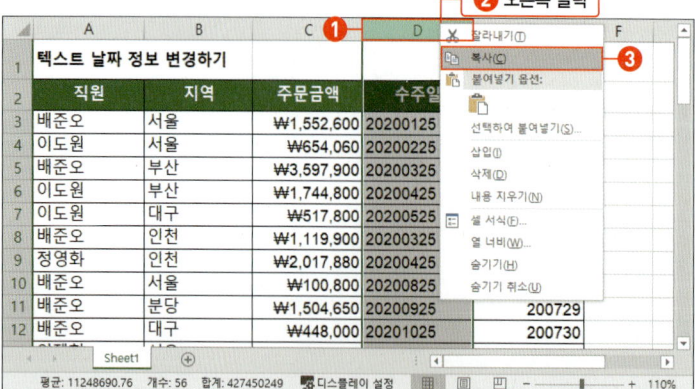

3 G열 머리글을 클릭하여 G열 전체를 선택하고 마우스 오른쪽 단추를 클릭한 후 [복사한 셀 삽입]을 선택합니다.

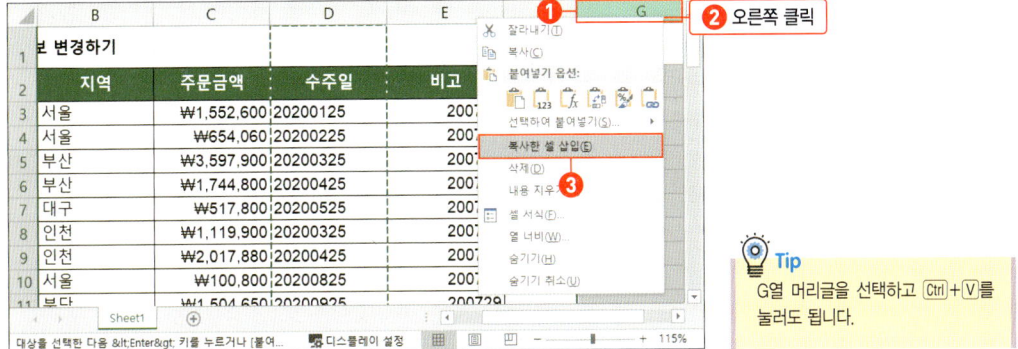

4 날짜 형식을 yyyy-mm-dd 형식으로 통일하기 위해 G3:G23 범위를 선택하고 [데이터] 탭-[데이터 도구] 그룹에서 [텍스트 나누기]를 클릭합니다.

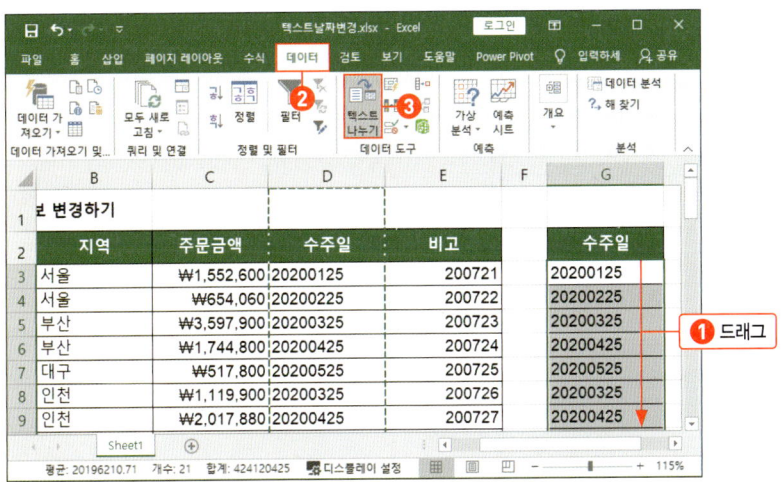

5 [텍스트 마법사 - 3단계 중 1단계] 대화상자가 나타나면 '원본 데이터의 파일 유형을 선택하십시오.'에서 [너비가 일정함]을 선택하고 [다음]을 클릭합니다.

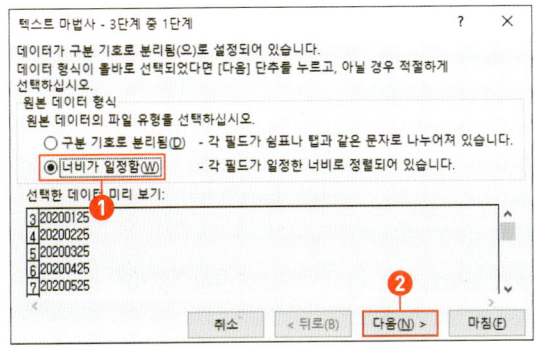

6 [텍스트 마법사 - 3단계 중 2단계] 대화상자가 나타나면 '데이터 미리 보기'에서 연, 월, 일에 해당하는 부분을 클릭하여 구분선을 표시하고 [다음]을 클릭합니다.

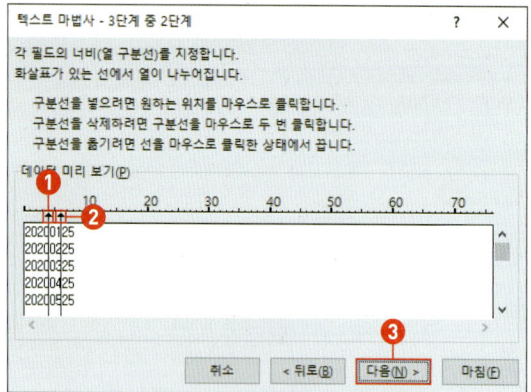

7 [텍스트 마법사 - 3단계 중 3단계] 대화상자가 나타나면 '열 데이터 서식'에서 [일반]을 선택하고 확인하고 [마침]을 클릭합니다.

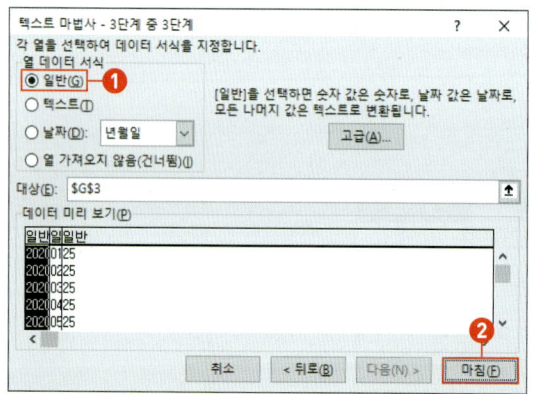

8 G열의 '수주일' 데이터가 G열, H열, I열에 연, 월, 일 값으로 분리되어 표시되었는지 확인합니다.

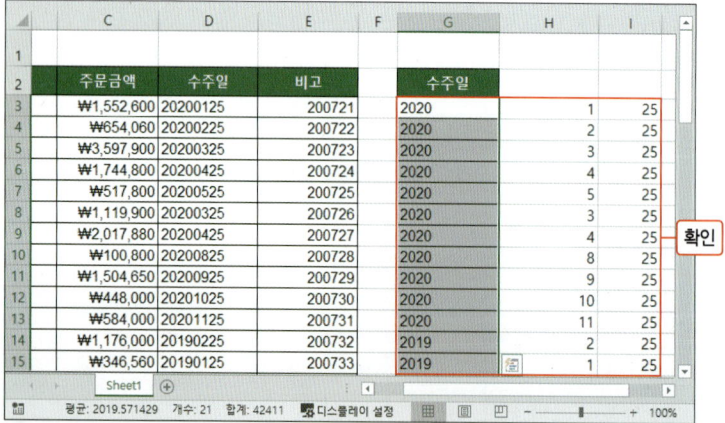

9 이번에는 '200420' 형식으로 입력된 날짜 데이터인 G24:G40 범위를 선택하고 [데이터] 탭-[데이터 도구] 그룹에서 [텍스트 나누기]를 클릭합니다.

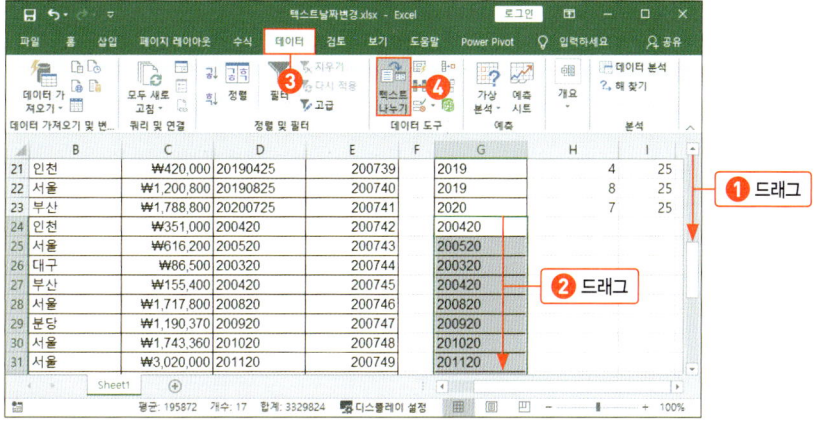

10 5~7 과정과 같은 방법으로 [텍스트 나누기]를 진행합니다.

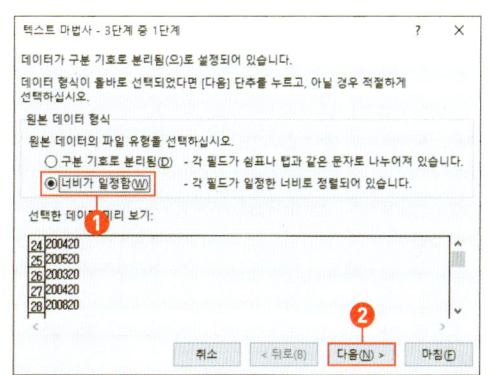 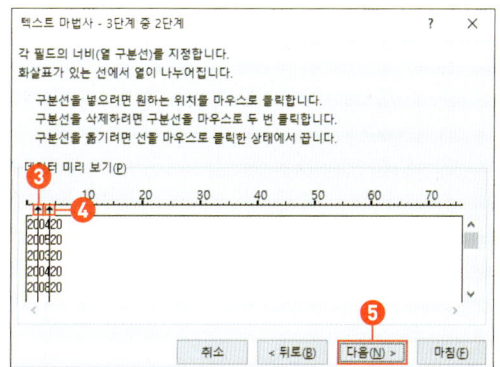

11 이번에는 '20.05.29' 형식으로 입력된 G41:G57 범위를 선택하고 [데이터] 탭-[데이터 도구] 그룹에서 [텍스트 나누기]를 클릭합니다.

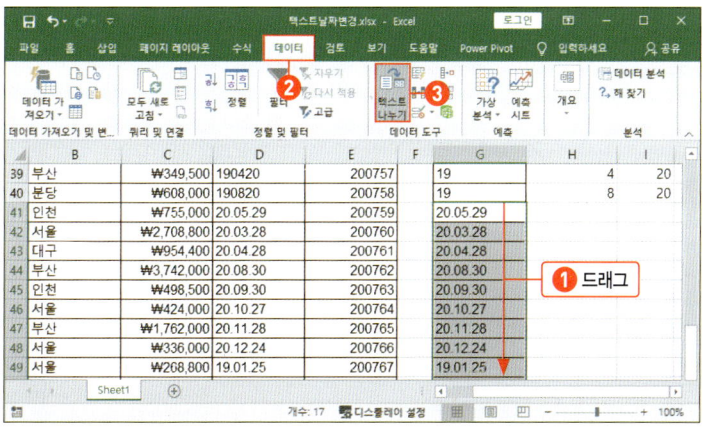

12 [텍스트 마법사 - 3단계 중 1단계] 대화상자가 나타나면 원본 데이터 파일 유형을 [구분 기호로 분리됨]으로 선택하고 [다음]을 클릭합니다.

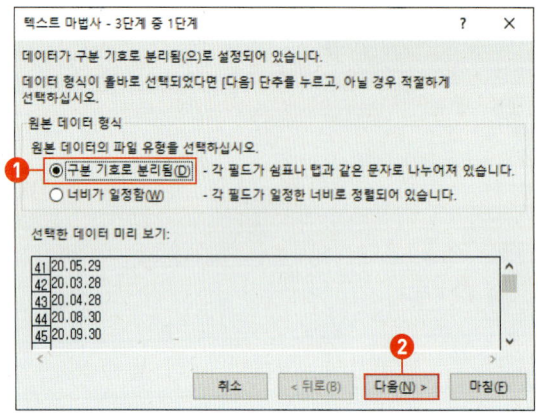

13 [텍스트 마법사 - 3단계 중 2단계] 대화상자가 나타나면 '구분 기호'에서 [기타]에 체크하고 『.』를 입력한 후 [다음]을 클릭합니다. [텍스트 마법사 - 3단계 중 3단계] 대화상자가 나타나면 [마침]을 클릭합니다.

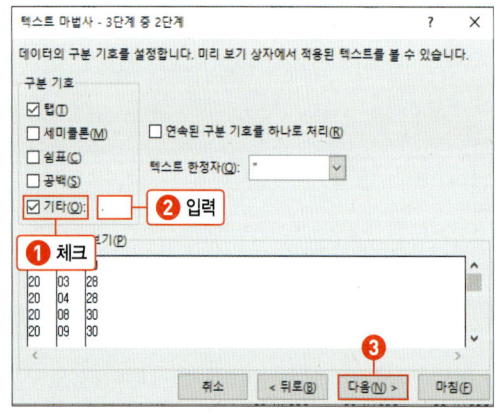
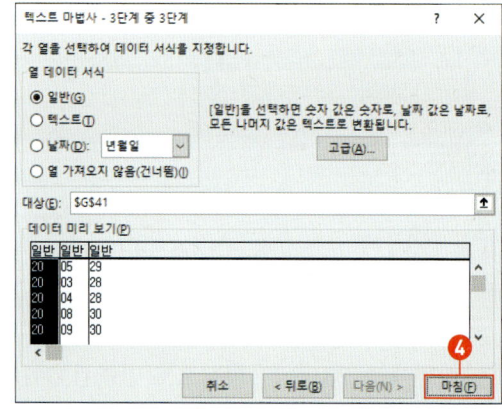

14 K3셀에 『=DATE(G3,H3,I3)』을 입력하고 Enter 를 누릅니다.

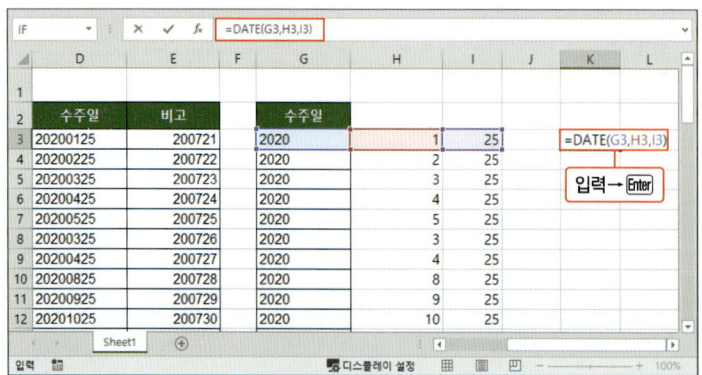

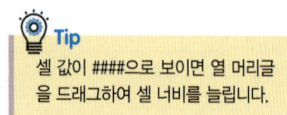
Tip
셀 값이 ####으로 보이면 열 머리글을 드래그하여 셀 너비를 늘립니다.

15 K3셀에 '연-월-일' 형식의 날짜 데이터를 구했으면 K3셀의 자동 채우기 핸들을 K23셀까지 드래그하여 나머지 셀에도 날짜 데이터를 자동으로 채웁니다.

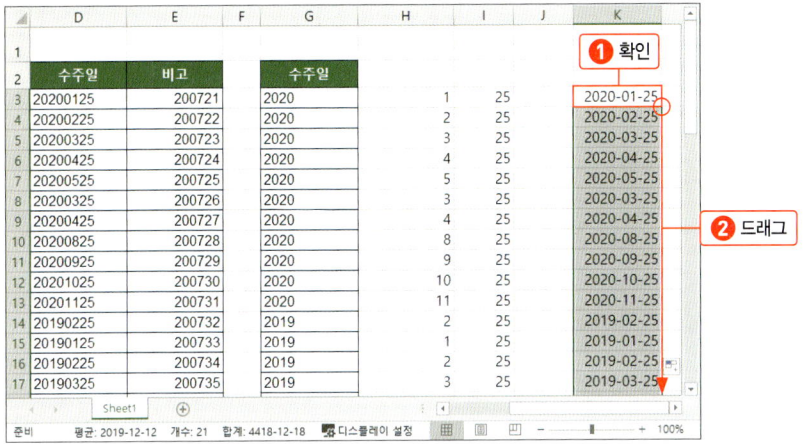

16 K24셀에 함수식『=DATE((100+G24),H24,I24)』를 입력하고 Enter 를 누릅니다.

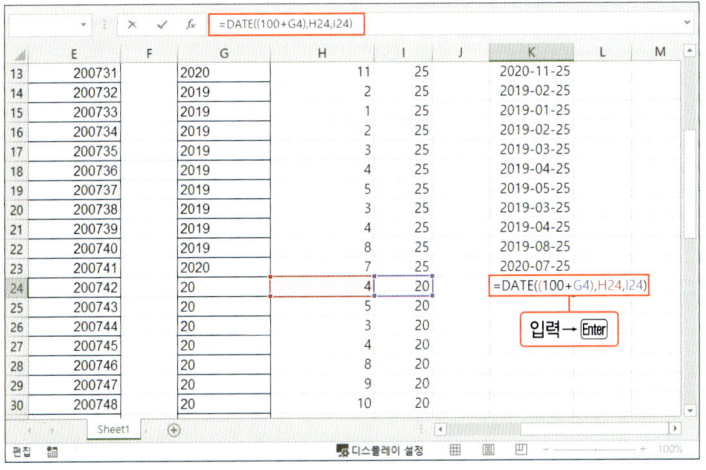

> **함수식 설명**
>
> =DATE((100+G24),H24,I24)
>
> - DATE 함수는 해당 년, 월, 일의 날짜를 변환하는 함수로, 형식은 'DATE(년,월,일)'입니다.
> - '년' 자리에 (100+G24)를 입력한 이유는 G24셀의 연도 값이 1900년을 기준으로 하기 때문에 100을 더해 네 자릿수로 표시하기 위해서입니다.

17 K24셀의 자동 채우기 핸들을 K57셀까지 드래그하여 값을 채웁니다.

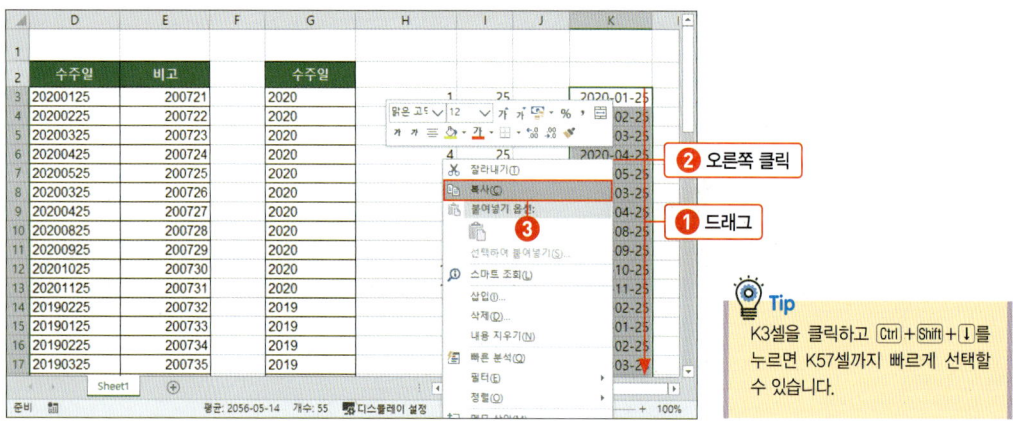

18 K3:K57 범위를 선택하고 마우스 오른쪽 단추를 클릭한 후 [복사]를 선택합니다.

> **Tip**
> K3셀을 클릭하고 Ctrl + Shift + ↓를 누르면 K57셀까지 빠르게 선택할 수 있습니다.

19 '수주일' 항목인 D3:D57 범위를 선택하고 마우스 오른쪽 단추를 클릭한 후 [선택하여 붙여넣기] - [선택하여 붙여넣기]를 선택합니다.

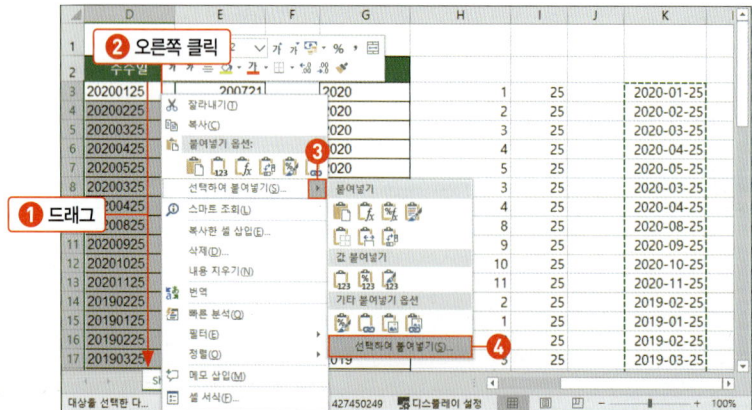

80

20 [선택하여 붙여넣기] 대화상자가 나타나면 '붙여넣기'에서 [값]을 선택하고 [확인]을 클릭하여 '수주일' 항목의 데이터를 값으로 붙여넣습니다.

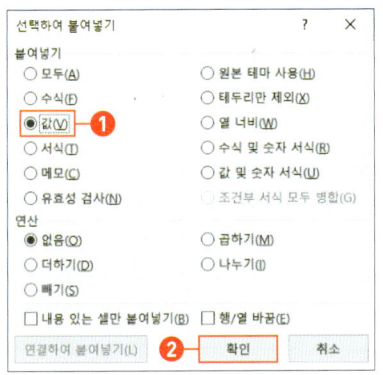

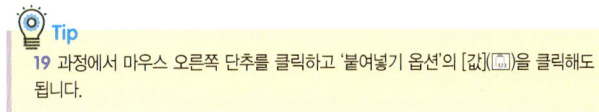

Tip
19 과정에서 마우스 오른쪽 단추를 클릭하고 '붙여넣기 옵션'의 [값]()을 클릭해도 됩니다.

21 붙여넣은 D3:D57 범위를 선택한 상태에서 [홈] 탭-[표시 형식] 그룹에서 [표시 형식]의 내림 단추()를 클릭하고 [간단한 날짜]를 선택합니다.

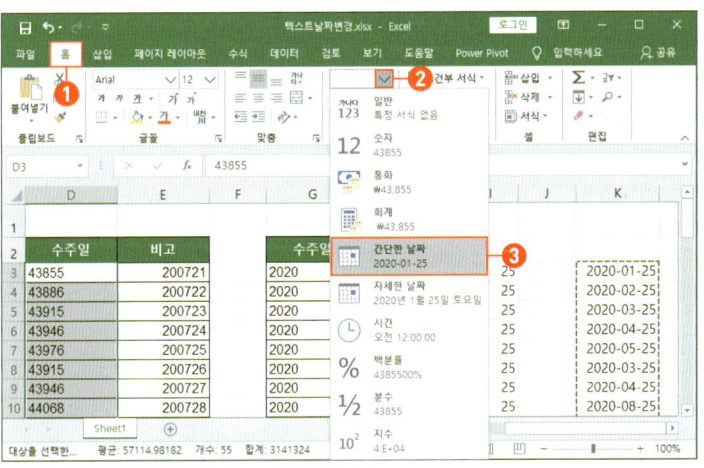

22 '수주일' 항목의 데이터 날짜 형식이 통일되었는지 확인합니다. G열 머리글부터 K열 머리글까지 드래그하여 선택하고 마우스 오른쪽 단추를 클릭한 후 [삭제]를 선택하여 삭제합니다.

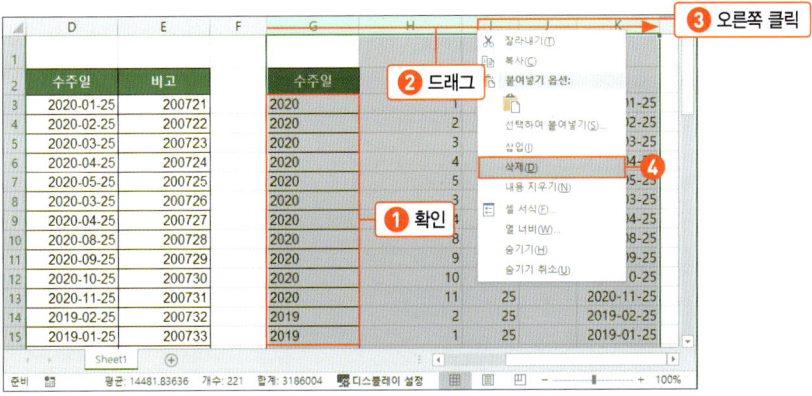

현장실무 10 | 빠른 채우기 이용해 데이터 한 번에 입력하기

업무시간단축	기능	방법
	빠른 채우기	[홈] 탭-[편집] 그룹-[채우기]-[빠른 채우기]

1 [시트] 시트의 '구분' 항목에 각 참석자의 시/도 정보를 표시해 보겠습니다. E3셀과 E4셀에 '배준오'와 '채종서'의 시/도 구역 정보인 『서울특별시』를 입력하고 Enter 를 누릅니다.

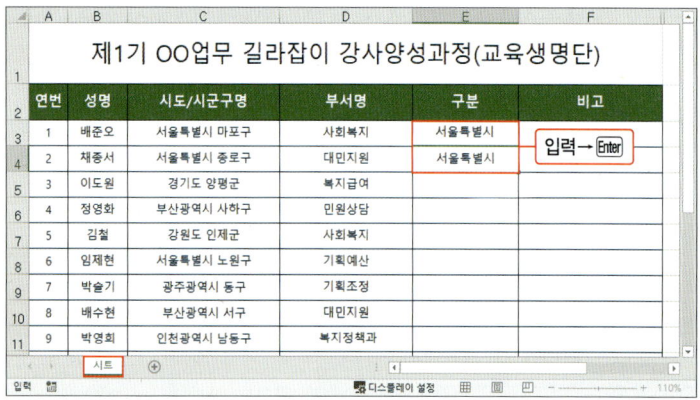

2 엑셀 2013 이상에서는 입력한 2개의 데이터 패턴을 기억하여 남아있는 데이터인 E5:E12 범위의 정보를 빠르게 입력할 수 있습니다. E5셀을 클릭한 상태에서 [홈] 탭-[편집] 그룹의 [채우기]를 클릭하고 [빠른 채우기]를 선택합니다.

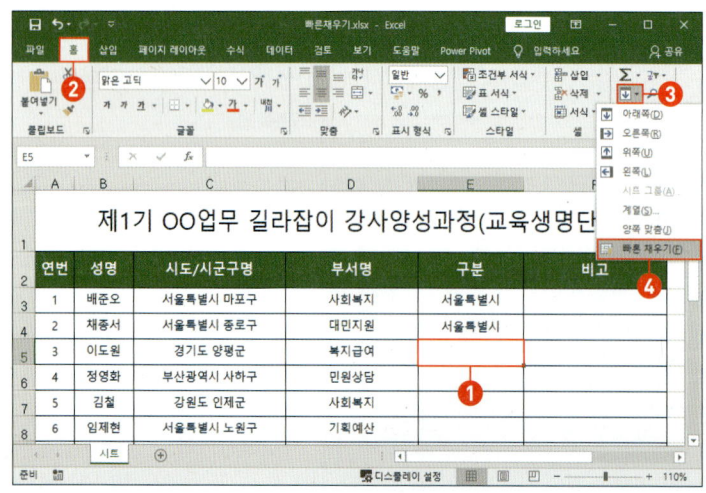

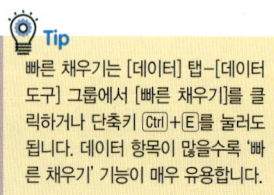

Tip
빠른 채우기는 [데이터] 탭-[데이터 도구] 그룹에서 [빠른 채우기]를 클릭하거나 단축키 Ctrl + E 를 눌러도 됩니다. 데이터 항목이 많을수록 '빠른 채우기' 기능이 매우 유용합니다.

3 기억된 패턴으로 E5:E12 범위의 데이터가 자동으로 채워졌는지 확인합니다.

> **Tip**
> '빠른 채우기'는 데이터 입력 패턴을 기억해서 데이터가 입력된 열의 옆에 데이터를 자동으로 분리해서 채우는 기능으로, 엑셀 2013부터 새롭게 추가되었습니다. 엑셀 2013 이전 버전에서는 별도의 함수로 계산하거나 텍스트 나누기 또는 VBA를 사용해서 해결했지만, 엑셀 2013 버전부터는 '빠른 채우기' 기능으로 쉽게 처리할 수 있게 되어 업무 능률이 크게 향상되었습니다. '빠른 채우기' 기능은 주소에서 시/도 구분 값만 가져오거나, 전자우편에서 계정만 입력하거나, 이름에서 성과 이름을 분리할 때 매우 유용합니다.

잠깐만요 :: 빠른 채우기로 데이터 추출하기

'비고' 항목에 입력된 데이터처럼 입력된 데이터에 일정한 규칙이 있으면 원하는 데이터를 쉽게 추출할 수 있습니다. 위의 실습에서 [시트] 시트의 F3셀에 '이름+공백+시도/시군구명 단어+공백+'부서명' 형식으로 『배준오 서울 마포 사회복지』를 입력하고 [홈] 탭-[편집] 그룹에서 [빠른 채우기]를 선택하면 F열에 같은 규칙으로 데이터가 자동으로 채워집니다.

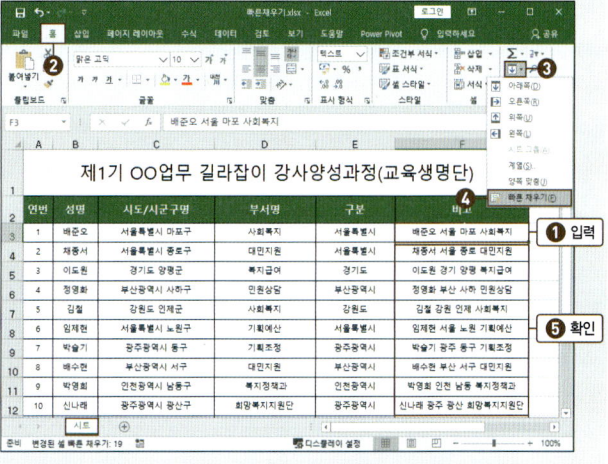

조건부 서식 이용해 중복 데이터 제거하기

업무시간단축	기능	방법
	중복 값 확인	[홈] 탭-[스타일] 그룹-[조건부 서식]-[셀 강조 규칙]-[중복 값]

1 [Sheet1] 시트에서 A3:E27 범위를 선택하고 [홈] 탭-[스타일] 그룹에서 [조건부 서식]을 클릭한 후 [셀 강조 규칙]-[중복 값]을 선택합니다.

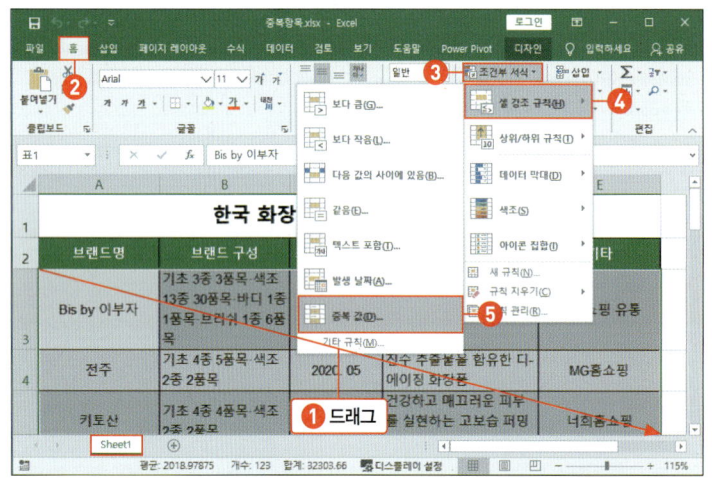

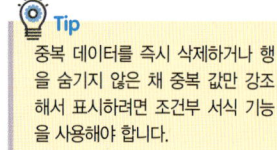

Tip
중복 데이터를 즉시 삭제하거나 행을 숨기지 않은 채 중복 값만 강조해서 표시하려면 조건부 서식 기능을 사용해야 합니다.

2 [중복 값] 대화상자가 나타나면 '적용할 서식'을 확인하고 [확인]을 클릭합니다. A3:E27 범위에서 행과 열에 상관없이 단일 조건으로 중복되는 값이 진한 빨강 텍스트가 있는 연한 빨강으로 채워지면 해당 데이터를 확인하면서 삭제합니다.

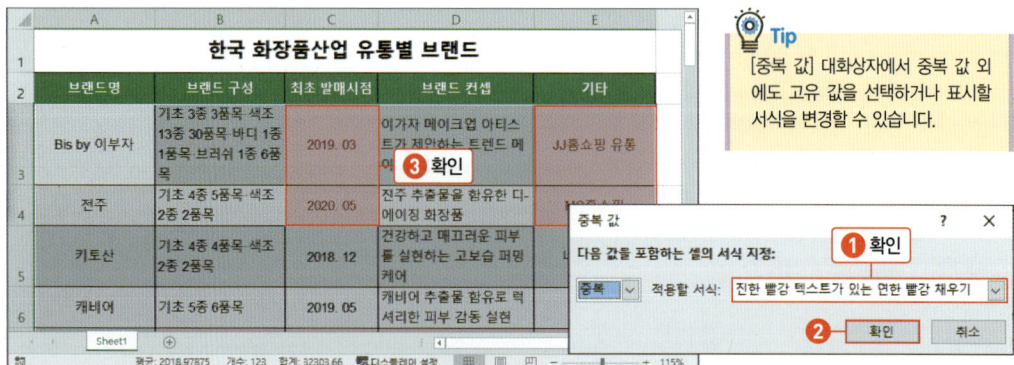

Tip
[중복 값] 대화상자에서 중복 값 외에도 고유 값을 선택하거나 표시할 서식을 변경할 수 있습니다.

현장실무 12 | 고급 필터 이용해 중복 데이터 제거하기

기능	방법
[고급 필터] 대화상자	[데이터] 탭-[정렬 및 필터] 그룹-[고급]
동일 데이터는 하나만 표시	[고급 필터] 대화상자 → [동일한 레코드는 하나만]

1 [Sheet1] 시트에서 A3:E27 범위를 선택하고 [데이터] 탭-[정렬 및 필터] 그룹에서 [고급]을 클릭합니다.

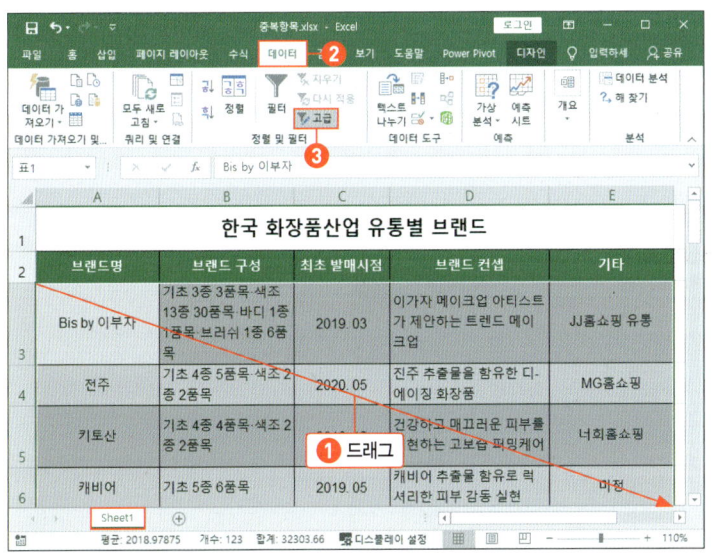

 Tip
중복된 항목 제거 기능으로 정리한 중복 데이터는 영구적으로 삭제되지만, 작업하다 보면 원본 데이터를 그대로 보존해야 하는 경우가 발생합니다. 이때 [데이터] 탭-[정렬 및 필터] 그룹에서 [고급]을 클릭하면 중복 데이터를 삭제하지 않고 검출 수 있습니다.

2 고급 필터를 클릭할 때 '표나 데이터베이스에 머리글이 있습니다. 머리글 행에 열 레이블이 있으면 레이블을 포함해서 선택해야 [필터] 명령이 제대로 실행됩니다. 선택할 때 열 레이블을 포함하시겠습니까?'라고 묻는 메시지 창이 나타나면 [예]를 클릭합니다.

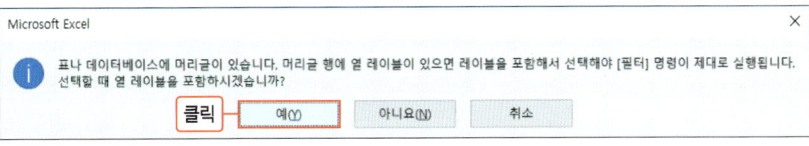

3 [고급 필터] 대화상자가 나타나면 [동일한 레코드는 하나만]에 체크하고 [확인]을 클릭합니다.

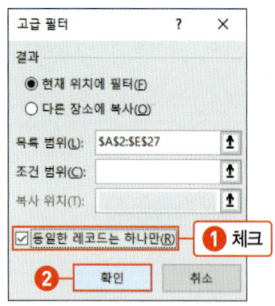

4 A3:E27 범위에서 중복된 데이터가 삭제되지 않고 감춰지면서 정리됩니다. 즉 2개의 중복된 데이터가 있으면 하나의 데이터를 감추고 나머지 하나의 데이터만 남기는데, 숨겨지는 행은 아래쪽의 행을 감춘 상태로 표시됩니다. A2:E27 범위를 선택하고 [데이터] 탭-[정렬 및 필터] 그룹에서 [고급]을 클릭합니다.

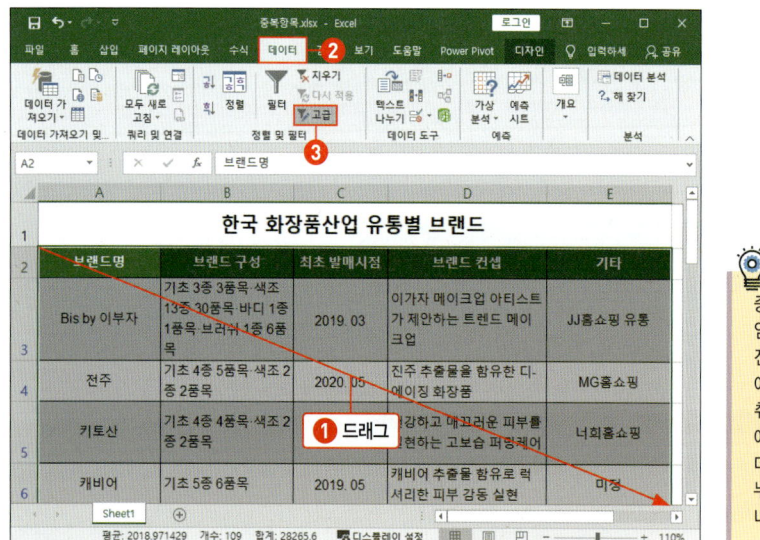

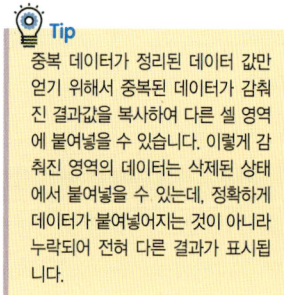

Tip
중복 데이터가 정리된 데이터 값만 얻기 위해서 중복된 데이터가 감춰진 결과값을 복사하여 다른 셀 영역에 붙여넣을 수 있습니다. 이렇게 감춰진 영역의 데이터는 삭제된 상태에서 붙여넣을 수 있는데, 정확하게 데이터가 붙여넣어지는 것이 아니라 누락되어 전혀 다른 결과가 표시됩니다.

5 [고급 필터] 대화상자가 나타나면 '결과'에서 [다른 장소에 복사]를 선택하고 '복사 위치'를 G2셀로 지정한 후 [동일한 레코드는 하나만]에 체크하고 [확인]을 클릭합니다.

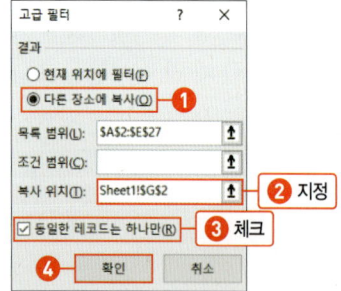

6 중복된 데이터 값을 제외한 결과만 가져와서 **5** 과정에서 지정한 G2셀에 붙여넣기되었는지 확인합니다. 데이터가 보기 좋게 표시되도록 셀 너비를 조절합니다.

 잠깐만요 :: 마우스로 셀 영역 드래그해서 복사하기

셀 영역을 다른 셀 영역으로 복사할 때 마우스 오른쪽 단추를 클릭한 후 복사 & 붙여넣는 방법을 가장 많이 사용합니다. 다른 방법으로는 복사할 셀 영역을 선택하고 마우스 오른쪽 단추를 클릭한 상태에서 옮기려는 셀 영역으로 드래그하여 이동한 후 마우스 오른쪽 단추에서 손을 뗍니다. 복사 또는 이동 관련 메뉴가 나타나면 원하는 메뉴를 선택합니다.

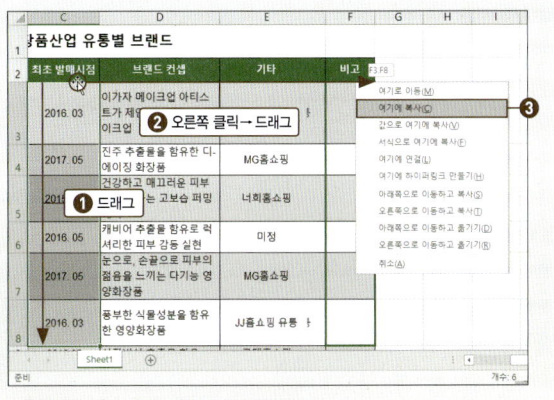

▲ 셀 영역 선택 후 원하는 위치로 복사하기

알아두면 좋아요 01 PDF 문서를 엑셀 문서로 변환하기

● 예제파일 : 1장\엑셀\섹션02\pdf파일변환.pdf   ● 완성파일 : 1장\엑셀\섹션02\pdf파일변환(완).xlsx

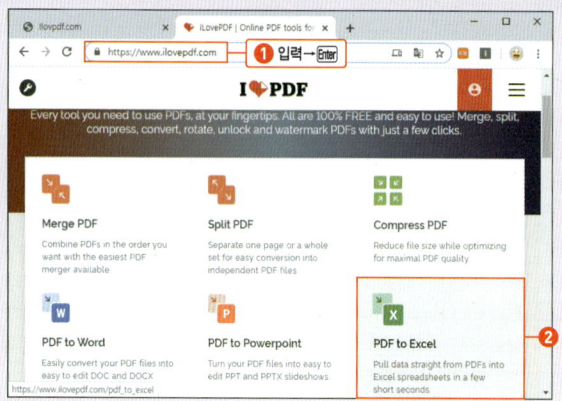

1 웹 브라우저를 실행하고 주소 표시줄에 『http://ilovepdf.com』을 입력한 후 Enter를 누릅니다. 해당 사이트로 이동하면 [PDF to Excel]을 클릭합니다.

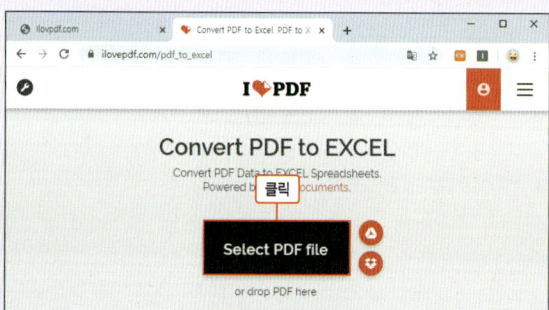

2 Convert PDF to EXCEL 화면으로 이동하면 [Select PDF file]을 클릭합니다.

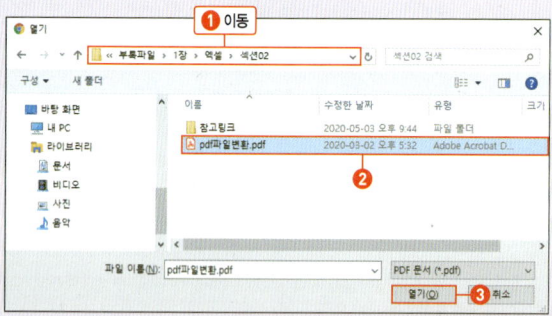

3 [열기] 대화상자가 나타나면 부록 실습파일의 '1장\엑셀\섹션02' 폴더에서 'pdf파일변환.pdf'를 선택하고 [열기]를 클릭합니다.

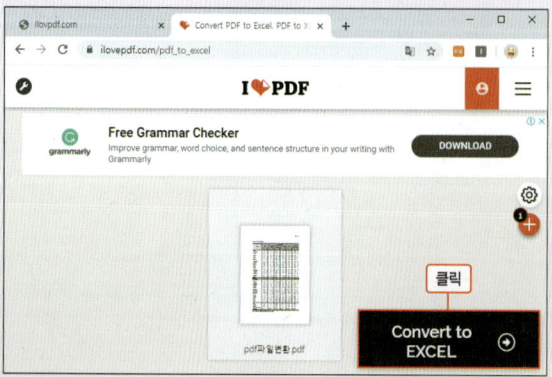

4 화면의 오른쪽 아래에 있는 [Convert to EXCEL]을 클릭합니다.

어도비(Adobe)의 Acrobat Professional 제품을 이용하면 PDF 문서를 엑셀로 가장 쉽게 변환할 수 있지만, 제품 가격이 너무 비싸서 구입하기가 어렵습니다. 여기서는 PDF 변환 프로그램을 이용하지 않고 웹에서 PDF 파일을 엑셀 문서로 변환하는 방법을 살펴보겠습니다.

5 PDF 파일을 엑셀 파일로 변환했으면 [Download EXCEL]을 클릭하여 변환 파일을 다운로드하여 저장합니다.

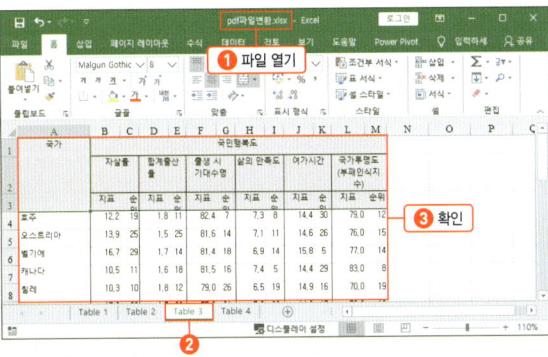

6 변환된 'pdf파일변환.xlsx'를 열고 [Table 3] 시트에 PDF 표 내용이 엑셀로 변환되었는지 확인합니다.

잠깐만요 :: 기타 PDF 프로그램 살펴보기

1. 알PDF – http://www.Altools.co.kr/Download/ALPDF.aspx
알PDF는 알집으로 유명한 (주)이스트소프트에서 제작 배포하는 PDF 프로그램입니다. 이 프로그램은 개인 사용자에게는 무료이지만, 공공기간 및 사업자는 라이선스를 구입한 후 사용해야 합니다.

2. 네스PDF – http://www.nespdf.com
네스PDF는 국산 PDF 프로그램으로, PDF 뷰어와 편집, 변환 등의 기능을 지원합니다. 공개용 라이선스는 비영리 목적으로 사용하는 한국의 개인 사용자에게 무료로 제공되고, 기업 및 영리, 비영리법인, 공공기관,교육기관, 기타기관 등에서는 라이선스를 구매한 후 사용해야 합니다.

▲ 알PDF

▲ 네스PDF

… SECTION

03

원하는 데이터만 가져와서 정확하게 활용하자!

여러 사람들로부터 취합한 데이터는 의미 있는 데이터만 추출해서 사용해야 원하는 결과를 얻을 수 있기 때문에 가공되지 않은 '날(raw)' 정보에 가깝습니다. 만약 엑셀 데이터에서 필요한 내용만 추출하는 방법을 모르면 일일이 수작업을 해야 하므로 엑셀 프로그램을 사용하는 의미가 없어져서 업무의 효율성이 떨어집니다.

이번에는 원하는 데이터만 추출하는 방법과 추출한 데이터를 활용하는 방법을 살펴보겠습니다. 그리고 엑셀을 이용해 업무 시간을 단축하고, 업무 능력을 향상시키는 데 필요한 방법을 익혀보겠습니다.

● 예제파일 : 1장\엑셀\섹션03\피벗테이블.xlsx   ● 완성파일 : 1장\엑셀\섹션03\피벗테이블(완).xlsx

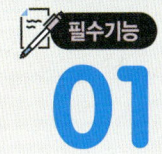

01 피벗 테이블로 집계 보고서 작성하기

업무시간단축	기능	방법
	피벗 테이블 작성	[삽입] 탭-[표] 그룹-[피벗 테이블]

1 [매출] 시트에서 B8셀을 클릭하고 [삽입] 탭-[표] 그룹에서 [피벗 테이블]을 클릭합니다.

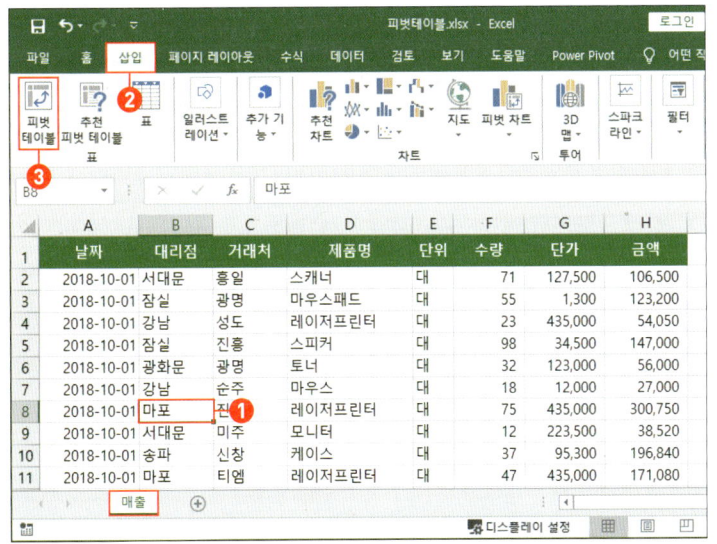

Tip
반드시 B8셀을 클릭할 필요 없이 워크시트의 데이터 영역에 있는 하나의 셀을 선택하면 됩니다.

2 [피벗 테이블 만들기] 대화상자가 나타나면 '분석할 데이터를 선택하십시오.'에서 [표 또는 범위 선택]을 선택하고 '표/범위'의 데이터 범위를 확인합니다. 피벗 테이블 보고서를 넣을 위치를 [새 워크시트]로 선택하고 [확인]을 클릭합니다.

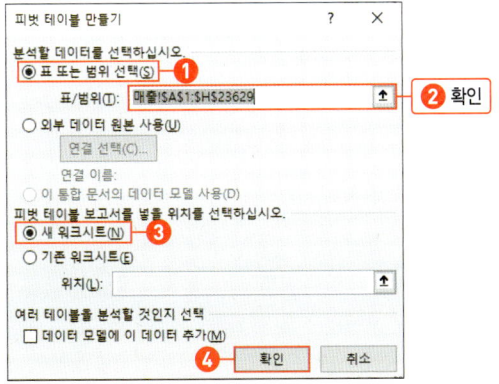

3 [매출] 시트의 왼쪽에 새로운 [Sheet1] 시트가 삽입되면서 워크시트의 왼쪽에 피벗 테이블이 만들어졌는지 확인합니다. 화면의 오른쪽에는 피벗 테이블 목록을 다양하게 선택할 수 있는 [피벗 테이블 필드] 창이 나타납니다.

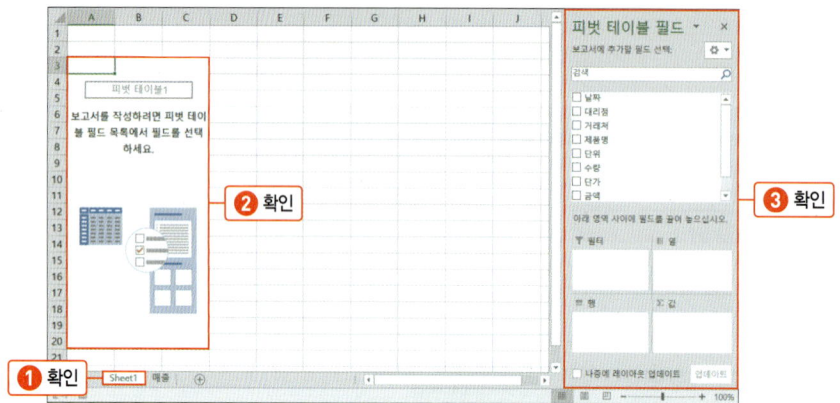

4 피벗 테이블 기능을 이용해 거래처별, 대리점별 매출 금액의 집계 보고서를 작성해 보겠습니다. [피벗 테이블 필드] 창의 '보고서에 추가할 필드 선택'에서 [대리점], [거래처], [금액]에 체크하면 [대리점]과 [거래처]는 '행' 영역으로, [금액]은 '값' 영역으로 자동으로 위치하면서 워크시트의 피벗 테이블의 모양도 변경됩니다.

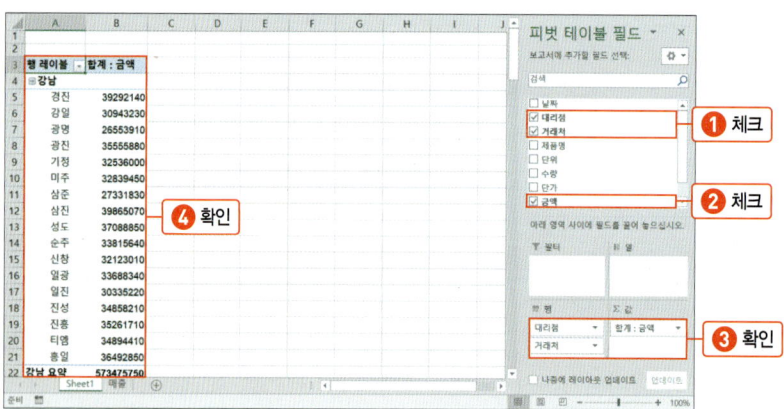

5 '행' 영역의 [대리점]을 '열' 영역으로 드래그하여 이동합니다.

Tip
작업자가 각 영역의 항목을 이동하여 원하는 데이터로 쉽게 정리할 수 있습니다.

6 피벗 테이블의 데이터 영역에서 B3셀에 있는 '열 레이블'의 내림 단추(▼)를 클릭하고 [강남], [마포], [잠실]에만 체크한 후 [확인]을 클릭합니다.

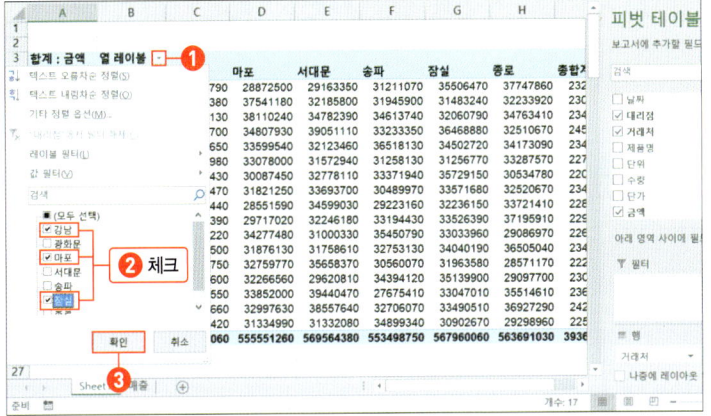

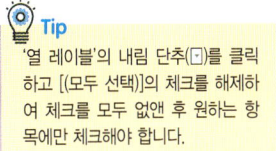

Tip
'열 레이블'의 내림 단추(▼)를 클릭하고 [(모두 선택)]의 체크를 해제하여 체크를 모두 없앤 후 원하는 항목에만 체크해야 합니다.

7 피벗 테이블의 데이터 영역에서 A4셀에 있는 '행 레이블'의 내림 단추(▼)를 클릭하고 상위 5개 항목에만 체크한 후 [확인]을 클릭합니다.

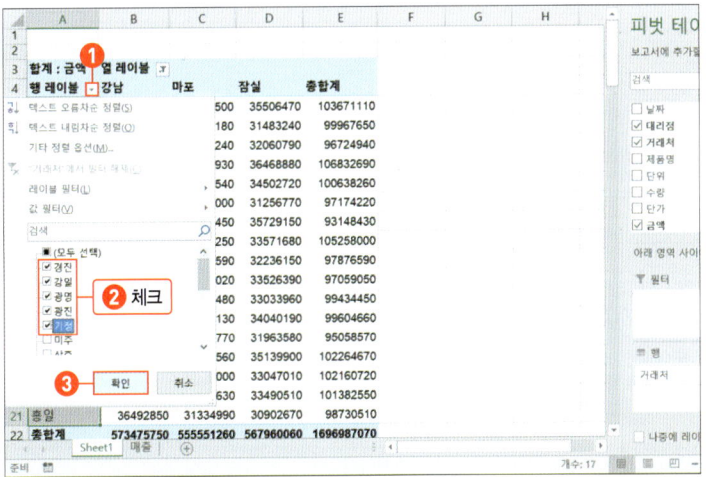

8 강남, 마포, 잠실에 있는 상위 5개(경진, 강일, 광명, 광진, 기정)의 항목이 피벗 테이블로 표시되었는지 확인하고 [피벗 테이블 필드] 창을 닫습니다.

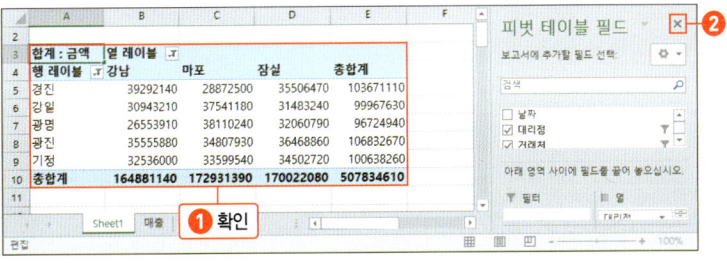

슬라이서 이용해 데이터 필터링하기

기능	방법
슬라이서 삽입	[분석] 탭-[필터] 그룹-[슬라이서 삽입]
[피벗 테이블 필드] 창	[분석] 탭-[표시] 그룹-[필드 목록]
[그룹화] 대화상자	마우스 오른쪽 단추 → [그룹]

1 [Sheet1] 시트에서 피벗 테이블 영역에 있는 셀을 클릭하고 [피벗 테이블 도구]의 [분석] 탭-[필터] 그룹에서 [슬라이서 삽입]을 클릭합니다.

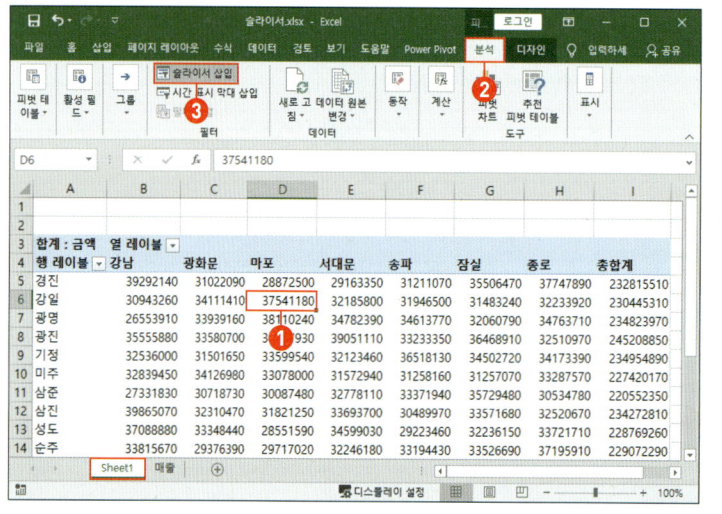

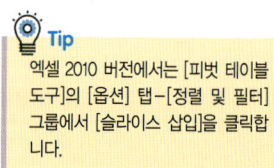

Tip
엑셀 2010 버전에서는 [피벗 테이블 도구]의 [옵션] 탭-[정렬 및 필터] 그룹에서 [슬라이스 삽입]을 클릭합니다.

2 [슬라이서 삽입] 대화상자가 나타나면 슬라이서를 만들려는 항목인 [날짜], [대리점], [거래처]에 체크하고 [확인]을 클릭합니다.

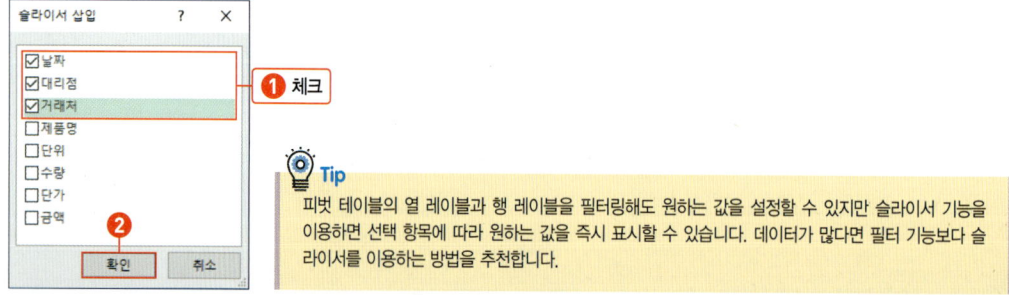

Tip
피벗 테이블의 열 레이블과 행 레이블을 필터링해도 원하는 값을 설정할 수 있지만 슬라이서 기능을 이용하면 선택 항목에 따라 원하는 값을 즉시 표시할 수 있습니다. 데이터가 많다면 필터 기능보다 슬라이서를 이용하는 방법을 추천합니다.

3 [날짜], [대리점], [거래처] 슬라이서가 나타나면 [날짜] 슬라이서의 데이터를 연도별, 분기별로 정리해 보겠습니다. 피벗 테이블 영역에 있는 B8셀을 클릭하고 [피벗 테이블 도구]의 [분석] 탭-[표시] 그룹에서 [필드 목록]을 클릭합니다.

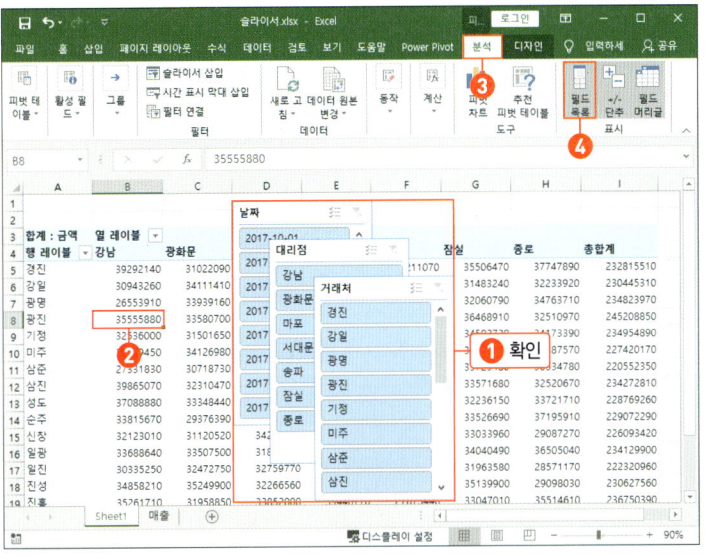

> **Tip**
> 반드시 B8셀을 클릭할 필요 없습니다. 워크시트의 피벗 테이블 영역에 있는 아무 셀이나 선택해도 됩니다.

4 화면의 오른쪽에 [피벗 테이블 필드] 창이 나타나면 필드 항목에서 [날짜]에 체크합니다.

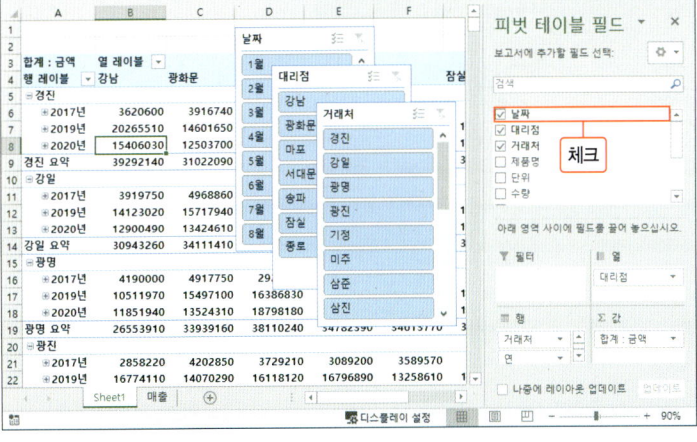

5 피벗 테이블의 왼쪽에 있는 날짜 데이터 영역에서 하나의 셀을 클릭하고 마우스 오른쪽 단추를 클릭한 후 [그룹]을 선택합니다. [그룹화] 대화상자가 나타나면 [분기]와 [연]만 선택하고 [확인]을 클릭한 후 [피벗 테이블 필드] 창을 닫습니다.

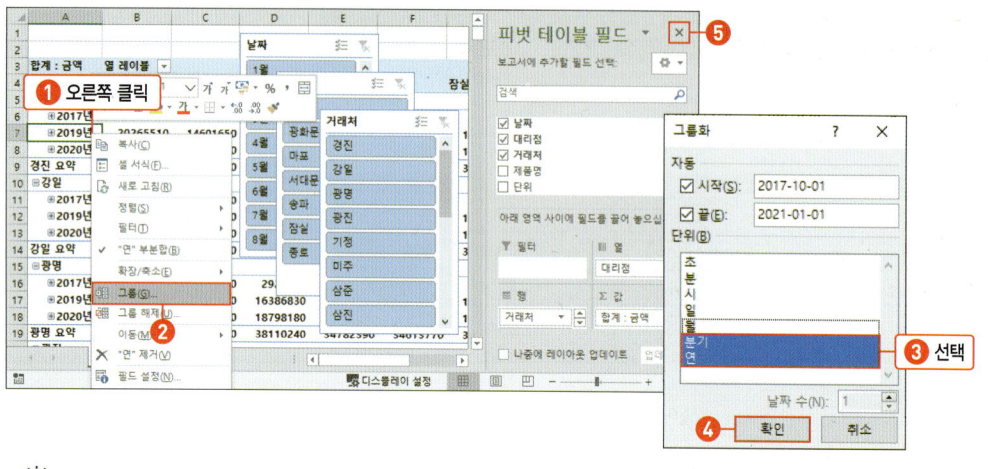

> **Tip**
> [그룹화] 대화상자의 '단위'에 [월]이 선택되어 있으면 클릭해서 선택을 해제합니다.

6 각 연도별로 분기별 금액을 나누어서 정리했으면 [피벗 테이블 도구]의 [분석] 탭-[필터] 그룹에서 [슬라이서 삽입]을 클릭합니다. [슬라이서 삽입] 대화상자가 나타나면 [연]에 체크하고 [확인]을 클릭합니다.

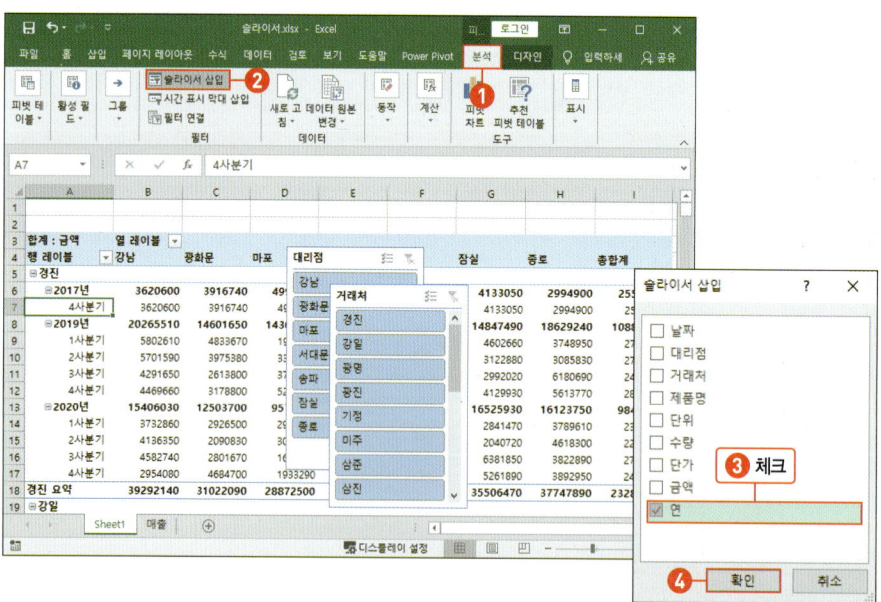

7 [연] 슬라이서가 새로 삽입되었으면 각 슬라이서를 보기 좋게 배치하고 슬라이서의 각 항목을 선택하여 피벗 테이블의 결과를 확인합니다.

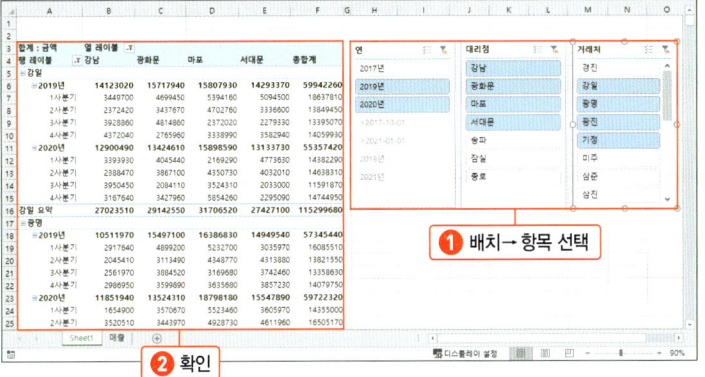

❶ 배치 → 항목 선택
❷ 확인

 잠깐만요 :: 슬라이서의 스타일 꾸미기

작성한 슬라이서를 선택하고 [슬라이서 도구]의 [옵션] 탭-[슬라이서 스타일] 그룹에서 슬라이서 스타일을 선택하여 슬라이서를 좀 더 보기 좋게 꾸밀 수 있습니다.

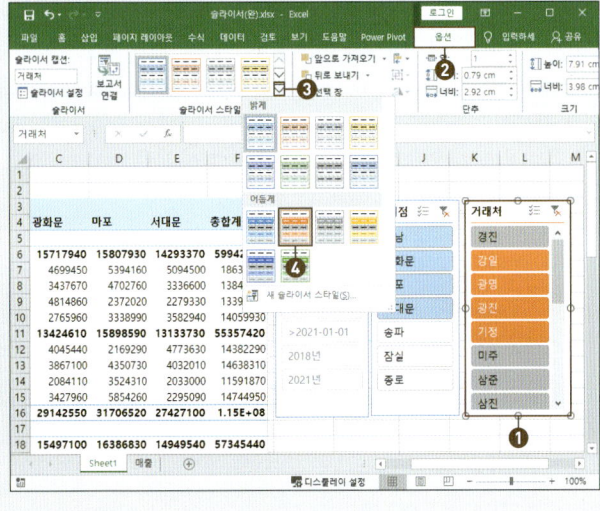

97

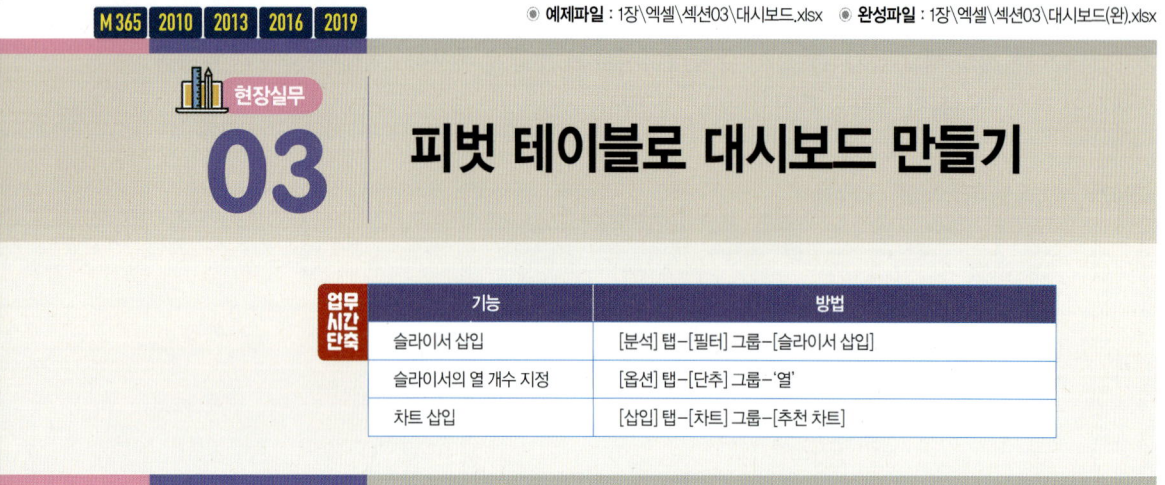

03 피벗 테이블로 대시보드 만들기

기능	방법
슬라이서 삽입	[분석] 탭-[필터] 그룹-[슬라이서 삽입]
슬라이서의 열 개수 지정	[옵션] 탭-[단추] 그룹-'열'
차트 삽입	[삽입] 탭-[차트] 그룹-[추천 차트]

1 [Sheet1] 시트에서 A6셀을 클릭하고 [피벗 테이블 도구]의 [분석] 탭-[필터] 그룹에서 [슬라이서 삽입]을 클릭합니다.

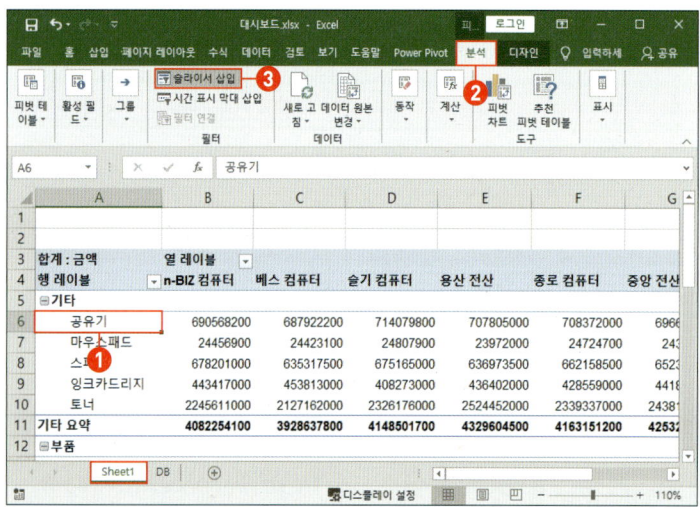

2 [슬라이서 삽입] 대화상자가 나타나면 [거래일], [거래처], [품명], [연]에 체크하고 [확인]을 클릭합니다.

3 [거래일], [거래처], [품명], [연] 슬라이서가 나타나면 A열 머리글에서 마우스 오른쪽 단추를 클릭하고 [삽입]을 선택합니다.

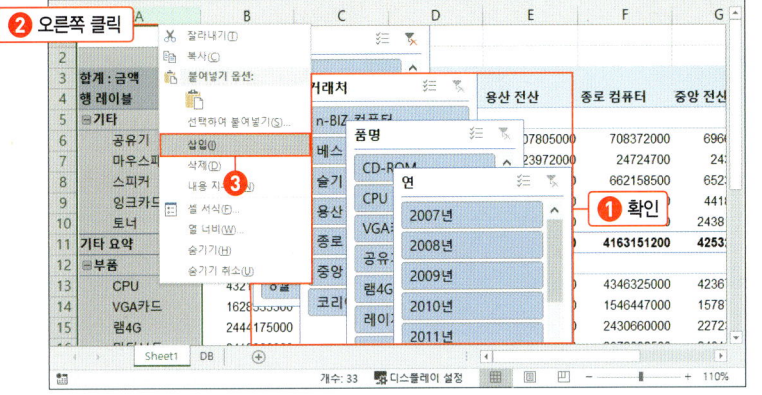

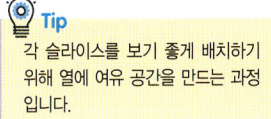

Tip
각 슬라이서를 보기 좋게 배치하기 위해 열에 여유 공간을 만드는 과정입니다.

4 선택한 A열의 왼쪽에 열이 추가되었는지 확인합니다. 이와 같은 방법으로 1개의 열을 더 삽입합니다.

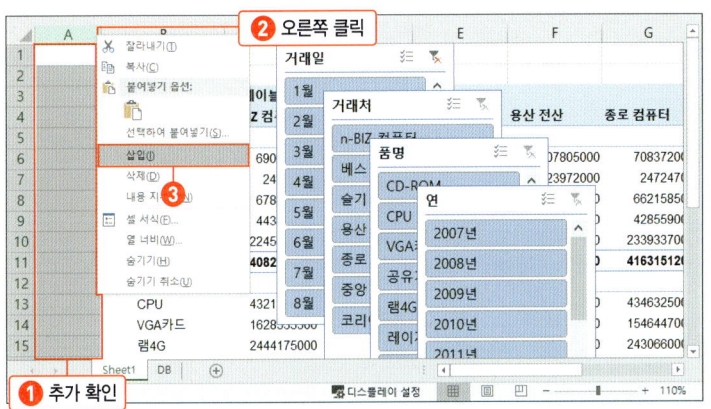

5 이번에는 행에 여유 공간을 만들기 위해 1행 머리글과 2행 머리글을 드래그하여 선택하고 마우스 오른쪽 단추를 클릭한 후 [삽입]을 선택합니다.

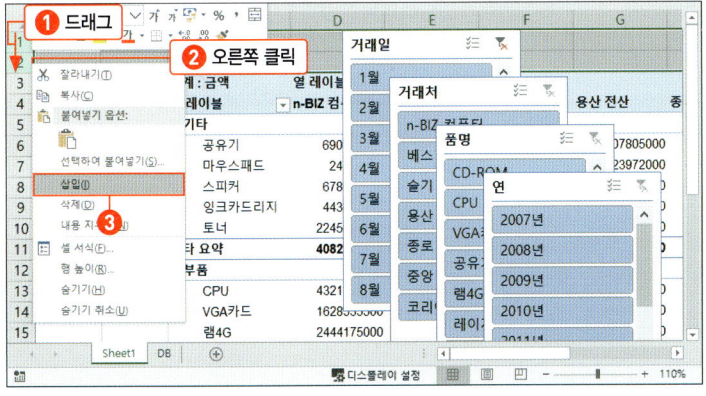

6 [품명] 슬라이서는 피벗 테이블의 왼쪽에 배치하고 슬라이서의 크기를 조절한 후 [거래처] 슬라이서는 피벗 테이블의 위쪽으로 이동합니다. 아래로 정렬된 항목을 왼쪽으로 배치하기 위해 [슬라이서 도구]의 [옵션] 탭-[단추] 그룹에서 '열'에 대리점 항목 개수인 『7』을 입력합니다.

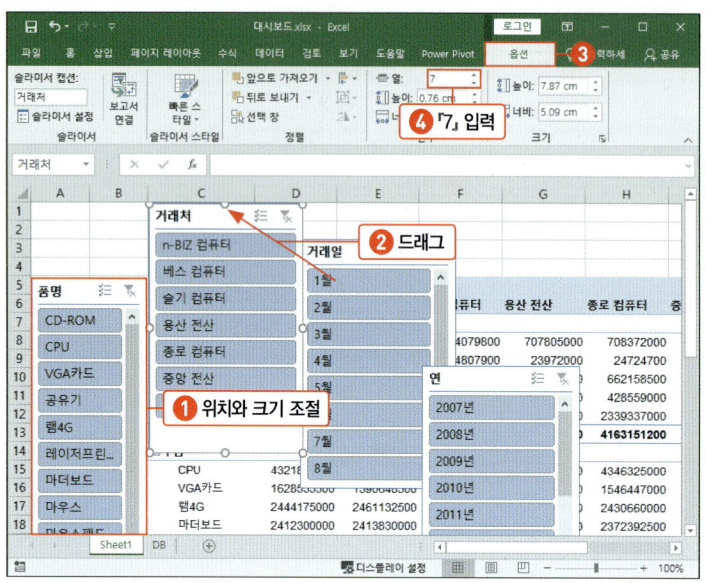

7 [거래처] 슬라이서의 크기를 보기 좋게 조절하고 피벗 테이블의 오른쪽에 [연]과 [거래일] 슬라이서를 배치합니다.

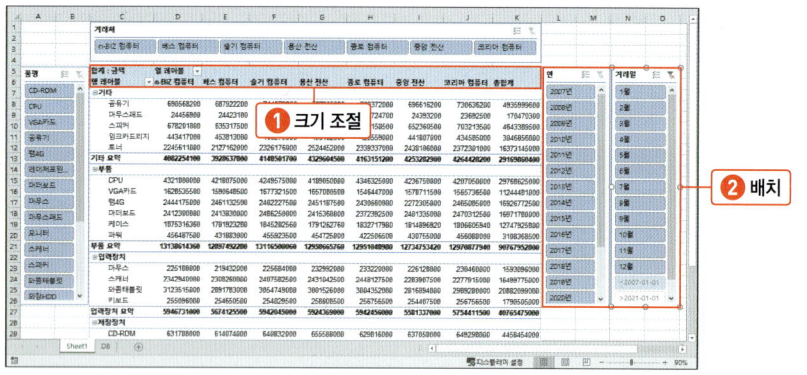

> **Tip**
> 화면이 한눈에 들어오지 않으면 워크시트 화면에서 Ctrl +마우스 휠을 위아래로 움직이면서 화면의 크기를 조절합니다. 또는 상태 표시줄의 [확대/축소 조절 막대]의 비율을 [75%]로 설정하고 슬라이서를 보기 좋게 배치합니다.

8 피벗 차트를 만들기 위해 C8:K36 범위를 선택하고 [삽입] 탭-[차트] 그룹에서 [추천 차트]를 클릭합니다.

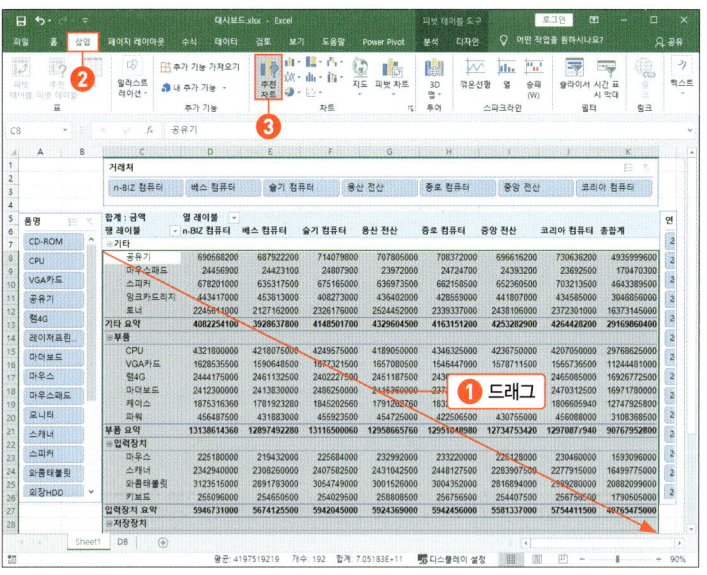

> **Tip**
> 선택할 셀 범위가 넓으면 C6셀을 선택하고 Shift를 누른 상태에서 K36셀을 클릭합니다.

9 [차트 삽입] 대화상자가 나타나면 거래처별 대리점 판매 현황을 살펴보기 위해 [모든 차트] 탭의 [세로 막대형] 범주에서 [묶은 세로 막대형]을 클릭하고 [확인]을 클릭합니다.

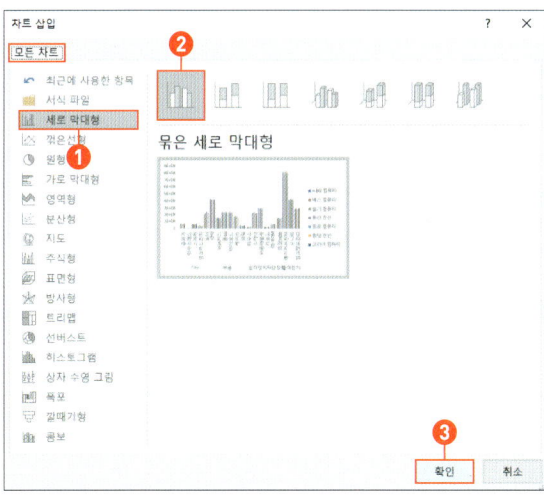

101

10 피벗 테이블의 아래쪽으로 차트를 이동하고 차트의 크기를 보기 좋게 조절합니다.

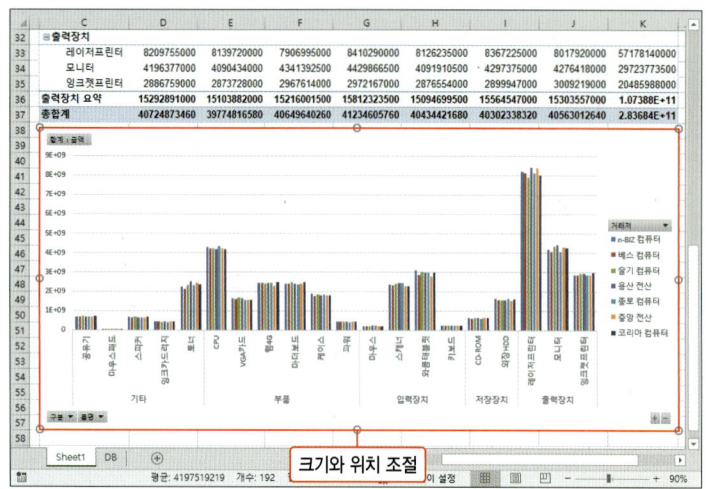

> **Tip**
> 피벗 테이블과 슬라이서, 차트를 한 화면에 배치하면 슬라이서 항목을 선택하면서 데이터의 변화를 곧바로 표시할 수 있어서 매우 편리합니다. 이 기능은 발표할 때 훌륭한 시각 자료로 활용할 수 있습니다.

11 복잡한 차트는 분석에 도움이 되지 않으므로 쉽게 비교할 수 있도록 워크시트의 왼쪽에 있는 [품명] 슬라이서에서 항목(CPU, VGA카드, 램4G, 마더보드, 케이스)을 선택합니다. 비교 항목인 대리점 데이터도 항목이 4개 이상이면 비교하기 어렵기 때문에 [거래처] 슬라이서에서 4개의 항목(n-Biz 컴퓨터, 슬기 컴퓨터, 종로 컴퓨터, 중앙 전산)만 선택하여 대시보드를 완성합니다.

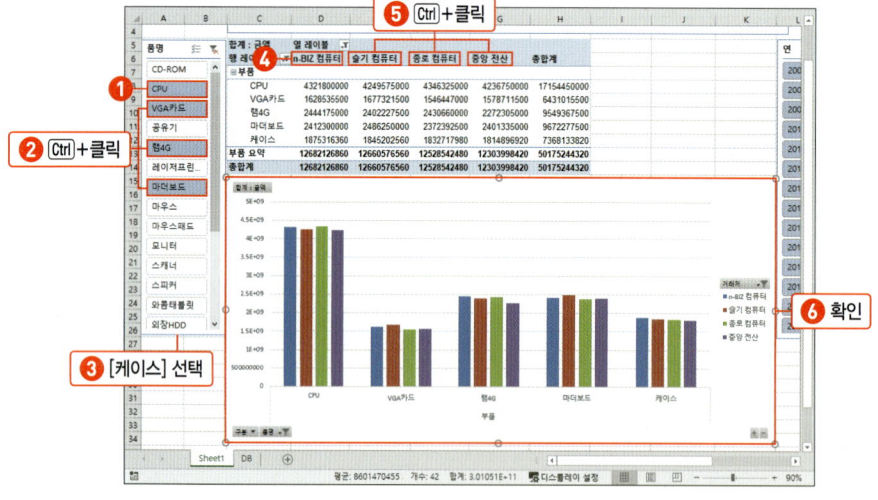

> **Tip**
> 슬라이서에서 Ctrl을 누른 상태에서 마우스로 클릭하면 여러 개의 항목을 선택할 수 있습니다. 슬라이서의 선택 항목에 따라 피벗 테이블의 크기가 변경되기 때문에 결과물에 따라 배치한 슬라이서와 차트의 위치를 조절합니다.

04 기초 데이터 집계해 피벗 테이블 완성하기

기능	방법
피벗 테이블 만들기	[삽입] 탭-[표] 그룹-[피벗 테이블]

1 [매출] 시트에서 데이터 영역에 있는 A4셀을 클릭하고 [삽입] 탭-[표] 그룹에서 [피벗 테이블]을 클릭합니다.

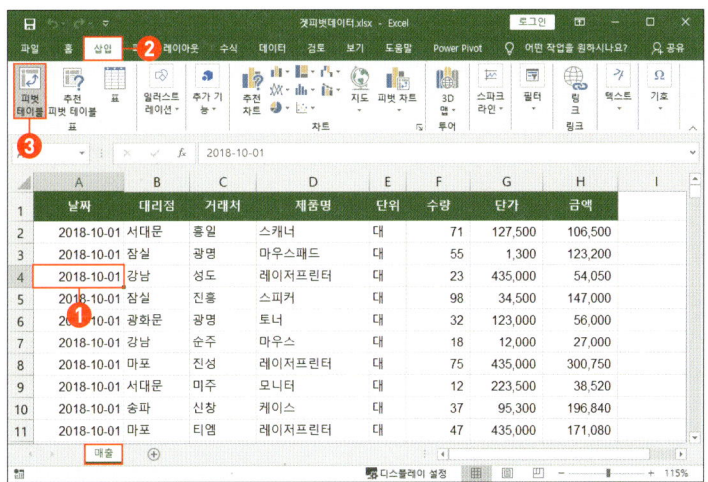

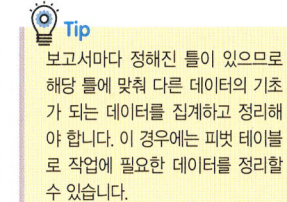

Tip
보고서마다 정해진 틀이 있으므로 해당 틀에 맞춰 다른 데이터의 기초가 되는 데이터를 집계하고 정리해야 합니다. 이 경우에는 피벗 테이블로 작업에 필요한 데이터를 정리할 수 있습니다.

2 [피벗 테이블 만들기] 대화상자가 나타나면 [표 또는 범위 선택]을 선택합니다. '표/범위'의 데이터 범위를 확인하고 [새 워크시트]를 선택한 후 [확인]을 클릭합니다.

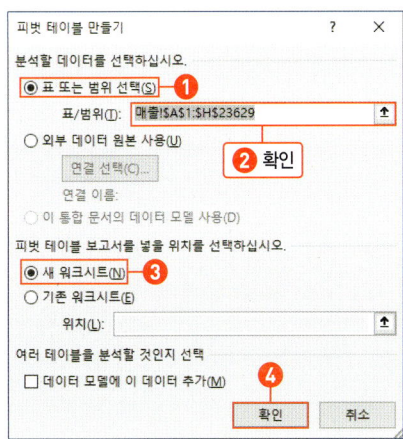

3 새 워크시트인 [Sheet1] 시트에 피벗 테이블이 삽입되면 [피벗 테이블 필드] 창에서 [날짜]에 체크합니다. 피벗 테이블 영역에 있는 하나의 날짜 셀에서 마우스 오른쪽 단추를 클릭하고 [그룹]을 선택합니다.

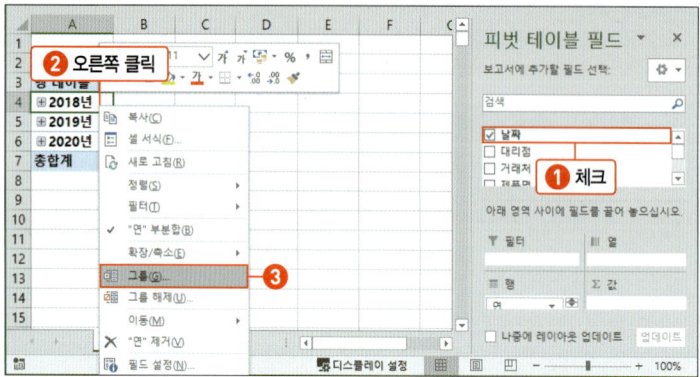

4 [그룹화] 대화상자가 나타나면 '단위'에서 [분기]와 [연]만 선택하고 [확인]을 클릭합니다.

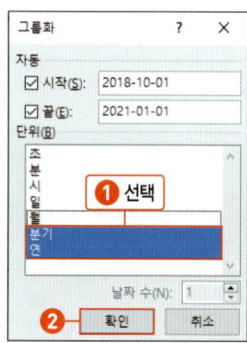

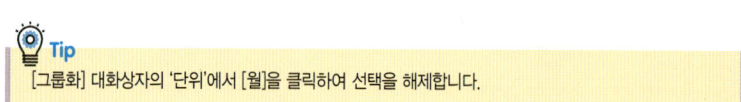

> **Tip**
> [그룹화] 대화상자의 '단위'에서 [월]을 클릭하여 선택을 해제합니다.

5 [피벗 테이블 필드] 창에서 [대리점], [제품명], [금액]에 체크합니다. 대리점의 제품별 판매 현황 보고서를 작성하기 위해 '행' 영역의 [대리점]을 '열' 영역으로 드래그합니다.

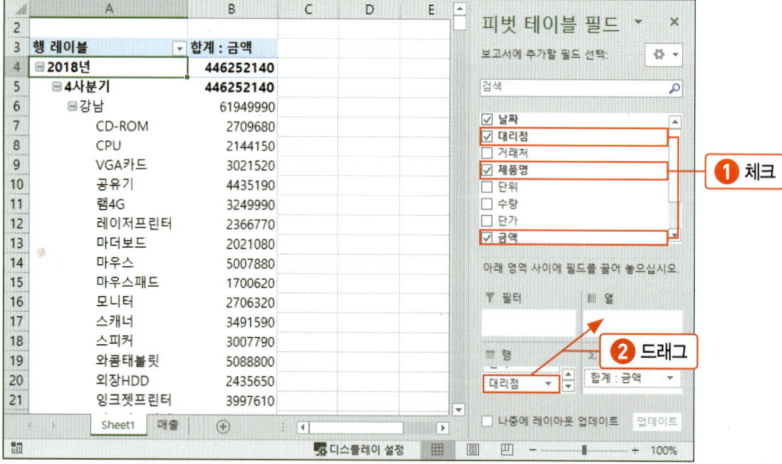

6 보고서 작성에 필요한 기초 데이터를 집계한 피벗 테이블이 완성되었는지 확인하고 [피벗 테이블 필드] 창을 닫습니다.

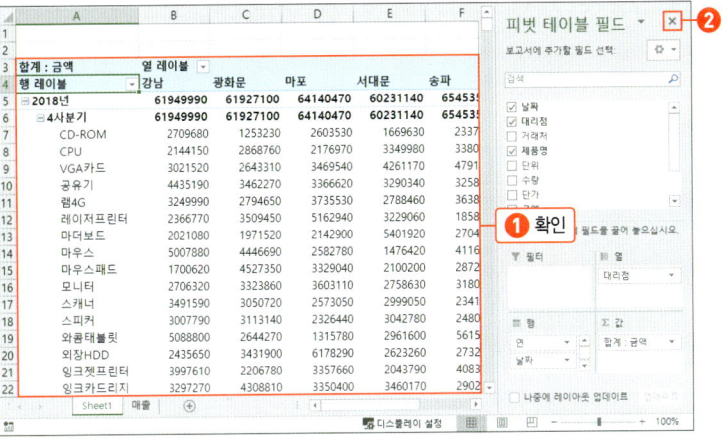

 잠깐만요 :: 피벗 테이블로 데이터 요약하기

피벗 테이블(PIVOT table)을 사용하면 방대한 데이터를 빠르게 요약할 수 있어서 작업 시간을 줄일 수 있습니다. 따라서 피벗 테이블을 '엑셀의 꽃'이라고 부르는데, 필터 기능으로 못하는 작업이나 복잡한 작업을 몇 번의 마우스 클릭만으로도 쉽게 할 수 있습니다.

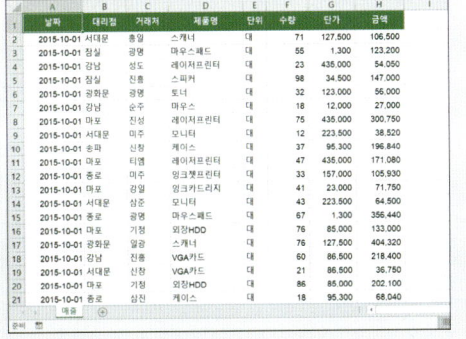 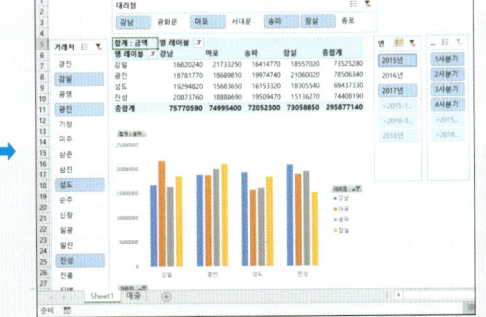

▲ 피벗 테이블을 이용해 데이터를 표와 차트로 요약하기

105

● 예제파일 : 1장\엑셀\섹션03\겟피벗데이터.xlsx   ● 완성파일 : 1장\엑셀\섹션03\겟피벗데이터(중복제거_완).xlsx

현장실무 05 | 중복된 값과 데이터 삭제하기

기능	방법
중복된 항목 제거	[데이터] 탭-[데이터 도구] 그룹-[중복된 항목 제거]

1 [매출] 시트에서 B1셀을 클릭하고 Ctrl+Shift+↓를 눌러 '대리점' 항목을 모두 선택한 후 Ctrl+C를 눌러 복사합니다.

Tip
Ctrl+Shift+↓를 눌러 셀 영역을 선택하고 Ctrl+.를 2번 누르면 선택한 셀 영역의 맨 위로 이동합니다.

2 Shift+F11을 누르면 새로운 [Sheet1] 시트가 추가되면서 [Sheet1]의 A1셀이 선택됩니다.

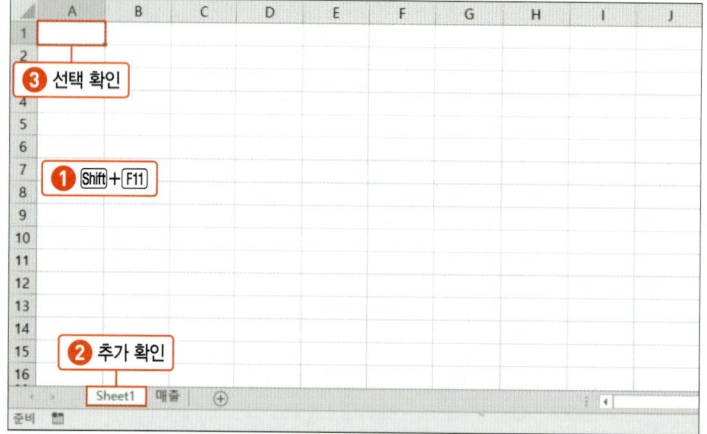

Tip
엑셀 통합 문서에서 Ctrl+PgUp/PgDn을 눌러 시트 간에 이동할 수 있습니다.

3 [Sheet1] 시트의 A1셀에 보고서 제목인 『대리점, 제품별 판매현황』을 입력하고 A5셀을 클릭한 후 Ctrl+V를 눌러 데이터를 붙여넣습니다. 이와 같은 방법으로 [매출] 시트의 '제품명' 항목을 복사하여 [Sheet1] 시트의 B5셀에 붙여넣고 Esc를 눌러 선택된 데이터의 범위를 해제합니다.

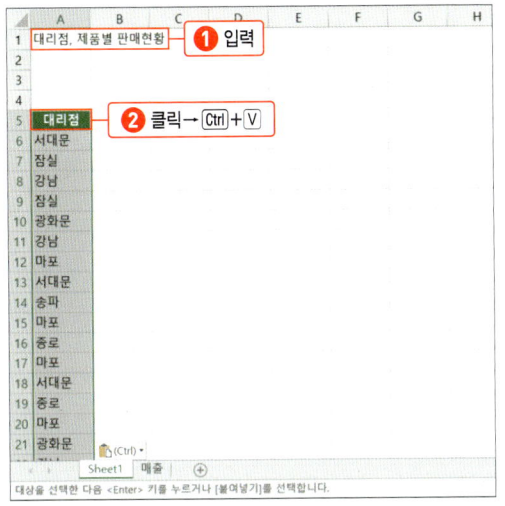 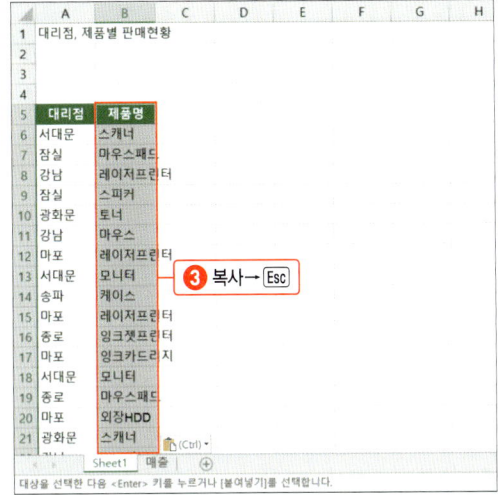

4 [매출] 시트에서 가져온 '대리점' 항목과 '제품명' 항목에는 중복된 값이 있기 때문에 중복된 데이터를 제거해야 합니다. '대리점' 항목에서 중복된 데이터를 제거하기 위해 A6셀을 클릭하고 Ctrl+Shift+↓를 눌러 '대리점' 항목을 모두 선택한 후 [데이터] 탭-[데이터 도구] 그룹에서 [중복된 항목 제거]를 클릭합니다.

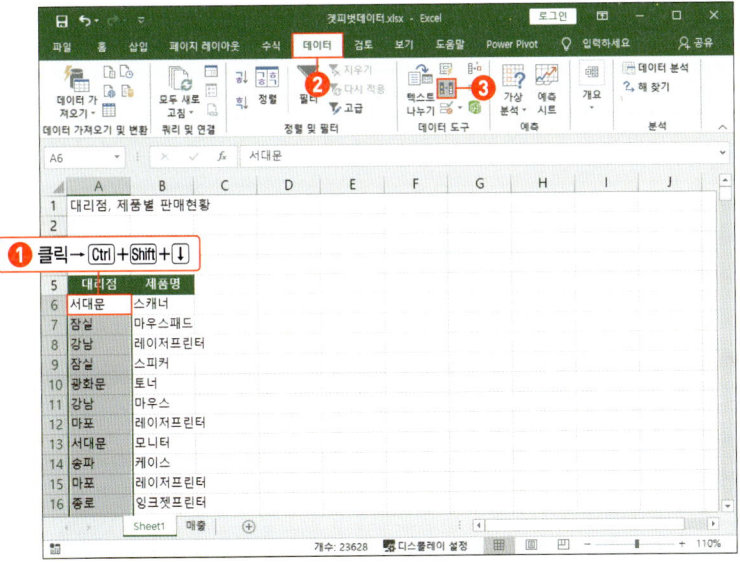

5 [중복된 항목 제거 경고] 대화상자가 나타나면 [현재 선택 영역으로 정렬]을 선택하고 [중복된 항목 제거]를 클릭합니다. [중복 값] 대화상자가 나타나면 중복된 값을 제거할 '대리점' 열에 체크되어 있는지 확인하고 [확인]을 클릭합니다.

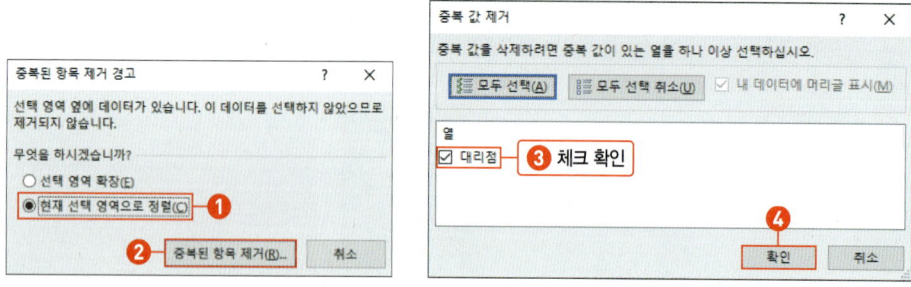

> **Tip**
> [중복된 항목 제거 경고] 대화상자는 선택된 항목에 인접한 데이터가 있을 때 나타납니다.

6 중복된 값이 검색되어 제거했다는 메시지 창이 나타나면 [확인]을 클릭합니다.

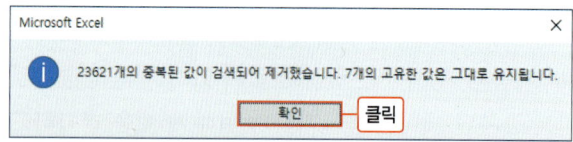

7 '대리점' 항목에서 중복 데이터가 삭제되었는지 확인합니다.

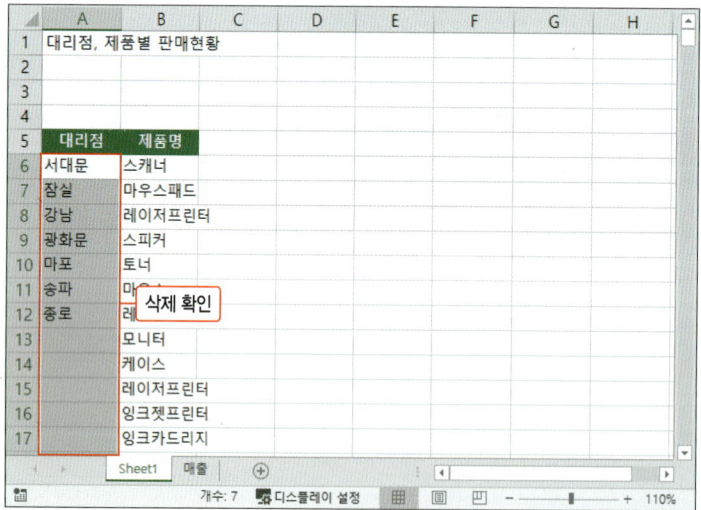

8 '제품명' 항목에서도 중복 데이터를 제거하기 위해 B6셀을 클릭하고 Ctrl+Shift+↓를 눌러 '제품명' 항목의 데이터를 모두 선택합니다. [데이터] 탭-[데이터 도구] 그룹에서 [중복된 항목 제거]를 클릭합니다.

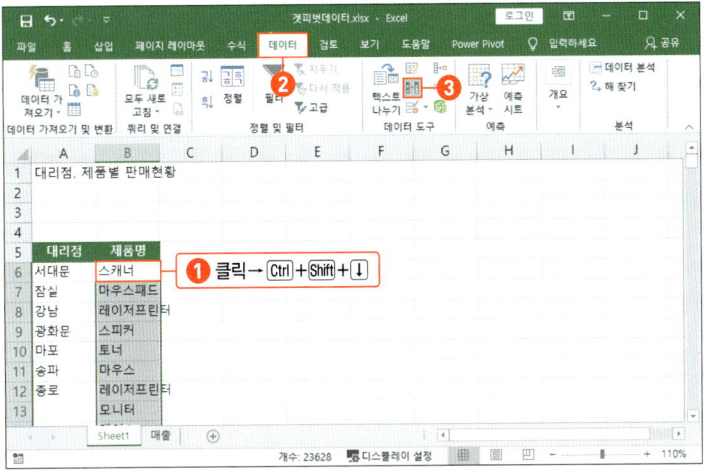

9 [중복된 항목 제거 경고] 대화상자가 나타나면 [현재 선택 영역으로 정렬]을 선택하고 [중복된 항목 제거]를 클릭합니다. [중복 값 제거] 대화상자가 나타나면 중복된 값을 제거할 '제품명' 열에 체크되어 있는지 살펴보고 [확인]을 클릭합니다.

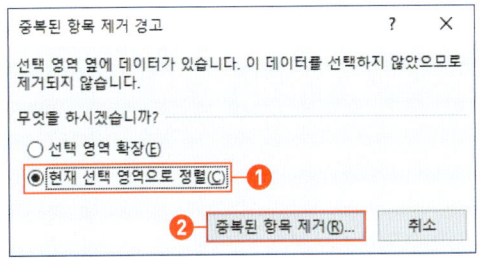 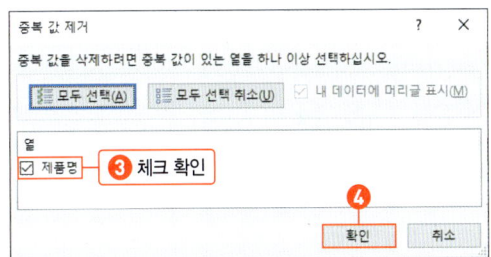

10 중복된 값이 검색되어 제거했다는 메시지 창이 나타나면 [확인]을 클릭합니다. '제품명' 항목에서 중복 데이터가 삭제되었는지 확인합니다.

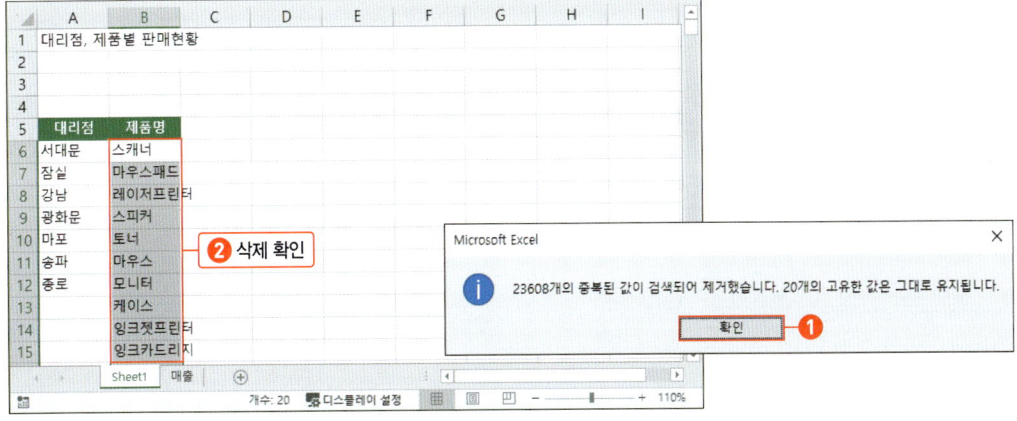

행과 열 변경하기

입력한 데이터에서 열 데이터를 행 데이터로 바꾸어야 하거나, 반대로 행 데이터를 열 데이터로 바꿔서 작업하는 경우가 있습니다. 또한 자료 테이블을 만들면 행과 열을 바꿔서 다시 작성하는 경우도 발생합니다.

- **행(row)** : 가로 방향, 옆으로 늘어선 줄, 앞/뒤 줄과 줄 사이, 세로 방향으로 행을 셈
- **열(column)** : 세로(앞, 뒤) 방향으로 나열된 줄, 좌우 또는 가로 방향으로 열을 셈

A1:C3 범위의 경우 A, B, C는 열이고 1, 2, 3은 행입니다.

	A열	B열	C열
1행	A1	B1	C1
2행	A2	B2	C2
3행	A3	B3	C3

다음의 보고서에 사용된 표를 살펴보면 '기혼남녀 및 미혼남녀의 『결혼 필요성』에 관한 태도' 표에서는 열로, '기혼남녀 및 미혼남녀의 『만혼 및 비혼의 원인』에 대한 찬성률' 표의 경우에는 행으로 기혼자와 미혼자의 데이터를 배치하여 비교했습니다. 이 경우 비교 서식을 통일해서 표현하는 것이 더 효율적입니다.

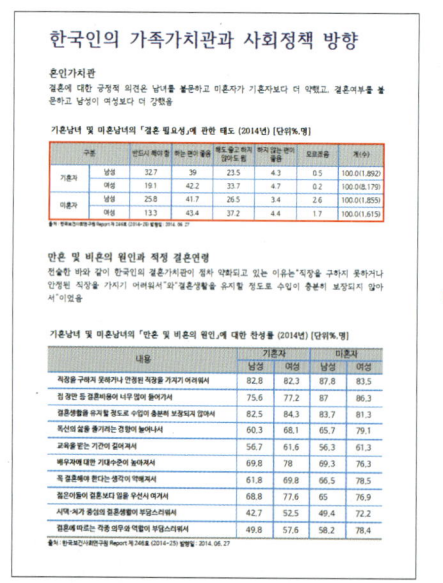
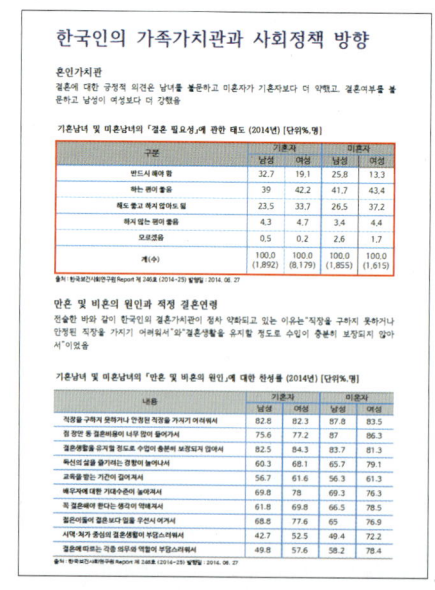

▲ 행과 열을 변경한 보고서

현장실무 07 | 행과 열 전환해 보고서의 레이블 배치하기

● 예제파일 : 1장\엑셀\섹션03\보고서행열바꿈.xlsx   ● 완성파일 : 1장\엑셀\섹션03\보고서행열바꿈(완).xlsx

기능	방법
행/열 전환	[선택하여 붙여넣기] 대화상자 → [행/열 바꿈]
데이터 유효성 검사	[데이터] 탭-[데이터 도구] 그룹-[데이터 유효성 검사]

1 대리점의 제품별 판매 현황에 대한 보고서를 작성하기 위해 '대리점' 항목을 열 레이블로 배치해 보겠습니다. [Sheet1] 시트에서 '대리점' 항목인 A6:A12 범위를 선택하고 Ctrl+C를 눌러 복사합니다.

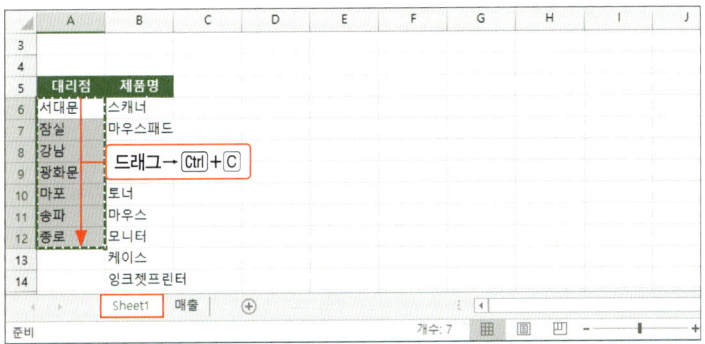

2 붙여넣을 열 레이블의 첫 번째 셀인 C5셀을 클릭하고 [홈] 탭-[클립보드] 그룹에서 [붙여넣기]의 붙여넣기를 클릭한 후 [선택하여 붙여넣기]를 선택합니다.

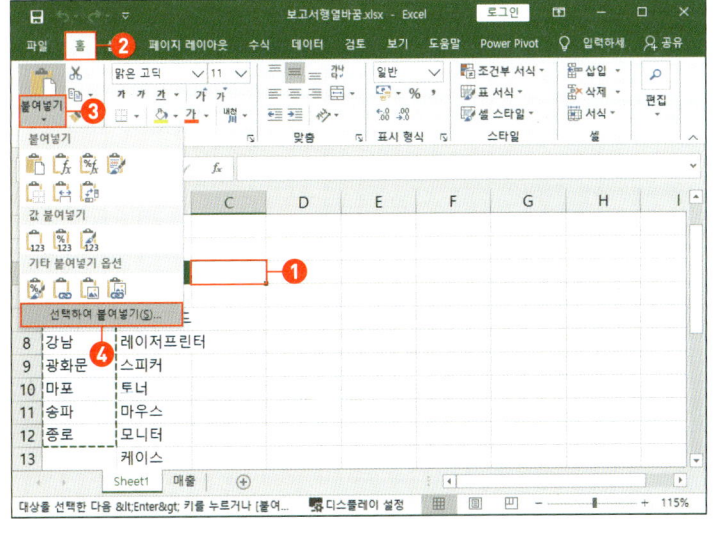

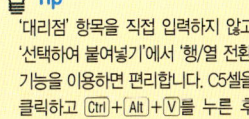

Tip
'대리점' 항목을 직접 입력하지 않고 '선택하여 붙여넣기'에서 '행/열 전환' 기능을 이용하면 편리합니다. C5셀을 클릭하고 Ctrl+Alt+V를 누른 후 [선택하여 붙여넣기]를 선택해도 됩니다.

3 [선택하여 붙여넣기] 대화상자가 나타나면 [행/열 바꿈]에 체크하고 [확인]을 클릭합니다.

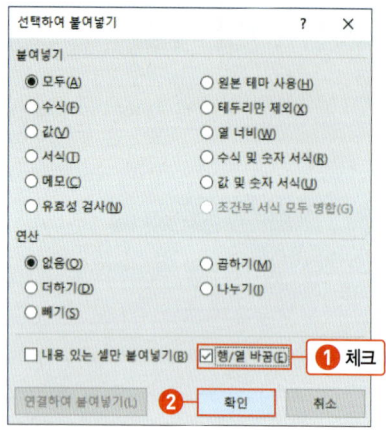

4 C5셀부터 '대리점' 항목의 대리점 이름이 열에서 행으로 전환되었는지 확인하고 Esc를 눌러 A6:A12 범위의 선택을 해제합니다.

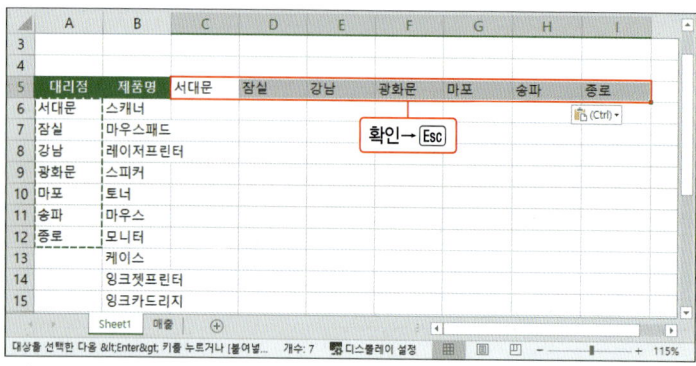

5 A1셀에 입력된 보고서 제목인 '대리점, 제품별 판매현황'을 B1셀로 드래그하여 이동합니다.

6 A열 머리글을 클릭하여 A열의 전체 데이터를 선택하고 마우스 오른쪽 단추를 클릭한 후 [삭제]를 선택합니다.

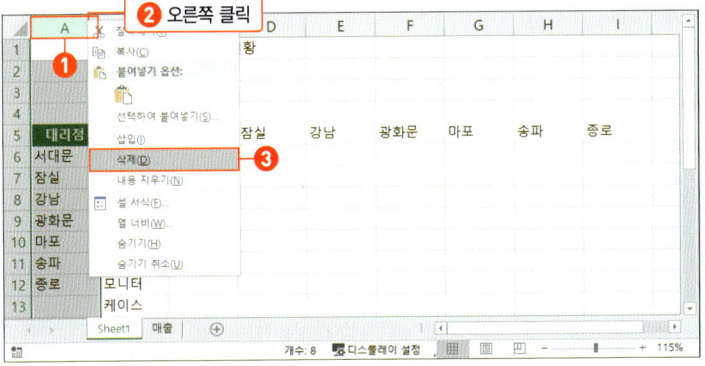

7 H3셀에는 『년도』를, H4셀에는 『분기』를, I5셀에는 『비고』를 입력합니다. I3셀을 클릭하고 [데이터] 탭-[데이터 도구] 그룹에서 [데이터 유효성 검사]를 클릭합니다.

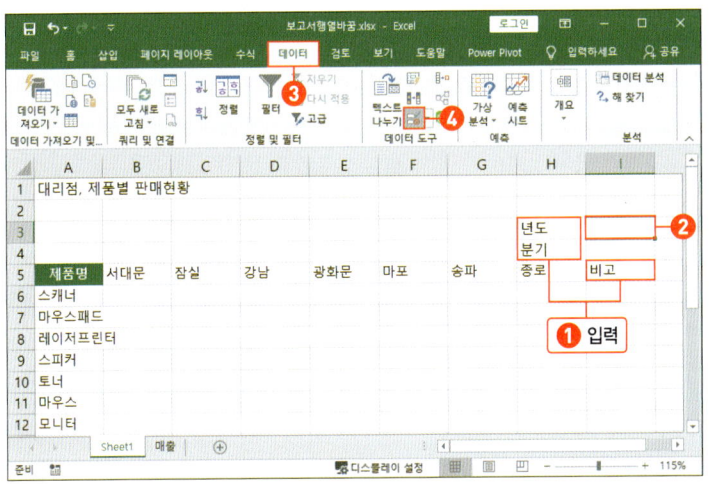

8 [데이터 유효성] 대화상자가 나타나면 [설정] 탭의 '제한 대상'에서 [목록]을 선택하고 '원본'에 『2018,2019,2020』을 입력한 후 [확인]을 클릭합니다.

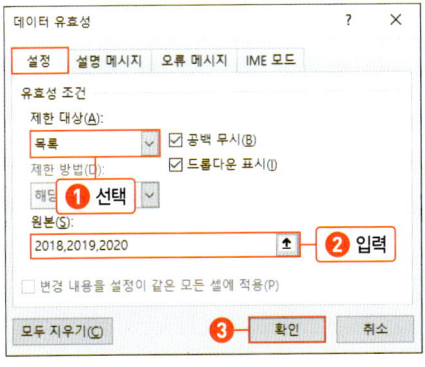

113

9 이번에는 I4셀을 클릭하고 [데이터] 탭-[데이터 도구] 그룹에서 [데이터 유효성 검사]를 클릭합니다. [데이터 유효성] 대화상자가 나타나면 [설정] 탭의 '제한 대상'에서 [목록]을 선택하고 '원본'에 『1,2,3,4』를 입력한 후 [확인]을 클릭합니다.

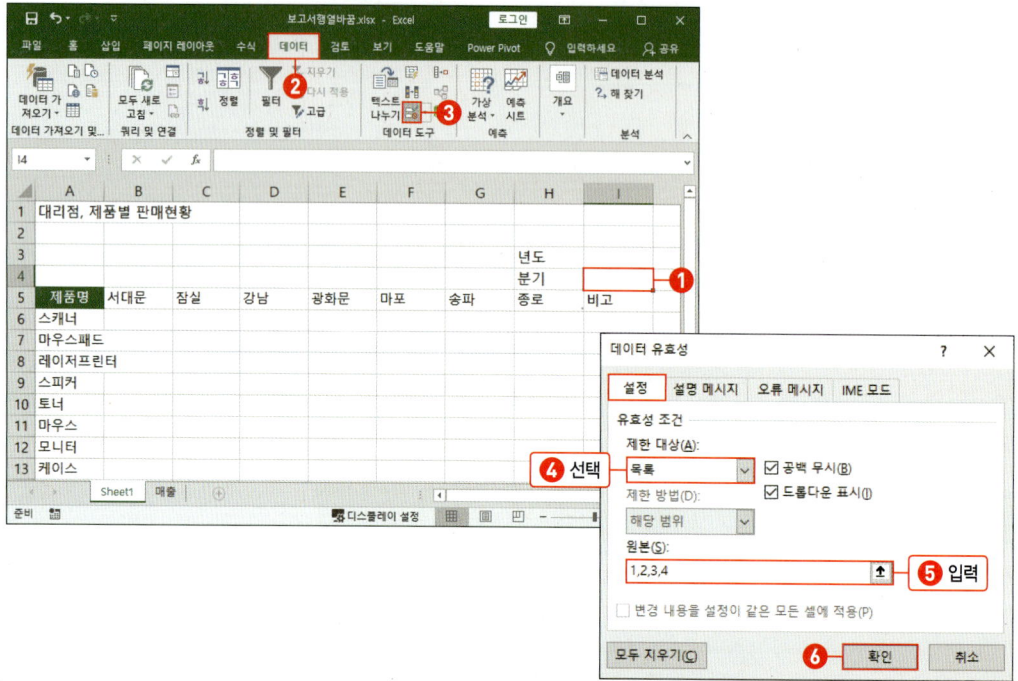

10 I3셀과 I4셀의 내림 단추(▼)를 클릭하면 연도 값과 분기 값을 선택하여 데이터를 표시할 수 있습니다.

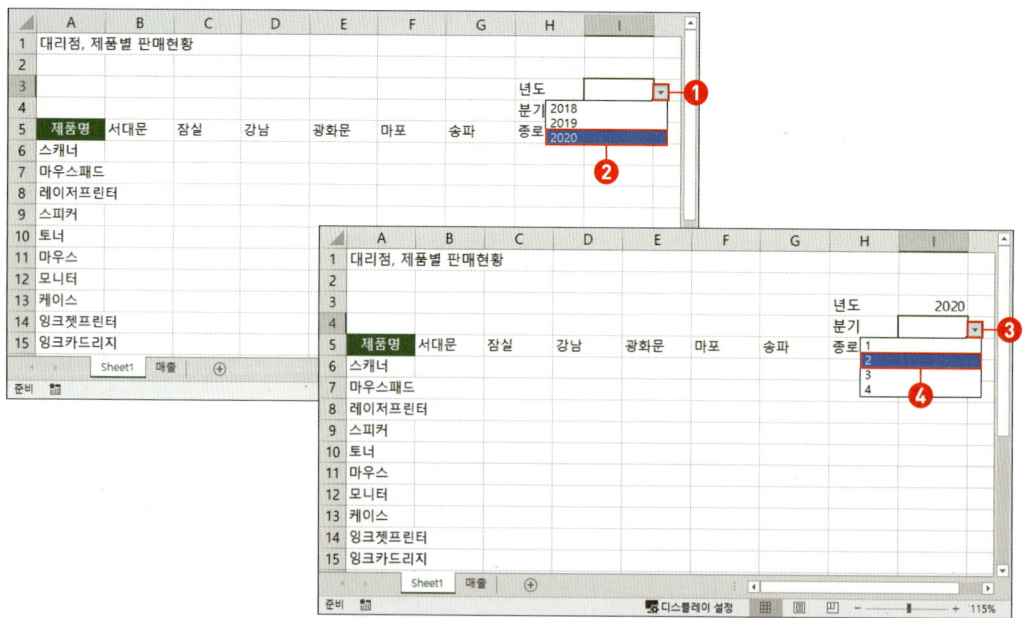

현장실무 08 | 보고서 양식에 필요한 데이터 채우기
– GETPIVOTDATA 함수

함수	형식
GETPIVOTDATA 함수	GETPIVOTDATA(값 영역의 필드명,피벗 테이블의 위치,[필드명 1, 조건 1,필드명 2,조건 2],…)

1 [보고서] 시트에서 B6셀을 클릭하고 『=』를 입력한 후 [피벗테이블] 시트를 클릭합니다.

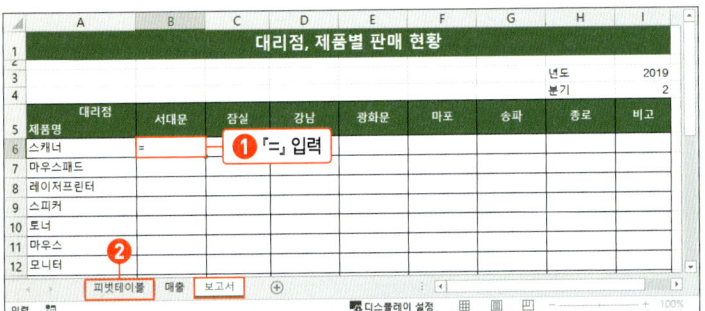

> **Tip**
> 현재 작업중인 [보고서] 시트에서 Ctrl + PgUp 을 눌러 [피벗 테이블] 시트로 이동할 수 있습니다.

2 서대문 대리점에서 판매할 스캐너 제품의 2018년 4분기 금액 중 하나의 셀(E17셀)을 선택하고 Enter 를 누릅니다. 기초 데이터에서 피벗 테이블로 필요한 데이터를 집계한 후 보고서 양식도 만들었으면 GETPIVOTDATA 함수를 이용해 만든 보고서 양식에 필요한 데이터를 채우면 됩니다.

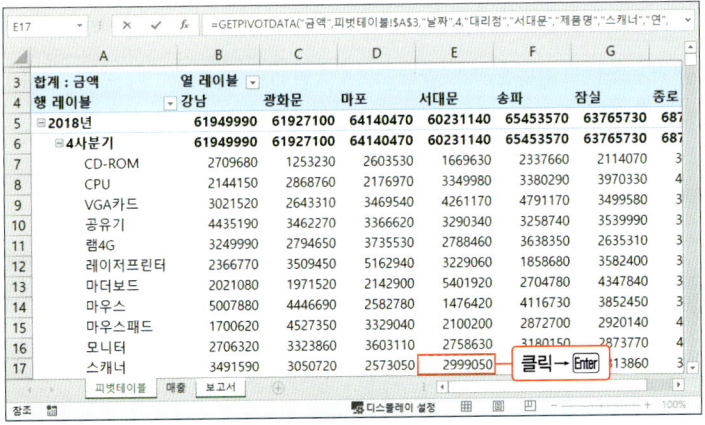

> **Tip**
> 2018년 4분기를 선택하는 이유는 I3셀의 연도와 I4셀의 분기에 선택된 값 때문입니다. [보고서] 시트의 B6셀에 『=GETPIVOTDATA("금액",피벗테이블!$A$3,"날짜",4,"대리점","서대문","제품명","스캐너","연",2018)』을 직접 입력해도 됩니다.

3 [보고서] 시트에서 B6셀을 클릭합니다. 수식 입력줄에 입력된 분기값 4는 I4셀을 참조하지만 변동이 없으므로 '4'를 'I4'로 수정하고 F4 를 눌러 절대 참조인 '$I$4'로 만듭니다.

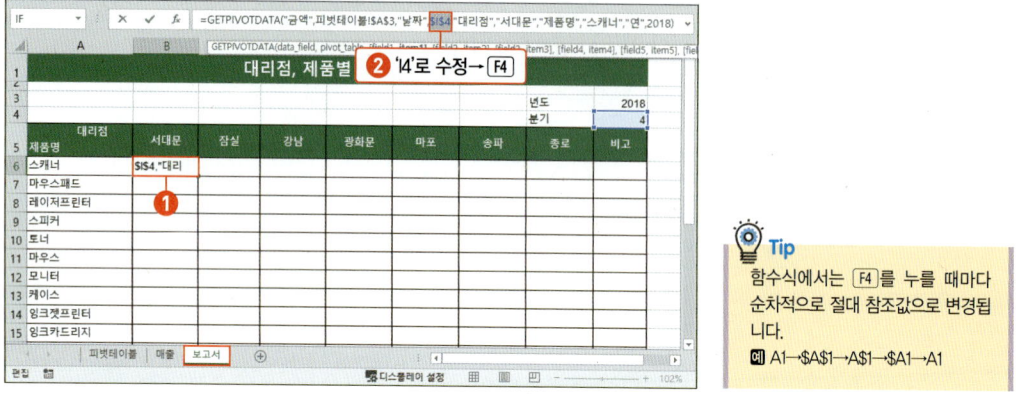

4 함수식에서 '2018' 연도 값은 I3셀을 참조하지만 변동이 없으므로 'I3'으로 수정하고 F4 를 눌러 절대 참조인 '$I$3'으로 만듭니다.

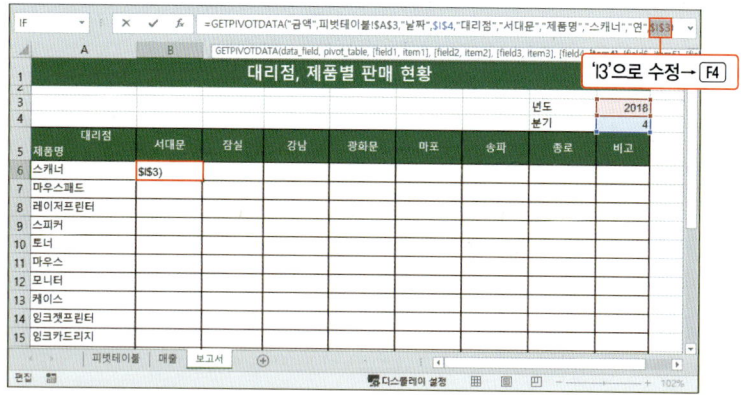

5 함수식에서 '서대문'은 행이 고정된 상태에서 열 정보만 변동되므로 대리점 이름을 '"서대문"'에서 'B$5'로 수정합니다.

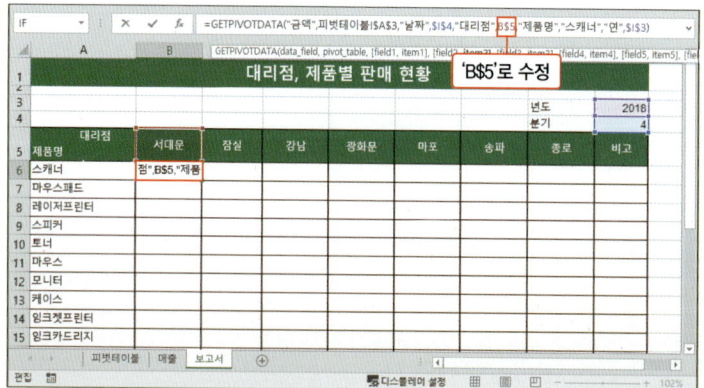

6 함수식에서 제품의 경우 열은 고정되고 행 값만 변동되므로 '"스캐너"'를 '$A6'으로 수정한 후 Enter를 누릅니다.

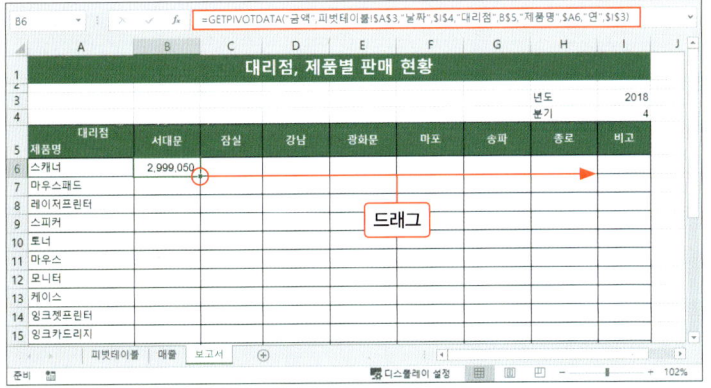

7 B6셀에 GETPIVOTDATA 함수식을 완성했으면 B6셀의 자동 채우기 핸들을 H6셀까지 드래그하여 값을 채웁니다.

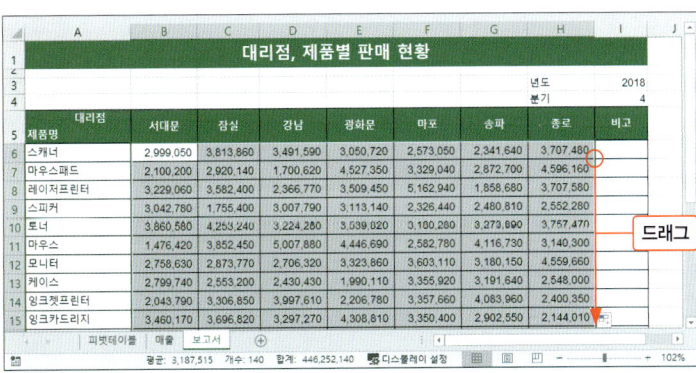

8 다시 H6셀의 자동 채우기 핸들을 H25셀까지 드래그하여 대리점별 제품 판매 현황표를 완성합니다.

9 I3셀의 연도와 I4셀의 분기를 선택하면 자동으로 데이터가 변경되면서 보고서가 완성되는지 확인합니다.

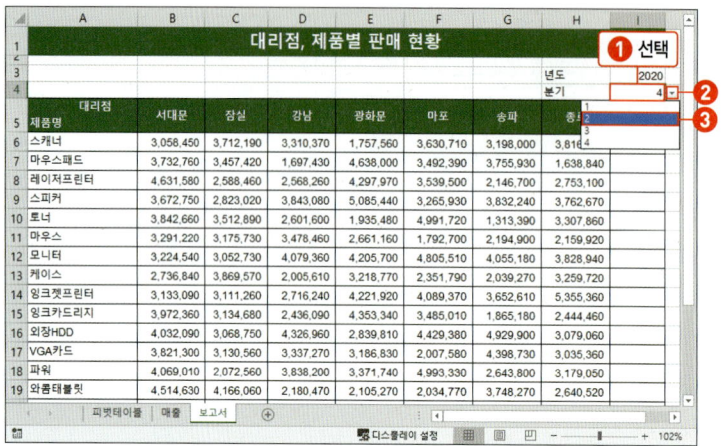

 잠깐만요 :: 피벗 테이블 데이터 사용하기 — GETPIVOTDATA 함수

GETPIVOTDATA 함수를 사용하면 피벗 테이블에서 집계한 데이터를 쉽게 가져올 수 있습니다. 피벗 테이블은 몇 번의 마우스 클릭만으로도 쉽게 데이터를 정렬할 수 있지만, 회사에서 사용하는 포맷처럼 만들어지지 않습니다. 따라서 집계 데이터는 피벗 테이블을 이용해서 작성하고, 해당 자료를 원하는 회사의 보고서 형식에 맞출 때 GETPIVOTDATA 함수 계산을 사용하면 유용합니다.

▲ 기본 데이터 ▲ GETPIVOTDATA 함수로 완성한 보고서

필요한 범위에 해당하는 데이터만 자동 필터링하기

기능	방법
자동 필터	[데이터] 탭-[정렬 및 필터] 그룹-[필터]
[사용자 지정 자동 필터] 대화상자	필터 단추(▼) → [숫자 필터]-[해당 범위]

1 400,001행의 빅데이터에서 자동 필터를 설정해 보겠습니다. [판매] 시트에서 데이터 영역에 있는 B6셀을 클릭하고 [데이터] 탭-[정렬 및 필터] 그룹에서 [필터]를 클릭합니다.

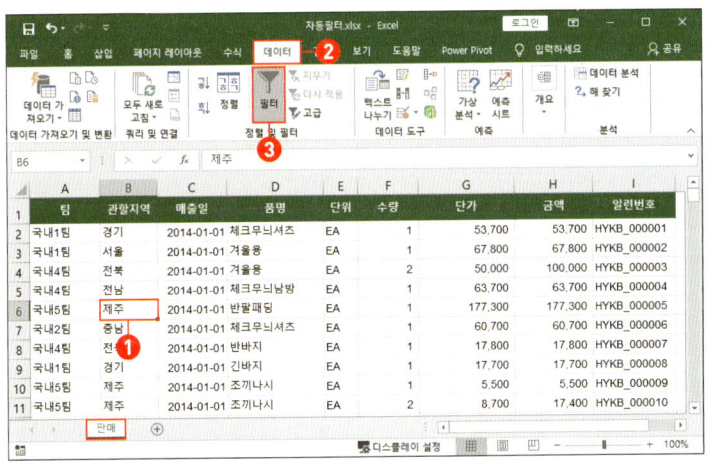

Tip
B6셀을 클릭하고 Ctrl + Shift + L 을 눌러도 됩니다. B6셀 대신 워크시트의 피벗 테이블 영역에 있는 아무 셀이나 선택해도 됩니다.

2 1행에 위치한 열 머리글의 필터 단추를 클릭하면 열의 데이터 유형에 따라 숫자 필터 또는 텍스트 필터가 표시됩니다. B1셀의 필터 단추(▼)를 클릭하면 검색 상자의 아래쪽에 있는 목록에서 필터 항목에 체크하거나 체크를 해제하여 데이터 열의 값을 표시할 수 있습니다.

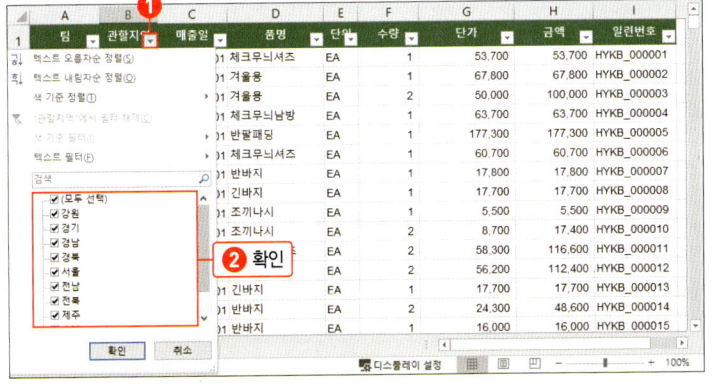

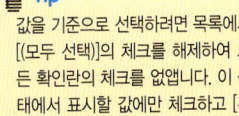

Tip
값을 기준으로 선택하려면 목록에서 [(모두 선택)]의 체크를 해제하여 모든 확인란의 체크를 없앱니다. 이 상태에서 표시할 값에만 체크하고 [확인]을 클릭하면 해당 결과만 표시됩니다.

3 필터를 사용하기 위해서 검색 상자에 검색할 텍스트 또는 숫자를 입력할 수 있습니다. 여기에서는 검색 상자에 『제주』를 입력하고 [확인]을 클릭합니다.

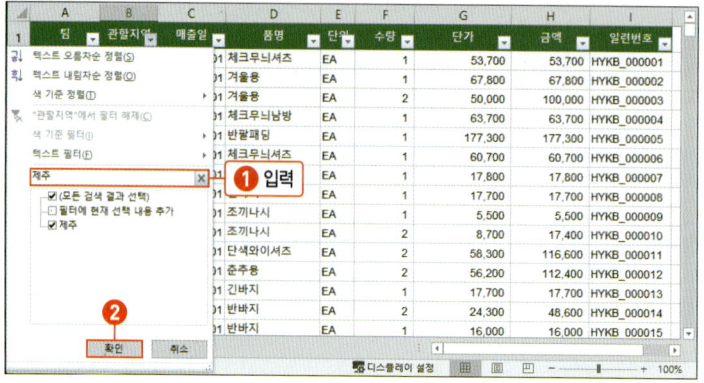

4 [제주] 관할 지역만 검색되었는지 확인하고 Ctrl+Z를 눌러 원래의 데이터 목록 상태로 되돌아갑니다.

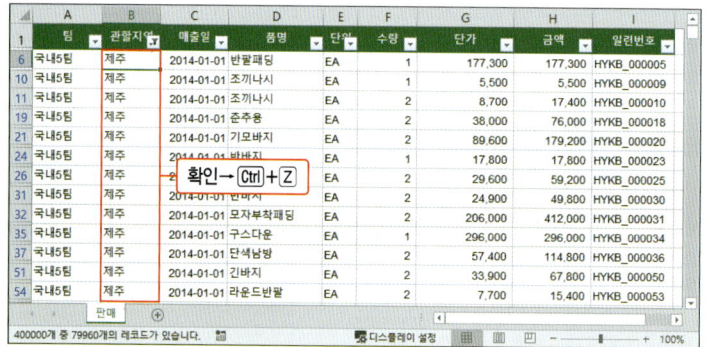

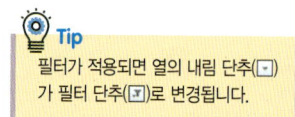

Tip
필터가 적용되면 열의 내림 단추(▼)가 필터 단추(▼)로 변경됩니다.

5 숫자 데이터가 있는 열 항목의 필터에서는 숫자 필터가 표시되고 특정 조건도 텍스트 필터와 다른 항목으로 표시됩니다. '단가' 항목에서 G1셀의 '단가'의 필터 단추(▼)를 클릭하고 [숫자 필터]-[해당 범위]를 선택합니다.

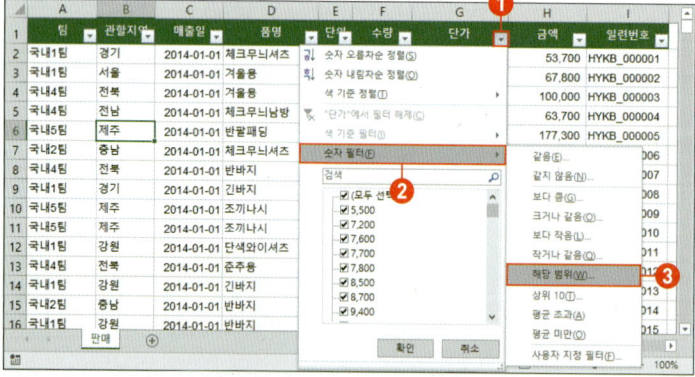

6 [사용자 지정 자동 필터] 대화상자가 나타나면 '단가'에 『50000』과 『99000』을 입력하고 [확인]을 클릭합니다.

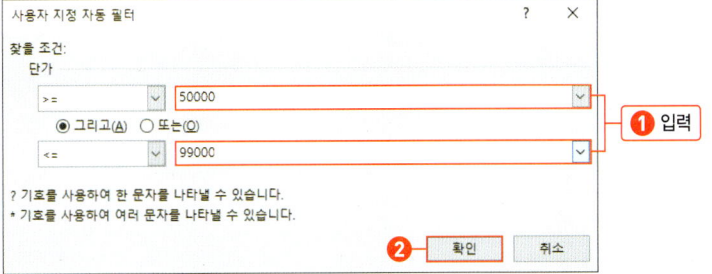

7 '단가' 항목에 50,000원과 99,000원 사이의 값이 필터링되었는지 확인합니다.

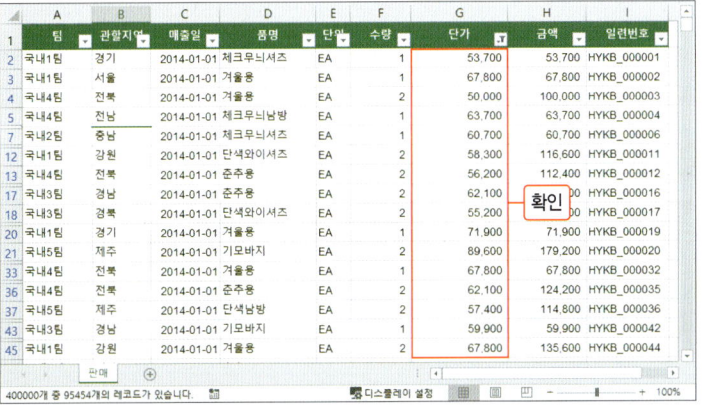

 잠깐만요 :: 와일드카드 문자 이용해 텍스트 검색하기

열의 텍스트를 검색하려면 검색 상자에 텍스트나 숫자를 입력하고 별표(*)나 물음표(?)와 같은 와일드카드 문자를 사용할 수 있습니다.

와일드카드 문자	찾을 텍스트 값	사용 예
?(물음표)	임의의 단일 문자 검색	강? → '강남'과 '강북'
*(별표)	*(별표) 개수에 상관없는 문자 검색	*아 입력 → '동아시아' 및 '동남아시아'

현장실무 10 | 데이터 영역을 표로 전환하고 슬라이스 삽입하기

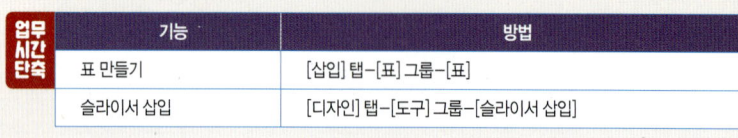

기능	방법
표 만들기	[삽입] 탭–[표] 그룹–[표]
슬라이서 삽입	[디자인] 탭–[도구] 그룹–[슬라이서 삽입]

1 [판매] 시트에서 데이터 영역에 있는 하나의 셀을 클릭하고 [삽입] 탭–[표] 그룹에서 [표]를 클릭합니다. [표 만들기] 대화상자가 나타나면서 연속된 데이터 영역이 자동으로 선택되어 표시되면 [머리글 포함]에 체크되었는지 확인하고 [확인]을 클릭합니다.

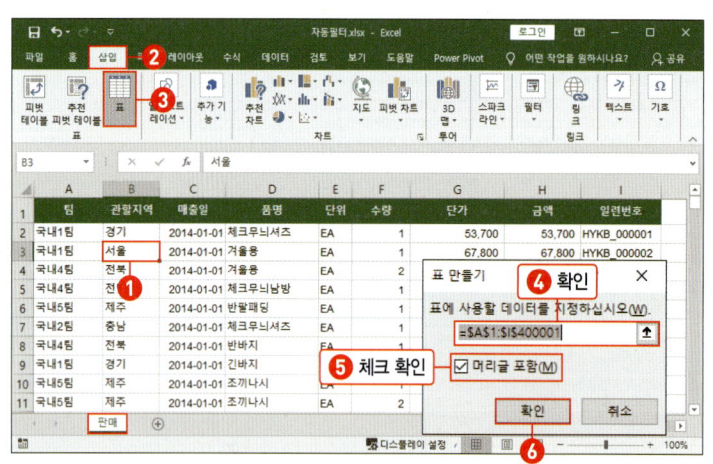

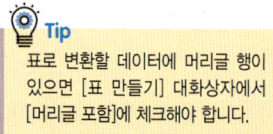

Tip
표로 변환할 데이터에 머리글 행이 있으면 [표 만들기] 대화상자에서 [머리글 포함]에 체크해야 합니다.

2 데이터 영역이 표로 전환되면서 머리글 행에 필터 단추가 표시되었는지 확인합니다. 표 안에 있는 셀을 클릭하고 [표 도구]의 [디자인] 탭–[도구] 그룹에서 [슬라이서 삽입]을 클릭합니다.

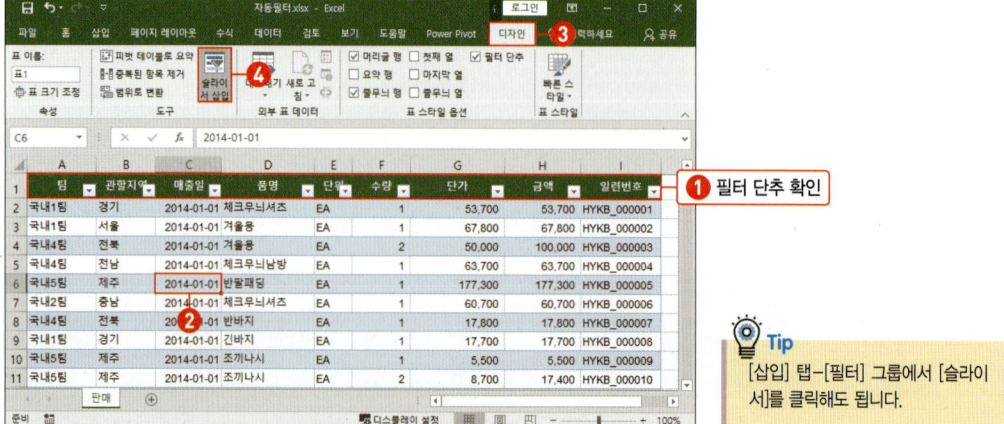

Tip
[삽입] 탭–[필터] 그룹에서 [슬라이서]를 클릭해도 됩니다.

3 [슬라이서 삽입] 대화상자가 나타나면 필터링할 항목인 [관할지역]와 [품명]에 체크하고 [확인]을 클릭합니다.

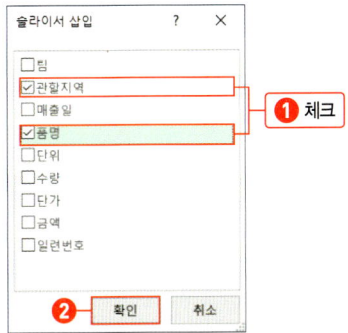

4 [관할지역] 슬라이서와 [품명] 슬라이서가 삽입되면 가로 크기를 적당하게 조절하고 표를 가리지 않도록 배치합니다.

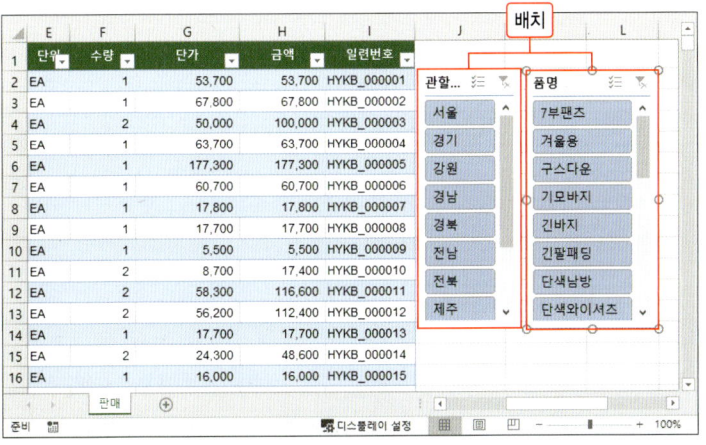

5 [관할지역] 슬라이서와 [품명] 슬라이서에서 거래처와 제품명을 선택하면 선택한 조건에 맞는 결과가 표에 표시됩니다.

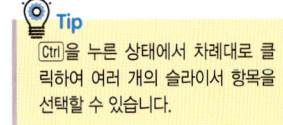

Tip
Ctrl을 누른 상태에서 차례대로 클릭하여 여러 개의 슬라이서 항목을 선택할 수 있습니다.

| M 365 | 2010 | 2013 | 2016 | 2019 |　　●예제파일 : 1장\엑셀\섹션03\고급필터.xlsx　　●완성파일 : 1장\엑셀\섹션03\고급필터(완).xlsx

 11 고급 필터 이용해 특정 데이터만 추출하기

업무시간단축	기능	방법
	고급 필터	[데이터] 탭-[정렬 및 필터] 그룹-[고급]

1 2019년 10월 7일부터 10월 22일까지의 판매 데이터 중 국내1팀이고 판매 금액은 200,000원 이상인 데이터를 고급 필터 기능으로 추출해 보겠습니다. [판매] 시트에서 A1셀을 클릭하고 Ctrl+C를 눌러 '판매일'을 복사합니다. K1:L1 범위를 선택한 후 Ctrl+V를 눌러 '판매일'을 붙여 넣습니다.

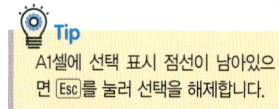

Tip
A1셀에 선택 표시 점선이 남아있으면 Esc 를 눌러 선택을 해제합니다.

2 2019년 10월 7일부터 10월 22일까지의 조건을 만족하는 비교 연산자와 날짜를 입력하기 위해 K2셀에는 『>=2019-10-7』을, L2셀에는 『<=2019-10-22』를 각각 입력합니다.

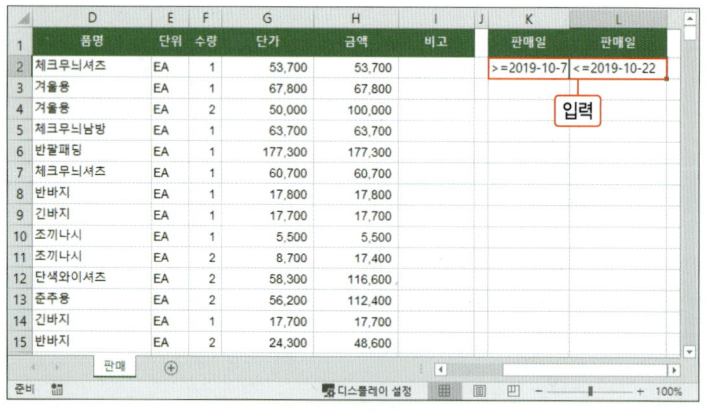

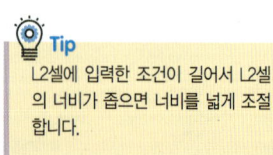

Tip
L2셀에 입력한 조건이 길어서 L2셀의 너비가 좁으면 너비를 넓게 조절합니다.

3 판매일 외에도 필터 조건에서 팀과 금액의 값을 함께 필터링해 보겠습니다. '팀'의 B1셀을 클릭하고 Ctrl+C를 눌러 복사한 후 M1셀에서 Ctrl+V를 눌러 '팀'을 붙여넣습니다.

4 이와 같은 방법으로 H1셀의 '금액'을 복사하고 N1셀에 '금액'을 붙여넣습니다. 팀은 국내1팀, 금액은 200,000원 이상의 조건을 만족시키기 위해 M2셀에는 『국내1팀』을, N2셀에는 『>=200000』을 입력한 후 Esc를 눌러 선택을 해제합니다.

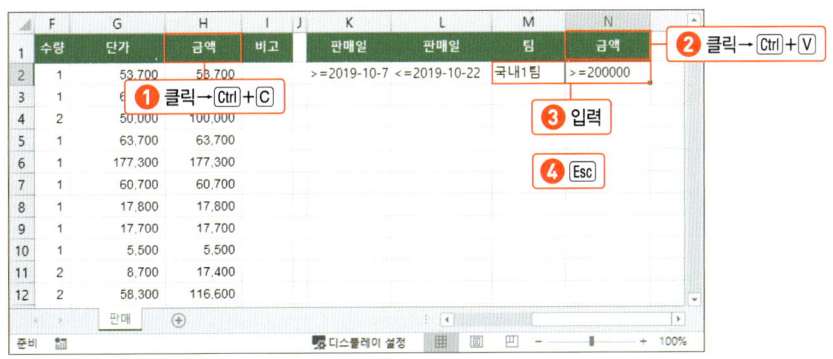

5 K1:N2 범위에 고급 필터를 진행할 조건을 모두 작성했으면 데이터 영역에 있는 B2셀을 클릭하고 [데이터] 탭-[정렬 및 필터] 그룹에서 [고급]을 클릭합니다.

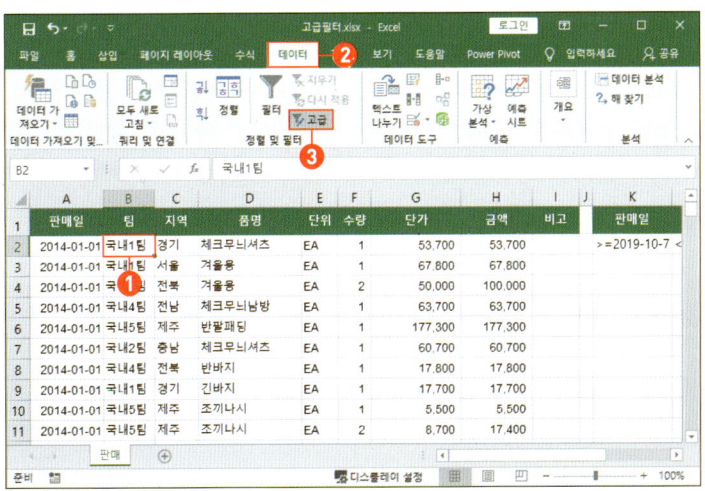

6 [고급 필터] 대화상자가 나타나면 '결과'에서 [다른 장소에 복사]를 선택하고 '목록 범위'에 입력된 값을 Delete 를 눌러 삭제합니다.

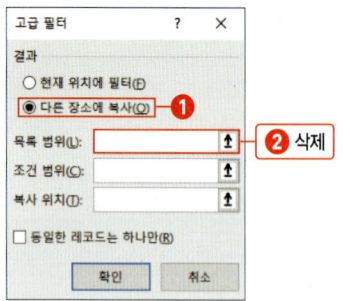

7 [고급 필터] 대화상자의 '목록 범위'에 커서를 올려놓은 상태에서 B2셀을 클릭하고 Ctrl + A 를 눌러 목록 범위를 전체 데이터 범위로 재설정합니다.

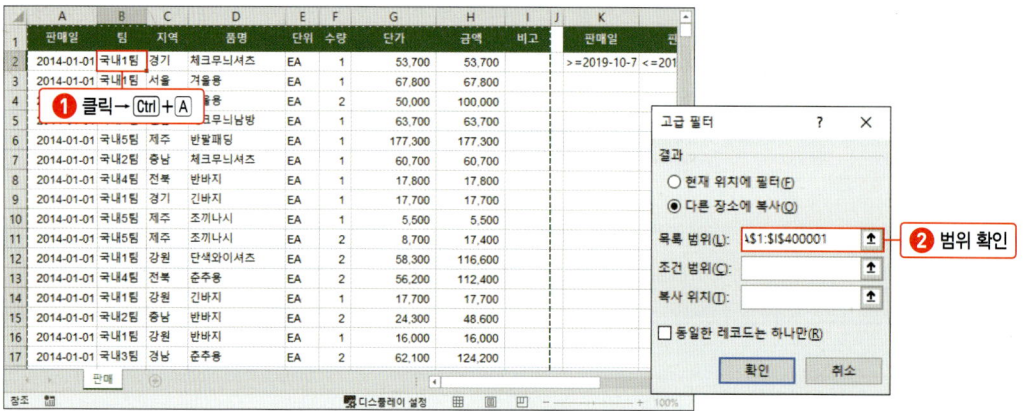

8 [고급 필터] 대화상자의 '조건 범위'에 커서를 올려놓고 K1:N2 범위를 선택합니다.

9 [고급 필터] 대화상자의 '복사 위치'에 커서를 올려놓고 O1셀을 클릭하여 조건을 지정한 후 [확인]을 클릭합니다.

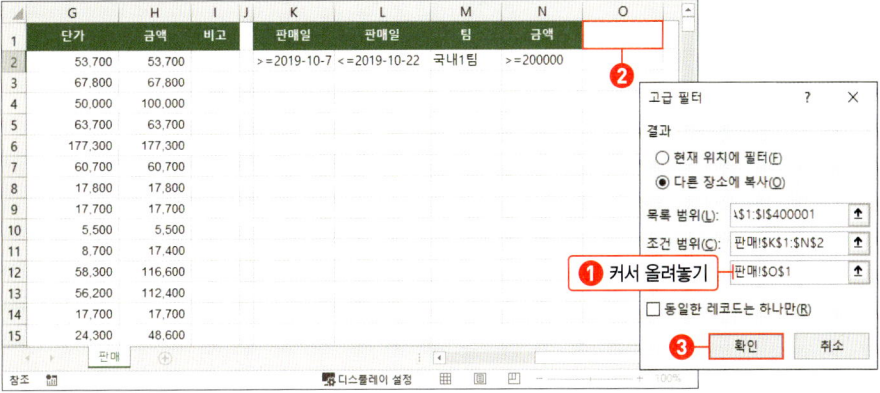

10 O1:W68 범위에 2019년 10월 7일부터 10월 22일까지의 판매 데이터 중 국내1팀이고 판매 금액은 200,000원 이상인 데이터만 추출되었는지 확인합니다.

> **잠깐만요 :: 고급 필터로 원하는 데이터만 추출하기**
>
> 고급 필터는 자동 필터 기능이 확장된 것으로, 자동 필터보다 조건이 복잡하고 다양할 때 사용합니다. 자동 필터에서는 '또는(OR)' 조건식을 만들 수 없고, 다른 위치에 결과를 추출할 수 없는 등의 제약이 있습니다. 하지만 고급 필터는 '몇 가지의 조건 중에서 모든 조건을 만족하는 값을 구하라'라는 의미의 AND 조건과 '몇 가지의 조건 중에서 하나라도 만족하는 값을 구하라'라는 의미의 OR 조건을 각각 필터링하거나 이들 조건을 함께 조합해서 필터링할 수 있습니다. 실무에서는 수많은 조건을 사용하여 원하는 값을 추출할 수 있는 고급 필터를 더 많이 사용하고 있습니다.

12 매출 단가 계산하기
– VLOOKUP 함수

기능	방법
표 만들기	[삽입] 탭-[표] 그룹-[표]
VLOOKUP 함수	VLOOKUP(검색 값,범위,열 번호,[검색 옵션])

1 [조건표] 시트에서 데이터 영역에 있는 B4셀을 클릭하고 [삽입] 탭-[표] 그룹에서 [표]를 클릭합니다. [표 만들기] 대화상자가 나타나면 [머리글 포함]에 체크하고 [확인]을 클릭합니다.

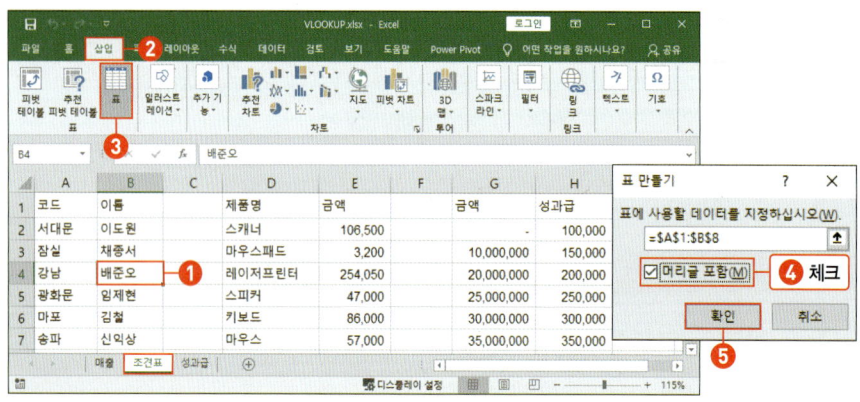

Tip
셀을 선택하고 Ctrl+T나 Ctrl+L을 눌러 표로 변환할 수 있습니다. 그리고 B4셀 외에 A열이나 B열에 있는 아무 셀이나 클릭해도 됩니다.

2 B4셀이 있는 데이터 영역이 표로 전환되었는지 확인합니다. 나머지 데이터 영역도 **1** 과정과 같은 방법으로 모두 표로 전환합니다.

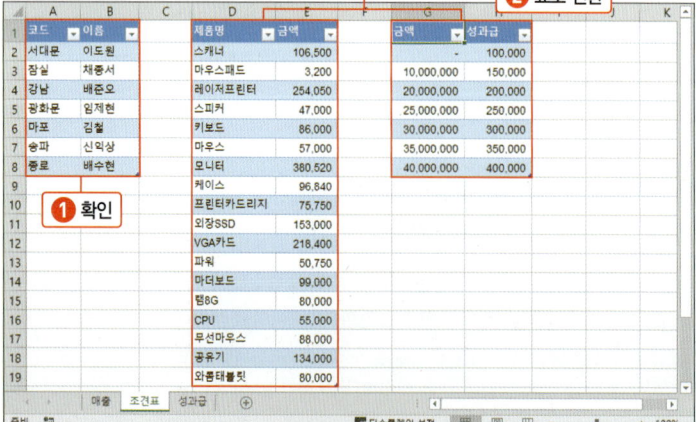

3 [매출] 시트에서 '단가' 항목인 H2셀을 클릭하고 『=VLOOKUP(E2,표2,2,0)』을 입력한 후 Enter 를 누릅니다.

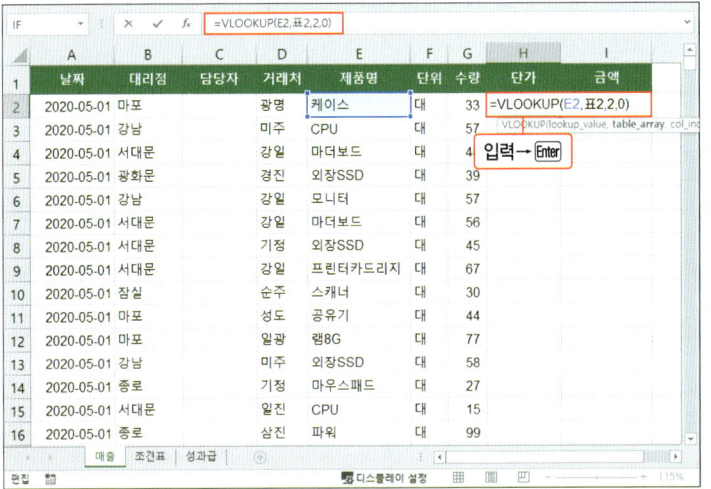

> **Tip**
> '=VLOOKUP(E2,표2,2,0)'에서 'E2'는 [매출] 시트의 '케이스'이고, '표2'는 [조건표] 시트의 D2:E19 범위입니다. [조건표] 시트의 표에서 두 번째 열 데이터를 가져오므로 『2』를 입력하고 검색 옵션에서 정확히 일치하는 값을 표시하기 위해 『0』을 입력한 것입니다. VLOOKUP 함수는 '수직'의 의미인 'vertical'과 '찾아보다'의 의미인 'look up' 단어를 합친 함수로, 특정 데이터 값에 따른 관련 데이터를 가져오는 데 사용합니다. VLOOKUP 함수와 가장 유사한 함수는 '수평'의 의미인 'horizontal'과 '찾아보다'의 의미인 'look up' 단어를 합친 HLOOKUP 함수입니다.

4 H2셀에 단가가 입력되면 H2셀을 클릭하고 H2셀의 자동 채우기 핸들을 더블클릭하여 H846셀까지 단가를 구합니다.

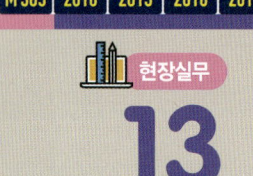

현장실무 13

총 매출 금액과 담당자 알아내기
– VLOOKUP 함수

함수	형식
VLOOKUP 함수	VLOOKUP(검색 값,범위,열 번호,[검색 옵션])

1 [조건표] 시트의 대리점별 담당자 정보를 기준으로 하여 [매출] 시트의 '담당자' 항목을 채워보 겠습니다. [매출] 시트에서 '금액' 항목의 I2셀을 클릭하고 단가와 수량을 곱한 값을 계산하기 위해 『=H2*G2』를 입력한 후 Enter 를 누릅니다.

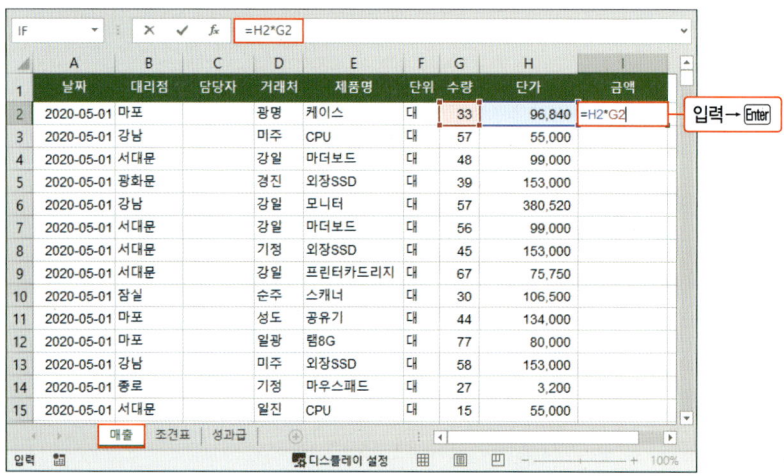

2 I2셀에 매출 금액이 구해지면 I2셀을 클릭하고 I2셀의 자동 채우기 핸들을 더블클릭하여 나머지 셀에 자동으로 매출 금액을 구합니다.

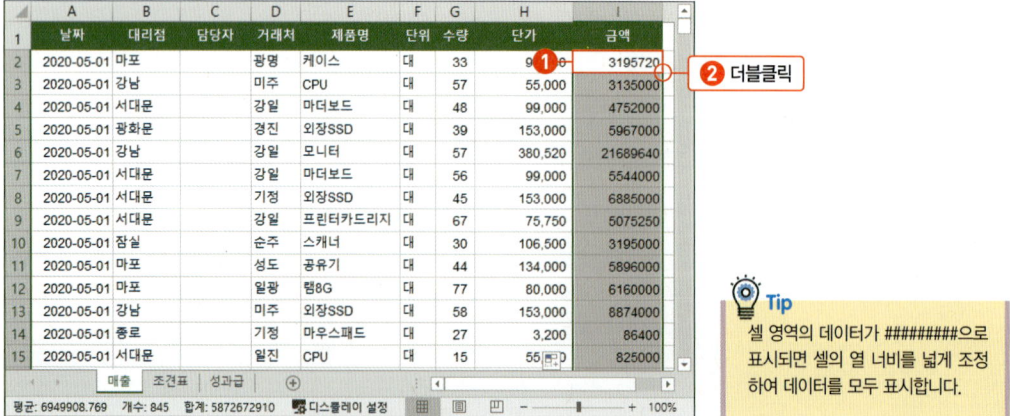

> **Tip**
> 셀 영역의 데이터가 ########으로 표시되면 셀의 열 너비를 넓게 조정하여 데이터를 모두 표시합니다.

3 데이터 영역에 있는 E7셀을 클릭하고 [삽입] 탭-[표] 그룹에서 [표]를 클릭합니다.

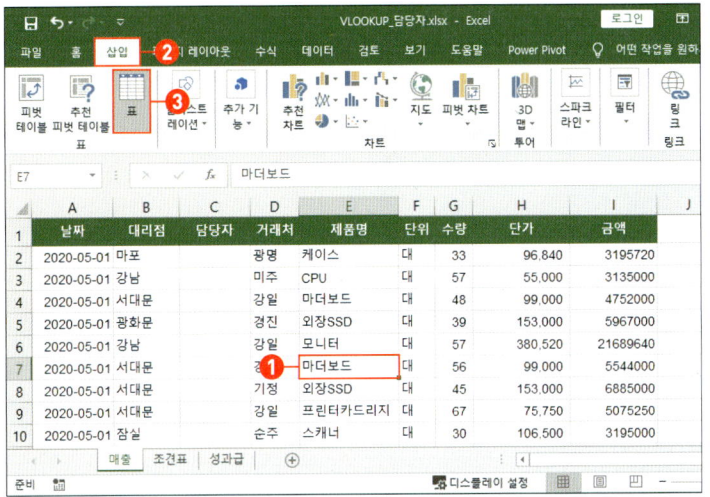

4 [표 만들기] 대화상자가 나타나면 [머리글 포함]에 체크하고 [확인]을 클릭합니다.

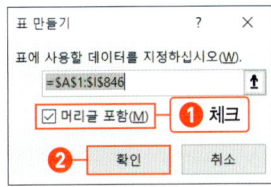

5 데이터 영역이 표로 전환되었으면 VLOOKUP 함수를 이용해 '담당자' 항목의 C2셀에 데이터를 가져와 보겠습니다. C2셀에 『=VLOOKUP(』를 입력하고 대리점별로 담당자를 검색하여 표시하기 위해 같은 행의 대리점명인 B2셀을 클릭한 후 『,』를 입력하여 조건을 구분합니다.

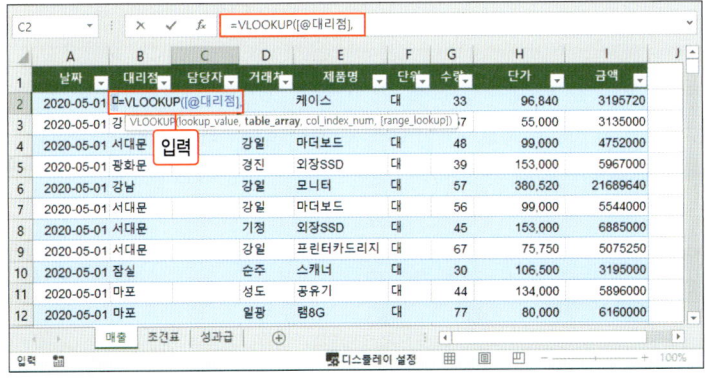

> **Tip**
> C2셀을 선택하고 수식 입력줄에서 『=VLOOKUP(』를 입력할 수도 있습니다. 같은 시트의 '대리점' 항목인 B2셀을 클릭하면 VLOOKUP 함수식에서 '@대리점'으로 표시됩니다.

6 함수식의 범위를 지정하기 위해 [조견표] 시트로 이동하고 대리점별 담당자가 정리되어 있는 A2:B8 범위를 선택한 후 함수식에서 '표1' 다음에 『,』를 입력하여 조건을 구분합니다. [매출] 시트에서 [조견표] 시트로 이동해도 VLOOKUP 함수식은 수식 입력줄에 계속 표시됩니다.

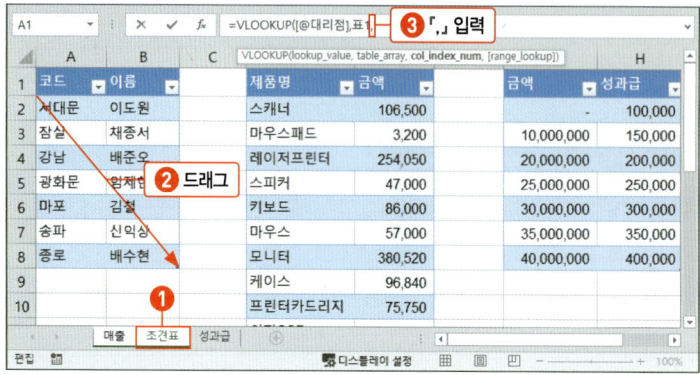

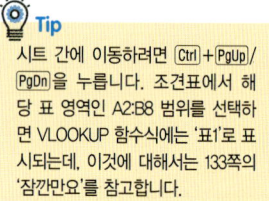

Tip
시트 간에 이동하려면 Ctrl + PgUp / PgDn 을 누릅니다. 조견표에서 해당 표 영역인 A2:B8 범위를 선택하면 VLOOKUP 함수식에는 '표1'로 표시되는데, 이것에 대해서는 133쪽의 '잠깐만요'를 참고합니다.

7 [매출] 시트로 이동한 후 수식 입력줄에 '=VLOOKUP([@대리점],표1,매출!'처럼 '매출!'가 표시되면 '매출!'를 삭제합니다. C2셀의 함수식에서 '표1,' 다음에 [조견표] 시트에서 가져온 표의 열 번호인 『2,』를 입력합니다.

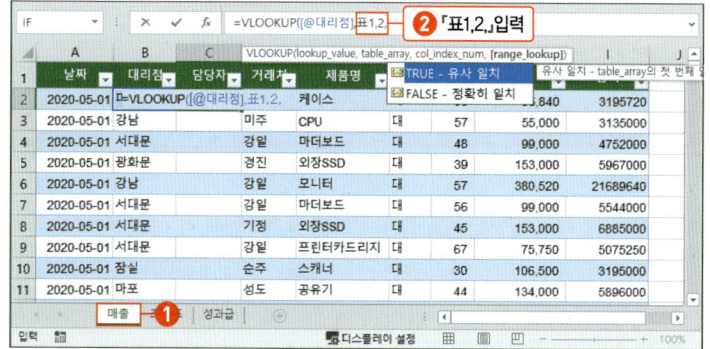

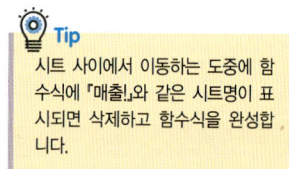

Tip
시트 사이에서 이동하는 도중에 함수식에 『매출!』와 같은 시트명이 표시되면 삭제하고 함수식을 완성합니다.

8 정확하게 일치해야 하는 검색 옵션 값을 표시하기 위해 '2,' 다음에 『0)』를 입력하고 Enter 를 누릅니다. 표에서 담당자 값을 가져오기 위한 VLOOKUP 함수식을 정리하면 '=VLOOKUP([@대리점],표1,2,0)'입니다.

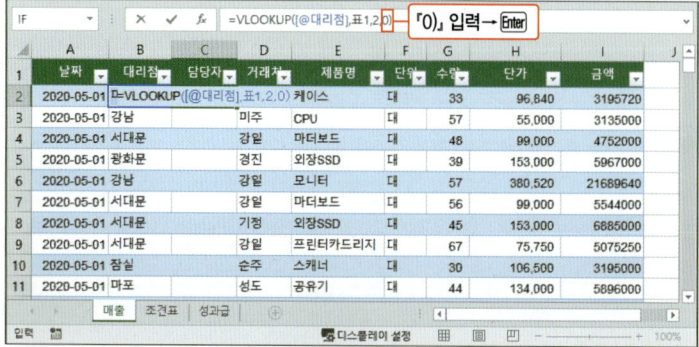

9 C열에 담당자가 표시되었는지 확인합니다.

Tip
C열에 담당자가 자동으로 채워지지 않고 C2셀에 마포 대리점 담당자 '김철'로 표시되면 C2셀의 자동 채우기 핸들을 더블클릭하여 담당자를 모두 채웁니다.

잠깐만요 :: 특정 셀 범위의 이름 정의하기

함수식을 작성하거나 특정 셀 범위를 자주 입력할 경우 해당 셀 범위를 이름으로 정의할 수 있습니다. 이렇게 하면 셀 범위를 입력할 필요 없이 정의한 이름을 입력하여 편리하게 작업 가능합니다.

1. 이름 정의하려는 셀 범위(A1:B8)를 선택하고 [수식] 탭-[정의된 이름] 그룹에서 [이름 정의]를 클릭합니다. [새 이름] 대화상자가 나타나면 『표1』을 입력하고 [확인]을 클릭합니다.

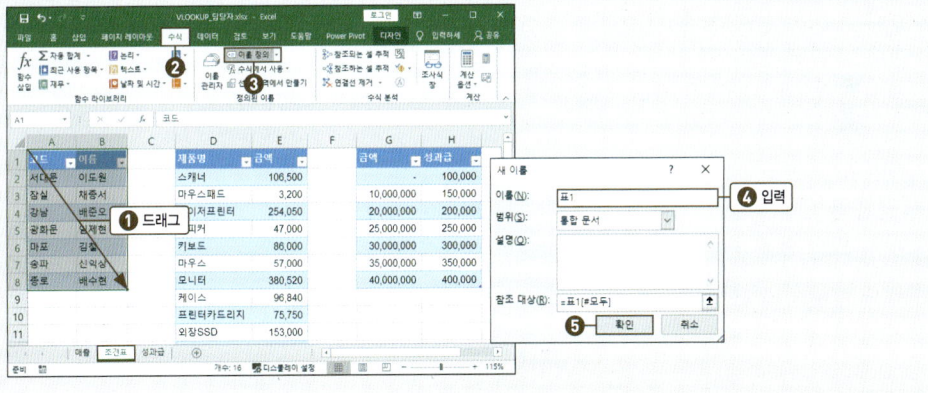

2. [수식] 탭-[정의된 이름] 그룹에서 [이름 관리자]를 클릭하여 [이름 관리자] 대화상자를 나타내고 정의한 이름을 확인합니다. 또는 수식 입력줄의 왼쪽에 있는 이름 상자의 내림 단추(▼)를 클릭하여 정의한 이름을 확인할 수 있습니다.

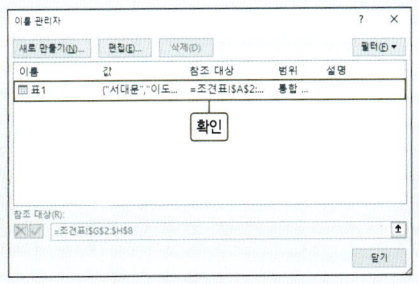

▲ [이름 관리자] 대화상자에서 정의한 이름 확인하기

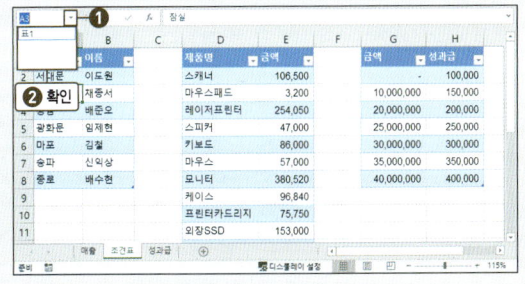

▲ 이름 상자에서 정의한 이름 확인하기

담당자별 매출 합계 계산하기
– SUMIF 함수

함수	형식
SUMIF 함수	SUMIF(조건 범위,조건,합계 범위)

1 VLOOKUP 함수를 이용해 조건표에서 관련 데이터를 가져온 후 [매출] 시트의 데이터를 기초로 해서 [성과급] 시트를 작성해 보겠습니다. [성과급] 시트에서 담당자별 매출을 구하기 위해 B4셀에 『=SUMIF(』를 입력합니다.

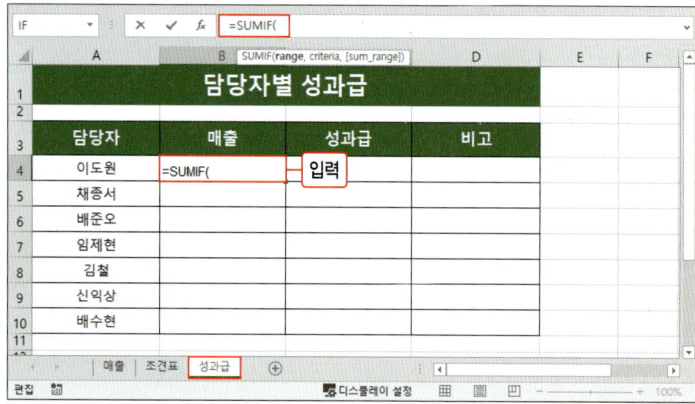

Tip
[성과급] 시트에서 담당자별 매출을 구하려면 하나의 조건에 일치하는 합계를 구하는 SUMIF 함수를 이용하는 것이 편리합니다. SUMIF(조건 범위,조건,합계 범위)는 조건 범위에서 조건과 일치하는 합계 범위의 숫자를 합하는 함수입니다.

2 담당자별 매출을 계산해야 하므로 '조건 범위'는 [매출] 시트에 정리되어 있는 '담당자' 항목입니다. [매출] 시트로 이동해서 '담당자' 항목의 C2셀을 클릭하고 Ctrl + Shift + ↓를 눌러 C846셀까지 모두 선택하여 함수식을 작성한 후 함수식의 뒤에 『,』를 입력하여 조건을 구분합니다.

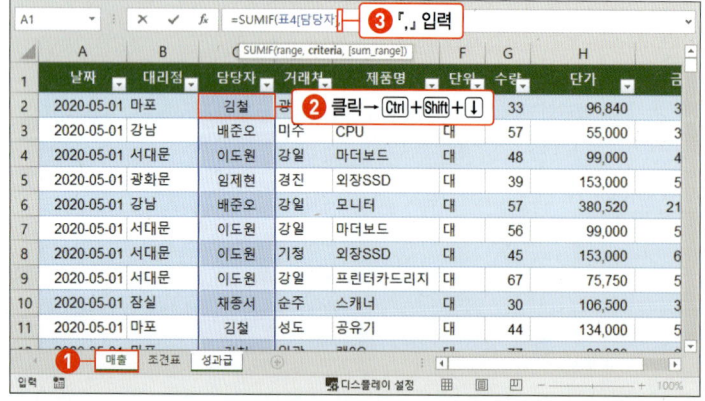

Tip
C2:C846 범위를 선택하면 SUMIF 함수식에는 '표4[담당자]'로 표시됩니다. '표4'는 [매출] 시트의 A2:I846 범위를 정의한 이름입니다.

3 [성과급] 시트를 클릭하여 되돌아온 후 조건에 해당하는 담당자별 매출을 계산하기 위해 A4 셀을 클릭하고 『,』를 입력하여 조건을 구분합니다.

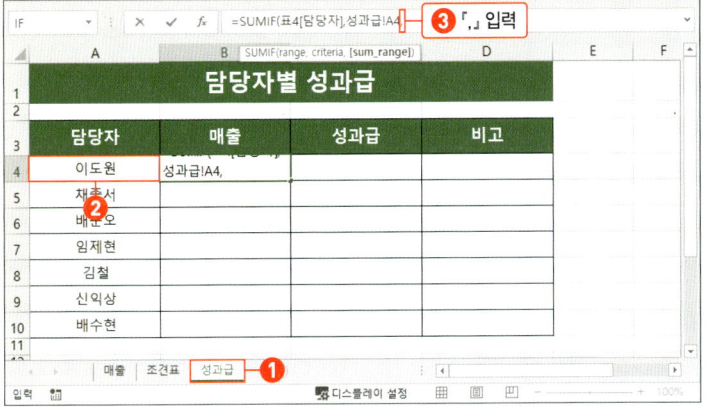

4 합계 범위를 지정하기 위해 [매출] 시트에서 '금액' 항목인 I2셀을 클릭하고 Ctrl + Shift + ↓ 를 눌러 I846셀까지 모두 선택합니다. 함수식의 뒤에 『)』를 입력하고 Enter 를 누릅니다.

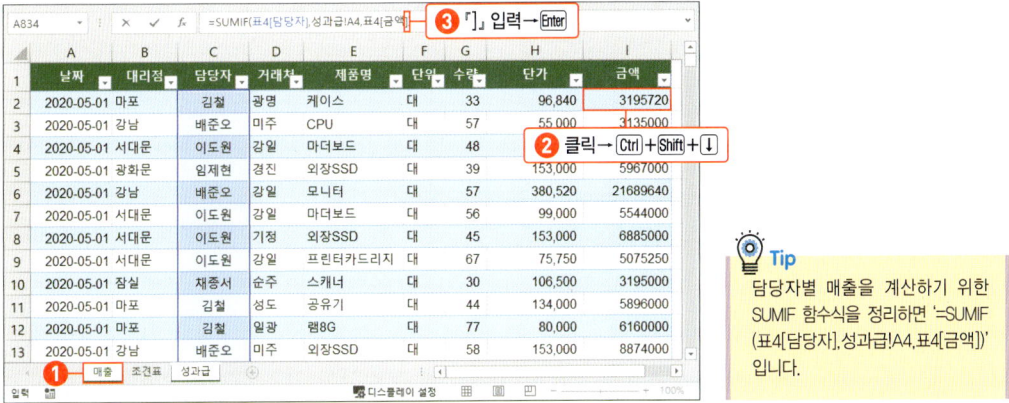

> **Tip**
> 담당자별 매출을 계산하기 위한 SUMIF 함수식을 정리하면 '=SUMIF(표4[담당자],성과급!A4,표4[금액])' 입니다.

5 [성과급] 시트의 B4셀에 담당자 '이도원'의 매출 금액이 정상적으로 표시되었는지 확인합니다. B4셀의 자동 채우기 핸들을 더블클릭하여 B10셀까지 담당자별 매출 금액을 자동으로 채웁니다.

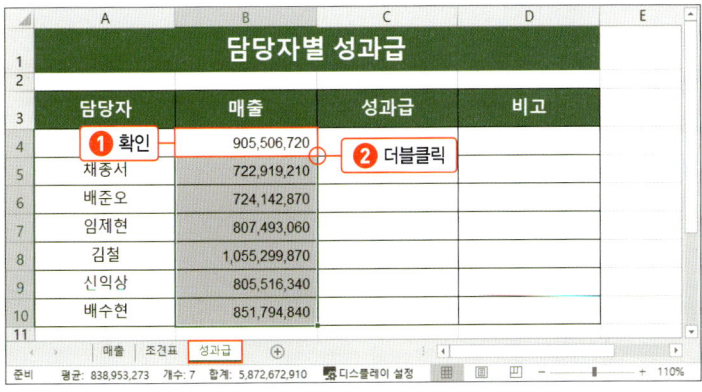

영업 담당자별 성과급 계산하기
- VLOOKUP 함수

함수	형식
VLOOKUP 함수	VLOOKUP(검색 값,범위,열 번호,[검색 옵션])

---

1 [성과급] 시트에서 C4셀을 클릭하고 『=VLOOKUP(』를 입력합니다. 담당자별 매출 금액에 따른 성과급을 계산하기 위해 매출 금액인 B4셀을 클릭하고 『,』를 입력하여 조건을 구분합니다.

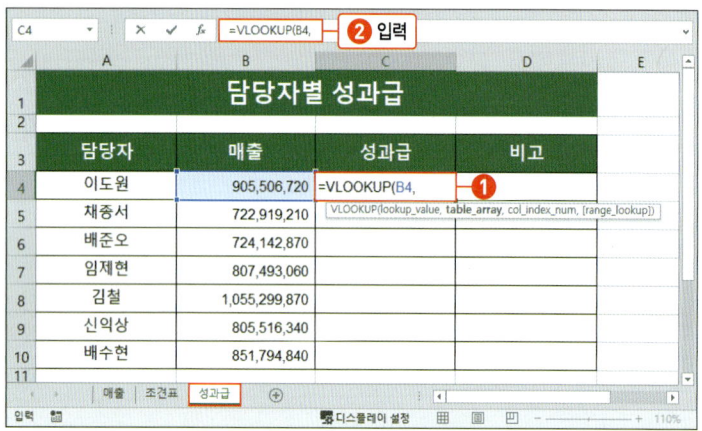

> **Tip**
> 인접한 셀을 클릭할 때는 마우스로 클릭하는 것보다 방향키(→, ←, ↑, ↓)를 이용하면 좀 더 빠르게 작업할 수 있습니다.

2 [조견표] 시트로 이동해서 함수식에 금액별 성과급이 정리되어 있는 G2:H8 범위를 선택하고 『,』를 입력합니다.

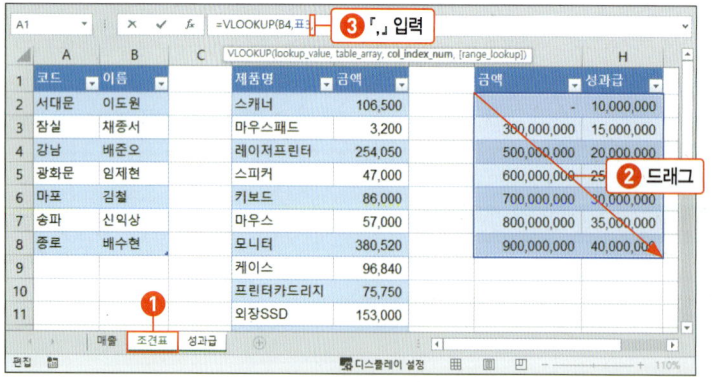

> **Tip**
> 성과급을 계산하려면 VLOOKUP 함수의 인수인 VLOOKUP(검색 값,범위,열 번호,[검색 옵션])을 사용해야 합니다. 조견표에 해당하는 G2:H8 범위를 선택하면 VLOOKUP 함수식에 '표3'으로 표시됩니다.

3 [성과급] 시트로 되돌아온 후 함수식에 시트명 '성과급!'이 표시되면 삭제하고 조건표에서 선택한 표의 열 번호인 『2,』를 입력합니다. 검색 옵션 값은 매출 금액의 범위에 따른 성과급 계산이어서 데이터가 정확히 일치하는 것이 아니므로 [TRUE - 유사 일치]를 더블클릭하여 입력하고 함수식의 뒤에 『)』를 입력하여 함수식을 완성한 후 Enter를 누릅니다.

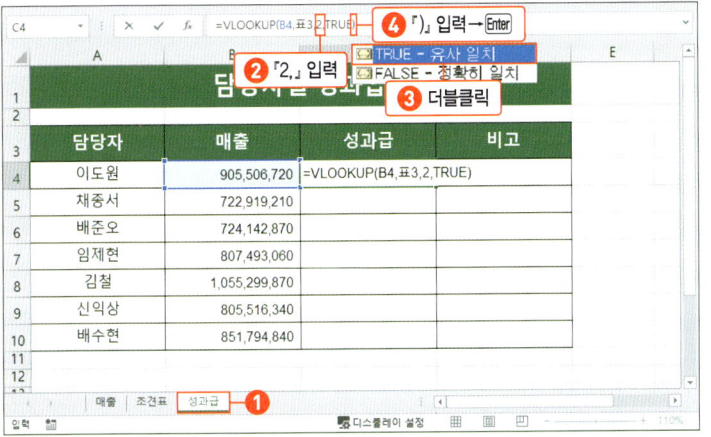

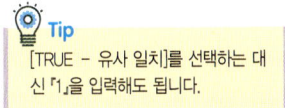

Tip
[TRUE - 유사 일치]를 선택하는 대신 『1』을 입력해도 됩니다.

4 C4셀에 담당자 '이도원'의 매출별 성과급이 정상적으로 표시되었는지 확인합니다. C4셀의 자동 채우기 핸들을 더블클릭하여 C10셀까지 담당자별 성과급을 자동으로 채웁니다.

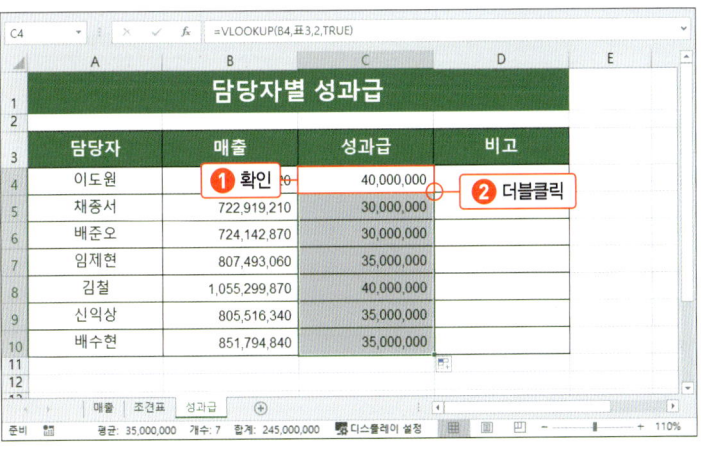

SECTION

04

차트로 시각적인 효과를
극대화하자!

사용 목적과 성격이 서로 다른 엑셀과 파워포인트이지만, 이들 프로그램에서 가장 많이 사용하는 공통 기능은 '차트'입니다. IT 전문 리서치 업체인 가트너(Gartner)는 빅데이터 관련 일자리가 지속적으로 늘어날 예정인데, 이 중에서 대부분의 업무에는 데이터 시각화와 같이 이전에는 요구되지 않았던 새로운 기술이 필요해질 것이라고 예측했습니다. 이번에는 데이터 분석 프로그램인 엑셀의 차트 기능을 이용해 데이터를 좀 더 효과적으로 보기 좋게 표현하는 방법을 살펴보겠습니다.

01 엑셀 차트와 파워포인트 차트 비교하기

엑셀과 파워포인트 2019 버전에서는 2013 버전에서 제공하는 10종의 차트(세로 막대형 차트, 가로 막대형 차트, 꺾은선형 차트, 원형 차트, 영역형 차트, 분산형(XY) 차트, 주식형 차트, 표면형 차트, 방사형 차트, 콤보 차트) 외에도 2016 버전에서와 같이 새롭게 7종의 차트(지도 차트, 트리맵 차트, 선버스트, 히스토그램, 상자 수염 차트, 폭포 차트, 깔때기형 차트)를 추가로 사용할 수 있습니다. 그리고 각 차트의 세부적인 차트 기능을 활용하면 62가지의 차트를 사용할 수 있습니다.

다음은 엑셀과 파워포인트에서 사용 가능한 차트의 공통점과 차이점을 정리한 표입니다. 엑셀과 파워포인트의 차트는 조금 차이가 있지만, 차트를 이루는 요소와 다루는 방법은 비슷하므로 프로그램의 종류에 상관없이 차트를 작성할 때 매우 유용합니다.

공통점	차이점
• 기본적으로 17종류의 차트 제공 • 차트 요소와 기능이 동일 • 데이터 원본과 연결 가능 • 차트의 작업 환경이 유사	• 엑셀에서 피벗 차트, 3D 맵 추가 제공 • 엑셀에서 추천 차트 기능 제공 • 파워포인트에서 연결된 그래프는 원본 데이터 연결이 끊기면 업데이트 불가능 • 차트 생성 방법이 조금 다름 • 파워포인트에서는 기본적으로 템플릿 표준을 따름 • 엑셀에서 차트의 복사 방법을 결정해야 함

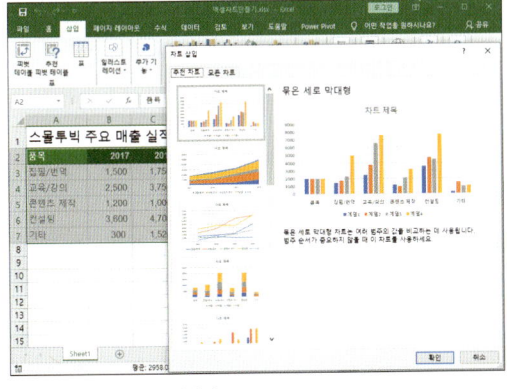
▲ 엑셀에서 추천 차트 삽입하기

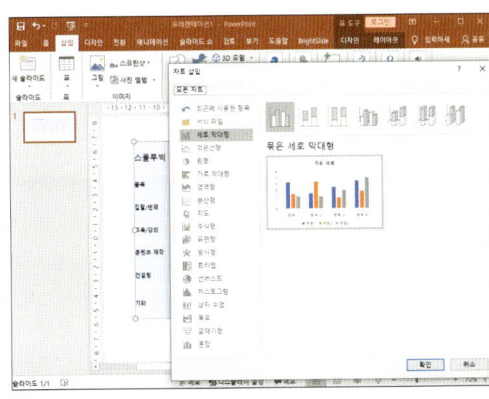
▲ 파워포인트에서 차트 삽입하기

엑셀과 파워포인트를 이용해 차트를 쉽게 만들 수 있지만, 차트를 만드는 과정은 약간 다릅니다. 파워포인트는 차트를 먼저 선택한 후 만들어진 차트 데이터를 수정해서 완성하는 '차트 중심'의 순서로 진행됩니다. 하지만 엑셀은 데이터를 먼저 선택하고 차트를 완성하는 '데이터 중심'의 순서로 진행됩니다. 올바른 차트를 만들려면 데이터에 맞는 차트를 선택해야 하므로 데이터 중심의 엑셀 차트 만들기 순서로 작업하는 것이 좋습니다. 엑셀과 파워포인트에서 제공하는 다양한 차트 중에서 가장 많이 사용하는 차트의 유형은 다음과 같습니다.

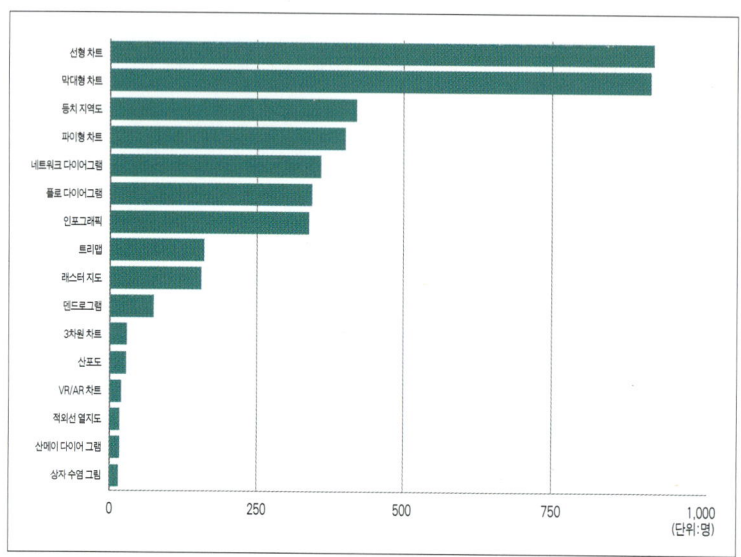

▲ 차트의 선호도(출처 : 2017 Data Visualization Survey – https://goo.gl/hvzCcg)

차트를 삽입했으면 차트의 해당 요소를 수정할 수 있습니다. 차트는 작성하는 것보다 수정하는 것이 더 중요합니다. 데이터를 더 잘 표현하기 위해서 축 표시 방법을 변경하고, 차트 제목을 추가한 후 범례를 숨기거나 다른 곳으로 이동할 수 있습니다. 이러한 기능은 [차트 도구]의 리본 메뉴에서 수정이 가능합니다.

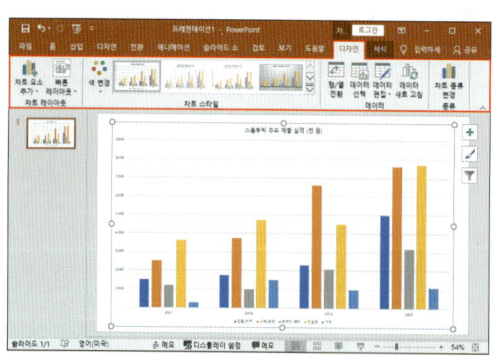

▲ 파워포인트 2019의 [차트 도구]의 [디자인] 탭

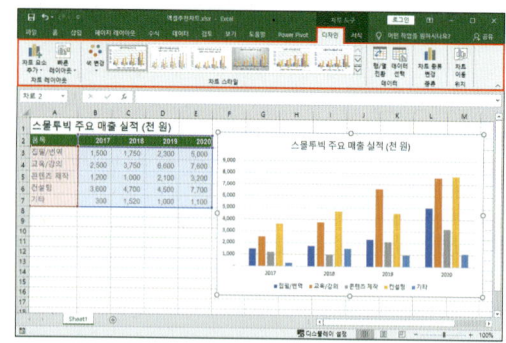

▲ 엑셀 2019의 [차트 도구]의 [디자인] 탭

02 차트의 구성 요소 살펴보기

엑셀과 파워포인트에서 차트를 만드는 방법은 아주 간단하고 쉽습니다. 하지만 차트를 이루는 구성 요소는 매우 많으므로 잘 익혀두어야 원하는 차트를 정확하게 표현할 수 있습니다.

엑셀에서 차트를 구성하는 요소는 다음과 같습니다. 차트에 기본적으로 표시되는 요소도 있지만, 필요에 따라 추가해야 하는 요소도 있습니다. 또한 차트 요소를 사용자가 다른 위치로 이동하거나 크기를 조정하는 등 서식을 변경하여 사용할 수도 있습니다. 차트를 만들고 시각적으로 변경하려면 차트의 구성 요소를 잘 다룰 수 있어야 하므로 차트를 만들기 전에 반드시 차트의 구성 요소를 정확하게 이해해야 합니다.

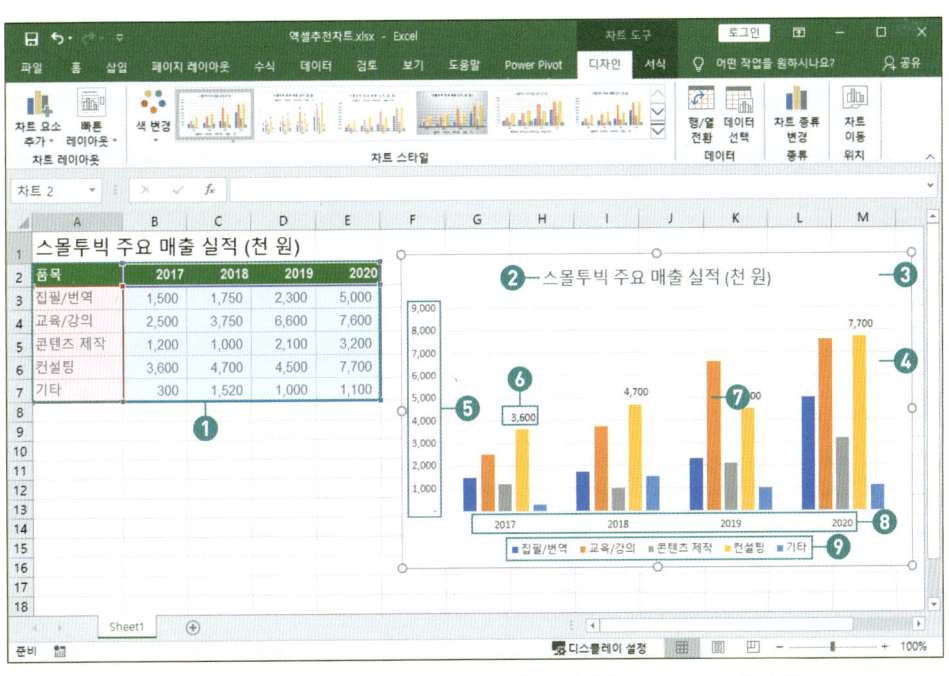

❶ 데이터　❷ 차트 제목　❸ 차트 영역　❹ 그림 영역　❺ 세로(값) 축
❻ 데이터 레이블　❼ 데이터 계열의 데이터 요소　❽ 가로 축(범주)　❾ 범례

03 추천 차트 이용해 차트 그리기

기능	방법
추천 차트	[삽입] 탭-[차트] 그룹-[추천 차트]

1 '엑셀차트만들기.xlsx'의 [Sheet1] 시트에서 A2:E7 범위를 선택하고 [삽입] 탭-[차트] 그룹에서 [추천 차트]를 클릭합니다.

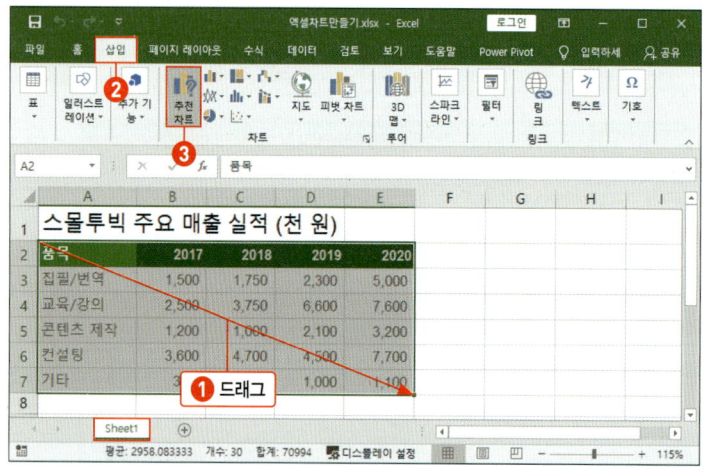

2 [차트 삽입] 대화상자가 나타나면 [추천 차트] 탭에서 [묶은 세로 막대형]을 선택하고 [확인]을 클릭합니다.

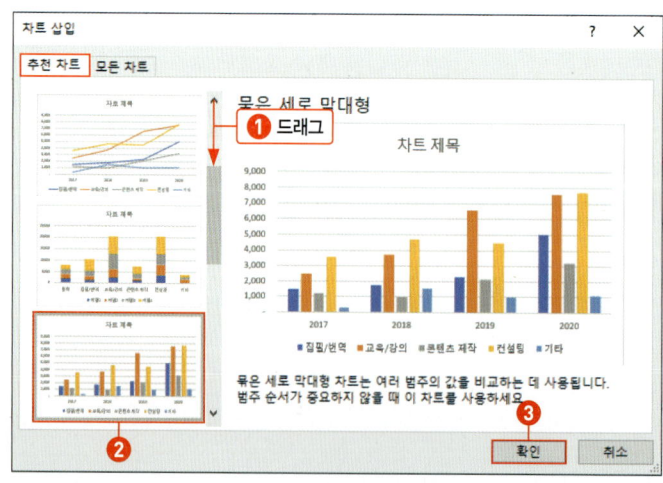

> **Tip**
> [차트 삽입] 대화상자에서는 [추천 차트] 탭이나 [모든 차트] 탭에서 차트를 선택할 수 있습니다. [추천 차트] 탭에서는 데이터와 잘 어울리는 추천 차트가 자동으로 표시되므로 사용자는 표현하려는 목적에 맞는 차트를 선택하면 됩니다. 차트를 작성할 때는 세부 차트 항목을 선택해도 되지만, 엑셀에서 제공하는 '추천 차트' 기능을 이용하면 더 빠르게 차트를 만들 수 있습니다.

3 데이터 범위에 맞는 묶은 세로 막대형 차트가 완성되었으면 차트의 위치와 크기를 보기 좋게 조절하고 제목을 수정합니다.

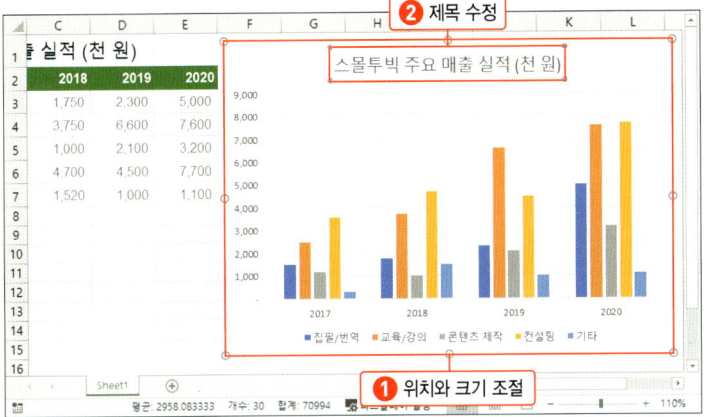

4 '차트가로축수정.xlsx'를 열면 차트의 가로 축 값이 제대로 표시되지 않았습니다. 차트의 가로 축에서 마우스 오른쪽 단추를 클릭하고 [데이터 선택]을 선택합니다.

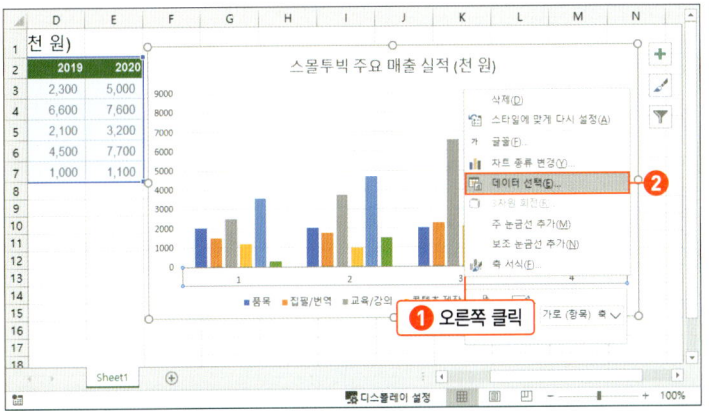

5 [데이터 원본 선택] 대화상자가 나타나면 '가로(항목) 축 레이블'의 [편집]을 클릭합니다. [축 레이블] 대화상자가 나타나면 '축 레이블 범위'에 커서를 올려놓은 상태에서 B2:E2 범위를 선택하여 지정하고 [확인]을 클릭합니다.

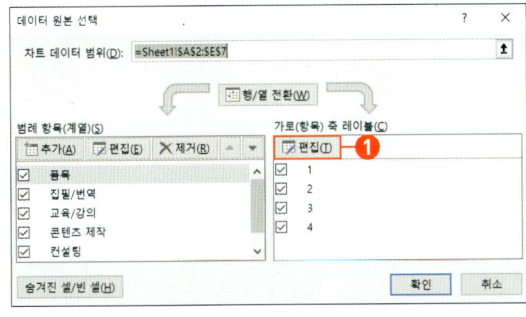
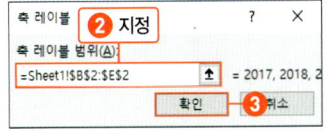

6 [데이터 원본 선택] 대화상자로 되돌아오면 '가로(항목) 축 레이블'에서 가로 항목이 변경되었는지 확인하고 [확인]을 클릭합니다. 차트의 가로 축이 연도별로 수정되었는지 확인합니다.

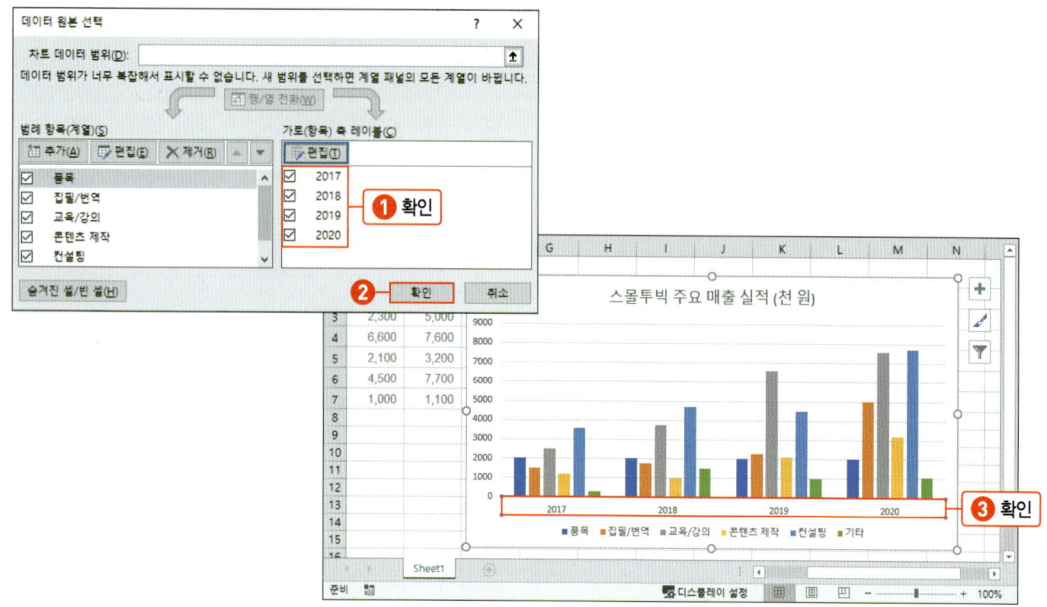

잠깐만요 :: 파워포인트에서 차트 삽입하고 수정하기

파워포인트에서는 다음과 같은 방법으로 차트를 삽입할 수 있습니다.

1. [삽입] 탭-[일러스트레이션] 그룹에서 [차트]를 클릭하여 [차트 삽입] 대화상자를 나타내고 [모든 차트] 탭에서 [세로 막대형] 범주의 [묶은 세로 막대형]을 선택한 후 [확인]을 클릭합니다.
2. 묶은 세로 막대형 차트가 삽입되면 데이터 창에서 '항목'과 '계열', 데이터를 수정해서 원하는 차트로 완성합니다.

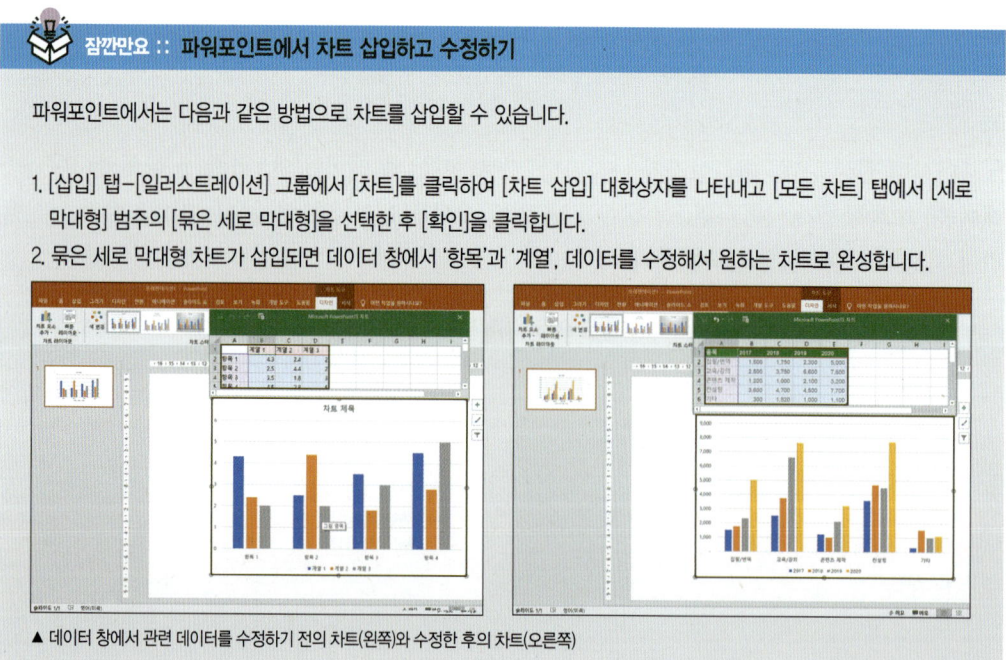

▲ 데이터 창에서 관련 데이터를 수정하기 전의 차트(왼쪽)와 수정한 후의 차트(오른쪽)

04 단축키 이용해 차트 그리기 – Alt + F1

기능	방법
표 만들기	Ctrl + T
기본 차트 표시	Alt + F1

1 [Sheet1] 시트에서 데이터 영역에 있는 하나의 셀을 선택하고 데이터 영역을 표로 만들기 위해 단축키 Ctrl + T를 누릅니다.

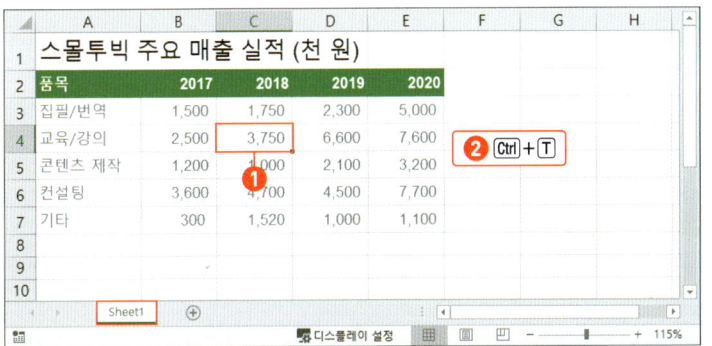

Tip
데이터 영역에 있는 하나의 셀을 선택하고 [삽입] 탭-[표] 그룹에서 [표]를 클릭해도 됩니다.

2 [표 만들기] 대화상자가 나타나면 표 제목 영역을 제거하기 위해 ⬆ 단추를 클릭하고 표에 사용할 A2:E7 범위를 다시 선택한 후 Enter를 누릅니다. [표 만들기] 대화상자로 되돌아오면 [머리글 포함]에 체크되어 있는지 확인하고 [확인]을 클릭합니다.

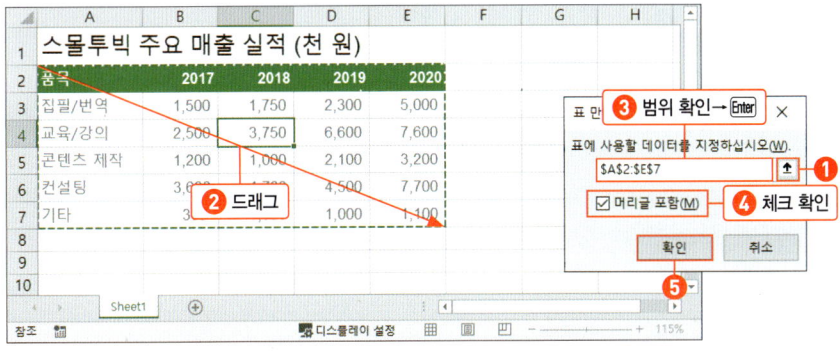

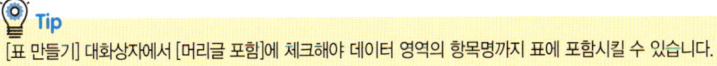

Tip
[표 만들기] 대화상자에서 [머리글 포함]에 체크해야 데이터 영역의 항목명까지 표에 포함시킬 수 있습니다.

3 차트로 만들 데이터 영역이 표로 전환되었으면 표 영역에 있는 C4셀을 선택하고 Alt + F1 을 누릅니다. 기본 차트가 표시되면 차트의 크기를 조절하고 적당한 위치로 이동하세요.

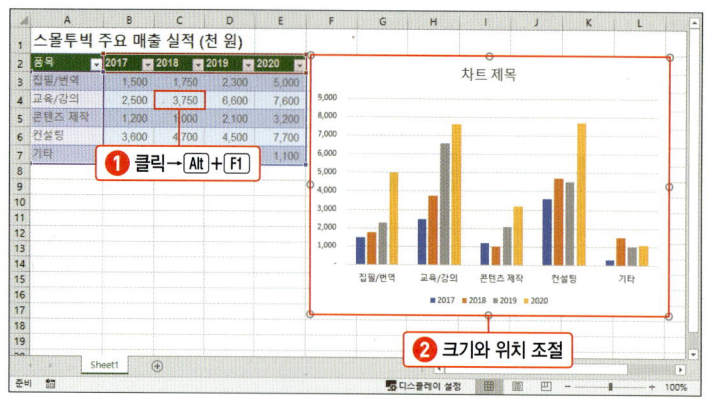

> **Tip**
> 워크시트의 데이터 영역 중 아무 셀이나 선택하고 Alt + F1 을 누르면 기본 차트가 만들어집니다.

4 차트를 선택한 상태에서 [차트 도구]의 [디자인] 탭-[데이터] 그룹에서 [행/열 전환]을 클릭합니다. 차트에서 행과 열이 전환되면서 가로 축의 항목이 변경되었는지 확인합니다.

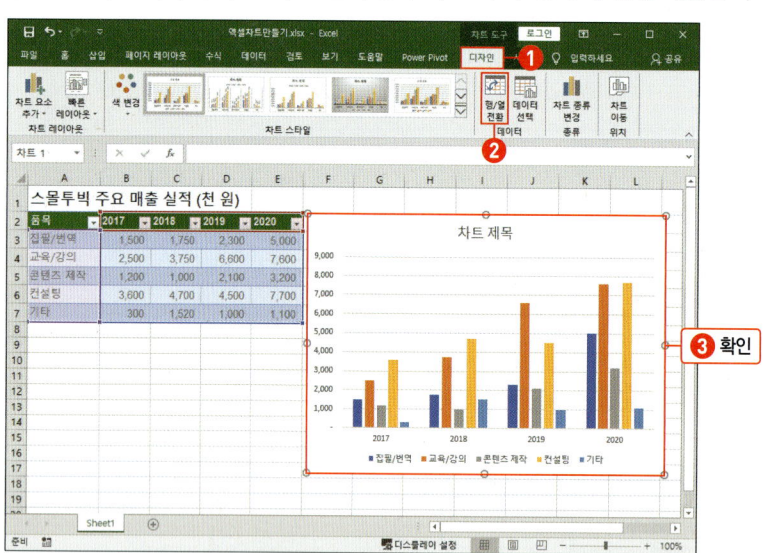

기능키 이용해 차트 그리기 - F11

● 예제파일 : 1장\엑셀\섹션04\엑셀차트만들기.xlsx   ● 완성파일 : 1장\엑셀\섹션04\엑셀차트_기능키.xlsx

기능	방법
차트 만들기	F11
차트 데이터 선택	[디자인] 탭-[데이터] 그룹-[데이터 선택]

1 [Sheet1] 시트에서 데이터 영역에 있는 하나의 셀을 선택하고 F11을 누르면 [Chart1] 시트가 추가되면서 차트가 만들어집니다. 만들어진 차트의 가로 축에 차트 제목 등 불필요한 내용이 포함되어 있으므로 [차트 도구]의 [디자인] 탭-[데이터] 그룹에서 [데이터 선택]을 클릭합니다.

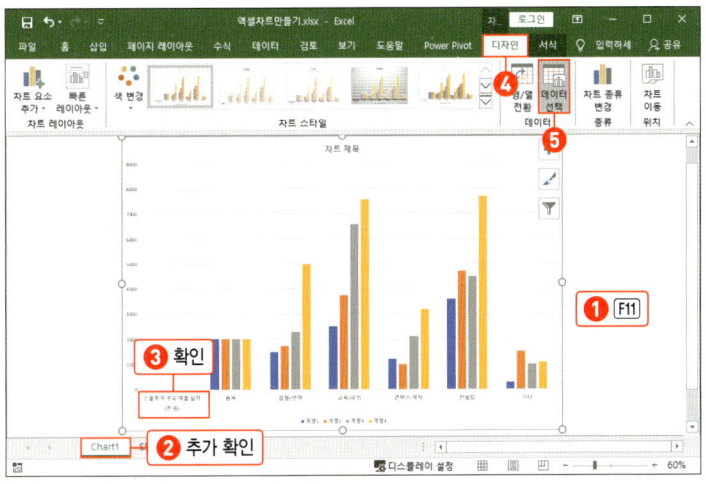

2 [데이터 원본 선택] 대화상자가 나타나면 '가로(항목) 축 레이블'에서 [스몰투빅 주요 매출 실적 (천 원)]과 [품목]의 체크를 해제합니다. '범례 항목(계열)'의 계열 이름을 '연도'로 변환하기 위해 [계열1]을 선택하고 [편집]을 클릭합니다.

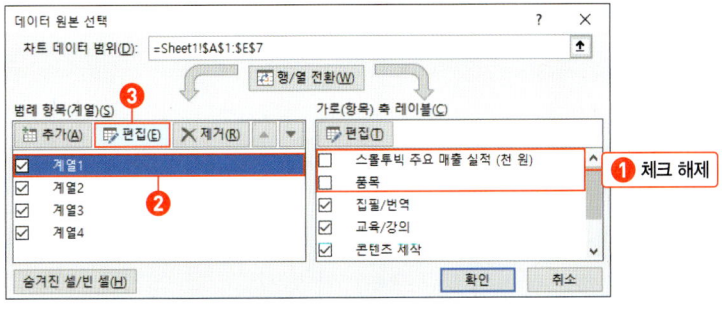

3 [계열 편집] 대화상자가 나타나면 '계열 이름'의 🔼 단추를 클릭합니다. [Sheet1] 탭을 클릭하여 이동한 후 '계열1'에 해당하는 B2셀을 선택하고 Enter 를 누릅니다. [계열 편집] 대화상자로 되돌아오면 [확인]을 클릭합니다.

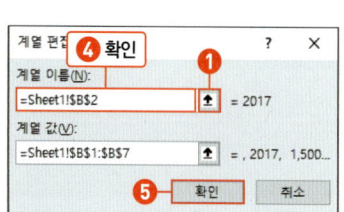
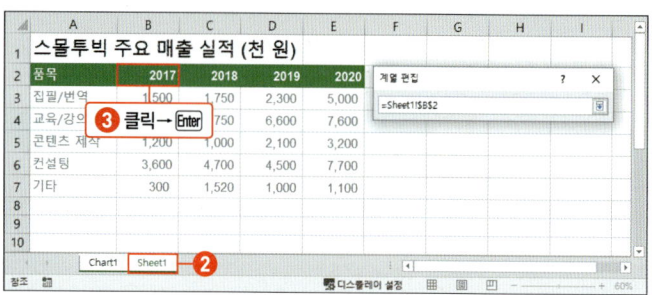

4 [데이터 원본 선택] 대화상자로 되돌아오면 '범례 항목(계열)'에서 '계열1'의 이름이 '2017'로 변경되었는지 확인합니다. 이와 같은 방법으로 '계열2', '계열3', '계열4'의 계열 이름을 '2018', '2019', '2020'으로 변경하고 [확인]을 클릭합니다.

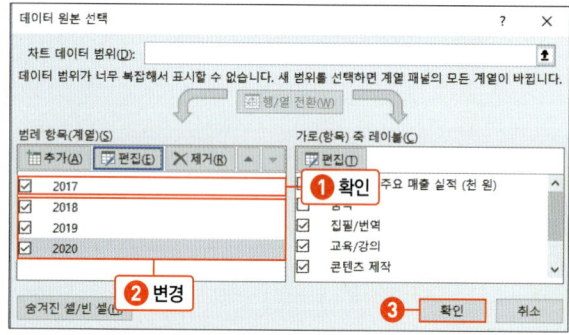

5 차트에서 가로 축의 레이블과 범례가 변경되었는지 확인하고 차트의 제목을 수정한 후 보기 좋게 서식을 지정합니다.

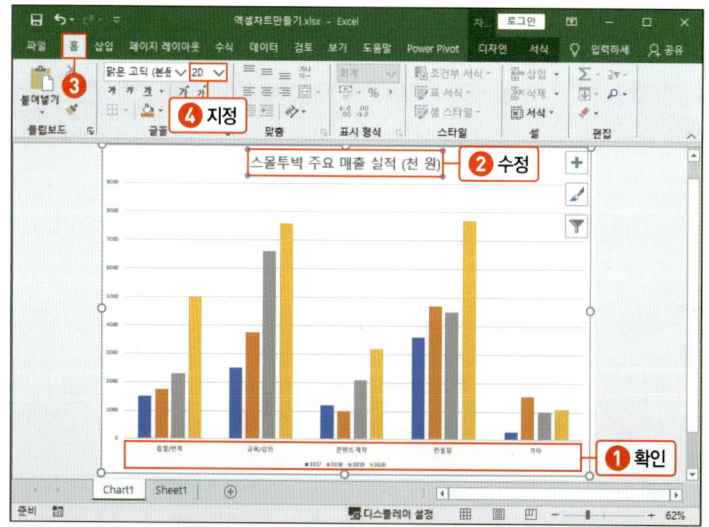

Tip
차트로 만들 데이터 영역을 미리 표로 전환하고 F11 을 눌러 차트를 만들면 [데이터 선택] 작업을 하지 않아도 됩니다.

06 차트의 데이터 영역 수정하기

기능	방법
행/열 전환	[디자인] 탭-[데이터] 그룹-[행/열 전환]
데이터 선택	[디자인] 탭-[데이터] 그룹-[데이터 선택]

1 [묶음가로형] 시트에서 차트를 선택하고 [차트 도구]의 [디자인] 탭-[데이터] 그룹에서 [행/열 전환]을 클릭합니다.

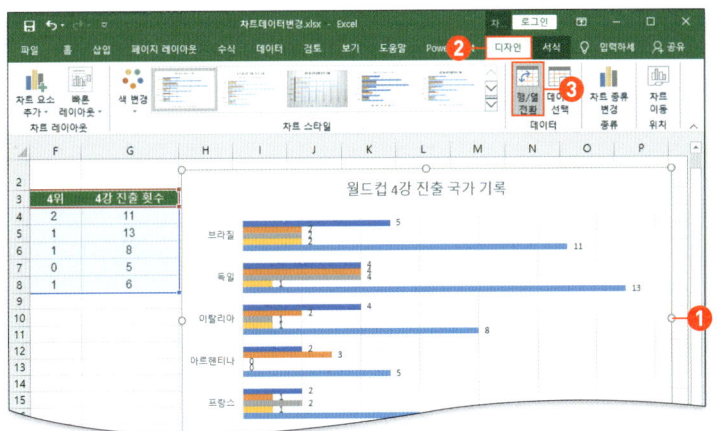

Tip 차트의 세로 축은 '국가(왼쪽)'이고 가로 축은 '메달(오른쪽)'입니다.

2 차트의 세로 축과 가로 축의 값이 바뀌어서 표시되면 [차트 도구]의 [디자인] 탭-[데이터] 그룹에서 [데이터 선택]을 클릭합니다.

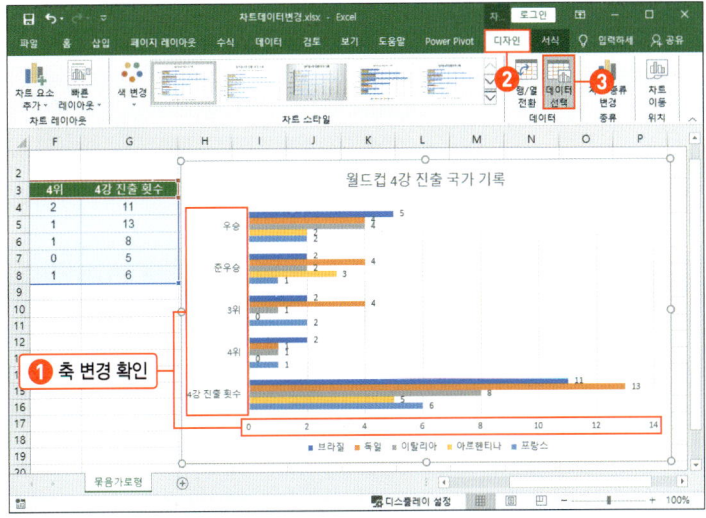

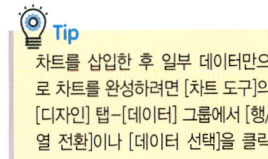

Tip 차트를 삽입한 후 일부 데이터만으로 차트를 완성하려면 [차트 도구]의 [디자인] 탭-[데이터] 그룹에서 [행/열 전환]이나 [데이터 선택]을 클릭해야 합니다.

3 [데이터 원본 선택] 대화상자가 나타나면 '가로(항목) 축 레이블'에서 [우승]을 제외한 나머지 항목의 체크를 해제하고 [확인]을 클릭합니다.

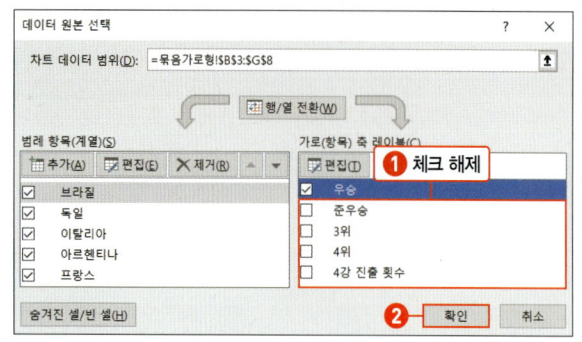

> **Tip**
> [데이터 원본 선택] 대화상자에서 [행/열 전환]을 클릭하여 세로 축과 가로 축의 값을 전환하여 표시할 수 있습니다.

4 차트에 '우승' 항목만 표시되었는지 확인합니다.

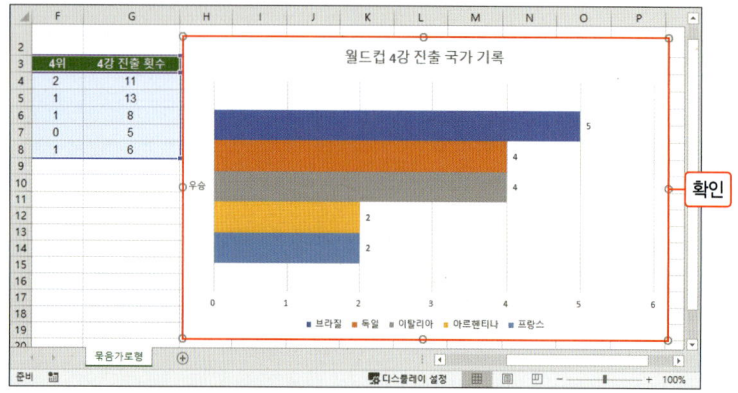

잠깐만요 :: 엑셀 도움말 및 학습 사이트 이용하기

■ http://support.office.com/ko-kr/excel
엑셀과 관련된 정확한 용어와 기본 사용 방법에 대해서는 마이크로소프트 공식 사이트를 참고하는 것이 좋습니다.

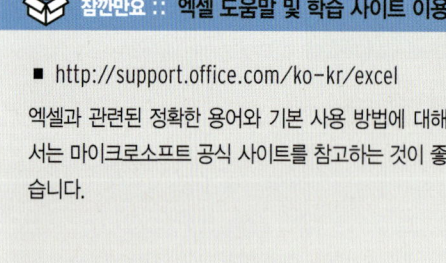
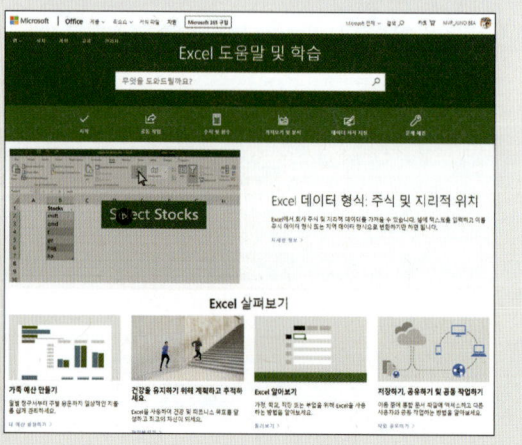

● 예제파일 : 1장\엑셀\섹션04\차트데이터변경.xlsx   ● 완성파일 : 1장\엑셀\섹션04\차트데이터변경_차트종류.xlsx

필수기능 07 차트의 종류 변경하기

업무시간단축	기능	방법
	차트의 종류 변경	[디자인] 탭–[종류] 그룹–[차트 종류 변경]

1 [묶음가로형] 시트에서 차트를 선택하고 [차트 도구]의 [디자인] 탭–[종류] 그룹에서 [차트 종류 변경]을 클릭합니다.

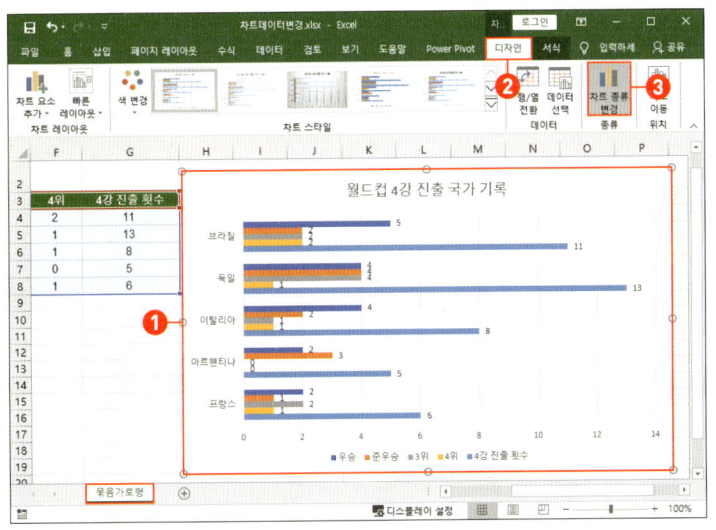

Tip
데이터를 차트로 변환하여 삽입했지만, 새로운 차트로 변경할 경우 처음부터 작업할 필요 없이 '차트 종류 변경' 기능을 이용해 원하는 종류의 차트로 변경할 수 있습니다.

2 [차트 종류 변경] 대화상자가 나타나면 [모든 차트] 탭에서 [세로 막대형] 범주의 [누적 세로 막대형]을 선택하고 [확인]을 클릭합니다.

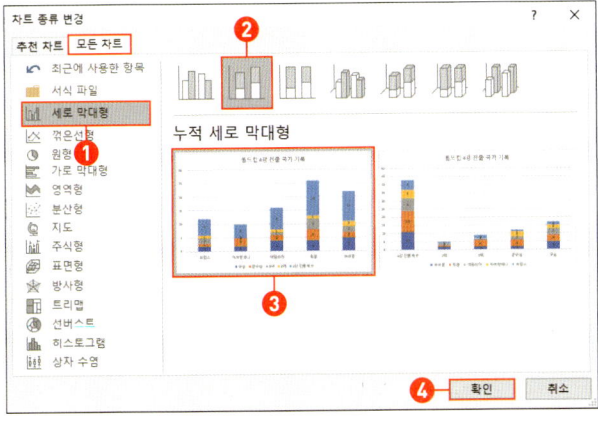

151

3 누적 세로 막대형 차트가 나타나면 국가별 월드컵 진출 기록을 확인합니다.

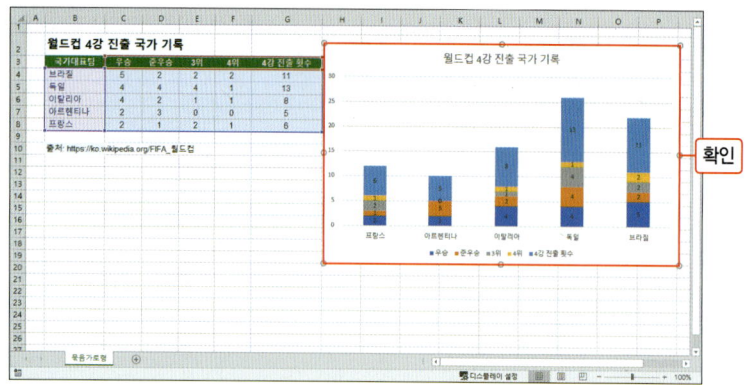

 잠깐만요 :: 차트의 구성 요소 변경하기

차트를 선택하고 차트의 오른쪽 위에 표시되는 [차트 요소] 단추(+)나 [차트 스타일] 단추(✔), [차트 필터] 단추(▼)를 클릭하여 차트의 구성 요소를 변경할 수 있습니다.

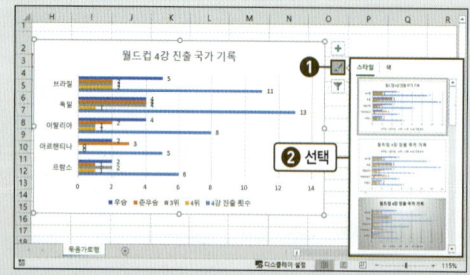

▲ 차트 요소 수정하기

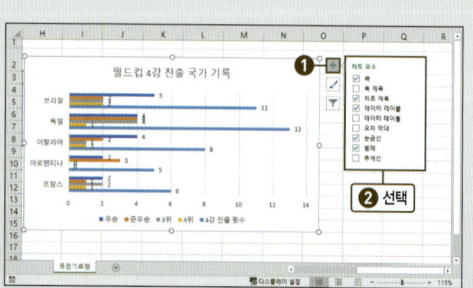

▲ 차트 스타일 수정하기

● 예제파일 : 1장\엑셀\섹션04\차트데이터변경.xlsx   ● 완성파일 : 1장\엑셀\섹션04\차트데이터변경_스타일.xlsx

08 차트의 레이아웃과 스타일 변경하기

기능	방법
차트 레이아웃	[디자인] 탭-[차트 레이아웃] 그룹-[빠른 레이아웃]
차트 스타일	[디자인] 탭-[차트 스타일] 그룹-[자세히] 단추(▽)

1 [묶음가로형] 시트에서 차트를 선택하고 [차트 도구]의 [디자인] 탭-[차트 레이아웃] 그룹에서 [빠른 레이아웃]을 클릭한 후 [레이아웃 5]를 클릭합니다.

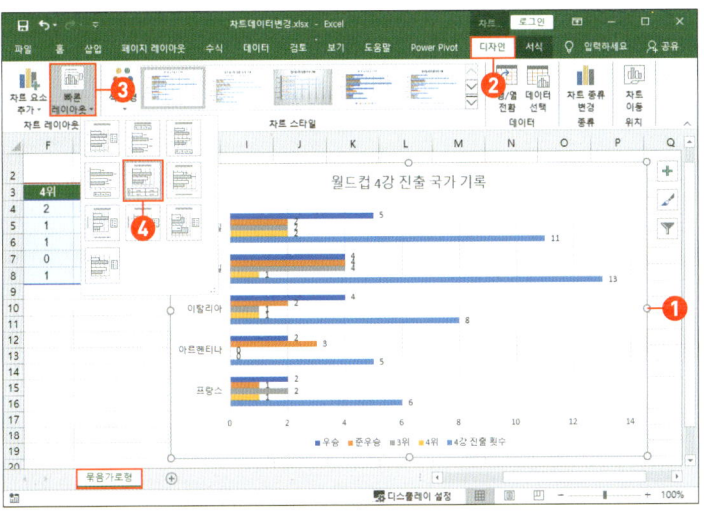

2 데이터 테이블이 포함된 차트가 표시되면 [차트 도구]의 [디자인] 탭-[차트 스타일] 그룹에서 [자세히] 단추(▽)를 클릭하고 [스타일 4]를 클릭하여 차트 스타일을 변경합니다.

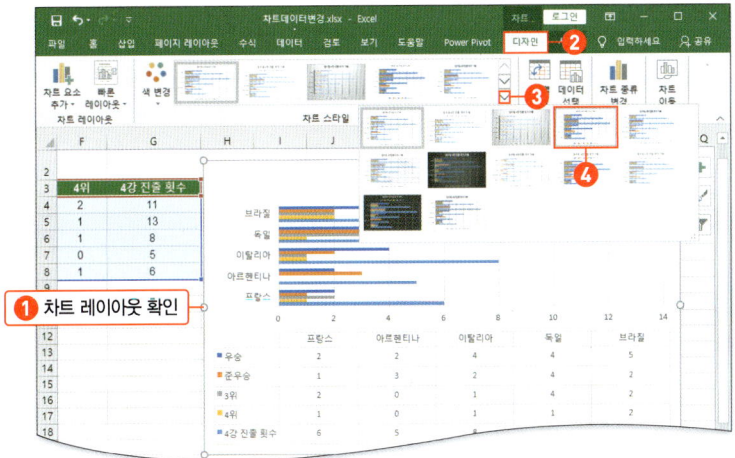

> **Tip**
> 차트 스타일을 변경하면 차트 영역의 배경과 데이터 계열의 채우기 색, 글꼴의 종류 등이 변경됩니다.

09 | 차트에 데이터 레이블과 계열선 추가하기

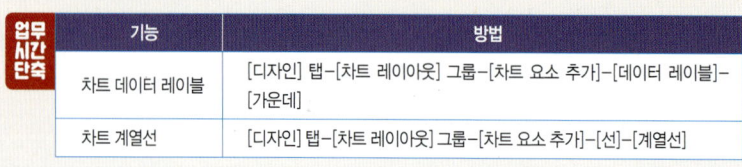

기능	방법
차트 데이터 레이블	[디자인] 탭-[차트 레이아웃] 그룹-[차트 요소 추가]-[데이터 레이블]-[가운데]
차트 계열선	[디자인] 탭-[차트 레이아웃] 그룹-[차트 요소 추가]-[선]-[계열선]

1 [누적세로형] 시트에서 차트를 선택하고 [차트 도구]의 [디자인] 탭-[차트 레이아웃] 그룹에서 [차트 요소 추가]를 클릭한 후 [데이터 레이블]-[가운데]를 선택합니다.

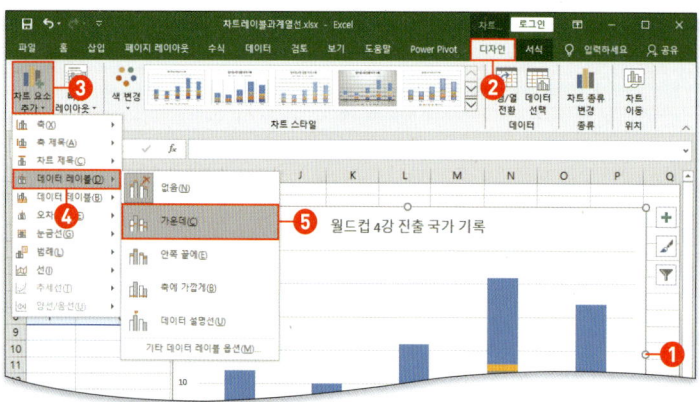

2 차트 요소의 가운데에 데이터 레이블이 추가되었으면 [차트 도구]의 [디자인] 탭-[차트 레이아웃] 그룹에서 [차트 요소 추가]를 클릭하고 [선]-[계열선]을 선택합니다.

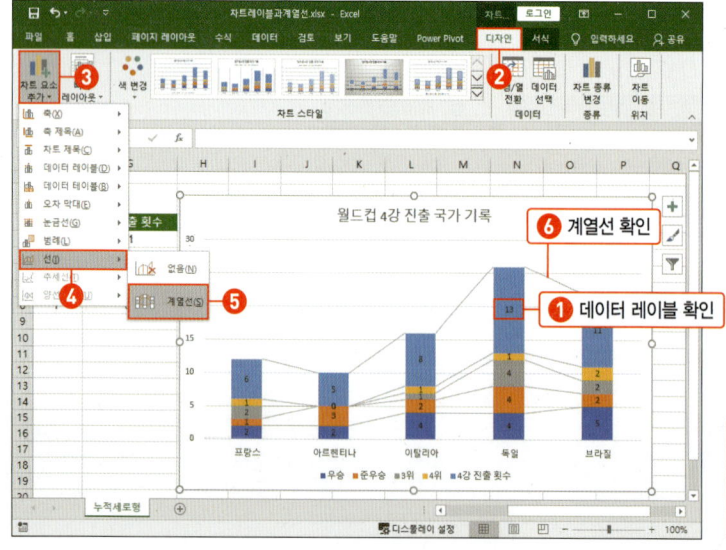

> **Tip**
> 계열선을 추가하면 100% 기준 누적 막대형 차트에서 각 계열의 기여도 변화를 쉽게 관찰할 수 있습니다.

현장실무 10 | 차트의 축 서식 변경하기

업무시간단축	기능	방법
	[축 서식] 창	[디자인] 탭-[차트 레이아웃] 그룹-[차트 요소 추가]-[축]-[다른 축 옵션]

1 [누적가로형] 시트에서 차트를 선택하고 [차트 도구]의 [디자인] 탭-[차트 레이아웃] 그룹에서 [차트 요소 추가]를 클릭한 후 [축]-[다른 축 옵션]을 선택합니다.

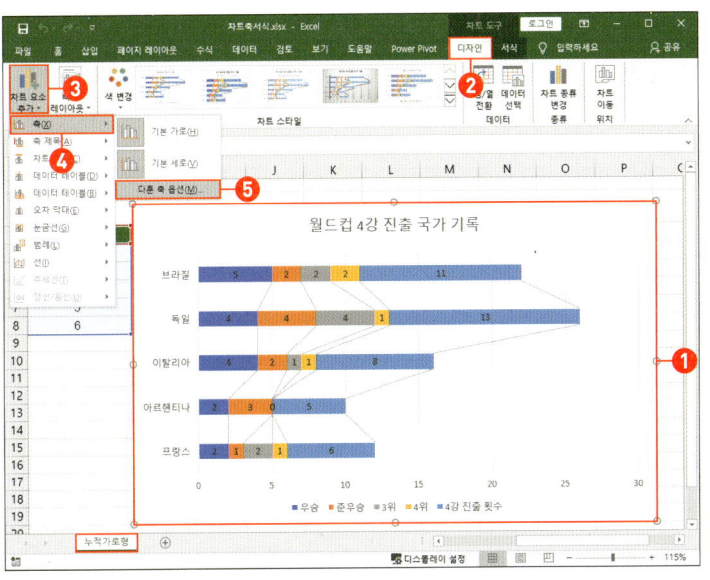

2 화면의 오른쪽에 [축 서식] 창이 열리면 기록 값을 정확히 보기 위해 [축 옵션]을 선택하고 '단위'의 '기본'에 설정되어 있는 '5.0'을 '2.0'으로 변경한 후 Enter를 누릅니다.

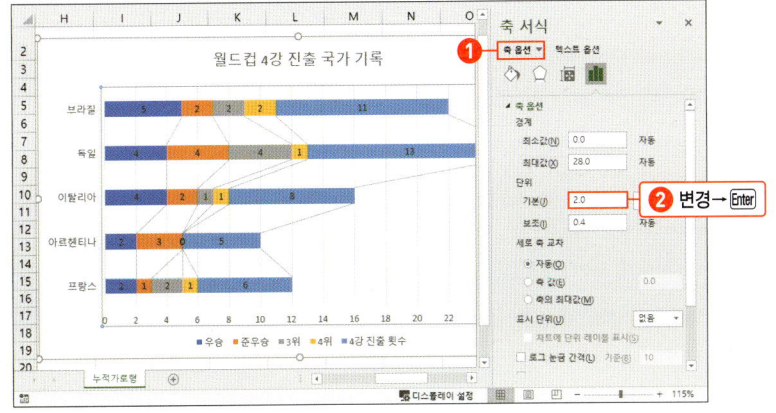

3 차트의 주 눈금선을 선택합니다. 화면의 오른쪽에 [주 눈금선 서식] 창이 열리면 [채우기 및 선]( )을 클릭하고 '선'의 '대시 종류'에서 [사각 점선]을 선택한 후 [주 눈금선 서식] 창을 닫습니다.

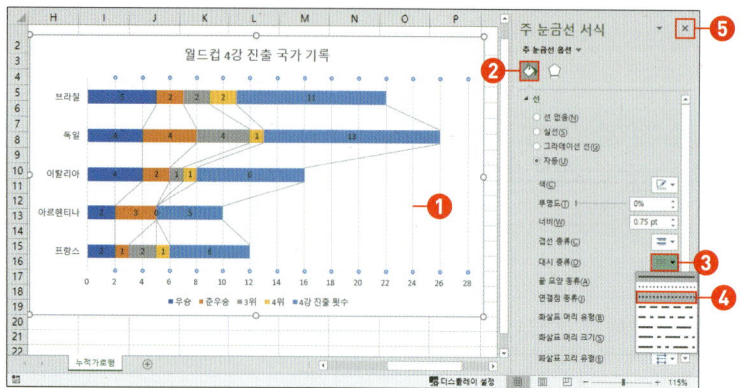

> **Tip**
> 주 눈금선이 차트의 내용을 방해해서는 안 되고 표현하려는 내용에 따라 적절한 대시의 유형을 선택해야 합니다. 따라서 점선 모양의 대시를 추천하고 대시의 색과 너비를 조정하는 방법도 자주 사용합니다.

4 2.0 단위로 설정된 가로 축 눈금 간격이 잘 변경되었는지, 주 눈금선은 사각 점선으로 변경되었는지 확인합니다.

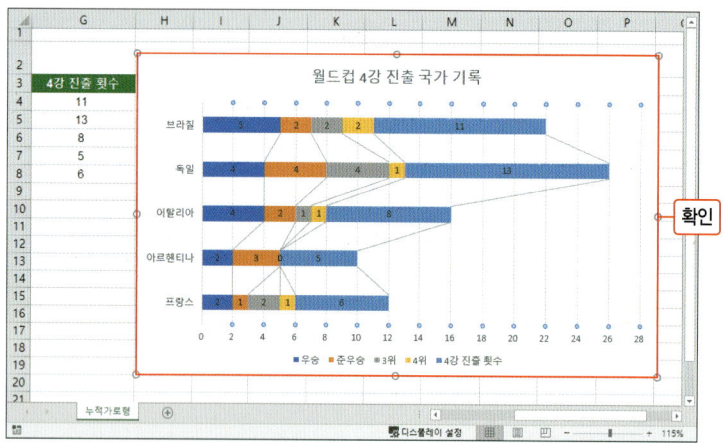

차트의 계열 서식 변경하기

업무시간단축	기능	방법
	[데이터 계열 서식] 창	데이터 계열에서 마우스 오른쪽 단추 → [데이터 계열 서식]

1 [누적가로형] 시트에서 차트에 있는 하나의 데이터 계열에서 마우스 오른쪽 단추를 클릭하고 [데이터 계열 서식]을 선택합니다.

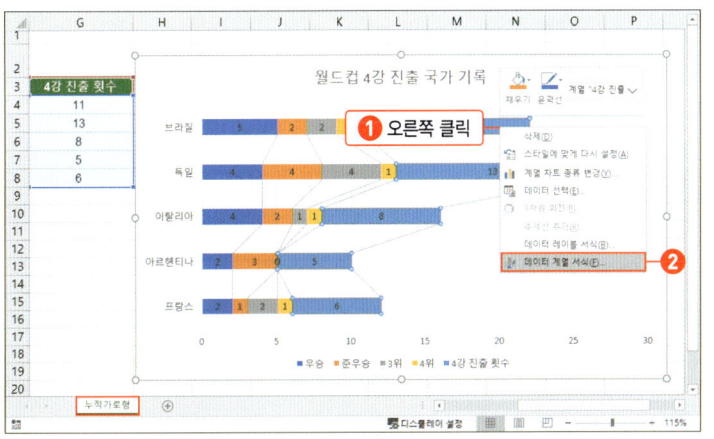

> **Tip**
> 차트의 데이터 계열을 선택하고 [차트 도구]의 [서식] 탭-[현재 선택 영역] 그룹에서 [선택 영역 서식]을 선택해도 됩니다.

2 화면의 오른쪽에 [데이터 계열 서식] 창이 나타나면 [계열 옵션]의 '간격 너비'를 '50%'로 변경하여 막대형 그래프의 굵기를 조절하고 [데이터 계열 서식] 작업 창을 닫습니다.

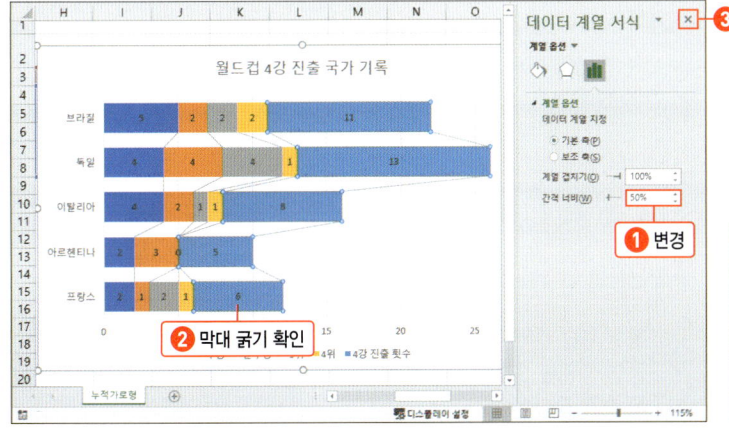

> **Tip**
> 막대의 크기는 가로 축 레이블에 따라 자동으로 설정되어 표시되는데, 막대형 그래프 간의 간격이 막대의 굵기보다 넓으면 가독성이 떨어지므로 막대 간격을 조정하는 것이 좋습니다.

목적에 맞는 차트의 유형과 용도 살펴보기

작성하는 문서의 유형과 목적에 따라 차트를 선택해야 합니다. 잘못된 차트를 사용하면 의도를 정확하게 전달하기 어려울 뿐만 아니라 오류가 발생하고 오해가 생길 수 있습니다. 다음은 차트의 유형과 간단한 용도에 대한 표로, 복합적으로 사용할 수 있지만, 차트의 기본 유형과 용도는 정확하게 기억해야 합니다.

※ ◎ 추천 ○ 참고

차트 종류	차트 유형					용도	하위 차트
	비교	추이	비율	관계	분포		
세로 막대형 차트	◎	◎			◎	• 연속적이지 않은 개별 데이터 비교 • 시간의 경과에 따른 추세 표시	묶은 세로 막대형, 3차원 묶은 세로 막대형, 누적 세로 막대형, 3차원 누적 세로 막대형, 100% 기준 세로 막대형, 3차원 100% 기준 세로 막대형, 3차원 세로 막대형
가로 막대형 차트	◎		◎			• 많은 데이터 비교 • 특정 시기의 데이터 수치 표시 • 항목 사이의 내용 비교 • 100% 기준 누적형 차트는 비율 표시에 유용	묶은 가로 막대형, 3차원 묶은 가로 막대형, 누적 가로 막대형, 3차원 누적 가로 막대형, 100% 기준 가로 막대형, 3차원 100% 기준 가로 막대형
꺾은선형 차트		◎			◎	• 시간 경과에 따른 추세 표시 • 많은 데이터 비교 • 효과적으로 데이터 변동률 표시	꺾은선형, 표식이 있는 꺾은선형, 누적 꺾은선형, 표식이 있는 누적 꺾은선형, 100% 기준 누적 꺾은선형, 표식이 있는 100% 기준 누적 꺾은선형, 3차원 꺾은선형
원형 차트	○		◎			• 전체에 대한 비율/관계 표시 • 도넛형은 여러 개의 데이터 계열 사용	원형, 3차원 원형, 원형 대 원형, 원형 대 가로 막대형, 도넛형
영역형 차트		◎		◎		• 시간 경과에 따른 변화의 크기 강조 • 전체에 대한 부분적 관계 표시 • 데이터 변동 크기 표시	영역형, 3차원 영역형, 누적 영역형, 3차원 누적 영역형, 100% 기준 누적 영역형, 3차원 100% 기준 누적 영역형
분산형 차트				◎	○	• 2개 데이터 간 상관관계 시각화 • 불균등한 간격이나 군집 표현에 유리 • 과학적 자료 표현 • 거품형 차트는 3개의 측정값 간의 관계 표시	분산형, 곡선 및 표식이 있는 분산형, 곡선이 있는 분산형, 직선 및 표식이 있는 분산형, 직선이 있는 분산형, 거품형, 3차원 거품형

차트 종류	차트 유형					용도	하위 차트
	비교	추이	비율	관계	분포		
주식형 차트	◎	◎				재무 데이터 또는 과학적 데이터에 적합	고가-저가-종가, 시가-고가-저가-종가, 거래량 - 고가 - 저가 - 종가, 거래량-시가-고가-저가-종가
표면형 차트					◎	두 데이터 집합 사이의 최적 조합 표시	3차원 표면형, 3차원 표면형(골격형), 표면형(조감도), 표면형(골격형 조감도)
방사형 차트	◎		◎			• 레이더 차트 • 다양한 요소에 대해 중심 축을 기준으로 표현 • 많은 데이터 계열의 집계 값 비교 시 유리	방사형, 표식이 있는 방사형, 채워진 방사형
콤보 차트	◎	◎		◎		• 2개 이상의 차트 결합 • 데이터 범위가 광범위한 경우에 사용	묶은 세로 막대형-꺾은선형, 묶은 세로 막대형-꺾은선형, 보조축, 누적 영역형-묶은 세로 막대형, 사용자 지정 조합
지도 차트	○		◎		○	지리적 영역에 측정 값 표시	등치 지역도, 3D 맵(2013은 Power-view)
트리맵 차트	◎		◎			• 데이터를 계층 구조 보기로 제공 • 높은 값과 낮은 값의 패턴 표시	트리맵
선버스트			◎			• 계층 구조 데이터 표시 • 하나의 고리가 어떤 요소로 구성되어 있는지 유리하게 표현	선버스트
히스토그램					◎	• 분포 내의 빈도 표시 • 파레토 차트(순차적 히스토그램)는 빈도 데이터 표시	히스토그램, 파레토
상자 수염 차트					◎	• 데이터 분포를 사분위수로 표현 • 평균 및 이상 값을 강조해 표시 • 통계 분석에서 가장 일반적으로 사용	상자 수염
폭포 차트				◎		• 플라잉 브릭(flying bricks) 또는 마리오(Mario) 차트 • 값을 더하거나 빼는 경우의 재무 데이터 누계 표시 • 초기값의 양(+)과 음(-)의 값 영향 이해 • 값 전체의 분석을 포함하려면 누적형 폭포 차트 사용	폭포
깔대기형 차트				◎		프로세스에서 여러 스테이지 간의 값 표시	깔대기형

※ 콤보 차트와 지도 차트는 엑셀 2013 버전부터, 상자 수염 차트는 엑셀 2016부터 사용 가능

현장실무 13 | 3차원 막대형 차트의 막대 모양과 색 변경하기

기능	방법
[데이터 계열 서식] 작업 창	[서식] 탭-[현재 선택 영역] 그룹-[선택 영역 서식]

1 [3D묶은세로형] 시트에서 차트 영역에 있는 '우승' 막대를 선택하고 [차트 도구]의 [서식] 탭-[현재 선택 영역] 그룹에서 [선택 영역 서식]을 클릭합니다.

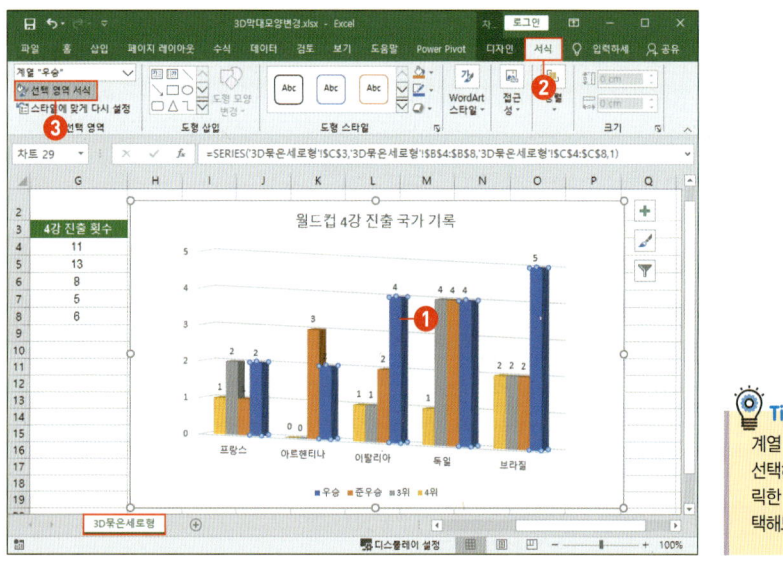

> **Tip**
> 계열 중에서 하나의 막대형 차트를 선택하고 마우스 오른쪽 단추를 클릭한 후 [데이터 레이블 서식]을 선택해도 됩니다.

2 화면의 오른쪽에 [데이터 계열 서식] 창이 나타나면 [계열 옵션]의 '세로 막대 모양'에서 [원통형]을 선택합니다.

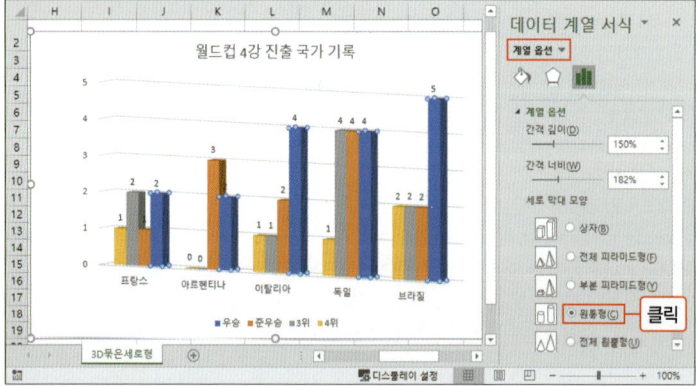

3 [채우기 및 선]( )을 클릭하고 '채우기'에서 [단색 채우기]를 선택합니다. '색'에서 '표준 색'의 [녹색]을 클릭하고 [데이터 계열 서식] 창을 닫습니다.

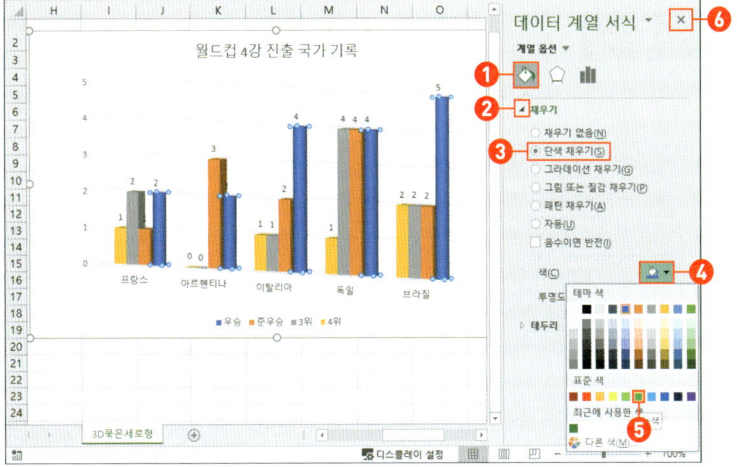

4 선택한 계열 막대의 모양이 원통형으로 변경되면서 원통형 막대의 색도 바뀌었는지 확인합니다.

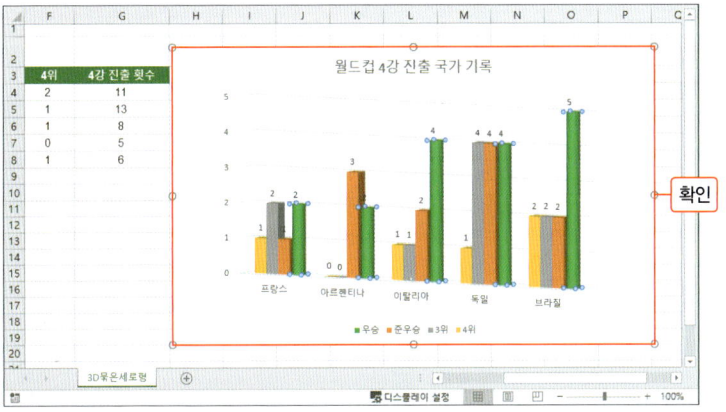

> **Tip**
> 파워포인트 2013 이전 버전에서는 세로 막대형 차트를 원통형, 원뿔형, 피라미드형으로 세분화해서 제공했습니다. 반면 파워포인트 2013부터는 3차원 막대형 차트의 경우 기본 모양은 상자형이지만, 표현하려는 목적에 맞추어 모양을 피라미드형, 원통형, 원뿔형으로 변경할 수 있습니다.

● 예제파일 : 1장\엑셀\섹션04\콤보차트.xlsx, 콤보차트.pptx
● 완성파일 : 1장\엑셀\섹션04\콤보차트(완).xlsx, 콤보차트(완).pptx

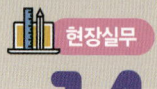

현장실무 14 | 엑셀 차트를 파워포인트에 연결해 붙여넣기

기능	방법
콤보 차트	[삽입] 탭-[차트] 그룹-[콤보 차트 삽입]
차트 붙여넣기	차트에서 마우스 오른쪽 단추 → [대상 테마 사용 및 데이터 연결](🗐)
차트 스타일	차트에서 마우스 오른쪽 단추 → [차트 스타일] 단추(🖌)
차트 요소	차트에서 마우스 오른쪽 단추 → [차트 요소] 단추(+)
차트 데이터 선택	[디자인] 탭-[데이터] 그룹-[데이터 선택]

1 '콤보차트.xlsx'를 열고 [콤보] 시트에서 C2:D8 범위까지 드래그하여 선택한 후 [삽입] 탭-[차트] 그룹에서 [콤보 차트 삽입]을 클릭하고 [묶은 세로 막대형 - 꺾은선형, 보조 축]을 클릭합니다. 차트가 삽입되면 Ctrl+C를 눌러 차트를 복사합니다.

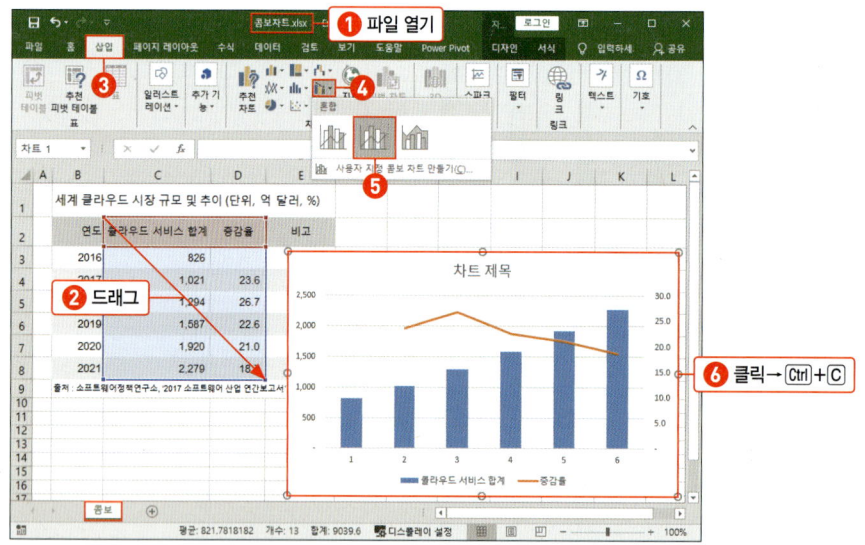

> **Tip**
> 보조 축이 있는 콤보 차트는 데이터 형식이 혼합되었거나 두 가지 데이터의 값 차이가 매우 큰 경우 보조 세로(값) 축에 하나 이상의 데이터 계열을 추가해서 사용할 수 있습니다. 보조 축은 세로 막대형 차트와 꺾은선형 차트의 조합을 보여주는 콤보 차트에서 효과적으로 사용 가능합니다.

2 '콤보차트.pptx'를 열고 1번 슬라이드의 빈 화면에서 마우스 오른쪽 단추를 클릭한 후 '붙여넣기 옵션'에서 [대상 테마 사용 및 데이터 연결](📋)을 클릭합니다.

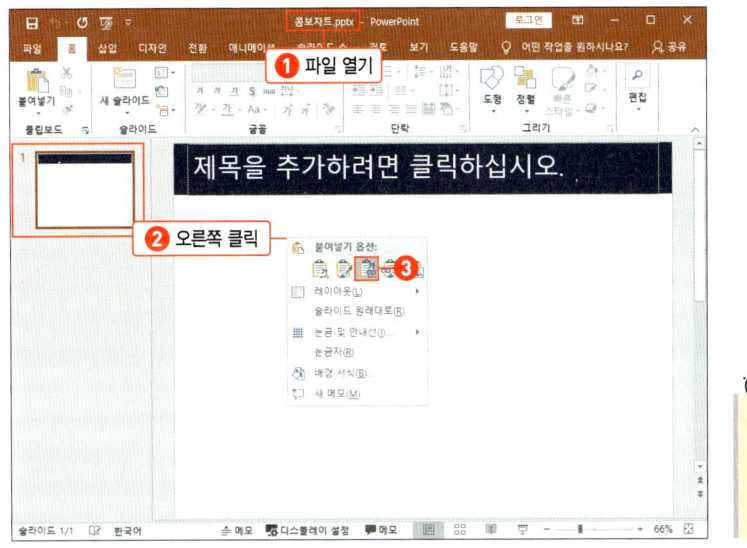

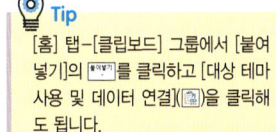

Tip
[홈] 탭-[클립보드] 그룹에서 [붙여넣기]의 ▼를 클릭하고 [대상 테마 사용 및 데이터 연결](📋)을 클릭해도 됩니다.

3 차트를 붙여넣었으면 차트의 크기와 위치를 보기 좋게 조절하고 차트의 오른쪽에 표시되는 [차트 스타일] 단추(🖌)를 클릭합니다. 차트 스타일 목록이 나타나면 두 번째 차트 스타일인 [스타일 2]를 선택합니다.

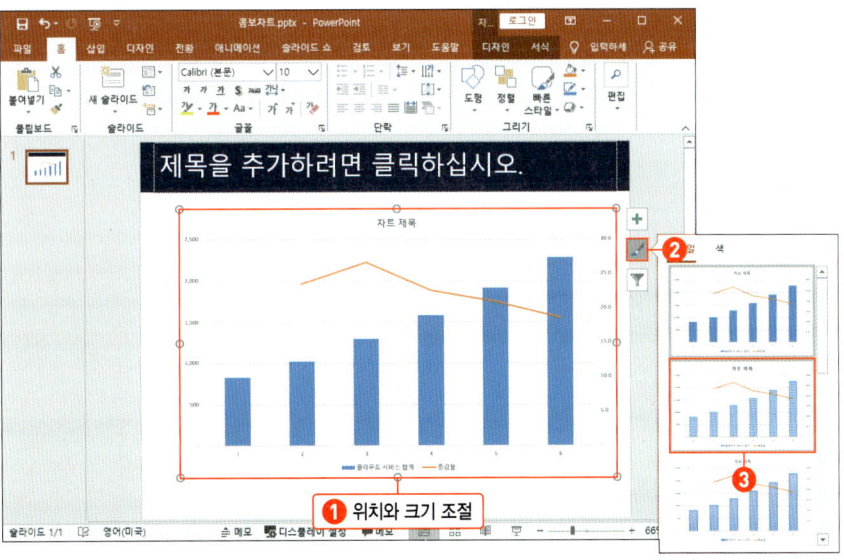

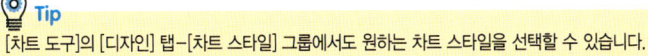

Tip
[차트 도구]의 [디자인] 탭-[차트 스타일] 그룹에서도 원하는 차트 스타일을 선택할 수 있습니다.

4 차트의 제목 텍스트 상자에 『세계 클라우드 시장 규모 및 추이』를 입력합니다. 차트 영역에서 차트 제목이 필요 없으므로 차트를 선택하고 [차트 요소] 단추(+)를 클릭한 후 '차트 요소'에서 [차트 제목]의 체크를 해제합니다.

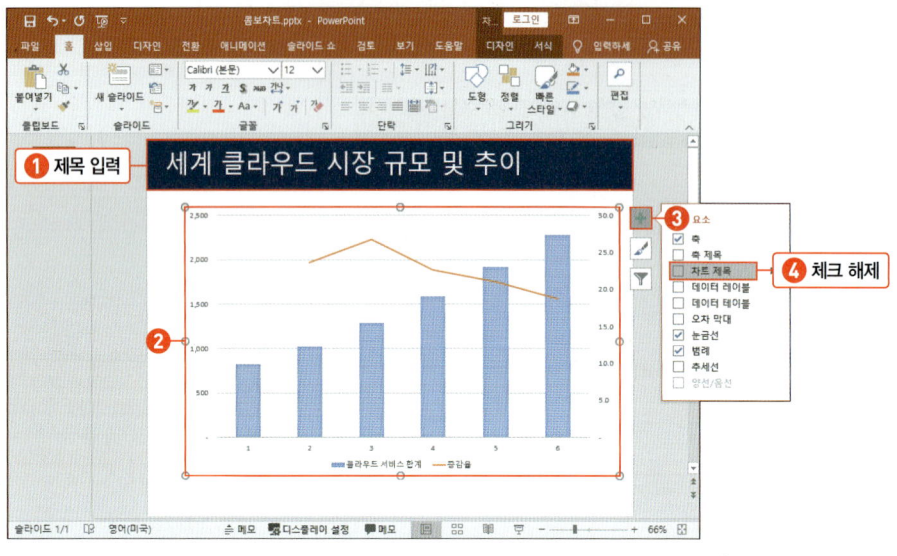

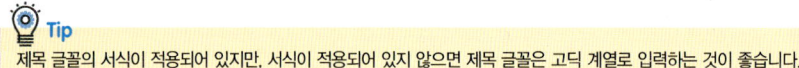

Tip
제목 글꼴의 서식이 적용되어 있지만, 서식이 적용되어 있지 않으면 제목 글꼴은 고딕 계열로 입력하는 것이 좋습니다.

5 일련번호로 표시된 차트에서 가로 항목 축을 변경해 보겠습니다. 우선 원본 데이터 파일을 수정해야 하므로 차트를 선택한 상태에서 [차트 도구]의 [디자인] 탭-[데이터] 그룹에서 [데이터 선택]을 클릭합니다.

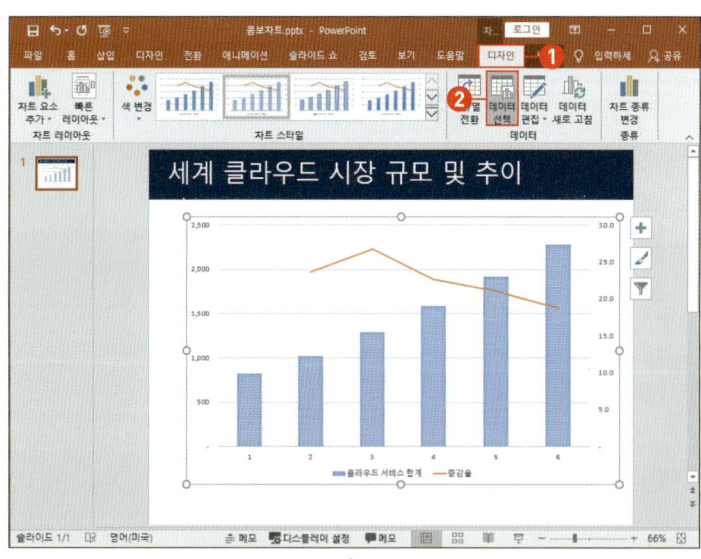

6 '콤보차트.xlsx'가 열리면서 [데이터 원본 선택] 대화상자가 나타나면 '가로(항목) 축 레이블'에서 [편집]을 클릭합니다. [데이터 원본 선택] 대화상자가 열리지 않으면 [차트 도구]의 [디자인] 탭-[데이터] 그룹에서 [데이터 선택]을 클릭합니다.

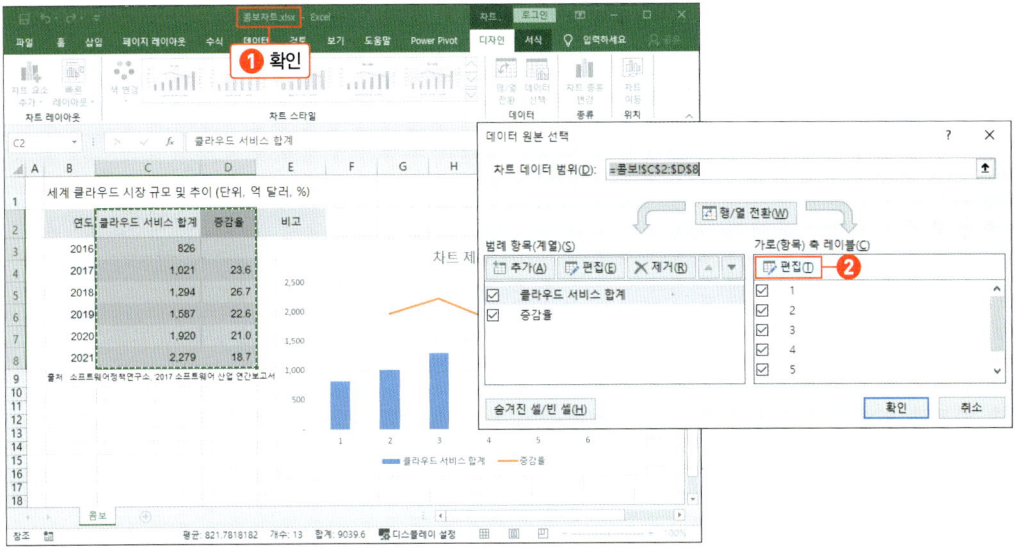

7 [축 레이블] 대화상자가 나타나면 표의 '연도' 항목인 B3:B8 범위를 드래그하여 축 레이블 범위로 지정하고 [확인]을 클릭합니다.

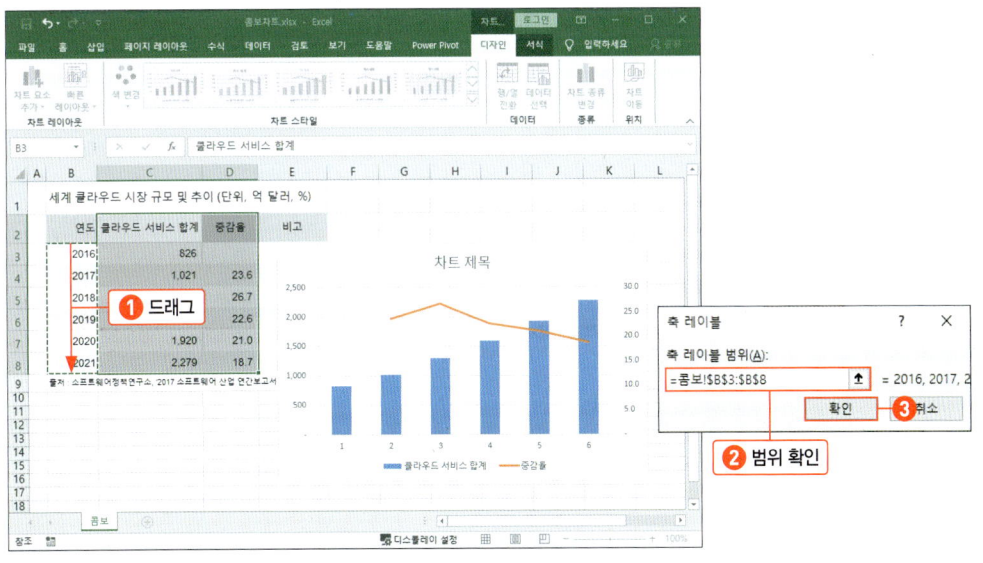

> **Tip**
> '연도' 범위를 선택할 때 글머리 행이 포함되지 않도록 '연도'가 입력된 B2셀을 제외하고 드래그합니다.

165

8 [데이터 원본 선택] 대화상자로 되돌아오면 '가로(항목) 축 레이블' 값이 연도 값으로 변경되었는지 확인하고 [확인]을 클릭합니다.

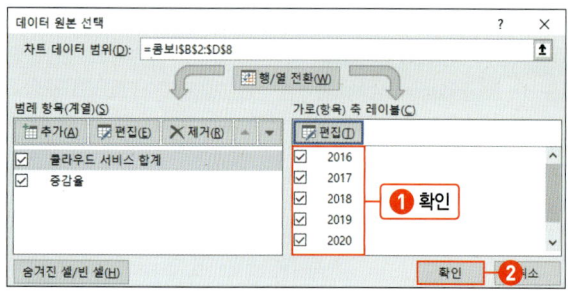

9 엑셀 차트에서 가로 항목 축의 데이터가 연도로 변경되었는지 확인합니다. 연도로 변경되지 않았으면 가로 항목 축을 선택하고 [차트 도구]의 [디자인] 탭-[데이터] 그룹에서 [데이터 선택]을 클릭한 후 6~8 과정을 다시 한 번 시도합니다.

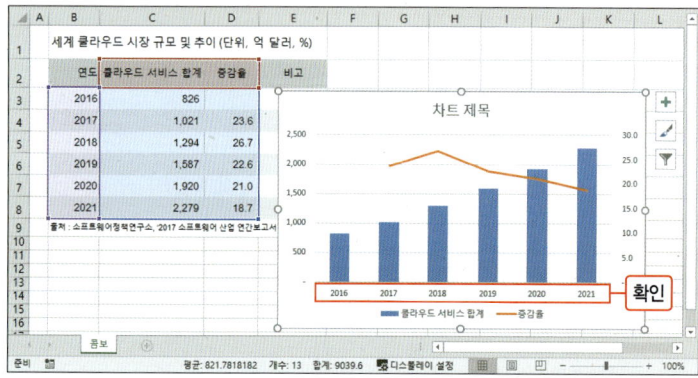

10 '콤보차트.pptx'로 되돌아온 후 차트의 가로 항목 축의 데이터가 연도로 변경되었는지 확인합니다.

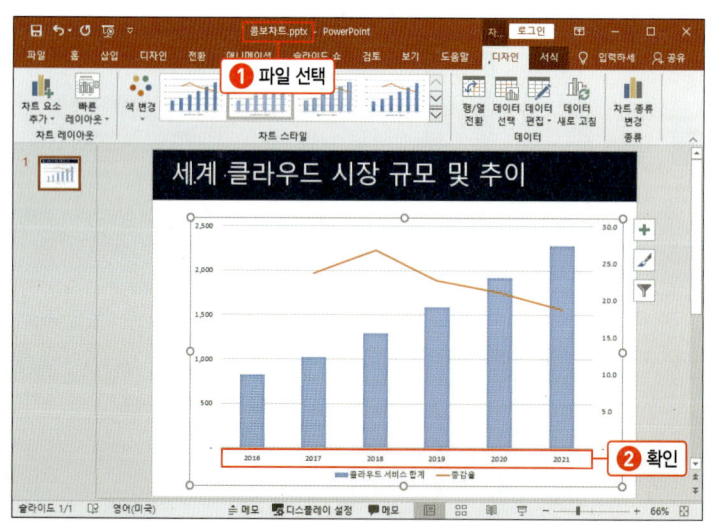

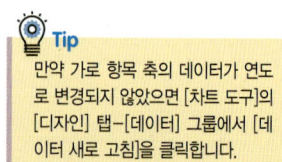

Tip
만약 가로 항목 축의 데이터가 연도로 변경되지 않았으면 [차트 도구]의 [디자인] 탭-[데이터] 그룹에서 [데이터 새로 고침]을 클릭합니다.

15 오피스 2019 차트 살펴보기

오피스 2016 이상 버전부터 재무 또는 계층 구조 정보에서 가장 일반적으로 사용하는 새로운 7종 차트(지도 차트, 트리맵 차트, 선버스트, 히스토그램, 상자 수염 차트, 폭포 차트, 깔때기형 차트)와 9종의 세부 차트가 추가되었습니다. 새로운 차트에는 기존에 사용하던 다양한 서식 옵션이 포함되어 있고, 데이터를 시각적으로 표현하거나 데이터에서 통계 속성을 찾아낼 수 있게 도와주는 기능을 지원합니다.

1 지도 차트

지도 차트를 사용하면 여러 지역의 범주에 값을 표시하고 비교가 가능합니다. 지도 차트를 사용하려면 데이터에 국가/지역, 시/도, 군 또는 우편번호와 같은 지리적 지역이 있어야 합니다.

 Tip
지도 차트는 오피스 2019 버전이나 마이크로소프트 365 구독자부터 사용할 수 있습니다.

지도 차트는 지도에 데이터와 범주를 모두 표시할 수 있고, 지도에 색 정보가 표시됩니다. 계열 색은 두세 가지의 색으로, 범주는 서로 다른 색으로 표시할 수 있습니다.

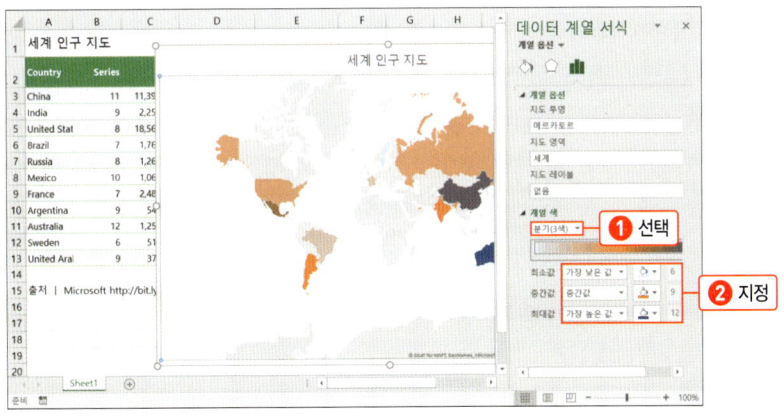

▲ '계열 색'에서 [분기 (3색)] 선택 후 '최소값', '중간값', '최대값'의 색 지정하기

 Tip
지도 차트는 개략적인 지리적 세부 사항으로만 표시할 수 있어서 도시, 위도와 경도, 도로명은 지원되지 않습니다. 그리고 지도 차트는 1차원적 표시만 지원하므로 차원적 세부 사항이 필요하면 엑셀의 3D 맵 기능을 사용해야 합니다. 새 지도를 만들거나 기존 지도에 데이터를 추가하려면 Bing 지도 서비스를 연결하기 위해 온라인에 연결해야 합니다. 반면 기존 지도는 온라인에 연결하지 않아도 볼 수 있습니다.

2 트리맵 차트

트리맵 차트는 데이터를 계층 구조 보기로 제공하므로 패턴을 쉽게 찾을 수 있고 트리 분기는 사각형으로, 각 하위 분기는 더 작은 사각형으로 표시됩니다(예 매장에서 가장 판매량이 많은 품목). 트리맵 차트는 색과 근접성을 기준으로 범주를 표시하고, 다른 차트 유형으로 표시하기 어려운 많은 양의 데이터를 쉽게 표시할 수 있습니다. 트리맵 차트는 계층 안에서 비율을 비교하는 데 유용합니다. 하지만 가장 큰 범주와 각 데이터 요소 사이의 계층 수준을 표시할 경우에는 트리맵 차트보다 선버스트 차트가 시각적으로 훨씬 효과적입니다.

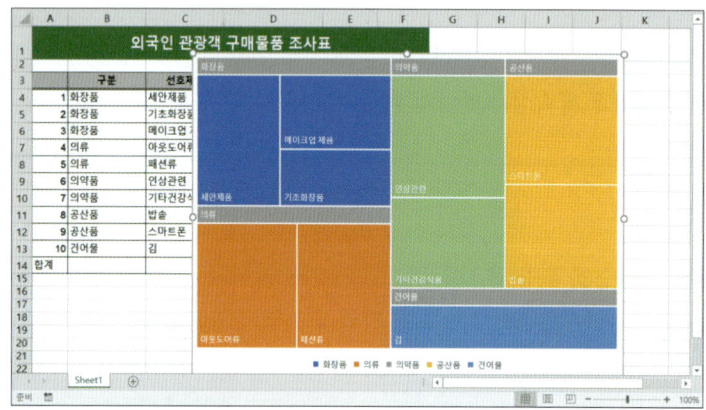

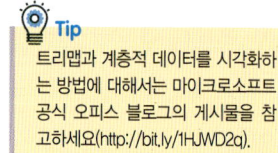

Tip
트리맵과 계층적 데이터를 시각화하는 방법에 대해서는 마이크로소프트 공식 오피스 블로그의 게시물을 참고하세요(http://bit.ly/1HJWD2q).

▲ 외국인 관광객 구매 물품 조사표

3 선버스트

선버스트는 계층 구조 데이터를 표시하는 데 적합합니다. 이 차트는 하나의 고리 또는 원으로 계층 구조의 각 수준을 나타내고 가장 안쪽에 있는 원이 계층 구조의 가장 높은 수준을 표시합니다. 하나의 범주 수준과 같이 계층 구조가 없는 선버스트는 도넛형 차트와 모양이 유사하지만, 범주 수준이 다양한 선버스트는 외부 고리와 내부 고리의 관계를 보여줍니다. 선버스트는 하나의 고리가 어떤 요소로 구성되어 있는지 보여주는 데 가장 효과적입니다. 반면 또 다른 계층 구조 차트인 트리맵 차트는 상대적 크기를 비교하는 데 적합합니다.

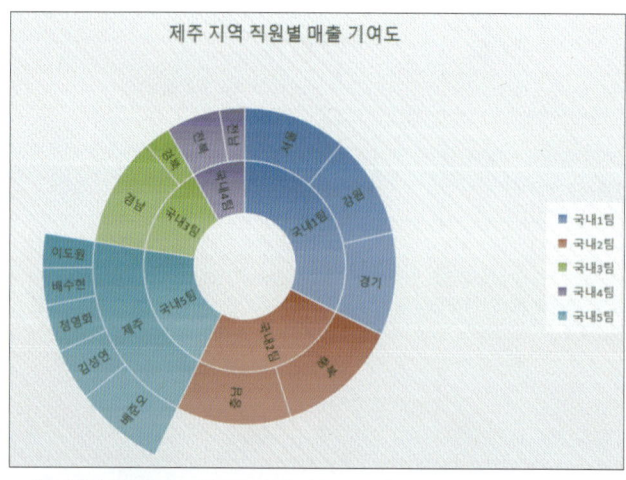

▲ 제주 지역의 직원별 매출 기여도를 표시한 선버스트

4 히스토그램

히스토그램 또는 파레토 차트(순차적 히스토그램)는 데이터 집합 안의 빈도 데이터를 보여주는 세로 막대형 차트입니다. 엑셀 2013 버전까지는 콤보 차트를 이용해서 작업했지만, 엑셀 2016 버전에서는 '히스토그램' 기능을 이용해서 빠르게 작업할 수 있습니다. 히스토그램은 도수 분포의 상태를 세로 막대형 차트로 나타낸 차트인데, 통계를 정하고 이것을 여러 계급으로 나누어서 각 계급에 속하는 도수를 세어 도수 분포표를 만들 수 있습니다.

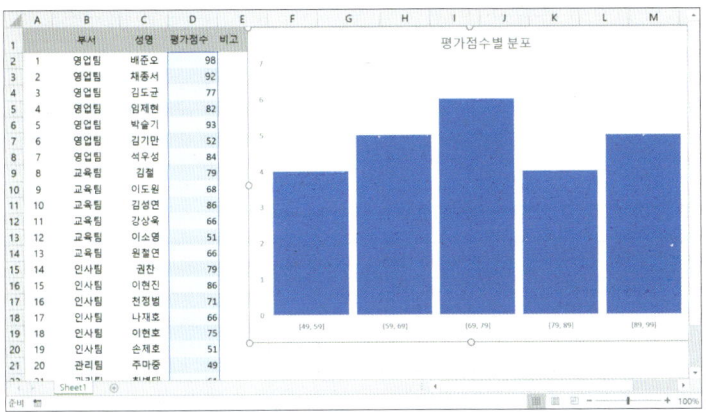

▲ 히스토그램으로 평가 점수별 분포 표시하기

5 파레토 차트

파레토 차트는 세로 막대형 차트와 꺾은선형 차트가 콤보로 표시되는 차트로, '정렬된 히스토그램'이라고도 합니다. 파레토 차트에서 값은 세로 막대형 차트를 이용해 내림차순으로, 각 막대의 누적 총비율은 꺾은선형 차트로 표시됩니다.

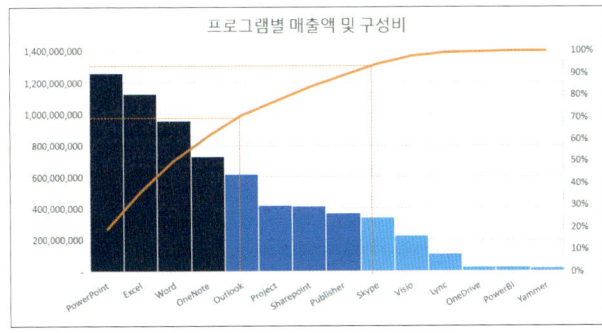

▲ 파레토 차트로 판매제품 기여도 표시하기

 Tip

파레토 법칙은 이탈리아의 경제학자 파레토(Vilfredo Pareto)가 유럽 조사에서 얻은 경험적 소득 분포의 통계를 기준으로 만든 법칙으로, 오늘날 조직이나 유통에 통계적으로 사용되고 있습니다. 이 법칙은 어느 조직이든지 '80:20 법칙'에 의해 상위 20%의 사람들이 나머지 사람들을 이끌어 간다는 것을 의미합니다.

6 상자 수염 차트

상자 수염 차트는 히스토그램처럼 데이터 집합의 빈도를 표시하지만, 히스토그램보다 더 심층적으로 분석하는 차트로, '박스 플롯'이라고도 합니다. 이 차트는 데이터 분포를 사분위수로 나타내고 평균값 및 이상값을 강조하여 표시합니다.

상자에는 수직으로 확장되는 '수염'이라는 선이 포함될 수 있는데, 상자와 수염은 차트를 구성하는 두 파트를 나타냅니다. 상자는 데이터의 중앙값 및 제1사분위 수와 제3사분위 수, 즉 중앙값보다 25% 크고 작은 값을 나타냅니다. 반면 수염은 두 사분위수 간 범위의 1.5배 영역, 즉 제1사분위수와 제3사분위수 간의 차이 안에 있는 데이터를 나타냅니다. 상자 수염 차트는 상자 수염 차트 통계 분석에서 가장 일반적으로 사용합니다.

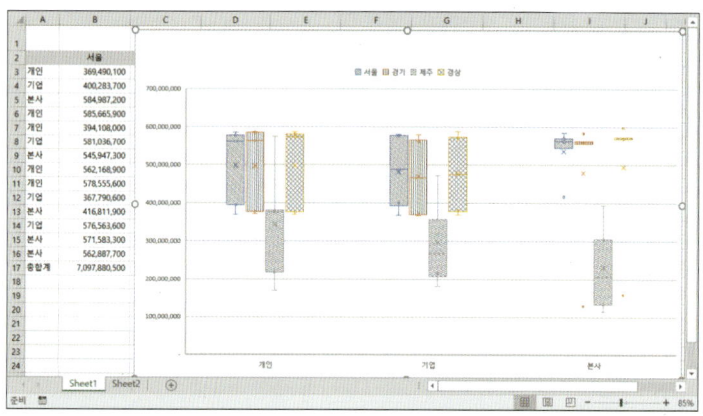

7 폭포 차트

폭포 차트는 값을 더하거나 빼는 경우의 누계를 나타내고, 초기값(예 순수입)이 일련의 양의 값 및 음의 값에 의해 어떤 영향을 받는지 이해하는 데 유용합니다. 막대는 색으로 구분되므로 양수와 음수를 빠르게 구분할 수 있습니다. 초기값 및 계산 값 막대는 주로 가로 축에서 시작하지만, 중간 값은 부동 막대인데, 이러한 '모양' 때문에 폭포 차트를 '다리형 차트'라고도 합니다.

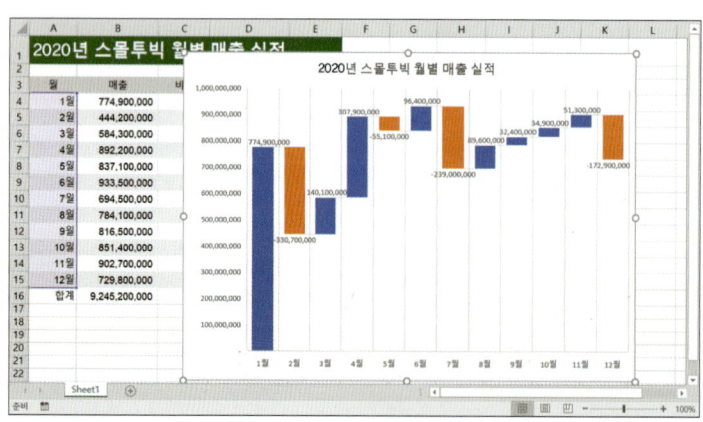

8 깔때기형 차트

깔때기형 차트는 프로세스의 여러 단계의 값이 표시되는 차트로, 주로 단계별 이탈률이나 전환율을 표시합니다. 이 차트는 마케팅과 영업 분야에서 단계별로 잠재 고객 전환율을 분석하여 각 프로세스별 효과 및 효율성을 검증하고 개선하는 데 주로 활용합니다. 깔때기형 차트를 사용하여 영업라인에 있는 각 단계의 예상 판매 수량을 표시할 수 있는데, 일반적으로 값이 점점 감소하여 가로 막대가 깔때기 모양이 됩니다.

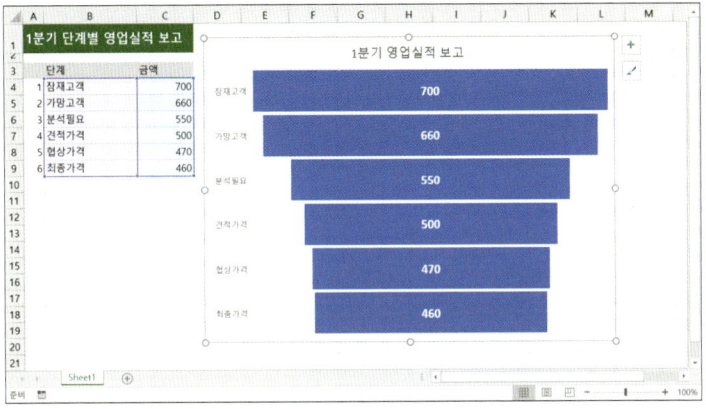

> **잠깐만요** :: 검색 (Microsoft Search, Alt + Q) 기능 이용하기
>
> 오피스 2019 또는 마이크로소프트 365 버전에서는 프로그램의 위쪽 표시줄에 추가된 검색 기능(Microsoft Search)을 이용하면 프로그램 위치 안내와 도움말을 쉽게 찾아볼 수 있습니다.
>
>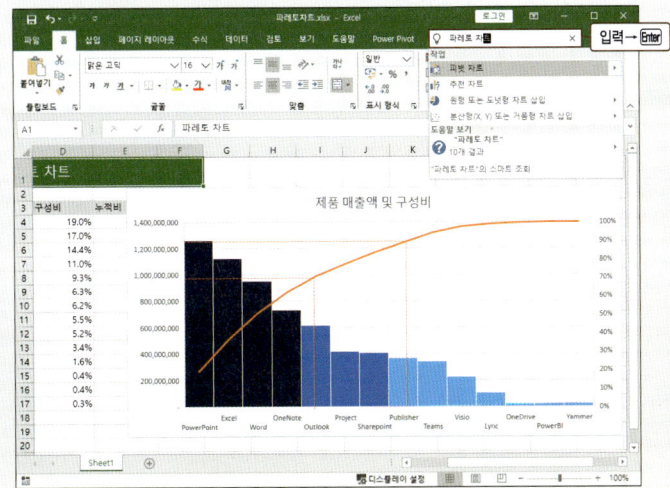

현장실무 16 | 파레토 분석 차트 작성하기

업무시간단축	기능	방법
	파레토 차트	[삽입] 탭-[차트] 그룹-[통계 차트 삽입]-[파레토]
	도형 윤곽선	[서식] 탭-[도형 스타일] 그룹-[도형 윤곽선]

1 [Sheet1] 시트에서 B3:E17 범위를 선택하고 [삽입] 탭-[차트] 그룹에서 [통계 차트 삽입]을 클릭한 후 '히스토그램'의 [파레토]를 선택합니다.

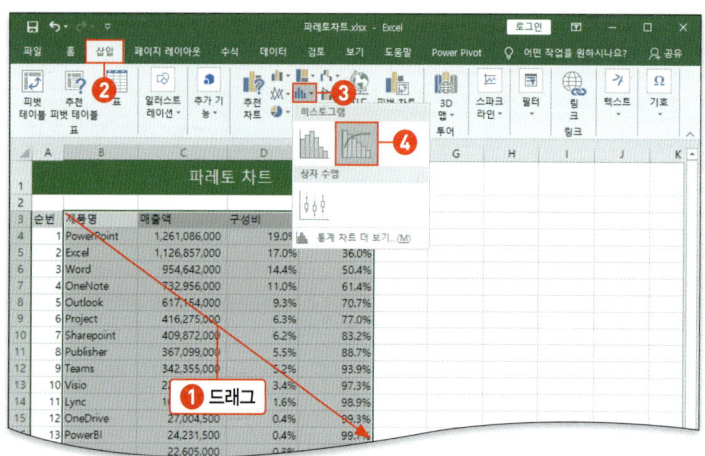

> **Tip**
> 파레토 분석 차트는 80:20의 법칙에 기반을 둔 매출 기여도 분석 차트로, 데이터 분류에 자주 사용합니다. 이 차트는 기여도 등급을 ABC로 나누어 함께 표시하기 때문에 'ABC 차트'라고도 부릅니다.

2 파레토 차트가 삽입되면 차트의 크기를 보기 좋게 조절합니다. 안내선을 이용해 기여도가 높은 항목을 강조하기 위해 [삽입] 탭-[일러스트레이션] 그룹에서 [도형]을 클릭하고 '선'의 [자유형]()을 클릭합니다.

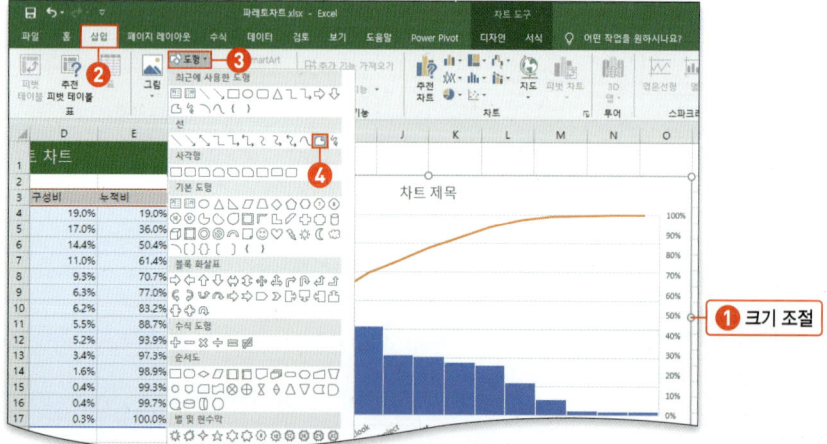

3 마우스 포인터가 ✚ 모양으로 바뀌면 70%에 해당하는 지점에서 Shift를 누른 채 드래그하여 기준선을 그리고 Esc를 눌러 기준선 작성을 마칩니다. 이와 같은 방법으로 90%에 해당하는 지점에도 기준선을 그립니다.

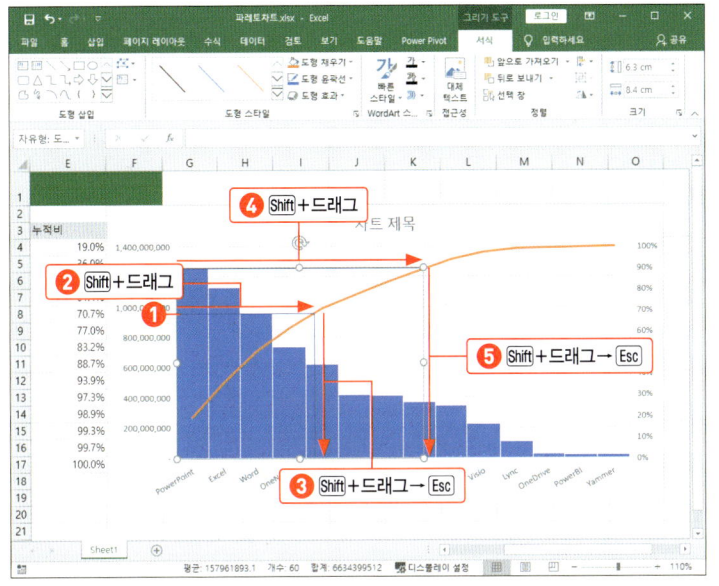

> **Tip**
> 기여도 등급은 비율에 따라 지정됩니다. 즉 A는 70% 미만, B는 70~90%, C는 90% 초과입니다.

4 추가한 기준선을 점선으로 표시하기 위해 Ctrl을 이용해 2개의 기준선을 모두 선택합니다. [그리기 도구]의 [서식] 탭-[도형 스타일] 그룹에서 [도형 윤곽선]을 클릭하고 '테마 색'의 [주황, 강조 2]를 클릭합니다.

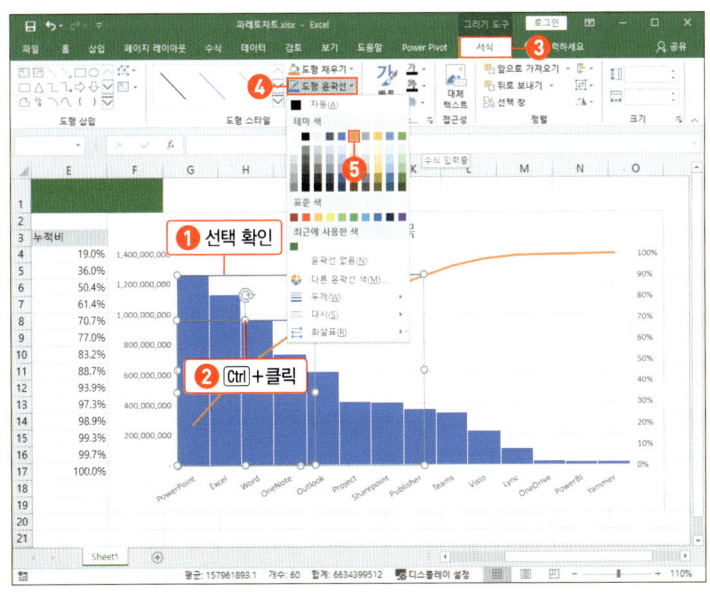

> **Tip**
> 3 과정에서 90%에 해당하는 선을 그렸으면 해당 선이 선택되어 있습니다. 이 상태에서 Ctrl을 누르고 70% 해당 선을 클릭하면 90% 선과 함께 선택할 수 있습니다.

5 기준선을 선택한 상태에서 [그리기 도구]의 [서식] 탭-[도형 스타일] 그룹에서 [도형 윤곽선]을 클릭하고 [대시]-[사각 점선]을 선택합니다.

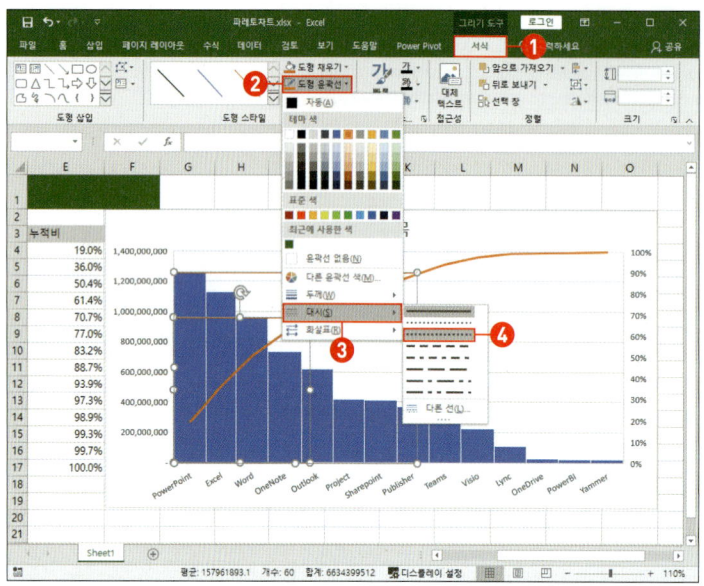

6 등급에 해당하는 제품의 막대형 차트를 좀 더 명확하게 구분하기 위해 해당 막대의 색상을 등급별로 다르게 표시해 보겠습니다. 첫 번째 'PowerPoint' 막대를 천천히 2번 클릭하여 첫 번째 막대만 선택한 상태에서 마우스 오른쪽 단추를 클릭하고 [채우기]를 클릭한 후 '표준 색'의 [진한 파랑]을 클릭합니다.

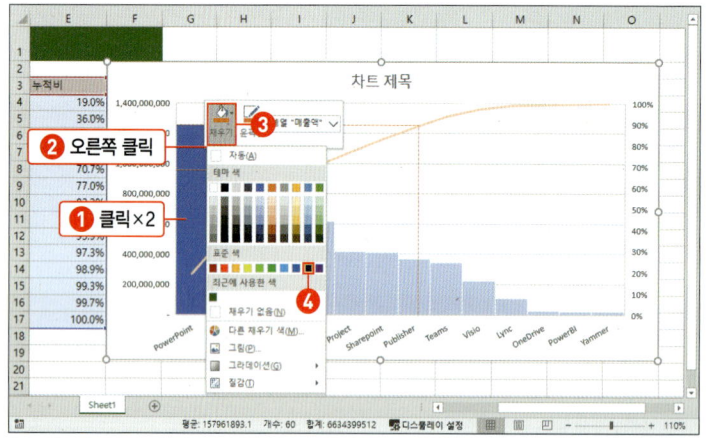

> **Tip**
> 막대를 처음 클릭하면 같은 계열의 막대가 함께 선택되지만, 한 번 더 클릭하면 클릭한 막대만 선택할 수 있습니다. 그리고 첫 번째 'PowerPoint' 막대를 선택하고 [차트 도구]의 [서식] 탭-[도형 스타일] 그룹에서 [도형 채우기]를 클릭한 후 '표준 색'의 [진한 파랑]을 클릭해도 됩니다.

7 'PowerPoint' 막대의 색이 '진한 파랑'으로 변경되었는지 확인합니다. 이와 같은 방법으로 'Excel' 막대부터 'OneNote' 막대까지 '진한 파랑'을 적용합니다.

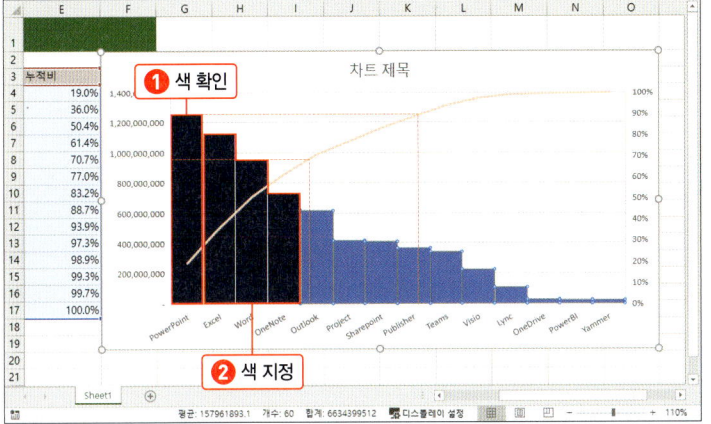

8 각 막대별로 기준선을 기준으로 색을 변경하고 차트 제목을 입력하여 차트를 완성합니다.

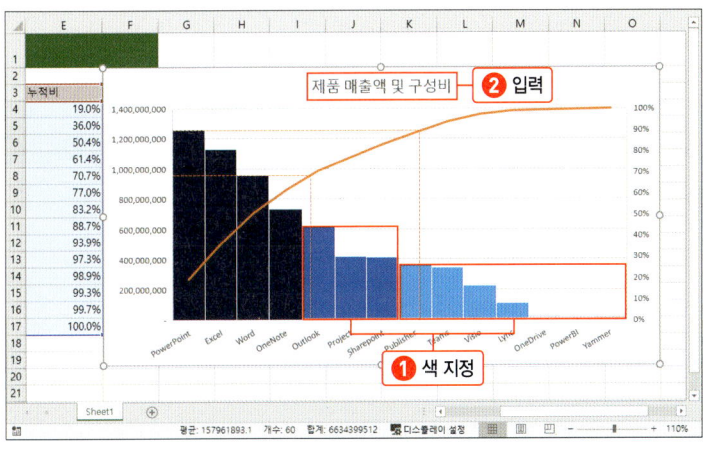

차트를 작성할 때 꼭 지켜야 할 기본 원칙 살펴보기

데이터를 차트로 표현했다고 시각화 작업이 끝난 것이 아닙니다. 진정한 시각화 작업은 전달할 메시지를 어떻게 잘 전달할 것인지 충분히 고민한 후에 완성됩니다. 차트를 작성할 때는 전달할 메시지를 잘 표현하기 위해서 꼭 지켜야 할 기본 원칙이 있습니다. 이번에는 차트를 예쁘게 만드는 것이 목적이 아니라 메시지를 잘 전달하기 위해서 알아야 할 차트 작성의 기본 원칙에 대해서 알아보겠습니다.

1 꼭 필요한 경우에만 3D 차트를 사용해라

왼쪽 차트는 지점별 매출 현황을 세로 막대형 입체 그래프로 작성했는데, 매출 크기를 비교하는 막대 최고치의 높이가 불분명하게 표현되었습니다. 오른쪽 차트는 슬라이드웨어 시장 점유율의 크기를 잘 전달해야 하는데, 차트가 기울어져서 비교 면적이 제대로 표시되지 않았습니다.

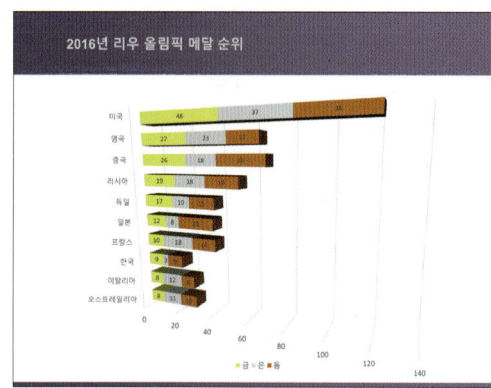
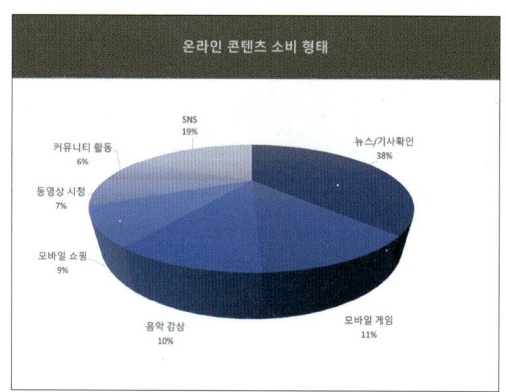

▲ 차트를 입체화하여 데이터가 제대로 표현되지 않은 경우

위의 3D 차트를 2D 차트로 수정하면 데이터를 더욱 정확하게 알 수 있습니다.

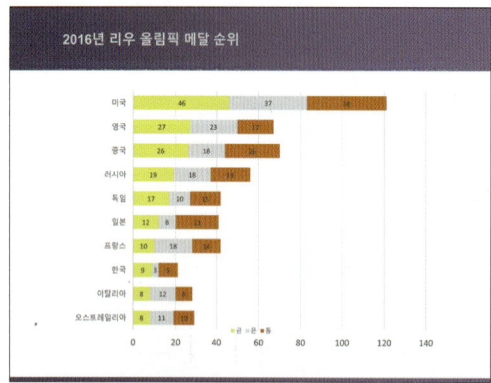
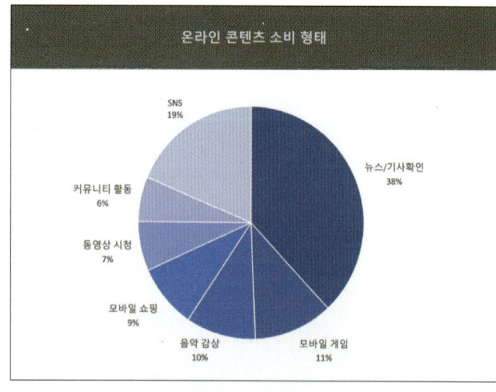

▲ 평면 차트를 사용해 정확하게 수치를 표현한 경우

2 핵심 내용만 조각을 분리해서 강조해라

특정 항목을 강조하려면 차별화해서 표현해야 하는데, 원형 그래프에서는 조각을 분리하는 것만으로도 쉽게 차별화할 수 있습니다. 하지만 조각을 많이 분리하면 무엇이 중요한지 쉽게 차이를 알 수 없으므로 25% 이상의 조각은 분리하지 않는 것이 좋습니다.

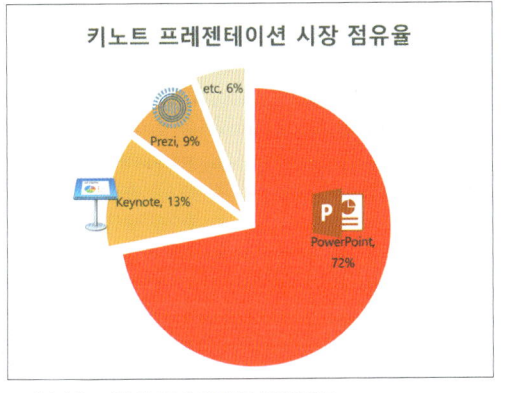
▲ 지나치게 조각을 분리해서 집중력이 분산된 차트

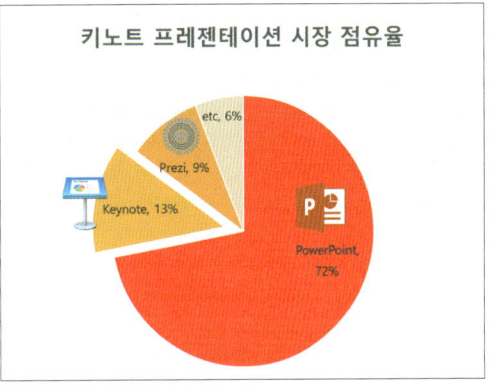
▲ 'Keynote'의 시장 점유율만 분리하여 강조한 차트

3 중요한 데이터는 시계 방향으로 시작하고 두 번째 데이터부터 반시계 방향으로 배열해라

사람의 시선은 시계 방향인 왼쪽에서 오른쪽으로 진행됩니다. 따라서 가장 중요한 데이터는 원의 정중앙 윗부분에서 시계 방향(오른쪽)으로, 중요하지 않은 데이터는 원형 차트의 아래쪽에 배치합니다.

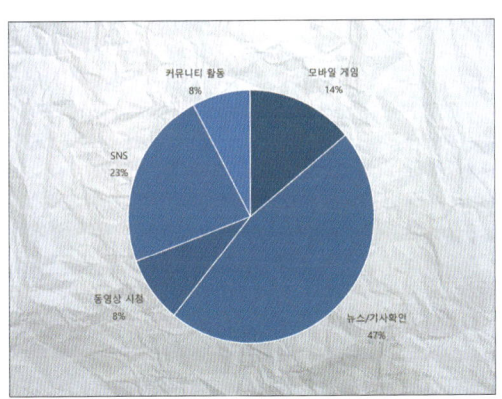
▲ 데이터가 정렬되지 않은 원형 차트

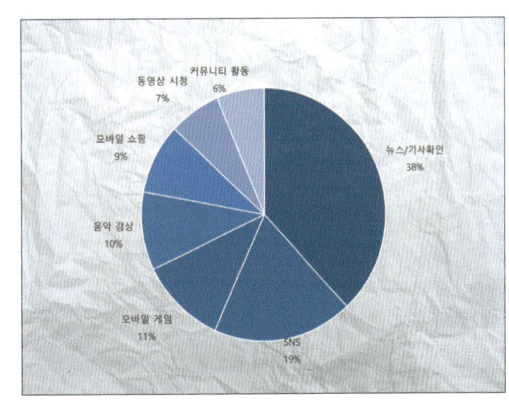
▲ 데이터의 크기순으로 정렬된 원형 차트

가장 중요한 데이터는 원의 정중앙 윗부분에서 시계 방향으로 배치하는데, 두 번째 데이터부터는 시계 반시계 방향으로 배치할 것을 권장하는 시각 전문가도 있습니다.

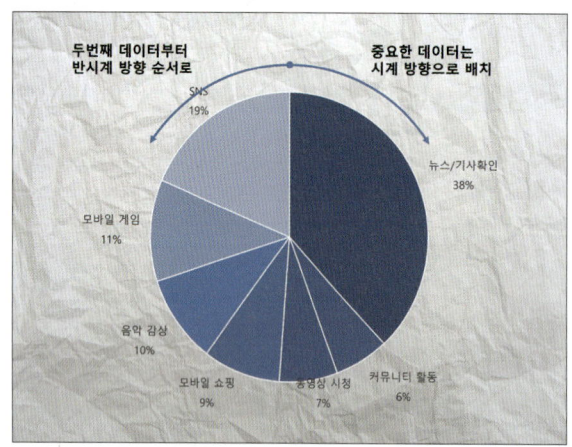

▲ 원형 차트에서 조각 배치 방법(출처 : 월스트리트저널 인포그래픽 가이드)

4 연관성 있는 막대는 같은 방식으로 표시하고 배열해라

막대형 차트의 경우 데이터를 차트로 변경하기 전에 반드시 데이터를 정렬해야 합니다. 통일성이 없는 차트는 메시지를 제대로 전달할 수 없습니다.

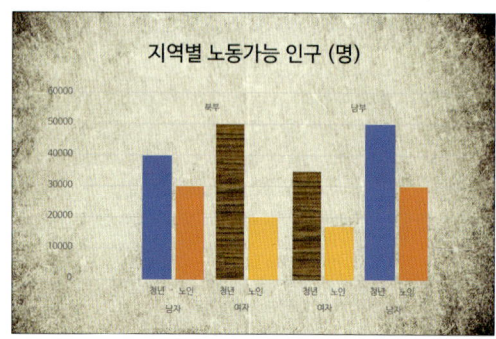

▲ 연관성 없이 배열된 차트

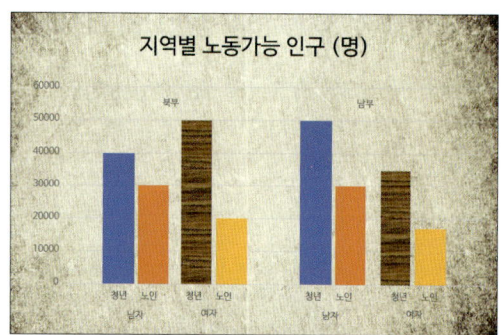

▲ 그룹별로 통일성 있게 작성된 차트

5 막대와 막대 사이의 간격에 유의해라

막대와 막대 사이의 간격이 너무 멀면 데이터를 비교하기 어려우므로 묶음 막대형 차트를 사용하는 경우에는 묶음 막대 간의 간격을 잘 고려해야 합니다.

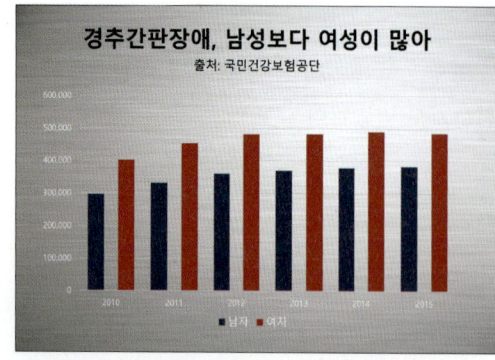

▲ 막대와 막대 사이의 간격이 너무 멀게 작성된 차트

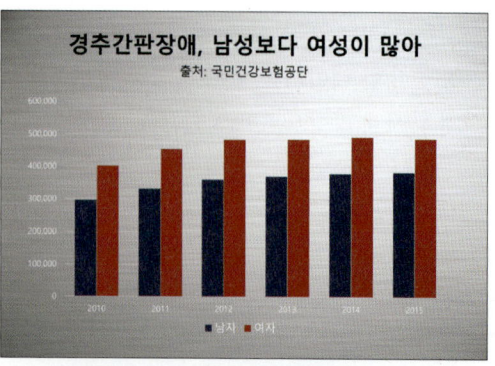

▲ 막대와 막대 사이의 간격이 알맞게 조정된 차트

6 범례와 차트 항목을 일치시켜라

범례를 표시할 경우 차트 항목의 순서를 고려해서 배치해야 합니다.

▲ 차트에서 범례를 별도로 작성한 경우

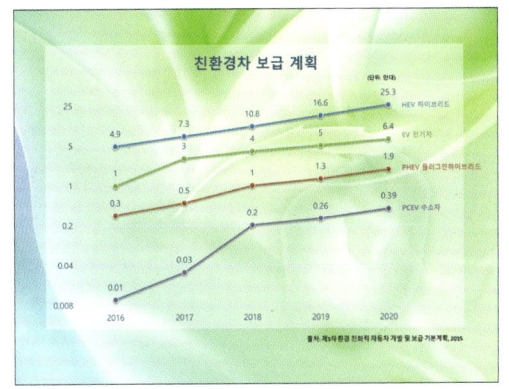

▲ 차트에 범례를 통일하여 작성한 경우

7 차트와 함께 레이블을 표시해라

차트에서 공간이 넉넉하면 차트 항목에 레이블을 직접 붙여서 표현하는 것이 좋습니다.

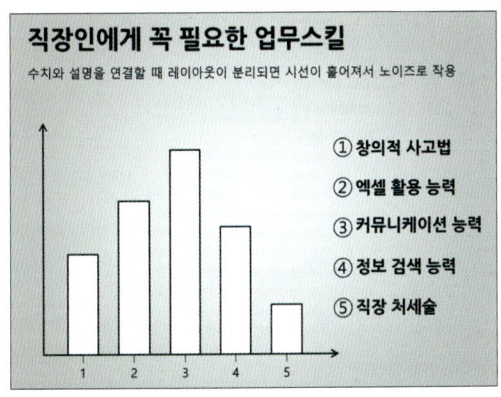

▲ 세로 막대형 차트에 별도의 텍스트를 표현한 경우

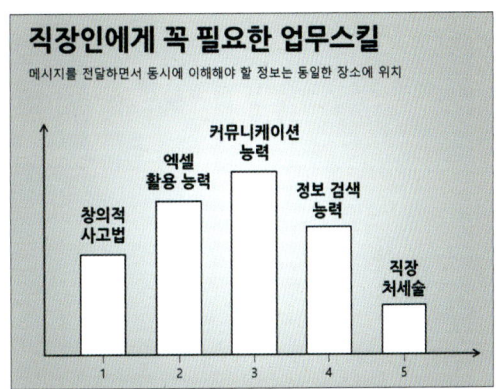

▲ 세로 막대형 차트의 막대에 직접 레이블을 표현한 경우

PowerPoint
파워포인트

파워포인트로 프레젠테이션 문서를 작성하여 발표할 때는 청중들의 관심을 모아서 전달하려는 내용을 정확하고 효과적으로 표현하는 것이 가장 중요합니다. 따라서 시각적인 효과뿐만 아니라 정확한 메시지 전달에도 신경 써서 프레젠테이션 문서를 완성해야 합니다.

Section 05 파워포인트를 실행하기 전에 생각부터 정리하자!
Section 06 파워포인트의 기본 환경 설정하기
Section 07 글을 구조화하여 체계적으로 표현하자!
Section 08 청중들의 시선으로 프레젠테이션을 디자인하자!

SECTION

05

파워포인트를 실행하기 전에 생각부터 정리하자!

집을 지으려고 결심했을 때 바로 땅을 파거나 건물을 올리기 위한 재료를 구입하지 않고 어떤 모양으로 어떻게 집을 지을지 기획하고 설계하는 작업부터 먼저 진행합니다. 프레젠테이션을 준비하는 과정에서도 청중들에게 전달하려는 메시지가 정리되기 전에는 절대로 파워포인트를 실행해서는 안 됩니다. 즉 전달할 내용이 무엇인지, 어떻게 전달할 것인지부터 먼저 정리해야 합니다.

이번에는 파워포인트를 무턱대고 실행하지 않고 문서 작성의 목적과 유형이 무엇인지부터 정확하게 파악한 후 어떤 내용을 담을 것인지까지 고려한 상태에서 파워포인트를 실행하는 습관을 연습해 보겠습니다.

01 개념이해 | 아이디어 발상 기법으로 전체적인 맥락 구성하기

파워포인트에서 전체 맥락이 단절되면 각 슬라이드의 완성도가 높아도 전달하려는 메시지가 연결되지 않아 청중들이 이해하는 데 방해가 됩니다. 따라서 작성하는 문서의 전체 맥락부터 제대로 구성해야 합니다. 이것은 '목차를 잘 구성하면 문서 작업의 절반 이상을 완성한 것이다.'라는 말과 같습니다.

작성하려는 파워포인트나 문서의 전체 맥락을 구성하기 위해 생각을 정리하는 방법은 다양합니다. 생각을 정리할 때 필요한 두 가지 원칙은 '확산'과 '수렴'입니다. 중심 토픽에서부터 생각을 펼쳐나가는 '확산'과 펼쳐진 아이디어를 그룹으로 묶어서 정리하는 '수렴' 방법은 모두 중요하므로 구성하는 내용에 따라 최선의 방법을 선택해야 합니다. 여기서는 일반적이면서도 사용하기 쉬운 확산과 수렴의 생각을 정리하는 방법을 살펴보겠습니다.

1 브레인스토밍(Brain Storming)

브레인스토밍은 가장 보편화된 아이디어 창출 기법으로, 생각의 확산과 수렴이 쉬운 방법입니다. 생각의 확산을 위해 연관된 내용에 국한되지 않고 많은 아이디어를 만드는 것이 중요합니다. 중복된 아이디어나 남의 아이디어에 비판하지 않는 것도 브레인스토밍에서는 지켜야 할 원칙입니다. 브레인스토밍으로 확산한 아이디어를 그룹으로 묶은 후 생각을 수렴하는 작업으로 연결하기도 합니다. 생각을 수렴하는 작업이 쉽게 진행되도록 접착식 메모지를 사용하는 경우가 많습니다.

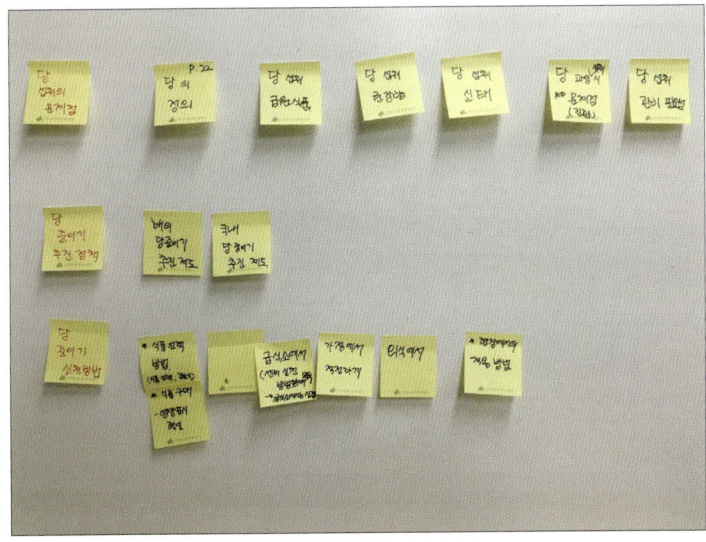

▲ 접착식 메모지를 사용하여 작성한 브레인스토밍

브레인스토밍 방법은 토론 문화가 제대로 정착되지 않은 우리나라에서는 산출된 생각에 대해 비판하거나 섣부른 판단을 내리지 않아야 한다는 점 때문에 어려워하는 경우가 많습니다. 또한 브레인스토밍을 위해 여러 사람들이 함께 또는 팀끼리 집단으로 모여 아이디어를 내놓는 것이 쉽지 않으므로 조직(팀)에서 아이디어 회의를 진행할 때 브레인스토밍이 어렵다는 의견도 많습니다.

2 브레인라이팅(Brain Writing)

브레인라이팅은 브레인스토밍처럼 그룹에서 아이디어 회의를 할 때 사용하는 방법이지만, 브레인스토밍과는 다르게 조용히 글로 써서 제출하는 창출 기법으로, 독일에서 유래되었습니다. 이 방법은 '침묵의 브레인스토밍'이라고도 부르는데, 참가자들이 문제를 해결하기 위한 아이디어를 생각한 후 카드나 종이쪽지에 내용을 기록하고 여러 사람들이 모인 자리에서 다른 사람들과 함께 자신의 아이디어를 교환해서 검토하는 방법으로 진행됩니다. 브레인라이팅은 6명이 둥근 테이블에 둘러앉아 5분 동안 세 가지의 아이디어를 생각한다는 의미에서 '653법'이라고도 부릅니다.

브레인라이팅 기법 (Brain Writing)

- 침묵의 브레인스토밍
- 모두에게 공평한 기회가 주어지기 때문에 기여도의 불균형이 나타나지 않는다.
- 6명, 아이디어 3개, 5분의 규칙

문제 상황 : 어떻게 ~ 할 것인가?와 같은 문제를 정의

	아이디어 A	아이디어 B	아이디어 C
1			
2			
3			
4			
5			
6			

Tip 653법은 6명이 각각 한 장의 종이를 가지고 5분 동안 세 가지의 아이디어를 기록한 후 차례대로 옆 사람에게 전달합니다. 즉 30분 동안 6명이 각각 18개의 아이디어를 생각해 내기 때문에 총 108개(6×18)의 아이디어가 탄생하는 강제적인 발산 방법입니다.

▲ 브레인라이팅 작업 시트(참고파일 : 1장\파포\섹션05\브레인라이팅.pdf)

브레인스토밍과 브레인라이팅의 비교

브레인스토밍과 브레인라이팅은 다음과 같은 장점과 단점을 가지고 있습니다. 따라서 좀 더 효과적으로 아이디어를 얻을 수 있는 방법을 선택하여 사용하면 됩니다.

	브레인스토밍	브레인라이팅
장점	• 자유로운 분위기에서 아이디어 발상 • 다른 사람의 아이디어에서 힌트 획득	아이디어를 차분하게 생각하고 정리 가능
단점	• 일부 몇몇 사람들에게 발언의 기회가 집중됨 • 신중하게 생각하기 어려움	• 폭넓은 아이디어의 발상이 어려움 • 개인이 생각하는 아이디어에 한계가 있음

3 연꽃 기법(Lotus Blossom, 만다라트)

연꽃 기법은 3×3칸으로 된 사각형을 중심으로 같은 모양의 사각형을 9개 배치한 모습이 연꽃과 닮아서 붙여진 이름으로, 아이디어 발상이나 문제 해결서 등 다양한 측면에서 활용되고 있습니다. 연꽃 기법은 마인드맵의 자유로움과 스토리보드의 구조가 결합된 창의적 사고 기법으로, 일본 크로바경영연구소의 마츠무라 아스오(Matsumura Yasuo)가 개발했기 때문에 'MY법'이라고도 부릅니다.

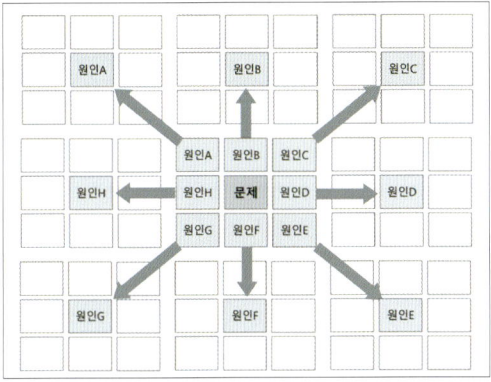

▲ 문제 해결을 위한 연꽃 기법   ▲ 연꽃 기법을 이용해 생각 정리하기

4 마인드맵(Mind-map)

마인드맵은 아이디어를 발산하거나 내용을 정리하기 위한 도구로 많이 사용됩니다. 브레인스토밍처럼 아이디어를 발산한 후 연관성 있는 것끼리 묶어 중간 가지를 만들고 이것을 다시 묶어 핵심 메시지를 만드는 방식(bottom-up, 수렴)과, 핵심 메시지에서 가지를 분류해서 하위 내용으로 생각을 정리하는 방식(top-down, 확산)이 있습니다.

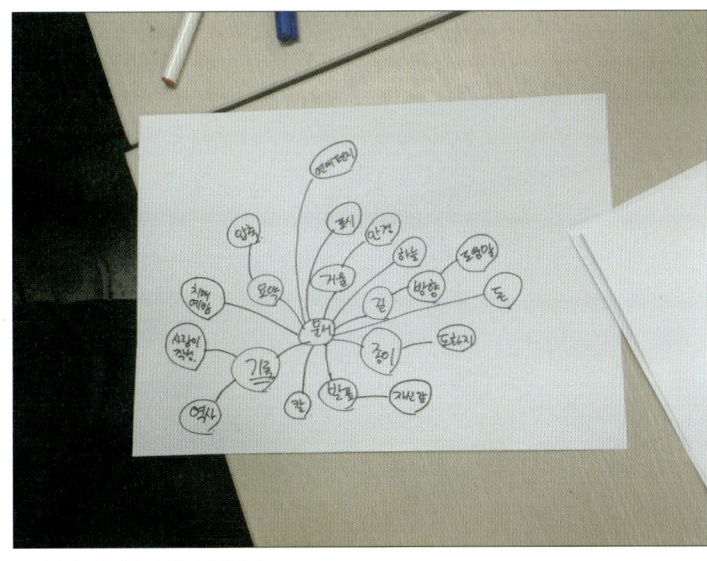

▲ 마인드맵을 이용해 아이디어 만들기

02 생각을 정리해 디지털로 전환하기

파워포인트로 슬라이드를 만들기 전에 가능하면 아날로그 기법으로 자신의 생각을 직접 정리해 보는 것이 좋습니다. 손을 사용하면 뇌의 운동이 활성화되어 더 좋은 아이디어를 낼 수 있기 때문에 디지털 도구를 사용하는 것보다 훨씬 유리하게 생각을 정리할 수 있습니다.

손으로 직접 하는 아날로그 작업은 디지털 작업보다 훨씬 더 많은 시간이 걸린다고 생각하지만, 사실은 그렇지 않습니다. 왜냐하면 생각을 정리한 후에 작업을 시작하면 시간을 단축할 수 있기 때문입니다. 생각을 정리하지 않은 상태에서 파워포인트로 프레젠테이션을 만들다 보면 전체적인 내용보다 부분적인 것에 더 많은 시간을 낭비하게 됩니다. 또한 생각이 정리되지 않으면 표지 슬라이드에 제목을 입력한 후 목차 슬라이드로 바로 넘어가지 못하고, 제목의 글꼴이나 크기 변경 및 색 선택과 같은 불필요한 작업으로 귀중한 시간을 낭비하게 됩니다.

처음에는 슬라이드가 잘 정리된 것처럼 보여도 후반으로 갈수록 시간에 쫓겨 다른 문서에서 복사하는 경우도 많습니다. 이렇게 작업하면 전체적인 맥락을 파악하기 힘들고, 문서 작성자도 내용의 이해도가 낮아져서 청중들에게 설득력 있는 정보를 전달하지 못합니다. 따라서 디지털 도구를 사용하여 문서를 곧바로 작성하는 것보다 먼저 생각을 정리하는 습관을 기를 수 있도록 훈련해야 합니다. 만약 브레인스토밍이나 브레인라이팅과 같은 아이디어 창출 기법으로 생각을 정리할 시간이 충분하지 않다면 메모장이나 파워포인트 개요 보기에서 문서의 맥락을 먼저 정리하는 것이 좋습니다.

▲ 스토리보드를 활용해 프레젠테이션 구조화하기

메모장으로 프레젠테이션 문서의 초안 작성하기

● 예제파일 : 1장\파포\섹션05\메모장수준구분.txt   ● 완성파일 : 1장\파포\섹션05\메모장수준구분.ppt

기능	방법
제목과 본문 구분하기	Tab
텍스트 수준 2단계 낮추기	Tab ×2
텍스트 수준 올리기	Backspace

1 바탕 화면에서 마우스 오른쪽 단추를 클릭하고 [새로 만들기]-[텍스트 문서]를 선택합니다. 바탕 화면에 '새 텍스트 문서.txt'가 나타나면 더블클릭합니다.

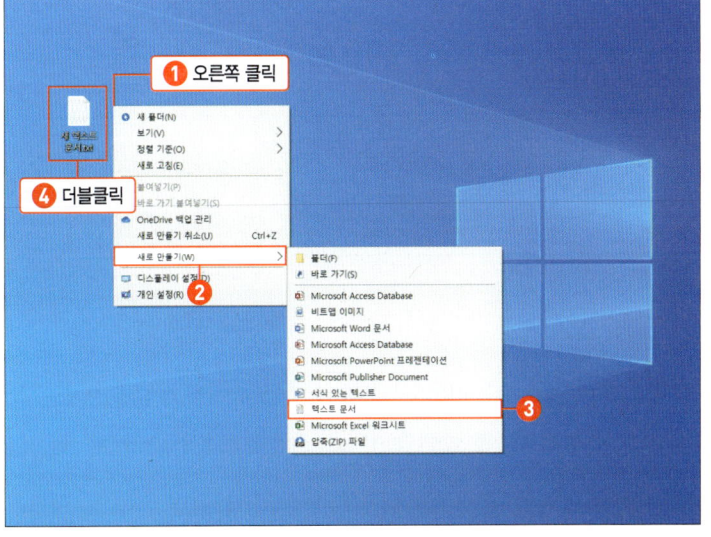

Tip
윈도우의 [시작] 단추(■)를 클릭하고 [Windows 보조프로그램]-[메모장]을 선택하거나 [검색] 단추(🔍)를 클릭한 후 검색 상자에 『메모장』을 입력해도 메모장을 실행할 수 있습니다. 종이에 직접 글을 쓰는 것이 번거로울 경우 윈도우에서 기본적으로 제공하는 메모장에서 생각을 정리하면 텍스트 파일로 저장되어 파워포인트 문서로 빠르게 변환할 수 있습니다.

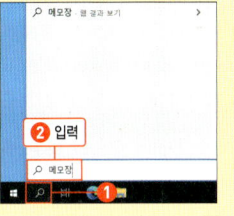

2 메모장이 실행되면 파워포인트에 작성할 내용을 입력합니다. 부록 실습파일에서 '1장\파포\섹션04' 폴더의 '메모장수준구분.txt'를 열고 실습해도 됩니다.

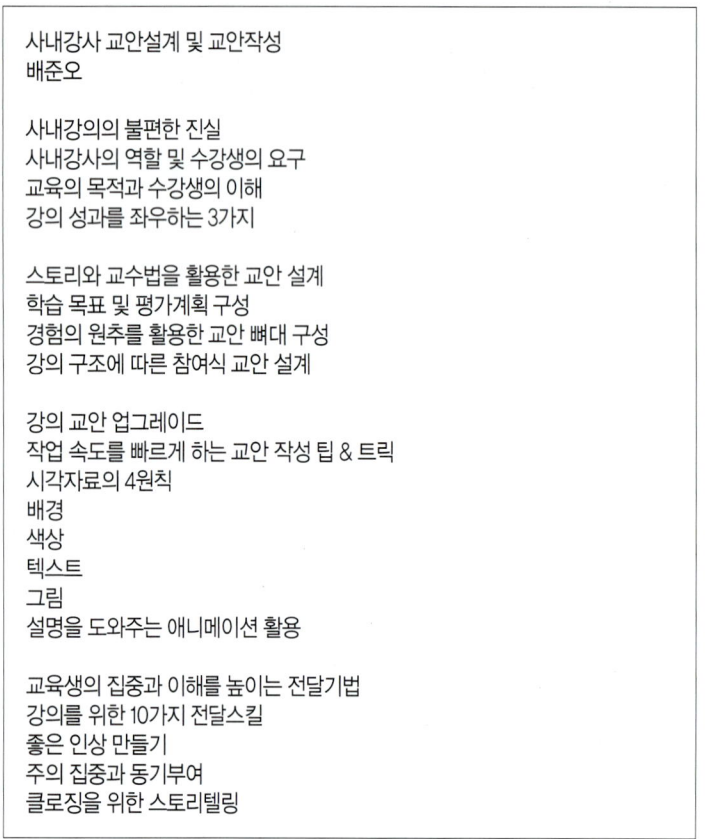

> **Tip**
> 메모장에서는 글꼴, 크기, 색상 변경 등의 텍스트 효과를 지정하거나 표, 차트, 이미지 등을 사용할 수 없고 오직 전달하려는 텍스트만 입력할 수 있습니다.

3 메모장에 입력한 내용을 중요도에 따라 을 눌러 다음의 화면과 같이 제목과 본문으로 구분하여 정리하고 [파일]-[다른 이름으로 저장] 메뉴를 선택합니다.

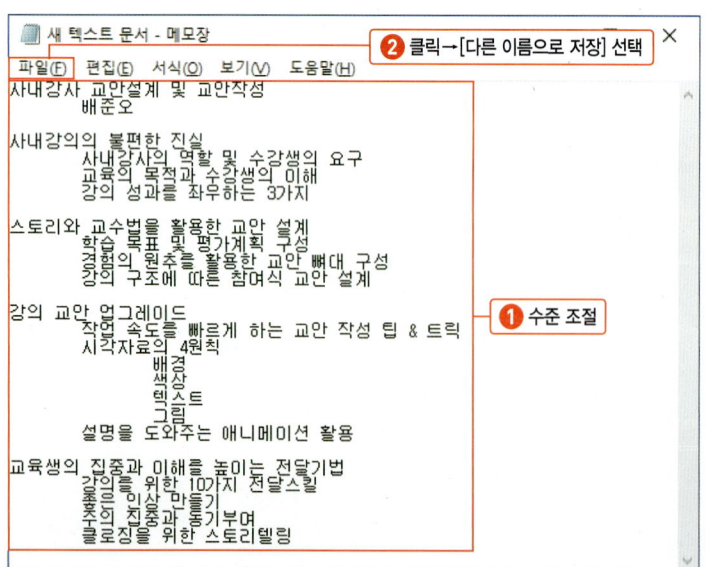

> **Tip**
> 메모장에 텍스트를 입력하는 방법은 파워포인트의 제목 슬라이드와 제목 및 슬라이드에 적용되는데, 텍스트의 수준을 2단계 낮추려면 을 2번 누르고, 텍스트의 수준을 다시 올리려면 Backspace를 누릅니다.

4 [다른 이름으로 저장] 대화상자가 나타나면 저장 위치를 지정하고 '파일 형식'에서는 [모든 파일 (*.*)], '인코딩'에서는 [UTF-16 LE]를 선택합니다. '파일 이름'에 '메모장수준구분.ppt'를 입력하고 [저장]을 클릭합니다.

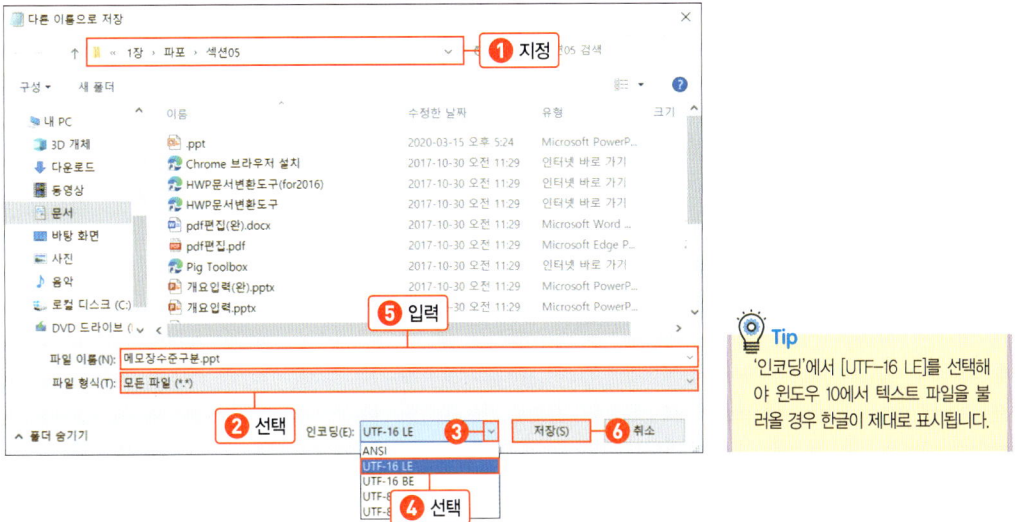

Tip
'인코딩'에서 [UTF-16 LE]를 선택해야 윈도우 10에서 텍스트 파일을 불러올 경우 한글이 제대로 표시됩니다.

5 4 과정에서 저장한 '메모장수준구분.ppt'를 더블클릭하여 파워포인트 문서를 열면 메모장에 입력한 내용이 파워포인트의 각 슬라이드에 나뉘어져서 표시되어 있습니다. 각 슬라이드를 클릭하면서 메모장의 내용이 맞는지 확인합니다.

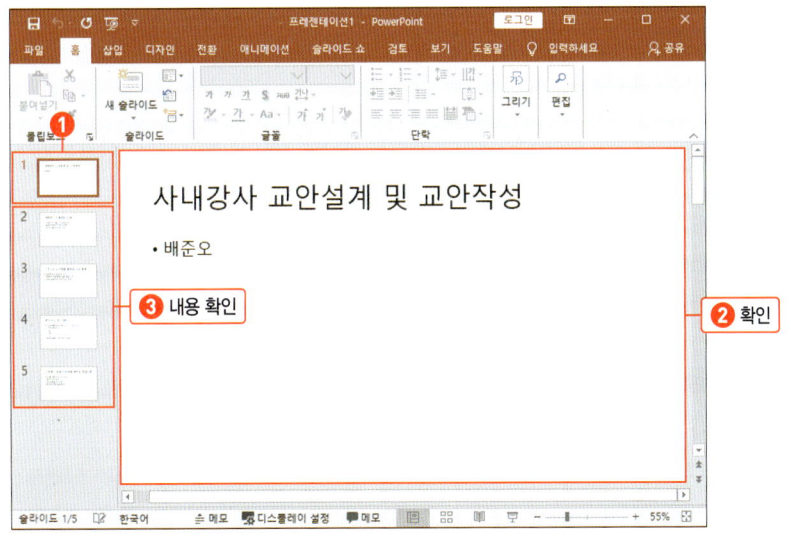

 Tip
메모장에서 Tab 을 눌러 텍스트 수준을 구분하면 파워포인트로 메모장을 불러올 때 각 슬라이드에 나뉘어서 자동으로 배치됩니다. 최상위 수준의 텍스트는 파워포인트 슬라이드 제목 영역에, Tab 을 눌러 수준을 한 단계 낮춘 텍스트는 슬라이드의 본문 영역에 배치됩니다.

잠깐만요 :: 파일 확장명 표시하기

1. 파일 탐색기에서 파일 확장명 표시하기
윈도우 기본 환경에서는 파일 확장명이 숨겨져 있습니다. 하지만 txt, pptx, xlsx 등의 파일 확장명이 표시되어 있어야 파일의 호환 상태 등을 편리하게 확인할 수 있습니다. 파일 확장명은 파일 탐색기(■+E)를 실행한 후 [보기] 탭-[표시/숨기기] 그룹에서 [파일 확장명]에 체크하면 표시됩니다.

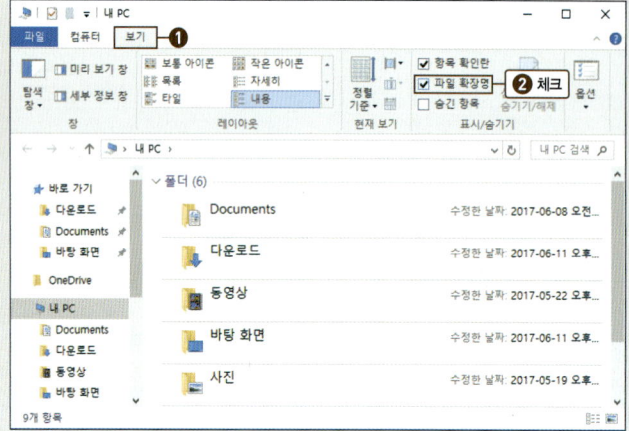

2. 윈도우 7 환경에서 파일 확장명 표시하기
윈도우 탐색기를 실행하고 [구성]-[폴더 및 검색 옵션]을 선택합니다.

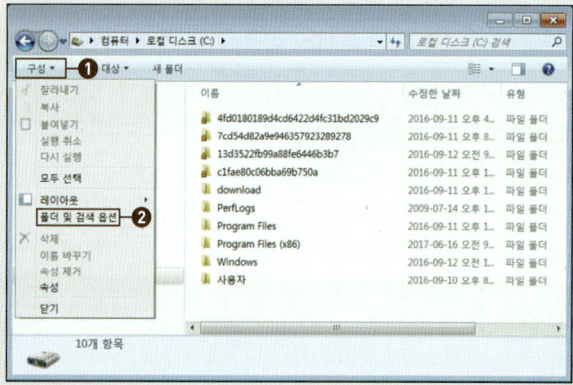

[폴더 옵션] 대화상자가 나타나면 [보기] 탭의 '고급 설정'에서 '알려진 파일 형식의 파일 확장명 숨기기'의 체크를 해제하고 [확인]을 클릭합니다.

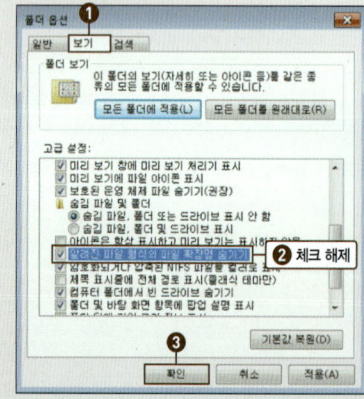

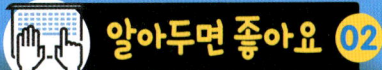

텍스트 문서를 파워포인트로 불러오기

● **예제파일** : 1장\파포\섹션05\메모장변환.txt   ● **완성파일** : 1장\파포\섹션05\메모장변환(완).pptx

1 파워포인트를 실행하고 시작 화면에서 [열기]를 선택합니다. [열기] 화면이 나타나면 [찾아보기]를 클릭합니다.

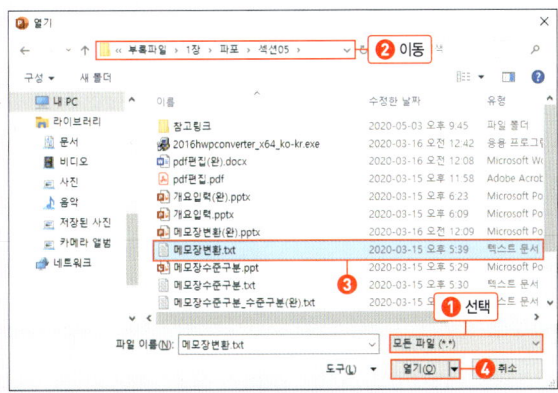

2 [열기] 대화상자가 나타나면 '파일 형식'에서 [모든 파일 (*.*)]을 선택하고 부록 실습파일에서 '1장\파포\섹션05' 폴더의 '메모장변환.txt'를 선택한 후 [열기]를 클릭합니다.

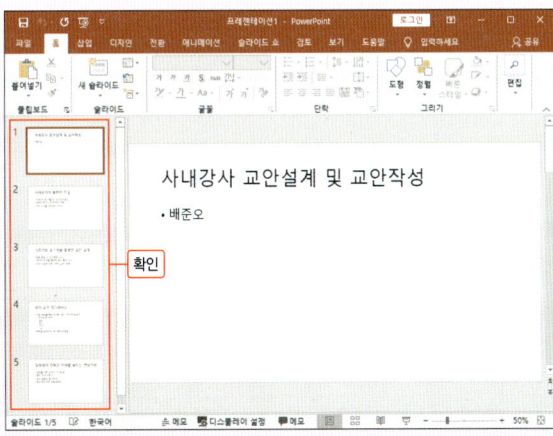

3 텍스트 문서의 내용이 각 슬라이드로 배치되어 나타나는지 확인합니다.

개요 보기에서 전체 문서의 구성 파악하기

기능	방법
개요 보기	[보기] 탭-[프레젠테이션 보기] 그룹-[개요 보기]
하위 단계로 이동	Tab
상위 단계로 이동	Shift + Tab
첫 번째 행으로 이동	Shift + Alt + ↑

1 새 프레젠테이션 문서를 열고 [보기] 탭-[프레젠테이션 보기] 그룹에서 [개요 보기]를 클릭합니다.

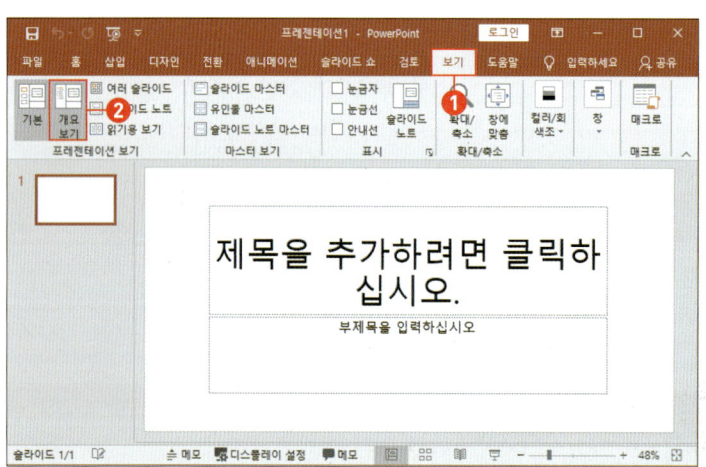

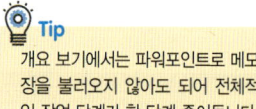

Tip
개요 보기에서는 파워포인트로 메모장을 불러오지 않아도 되어 전체적인 작업 단계가 한 단계 줄어듭니다.

2 개요 보기 화면으로 바뀌면 구분선을 오른쪽으로 드래그하여 텍스트를 편리하게 입력할 수 있도록 [개요] 창의 크기를 크게 조절합니다.

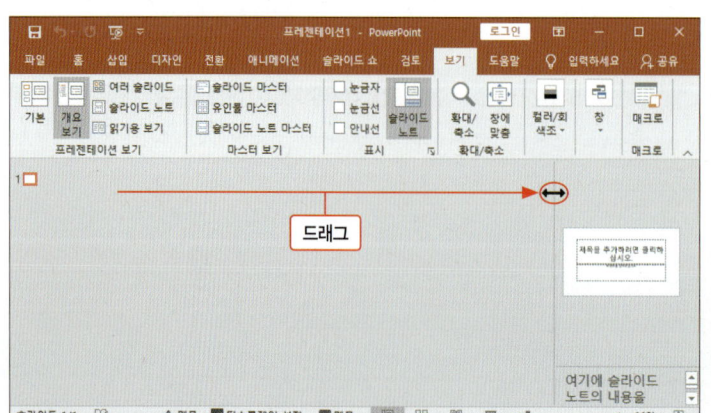

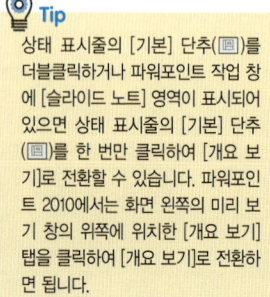

Tip
상태 표시줄의 [기본] 단추(□)를 더블클릭하거나 파워포인트 작업 창에 [슬라이드 노트] 영역이 표시되어 있으면 상태 표시줄의 [기본] 단추(□)를 한 번만 클릭하여 [개요 보기]로 전환할 수 있습니다. 파워포인트 2010에서는 화면 왼쪽의 미리 보기 창의 위쪽에 위치한 [개요 보기] 탭을 클릭하여 [개요 보기]로 전환하면 됩니다.

3 [개요] 창에서 각 슬라이드에 전달하려는 내용을 입력합니다. 좀 더 편리하게 실습하려면 부록 실습파일에서 '1장\파포\섹션04' 폴더의 '개요입력.pptx'를 열고 계속 실습하세요.

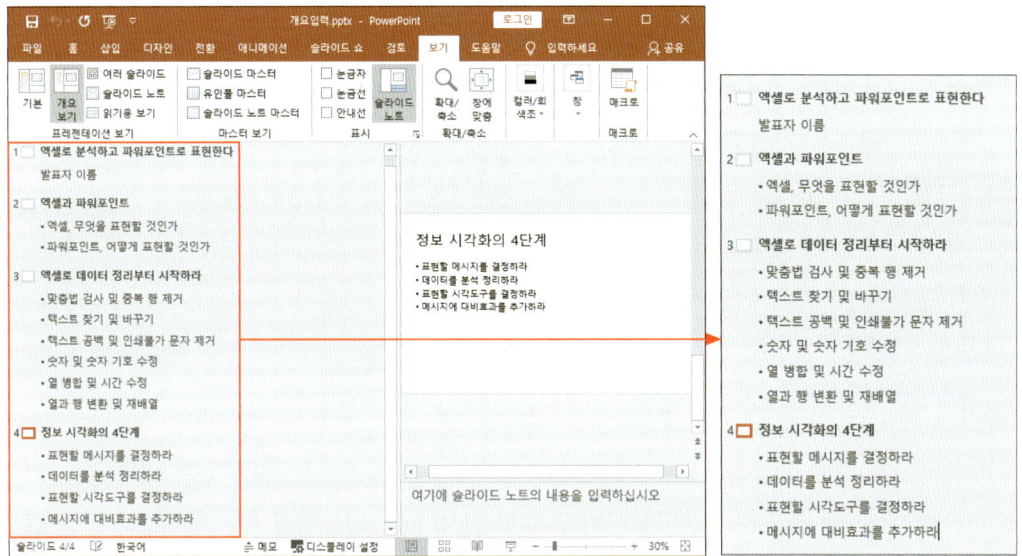

> **Tip**
> 텍스트를 입력하고 Enter를 누르면 슬라이드가 추가되고, Tab을 누르면 상위 목록으로, Shift + Tab을 누르면 하위 목록으로 변경되어 제목과 본문의 수준을 조절할 수 있습니다. 즉 Tab을 누르면 제목 영역에서 하위 단계인 본문 영역으로, Shift + Tab을 누르면 본문 영역에서 상위 단계인 제목 영역으로 수준이 변경됩니다.

4 3번 슬라이드에서 본문 단락을 다시 구분하기 위해 첫 번째 행의 '맞춤법 검사 및 중복 행 제거'의 앞에 커서를 올려놓고 Enter를 누릅니다. 빈 행이 생기면 『문자 데이터 정리』를 입력합니다.

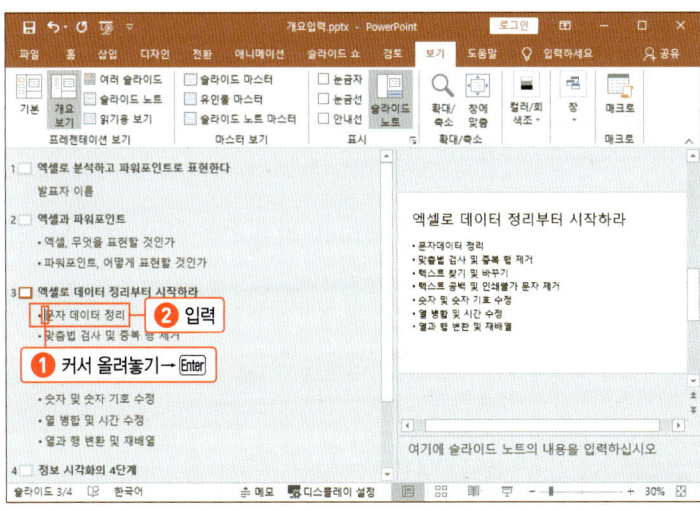

5 이와 같은 방법으로 '숫자 및 숫자 기호 수정'의 앞에 커서를 올려놓고 Enter를 누른 후 빈 행에 『숫자 데이터 정리』를 입력합니다.

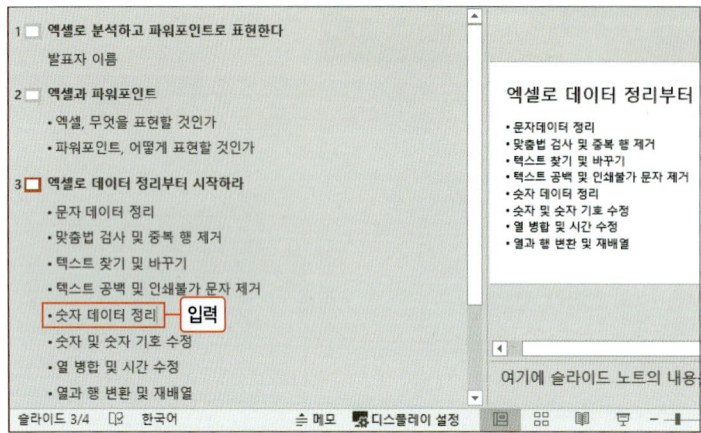

6 3번 슬라이드의 본문 수준을 구분하기 위해 두 번째 행부터 네 번째 행을 드래그하여 선택하고 Tab을 누릅니다.

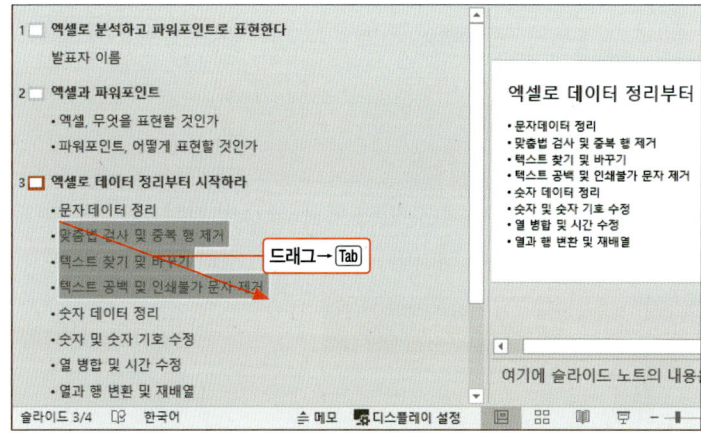

7 6 과정에서 선택한 행이 하위 단계로 변경되었는지 확인합니다. 이와 같은 방법으로 다섯 번째 행부터 일곱 번째 행도 하위 단계로 변경합니다.

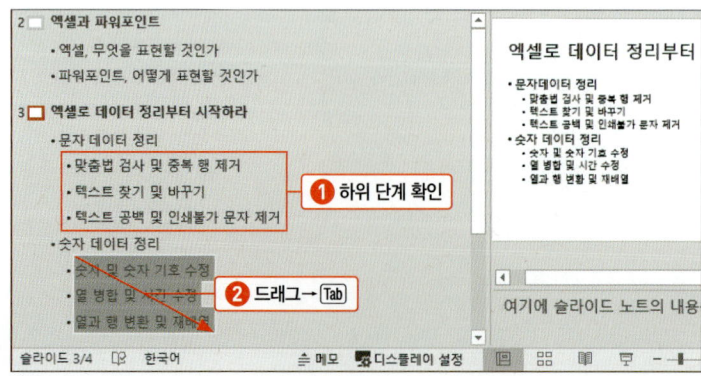

8 3번 슬라이드의 '숫자 데이터 정리'의 앞에 커서를 올려놓은 후 Enter 를 누릅니다.

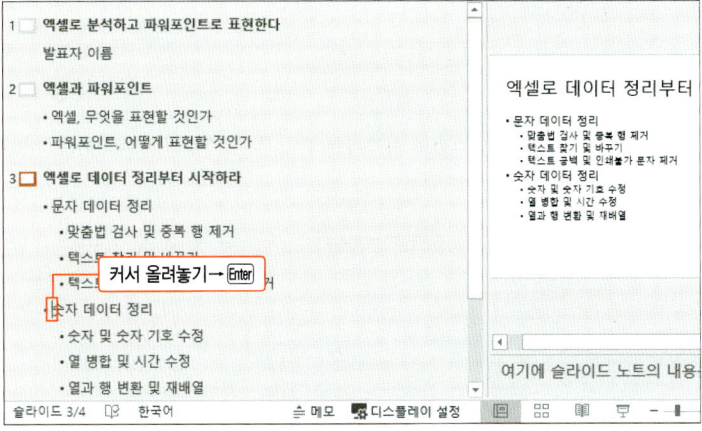

9 빈 행이 삽입되면 3번 슬라이드의 제목인 『엑셀로 데이터 정리부터 시작하라(2)』를 입력하고 맨 앞에 커서를 올려놓은 후 Shift + Tab 을 누릅니다.

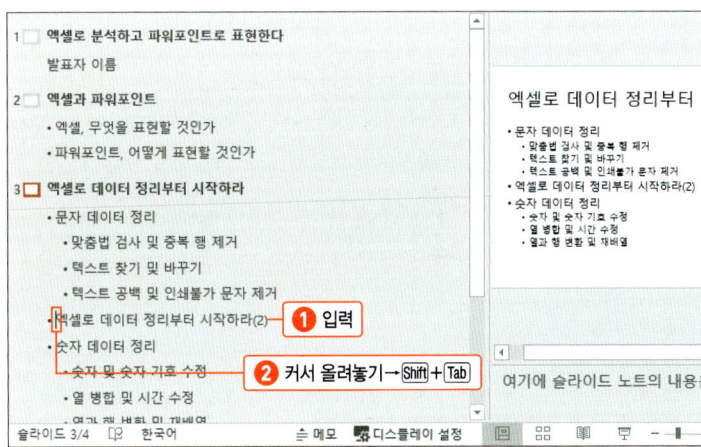

10 상위 단계로 이동하면서 4번 슬라이드로 추가되었는지 확인합니다.

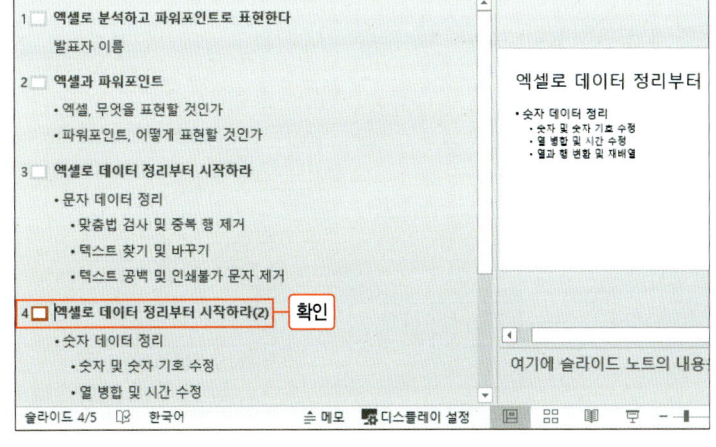

 Tip
다시 3번 슬라이드의 본문으로 포함시키려면 '엑셀로 데이터 정리부터 시작하라(2)'의 앞에 커서를 올려놓고 Tab 을 누릅니다.

11 5번 슬라이드에서 단락의 순서를 조정하기 위해 두 번째 행인 '데이터를 분석 정리하라'의 앞에 커서를 올려놓고 Shift+Alt를 누른 상태에서 ↑를 누릅니다.

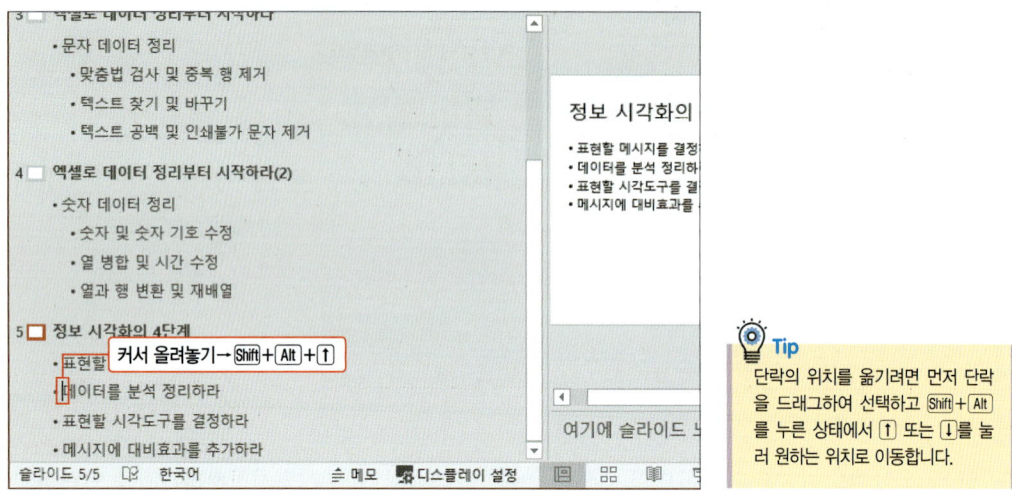

Tip
단락의 위치를 옮기려면 먼저 단락을 드래그하여 선택하고 Shift+Alt를 누른 상태에서 ↑ 또는 ↓를 눌러 원하는 위치로 이동합니다.

12 '데이터를 분석 정리하라' 행이 첫 번째 행으로 이동되었는지 확인합니다.

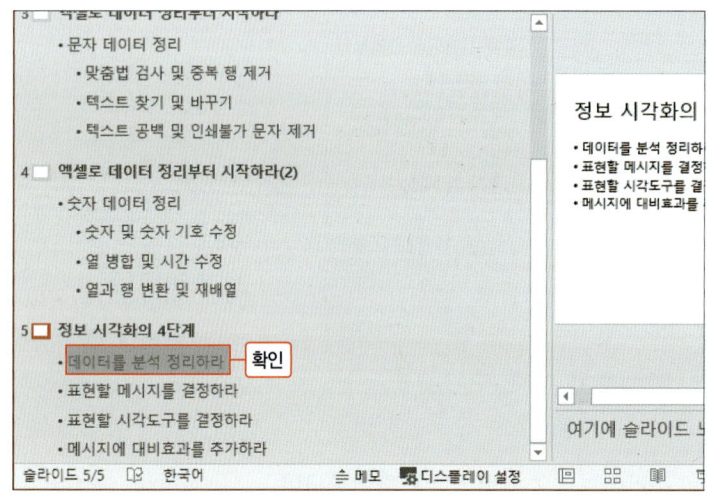

잠깐만요 :: 개요 작업과 관련된 텍스트 입력 단축키 살펴보기

단축키	기능	단축키	기능
Tab	수준 낮춤	Ctrl+B	글자 굵게
Shift+Tab	수준 높임	Ctrl+U	밑줄
Shift+Alt+↑/↓	단락 순서를 위/아래로 조정	Ctrl+I	이탤릭체
제목 영역에서 Enter	새 슬라이드 추가	Ctrl+=	아래첨자
본문 영역에서 Enter	본문 항목 추가	Ctrl+Shift++	위첨자
Ctrl+[	글자 크기 작게	Ctrl+Shift+Z	위첨자/아래첨자 원래대로
Ctrl+]	글자 크기 크게	Shift+F3	영어 대소문자 변경

알아두면 좋아요 03 오피스 참가자(Office Insider) 신청하기

오피스 참가자(Office Insider)는 마이크로소프트가 새로운 오피스 버전을 배포하기 전에 피드백 수집을 목적으로 진행하는 '베타 프로그램'입니다. 오피스 참가자는 일반 사용자보다 먼저 오피스에 추가될 새로운 기능을 미리 테스트할 수도 있고, 마이크로소프트 제품의 버그에 대해 피드백을 하거나 의견을 제안할 수 있습니다. 오피스 참가자는 'https://products.office.com/ko-kr'에서 신청할 수 있는데, 오피스 참가자가 되어 새로운 기능을 사용하려면 마이크로소프트 365를 구독해야 합니다.

▲ 오피스 참가자 페이지

오피스 제품에 대한 의견이나 피드백 제안하기

마이크로소프트에서는 사용자의 피드백을 위한 공간이 별도로 마련되어 있습니다. 아직은 영어로 서비스되고 있지만, 파워포인트나 엑셀 등과 같은 제품에 대해 제안 및 피드백할 내용이 있으면 언제든지 의견을 게시할 수 있습니다. 또한 게시된 의견에 댓글을 달거나 추천할 수도 있습니다.

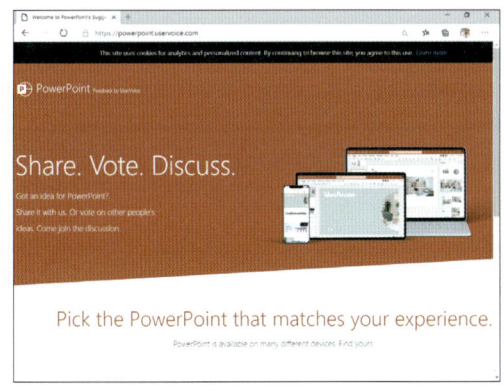

▲ 파워포인트 피드백 사이트(https://powerpoint.uservoice.com)

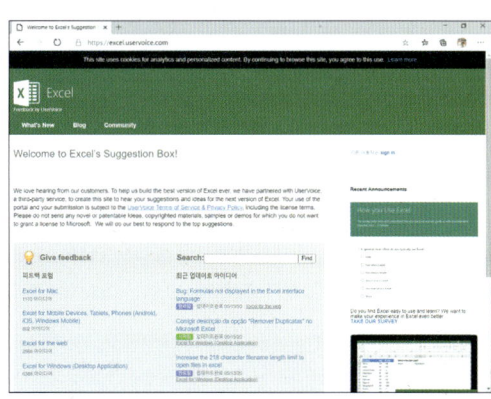

▲ 엑셀 피드백 사이트(https://excel.uservoice.com)

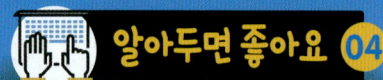
온라인 사이트의 자료 스크랩하기

■ 크롬 브라우저나 새로운 엣지 브라우저 이용하기

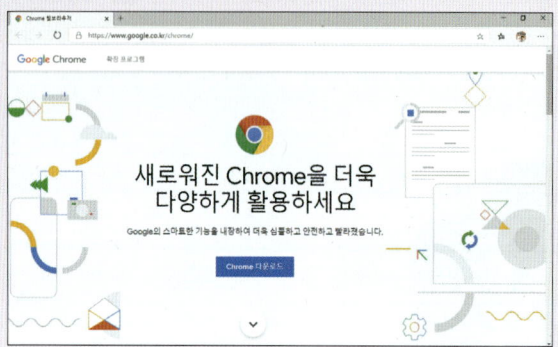

▲ 구글 크롬 브라우저 다운로드하기

1 구글 크롬 브라우저나 마이크로소프트의 새로운 엣지 브라우저를 이용하면 펌 방지가 설정된 웹 페이지에서 자료를 쉽게 스크랩할 수 있습니다. 먼저 구글 크롬 브라우저(https://www.google.com/intl/ko/chrome) 또는 마이크로소프트 새 엣지 브라우저(https://www.microsoft.com/en-us/edge)를 설치하세요.

▲ 마이크로소프트 새 엣지 브라우저 다운로드하기

 Tip
마이크로소프트 새 엣지 브라우저는 구글 크롬과 같은 크로미움(Chromium) 엔진을 탑재하여 겉모습은 크롬 브라우저와 다르지만, 내부 환경은 거의 동일합니다.

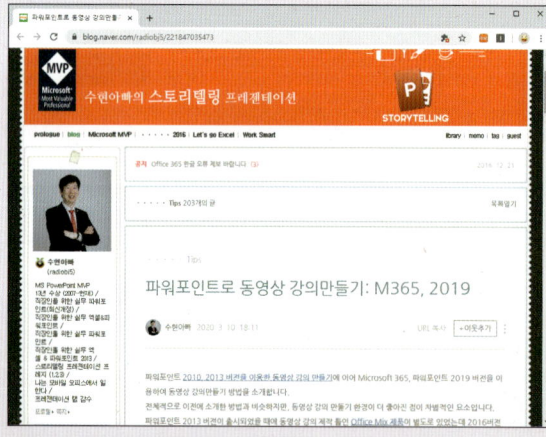

2 설치한 크롬 브라우저나 새로운 엣지 브라우저를 실행하고 펌방지가 설정된 웹 사이트로 이동합니다. 여기에서는 브라우저 주소 표시줄에 『http://powerpoint.pe.kr』을 입력하여 '수현아빠의 스토리텔링 프레젠테이션' 블로그로 이동한 후 크롬이나 새 엣지 브라우저에서 '파워포인트로 동영상 강의만들기: M365, 2019' 게시물(https://blog.naver.com/radiobj5/221847035473)을 불러옵니다. 불러온 페이지는 마우스로 텍스트가 선택되지도 않고, 마우스 오른쪽 단축도 동작하지 않습니다.

 Tip
부록 실습파일에서 '1장\파포\섹션05\참고링크' 폴더의 '펌방지해제' 바로 가기 URL을 불러와도 됩니다.

해당 웹사이트에 '펌 방지' 기능이 설정되어 있어서 원하는 정보를 선택할 수 없거나, 마우스 오른쪽 단추의 기능이 작동되지 않을 때 구글 크롬이나 마이크로소프트 뉴 엣지 브라우저의 설정 기능을 이용하여 자료를 스크랩할 수 있습니다. 이 경우 저작권을 보호해야 하기 때문에 불법으로 자료를 스크랩하는 용도로는 절대로 사용하지 마세요.

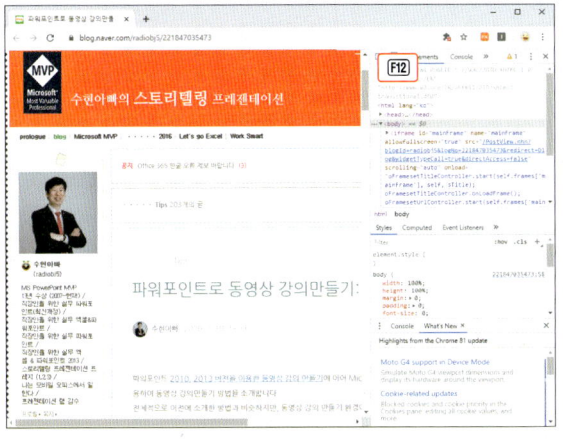

3 F12를 눌러 개발자 도구를 실행합니다.

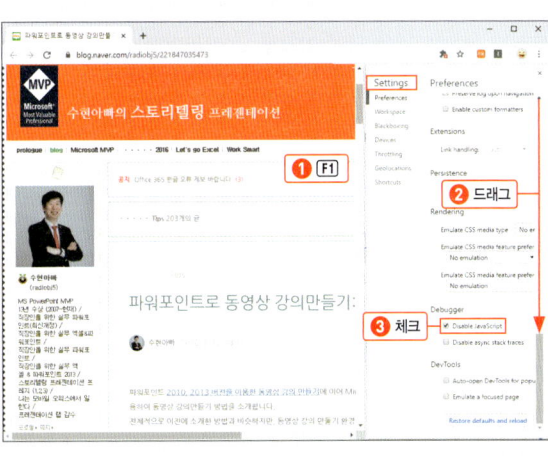

4 다시 F1을 눌러 [Settings]의 [Preferences]를 실행합니다. [Preferences]에서 아래쪽 화면으로 이동한 후 'Debugger'에서 [Disable JavaScript]에 체크하세요.

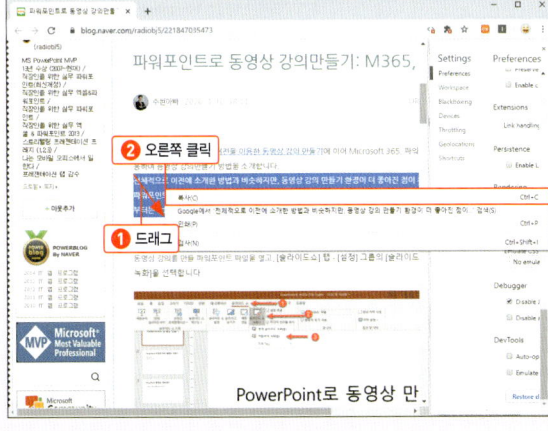

5 왼쪽 웹 게시물에 스크랩할 부분을 드래그하면 선택되고, 게시물을 복사하거나 필요한 부분을 웹에서 재검색할 수 있습니다.

 Tip

[Preferences]를 닫으면 다시 원래 '펌방지' 상태로 되돌아갑니다.

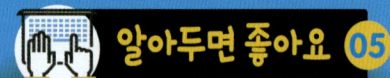
워드에서 PDF 문서 열고 한글 문서 편집하기

● 예제파일 : 1장\파포\섹션05\pdf편집.pdf, HWP문서변환도구(for2016).url, 한글WEF순위표.hwp
● 완성파일 : 1장\파포\섹션05\pdf편집(완).docx, 한글WEF순위표(변환).docx

■ PDF 문서를 편집 가능 상태로 열기

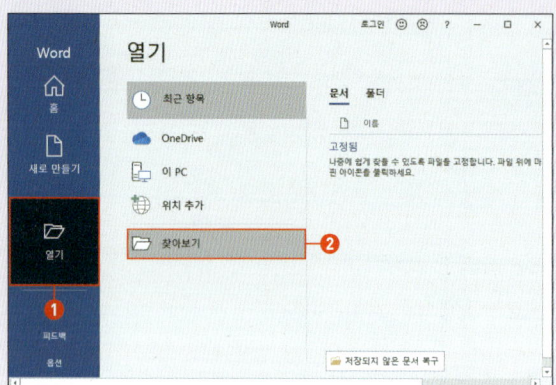

1 워드 2019를 실행하고 시작 화면에서 [열기]를 선택합니다. [열기] 화면이 나타나면 [찾아보기]를 클릭합니다.

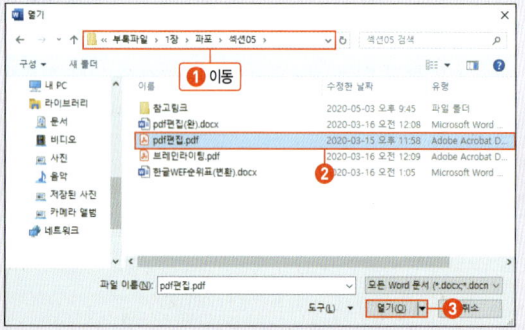

2 [열기] 대화상자가 나타나면 변환하려는 PDF 파일을 불러옵니다. 여기에서는 부록 실습파일에서 '1장\파포\섹션05' 폴더의 'pdf편집.pdf'를 엽니다.

💡 **Tip**
워드 2013 이전 버전에서는 PDF 파일을 워드 문서로 변환할 수 없습니다.

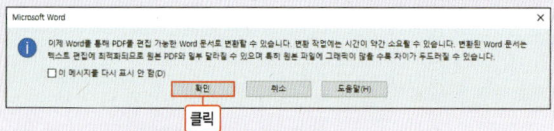

3 워드를 통해 PDF를 편집 가능한 워드 문서로 변환할 수 있다는 메시지 창이 나타나면 [확인]을 클릭해서 변환 작업을 진행합니다.

4 워드 프로그램이 실행되면서 변환한 PDF 파일이 편집 가능한 상태로 열립니다.

💡 **Tip**
PDF 문서에 따라 워드로 변환된 결과물이 다르게 보일 수도 있습니다.

별도의 사이트나 프로그램이 없어도 마이크로소프트 워드 2013과 워드 2016을 이용하면 PDF 문서를 워드로 변환할 수 있습니다. 이번에는 워드 2016을 이용해서 PDF 문서를 편집 가능 상태로 열고 워드에서 한글 파일을 편집해 보겠습니다.

■ 워드에서 한글 문서(HWP) 편집하기

1 웹 브라우저를 실행하고 'https://www.microsoft.com/ko-kr/download/details.aspx?id=49153'에 접속하거나, 부록 실습파일에서 '1장\파포\섹션05\참고링크' 폴더의 'HWP문서변환도구(for2016).url'을 더블클릭합니다. 'Microsoft Word 2016을 위한 아래아한글 문서 변환 도구' 사이트로 이동하면 [다운로드]를 클릭하여 변환 도구를 설치합니다.

 Tip

워드 2019나 마이크로소프트 365용 워드에서는 'HWP문서변환도구(for2016).url'을, 워드 2013 버전에서는 예제파일 'HWP 문서변환도구.url'을 더블클릭하여 한글 문서 도구를 열 수 있습니다. 이들 URL은 부록 실습파일에서 제공합니다. 파일을 다운로드할 때 사용 중인 오피스 제품에 맞는 설치 파일을 선택해야 합니다. 오피스 버전은 [파일] 탭-[계정]을 선택하고 [Word 정보]를 클릭하여 [Microsoft Word 2019 정보] 창을 연 후 위쪽에서 32비트나 64비트인지 확인할 수 있습니다.

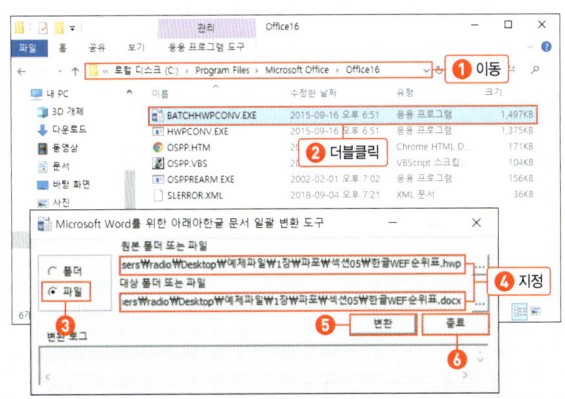

2 설치가 완료되었으면 파일 탐색기를 열고 32비트 워드에서는 'C:\Program Files (x86)\Microsoft Office\Office16' 폴더의, 64비트 워드에서는 'C:\Program Files\Microsoft Office\Office16' 폴더의 'BATCHHWPCONV.EXE'를 실행합니다. [Microsoft Word를 위한 아래아한글 문서 일괄 변환 도구] 대화상자가 열리면 [파일]을 선택하고 '원본 폴더 또는 파일'에서 예제파일 '한글WEF순위표.hwp'를 선택합니다. '대상 폴더 또는 파일'에서는 저장할 파일명을 입력하고 [변환]과 [종료]를 차례대로 클릭합니다.

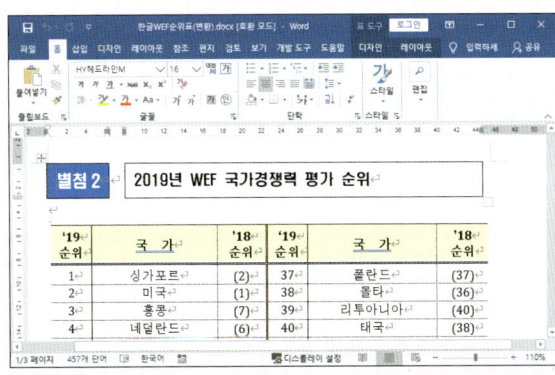

3 워드 프로그램이 실행되면서 예제파일 '한글WEF순위표.hwp'가 워드 문서로 변환되어 표시되었는지 확인합니다.

SECTION 06

파워포인트의 기본 환경 설정하기

파워포인트 작업을 잘 하려면 작업 목적과 스타일에 따라 환경을 설정하는 것이 좋습니다. 파워포인트는 무엇이 중요한지 보여주는 시각적인 작업에 더 초점을 맞추므로 시각 효과를 위한 기본 환경을 설정하여 작업 속도를 높일 수 있습니다.

기본 환경과 함께 기본 스타일을 이용해 작업하면 이전에 작업한 문서의 내용을 복사 및 붙여넣기만 해도 특별한 편집 작업 없이 보기 좋은 프레젠테이션 문서를 완성할 수 있습니다. 협업할 경우에도 서식 파일을 통일하는 것은 필수 준비 작업입니다. 작성하려는 목적에 맞는 스타일로 한 번만 기본 서식 파일을 작업해두면 문서를 작성할 때마다 곧바로 적용할 수 있어서 매우 편리합니다.

필수기능 01 | PowerPoint Designer 표시하기

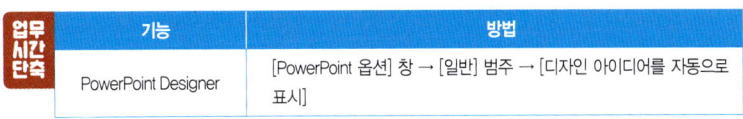

기능	방법
PowerPoint Designer	[PowerPoint 옵션] 창 → [일반] 범주 → [디자인 아이디어를 자동으로 표시]

1 새 프레젠테이션 문서를 열고 [파일] 탭-[옵션]을 선택합니다.

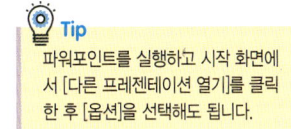

Tip
파워포인트를 실행하고 시작 화면에서 [다른 프레젠테이션 열기]를 클릭한 후 [옵션]을 선택해도 됩니다.

2 [PowerPoint 옵션] 창이 나타나면 [일반] 범주에서 'PowerPoint Designer'의 [디자인 아이디어를 자동으로 표시]에 체크되어 있는지 확인합니다.

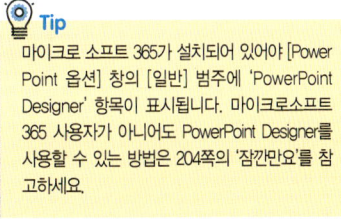

Tip
마이크로 소프트 365가 설치되어 있어야 [PowerPoint 옵션] 창의 [일반] 범주에 'PowerPoint Designer' 항목이 표시됩니다. 마이크로소프트 365 사용자가 아니어도 PowerPoint Designer를 사용할 수 있는 방법은 204쪽의 '잠깐만요'를 참고하세요.

203

잠깐만요 :: 마이크로소프트 365 사용자가 아니어도 PowerPoint Designer 사용하기

여기에서 소개하는 PowerPoint Designer 기능은 매월 무료로 3개의 디자이너까지 사용할 수 있습니다. PowerPoint Designer 기능을 무제한으로 사용하려면 프리미엄으로 전환해야 합니다.

1. 웹 브라우저를 실행하고 마이크로소프트의 Office.com 페이지(www.office.com)에 접속한 후 [로그인]을 클릭합니다. 로그인 화면이 나타나면 마이크로소프트 계정을 이용하여 로그인합니다.

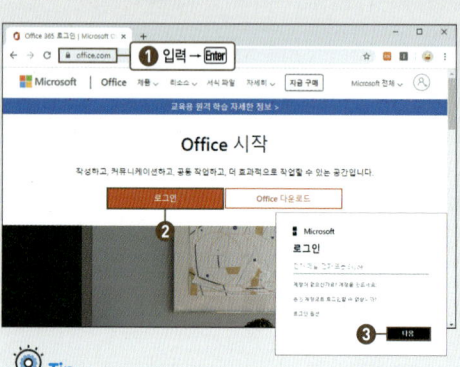

Tip
마이크로소프트 계정이 없으면 'https://signup.live.com/signup'을 통해 무료로 만들 수 있습니다.

2. 온라인 오피스가 표시되면 [PowerPoint]를 클릭합니다.

3. 온라인 파워포인트로 연결되면 [새 빈 프레젠테이션]을 선택합니다.

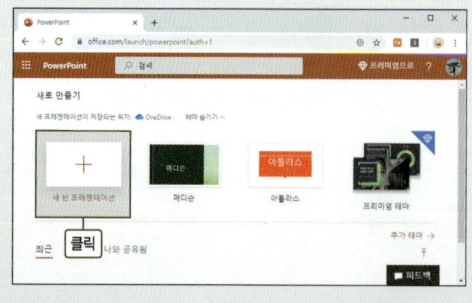

4. 새로운 프레젠테이션 문서가 실행되면서 오른쪽에 [디자이너] 창이 열리면 빈 슬라이드에 어울리는 표지를 선택할 수 있습니다.

Tip
그림을 삽입하면 [디자이너] 창에서는 그림에 맞는 슬라이드 디자인이 표시됩니다.

5. [디자이너] 창에서 알맞은 표지를 적용한 후 온라인 파워포인트에서 [데스크톱 앱에서 열기]를 클릭합니다.

6. 데스크톱용 파워포인트로 표지가 표시되는지 확인합니다.

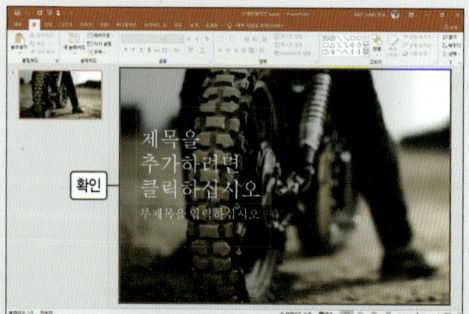

한/영 자동 고침 옵션 해제하기

기능	방법
[자동 고침] 대화상자	[PowerPoint 옵션] 창 → [언어 교정] 범주 → [자동 고침 옵션]
한/영 자동 고침 해제	[자동 고침] 대화상자 → [한/영 자동 고침]의 체크 해제

1 [파일] 탭-[옵션]을 선택하여 [PowerPoint 옵션] 창을 나타내고 [언어 교정] 범주에서 [자동 고침 옵션]을 클릭합니다.

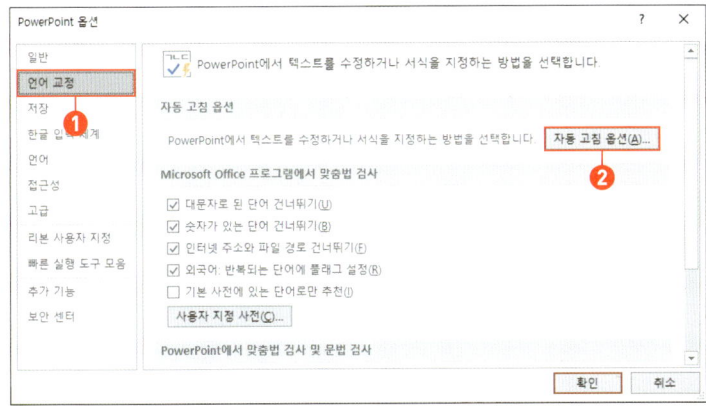

2 [자동 고침] 대화상자가 나타나면 [자동 고침] 탭에서 [한/영 자동 고침]의 체크를 해제하고 [확인]을 클릭합니다. [PowerPoint 옵션] 창으로 되돌아오면 [확인]을 클릭합니다.

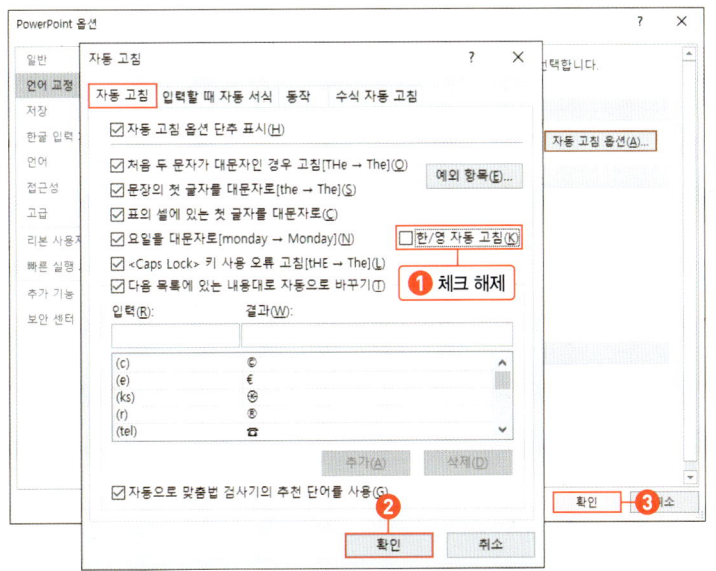

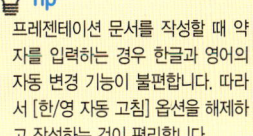

Tip
프레젠테이션 문서를 작성할 때 약자를 입력하는 경우 한글과 영어의 자동 변경 기능이 불편합니다. 따라서 [한/영 자동 고침] 옵션을 해제하고 작성하는 것이 편리합니다.

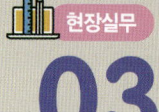

03 자주 사용하는 특수 문자 입력하기

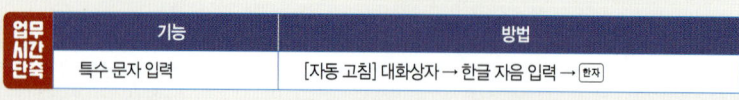

1 [파일] 탭-[옵션]을 선택하여 [PowerPoint 옵션] 창을 나타내고 [언어 교정] 범주에서 [자동 고침 옵션]을 클릭합니다.

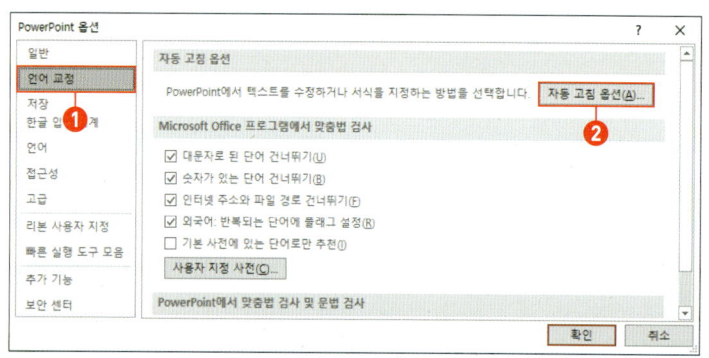

> **Tip**
> 특수 문자나 기호를 입력할 경우 일반적으로 [삽입] 탭-[기호] 그룹에서 [기호]를 클릭하여 작업합니다. 하지만 반복해서 자주 사용하는 기호는 미리 등록해서 사용하면 편리합니다.

2 [자동 고침] 대화상자가 나타나면 [자동 고침] 탭에서 '입력'에는 『(.』를, '결과'에는 『ㄱ』을 입력하고 한자를 누릅니다. 기호 목록이 나타나면 » 단추를 클릭하여 기호 목록을 확대한 후 가운데 점(·)을 선택하고 [추가]를 클릭한 후 [확인]을 클릭합니다. [PowerPoint 옵션] 창으로 되돌아오면 [확인]을 클릭합니다.

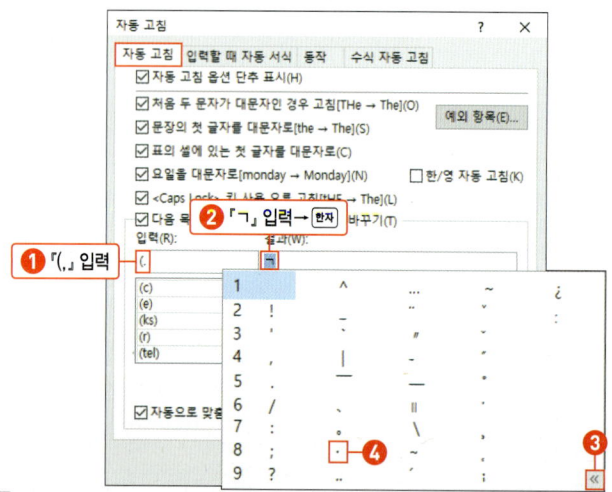

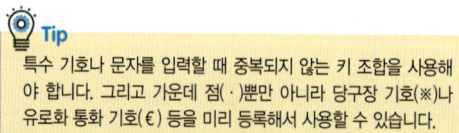

> **Tip**
> 특수 기호나 문자를 입력할 때 중복되지 않는 키 조합을 사용해야 합니다. 그리고 가운데 점(·)뿐만 아니라 당구장 기호(※)나 유로화 통화 기호(€) 등을 미리 등록해서 사용할 수 있습니다.

04 실행 취소의 최대 횟수 늘리기

기능	방법
실행 취소 최대 횟수 지정	[PowerPoint 옵션] 창 → [고급] 범주 → '실행 취소 최대 횟수'

1 [파일] 탭-[옵션]을 선택하여 [PowerPoint 옵션] 창을 나타내고 [고급] 범주에서 '편집 옵션'의 '실행 취소 최대 횟수'를 확인하면 '20'으로 설정되어 있습니다.

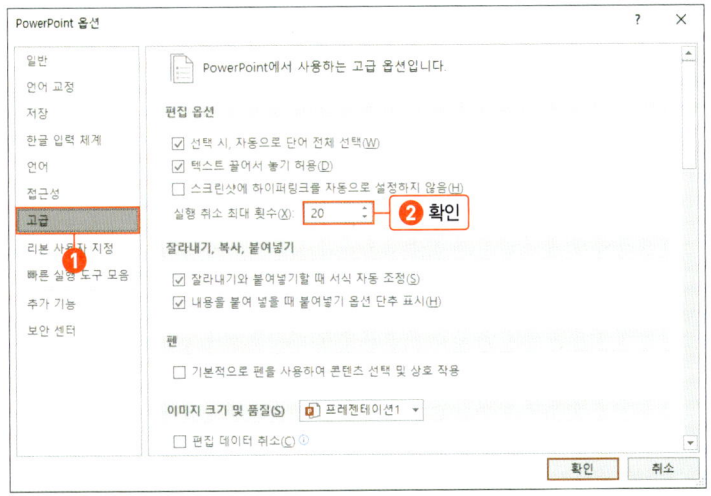

2 '실행 취소 최대 횟수'를 [20]에서 [70]으로 수정하고 [확인]을 클릭합니다.

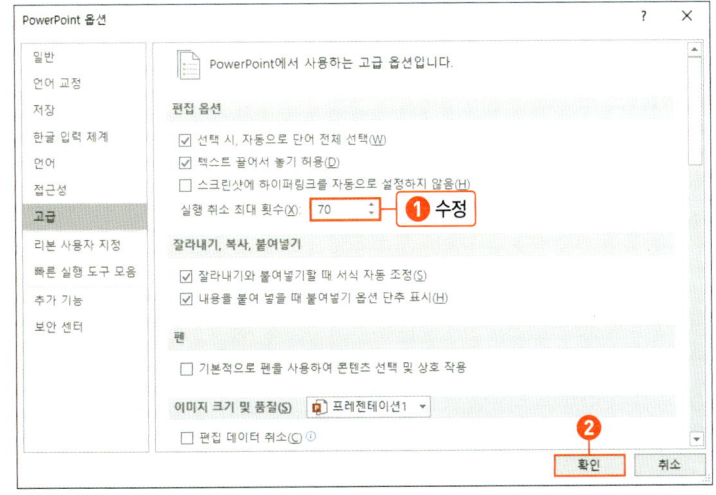

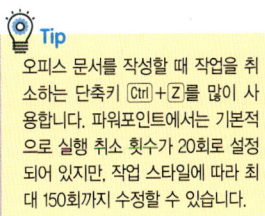

Tip
오피스 문서를 작성할 때 작업을 취소하는 단축키 Ctrl+Z를 많이 사용합니다. 파워포인트에서는 기본적으로 실행 취소 횟수가 20회로 설정되어 있지만, 작업 스타일에 따라 최대 150회까지 수정할 수 있습니다.

리본 메뉴에 [개발 도구] 탭과 [녹화] 탭 추가하기

필수기능 05

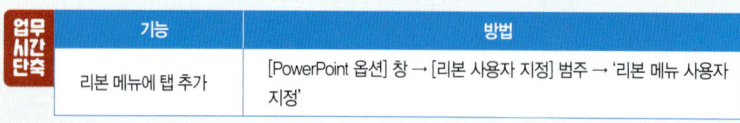

기능	방법
리본 메뉴에 탭 추가	[PowerPoint 옵션] 창 → [리본 사용자 지정] 범주 → '리본 메뉴 사용자 지정'

1 [파일] 탭-[옵션]을 선택하여 [PowerPoint 옵션] 창을 나타내고 [리본 사용자 지정] 범주에서 '리본 메뉴 사용자 지정'의 [녹화]와 [개발 도구]에 체크한 후 [확인]을 클릭합니다.

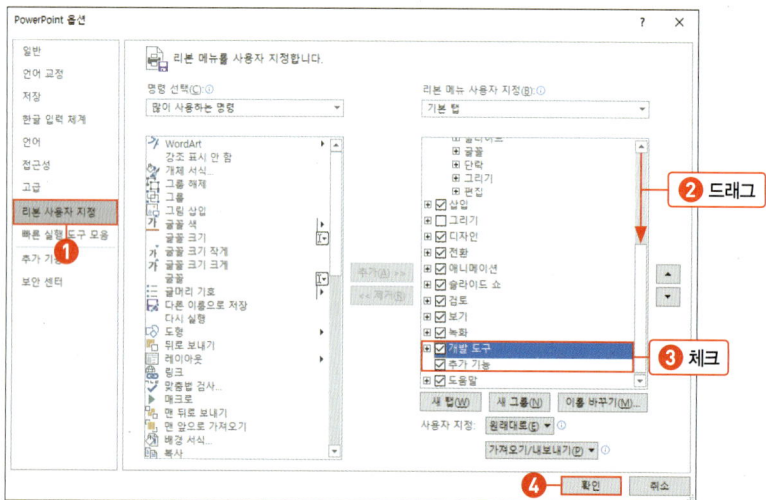

2 리본 메뉴에 [녹화] 탭과 [개발 도구] 탭이 추가되었는지 확인합니다.

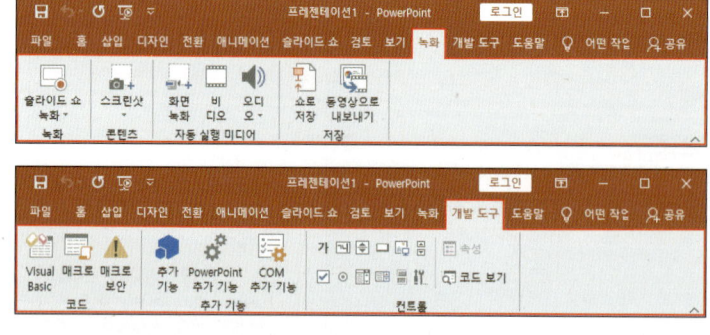

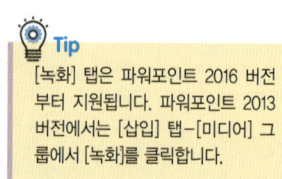

Tip
[녹화] 탭은 파워포인트 2016 버전부터 지원됩니다. 파워포인트 2013 버전에서는 [삽입] 탭-[미디어] 그룹에서 [녹화]를 클릭합니다.

M365 | 2010 | 2013 | 2016 | 2019

06 빠른 실행 도구 모음 이용해 작업 시간 절약하기

기능	방법
빠른 실행 도구 모음에 도구 추가	리본 메뉴에서 마우스 오른쪽 단추 → [빠른 실행 도구 모음에 추가]
빠른 실행 도구 모음의 도구 삭제	빠른 실행 도구 모음의 도구에서 마우스 오른쪽 단추 → [빠른 실행 도구 모음에서 제거]
빠른 실행 도구 모음의 위치 이동	[빠른 실행 도구 모음 사용자 지정] 단추(▼) → [리본 메뉴 아래에 표시]

1 빠른 실행 도구 모음에 도구 추가하기

방법 1 [파일] 탭-[옵션]을 선택하여 [PowerPoint 옵션] 창을 나타내고 [빠른 실행 도구 모음] 범주에서 빠른 실행 도구 모음에 추가할 도구를 선택합니다.

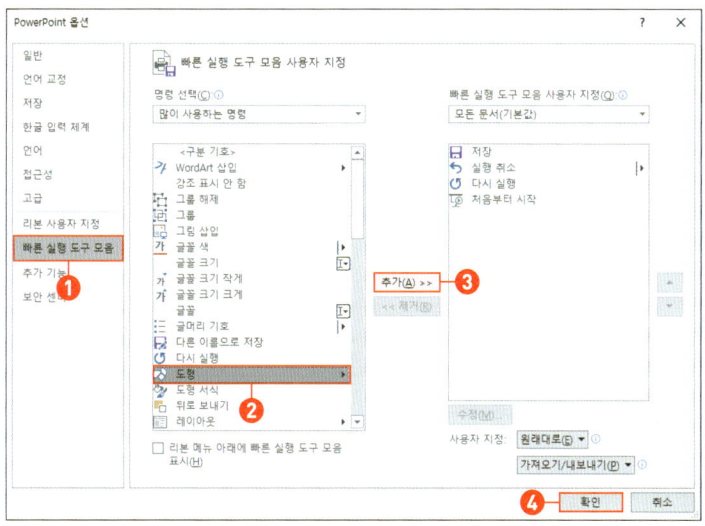

방법 2 빠른 실행 도구 모음의 맨 오른쪽에 있는 [빠른 실행 도구 모음 사용자 지정] 단추(▼)를 클릭하고 [기타 명령]을 선택하면 [PowerPoint 옵션] 창의 [빠른 실행 도구 모음] 범주가 표시됩니다. [빠른 실행 도구 모음] 범주에서 빠른 실행 도구 모음에 추가하려는 도구를 차례대로 선택하여 추가할 수 있습니다.

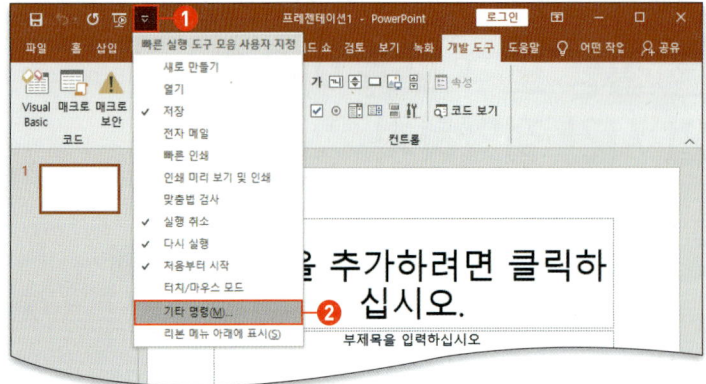

▲ [빠른 실행 도구 모음 사용자 지정] 단추 → [기타 명령] 선택하기

방법 3 리본 메뉴에서 빠른 실행 도구 모음에 추가하려는 기능을 마우스 오른쪽 단추로 클릭하고 [빠른 실행 도구 모음에 추가]를 선택합니다.

▲ [삽입] 탭-[일러스트레이션] 그룹의 [차트]를 빠른 실행 도구 모음에 추가하기

2 빠른 실행 도구 모음의 도구 삭제하기

빠른 실행 도구 모음에 추가된 도구에서 마우스 오른쪽 단추를 클릭하고 [빠른 실행 도구 모음에서 제거]를 선택합니다.

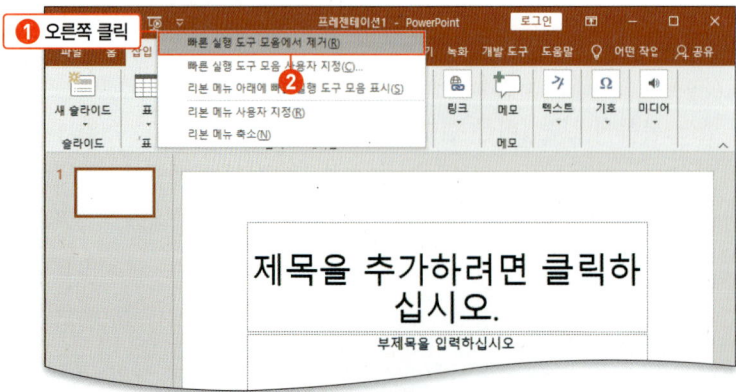

▲ 빠른 실행 도구 모음에서 [처음부터 시작] 도구( ) 삭제하기

3 빠른 실행 도구 모음에 추가하면 좋은 도구 살펴보기

다음은 빠른 실행 도구 모음에 추가하면 작업할 때 편리한 도구입니다.

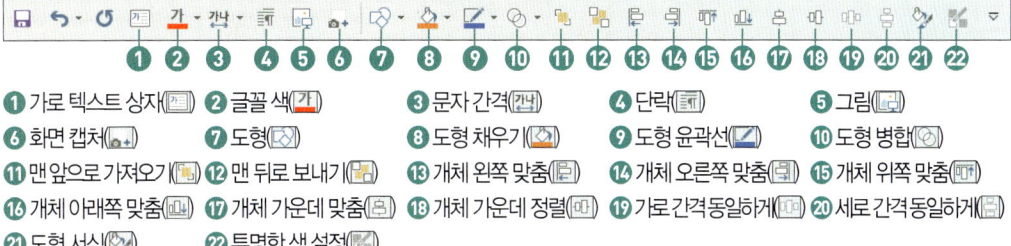

① 가로 텍스트 상자　② 글꼴 색　③ 문자 간격　④ 단락　⑤ 그림
⑥ 화면 캡처　⑦ 도형　⑧ 도형 채우기　⑨ 도형 윤곽선　⑩ 도형 병합
⑪ 맨 앞으로 가져오기　⑫ 맨 뒤로 보내기　⑬ 개체 왼쪽 맞춤　⑭ 개체 오른쪽 맞춤　⑮ 개체 위쪽 맞춤
⑯ 개체 아래쪽 맞춤　⑰ 개체 가운데 맞춤　⑱ 개체 가운데 정렬　⑲ 가로 간격 동일하게　⑳ 세로 간격 동일하게
㉑ 도형 서식　㉒ 투명한 색 설정

4 빠른 실행 도구 모음의 위치 이동하기

빠른 실행 도구 모음에서 [빠른 실행 도구 모음 사용자 지정] 단추(▼)를 클릭하고 [리본 메뉴 아래에 표시]를 선택합니다. 그러면 제목 표시줄의 왼쪽에 있는 빠른 실행 도구 모음이 리본 메뉴의 아래쪽으로 이동합니다. 리본 메뉴에 있는 아무 기능에서나 마우스 오른쪽 단추를 클릭하고 [리본 메뉴 아래에 빠른 실행 도구 모음 표시]를 선택해도 됩니다.

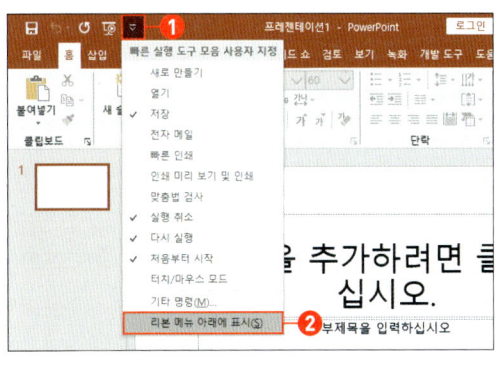 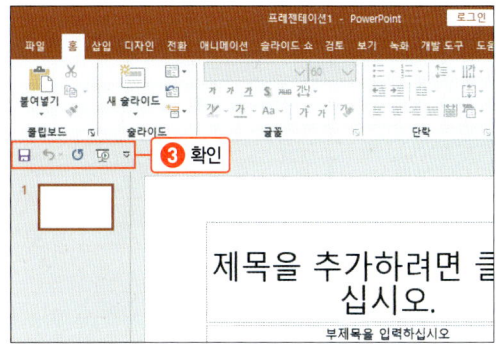

잠깐만요 :: 빠른 실행 도구 모음의 구성 변경하기

작업에 편리한 도구로만 구성된 빠른 실행 도구 모음을 가져와서 사용할 수 있습니다. 여기에서는 3에서 소개한 빠른 실행 도구 모음에 추가하면 좋은 도구를 가져와 보겠습니다.

1. 빠른 실행 도구 모음에서 [빠른 실행 도구 모음 사용자 지정] 단추(▼)를 클릭하고 [기타 명령]을 선택합니다.

2. [PowerPoint 옵션] 창이 나타나면 [빠른 실행 도구 모음] 범주에서 [가져오기/내보내기]를 클릭하고 [사용자 지정 파일 가져오기]를 선택합니다.

3. [파일 열기] 대화상자가 나타나면 부록 실습파일에서 '1장\파포\섹션06' 폴더의 'PowerPoint Customizations.exportedUI'를 선택하고 [열기]를 클릭합니다.

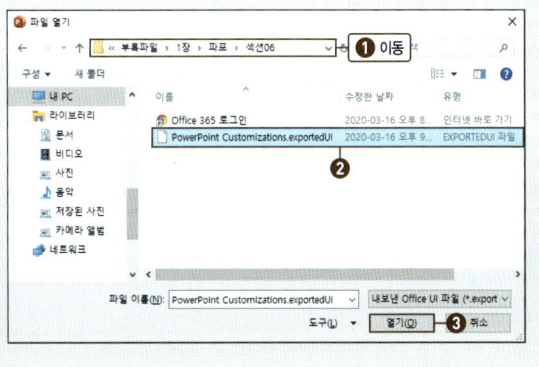

07 눈금자와 안내선, 눈금선 표시하기

기능	방법
눈금자	마우스 오른쪽 단추 → [눈금자]
안내선	마우스 오른쪽 단추 → [눈금 및 안내선]-[안내선]
가로/세로 안내선 추가	마우스 오른쪽 단추 → [눈금 및 안내선]-[가로/세로 안내선 추가]
눈금선	마우스 오른쪽 단추 → [눈금 및 안내선]-[눈금선]

1 새 프레젠테이션 문서를 열고 슬라이드의 빈 영역에서 마우스 오른쪽 단추를 클릭한 후 [눈금자]를 선택합니다.

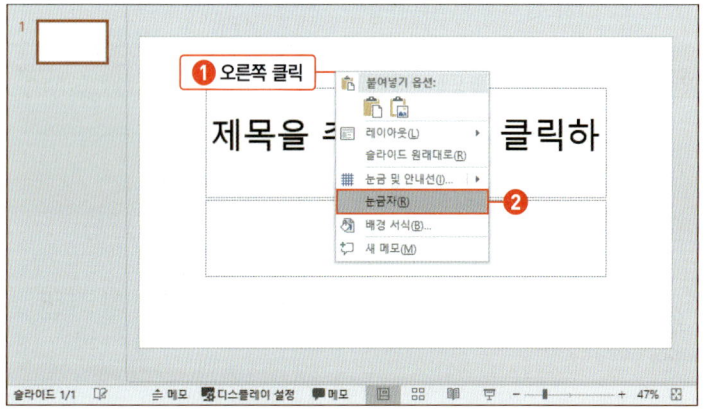

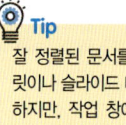

Tip
잘 정렬된 문서를 작성하려면 템플릿이나 슬라이드 마스터 기능을 이용하지만, 작업 창에 '안내선'과 '눈금자'를 표시해서 작업해도 편리합니다. 눈금자를 활성화하거나 해제하는 단축키는 Alt + Shift + F9 입니다.

2 슬라이드 화면에 나타난 눈금자를 확인합니다. 안내선을 추가하기 위해 슬라이드의 빈 영역에서 마우스 오른쪽 단추를 클릭하고 [눈금 및 안내선]-[안내선]을 선택합니다.

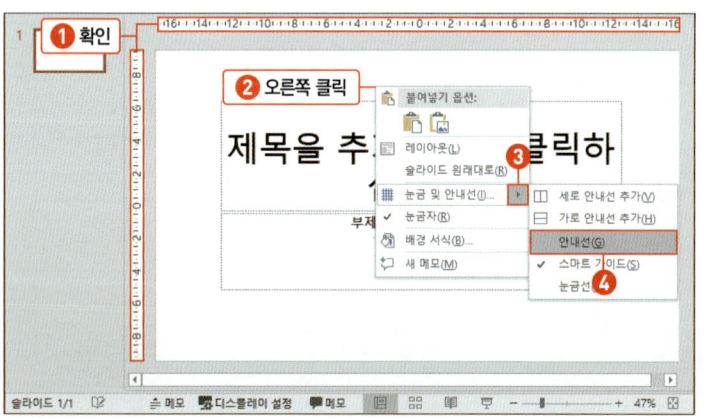

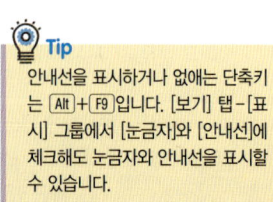

Tip
안내선을 표시하거나 없애는 단축키는 Alt + F9 입니다. [보기] 탭-[표시] 그룹에서 [눈금자]와 [안내선]에 체크해도 눈금자와 안내선을 표시할 수 있습니다.

3 슬라이드 화면에서 안내선을 확인하고 더 추가해 보겠습니다. 슬라이드의 빈 영역에서 마우스 오른쪽 단추를 클릭하고 [눈금 및 안내선]-[세로 안내선 추가] 또는 [가로 안내선 추가]를 선택합니다.

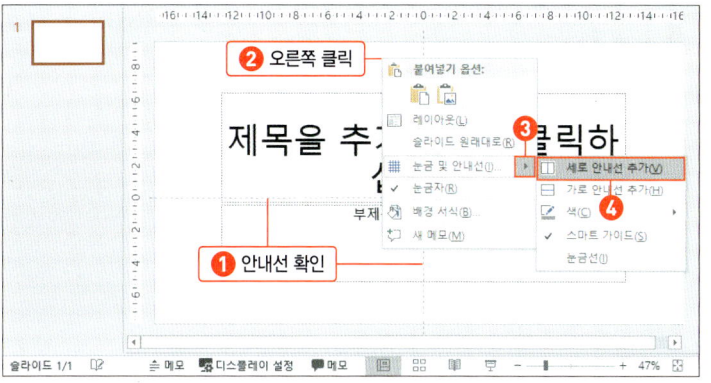

> **Tip**
> Ctrl을 누른 상태에서 안내선을 드래그해도 추가할 수 있습니다. 그리고 안내선에서 마우스 오른쪽 단추를 클릭하면 안내선을 추가 또는 삭제할 수 있습니다. 안내선을 마우스로 클릭하여 선택한 후 슬라이드 영역의 밖으로 드래그 앤 드롭하여 안내선을 삭제할 수 있습니다.

4 안내선에서 마우스 오른쪽 단추를 클릭하고 [색]을 선택한 후 색상표에서 원하는 색을 선택합니다.

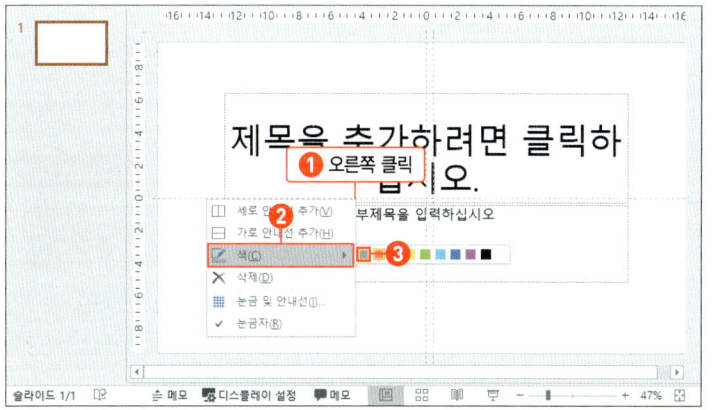

> **Tip**
> 파워포인트 2013부터 안내선의 색을 변경할 수 있습니다.

5 도형 그리기 등 세밀한 작업을 하려면 눈금선을 표시하는 것이 좋습니다. 슬라이드의 빈 영역에서 마우스 오른쪽 단추를 클릭하고 [눈금 및 안내선]-[눈금선]을 선택합니다.

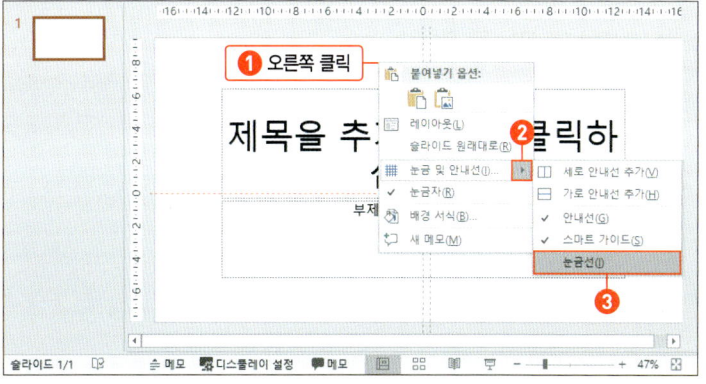

> **Tip**
> [보기] 탭-[표시] 그룹에서 [눈금선]에 체크하여 눈금선을 표시할 수 있습니다.

6 슬라이드에 눈금선이 생기면 빈 영역에서 마우스 오른쪽 단추를 클릭하고 [눈금 및 안내선]을 선택합니다.

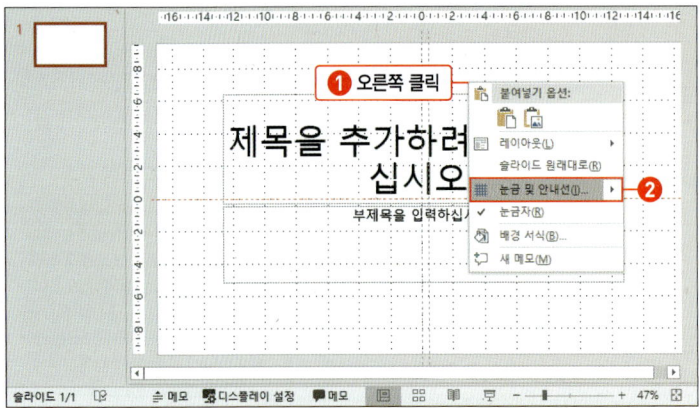

7 [눈금 및 안내선] 대화상자가 나타나면 '간격'에서 눈금의 간격을 지정하고 [확인]을 클릭합니다.

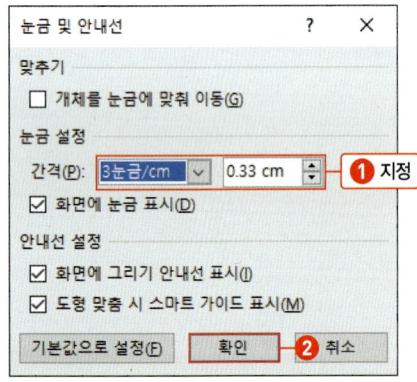

8 눈금선의 간격이 변경되었는지 확인합니다.

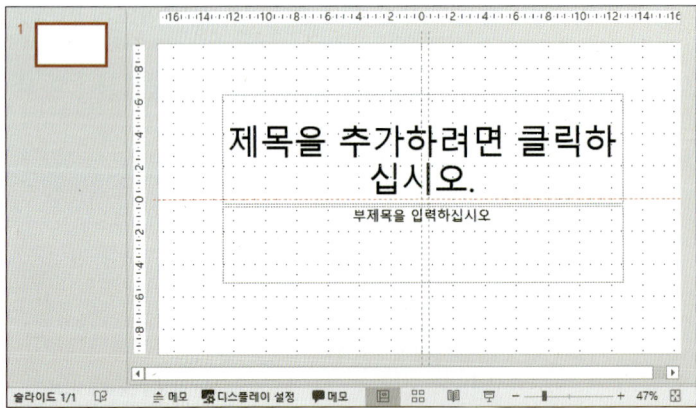

08 슬라이드 마스터로 기본 템플릿 만들기

기능	방법
슬라이드 마스터 보기	[보기] 탭-[마스터 보기] 그룹-[슬라이드 마스터]
슬라이드 레이아웃	[홈] 탭-[슬라이드] 그룹-[레이아웃]
안내선	마우스 오른쪽 단추 → [눈금 및 안내선]-[안내선]

템플릿의 사용 목적은 '정렬'과 '반복'이기 때문에 파워포인트에서 제공하는 '슬라이드 마스터'를 활용하면 매우 편리합니다. 사용자가 작성하려는 문서의 목적과 스타일을 슬라이드 마스터로 한 번만 작성해 두면 문서를 작성할 때마다 불러와서 매우 빠르게 작업할 수 있습니다.

슬라이드 마스터는 배경, 색, 글꼴, 효과, 개체 틀의 크기와 위치를 포함한 프레젠테이션 테마 및 슬라이드 레이아웃 정보를 저장하는 최상의 슬라이드입니다. 모든 프레젠테이션에는 1개 이상의 슬라이드 마스터가 포함되어 있으므로 슬라이드 마스터만 수정해도 나중에 추가한 슬라이드까지 한 번에 스타일을 변경할 수 있어서 편리합니다.

1 슬라이드 마스터의 구조 — 부모 마스터와 자녀 마스터

[보기] 탭-[마스터 보기] 그룹에서 [슬라이드 마스터]를 클릭합니다. 슬라이드 마스터가 복잡해 보이지만, '슬라이드 마스터'가 있고 슬라이드 마스터와 연결된 '레이아웃 마스터'로 나뉘어집니다. 슬라이드 마스터에 적용된 배경, 색, 글꼴, 효과, 개체 틀의 크기와 위치, 이미지 삽입 등은 슬라이드 마스터와 연결된 레이아웃 마스터에 모두 적용됩니다.

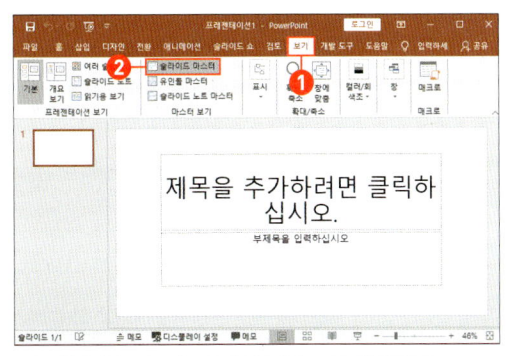

▲ [보기] 탭-[마스터 보기] 그룹에서 [슬라이드 마스터] 클릭하기

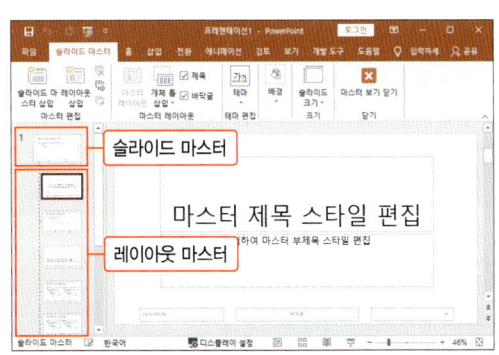

▲ 슬라이드 마스터의 구조

> **Tip**
> 를 누른 상태에서 [기본] 단추(□)를 클릭해도 슬라이드 마스터를 실행할 수 있습니다.

슬라이드 마스터는 '부모 마스터'로, 슬라이드 마스터와 연결된 레이아웃 마스터인 '자녀 마스터'에 영향을 줍니다. 제목 슬라이드 레이아웃을 다른 레이아웃과 구분하려면 제목 슬라이드 레이아웃에서 다시 작업해야 합니다.

▲ 부모 마스터에 배경색을 지정하고 로고를 삽입해서 자녀 마스터 배경 서식을 일괄 변경한 경우

2 필요한 슬라이드 마스터 선택하기

파워포인트에서 기본적으로 제공하는 슬라이드 레이아웃은 11개로, 레이아웃의 개수만큼 레이아웃 슬라이드의 마스터도 제공됩니다. 슬라이드 레이아웃은 [홈] 탭-[슬라이드] 그룹에서 [레이아웃]을 클릭하여 선택할 수 있습니다.

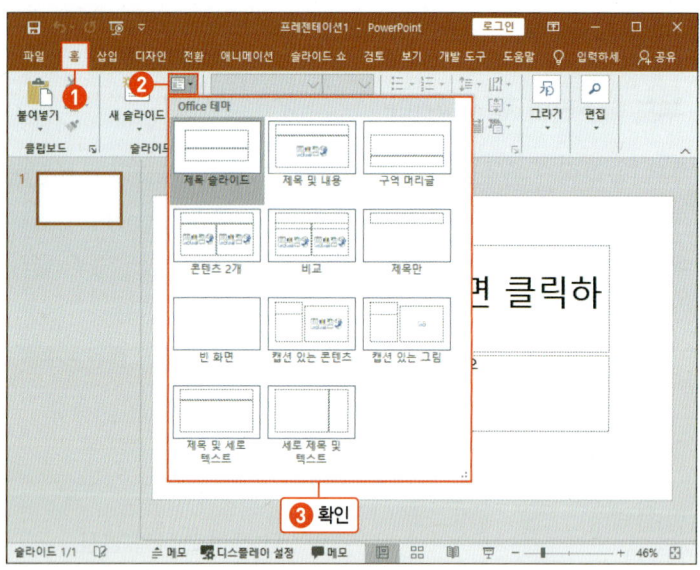

▲ 파워포인트 2019에서 기본적으로 제공하는 슬라이드 레이아웃

파워포인트 문서를 작성할 때 모든 슬라이드 레이아웃을 사용하지는 않으므로 자주 사용하는 슬라이드 레이아웃 마스터를 선택하여 작업하면 시간을 절약할 수 있습니다. 일반적으로 '제목 슬라이드', '제목 및 내용', '제목만', '빈 화면' 스타일의 슬라이드 레이아웃을 많이 사용합니다.

3 최소한의 슬라이드 여백 확보하기

파워포인트 문서에서 상하 좌우 여백 없이 내용을 꽉 채우면 답답해 보이고 가독성도 떨어집니다. 따라서 최소한의 여백을 설정해야 내용을 읽기 쉽고 콘텐츠도 보호할 수 있습니다.

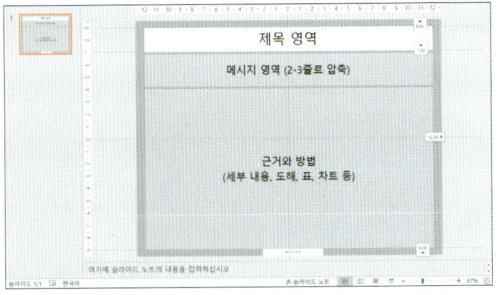
▲ 4:3 파워포인트 문서의 여백 설정하기

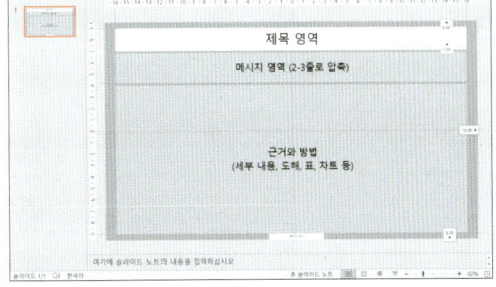
▲ 16:9 파워포인트 문서의 여백 설정하기

슬라이드의 여백은 사용자의 문서 작성 형식과 목적에 따라 달라지지만, 일반적으로 비디오 영상 전문가가 제시하는 안전 영역(safe area)을 기준으로 참고합니다. 영상을 외부 아날로그 모니터로 출력할 경우 화면의 가장자리가 잘릴 수 있어서 제대로 보이는 부분을 '안전 영역'이라고 부릅니다. 일반적으로 전체 화면을 기준으로 상하 여백 영역은 5%로, 좌우 여백 영역은 10% 정도로 설정합니다(출처 : 비디오 영상 안전 영역 기준, 위키피디아, Safe_area_(television)).

4 안내선을 이용해 여백 간격 통일하기

안내선을 이용하면 슬라이드의 여백을 통일감 있게 표현할 수 있습니다. [슬라이드 마스터] 탭의 슬라이드 마스터 화면에서 편집 창에 커서를 올려놓고 마우스 오른쪽 단추를 클릭한 후 [눈금 및 안내선]-[안내선]을 선택합니다.

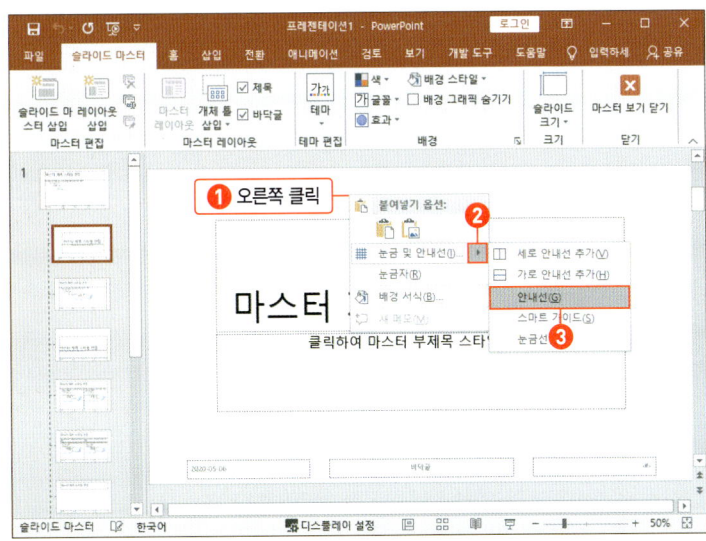

> **Tip**
> Alt + F9 를 눌러도 안내선을 표시할 수 있습니다.

슬라이드 마스터 화면의 중앙에 가로 안내선과 세로 안내선이 표시되면 Ctrl을 누른 상태에서 안내선을 드래그하여 원하는 위치로 복사할 수 있습니다.

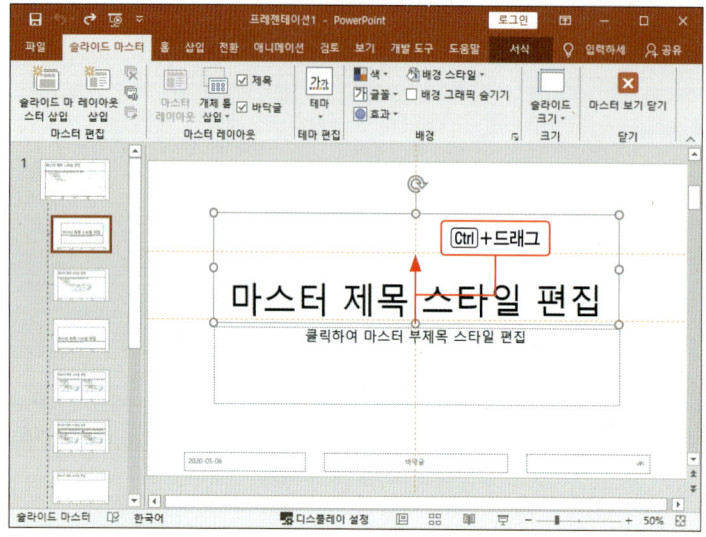

> **Tip**
> 16:9 슬라이드 크기의 경우 가로 여백과 좌우 여백은 중심으로부터 16으로, 위쪽 여백과 아래쪽 여백은 중심으로부터 9로, 제목 영역은 7 정도로 안내선을 설정합니다.

5 안내선에 맞춰 텍스트의 위치와 크기 조절하기

안내선을 설정했으면 슬라이드 마스터 미리 보기 창에서 '제목 및 내용 레이아웃' 마스터를 선택하고 안내선에 맞추어 텍스트 개체의 위치와 크기 및 글꼴을 변경합니다. 슬라이드 제목은 나눔고딕 ExtraBold, 32pt 정도, 내용은 나눔바른고딕, 28pt로 설정합니다.

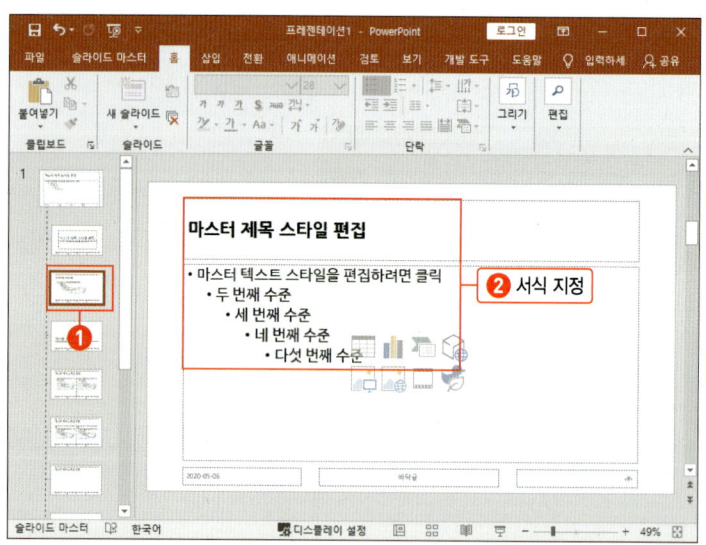

> **Tip**
> 나눔 글꼴은 네이버(http://hangeul.naver.com/2017/nanum) 사이트에서 무료로 제공되고 개인 및 상업용으로 모두 사용할 수 있습니다. 나눔 글꼴은 부록 실습파일에서 '1장\파포\섹션06' 폴더의 '나눔글꼴설치.exe'를 실행하여 설치하세요.

잠깐만요 :: 슬라이드 마스터에서 글꼴 사용자 지정하기

슬라이드 마스터의 작업 창에서 텍스트 개체의 글꼴을 변경하면 기본 템플릿에 적용됩니다. 하지만 새롭게 텍스트 상자를 삽입하여 텍스트를 입력할 경우에는 기본 글꼴이 적용됩니다. 이때 기본 글꼴도 슬라이드 마스터에서 작업한 '나눔고딕'으로 변경할 수 있습니다.

1. 새 프레젠테이션 문서를 열고 [보기] 탭-[마스터 보기] 그룹에서 [슬라이드 마스터]를 클릭합니다. 슬라이드 마스터 화면이 나타나면 [슬라이드 마스터] 탭-[배경] 그룹에서 [글꼴]을 클릭하고 [글꼴 사용자 지정]을 선택합니다.

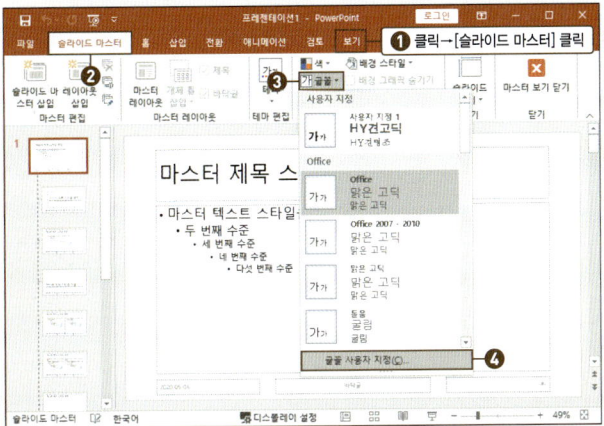

2. [새 테마 글꼴 만들기] 대화상자가 나타나면 '한글 글꼴'의 '제목 글꼴(한글)'은 [나눔고딕 ExtraBold], '본문 글꼴(한글)'은 [나눔바른고딕]으로 지정합니다. 영어 글꼴은 영어 전용 글꼴로 지정하는 것이 좋으므로 '제목 글꼴(영어)'은 [Arial Rounded MT Bold], '본문 글꼴(영어)'은 [Arial]로 지정하고 '이름'에 '엑파2020'을 입력한 후 [저장]을 클릭합니다.

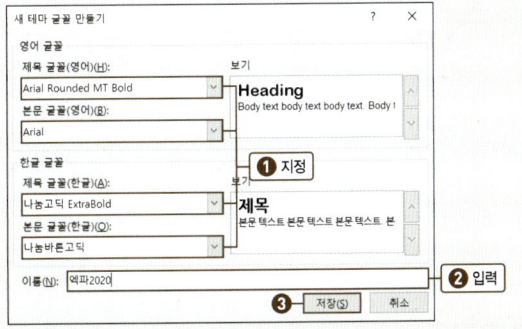

3. [슬라이드 마스터] 탭-[배경] 그룹에서 [글꼴]을 클릭하고 글꼴 목록에 [엑파2020 나눔고딕 ExtraBold]가 표시되었는지 확인합니다.

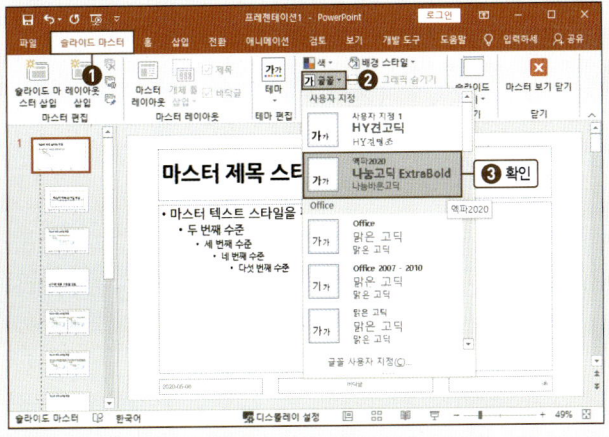

눈금자로 들여쓰기 간격과 글머리 기호 변경하기

기능	방법
눈금자	Alt + Shift + F9
글머리 기호	[홈] 탭-[단락] 그룹-[글머리 기호]
슬라이드 마스터 보기 닫기	[슬라이드 마스터] 탭-[닫기] 그룹-[마스터 보기 닫기]

1 화면의 왼쪽에 있는 슬라이드 마스터 미리 보기 창에서 '제목 및 내용 레이아웃' 마스터를 선택하고 Alt + Shift + F9 를 눌러 눈금자를 표시합니다.

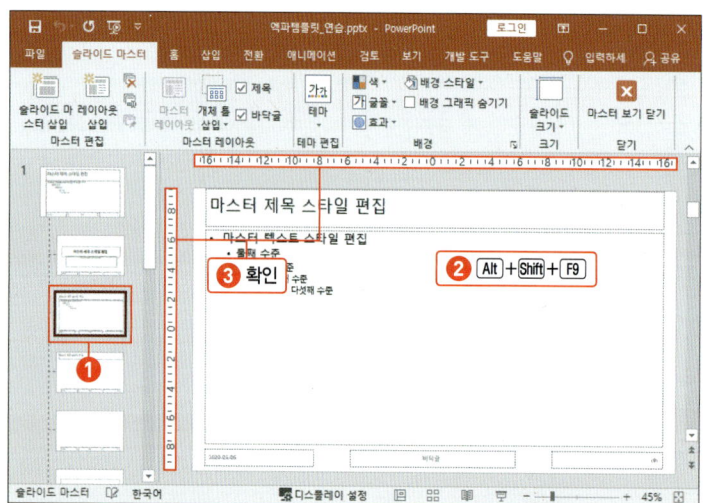

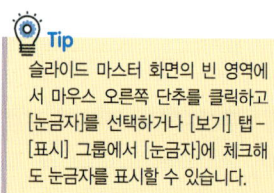

Tip
슬라이드 마스터 화면의 빈 영역에서 마우스 오른쪽 단추를 클릭하고 [눈금자]를 선택하거나 [보기] 탭-[표시] 그룹에서 [눈금자]에 체크해도 눈금자를 표시할 수 있습니다.

2 첫째 수준은 글머리 기호 없이 사용하는 경우가 많으므로 본문 레이아웃의 첫째 수준에 커서를 올려놓고 [홈] 탭-[단락] 그룹에서 [글머리 기호]를 클릭하여 글머리 기호를 삭제합니다.

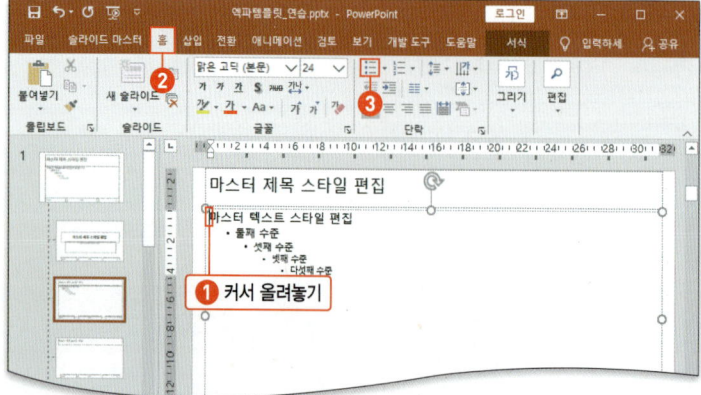

3 둘째 수준의 글머리 기호와 텍스트 사이에 커서를 올려놓고 눈금자에 표시된 시작점 전체 조절 막대를 드래그하여 위치를 변경합니다.

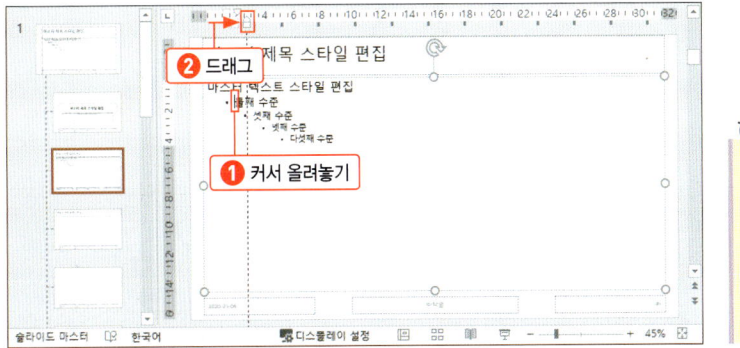

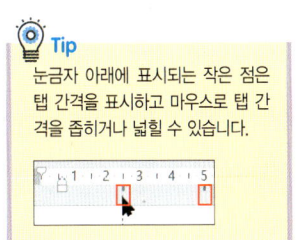

Tip
눈금자 아래에 표시되는 작은 점은 탭 간격을 표시하고 마우스로 탭 간격을 좁히거나 넓힐 수 있습니다.

4 셋째 수준부터 다섯째 수준까지 눈금자의 시작점 전체 조절 막대를 드래그하여 차례대로 위치를 조절합니다.

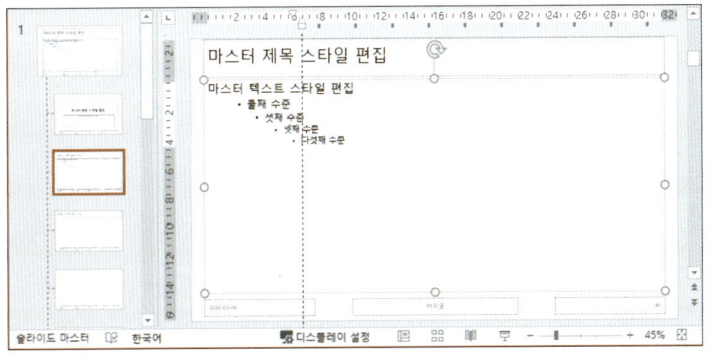

5 둘째 수준의 글머리 기호 영역을 선택하고 [홈] 탭-[단락] 그룹에서 [글머리 기호]의 내림 단추()를 클릭한 후 [글머리 기호 및 번호 매기기]를 선택합니다.

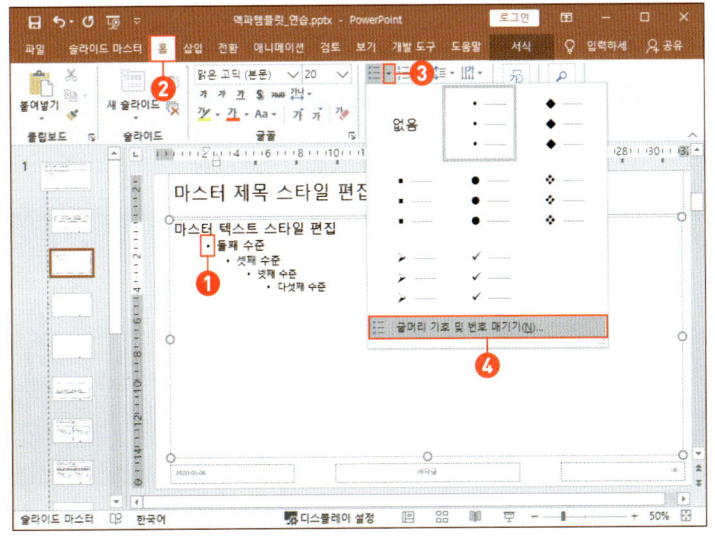

Tip
기본적으로 표시된 원 모양의 글머리 기호가 첫째 수준부터 다섯째 수준까지 같게 설정되어 있지만, 수준이 다른데 같은 글머리 기호를 사용하는 것은 피해야 합니다. 수준에 따라 글머리 기호를 다르게 지정해야 수준을 구분할 수 있습니다.

6 [글머리 기호 및 번호 매기기] 대화상자가 나타나면 [글머리 기호] 탭에서 [사용자 지정]을 클릭합니다. [기호] 대화상자가 나타나면 '하위 집합'에서 [도형 기호]를 선택하고 [White Square] (□)를 선택한 후 [확인]을 클릭합니다. [글머리 기호 및 번호 매기기] 대화상자로 되돌아오면 지정한 도형 기호를 확인하고 '텍스트 크기'를 [100%]로 지정한 후 [확인]을 클릭합니다.

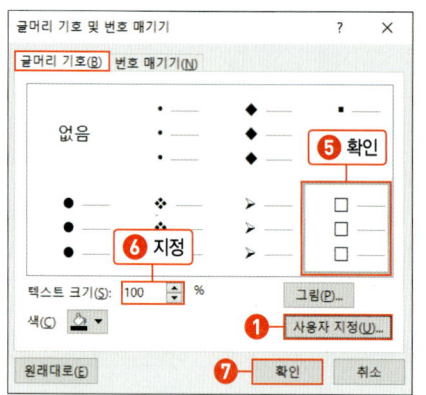 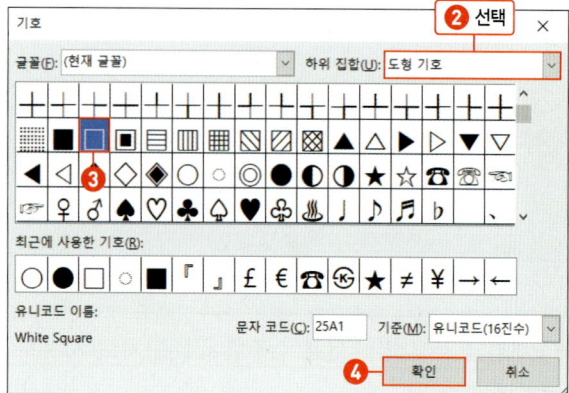

7 변경된 둘째 수준의 글머리 기호를 확인합니다. 이와 같은 방법으로 셋째 수준부터 다섯째 수준의 글머리 기호를 ● → ○ → • 순서로 지정합니다.

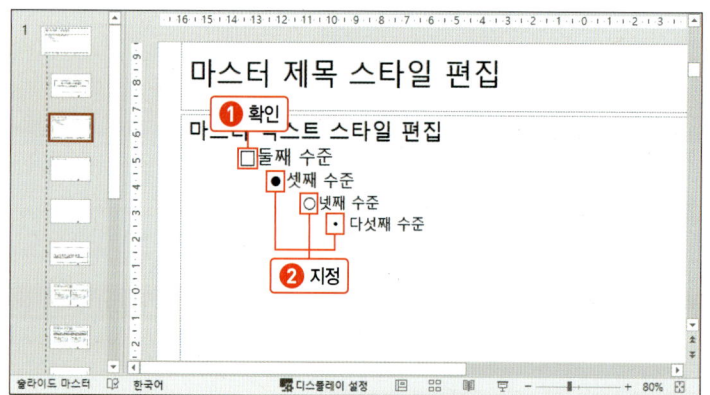 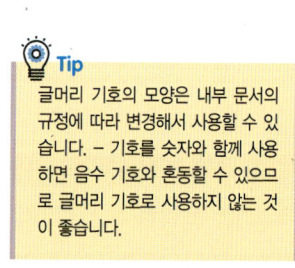

Tip
글머리 기호의 모양은 내부 문서의 규정에 따라 변경해서 사용할 수 있습니다. – 기호를 숫자와 함께 사용하면 음수 기호와 혼동할 수 있으므로 글머리 기호로 사용하지 않는 것이 좋습니다.

잠깐만요 :: 탭 간격과 맞춤 방식을 직접 조절하기

[단락] 대화상자와 [탭] 대화상자를 이용하면 탭 간격과 맞춤 방식을 직접 정확하게 지정할 수 있습니다.

1. [홈] 탭-[단락] 그룹에서 [단락] 대화상자 표시 아이콘(⬚)을 클릭합니다.
2. [단락] 대화상자가 나타나면 [탭]을 클릭합니다.
3. [탭] 대화상자에서 탭의 간격과 맞춤을 설정할 수 있습니다.

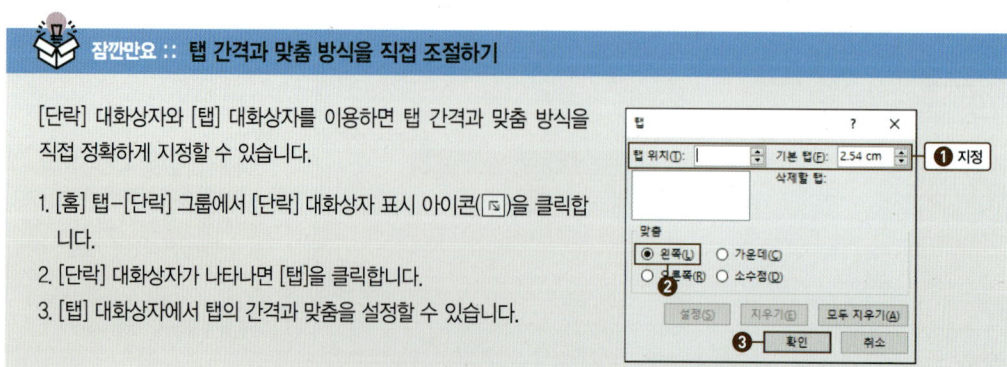

8 제목 레이아웃 개체는 '나눔고딕 ExtraBold', '32pt'로, 본문 레이아웃 개체는 '나눔바른고딕'으로 지정합니다. 본문 레이아웃의 첫째 수준은 28pt, 둘째 수준은 24pt, 셋째 수준부터 다섯째 수준까지는 '20pt', '18pt', '16pt'로 차례대로 지정합니다.

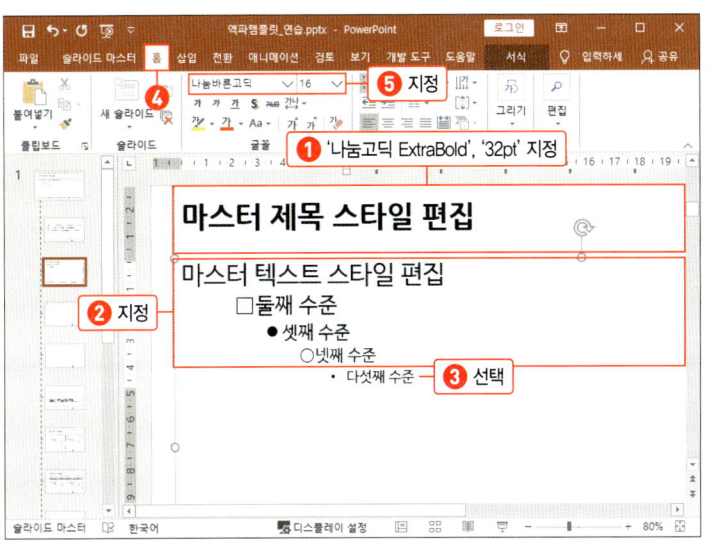

Tip
218쪽의 5에서 설명하는 'Tip'을 참고하여 나눔 글꼴을 설치했거나, 나눔 글꼴의 설치를 원하지 않으면 기본 서체를 이용하여 글꼴을 설정해도 됩니다.

9 슬라이드 마스터 미리 보기 창에서 '제목만 레이아웃' 마스터를 선택하고 '나눔고딕 ExtraBold', '32pt'를 지정합니다. 슬라이드 마스터 설정 작업을 모두 마쳤으면 [슬라이드 마스터] 탭-[닫기] 그룹에서 [마스터 보기 닫기]를 클릭합니다.

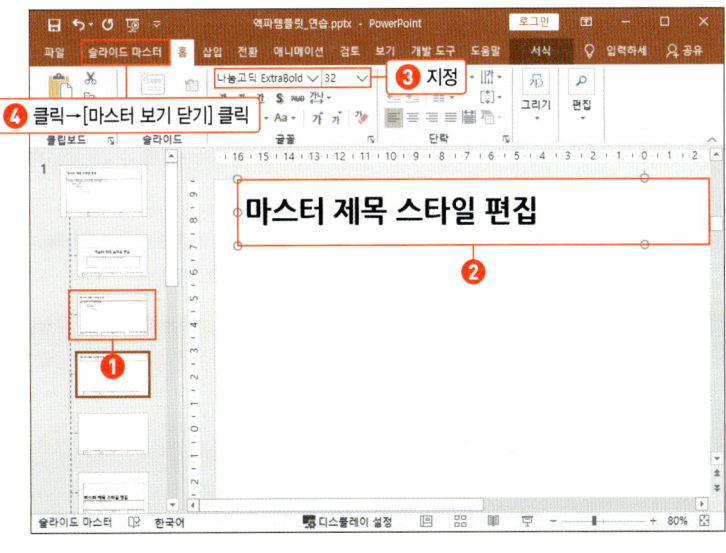

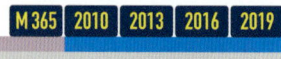

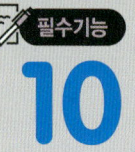 **필수기능 10**

설정한 슬라이드 마스터를 기본 서식 파일로 저장하기

기능	방법
현재 테마 저장	[디자인] 탭-[테마] 그룹-[자세히] 단추(▽)-[현재 테마 저장]
기본 테마로 설정	테마에서 마우스 오른쪽 단추 → [기본 테마로 설정]

1 파워포인트를 실행할 때마다 설정한 슬라이드 마스터를 적용해 보겠습니다. [디자인] 탭-[테마] 그룹에서 [자세히] 단추(▽)를 클릭하고 [현재 테마 저장]을 선택합니다.

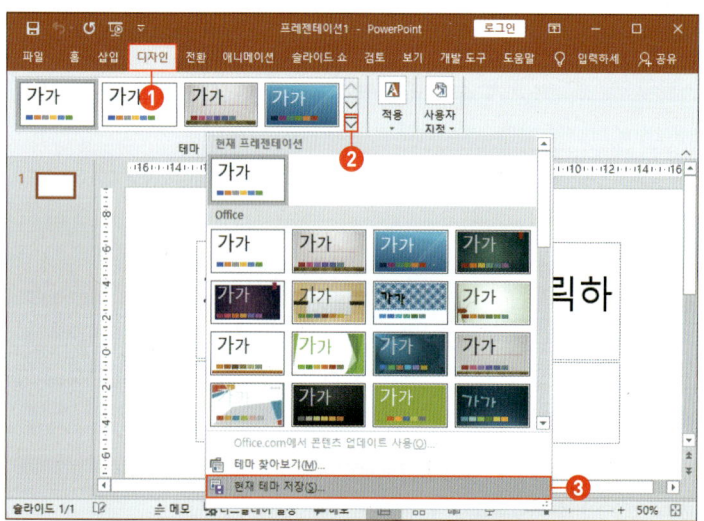

2 [현재 테마 저장] 대화상자가 나타나면 '파일 이름'에 『엑파2020』을 입력하고 [저장]을 클릭합니다.

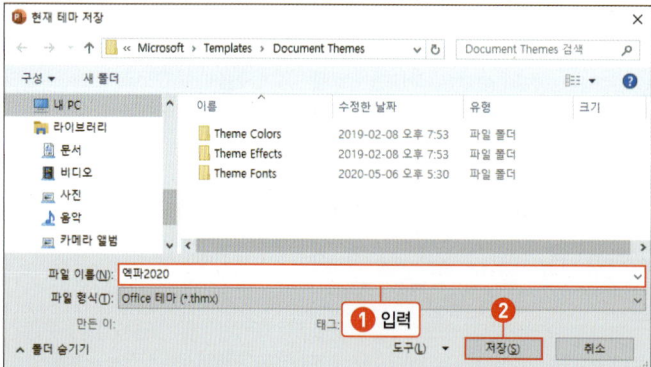

3 [디자인] 탭-[테마] 그룹의 미리 보기 화면에서 **2** 과정에서 저장한 '엑파2020' 테마를 마우스 오른쪽 단추로 클릭하고 [기본 테마로 설정]을 선택한 후 파워포인트를 종료합니다.

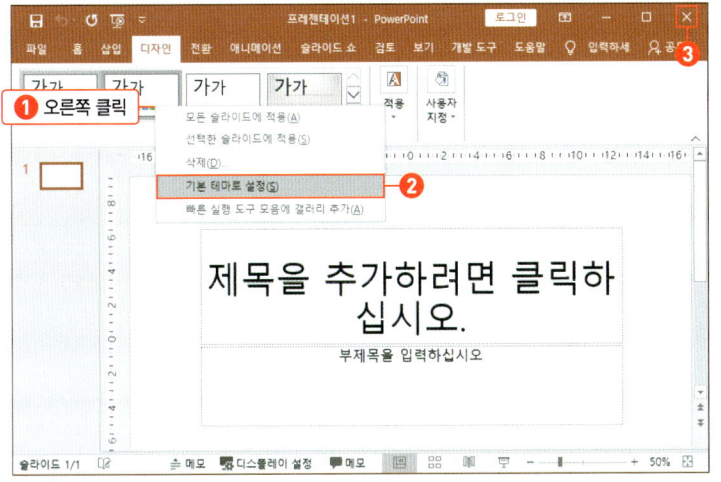

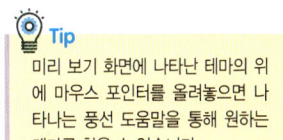

Tip
미리 보기 화면에 나타난 테마의 위에 마우스 포인터를 올려놓으면 나타나는 풍선 도움말을 통해 원하는 테마를 찾을 수 있습니다.

4 파워포인트를 다시 실행하면 시작 화면에 'Default Theme' 항목이 새롭게 추가되어 있습니다. 이것을 클릭하면 슬라이드 마스터에서 작업한 서식으로 파워포인트 문서를 작업할 수 있습니다.

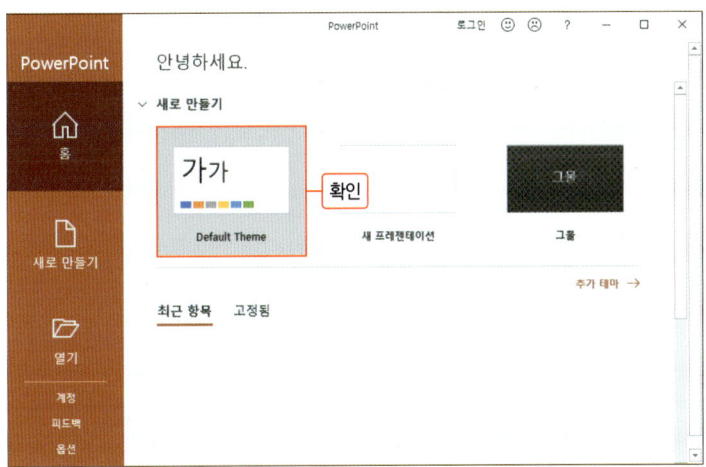

잠깐만요 :: 이전 테마로 복귀 또는 삭제하기

이전 테마로 복귀하려면 [디자인] 탭-[테마] 그룹의 'Office 테마'에서 마우스 오른쪽 단추를 클릭하고 [기본 테마로 설정]을 선택합니다. 테마 파일은 'C:\Users\내 컴퓨터 이름\AppData\Roaming\Microsoft\Templates\Document Themes'에 저장되므로 이 경로로 이동한 후 'Default Theme.thmx'를 삭제하면 테마를 삭제할 수 있습니다.

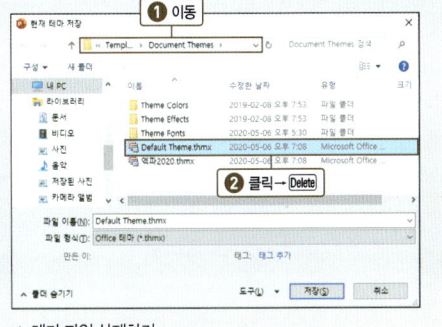

▲ 테마 파일 삭제하기

빠르게 슬라이드 마스터 적용하기

● 예제파일 : 1장\파포\섹션06\엑파연습.pptx, 엑파템플릿.pptx ● 완성파일 : 1장\파포\섹션06\엑파연습(완).pptx

기능	방법
테마 찾아보기	[디자인] 탭-[테마] 그룹-[자세히] 단추(▽)-[테마 찾아보기]

1 '엑파연습.pptx'를 열고 [디자인] 탭-[테마] 그룹에서 [자세히] 단추(▽)를 클릭한 후 [테마 찾아보기]를 선택합니다.

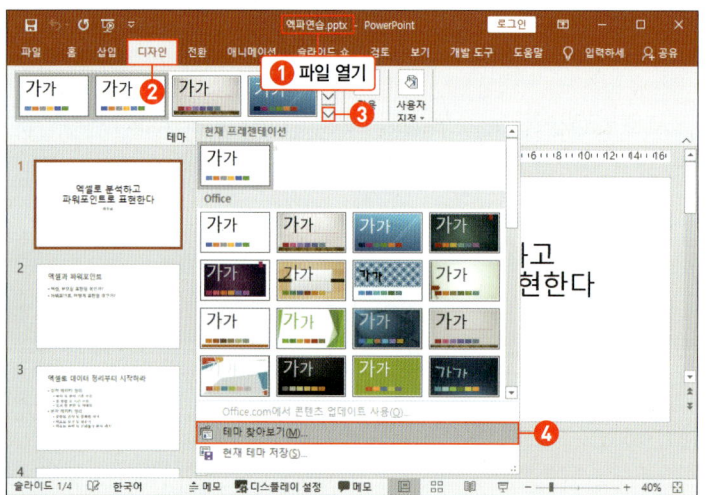

> **Tip**
> 메모장이나 파워포인트 개요 보기로 정리한 내용을 파워포인트로 디자인하기 전에 미리 작성한 슬라이드 마스터를 적용하면 문서를 빠르게 작성할 수 있습니다. 내용 중 슬라이드 마스터와 맞지 않는 항목만 수정하면 되므로 시간이 많이 절약됩니다.

2 [테마 또는 테마 문서 선택] 대화상자가 나타나면 부록 실습파일에서 '1장\파포\섹션06' 폴더의 '엑파템플릿.pptx'를 선택하고 [적용]을 클릭합니다.

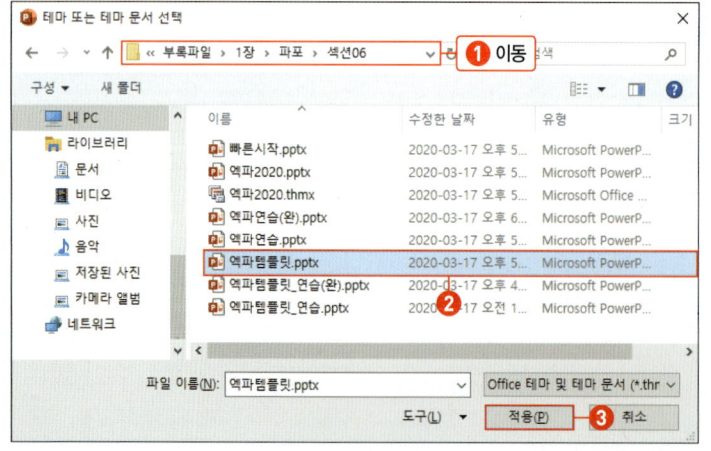

> **Tip**
> '엑파템플릿.pptx'는 슬라이드 마스터로 미리 만들어둔 표준 템플릿 파일입니다.

3 '엑파템플릿.pptx' 템플릿이 적용되었는지 확인합니다.

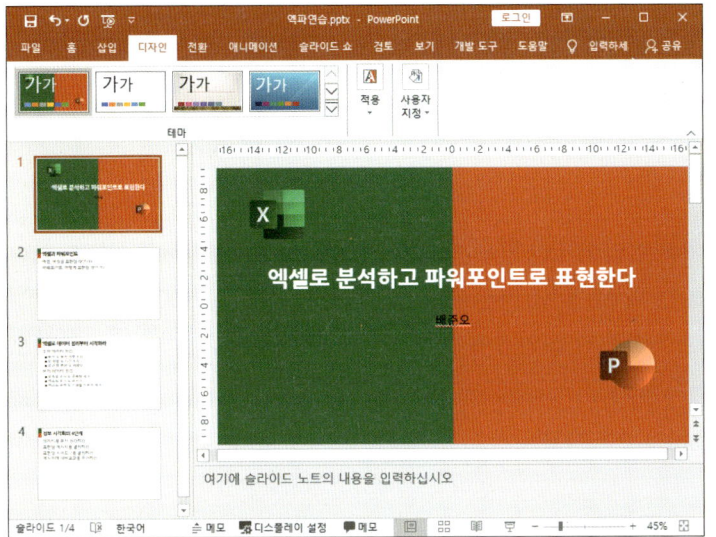

> **Tip**
> 슬라이드 마스터 파일은 테마 형식으로 저장되어 있지 않아도 불러올 수 있습니다. 문서 불러오기를 사용하면 슬라이드 마스터에서 파일을 일일이 복사하여 붙여넣지 않아도 됩니다.

잠깐만요 :: 슬라이드의 크기 설정 옵션 선택하기 2013 2016

슬라이드 마스터 화면에서 [슬라이드 마스터] 탭-[크기] 그룹의 [슬라이드 크기]를 클릭하여 슬라이드의 크기를 변경할 때 콘텐츠의 크기가 자동으로 조정되지 못하면 다음의 두 가지 옵션을 선택할 수 있는 대화상자가 나타납니다.

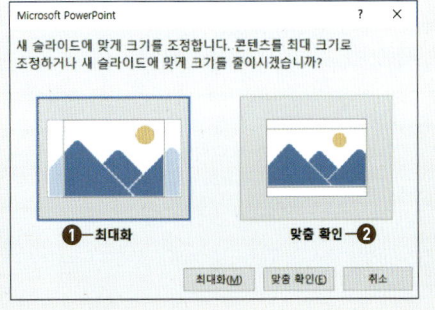

❶ **최대화** : 슬라이드의 크기를 크게 조정합니다. [최대화]를 선택하면 콘텐츠의 크기를 확대할 수 있지만, 슬라이드에 맞지 않을 수 있습니다.

❷ **맞춤 확인** : 슬라이드의 크기를 작게 조정합니다. [맞춤 확인]을 선택하면 콘텐츠의 크기가 줄어 슬라이드에서 모든 내용을 확인할 수 있습니다.

슬라이드의 크기 조절하기

파워포인트 2010 버전까지는 기본 슬라이드의 경우 가로 대 세로의 크기 비율이 4:3으로 표시되었습니다. 하지만 파워포인트 2013 버전부터는 기본 슬라이드 비율이 와이드 스크린 비율인 16:9로 변경되었기 때문에 문서 작성 목적과 발표 환경에 따라 4:3 또는 사용자 지정 비율로 슬라이드의 크기를 조정할 수 있습니다.

1 슬라이드의 크기 설정하기

슬라이드 마스터 화면에서 [슬라이드 마스터] 탭-[크기] 그룹의 [슬라이드 크기]를 클릭하여 슬라이드의 크기를 선택합니다.

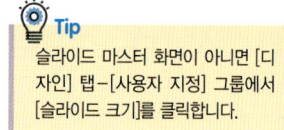

Tip
슬라이드 마스터 화면이 아니면 [디자인] 탭-[사용자 지정] 그룹에서 [슬라이드 크기]를 클릭합니다.

2 16:9 비율과 4:3 비율 비교하기

사람은 사물을 넓게 보기 때문에 16:9 비율의 슬라이드가 훨씬 자연스럽게 보입니다. 따라서 와이드 스크린은 발표할 때는 문제가 없지만, 인쇄까지 고려한다면 4:3 비율로 사용하는 것이 좋습니다. 그리고 발표 장소의 빔 프로젝터가 16:9 비율을 지원하지 못할 수 있으므로 16:9 비율은 사용 환경을 고려해야 합니다. 파워포인트 2013 버전부터는 16:9 비율을 기본 크기로 지원하지만, 4:3을 기본 비율로 설정할 수 있습니다.

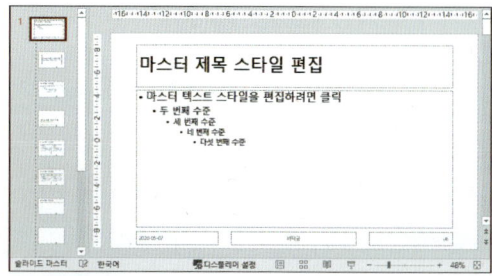

▲ 16:9 비율의 기본 화면

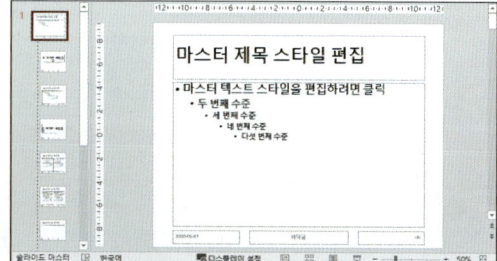

▲ 4:3 비율로 설정한 화면

| M 365 | 2010 | 2013 | 2016 | 2019 |

● 예제파일 : 1장\파포\섹션06\기본템플릿4x3.pptx

현장실무 13 | 4:3 비율의 슬라이드를 기본 화면으로 설정하기

업무시간단축	기능	방법
	현재 테마 저장	[디자인] 탭-[테마] 그룹-[자세히] 단추(▽)-[현재 테마 저장]
	기본 테마로 설정	해당 테마에서 마우스 오른쪽 단추 → [기본 테마로 설정]

1 [디자인] 탭-[테마] 그룹에서 [자세히] 단추(▽)를 클릭한 후 [현재 테마 저장]을 선택합니다.

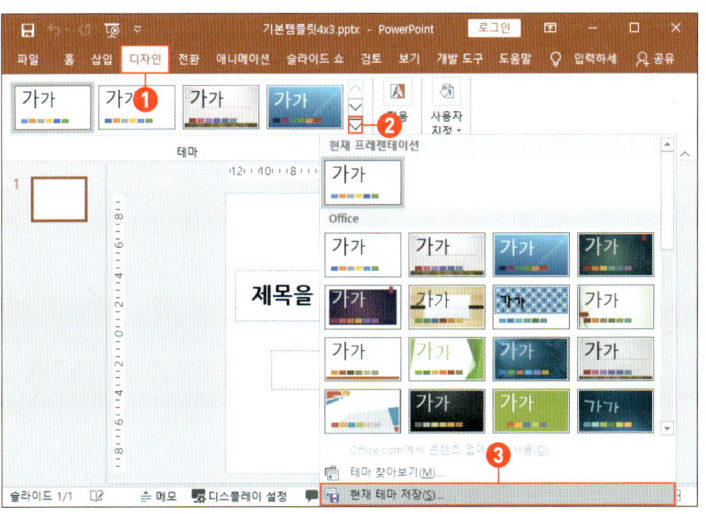

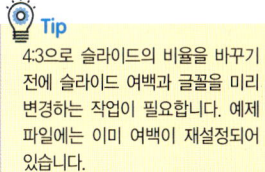

Tip
4:3으로 슬라이드의 비율을 바꾸기 전에 슬라이드 여백과 글꼴을 미리 변경하는 작업이 필요합니다. 예제 파일에는 이미 여백이 재설정되어 있습니다.

2 [현재 테마 저장] 대화상자가 나타나면 '파일 이름'에 『4×3비율』을 입력하고 [저장]을 클릭합니다.

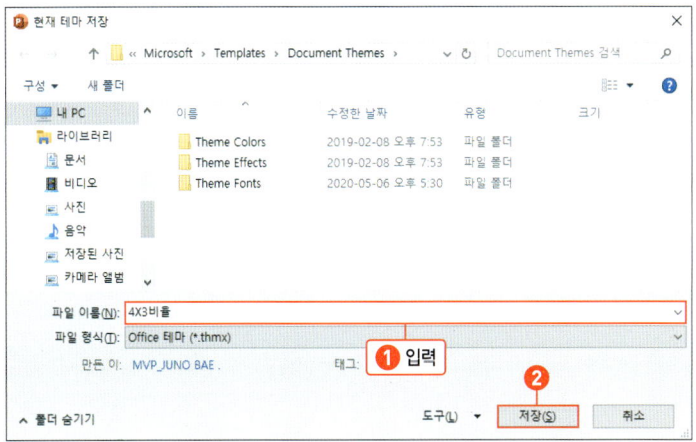

3 [디자인] 탭-[테마] 그룹의 미리 보기 이미지에서 **2** 과정에서 저장한 '4×3비율' 테마를 찾고 마우스 오른쪽 단추를 클릭한 후 [기본 테마로 설정]을 선택합니다. 기본 테마를 설정했으면 파워포인트를 종료합니다.

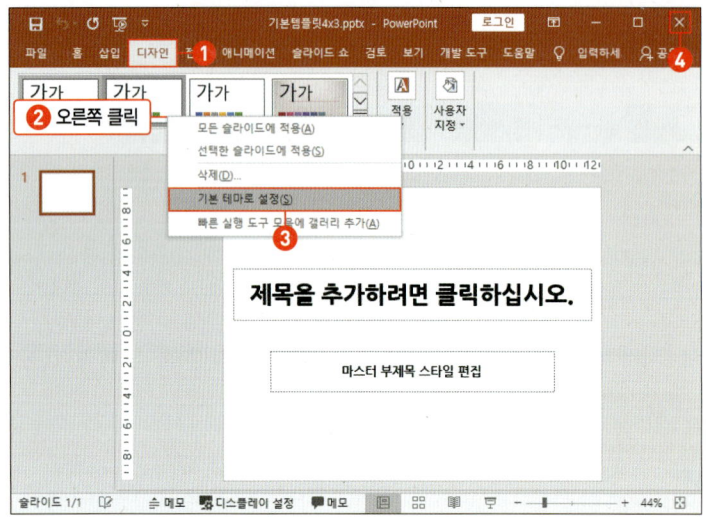

4 파워포인트를 실행하고 시작 화면에서 'Default Theme' 항목을 클릭하면 기본적으로 4:3 비율의 파워포인트 화면이 표시됩니다.

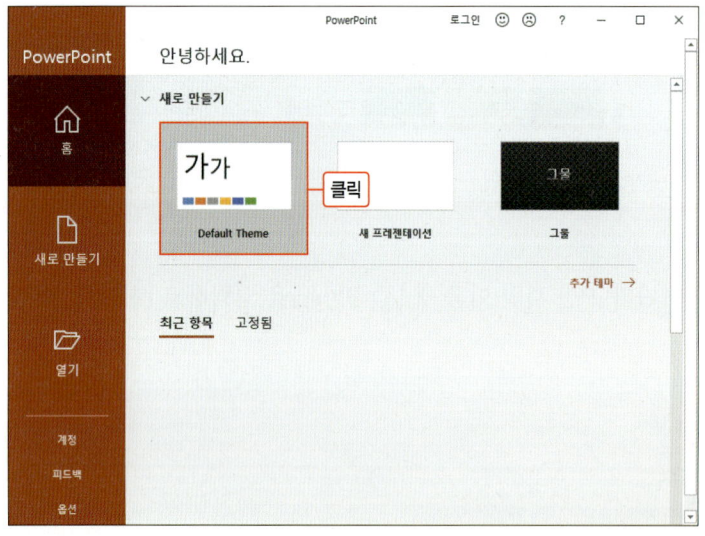

> 💡 **Tip**
> 파워포인트 2013 버전부터는 기본 슬라이드의 크기 비율이 와이드 스크린 및 HD 형식인 16:9로 변경되었지만, 인쇄 및 발표 환경 등 필요에 따라 4:3 비율로 작업해야 할 때가 있습니다.

잠깐만요 :: 저장한 테마 파일명 찾아서 열기

파워포인트에 기본 테마로 설정할 수 있는 파일은 오직 1개뿐입니다. 하지만 현재 테마를 저장할 때 이름을 설정한 후 테마 파일을 찾아서 열 수 있습니다.

1. 파워포인트 시작 화면에서 [새로 만들기] 범주에 표시된 테마 미리 보기 이미지의 오른쪽 아래에 있는 [추가 테마]를 클릭합니다.

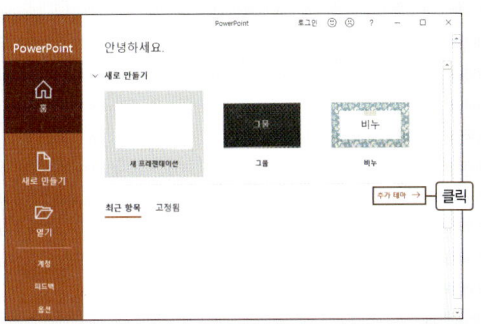

2. 파워포인트의 시작 화면에서 [사용자 지정]을 클릭하고 시작 화면의 [사용자 지정] 범주에서 현재 테마 저장한 테마 파일의 목록을 확인합니다. '4×3비율' 테마 파일에서 마우스 오른쪽 단추를 클릭하고 [목록에 고정]을 선택하면 선택한 테마 파일을 목록에 고정시킬 수 있습니다. '4×3비율' 테마 파일을 선택하면 오른쪽 아래에 나타나는 [목록에 고정] 단추(📌)를 클릭해도 목록에 고정시킬 수 있습니다.

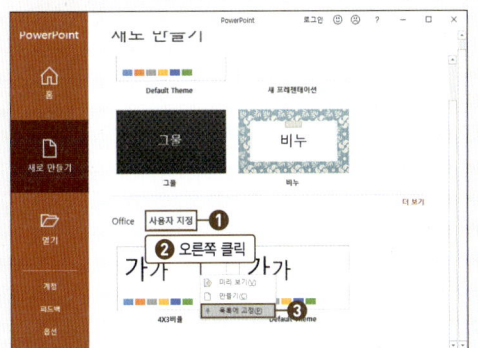 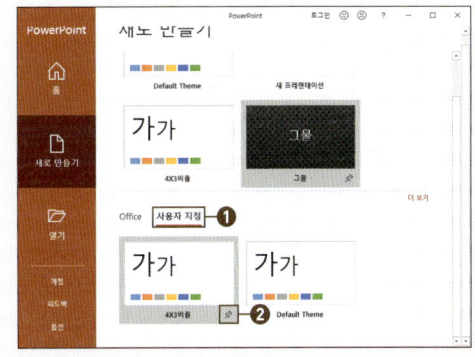

▲ 바로 가기 메뉴에서 [목록에 고정]을 선택한 경우   ▲ [목록에 고정] 단추를 클릭한 경우

3. 목록에 고정된 항목은 시작 화면의 [새로 만들기] 범주에 표시됩니다.

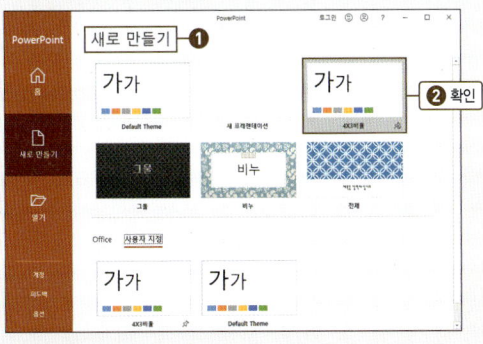

SECTION

07

글을 구조화하여 체계적으로 표현하자!

파워포인트는 도형, 도해 등 시각적 요소를 포함하여 사용하는 대표적인 슬라이드웨어(Slideware; slide+software)입니다. 하지만 작업할 때 글이 너무 많거나 색이나 도형을 무분별하게 남용하면 파워포인트를 사용할 필요가 없습니다. 이번에는 시각적인 효과를 효율적으로 표현하기 위해 도해를 사용하여 글을 구조화하는 방법에 대해 알아보겠습니다. 그리고 양이 많거나 복잡한 데이터는 표로, 수치 관련 데이터는 차트로 표현하는 방법에 대해 자세히 살펴보겠습니다.

01 핵심 키워드만 정확하게 추출하기

도해를 사용해서 글을 구조화하는 기본적인 원칙은 메시지를 청중들에게 이미지화해서 보여주는 것으로, 작성자의 의도가 직관적으로 전달될 수 있도록 핵심 단어 간의 관계를 명확하게 표현해야 합니다. 따라서 청중들 스스로 이미지를 그리면서 내용을 정리할 필요 없이 작성자가 전달하려는 메시지에 가장 적합한 형태의 이미지를 제시하여 청중들이 받아들이도록 작성하는 것이 중요합니다.

프레젠테이션을 만들기 전에 초안으로 작성한 문서에서 중요도가 높은 키워드만 추출하는 작업을 합니다. 이때 한 장의 슬라이드에서 전달하려는 핵심을 정확하게 파악하고 강조하려는 내용을 결정하는 것이 가장 중요합니다. 키워드를 추출할 때는 문장에서 제외할 내용을 삭제하는 방법도 있지만, 청중들의 수준을 고려하여 전달할 메시지를 함축적인 단어로 새롭게 생성할 수도 있습니다. 그러나 메시지를 너무 함축하면 내용의 전달과 이해가 부족할 수 있으므로 주의해야 합니다. 이번에는 문장에서 키워드를 추출하는 일반적인 방법을 살펴보겠습니다.

1 서술형보다 명사형 사용하기

서술형으로 작성한 문장을 명사형으로 바꿉니다.

● 서술형

학령 인구 감소로 인해 2021학년도 전체 대학 모집 인원은 올해보다 419명 감소한 34만 7,447명을 선발합니다.
수시 모집으로 전체 인원의 77%(26만 7,374명)를, 정시 모집으로 23%(8만 73명)를 선발합니다.

● 명사형

2021학년도 전체 대학 모집 인원은 올해보다 419명 감소한 34만 7,447명을 선발
수시 모집으로 전체 인원의 77%(26만 7,374명), 정시 모집으로 23%(8만 73명)를 선발

2 간단명료하게 표현하기

명사형으로 변경한 문장도 내용 전달에 도움이 될 수 있도록 더욱 간단명료하게 정리합니다.

● 명사형

2021학년도 전체 대학 모집 인원은 올해보다 419명 감소한 34만 7,447명을 선발
수시 모집으로 전체인원의 77%(26만 7,374명), 정시 모집으로 23%(8만 73명)를 선발

● 간단명료

2021학년 전체 대학 모집 인원 올해 대비 419명 감소한 34만 7천여 명 선발

수시 모집은 전체 인원의 77%(26만 7천여 명), 정시 모집은 23%(8만여 명) 선발

3 요약이 아닌 압축해서 표현하기

키워드를 추출할 때는 내용을 요약하는 것보다 핵심이 포함된 함축적인 표현이 좋습니다.

● 간단명료

2021학년 전체 대학 모집 인원 올해 대비 419명 감소한 34만 7천여 명 선발

수시 모집은 전체 인원의 77%(26만 7천여 명), 정시 모집은 23%(8만여 명) 선발

● 요약보다 압축

수시 77%, 정시 23% 선발

2021년 대학 입시 모집 인원 34만 7천여 명

수시 77%, 26만 7천여 명

정시 23%, 8만여 명

4 불필요한 조사와 문장 부호 생략하기

불필요한 조사와 문장 부호를 사용하면 문장이 길어지고 지저분해 보이므로 생략해야 합니다.

5 각 단락별로 종결어미 통일하기

● 통일 전

수시 77%, 정시 23% 선발
2021년 대학 입시 모집 인원 34만 7천여 명
수시 77%, 26만 7천여 명, 정시 23%, 8만여 명

● 통일 후

수시 77%, 정시 23% 선발
2021년 대학입시 모집인원 34만 7천여 명
수시 26만 7천여 명, 정시 8만여 명

키워드를 추출할 때 한 문장에 하나의 정보만 담아야 합니다. 정보가 적으면 청중들은 전달자의 핵심을 정확하게 파악할 수 있어서 전달하려는 내용을 오랫동안 기억할 수 있습니다.

2021학년도 대학입학전형시행계획 (before)
- 한국대학교육협의회는 전국 198개 4년제 대학의 '2021학년도 대학입학전형시행계획'을 발표했다.
- 학령인구 감소로 인해 2021학년도 전체대학 모집인원은 올해보다 419명 감소한 34만 7,447명을 선발한다. 수시모집으로 전체인원의 77%(26만 7,374명), 정시모집으로 23%(8만 73명)를 선발한다.
- 2020학년도 대입과 마찬가지로 학생부 위주, 수능 위주의 선발 기조는 유지된다. 특히 수시 모집인원 중 87.2%를 학생부위주로 선발할 예정이며, 서울권 주요 대학들은 학생부교과전형 선발 인원을 확대한 일부 대학들을 제외하고는 학생부종합전형 선발 비중이 높은 수준을 유지한다.
- 교육기회의 균등 제공을 위해 대학은 고른기회 특별전형 실시에 대한 규정을 명시하였으며, 이에 따라 매년 선발인원의 비율이 증가하고 있다. 또한 지역인재 특별전형 인원도 전년 대비 2% 증가했다.

→

2021학년도 대학입학전형시행계획 (After)
- 수시 77%, 정시 23% 선발…정시 비율 소폭 증가
  - 2021년 대학입시 모집인원 34만 7천여 명
  - 수시 26만 7천여 명, 정시 8만여 명
- 수시 모집인원 중 87.2% 학생부위주 선발
  - 학생부 위주, 수능 위주 선발 기조 유지
  - 수시 모집인원 87.2% 학생부위주로 선발 예정
- 교육기회 균등 위해 고른기회, 지역인재 선발 비율 증가
  - 고른기회 특별전형 실시에 대한 규정 명시로 선발인원 비율 증가
  - 지역인재 특별전형 인원 전년 대비 2% 증가
(출처) 전국 198개 4년제 대학의 '2021학년도 대학입학전형시행계획' 한국대학교육협의회 발표

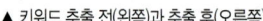
▲ 키워드 추출 전(왼쪽)과 추출 후(오른쪽)

02 키워드에 맞는 도해 사용하기

슬라이드를 디자인할 때 도해를 사용하면 전달하려는 내용을 구조화시켜서 명확하게 표현할 수 있습니다. 하지만 내용과 맞지 않는 도해를 사용하면 청중들은 발표자가 전달하는 내용을 제대로 이해하지 못하게 됩니다.

내용을 구조화시키는 작업을 하면서 도형이나 도해를 슬라이드에 억지로 끼워 맞춰서 작성하는 경우가 많습니다. 예를 들어 전달할 핵심 내용은 세 가지인데, 인터넷에서 찾은 도해가 네 가지로 작성된 경우가 있습니다. 이때 필요 없는 도형을 지우면 도해가 예쁘지 않아 핵심 내용을 무리하게 네 가지로 변경하기도 합니다.

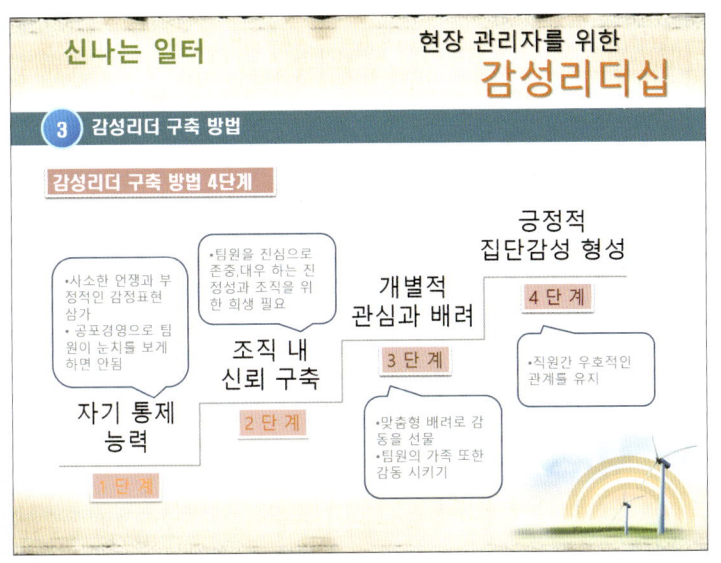

▲ 단계를 표현하는 도해의 시선 흐름이 부자연스럽게 표현된 슬라이드

도해를 제대로 사용하려면 도해로 표현할 내용이 무엇인지 정확하게 결정해야 합니다. 도해를 통해 무엇을 전달하고 청중들에게 어떤 부분을 인지시키려고 하는지 작성자는 스스로 계속 질문해야 합니다. 무의미한 도형을 삽입하고 내용을 입력하면 도해를 사용하지 않는 것이 오히려 메시지 전달에 좋습니다. 의미 없는 도해를 사용하면 시각적으로도 불편하기 때문에 메시지 전달에 방해됩니다.

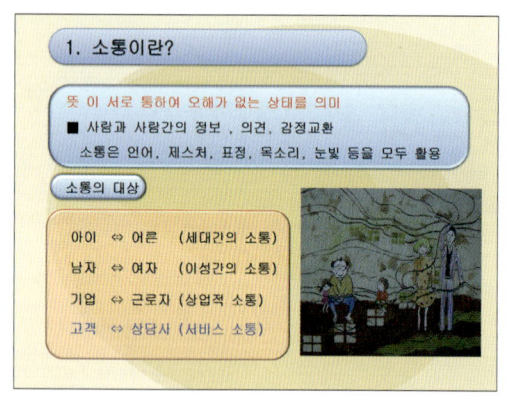
▲ 불필요한 박스를 사용한 슬라이드

▲ 적합한 키워드를 사용해 내용을 표현한 슬라이드

1 도해의 유형 결정하기

도해로 표현하고 싶은 부분을 결정했으면 어울리는 도해의 유형을 선택해야 합니다. 문서에서 가장 많이 사용하는 대표적인 도해의 유형은 항목을 순차적으로 보여주는 '목록형'과 순서를 나타내는 '프로세스형', 반복된 작업을 표시하는 '주기형', 상하의 관계를 분명히 표시하는 '계층 구조형', A와 B의 관계를 정의하는 '관계형', 두 가지 이상의 개념을 표시하는 '행렬형', 상하 계층을 보여주는 '피라미드형'입니다. 이와 같이 기본 도해의 개념을 응용하여 시각적인 도해로 유형을 발전시킬 수 있는데, 파워포인트에서는 스마트아트(SmartArt) 그래픽에서 도해의 유형을 참고하면 좋습니다.

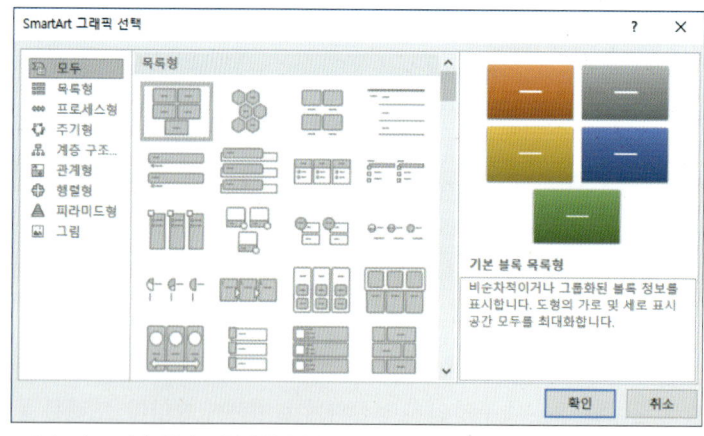
▲ 스마트아트 그래픽 이용해 도해의 유형 지정하기

디자인 요소가 추가된 도해도 기본 도형으로부터 시작합니다. 우선 기본 도형을 선택하고 내용을 잘 표현할 수 있도록 디자인 요소를 추가해야 하는데, 이 경우에도 기본 도형으로부터 시작됩니다.

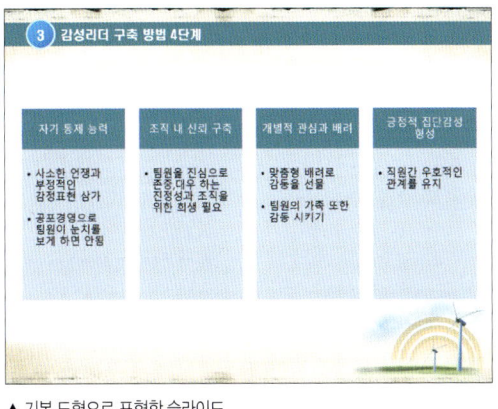
▲ 기본 도형으로 표현한 슬라이드

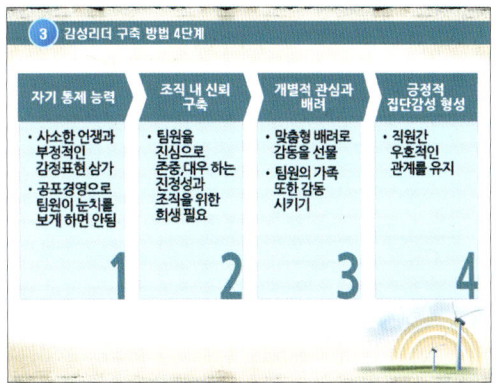
▲ 디자인 요소를 가미한 슬라이드

2 도형 윤곽선의 두께 통일하기

도형을 삽입할 때 윤곽선의 두께를 통일해야 설명하는 내용의 중요도가 강조되고 정리된 느낌을 줍니다.

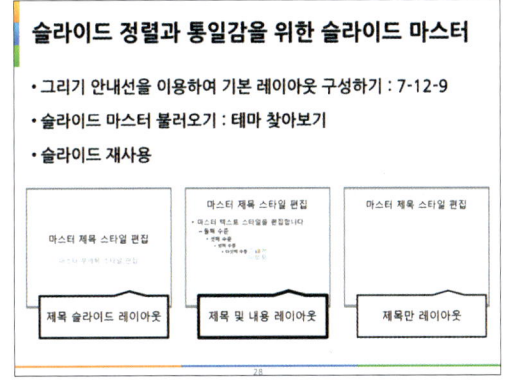
▲ 도형 윤곽선의 두께를 통일하기 전(왼쪽)과 통일한 후(오른쪽)

도형 윤곽선의 두께를 통일할 때 윤곽선의 대시 스타일도 통일해야 합니다. 대시 스타일은 사용 목적에 따라 달라지므로 적절하게 사용하는 것이 좋습니다.

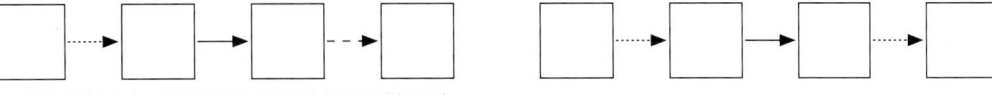
▲ 도형 윤곽선의 대시 스타일을 통일하기 전(왼쪽)과 통일한 후(오른쪽)

3 의미 없는 도형 삭제하기

도형만으로는 구조화된 도해를 만들 수 없습니다. 즉 내용을 시각화하기 위해 아무 연관성 없는 도형을 사용하면 전달하려는 내용에 대한 청중들의 집중도와 이해를 방해할 수 있습니다. 따라서 너무 복잡한 도해보다 기본 도형 위주로 도해를 작성하는 것이 좋고, 도형 없이 내용을 전달할 수 있다면 과감하게 도형을 생략해야 합니다.

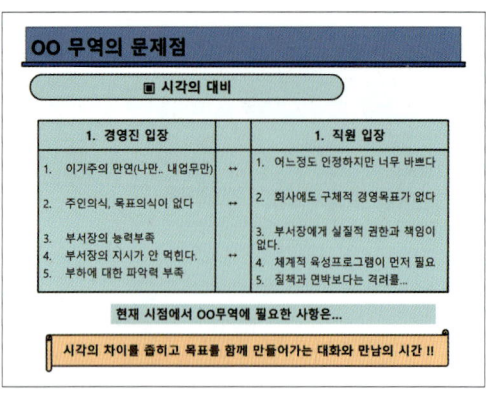
▲ 의미 없는 도형을 잘못 사용한 슬라이드

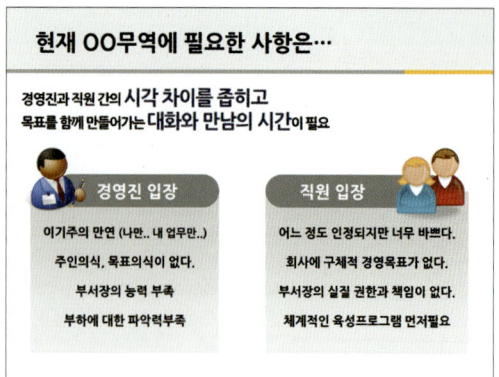
▲ 불필요한 도형을 생략한 슬라이드

 잠깐만요 :: 도해에서 화살표의 사용 사례 살펴보기

화살표는 2개 이상의 개념을 연결하거나 흐름을 설명할 때 사용합니다. 화살표는 방향 및 형태, 길이, 대시 스타일 등에 따라 의미가 다르게 전달되므로 주의해서 사용하는 것이 좋습니다.

화살표	의미	화살표	의미	화살표	의미	화살표	의미	화살표	의미
→	동작, 영향	--->	예측	↗	상승	↘	하강	↷	변화 있음
➡	증가	▶	감소	〰	약해짐, 성장	✦	집중, 집약	✧	확산
⟳	순환	▶▶▶	연속성	⇇	분화	⊥	분기	⤳	합류
↶	양방향 회전	↻	논리적, 긍정적	↺	비논리적, 부정적	⟲	순환	∿	운동
↩	방향, 전환	⇄	같은 힘, 대응, 대립	⇌	주고받음	→←	압력, 대립	∠	반사, 거절

화살표를 너무 많이 사용하면 내용이 복잡해 보이므로 도형을 활용하여 효과적으로 표현하는 것이 좋습니다.

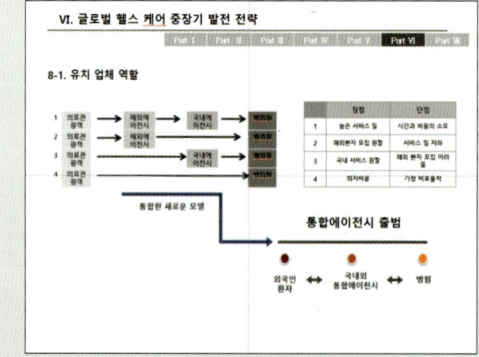
▲ 화살표를 너무 많이 사용한 슬라이드

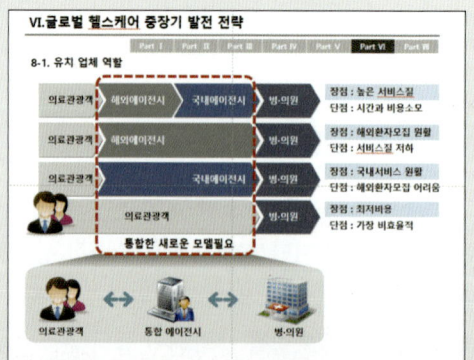
▲ 화살표 대신 도형으로 관계를 표현한 슬라이드

03 텍스트를 스마트아트 그래픽으로 변환하기

기능	방법
스마트아트 그래픽으로 변환	[홈] 탭-[단락] 그룹-[SmartArt 그래픽으로 변환]
스마트아트 그래픽의 레이아웃 변경	[디자인] 탭-[레이아웃] 그룹-[자세히] 단추(▽)

1 슬라이드에서 본문 텍스트 개체를 선택합니다.

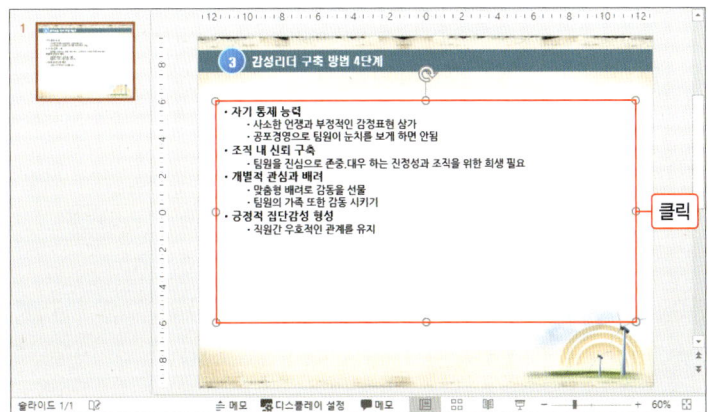

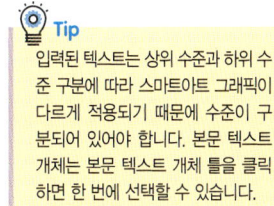

Tip
입력된 텍스트는 상위 수준과 하위 수준 구분에 따라 스마트아트 그래픽이 다르게 적용되기 때문에 수준이 구분되어 있어야 합니다. 본문 텍스트 개체는 본문 텍스트 개체 틀을 클릭하면 한 번에 선택할 수 있습니다.

2 [홈] 탭-[단락] 그룹에서 [SmartArt 그래픽으로 변환]을 클릭하고 스마트아트 그래픽 목록에서 원하는 스마트아트 그래픽을 선택합니다. 여기서는 [가로 글머리 기호 목록형]을 클릭합니다.

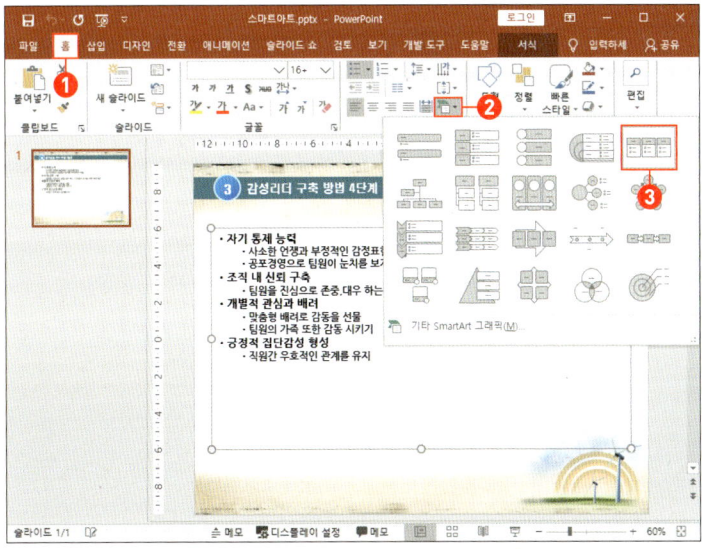

3 변경된 스마트아트 그래픽의 레이아웃을 확인합니다. [텍스트를 입력하십시오.] 창이 나타나면 좀 더 넓은 화면에서 작업하기 위해 창을 닫습니다.

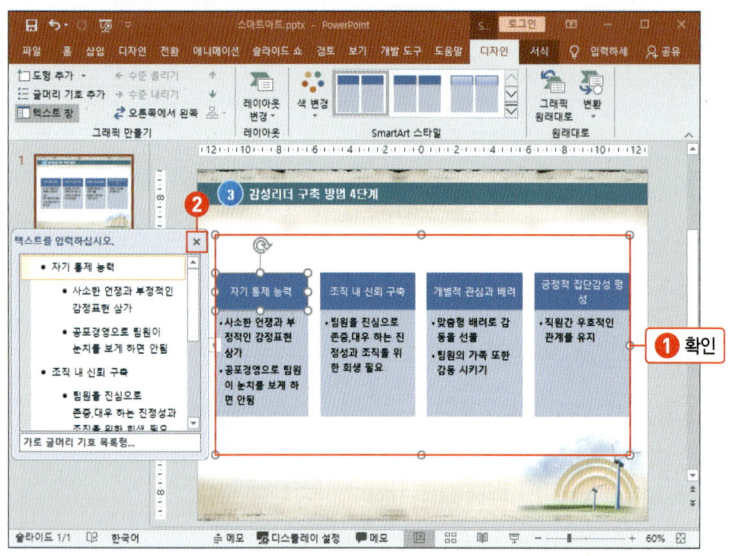

> **Tip**
> [텍스트를 입력하십시오.] 창에서는 본문 텍스트 개체의 텍스트를 추가 입력하거나 수정할 수 있습니다.

4 스마트아트 그래픽을 다시 선택하고 [SmartArt 도구]의 [디자인] 탭-[레이아웃] 그룹에서 [자세히] 단추(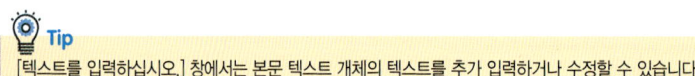)를 클릭한 후 [연속 그림 목록형]을 클릭합니다. 스마트아트 그래픽의 디자인이 변경되었는지 확인합니다.

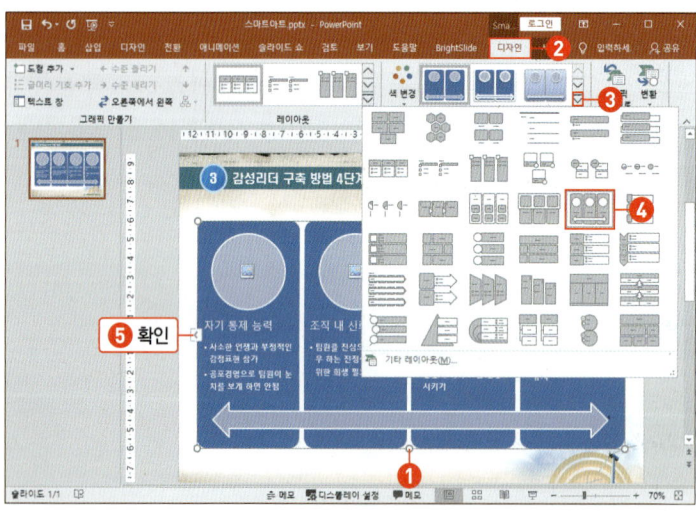

현장실무 04 | 점 편집해 기본 도형을 새 도해 스타일로 변경하기

> ● 예제파일 : 1장\파포\섹션07\점편집.pptx ● 완성파일 : 1장\파포\섹션07\점편집(완).pptx

기능	방법
도형 모양 변경	[서식] 탭–[도형 삽입] 그룹–[도형 편집]–[도형 모양 변경]
점 편집	마우스 오른쪽 단추 → [점 편집]
점 삭제	마우스 오른쪽 단추 → [점 삭제]

1 첫 번째 '의료 관광객' 사각형을 선택하고 Ctrl을 누른 상태에서 왼쪽에 위치한 3개의 사각형을 차례대로 클릭하여 모두 선택합니다.

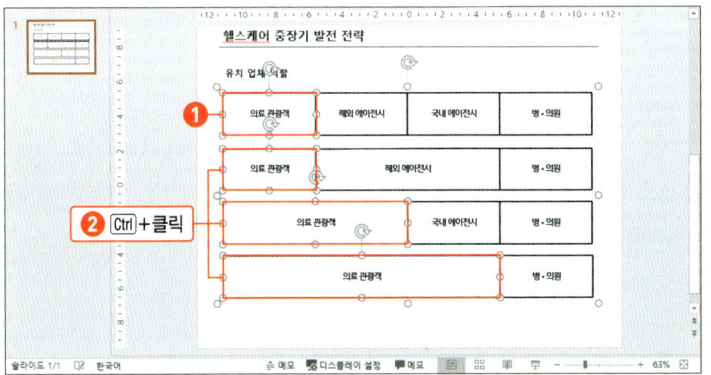

2 [그리기 도구]의 [서식] 탭–[도형 삽입] 그룹에서 [도형 편집]을 클릭하고 [도형 모양 변경]을 선택합니다. 도형 목록이 나타나면 흐름을 나타낼 수 있는 도해 스타일로 만들기 위해 '블록 화살표'의 [화살표: 오각형](▷)을 클릭합니다.

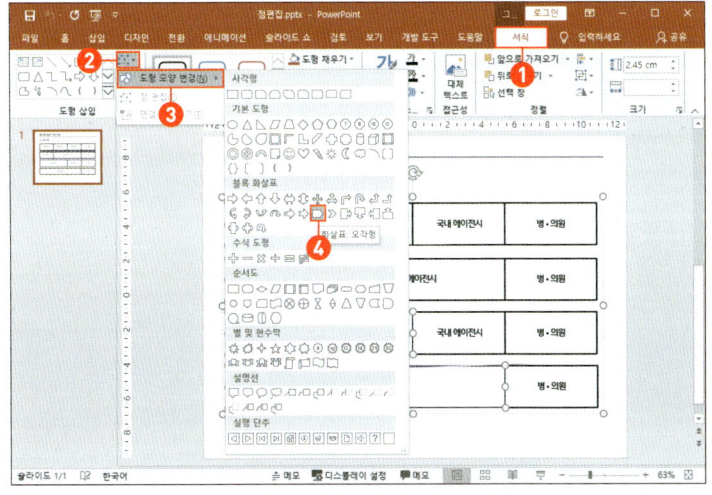

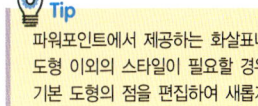

Tip
파워포인트에서 제공하는 화살표나 도형 이외의 스타일이 필요할 경우 기본 도형의 점을 편집하여 새롭게 만들 수 있습니다.

3 선택한 4개의 사각형이 오각형으로 바뀌었으면 나머지 사각형의 모양도 변경하기 위해 Ctrl 을 이용해 남아있는 사각형을 모두 선택합니다. [그리기 도구]의 [서식] 탭-[도형 삽입] 그룹에서 [도형 편집]을 클릭하고 [도형 모양 변경]을 선택한 후 '블록 화살표'의 [화살표: 갈매기형 수장](▷)을 클릭합니다.

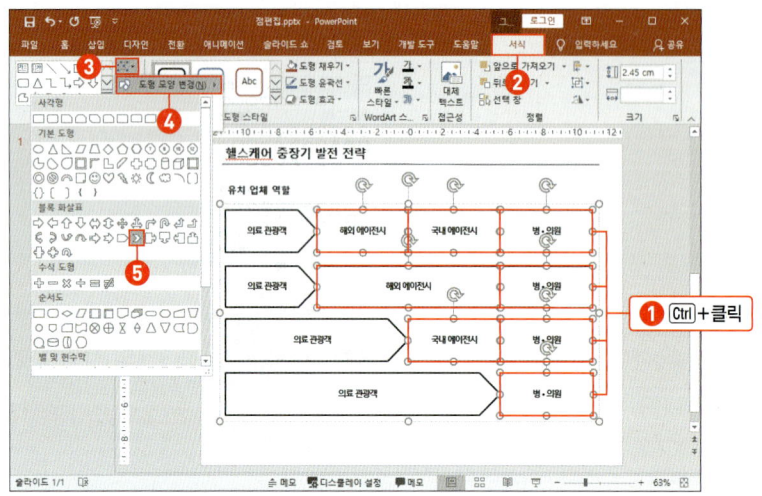

4 가장 오른쪽에 위치한 '병·의원' 도형은 마지막 단계이므로 오른쪽 면이 계속 진행되는 느낌보다 마무리하는 느낌으로 수정해야 하지만, 이러한 도형의 변형은 파워포인트에서 제공하지 않으므로 '점 편집' 기능을 이용해 보겠습니다. Esc 를 눌러 도형들의 선택을 해제하고 오른쪽 위에 있는 '병·의원' 도형에서 마우스 오른쪽 단추를 클릭한 후 [점 편집]을 선택합니다.

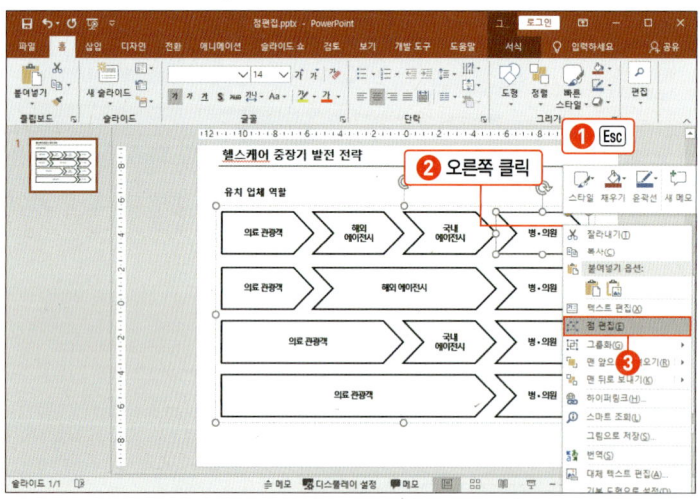

> **Tip**
> [그리기 도구]의 [서식] 탭-[도형 삽입] 그룹에서 [도형 편집]을 클릭하고 [점 편집]을 선택해도 됩니다.

5 점 편집 상태가 되면 필요 없는 점을 삭제하기 위해 도형의 오른쪽 꼭짓점에서 마우스 오른쪽 단추를 클릭하고 [점 삭제]를 선택합니다.

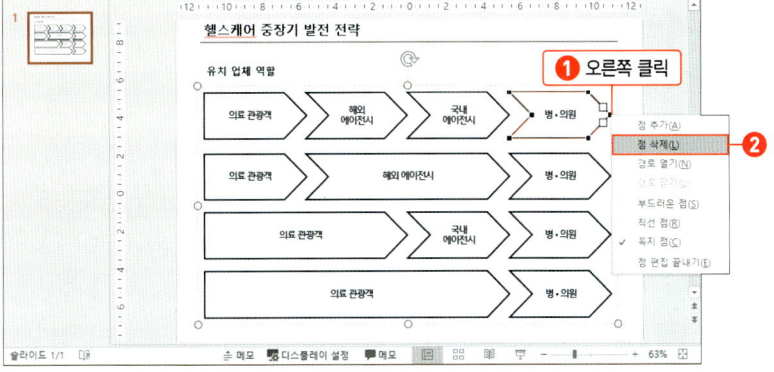

6 점이 삭제되어 모양이 변경된 도형을 확인합니다. 이와 같은 방법으로 나머지 3개의 도형에도 가장 오른쪽에 위치한 필요 없는 점을 삭제하여 오각형으로 만듭니다.

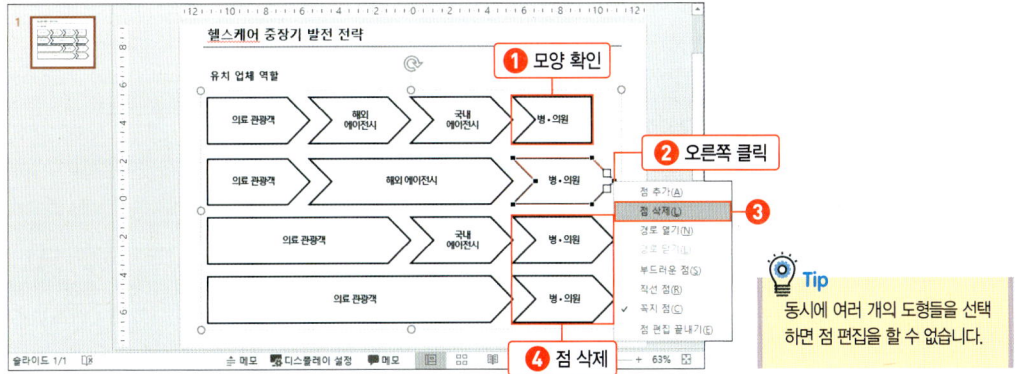

> **Tip**
> 동시에 여러 개의 도형들을 선택하면 점 편집을 할 수 없습니다.

7 점 편집된 오각형 도형들을 모두 선택하고 마우스 오른쪽 단추를 클릭한 후 [개체 서식]을 선택합니다. [도형 서식] 창이 열리면 [텍스트 옵션]의 [텍스트 상자](□)를 클릭하고 '왼쪽 여백' 과 '오른쪽 여백'의 값을 조정하여 텍스트의 위치를 도형의 가운데로 조정합니다.

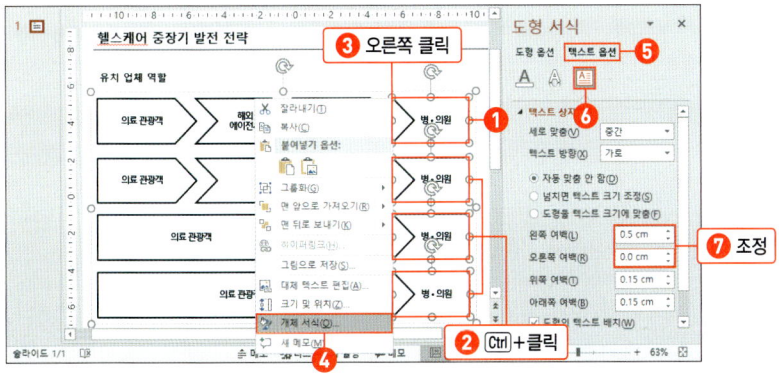

05 양이 많거나 복잡한 데이터를 표로 정리하기

표는 가로 선과 세로 선 안에 데이터를 가두는 곳이 아니라 전달하려는 데이터를 알기 쉽도록 일목 요연하게 정리하고 표현하는 도구입니다. 따라서 양이 많거나 복잡한 데이터를 입력할 때는 표로 정리하는 습관을 갖는 것이 좋습니다. 이때 표에 너무 많은 데이터를 한꺼번에 입력하지 말고 가능한 행과 열의 수를 제한해서 청중들이 직관적으로 파악할 수 있도록 메시지를 작성해야 합니다.

1 데이터를 비교하기 위해 표 사용하기

표는 데이터를 비교할 때 가장 많이 사용하는 방법입니다. 예를 들어 다음 주에 예정된 신제품 출시 발표 행사를 위해 관련 부서별 일정을 체크하고 가장 빨리 모일 수 있는 날짜와 시간을 정해보겠습니다.

- **기획팀** : 언제든지 상관없지만, 월요일 오후는 피했으면 함
- **마케팅팀** : 월요일 오전 중에는 사내 리더스 미팅 때문에 안 됨. 화요일 오후부터 주말까지는 지방 연수 계획
- **영업팀** : 월요일 희망. 화요일과 수요일은 오후에 거래처 미팅

정보를 텍스트로만 전달한다면 가능한 회의 일정을 한 번에 파악하기가 힘듭니다. 따라서 데이터를 비교하기 위해 위의 내용을 표로 정리하면 화요일 오전에 회의가 가능하다는 것을 쉽게 알 수 있습니다.

부서	월		화		수	
	오전	오후	오전	오후	오전	오후
기획팀		불가				
마케팅팀	불가			불가	불가	불가
영업팀				불가		불가

2 표 삽입하기

복잡한 표를 작성할 때는 워드나 엑셀에서 표를 그린 후 파워포인트로 가져오는 방법을 권장합니다. 간단한 표는 파워포인트에서 직접 그리는 것이 편리합니다. 그래서 마우스로 열과 행을 드래그하여 표를 그리거나 [표 삽입] 대화상자에 열과 행 개수를 입력하여 표를 삽입할 수 있습니다. 이 밖에도 외부 문서에서 표 서식을 복사한 후 붙여넣어 그리는 방법이 있습니다.

방법 1 마우스로 열과 행 드래그하기

[삽입] 탭-[표] 그룹에서 [표]를 클릭하고 원하는 표의 크기만큼 영역을 드래그하여 선택합니다.

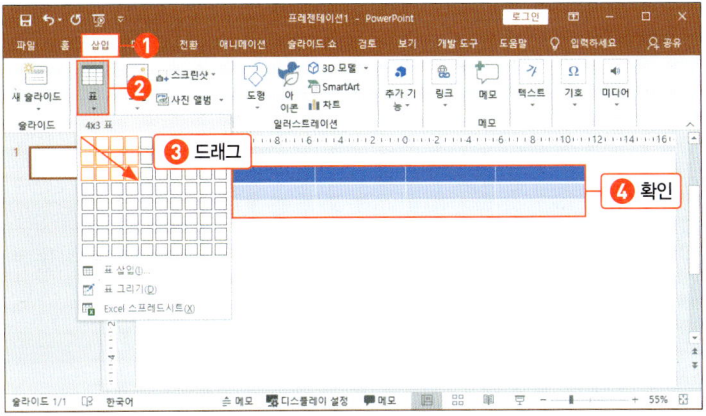

방법 2 [표 서식] 대화상자 이용하기

1 [홈] 탭-[슬라이드] 그룹에서 [레이아웃]을 클릭하고 'Office 테마'의 [제목 및 내용]을 클릭합니다.

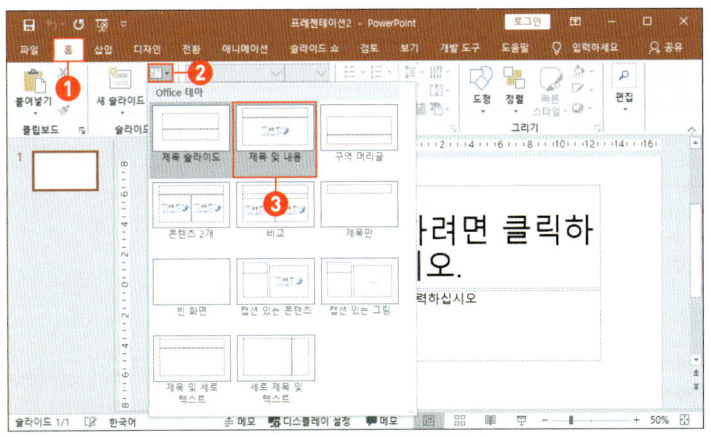

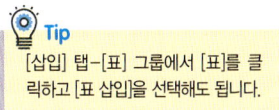

Tip
[삽입] 탭-[표] 그룹에서 [표]를 클릭하고 [표 삽입]을 선택해도 됩니다.

2 슬라이드의 가운데에 레이아웃 개체 틀이 나타나면 [표 삽입] 단추(▦)를 클릭합니다. [표 삽입] 대화상자가 나타나면 '열 개수'와 '행 개수'에 원하는 열과 행의 수를 입력하고 [확인]을 클릭하여 표를 작성합니다.

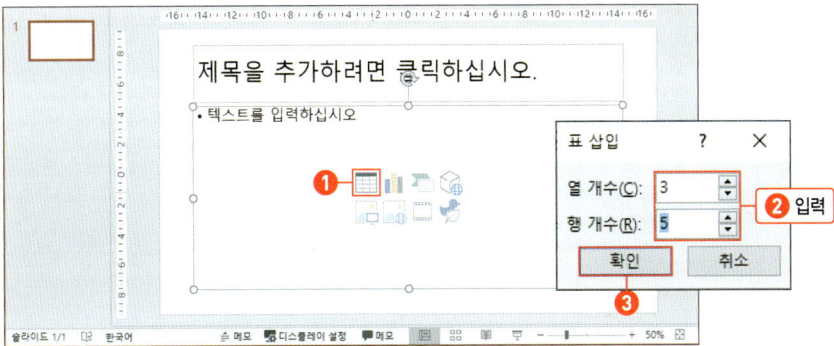

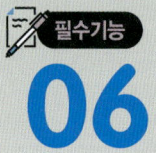

06 | 표 그리기 기능으로 데이터를 표로 변환하기

기능	방법
표의 머리글 행 표시	[디자인] 탭-[표 스타일 옵션] 그룹-[머리글 행]
표 스타일 지정	[디자인] 탭-[표 스타일] 그룹-[자세히] 단추(▽)
표 테두리 지정	[디자인] 탭-[표 스타일] 그룹-[표 테두리]

1 슬라이드 작업 창에서 표를 선택하고 [표 도구]의 [디자인] 탭-[표 스타일 옵션] 그룹에서 [머리글 행]에 체크합니다. [디자인] 탭-[표 스타일] 그룹에서 [자세히] 단추(▽)를 클릭하고 '밝게'의 [밝은 스타일 1]을 클릭합니다.

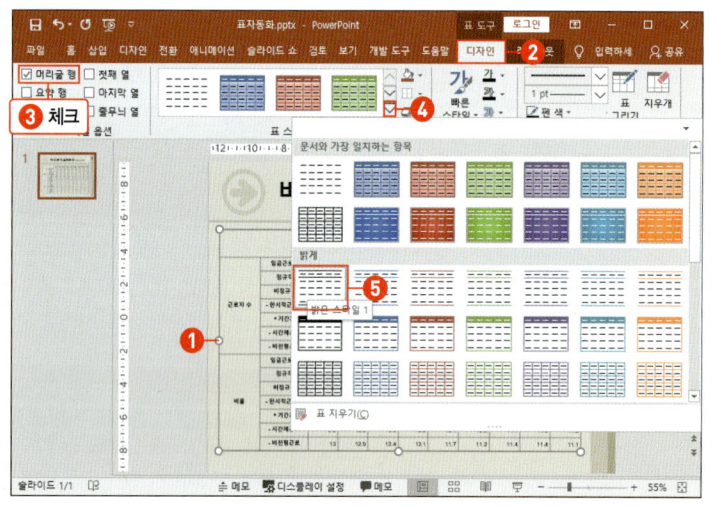

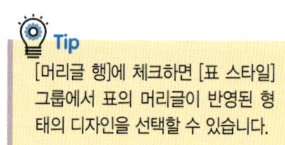

Tip
[머리글 행]에 체크하면 [표 스타일] 그룹에서 표의 머리글이 반영된 형태의 디자인을 선택할 수 있습니다.

2 표에서 2016년부터 2020년의 상반기 항목을 선택하고 [표 도구]의 [디자인] 탭-[표 스타일] 그룹에서 [표 테두리]의 내림 단추(▼)를 클릭한 후 [테두리 없음]을 선택합니다.

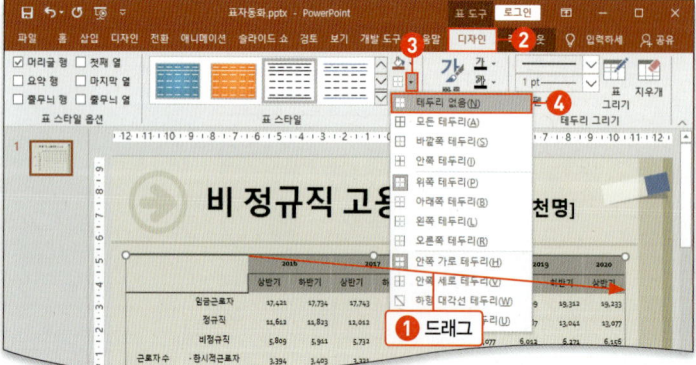

3 표의 2016년부터 2020년 항목을 선택한 상태에서 [표 도구]의 [디자인] 탭-[표 스타일] 그룹에서 [표 테두리]의 내림 단추(▼)를 클릭하고 [위쪽 테두리]와 [아래쪽 테두리]를 각각 선택하여 표의 머리글을 완성합니다.

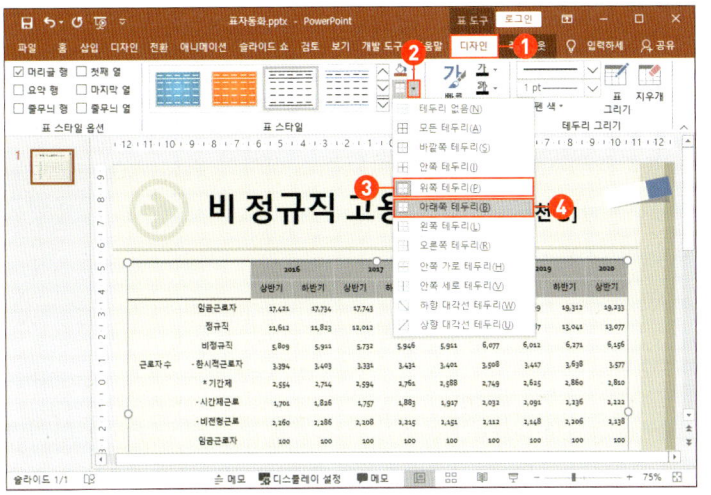

4 표에서 '근로자 수'와 '비율'을 구분하기 위해 '근로자 수' 항목의 마지막 행을 선택합니다. [표 도구]의 [디자인] 탭-[표 스타일] 그룹에서 [표 테두리]의 내림 단추(▼)를 클릭하고 [아래쪽 테두리]를 선택하여 표를 완성합니다.

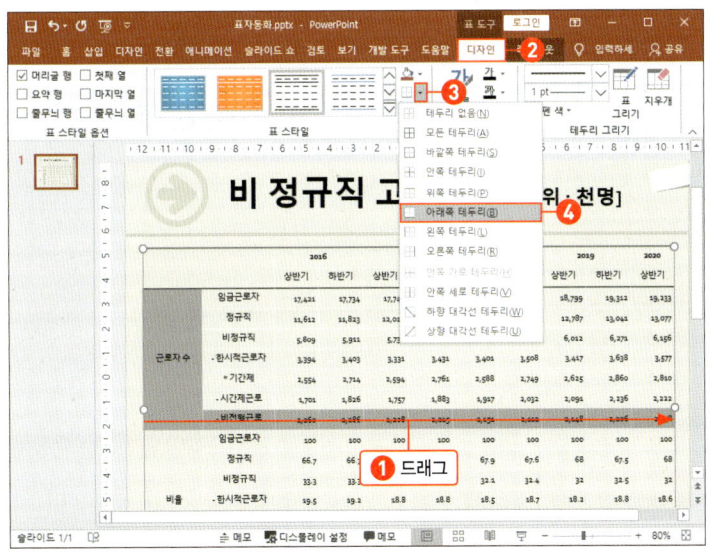

> **Tip**
> [표 도구]의 [디자인] 탭-[테두리 그리기] 그룹에서 [표 그리기] 또는 [지우개]를 선택하고 표에서 선을 드래그하여 선을 추가하거나 불필요한 선을 삭제할 수 있습니다.

07 표 작성의 기본 원칙 살펴보기

엑셀에서는 데이터를 분석하기 위해, 파워포인트에서는 데이터를 표현하기 위해 표를 사용합니다. 프로그램에 따라 표의 사용 목적이 서로 다르지만, 데이터를 효율적으로 보여주기 위해 지켜야 할 표의 기본 작성 원칙은 같습니다.

1 주목할 부분 강조하기

파워포인트 문서를 작성할 때 효율적으로 데이터를 표현하기 위해 표를 자주 사용합니다. 하지만 왼쪽 표처럼 전달하려는 메시지가 무엇인지 전혀 알 수 없게 디자인하면 어느 부분을 집중적으로 보아야 하는지 알 수 없고, 가독성도 떨어져서 내용이 더욱 어렵게 느껴집니다. 따라서 데이터 분석표를 만들 경우에는 청중들이 주목할 부분이 무엇인지 강조해서 표현해야 합니다. 파워포인트에서 사용하는 표는 발표자가 전달하는 메시지의 근거가 된다는 점을 꼭 기억합니다.

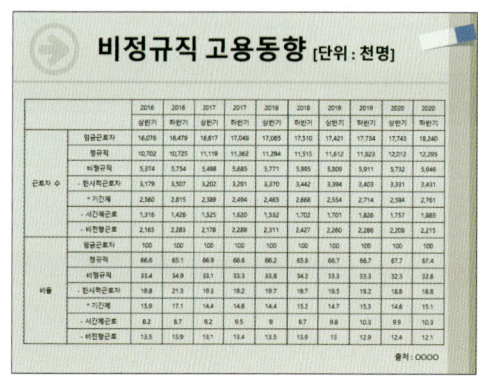
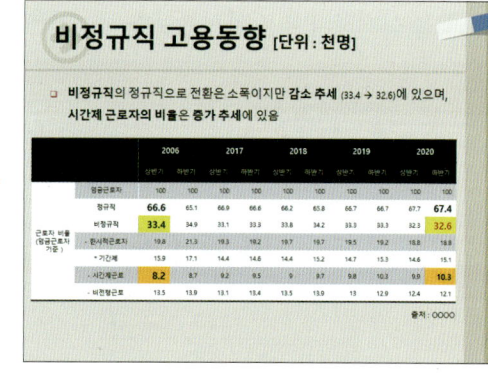

▲ 주목할 부분을 강조 및 보완한 표 디자인

2 선 최소화하기

표는 가로 선과 세로 선으로 구분되어 있지만, 데이터가 많은 표는 선 때문에 데이터 값을 읽기가 어렵습니다. 이 경우 최소한의 그리드 라인만 남겨둔 상태에서 나머지 선을 삭제하면 주요 데이터에 집중할 수 있는 표로 쉽게 수정할 수 있습니다. 표의 선을 없애는 것은 여백을 확보하는 것과 같습니다. 선을 삭제하여 데이터의 구분이 모호해졌으면 행 또는 열에 음영을 적용하여 데이터를 효과적으로 표현할 수 있습니다.

	1월	2월	3월	4월	5월	6월
A 상품	93,993	78,387	96,457	86,990	90,332	84,990
B 상품	87,413	67,274	43,895	78,888	87,732	88,114
C 상품	90,036	86,345	95,412	90,565	90,778	87,906
D 상품	92,737	73,246	86,556	79,004	92,601	83,566
E 상품	83,745	47,434	78,009	80,004	93,211	75,878
합계	447,924	352,686	400,329	415,451	454,654	420,454

	1월	2월	3월	4월	5월	6월
A 상품	93,993	78,387	96,457	86,990	90,332	84,990
B 상품	87,413	67,274	43,895	78,888	87,732	88,114
C 상품	90,036	86,345	95,412	90,565	90,778	87,906
D 상품	92,737	73,246	86,556	79,004	92,601	83,566
E 상품	83,745	47,434	78,009	80,004	93,211	75,878
합계	447,924	352,686	400,329	415,451	454,654	420,454

▲ 선을 최소화한 표 디자인

3 숫자는 오른쪽 정렬하기

텍스트를 입력할 때 대부분 왼쪽 정렬을 선호합니다. 나라마다 텍스트를 읽는 방향이 다르지만, 우리나라의 경우 글을 읽을 때 시선의 흐름이 왼쪽에서 오른쪽 방향으로 진행됩니다. 하지만 숫자의 경우에는 왼쪽 정렬이나 가운데 정렬이 아니라 오른쪽 정렬해야 합니다. 숫자는 크기(단위)를 비교해야 하기 때문에 오른쪽 정렬해야 수치 값을 쉽게 비교할 수 있습니다.

비정규직 고용동향 [단위 : 천명]

		2018 상반기	2018 하반기	2019 상반기	2019 하반기	2020 상반기
근로자 수	임금근로자	18,397	18,776	18,799	19,312	19,233
	정규직	12,486	12,699	12,787	13,041	13,077
	비정규직	5,911	6,077	6,012	6,271	6,156
	· 한시적근로자	3,401	3,508	3,417	3,638	3,577
	* 기간제	2,588	2,749	2,625	2,860	2,810
	· 시간제근로	1,917	2,032	2,091	2,236	2,222
	· 비전형근로	2,151	2,112	2,148	2,206	2,138
비율	임금근로자	100	100	100	100	100
	정규직	67.9	67.6	68	67.5	68
	비정규직	32.1	32.4	32	32.5	32
	· 한시적근로자	18.5	18.7	18.2	18.8	18.6
	* 기간제	14.1	14.6	14	14.8	14.6
	· 시간제근로	10.4	10.8	11.1	11.6	11.6
	· 비전형근로	11.7	11.2	11.4	11.4	11.1

▲ 표의 숫자 데이터를 가운데 정렬한 경우   ▲ 표의 숫자 데이터를 오른쪽 정렬한 경우

> **잠깐만요 :: 표를 작성할 때의 주의 사항 살펴보기**
>
> 표를 작성할 때는 다음과 같은 사항을 주의해야 정확하고 보기 좋게 완성할 수 있습니다.
> ① 표의 텍스트는 긴 문장 대신 간단한 단어를 사용합니다.
> ② 표의 행 제목과 열 제목을 표기하여 행과 열이 나타내는 것을 표현합니다.
> ③ 표에 삽입한 텍스트의 내용이 길면 왼쪽 정렬합니다.
> ④ 표에 삽입한 텍스트가 단어 위주이면 가운데 정렬합니다.
> ⑤ 표에 숫자를 삽입하려면 오른쪽 정렬합니다.
> ⑥ 단위 또는 기호는 반드시 표의 오른쪽 위에 표기합니다.
> ⑦ 표 자료의 출처가 있으면 표의 오른쪽 아래에 정확하게 기록합니다.

4 소수점 기준으로 정렬하기

숫자 데이터는 오른쪽 정렬하는 것이 좋지만, 숫자를 소수점 값까지 표시해야 한다면 소수점을 기준으로 정렬해야 합니다. 소수점과 정수를 함께 사용하면 데이터의 크기를 구분하기 어려울 수 있으므로 정수만 있는 경우에도 소수점 자리를 표시하거나 소수점을 기준으로 정렬하는 것이 좋습니다.

비정규직 고용동향 [단위:천명]		2018		2019		2020
		상반기	하반기	상반기	하반기	상반기
임금근로자		100	100	100	100	100
정규직		67.9	67.6	68	67.5	68
비정규직		32.1	32.4	32	32.5	32
비율	- 한시적근로자	18.5	18.7	18.2	18.8	18.6
	* 기간제	14.1	14.6	14	14.8	14.6
	- 시간제근로	10.4	10.8	11.1	11.6	11.6
	- 비전형근로	11.7	11.2	11.4	11.4	11.1

▲ 소수점 값과 정수 값을 모두 오른쪽 정렬한 표

비정규직 고용동향 [단위:천명]		2018		2019		2020
		상반기	하반기	상반기	하반기	상반기
임금근로자		100	100	100	100	100
정규직		67.9	67.6	68	67.5	68
비정규직		32.1	32.4	32	32.5	32
비율	- 한시적근로자	18.5	18.7	18.2	18.8	18.6
	* 기간제	14.1	14.6	14	14.8	14.6
	- 시간제근로	10.4	10.8	11.1	11.6	11.6
	- 비전형근로	11.7	11.2	11.4	11.4	11.1

▲ 소수점을 기준으로 정리한 표

5 비교용 데이터는 세로로 배열하기

표는 주로 데이터를 비교하기 위해 사용하므로 여러 데이터를 비교할 때는 가로보다 세로로 배열하는 것이 좋습니다. 비교할 대상이 무엇인지에 따라 배열 방식이 다를 수 있지만, 날짜에 따른 웹 브라우저의 점유율을 비교하려면 웹 브라우저 항목은 가로로, 날짜는 세로로 배열한 표가 좀 더 이해하기 쉽습니다.

웹 브라우저 점유율

	December, 2019	March, 2020	June, 2020	August, 2020
Internet Explorer	57.91%	57.96%	58.38%	58.46%
Chrome	16.22%	17.52%	19.34%	19.61%
Firefox	18.35%	17.26%	15.54%	15.23%
Safari	5.82%	5.68%	5.28%	5.32%
Opera	1.33%	1.20%	1.05%	0.96%
Other	0.35%	0.39%	0.41%	0.42%

▲ 웹 브라우저를 기준으로 데이터를 세로로 배열한 표

웹 브라우저 점유율

Month	Internet Explorer	Chrome	Firefox	Safari	Opera	Other
December, 2019	57.91%	16.22%	18.35%	5.82%	1.33%	0.35%
March, 2020	57.96%	17.52%	17.26%	5.68%	1.20%	0.39%
June, 2020	58.38%	19.34%	15.54%	5.28%	1.05%	0.41%
August, 2020	58.46%	19.61%	15.23%	5.32%	0.96%	0.42%

▲ 시간을 기준으로 데이터를 세로로 배열한 표

6 항목 비교 시 비교 항목을 가운데에 배치하기

비교용 표를 작성할 때 비교 대상이 두 가지 이상이면 비교 항목을 표의 가운데에 배치해서 이해도를 높일 수 있습니다. 또한 기준이 되는 데이터를 왼쪽에 배치하는 것도 좋습니다.

▲ 일반적인 표

▲ 비교 항목을 가운데에 배치한 표

 잠깐만요 :: 발표용 슬라이드에서 도형을 이용해 표 강조하기

표의 특정 셀을 강조해서 주요 영역을 강조할 수 있지만, 때로는 표 기능만으로 특정 셀을 강조하기 힘들 수도 있습니다. 특히 발표용 슬라이드의 경우 도형을 이용해 표를 만들면 강조 영역을 효과적으로 보여줄 수 있습니다.

▲ 표 기능을 이용한 SWOT 분석 슬라이드

▲ 도형 기능을 이용한 SWOT 분석 슬라이드

08 셀 여백 설정해 표 데이터 정렬하기

기능	방법
셀 여백 지정	[레이아웃] 탭-[맞춤] 그룹-[셀 여백]

1 슬라이드 작업 창에서 표를 선택하고 [표 도구]의 [레이아웃] 탭-[맞춤] 그룹에서 [셀 여백]을 클릭한 후 여백 크기를 선택할 수 있습니다. 여기서는 직접 여백을 지정하기 위해 [사용자 지정 여백]을 선택합니다.

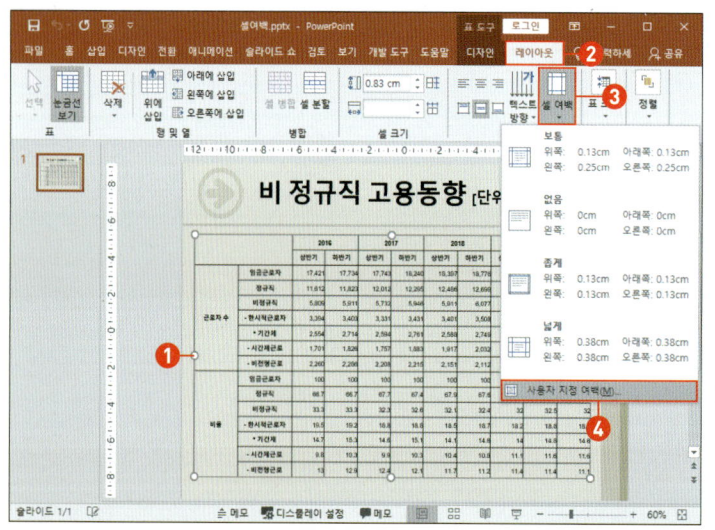

> **Tip**
> 표의 그리드 라인이 세로 줄로 구분되어 있는 경우 데이터를 왼쪽으로 정렬하면 데이터가 선에 너무 밀착되어 가독성이 떨어집니다. 이 경우 Spacebar를 눌러 강제로 공백을 넣는 것보다 셀 여백을 지정하면 훨씬 더 편리합니다.

2 [셀 텍스트 레이아웃] 대화상자가 나타나면 '텍스트 레이아웃'의 '세로 맞춤'은 [중간], '안쪽 여백'의 '왼쪽으로'와 '오른쪽으로'는 [0.3cm], '위쪽'과 '아래'는 [0.2cm]로 지정하고 [확인]을 클릭합니다.

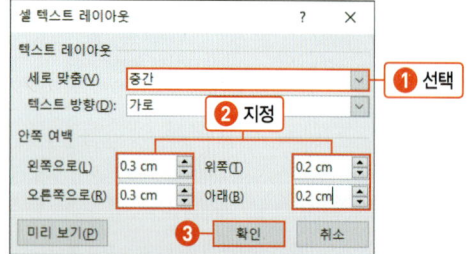

3 표에 지정한 여백과 셀 안의 텍스트 정렬 방식을 확인합니다.

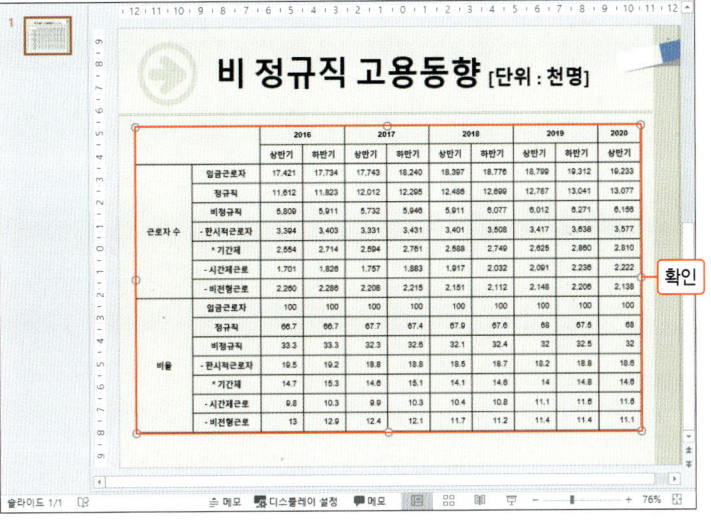

 잠깐만요 :: 표의 데이터 영역 강조하기

표의 그리드 라인을 최소화하면 여백을 확보할 수 있어서 보여주려는 데이터 영역을 강조하기가 쉽습니다. 따라서 표에 있는 각 셀의 숫자나 텍스트의 크기를 변경하는 것보다 표의 셀 색상을 변경해서 강조하는 방법이 좋습니다.

▲ 테두리를 이용해 표 데이터 강조하기   ▲ 색 채우기로 표 데이터 강조하기

▲ 텍스트를 굵게 지정해 표 데이터 강조하기   ▲ 텍스트의 색을 지정해 표 데이터 강조하기

253

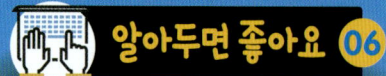

알아두면 좋아요 06 엑셀의 표 데이터를 파워포인트로 불러오기

● 예제파일 : 1장\파포\섹션07\엑셀표.xlsx, 엑셀표붙여넣기.pptx, 엑셀표불러오기.pptx
● 완성파일 : 1장\파포\섹션07\엑셀표붙여넣기(완).pptx, 엑셀표불러오기(완).pptx

방법 1 | 엑셀 표 복사해서 파워포인트에 붙여넣기

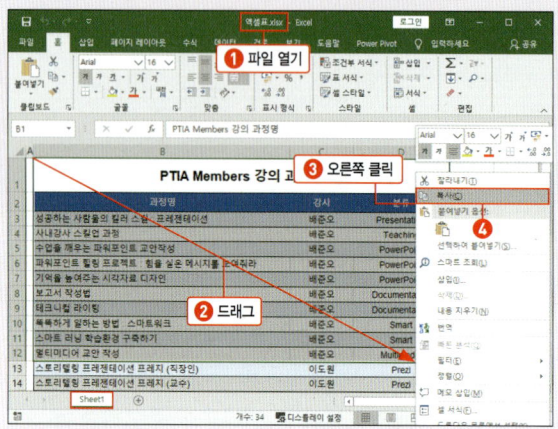

1 가장 일반적이고 쉬운 방법은 엑셀에서 표를 복사한 후 파워포인트에 붙여넣는 것입니다. '엑셀표.xlsx'를 열고 [Sheet1] 시트에서 B1:D12 범위를 선택한 후 마우스 오른쪽 단추를 클릭하고 [복사]를 선택합니다.

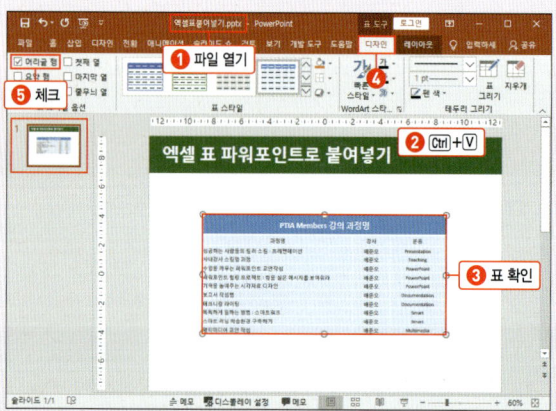

2 '엑셀표붙여넣기.pptx'를 열고 1번 슬라이드에서 Ctrl+V를 눌러 1 과정에서 복사한 표를 슬라이드에 붙여넣습니다. 표를 선택한 상태에서 [표 도구]의 [디자인] 탭-[표 스타일 옵션] 그룹에서 [머리글 행]에 체크합니다.

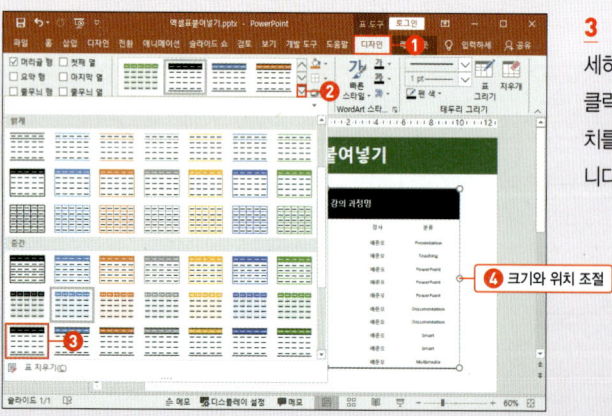

3 [표 도구]의 [디자인] 탭-[표 스타일] 그룹에서 [자세히] 단추(▽)를 클릭하고 '중간'의 [보통 스타일 3]을 클릭합니다. 표 스타일을 지정했으면 표의 크기와 위치를 적절하게 조절하고 각 항목명을 보기 좋게 꾸밉니다.

파워포인트에서 표를 직접 그리기도 하지만, 엑셀에서 작업한 표를 복사한 후 파워포인트로 붙여넣기하여 사용하는 경우도 많습니다. 이번에는 엑셀에서 작성한 표를 파워포인트로 붙여넣어서 사용해 보겠습니다.

방법 2 엑셀 개체를 파워포인트에 삽입하기

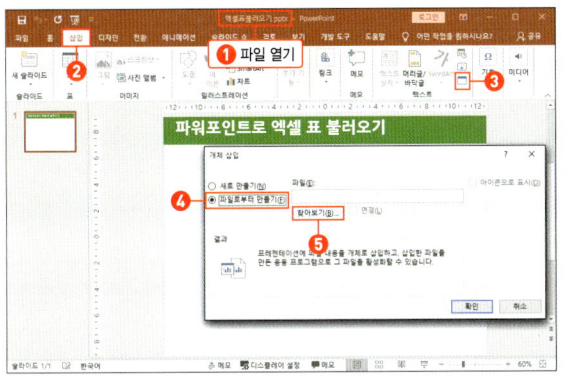

1 파워포인트에서 엑셀 스프레드시트를 선택하여 표를 불러올 수 있습니다. '엑셀표불러오기.pptx'를 열고 [삽입] 탭-[텍스트] 그룹에서 [개체]를 클릭합니다. [개체 삽입] 대화상자가 나타나면 [파일로부터 만들기]를 선택하고 [찾아보기]를 클릭합니다.

💡 **Tip**
파워포인트에 [개체 삽입] 대화상자를 이용해서 엑셀 파일을 삽입하면 워크시트에 포함된 전체 내용이 삽입됩니다.

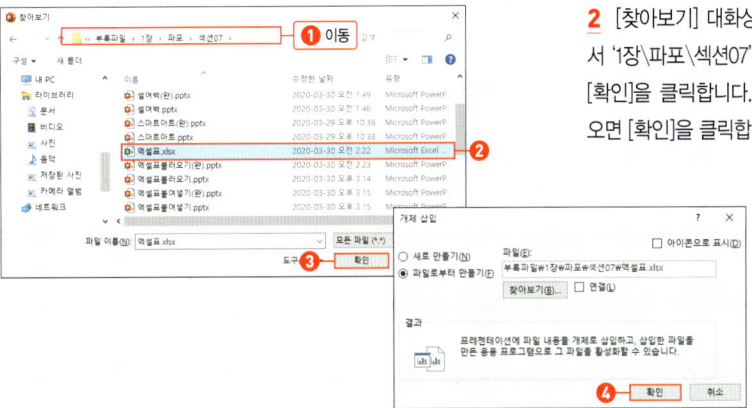

2 [찾아보기] 대화상자가 나타나면 부록 실습파일에서 '1장\파포\섹션07' 폴더의 '엑셀표.xlsx'를 선택하고 [확인]을 클릭합니다. [개체 삽입] 대화상자로 되돌아오면 [확인]을 클릭합니다.

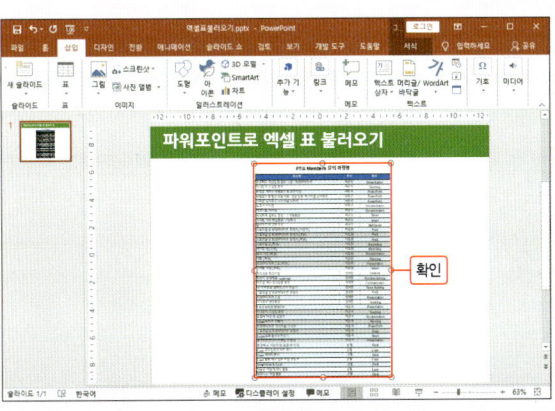

3 엑셀 개체가 삽입되면서 엑셀 시트의 전체 내용이 표시되었는지 확인하고 표의 크기와 위치를 보기 좋게 조절합니다.

255

방법 3 엑셀 문서의 일부 내용을 파워포인트에 연결하여 삽입하기

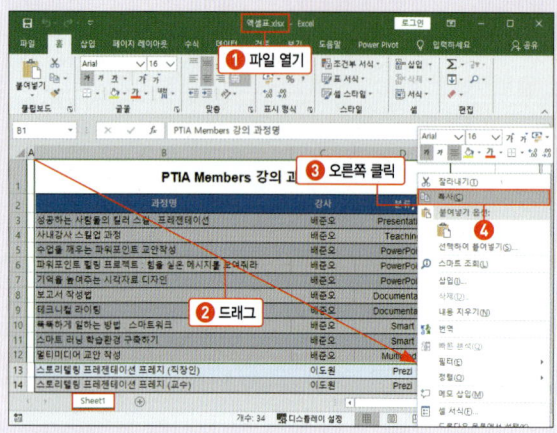

1 '엑셀표.xlsx'를 열고 [Sheet1] 시트에서 B1:D12 범위를 선택한 후 마우스 오른쪽 단추를 클릭하고 [복사]를 선택합니다.

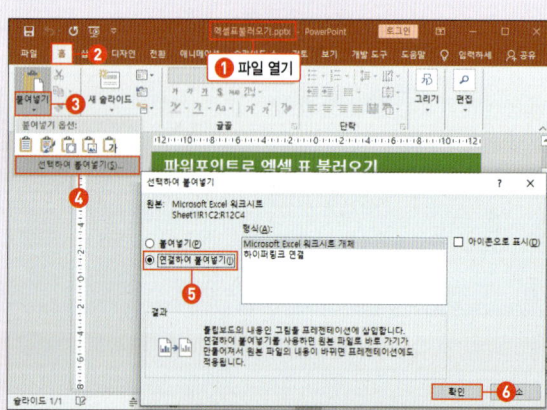

2 '엑셀표불러오기.pptx'를 열고 [홈] 탭-[클립보드] 그룹에서 [붙여넣기]의 를 클릭한 후 [선택하여 붙여넣기]를 선택합니다. [선택하여 붙여넣기] 대화상자가 나타나면 [연결하여 붙여넣기]를 선택하고 [확인]을 클릭합니다.

> **Tip**
> 엑셀의 워크시트에서 파워포인트에 삽입할 영역을 복사하고 파워포인트의 슬라이드 작업 창에서 마우스 오른쪽 단추를 클릭한 후 '붙여넣기 옵션'의 [포함](📋)을 클릭해도 됩니다.

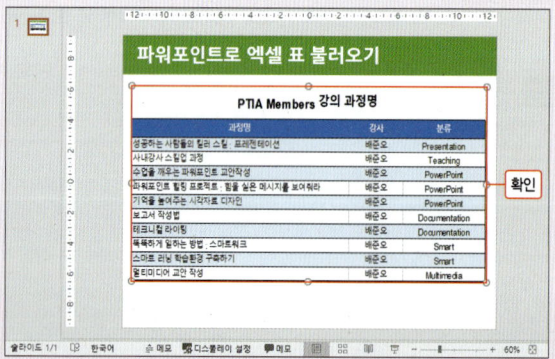

3 파워포인트의 슬라이드에 **1** 과정에서 복사한 엑셀 문서가 연결되어 복사되었는지 확인하고 표의 크기와 위치를 보기 좋게 조절합니다.

알아두면 좋아요 07 워드에 입력한 텍스트를 표로 변환하기

● 예제파일 : 1장\파포\섹션07\워드표변환.docx, 워드표.pptx ● 완성파일 : 1장\파포\섹션07\워드표_기호이름(완).pptx

워드에 입력한 텍스트를 쉼표(,)로 구분하면 표로 쉽게 변환할 수 있습니다. 이와 같이 간단한 표 작업은 텍스트를 먼저 입력하고 표로 변환하는 것이 훨씬 편리합니다.

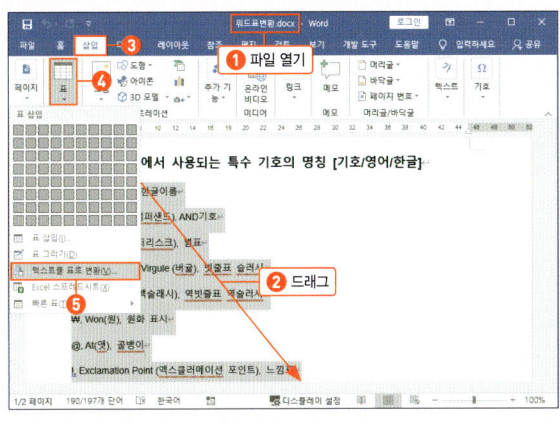

1 '워드표변환.docx'를 열면 표의 각 셀에 삽입될 내용이 쉼표(,)로 구분되어 입력되어 있습니다. 표로 변환할 텍스트를 드래그하여 선택하고 [삽입] 탭-[표] 그룹에서 [표]를 클릭한 후 [텍스트를 표로 변환]을 선택합니다.

 Tip
쉼표 외에도 단락이나 탭, 기타 부호 등을 텍스트 구분 기호로 사용할 수 있습니다.

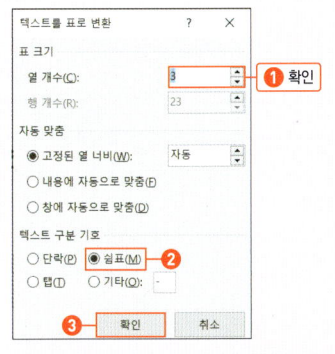

2 [텍스트를 표로 변환] 대화상자가 나타나면 쉼표로 구분한 텍스트에 맞춰 '표 크기'에 자동으로 표 크기가 결정되어 표시됩니다. '텍스트 구분 기호'에서 [쉼표]를 선택하고 [확인]을 클릭합니다.

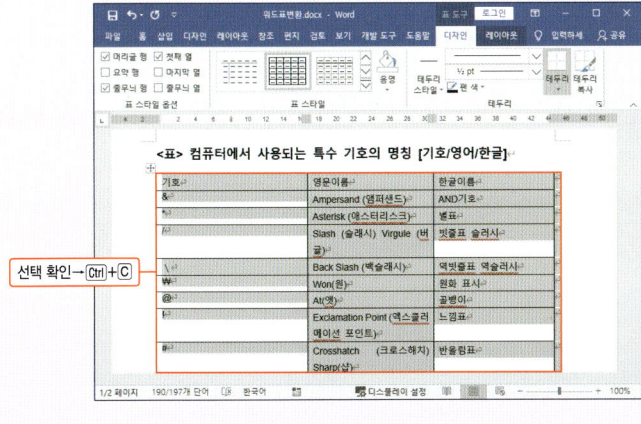

3 워드에 입력한 텍스트가 표로 변환되었는지 확인합니다. 해당 표를 파워포인트에서 사용하기 위해 표가 선택되어 있는 상태에서 Ctrl + C를 눌러 복사합니다.

 Tip
표의 셀 하나를 선택하면 나타나는 표 이동 핸들(田)을 클릭하여 전체 표를 선택할 수 있습니다.

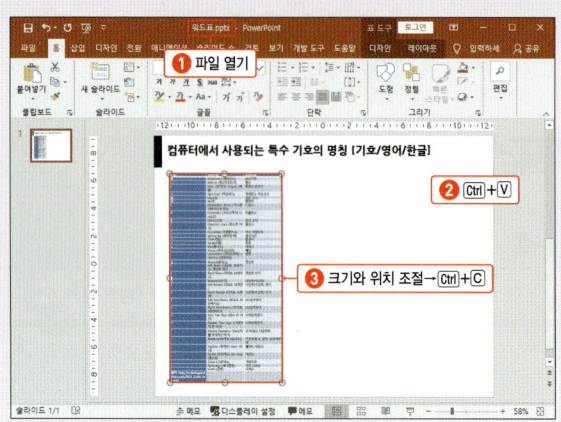

4 '워드표.pptx'를 열고 파워포인트의 슬라이드 작업 창에서 Ctrl+V를 누릅니다. 표가 붙여넣어지면 표의 크기와 위치를 조절하고 Ctrl+C를 누릅니다.

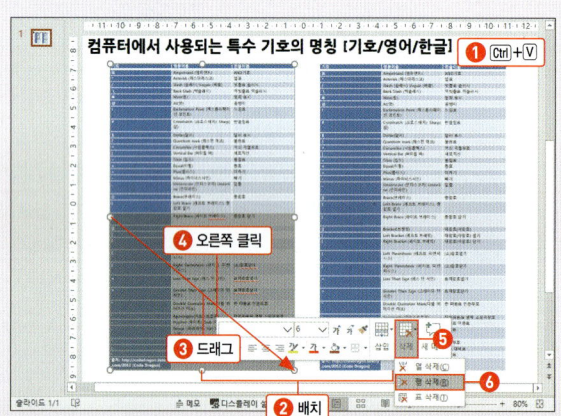

5 Ctrl+V를 눌러 표를 복사하고 좌우로 보기 좋게 배치합니다. 표의 내용을 절반씩 배치하기 위해 왼쪽의 표에서 중간 이하의 행부터 마지막 행까지 선택하고 마우스 오른쪽 단추를 클릭한 후 [삭제]-[행 삭제]를 선택합니다.

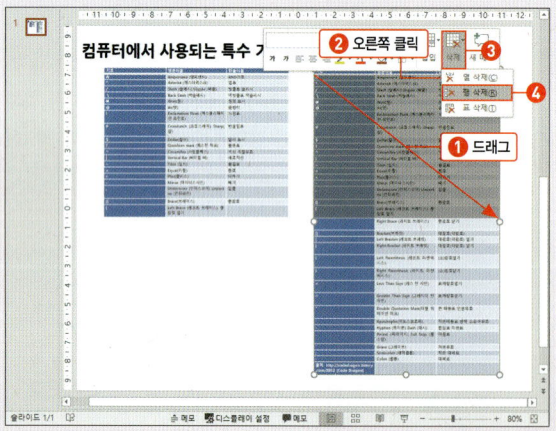

6 이와 같은 방법으로 표의 내용이 중복되지 않도록 오른쪽의 표에서 맨 위의 항목 제목 행을 제외하고 위쪽 행부터 중간 행까지 삭제합니다.

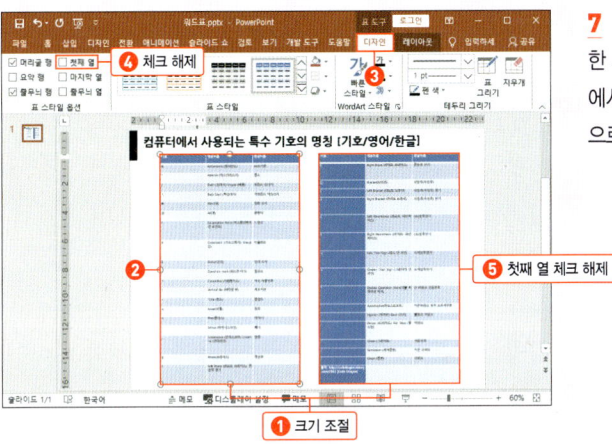

7 표의 크기를 보기 좋게 조정하고 왼쪽 표를 선택한 후 [표 도구]의 [디자인] 탭-[표 스타일 옵션] 그룹에서 [첫째 열]의 체크를 해제합니다. 이와 같은 방법으로 오른쪽 표의 첫째 열의 체크도 해제합니다.

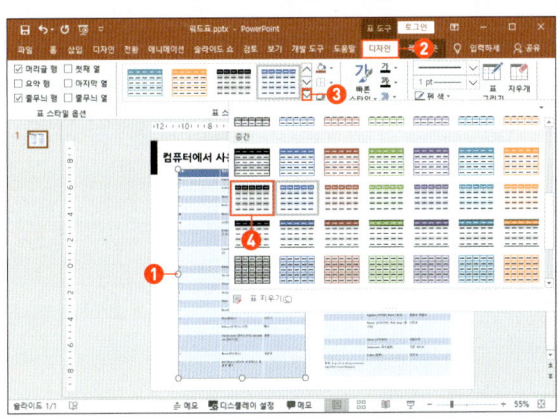

8 왼쪽 표를 선택하고 [표 도구]의 [디자인] 탭-[표 스타일] 그룹에서 [자세히] 단추(▽)를 클릭한 후 '중간'의 [보통 스타일 2]를 클릭합니다. 이와 같은 방법으로 오른쪽 표에도 같은 표 스타일을 지정합니다.

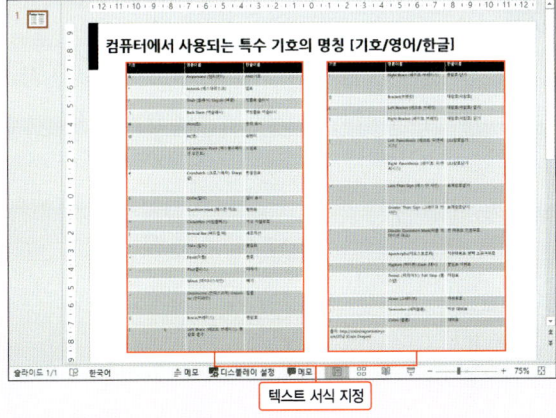

9 표 스타일을 지정했으면 텍스트의 서식을 지정하여 표를 완성합니다.

09 차트 사용해 데이터를 시각적으로 보기 좋게 표현하기

최근에는 인포그래픽과 같이 데이터를 시각적으로 표현하는 것에 관심이 점점 커지고 있습니다. 수많은 정보가 초 단위로 쏟아져 나오는 정보화 시대에 자신에게 필요한 정보를 빠르고 효과적으로 이해하려는 대중들의 요구가 많아지고 있기 때문입니다. 미국 미네소타대학교의 연구 결과, 정보를 시각적으로 연출하면 설득력이 43% 이상 향상된다고 합니다.

데이터를 시각적으로 표현하는 방법은 매우 다양하지만, 그 중 개념을 구조화하는 도해와 데이터를 비교하기 위한 표와 차트를 가장 많이 사용합니다. 특히 차트를 사용하여 데이터를 시각화하려면 다음의 과정과 같이 진행해야 합니다.

1 차트 작성 프로세스 구상하기

차트를 작성하기 전에 다음과 같은 과정으로 구상한 상태에서 완성해야 합니다.

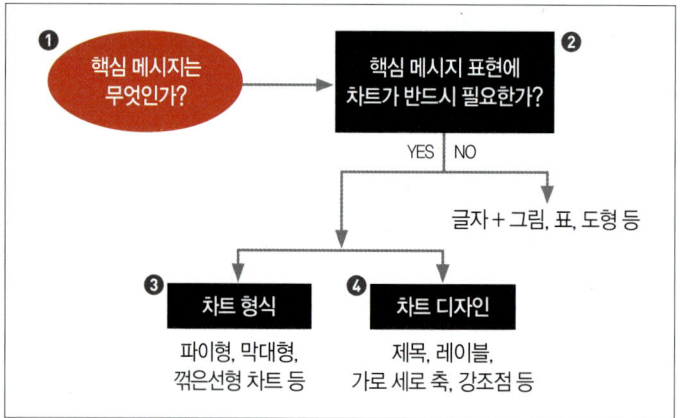

▲ 데이터를 차트로 시각화하기 위한 4단계 프로세스

차트를 디자인할 때의 주의 사항은 다음과 같습니다.
① 시각화하려는 핵심 메시지를 파악합니다.
② 핵심 메시지를 표현할 때 차트가 꼭 필요한지 확인합니다.
③ 차트가 필요 없으면 텍스트나 그림, 표 또는 도해를 사용합니다.
④ 차트가 필요하면 메시지 표현에 어울리는 차트 형식을 선택합니다.
⑤ 차트 형식이 결정되면 차트 제목이나 레이블, 가로 축과 세로 축, 강조점 등을 고려하여 디자인합니다.

2 내용과 어울리는 올바른 차트 사용하기

차트를 사용한 문서를 살펴보면 내용과 어울리지 않는 잘못된 차트 형식을 사용한 경우가 종종 있습니다. 다음의 사례에 사용한 파이형 차트는 각 질문에 대한 답을 백분율로 표시하여 데이터를 비교하고 있습니다. 파이형 차트는 하나의 항목에 대한 구성 비율을 보여주는 데 적합하기 때문에 여러 항목을 제대로 비교하여 표현하지 못하므로 가로 막대형 차트를 사용하는 것이 훨씬 좋습니다. 가로 막대의 좌우 범위(X축)를 100으로 잡고 각 항목의 비율만큼 차트로 표시하면 각 항목을 쉽게 비교할 수 있습니다.

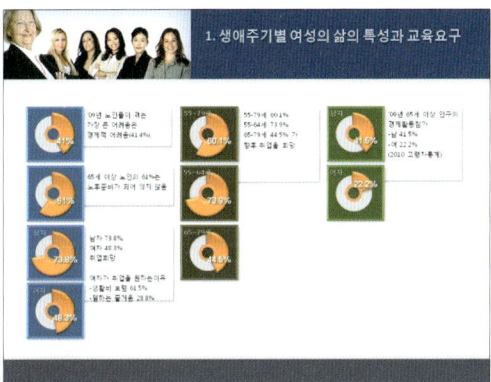 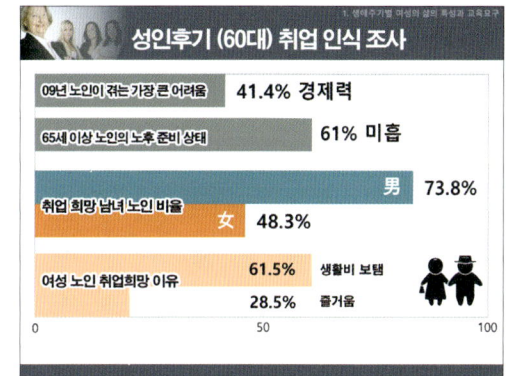

▲ 내용과 어울리지 않게 작성한 차트(왼쪽)와 올바르게 작성한 차트(오른쪽)(출처 : 100세 시대 여성평생교육 요구와 과제 자료 – http://www.kwdi.re.kr)

설문 조사에 사용한 파이형 차트 중 'ITWorld Korea 방문자들이 사용하는 웹 브라우저'의 비율을 합해 보면 중복 설문 조사 결과까지 반영되어 합계가 100이 넘습니다. 파이형 차트는 백분율을 기준으로 작성되기 때문에 합계가 100을 초과하면 안 되므로 중복 값까지 표시할 경우에는 누적 막대형 그래프를 사용하여 표현해야 합니다. 이렇게 하면 각 대상에 따라 사용하는 웹 브라우저의 종류와 비율을 쉽게 비교할 수 있습니다.

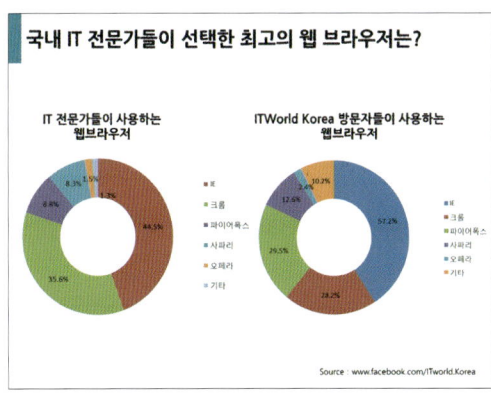 

▲ 원형 차트를 잘못 사용한 예(왼쪽)와 올바르게 사용한 예(오른쪽)(출처 : ITWorld Korea 설문조사 자료)

3 메시지에 적합한 차트의 종류 선택하기

파워포인트에서는 다양한 차트를 제공하지만, 각 차트가 표현하려는 부분에 따라 기본적으로 '비교', '분포', '구성', '관계'의 네 가지 유형으로 분류할 수 있습니다.

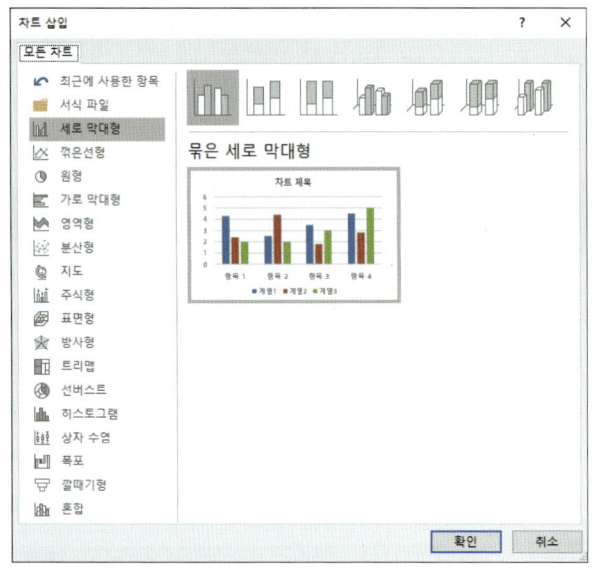

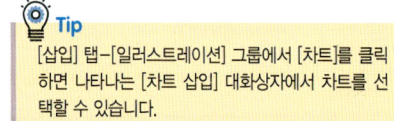

[삽입] 탭-[일러스트레이션] 그룹에서 [차트]를 클릭하면 나타나는 [차트 삽입] 대화상자에서 차트를 선택할 수 있습니다.

▲ 파워포인트 차트의 종류

차트의 네 가지 기본 유형을 기준으로 전달하려는 내용에 따라 세부적인 차트의 종류가 결정됩니다. 예를 들어 '비교' 유형 중에서도 항목끼리 비교할 것인지, 시간 경과에 따라 비교할 것인지에 따라 차트의 종류가 달라집니다. 또한 시간 경과 비교도 기간이 길 때와 짧을 때에 따라 서로 다른 비교 차트를 사용합니다.

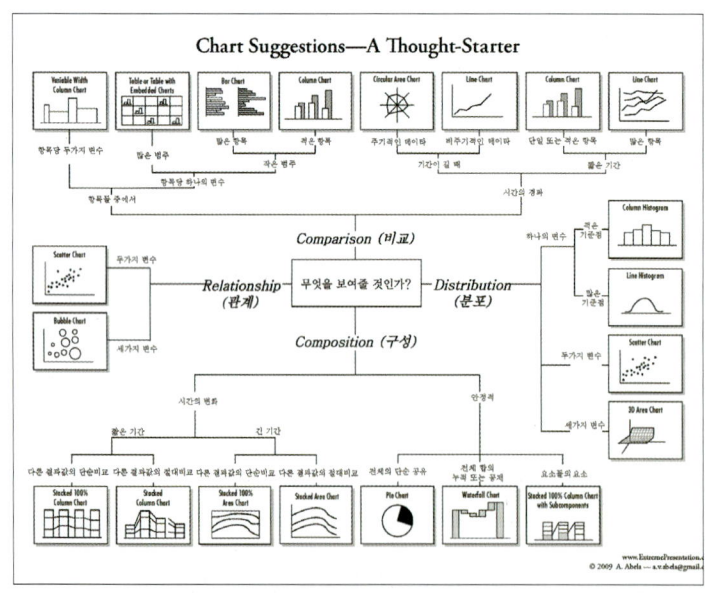

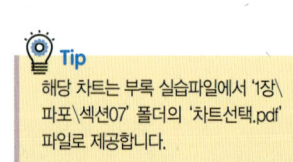

해당 차트는 부록 실습파일에서 '1장\파포\섹션07' 폴더의 '차트선택.pdf' 파일로 제공합니다.

▲ 차트 선택 가이드(출처 : https://extremepresentation.com/design/7-charts)

알아두면 좋아요 08 웹에서 메시지 표현에 적합한 차트 가져오기

분석한 데이터의 표현 의도와 맞는 차트의 종류를 알려주는 사이트를 소개합니다. 이 사이트에서는 차트의 종류를 알려줄 뿐만 아니라 대중적으로 가장 많이 사용하는 파워포인트와 엑셀 차트의 샘플 파일도 제공하는데, 필요에 따라 다운로드해서 사용할 수 있습니다.

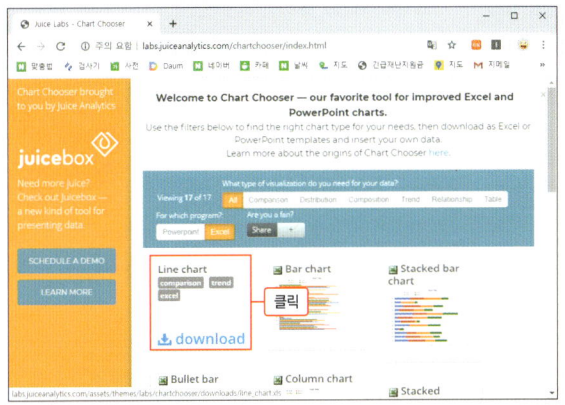

1 웹 브라우저를 실행하고 'http://www.ChartChooser.com'로 이동합니다. 화면의 위쪽에서 비교(Comparison), 분포(Distribution), 구성(Composition), 추세(Trend), 관계(Relationship), 표(Table) 등에 적합한 차트의 종류와 샘플을 선택할 수 있습니다. 파워포인트나 엑셀의 샘플 파일을 선택하여 다운로드할 수 있습니다.

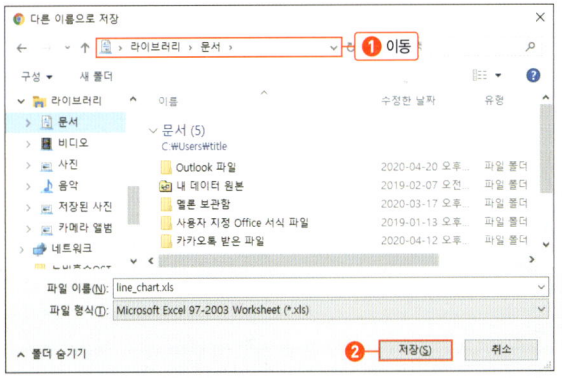

2 [다른 이름으로 저장] 대화상자가 나타나면 저장할 위치를 지정하고 [저장]을 클릭합니다.

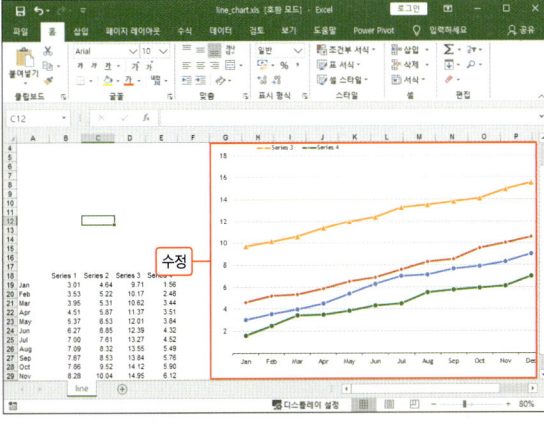

3 선택한 샘플 파일이 열리면 작성 목적에 맞추어 수정합니다.

알아두면 좋아요 09 색상 추출 프로그램 이용하기

예제파일 : 1장\파포\섹션07\색상추출.pptx, jcpicker_X64.zip

■ RGB 색상 값 이용하기

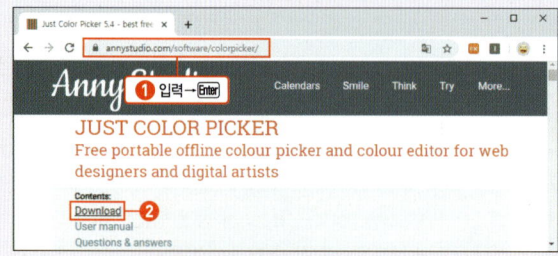

1 웹 브라우저를 실행하고 'Just Color Picker' 사이트(https://annystudio.com/software/colorpicker)에서 [Download]를 클릭합니다.

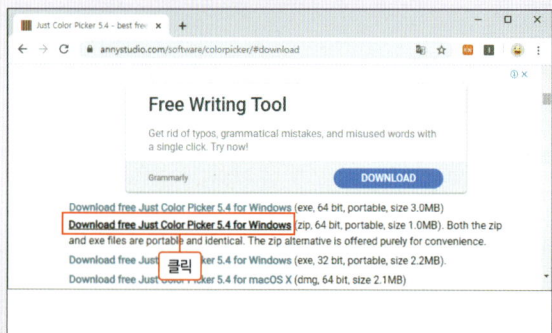

2 다운로드 항목 중에서 사용하고 있는 운영체제에 맞는 버전을 다운로드해야 하므로 두 번째 항목의 ZIP 파일로 되어 있는 'Download free Just Color Picker 5.4 for Windows'를 클릭하여 다운로드한 후 압축을 해제합니다.

 Tip

실습예제 'jcpicker_X64.zip'의 압축을 해제하고 'jcpicker.exe'를 실행하세요.

3 색상을 추출할 '색상추출.pptx'를 엽니다. 파일 탐색기를 열고 압축 해제한 폴더에서 'jcpicker.exe'를 더블클릭합니다.

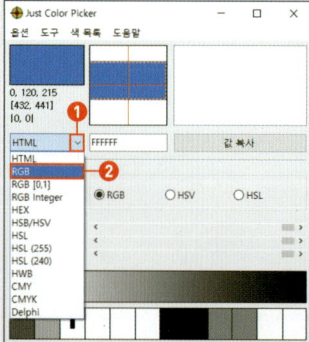

4 Just Color Picker 프로그램이 실행되면 [HTLM]을 [RGB]로 변경합니다.

파워포인트 2013 버전부터는 색 채우기에서 스포이트 기능을 제공하고 있습니다. 하지만 엑셀 사용자는 차트 색 채우기에서 스포이트 기능을 사용할 수 없으며, 파워포인트 2010 버전에서도 기능을 제공하지 않습니다. 이 경우 별도의 색상 추출 프로그램을 활용할 수 있습니다.

5 색상을 추출하려는 지점에 마우스 포인터를 올려놓고 Alt + X를 눌러 마우스 포인터가 위치한 곳의 색상 값(RGB; Red, Green, Blue)을 추출합니다.

■ **파워포인트 스포이트 기능 이용해 슬라이드 편집 화면 밖의 색상 추출하기**

파워포인트에서 제공되는 스포이트 기능은 파워포인트의 슬라이드 편집 화면 영역에서만 동작합니다. 파워포인트 외 영역의 색을 추출하는 방법도 제공합니다.

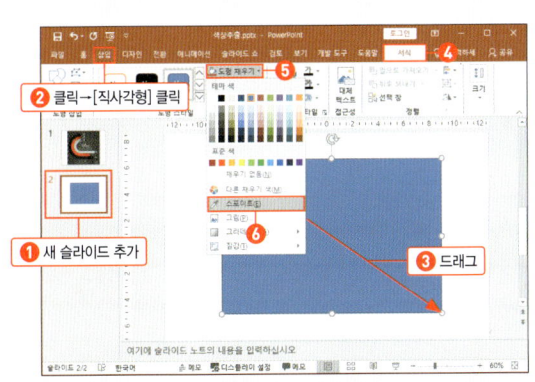

1 색상을 추출할 '색상추출.pptx'를 열고 새 슬라이드를 추가합니다. 2번 슬라이드에서 [삽입] 탭-[일러스트레이션] 그룹의 [도형]을 클릭하고 '사각형'의 [직사각형](□)을 클릭하여 직사각형을 삽입합니다. [그리기 도구]의 [서식] 탭-[도형 스타일] 그룹에서 [도형 채우기]를 클릭하고 [스포이트]를 선택합니다.

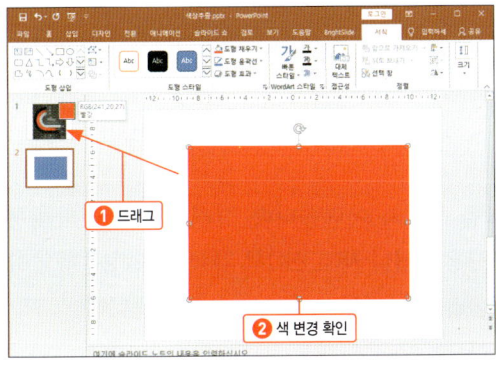

2 스포이트가 실행된 상태에서 슬라이드 편집 화면의 영역을 벗어나면 스포이트 기능이 사라집니다. 스포이트가 실행되면 마우스 왼쪽 단추를 누른 상태에서 추출할 색 영역으로 드래그하여 이동해서 색을 추출할 수 있습니다. 이와 같은 방법으로 파워포인트 외부의 색도 추출할 수 있습니다.

데이터 표현에 적합한 차트 유형 살펴보기

데이터를 시각적인 면에서 효과적으로 표현하려면 차트를 작성해야 합니다. 왜냐하면 차트는 복잡한 숫자 데이터가 표현하지 못하는 것을 쉽고 빠르게 전달할 수 있기 때문입니다. 하지만 차트의 특성에 대한 고민도 없이 화려하고 멋진 차트만 선택한다면 데이터의 신뢰성뿐만 아니라 청중들의 관심과 집중도까지 잃어버릴 수 있으므로 주의해야 합니다.

1 항목 비교에 유용한 차트의 유형

매출 비교나 수익률 등 항목을 비교할 때는 하나의 기준을 정한 후 각 대상의 수치가 많고 적음 또는 같음으로 차트를 표현하는 것이 좋습니다.

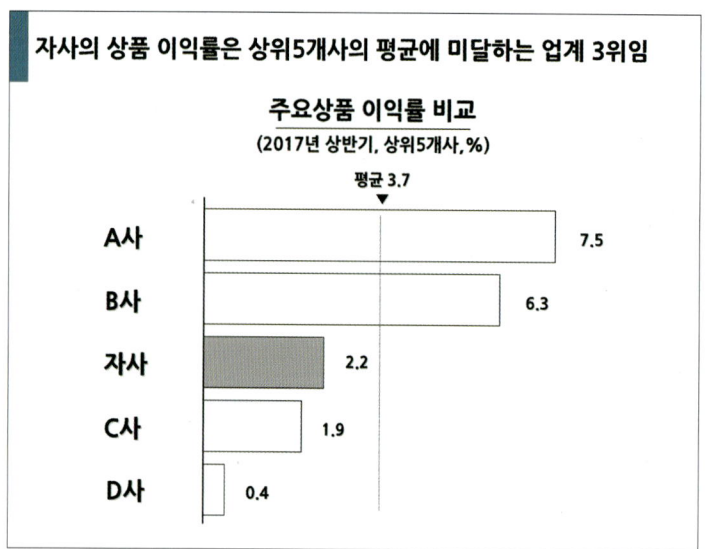

▲ 수치 항목을 비교할 때 유용한 가로 막대형 차트

항목을 비교할 때는 가로 막대형 차트 또는 세로 막대형 차트와 원형 차트를 가장 많이 사용합니다. 세로 막대형 차트도 항목을 비교할 때 많이 사용하지만, 시간적 추이 때문에 혼란스러울 수 있으므로 비율이 아닌 항목의 수치를 비교할 때는 가로 막대형 차트를 더 많이 사용합니다.

세로 막대형 차트는 막대 너비가 좁아서 항목 이름을 쓰기가 어렵습니다. 그러므로 세로 막대형 차트에서 항목 이름을 읽기 어려울 정도로 붙여서 사용하거나 세로쓰기와 같이 어색하게 배열하는 것보다 가로 막대형 차트를 사용하여 긴 항목 이름을 가지런히 표시하는 것이 좋습니다.

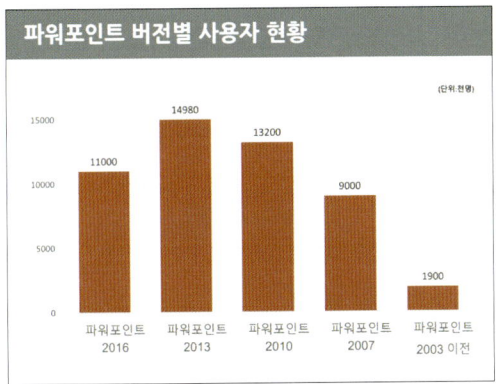 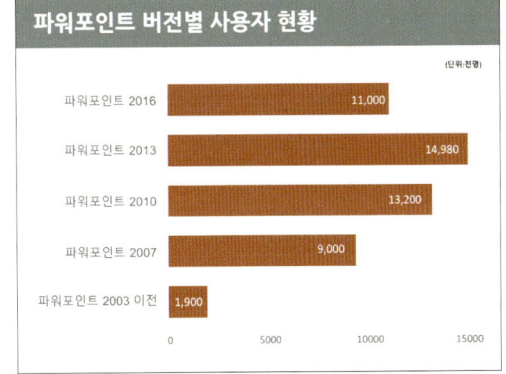

▲ 차트에 긴 항목 이름을 사용한 나쁜 예(왼쪽)와 좋은 예(오른쪽)

막대형 차트를 작성할 때는 다음과 같은 사항에 유의해야 합니다.

(1) 가로 막대는 왼쪽에서 오른쪽 방향으로 작성해라

차트를 작성할 때는 시선의 흐름을 고려하여 왼쪽에서 오른쪽 방향으로 작성합니다. 오른쪽에서 왼쪽으로 가로 막대를 작성하면 부정적(마이너스 개념)으로 표현되기 때문입니다.

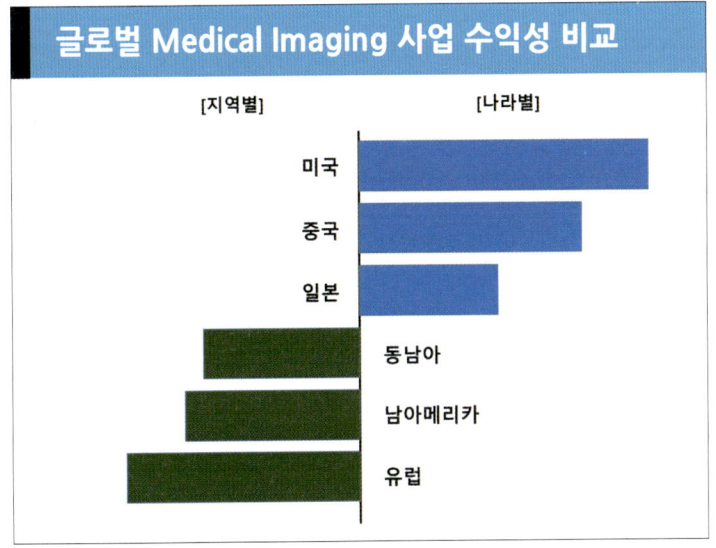

▲ 가로 막대 방향에 따른 +, − 비교 차트

 Tip
인쇄용 보고서를 작성할 때는 색상 채우기보다 패턴 채우기를 이용해서 차트를 강조하는 것이 좋습니다. 왜냐하면 흑백으로 인쇄할 경우 차트의 색이 제대로 나타나지 않아 차트를 구분하기 어렵기 때문입니다.

(2) 강조하려는 항목의 막대 색을 다르게 지정해라

청중들의 집중도를 이끌어내기 위해서 강조할 부분만 차별화하여 표현합니다. 과거 데이터와 미래 전망 데이터를 비교할 때도 색상 또는 밝기(명암)를 이용해 비교 항목을 구분해야 합니다.

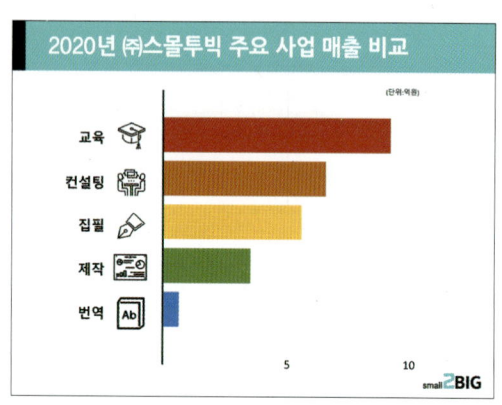 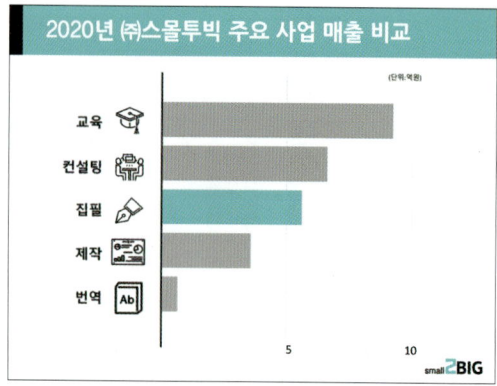

▲ 색으로 특정 부분을 강조한 차트의 나쁜 예(왼쪽)와 좋은 예(오른쪽)

(3) 막대 사이의 간격이 막대 두께보다 넓지 않게 지정해라

시각적으로 안정감을 주면서 막대끼리 쉽게 비교하기 위해 간격을 조정해야 합니다. 막대의 폭이 너무 좁으면 막대와 막대 사이의 빈 공간으로 시선이 가는데, 빈 공간에는 아무런 정보가 없기 때문에 청중들의 시선을 빼앗길 수 있습니다. 따라서 막대의 폭은 막대와 막대 사이 간격의 2배가 되도록 조정해야 합니다.

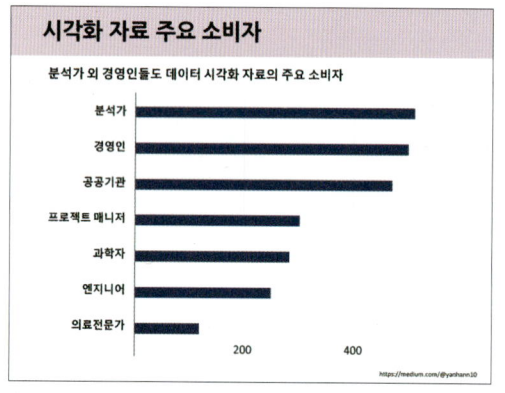 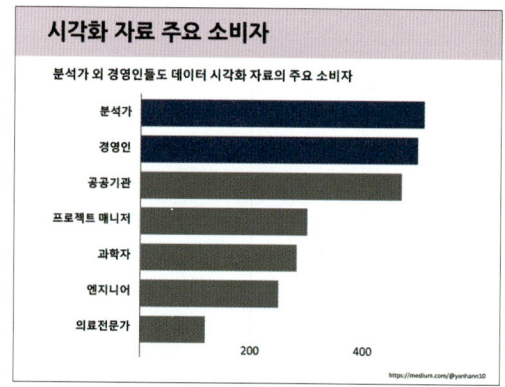

▲ 막대의 너비와 간격이 불균형한 차트(왼쪽)와 적절한 차트(오른쪽)

(4) 전체 합에 따라 차트를 다르게 선택해라

전체 합이 100%인 여러 개의 수치를 비교할 경우에는 원형 차트보다 분할 막대형 차트를 사용해야 더욱 효과적입니다.

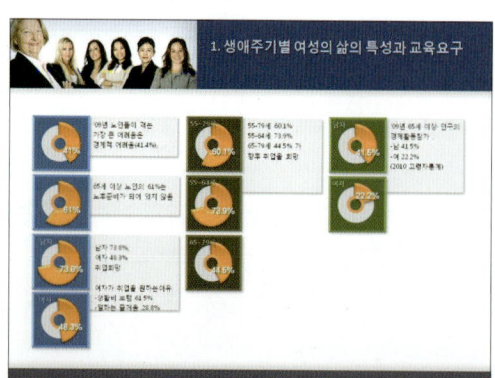 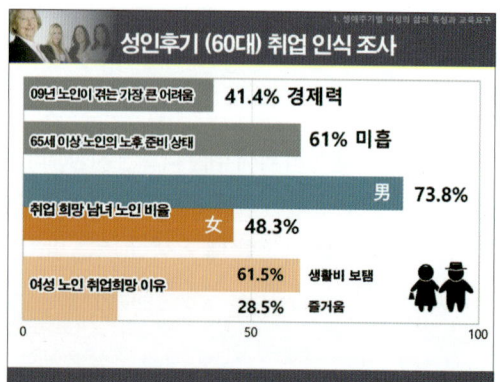

▲ 항목 비교의 합이 어려운 차트의 예(왼쪽)와 쉬운 예(오른쪽)(출처 : 100세 시대 여성평생교육 요구와 과제 자료 – http://www.kwdi.re.kr)

원형 차트의 한 부분 또는 분할 막대의 한 부분을 또 다른 분할 막대로 표시하는 방법도 많이 사용합니다.

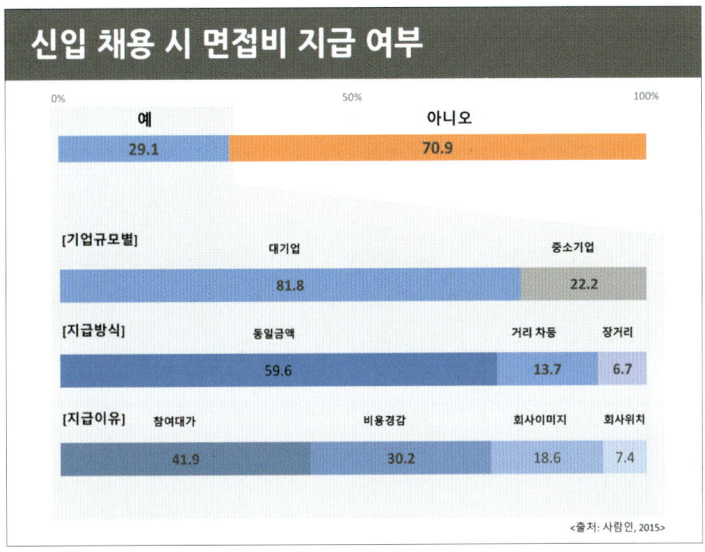

▲ 분할 막대로 세분화한 차트

(5) 가로 막대형 차트를 2개씩 겹쳐서 사용해 두 시기의 차이를 비교해라

가로 막대형 차트를 겹쳐서 사용할 때는 기준이 되는 가로 막대가 비교 대상의 가로 막대보다 길어야 합니다. 비교 대상의 가로 막대 길이가 더 길거나 기준 막대가 더 짧은 경우에는 차트가 가려져서 구분하기 어렵습니다. 또한 비교 막대가 너무 많으면 차트에 집중하기 힘들기 때문에 2개 이내로 사용하는 것이 좋습니다.

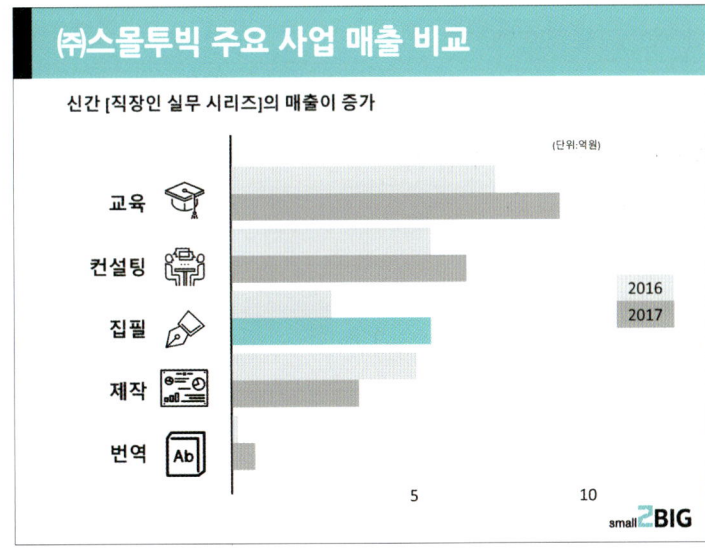

▲ 묶음식 가로 막대형 차트

2 시간 흐름에 따른 데이터의 변화를 표현하는 차트의 유형

각 항목의 순위나 크기 비교보다 시간의 흐름에 따라 변화하는 추이를 알아볼 때는 세로 막대형 차트나 꺾은선형 차트 등을 사용합니다. 이들 차트를 통해 일정 기간에 걸쳐 비교 대상의 추이가 증가 또는 감소, 정체하는지 알 수 있습니다.

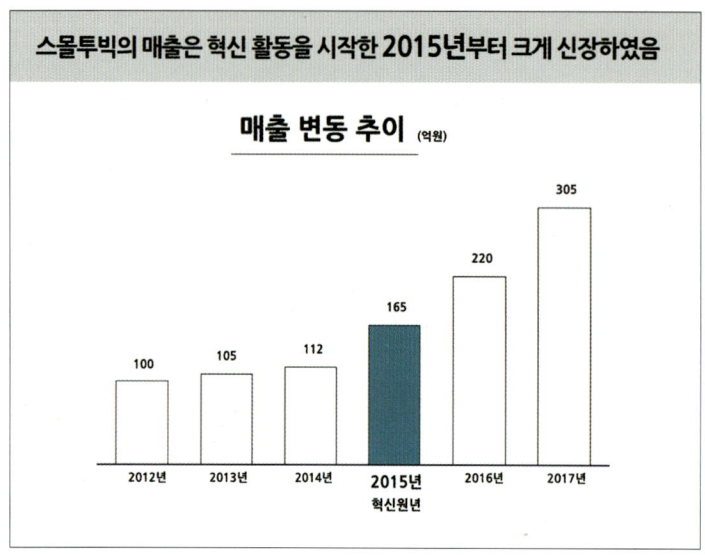

▲ 시간 흐름의 변화 추이를 비교하는 세로 막대형 차트

3 전체에 대한 구성과 비율을 표현하는 차트의 유형

시장의 점유율이나 매출에 따른 수익의 비교 또는 연간 매출에 따른 분기별 매출 달성도와 같이 각 항목별 구성의 크기를 비교할 때는 원형 차트와 가로 막대형 차트를 사용합니다. 각각의 비교 크기를 전체의 백분율로 표시하고 전체 비율을 표시할 때는 원형 차트를 사용하는 것이 좋습니다.

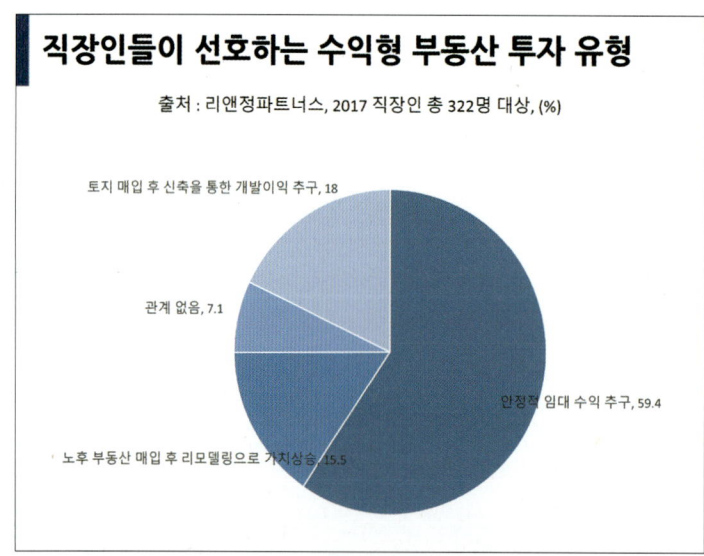

▲ 전체에 대한 구성을 나타내는 원형 차트

4 항목이 속한 범위를 표현하는 차트의 유형

시장 조사를 할 때 고객의 연령이나 선호도에 따라 데이터를 분석하여 통계 값을 나타낼 경우에는 세로 막대형 차트나 산포도를 사용합니다. 산포도는 많은 항목이 일련의 점진적인 통계 범위에 해당되는지 표시하는 것으로, '도수 분포 비교'라고도 합니다.

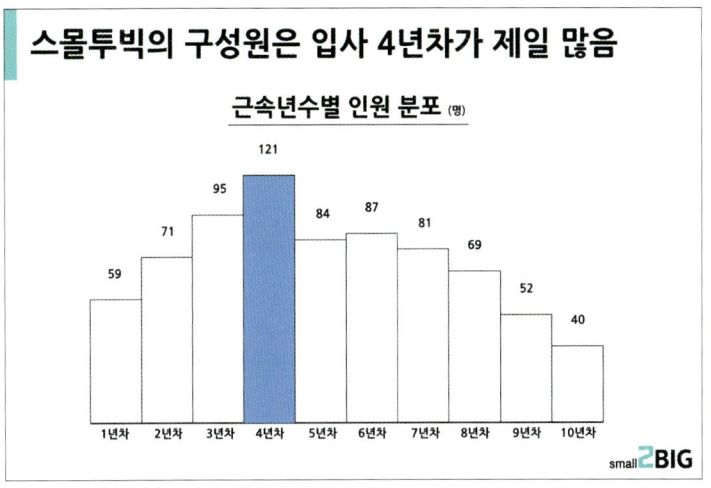

▲ 통계적 범위를 알아보는 도수 분포도

5 원인과 결과에 대한 상관관계를 표현하는 차트의 유형

각 변수의 관계가 일반적인 예상과 일치하는지를 비교할 때는 상관관계를 비교하는 데 적합한 차트를 사용해야 합니다. 예를 들어 표현하려는 메시지의 관계 여부와 함께 '증가한다' 또는 '감소한다', '~에 따라 변한다' 또는 '~에 따라 변하지 않는다' 등의 내용을 차트로 표현하거나, 고객 만족도가 서비스 기사의 친절도와 매우 밀접한 관계가 있는지에 대한 만족도 조사 결과를 차트로 표현할 때는 상관관계 비교에 적합한 차트를 사용해야 합니다.

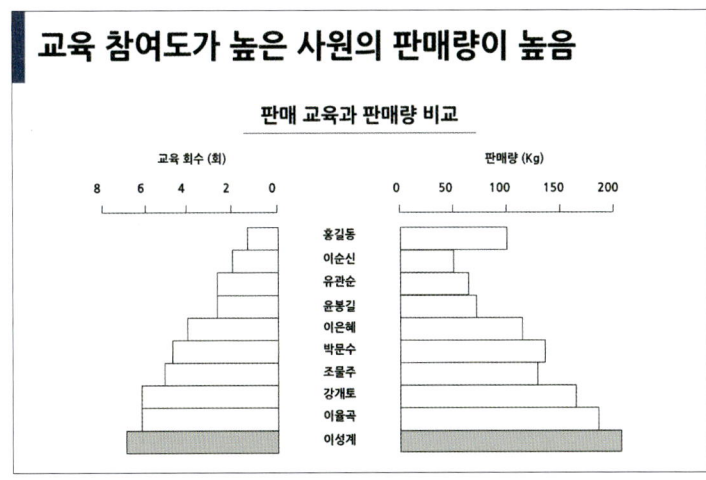

▲ 판매 교육 횟수와 판매량에 대한 상관관계를 알아보는 차트

SECTION

08

청중들의 시선으로 프레젠테이션을 디자인하자!

우리는 매일 텔레비전이나 인터넷, 잡지, 옥외 광고 등의 다양한 매체를 통해 뛰어난 시각 자료를 접하고 있습니다. 우리 삶에서 시각적 요소는 매우 중요하지만, 때로는 보여지는 것만으로 충분히 설명할 수 없는 것이 있습니다. 전달하려는 메시지가 얼마나 중요하고, 어떠한 경쟁력을 갖고 있는지, 핵심 가치는 무엇인지 알려주려면 장식적 요소로서의 시각 자료는 무의미합니다. 엑셀이나 파워포인트 작업에서도 무엇이 중요한지 정확하게 보여주면서, 전달하려는 메시지가 청중들의 눈에 잘 보일 수 있게 최소한의 디자인을 해야 합니다. 이렇게 하려면 '청중들의 눈은 무엇이 중요한지 늘 알고 싶어 한다.'라는 사실을 잘 기억해야 합니다.

01 핵심 메시지를 강조하는 다섯 가지 방법 살펴보기

디자인 전문가가 아니면 프레젠테이션을 만들 때마다 메시지를 어떻게 강조해야 할지 항상 고민하게 됩니다. 디자이너가 제작한 슬라이드를 참고하여 만들어 보기도 하지만, 어딘가 어색하고 핵심 내용이 눈에 잘 들어오지 않는 경우가 많습니다.

정식으로 디자인 교육을 받은 경험이 없다면 프레젠테이션 문서를 디자이너 수준으로 만들기 위해 고민할 필요가 없습니다. 다만 메시지를 돋보이게 만들고 싶다면 '회색조', '색상', '모양', '크기', '근접'이라는 다섯 가지 기본 표현 방법에 충실하면 됩니다.

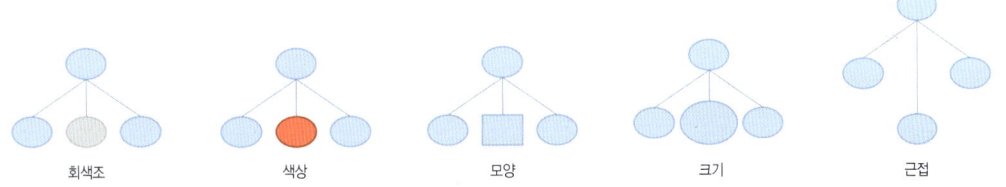
▲ 핵심 메시지를 강조하기 위한 다섯 가지 방법

사람들은 한 번에 많은 것을 기억할 수 없습니다. 1986년에 앨런 배델리(Alan Baddeley)가 발표한 인간의 기억과 정보 처리에 관한 연구에 의하면 인간은 한 번에 4개 정도만 기억할 수 있다고 합니다. 따라서 한 장의 슬라이드에서 너무 많은 내용을 한꺼번에 보여주면 청중들은 기억할 수 없을 뿐만 아니라 읽기도 힘들어져서 집중력이 떨어집니다. 하지만 슬라이드를 디자인할 때 한 장의 슬라이드에 단 하나의 메시지 규칙을 지키는 것은 쉽지 않습니다. 이 경우 내용 중 중요한 메시지만 강조해서 청중들의 집중력과 이해도를 향상시킬 수 있습니다.

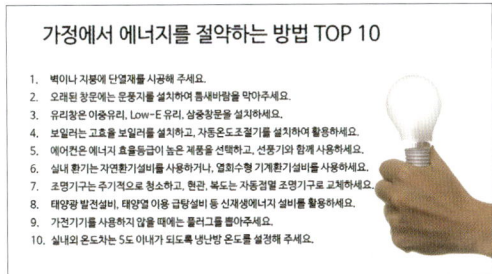
▲ 데이터가 나열되어 있는 슬라이드

▲ 내용을 그룹별로 묶어서 집중력과 기억력을 높여주는 슬라이드

중요하지 않은 항목은 회색으로 처리하기

중요한 항목을 강조하는 것만큼 중요하지 않은 항목을 중요하지 않게 보이게 하는 작업도 필요합니다. 덜 중요한 항목은 과감하게 삭제하면 되지만, 이것이 청중들에게 필요한 자료일 경우에는 있는 듯 없는 듯 표현해야 합니다. 목차를 나열하거나 비교하기 위한 항목처럼 현재의 진행 상태를 알려주거나, 회색 처리(gray-out)하여 흐리게 표현하면 됩니다.

다음은 '시각 자료가 가져야 할 세 가지 핵심 과제'를 정리한 화면으로, 목차 슬라이드로 설명하려는 항목 이외의 나머지 부분은 회색으로 처리하여 '과제3'의 집중도를 높였습니다. 회색은 다른 색과 구분되면서도 자기를 들어내지 않는 성질이 있어서 중요하지 않은 항목으로 처리할 때 많이 사용합니다.

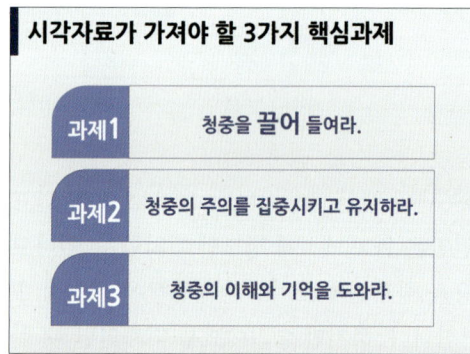 

▲ 회색으로 처리해 '과제 3'의 집중도를 높인 슬라이드 디자인

복잡한 차트에도 회색으로 처리하는 방법을 유용하게 사용할 수 있습니다. 비교용 항목을 누락시키지 않으면서 중요한 항목이 돋보이도록 회색으로 처리합니다. 중요하지 않은 항목에 회색을 적용할 때는 애니메이션 효과를 사용하는 것보다 슬라이드를 복제한 후 복제한 슬라이드에서 해당 항목을 회색으로 변경하는 것이 좋습니다. 이렇게 하면 출력용 인쇄물 작업을 할 때도 편리합니다.

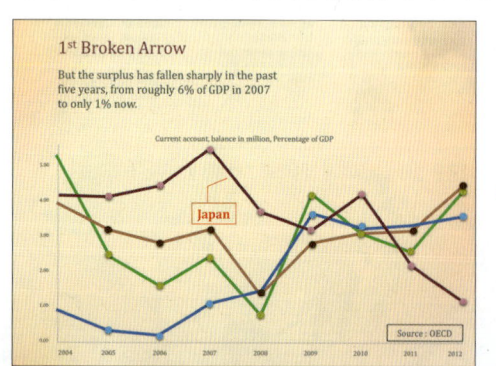 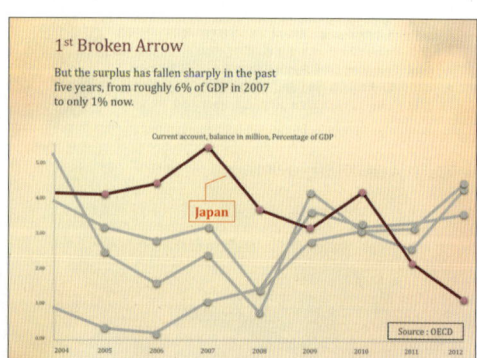

▲ 회색으로 처리해 비교 항목을 강조한 차트 디자인

투명도 조절해 회색 효과 지정하기

기능	방법
투명 효과 지정	[애니메이션] 탭-[애니메이션] 그룹-[자세히] 단추(☑)-[투명]
투명도 조절	[애니메이션] 탭-[애니메이션] 그룹-[효과 옵션]

1 1번 슬라이드에서 회색으로 처리하려는 첫 번째 항목을 선택하고 [애니메이션] 탭-[애니메이션] 그룹에서 [자세히] 단추(☑)를 클릭한 후 '강조'의 [투명]을 클릭합니다.

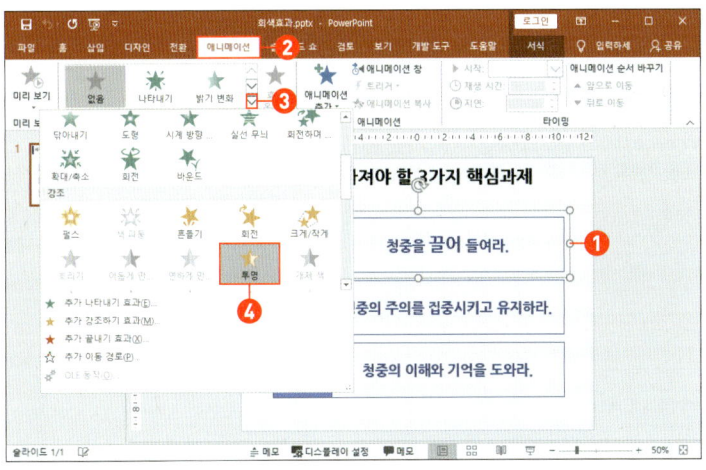

2 첫 번째 항목을 선택한 상태에서 투명도를 조절하기 위해 [애니메이션] 탭-[애니메이션] 그룹에서 [효과 옵션]을 클릭한 후 '양'의 [75%]를 선택합니다.

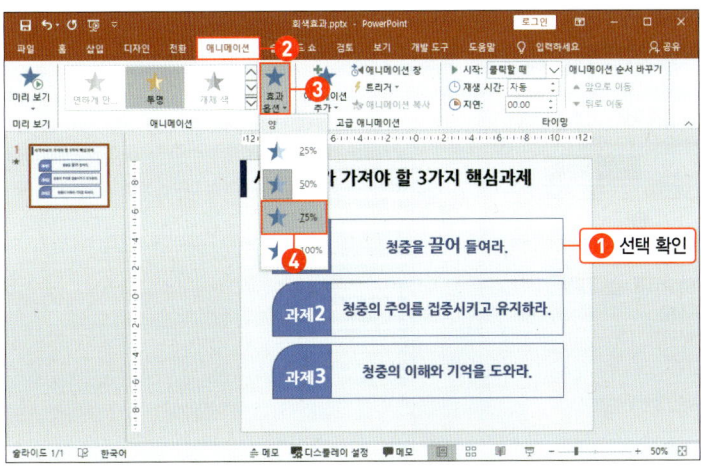

3 Alt 를 누른 상태에서 파워포인트 작업 표시줄의 [슬라이드 쇼] 단추(🖵)를 클릭하여 슬라이드 쇼를 실행합니다. 강조 애니메이션의 투명 효과로 해당 항목이 회색으로 나타나는지 확인합니다.

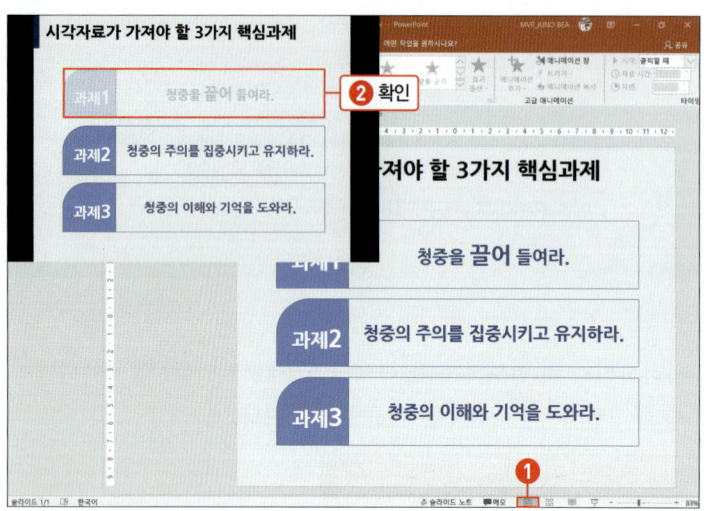

 Tip

Alt +[슬라이드 쇼] 단추(🖵)를 클릭하면 슬라이드 쇼가 화면의 1/4로 표시되어 화면 적용 상태를 쉽게 확인할 수 있습니다(파워포인트 2010 버전에서는 Ctrl +슬라이드쇼 단추 클릭). 인쇄물을 준비할 필요가 없는 프레젠테이션에서는 덜 중요한 항목에 애니메이션 효과를 사용하여 회색(gray-out) 효과를 간단하게 적용할 수 있어요.

잠깐만요 :: 파워포인트에서 제공하는 테마 색 활용하기

파워포인트에서 기본 제공하는 테마 색을 잘 활용하는 것도 좋은 방법입니다. 파워포인트 2019에서는 'Office' 그룹에서 23가지의 테마 색을 제공하고 있습니다. 테마 색은 [디자인] 탭-[적용] 그룹에서 [자세히] 단추(▽)를 클릭하고 [색]을 선택하면 목록으로 나타납니다.

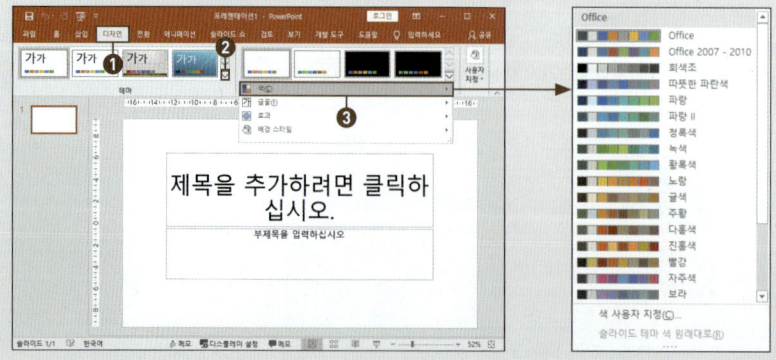

04 특정 대상만 회색 효과로 강조하기

기능	방법
사진 맞춤 정렬	[서식] 탭-[정렬] 그룹-[맞춤]
배경 제거	[서식] 탭-[조정] 그룹-[배경 제거]
보관할 영역 표시	[배경 제거] 탭-[미세 조정] 그룹-[보관할 영역 표시]
제거할 영역 표시	[배경 제거] 탭-[미세 조정] 그룹-[제거할 영역 표시]

1 1번 슬라이드에서 인형 사진을 선택하고 Ctrl+D를 눌러 복제합니다.

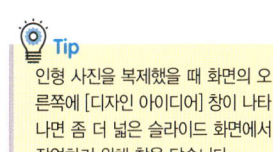

Tip
인형 사진을 복제했을 때 화면의 오른쪽에 [디자인 아이디어] 창이 나타나면 좀 더 넓은 슬라이드 화면에서 작업하기 위해 창을 닫습니다.

2 사진을 선택한 상태에서 Ctrl+A를 눌러 슬라이드의 사진을 모두 선택하고 [그림 도구]의 [서식] 탭-[정렬] 그룹에서 [맞춤]을 클릭한 후 [왼쪽 맞춤]을 선택합니다.

3 [그림 도구]의 [서식] 탭-[정렬] 그룹에서 [맞춤]을 클릭하고 [위쪽 맞춤]을 선택합니다. 2개의 이미지가 겹쳐지면 Esc를 눌러 그림의 선택을 해제하고 다시 위쪽 사진만 선택한 후 [그림 도구]의 [서식] 탭-[조정] 그룹에서 [배경 제거]를 클릭합니다.

Tip
인형 사진을 복제한 후 다시 위쪽 사진만 선택하는 이유는 원본을 유지한 상태에서 복제한 사진을 이용해 특정 인형을 강조하는 연습을 하기 위해서입니다.

4 배경에서 제거되지 않고 남은 부분을 없애기 위해 수동으로 배경을 제거해 보겠습니다. 여기에서는 두 번째 인형을 강조하기 위해 [배경 제거] 탭-[미세 조정] 그룹에서 [보관할 영역 표시]를 클릭하고 마우스 포인터의 모양이 ╱으로 변경되면 남겨둘 영역을 드래그하여 표시합니다.

5 [배경 제거] 탭-[미세 조정] 그룹에서 [제거할 영역 표시]를 클릭하고 마우스 포인터의 모양이 🖉으로 변경되면 삭제할 영역을 드래그합니다.

6 이와 같은 방법으로 부각시킬 두 번째 인형만 강조하고 [배경 제거] 탭-[닫기] 그룹에서 [변경 내용 유지]를 클릭합니다.

> **Tip**
> 오피스 2019 버전과 마이크로소프트 365용 파워포인트에서는 향상된 '배경 제거' 기능을 제공하여 배경을 제거할 경우 보관할 영역과 제거할 영역의 표시선이 나타나지 않습니다. 이 경우에는 원하는 결과물이 나타나도록 보관할 영역 표시와 제거할 영역 표시를 반복해서 작업하세요.

7 원래의 화면으로 되돌아오면 배경이 제거된 사진을 선택하고 [홈] 탭-[편집] 그룹에서 [선택]을 클릭한 후 [선택 창]을 선택합니다.

> **Tip**
> Alt + F10 을 눌러도 [선택] 창을 표시할 수 있습니다.

8 화면의 오른쪽에 [선택] 창이 나타나면 '그림 2'의 오른쪽에 표시된 눈 아이콘( )을 클릭하여 끕니다.

9 [선택] 창에서 '그림 4'를 선택하고 [그림 도구]의 [서식] 탭-[조정] 그룹에서 [색]을 클릭한 후 '다시 칠하기'의 [회색, 어두운 강조색 3]을 클릭합니다.

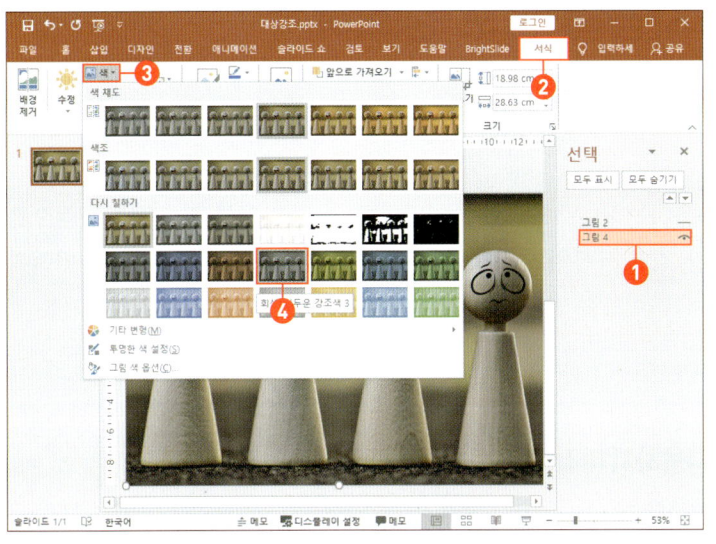

> **Tip**
> 여러 명이 함께 찍은 인물 사진이나 다양한 제품 사진에서 특정 제품을 강조하고 싶을 때 회색 효과를 사용하면 청중들의 집중도를 높일 수 있습니다.

10 [선택] 창에서 '그림 2'의 눈 아이콘( )을 클릭하여 다시 켜고 [선택] 창을 닫습니다. 5~7 과정에서 작업한 두 번째 인형만 강조되고 주변 배경과 다른 인형들은 회색으로 변경되었는지 확인합니다.

> **Tip**
> 세피아 또는 회색조 효과를 적용하는 대신 [그림 도구]의 [서식] 탭-[조정] 그룹에서 [꾸밈 효과]를 클릭하고 [흐리게]를 클릭해도 좋습니다.

05 색 사용해 정보 강조하기

디자인 비전공자가 색을 잘 사용하는 것은 매우 힘든 일입니다. 색은 다양한 정보를 효과적으로 전달하기 위한 좋은 수단이지만, 잘못 사용하면 복잡해 보여서 정확한 내용을 이해하기가 어려워집니다. 따라서 문서 작성이나 슬라이드를 만들 때 색을 사용해야 한다면 다음의 세 가지 기본 원칙을 꼭 지켜야 합니다.

1 색 사용이 어려우면 색을 사용하지 마라

색을 사용하는 것이 어려우면 문서를 작성할 때 아예 색을 빼는 것이 좋습니다. 즉 슬라이드의 텍스트뿐만 아니라 도형, 표 등의 모든 개체를 흑백 또는 회색조만으로 작성하는 것입니다. 글로벌 컨설팅 회사의 경우 대부분의 보고서를 회색조로 작성합니다. 따라서 반드시 필요한 항목에만 색을 지정하여 핵심만 강조하면 됩니다. 다만 최소한의 색을 사용하기 때문에 눈에 띄는 색상을 사용하여 강하게 강조하는 것이 중요합니다.

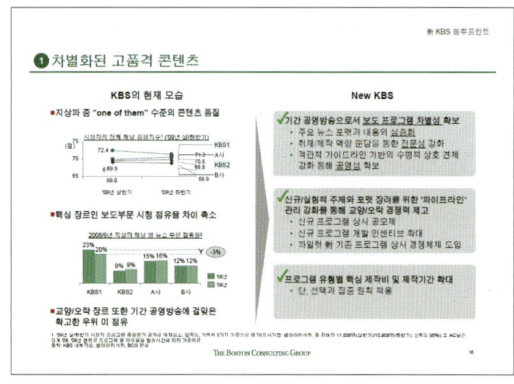
▲ 무채색을 이용해 강조한 보고서(출처 : KBS 경영컨설팅 프로젝터, BCG)

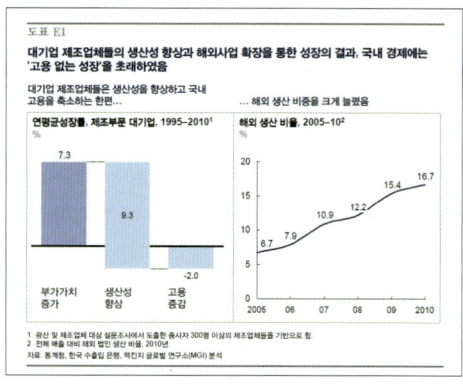
(출처 : 매켄지 제2차 한국 보고서
- 신 성장공식, 2013년 4월, McKinsey Global Institute)

2 의미 있는 색을 주요 색으로 사용해라

의미 있는 색을 선택할 때는 전달하려는 주제와 연관된 색을 선택해야 합니다. 예를 들어 회사를 대표하는 CI(Corporate Identity) 또는 BI(Brand Identity)에서 색을 추출하거나 회사 홈페이지에서 사용한 색상 규정을 참고합니다.

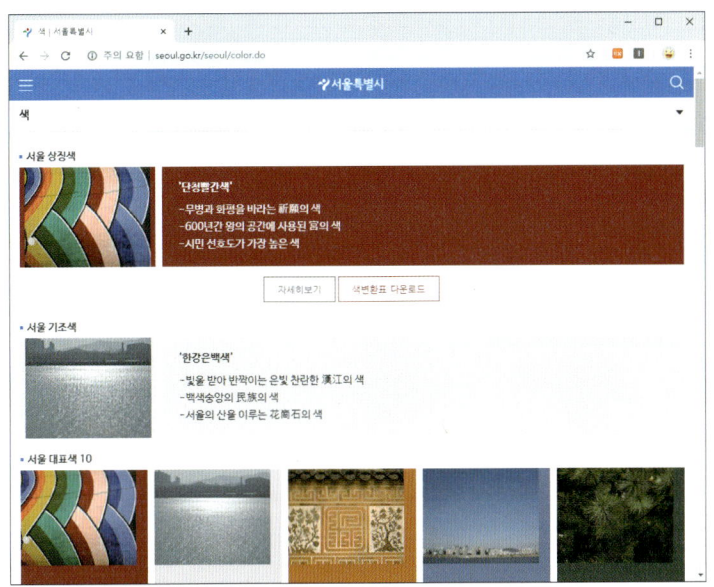

▲ 서울의 색(http://www.seoul.go.kr/seoul/color.do)

 Tip
일반적인 제안서는 주요 색을 정할 때 회사의 CI 또는 BI에서 선택하지만, CI나 BI가 너무 단순하거나 무채색이면 홈페이지를 참고하여 색을 결정해야 합니다. 다양한 색을 조합하려면 어도비 사이트(https://color.adobe.com/ko/create)를 참고하세요.

3 강조하거나 다른 정보를 제시할 때만 다른 색을 사용해라

색을 많이 사용한 문서나 슬라이드를 보면 아름답다는 생각보다 복잡하고 어렵게 느껴질 수 있습니다. 색을 너무 많이 사용하면 청중들의 눈을 쉽게 피로해져서 집중력을 방해하는 경우가 많으므로 강조 부분에만 색을 제한적으로 사용해야 합니다.

슬라이드와 같이 상반기와 하반기처럼 속성이 다른 콘텐츠의 경우 같은 색상보다 다른 색상으로 변화를 주면 각 분기별로 다르게 진행되는 상황을 쉽게 표현할 수 있습니다. 하나의 슬라이드에서 다른 색을 지정하기 위해 어울리는 색상을 선택할 경우 무지개를 떠올려 봅니다. 파워포인트의 색상표가 복잡하게 보여도 잘 알고 있는 무지개 색을 이용하면 쉽게 구분할 수 있습니다.

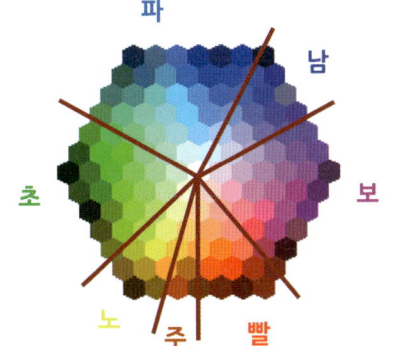

Tip
하나의 그룹을 파란색으로 표현했다면 나머지 그룹에는 파란색과 인접한 초록색이나 남색을 선택하는 것이 좋습니다. 이와 같이 인접한 색을 '유사색'이라고 하는데, 유사색을 사용하면 자연스럽게 표현할 수 있습니다.

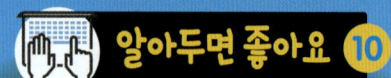

사진에서 색상 값 추출해 배경과 제목에 적용하기

● 예제파일 : 1장\파포\섹션08\서울골목.jpg   ● 완성파일 : 1장\파포\섹션08\색상추출.pptx

■ 슬라이드 이미지와 어울리는 색 찾기

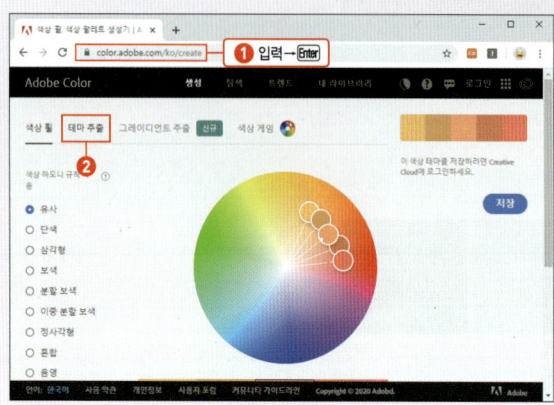

1 웹 브라우저를 실행하고 어도비 사이트(https://color.adobe.com/ko/create)에 접속한 후 [테마 추출]을 클릭합니다.

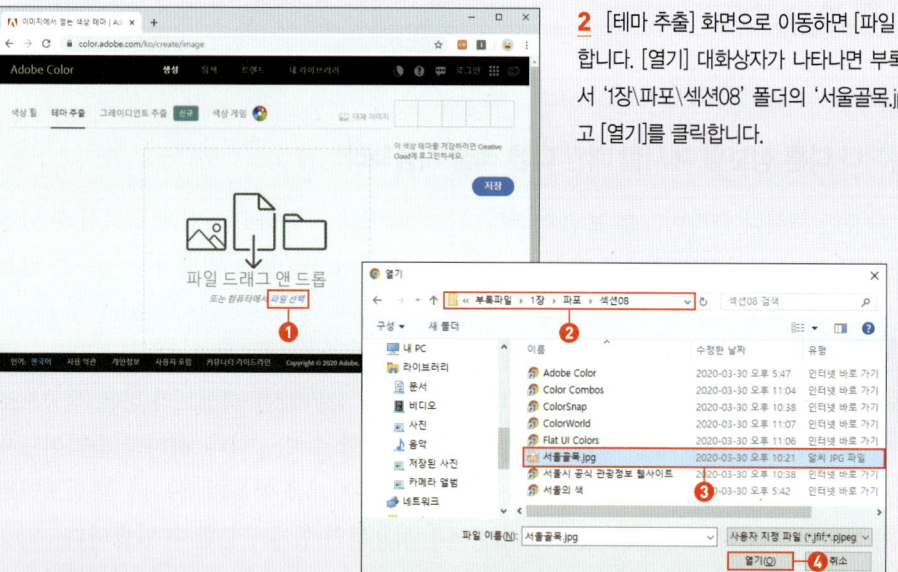

2 [테마 추출] 화면으로 이동하면 [파일 선택]을 클릭합니다. [열기] 대화상자가 나타나면 부록 실습파일에서 '1장\파포\섹션08' 폴더의 '서울골목.jpg'를 선택하고 [열기]를 클릭합니다.

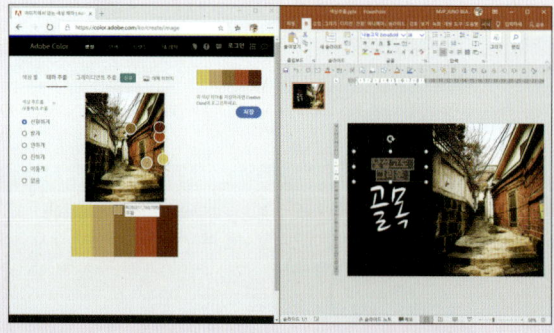

3 업로드한 이미지에서 추출한 색으로 조합된 차트가 차트로 표시됩니다. 추출한 색상 값은 슬라이드의 배경이나 제목 등에 적용하여 디자인할 수 있습니다.

어도비 색 추천 사이트(color.adobe.com)에서는 조화로운 색을 차트화해서 보여주고 이미지에서 어울리는 색을 추천해 주기 때문에 색 선택이 어려우면 도움을 받을 수 있습니다.

■ 사이트에서 사용하는 색 찾기

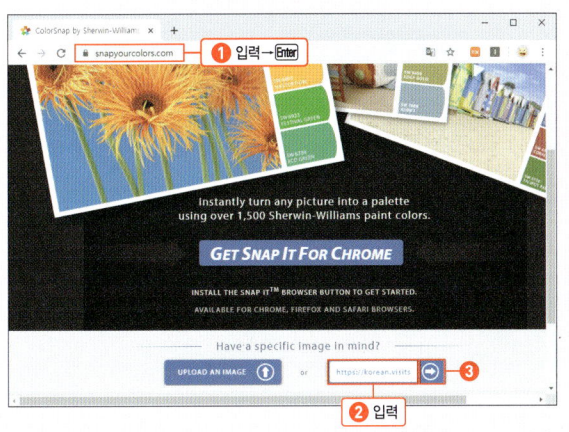

1 웹 브라우저를 실행하고 Color Snap 사이트(https://snapyourcolors.com)에 접속합니다. 크롬 확장 기능을 추가하라는 [GET SNAP IT FOR CHROME] 팝업 창이 나타나면 닫으세요. [UPLOAD AN IMAGE]를 클릭하여 이미지를 업로드한 후 색 조합표를 추출하거나 [ENTER A SITE URL]에 추출하고 싶은 사이트를 입력하여 색 조합표를 추출할 수도 있습니다. 여기서는 [ENTER A SITE URL]에 '서울관광재단'의 웹사이트(https://korean.visitseoul.net/index)를 입력하고 ▶를 클릭하세요.

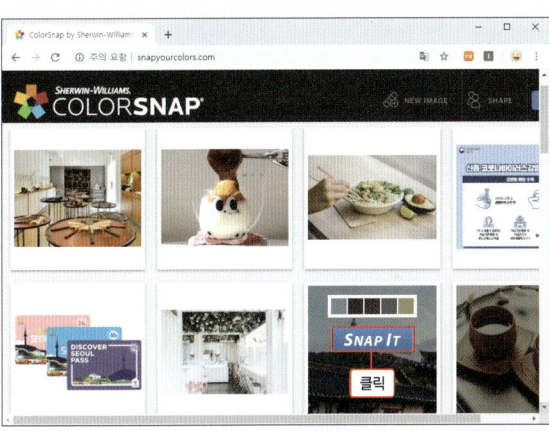

2 동의 후 진행하면 Color Snap 사이트에 '서울관광재단'에 포함된 이미지를 불러올 수 있습니다. 색 조합을 알고 싶은 이미지 위에 마우스 포인터를 올려놓고 [SNAP IT]을 클릭합니다.

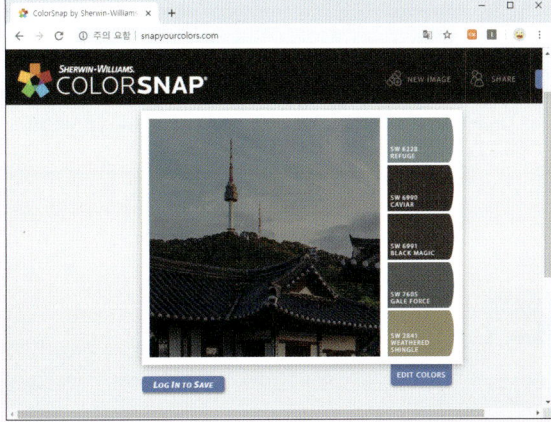

3 선택한 이미지의 색 조합표가 추출되면서 컬러를 편집할 수 있습니다.

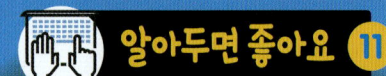

알아두면 좋아요 ⑪ 색 사용에 유용한 사이트 살펴보기

● '1장\파포\섹션08\참고링크' 폴더에서 제공하는 인터넷 바로 가기를 참고하세요.

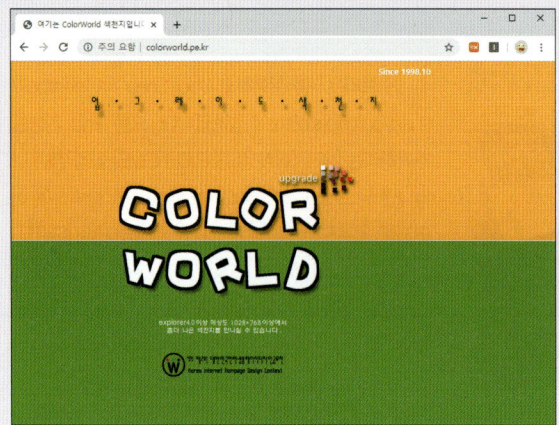

■ **COLORWORLD** – http://www.colorworld.pe.kr
COLORWORLD(색천지)에서는 색에 대한 기본 개념을 공부할 수 있습니다.

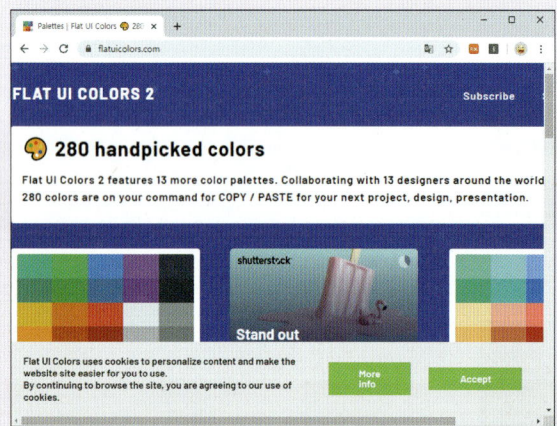

■ **Flat UI Color** – http://flatuicolors.com
Flat UI Color에서는 인포그래픽 등에서 많이 활동하는 플랫 디자인(Flat Design)에 적합한 색상표를 제공합니다.

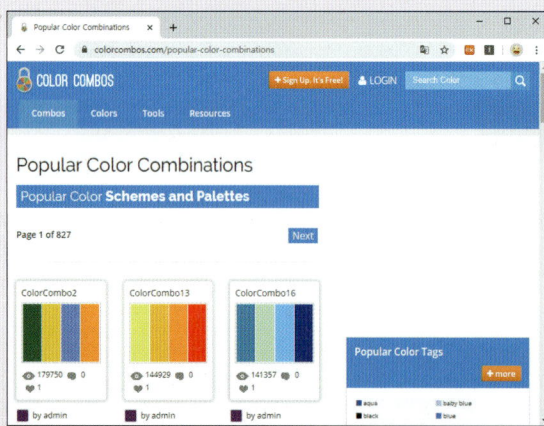

■ **Color Combos** – http://www.colorcombos.com
Color Combos는 인기 색상이나 최신 컬러를 알 수 있는 사이트로, 색을 선택하면 선택한 색이 포함된 컬러 조합도 함께 표시됩니다.

06 모양을 다르게 지정해 차이점 강조하기

《월리를 찾아라!》 책은 1987년 영국의 일러스트레이터인 마틴 핸드포드(Martin Handford)가 한 시대를 풍미하여 그린 그림책으로, 전 세계적으로 엄청난 인기를 끌면서 애니메이션과 게임, 영화로 제작되었습니다. 이 그림책은 복잡한 그림 속에서 안경을 쓴 비쩍 마른 월리를 찾는 것인데, 등장인물이 모두 비슷비슷하게 생겨서 주인공을 찾기가 쉽지 않습니다.

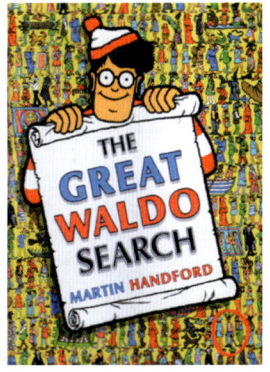

▲ 월리를 찾아라!(출처 : http://waldo.wikia.com/wiki/File:Thegreatwaldosearch1989.jpg)

이와 같이 색이 달라도 모양이 비슷하면 다른 점을 쉽게 찾을 수 없듯이 확실하게 다른 속성을 표현해야 할 때는 차별화된 모양을 적용하여 강조 또는 대비 효과를 줄 수 있습니다. 다이어그램이나 표, 차트 등에서 강조할 항목이 있을 때 모양에 변화를 주는 것도 좋은 방법입니다.

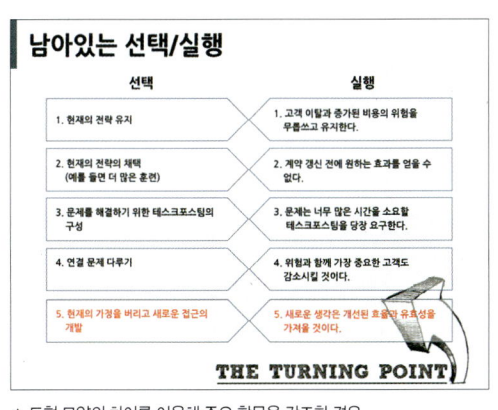 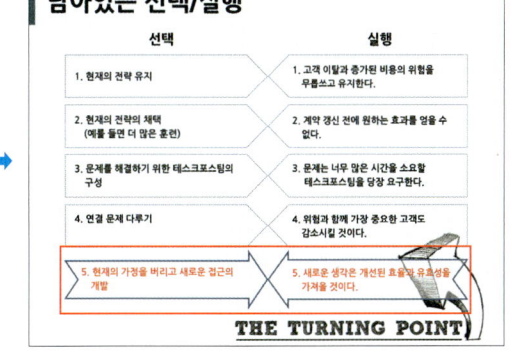

▲ 도형 모양의 차이를 이용해 주요 항목을 강조한 경우

텍스트의 크기와 굵기 조정해 핵심 강조하기

슬라이드를 디자인할 때 항목의 크기에 변화를 주어 원하는 내용을 강조할 수 있습니다. 크기를 다르게 지정하여 강조하는 방법은 텍스트를 강조할 경우에도 많이 사용합니다. 한 장의 슬라이드에 들어가는 내용이 많을 경우 핵심 문장이나 단어의 크기를 다르게 지정해서 해당 내용에 대한 주목도를 높이고 강조할 수 있습니다.

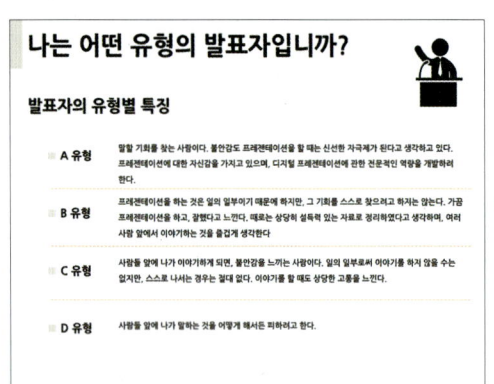 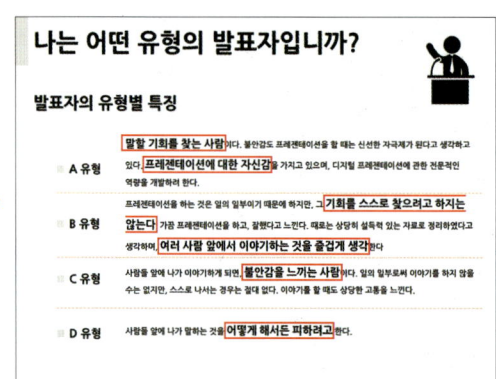

▲ 주요 텍스트의 크기를 크게 강조한 경우

대부분의 사람들은 기본적으로 '주요 내용은 크다'라고 생각합니다. 그래서 수준별로 구분된 슬라이드의 텍스트의 경우 크기나 굵기 등을 조정하여 상위 수준과 하위 수준을 확실하게 구분해야 합니다.

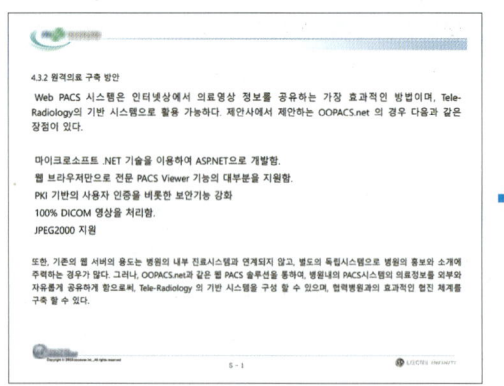 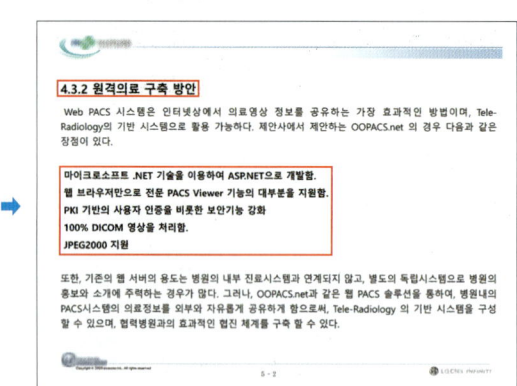

▲ 텍스트의 수준을 구분해서 특정 내용을 강조한 경우

개념이해 08 관련 있는 구성 요소끼리 가깝게 배치하기

수준의 단계 또는 색상으로 구분하여 그룹을 만드는데, 의미가 같거나 관련 있는 내용을 그룹화하면 청중들은 전달 내용을 좀 더 쉽게 이해할 수 있습니다. 다음 슬라이드 표지의 경우 왼쪽 슬라이드에서는 제목 이외의 정보가 사방으로 흩어져서 시선의 흐름을 방해하고 있습니다. 하지만 오른쪽 슬라이드처럼 관련된 정보를 그룹화하고 정렬하면 좀 더 정돈되게 표현할 수 있습니다.

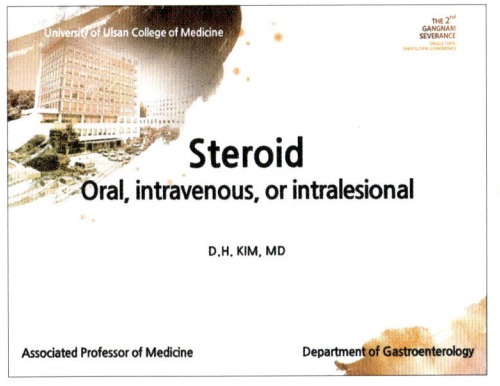 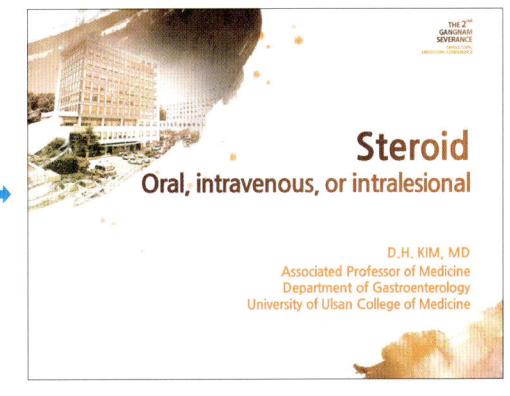

▲ 정보를 그룹화하고 정렬한 슬라이드 디자인

내용을 설명할 때도 똑같은 위치에 구성 요소를 배치하면 중요도가 비슷해 보입니다. 하지만 왼쪽의 슬라이드와 같이 위치를 다르게 배치하면 비중별로 중요하게 표현할 수 있습니다.

 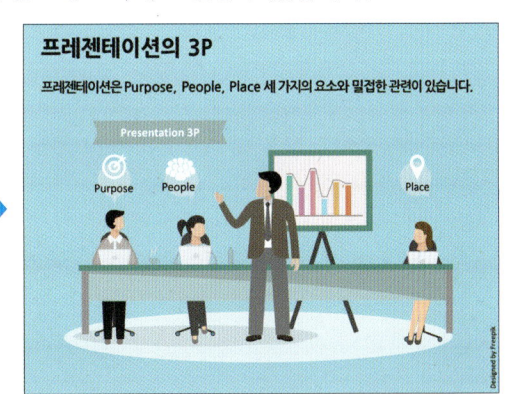

▲ 구성 요소를 다르게 배치해 중요도를 표현한 슬라이드 디자인

자료를 분석할 때 사용하는 엑셀과 문서를 작성하거나 보고할 때 사용하는 파워포인트는 실무에서 가장 많이 사용하는 대표적인 오피스 프로그램입니다. 업무에 따라 사용 목적이나 빈도가 차이날 수 있지만, 두 프로그램의 활용 능력 정도에 따라 생산성을 더욱 높일 수 있습니다. 이번 장에서는 예제를 통해 사용 빈도가 높으면서 실무자가 꼭 알아야 할 내용을 배워보겠습니다. 또한 엑셀과 파워포인트의 다양한 사례 중에서 데이터를 제대로 분석하고 파워포인트로 전달할 핵심 메시지를 명확하게 표현하는 방법에 대해서도 알아보겠습니다.

Section 09 매출 계획 대비 달성 현황 분석하기

Section 10 Z 차트로 장기적인 매출 추이 분석하기

Section 11 마케팅 전략 수립을 위한 제품별 매출 기여도 분석하기

CHAPTER 02

엑셀과 파워포인트의 실무 활용 사례

SECTION 09

매출 계획 대비 달성 현황 분석하기

매출 계획 대비 달성 현황 분석은 기업의 목표와 계획을 수립할 때 필요한 중요한 자료로 사용됩니다. 일반적으로 기업들은 연초에 핵심 성과 지표(KPI; Key Performance Indicators)나 각종 목표 등을 수립한 후 이것에 대한 결과를 주기적으로 분석합니다. 이때 일반적으로 사용하는 대비 방법 중 하나가 바로 매출 계획 대비 달성 현황 분석입니다.

매출 계획 대비 달성 현황 시나리오

주식회사 스몰투빅 영업1팀은 한 해를 마무리하면서 2020년 매출 보고를 준비하고 있습니다. 특히 3분기 말에 출시된 신제품의 4분기 매출 계획 대비 실제 달성 현황 비교 자료는 2021년 영업팀의 개인별 매출 계획을 수립할 때 기준이 되는 자료로써 아주 중요한 역할을 할 것입니다. 기존의 매출 계획 대비 달성 현황 자료는 복잡한 표 형식으로 작성되어 있어서 실제 달성 현황을 한눈에 파악하는 데 어렵고 표에서 추출한 그래프도 메시지가 제대로 전달되고 있지 않습니다.

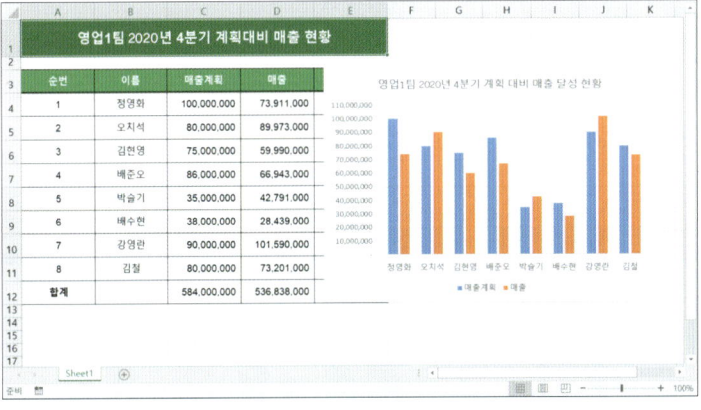

▲ 수정이 필요한 매출 계획 대비 달성 현황 자료

1 목적

주식회사 스몰투빅 영업1팀의 연말 결산 자료인 '2020년 4분기 계획 대비 달성 현황' 보고서 작성

2 분석 포인트

- 3분기 말에 경쟁사와 차별화된 신제품 출시
- 2020년 4분기의 매출 계획 대비 실제 매출 현황 비교 자료 요구
- 2021년 영업팀의 개인별 매출 계획 수립 근거 자료 필요

3 수정 포인트

- 기존에 작성했던 매출 계획 대비 달성 현황 자료의 복잡한 표 형식 수정
- 계획 대비 실제 달성 현황을 한눈에 파악하는 데 어려움
- 표에서 추출한 그래프의 디자인 보완 필요

01 무엇을 보여줄 것인지 결정하기

보고서를 작성할 때 무턱대고 표나 차트부터 만든 후 부연 설명을 추가하는 경우가 많습니다. 이 방법이 틀린 것은 아니지만, 가능하면 무엇을 말하고 싶은지부터 먼저 결정하고, 메시지를 전달할 수단으로 표나 차트를 사용하는 것이 좋습니다.

기존에 작성한 보고서를 살펴보면 매출 계획과 달성 현황 비교를 위한 세로 막대형 그래프가 표시되어 있습니다. 하지만 차트에서는 매출 계획 대비 달성 성과를 단순히 달성률로만 비교한 후 매출 목표를 높게 잡아 달성하지 못한 것인지, 매출 목표를 낮게 잡아 달성한 것인지 판단하기 어렵습니다. 영업팀에서 각 개인별로 설정한 매출 목표의 달성률을 비교하려면 팀별 평균 매출에 대한 기준선을 함께 표시해야 합니다. 이때 매출 목표와 달성 매출을 비교하기 위해 그래프를 겹쳐서 표시하는 것이 좋습니다.

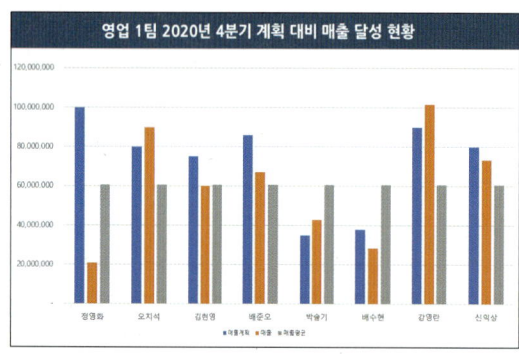
▲ 목표 대비 매출 달성률 파악이 어려운 세로 막대형 그래프

▲ 목표 대비 매출 달성률 파악을 위해 기준선을 추가하고 그래프 막대를 겹쳐서 표시한 차트

 잠깐만요 :: 분석하려는 데이터를 엑셀로 정리하는 방법 살펴보기

매출 자료를 분석하려면 우선 영업자들의 자료부터 취합해야 합니다. 회사에서 ERP(Enterprise Resource Planning, 전사적 자원 관리) 시스템을 사용한다면 큰 문제없이 원하는 자료를 불러와서 처리할 수 있지만, 그렇지 않은 경우에는 자료를 작성하는 담당자가 개인별 자료를 직접 받아 정리해야 합니다.

기본 서식에 맞추어 작성한 문서여도 개인별 자료를 수집하다 보면 데이터 입력 형식이 제각각인 경우가 많습니다. 따라서 수집한 자료를 보고서로 만들 때 가장 먼저 데이터 입력 서식을 통일해야 합니다. 왜냐하면 숫자를 입력해야 할 셀에 문자가 입력되어 있거나 공백이 포함되어 있으면 데이터를 제대로 분석할 수 없기 때문입니다. 그리고 다양한 자료를 하나로 취합하여 정리할 경우 엑셀에서는 현재 열려있는 파일로 편집하는 것이 원칙입니다. 닫혀있는 엑셀 파일을 불러오면 어떤 시트에서 어떤 셀 영역의 데이터를 가져와야 하는지 알 수 없는 상황이 발생합니다.

● 예제파일 : 2장\섹션09\영업1팀.xlsx, 영업2팀.xlsx   ● 완성파일 : 2장\섹션09\영업1_2팀.xlsx

필수기능 02 | 엑셀 데이터 취합하고 빈 셀에 데이터 채우기

기능	방법
데이터 찾아 이동	[홈] 탭–[편집] 그룹–[찾기 및 선택]–[이동]
빈 셀에 데이터 채우기	[이동 옵션] 대화상자 → [빈 셀]
빈 셀에 데이터 한 번에 채우기	수식 입력 → Ctrl + Enter

1 '영업1팀.xlsx'를 열고 [Sheet1] 시트에서 A2셀을 클릭한 후 Ctrl + A 를 누릅니다. 전체 데이터가 선택되면 Ctrl + C 를 눌러 선택한 데이터를 복사합니다.

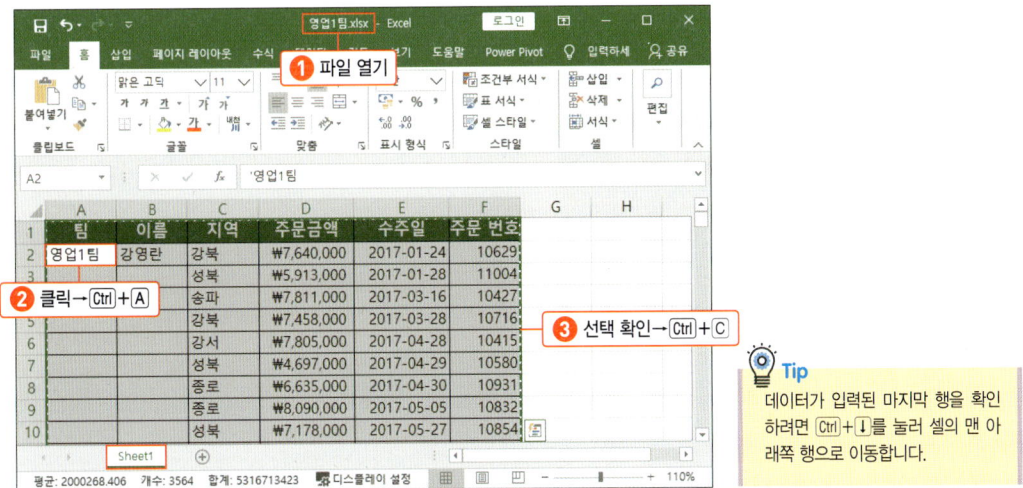

> **Tip**
> 데이터가 입력된 마지막 행을 확인하려면 Ctrl + ↓ 를 눌러 셀의 맨 아래쪽 행으로 이동합니다.

2 [파일] 탭–[새로 만들기]를 선택하고 [새 통합 문서]를 선택합니다.

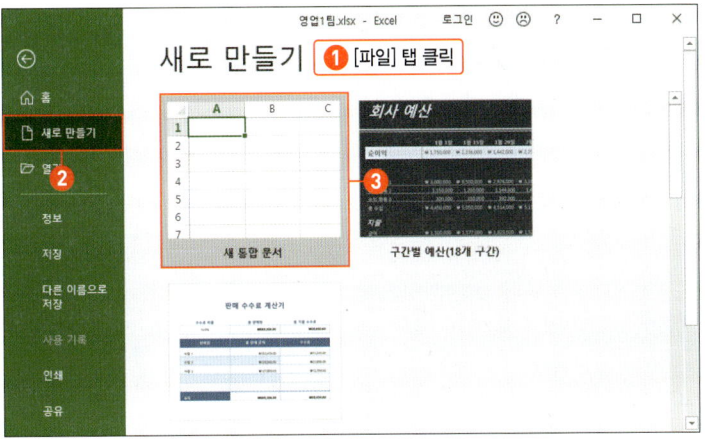

295

3 새 통합 문서가 열리면 Ctrl+V를 눌러 1 과정에서 복사한 데이터를 붙여넣습니다.

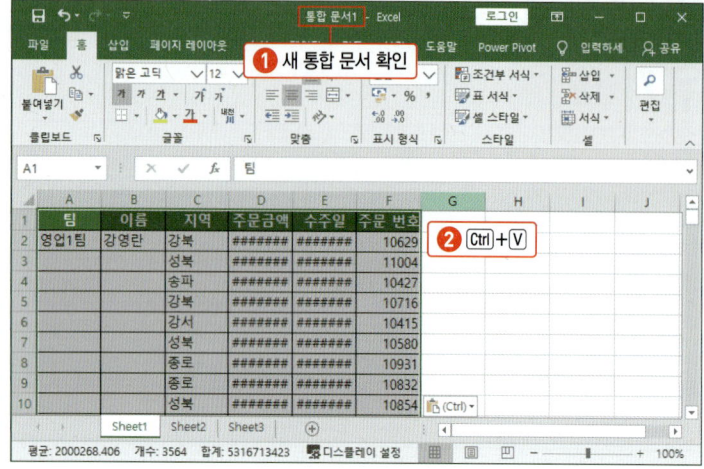

4 붙여넣은 데이터가 #######으로 표시되면 D열 머리글과 E열 머리글을 각각 드래그하여 열의 너비를 늘립니다.

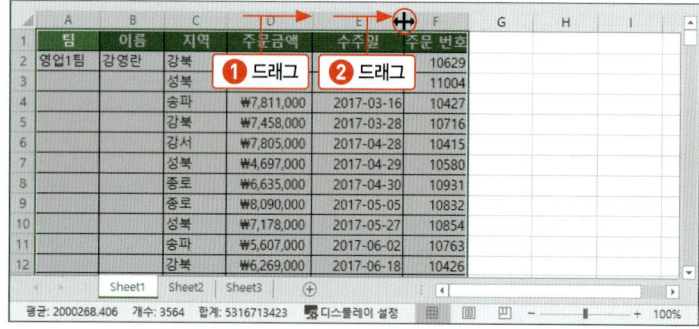

> **Tip**
> 열 머리글과 열 머리글 사이의 경계선에 마우스 포인터를 올려놓고 마우스 포인터의 모양이 ✢으로 변경되었을 때 더블클릭해도 입력한 셀 크기에 맞게 자동으로 너비가 조정됩니다. 또는 셀을 선택하고 Alt+O, C, A를 누르면 셀 너비를 자동으로 맞춰서 조절할 수 있습니다.

5 '영업2팀.xlsx'를 열고 [Sheet1] 시트에서 A2셀을 클릭한 후 Ctrl+A를 누릅니다. 전체 데이터가 선택되면 Ctrl+C를 눌러 선택한 데이터를 복사합니다.

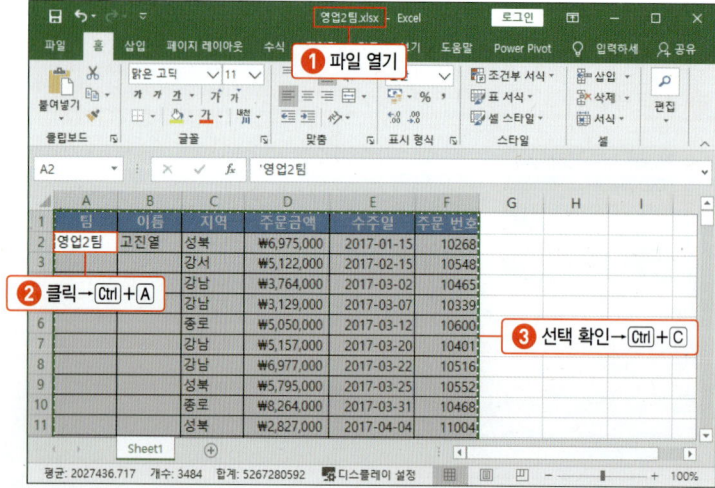

6 '영업1팀.xlsx'의 데이터를 붙여넣은 새 통합 문서에서 수식 입력줄의 왼쪽에 있는 이름 상자에 『A888』을 입력하고 Enter 를 누릅니다.

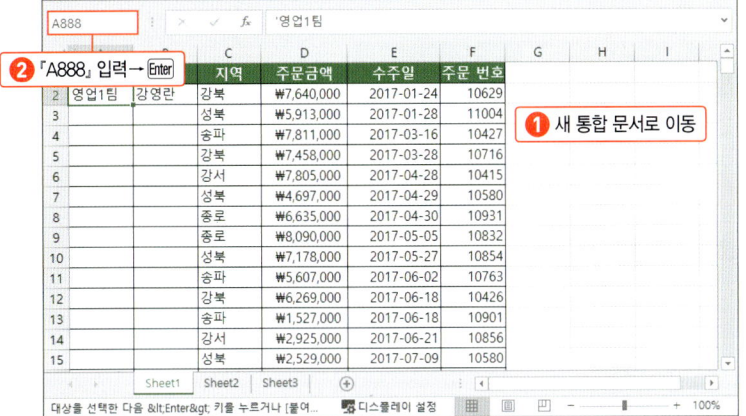

7 A888셀로 이동하면 Ctrl + V 를 눌러 '영업2팀.xlsx' 데이터를 붙여넣습니다.

8 붙여넣은 데이터에서 반복되는 행 머리글(888행)을 클릭하여 행 전체를 선택하고 마우스 오른쪽 단추를 클릭한 후 [삭제]를 선택합니다.

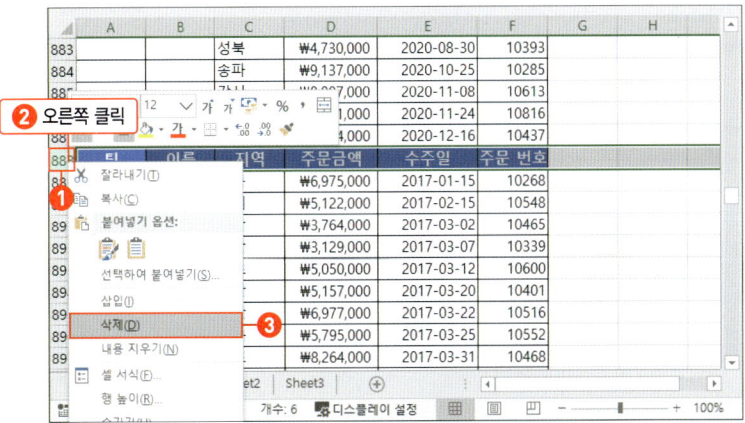

9 취합한 데이터에서 '팀' 항목과 '이름' 항목의 아래쪽에 빈 셀이 있는데, 여기에 데이터를 채우기 위해 A1셀을 클릭하고 Ctrl+A를 눌러 모든 데이터를 선택합니다. [홈] 탭-[편집] 그룹에서 [찾기 및 선택]을 클릭하고 [이동]을 선택합니다.

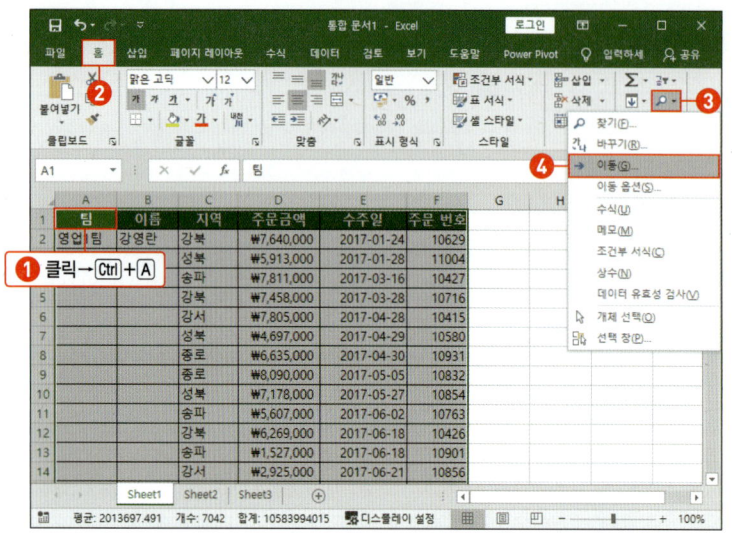

> **Tip**
>
> 단축키 Ctrl+G를 눌러도 [이동] 대화상자를 나타낼 수 있습니다.

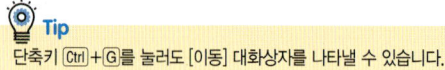

10 [이동] 대화상자가 나타나면 [옵션]을 클릭합니다. [이동 옵션] 대화상자가 나타나면 '종류'의 [빈 셀]을 선택하고 [확인]을 클릭합니다.

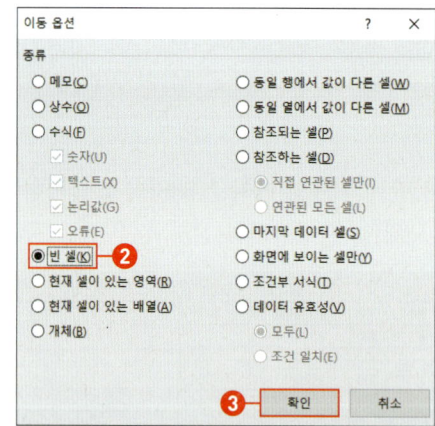

11 데이터 영역에서 빈 셀 부분만 선택되면 수식 입력줄에 『=A2』를 입력하고 Ctrl + Enter 를 누릅니다.

12 선택한 빈 셀에 데이터가 한꺼번에 채워졌는지 확인합니다.

 잠깐만요 :: 열 너비까지 동일하게 복사하기

데이터를 붙여넣은 후 열 너비가 좁으면 셀에 ######으로 표시됩니다. 이 경우 다음의 방법을 이용하면 열 너비까지 동일하게 적용해서 데이터를 복사할 수 있습니다.

1. 데이터 범위를 선택하고 복사(Ctrl + C)합니다.
2. Ctrl + Alt + V 를 눌러 [선택하여 붙여넣기] 대화상자를 나타내고 '붙여넣기'의 [열 너비]를 선택한 후 [확인]을 클릭합니다.
3. 붙여넣으려는 셀을 선택하고 Ctrl + V 를 누릅니다.

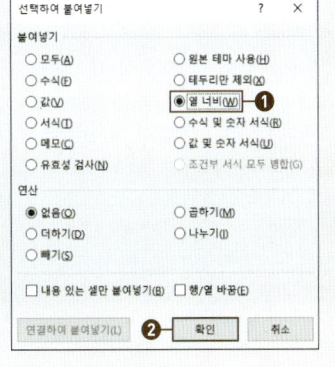

● 예제파일 : 2장\섹션09\날짜변환.xlsx   ● 완성파일 : 2장\섹션09\날짜변환(완).xlsx

현장실무 03 | 숫자 데이터를 날짜 형식으로 변경하기

기능	방법
표시 형식 확인	[홈] 탭-[표시 형식] 그룹-'표시 형식'
셀 삽입하여 붙여넣기	셀에서 마우스 오른쪽 단추 → [복사한 셀 삽입]
텍스트 나누기	[데이터] 탭-[데이터 도구] 그룹-[텍스트 나누기]
DATE 함수	DATE(연,월,일)
선택하여 붙여넣기	[홈] 탭-[클립보드] 그룹-[붙여넣기]-[선택하여 붙여넣기]
간단한 날짜 형식	[홈] 탭-[표시 영역] 그룹-[간단한 날짜]

1 [Sheet1] 시트에서 '수주일' 항목의 데이터는 날짜와 일반 표시 형식이 섞여있습니다. 수식 입력줄의 왼쪽에 있는 이름 상자에 『E1382』를 입력하고 Enter를 눌러 E1382셀로 이동합니다. [홈] 탭-[표시 형식] 그룹의 '표시 형식'을 살펴보면 [날짜]가 아니라 [일반]으로 표시되어 있습니다.

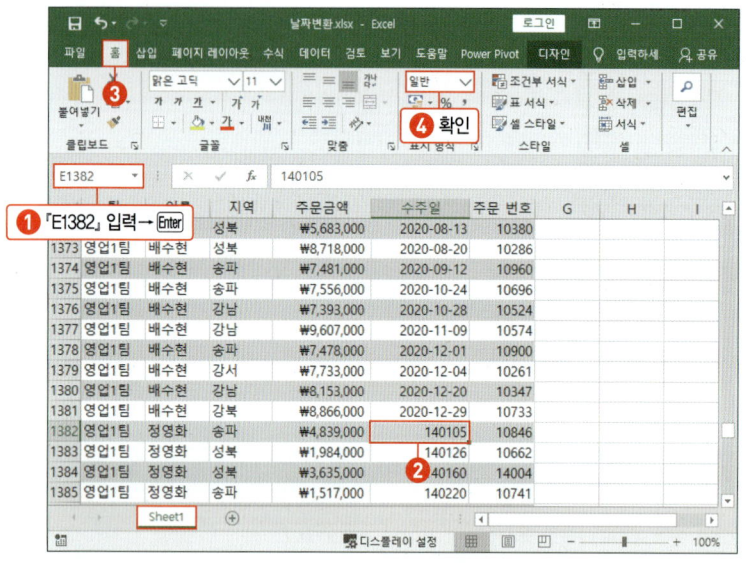

> **Tip**
> 셀에 숫자 『1』을 입력하고 [홈] 탭-[표시 형식] 그룹에서 [일반]의 내림 단추(▽)를 클릭한 후 [간단한 날짜]를 선택하면 '1900-01-01'로, [자세한 날짜]를 선택하면 '1900년 1월 1일 일요일'로 표시됩니다.

2 날짜 표시 형식으로 변경할 E1382:E1517 범위를 선택하고 마우스 오른쪽 단추를 클릭한 후 [복사]를 선택합니다.

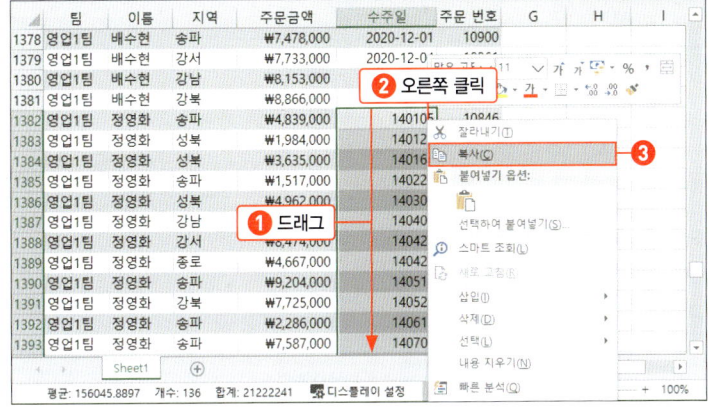

> **Tip**
> E1382셀을 클릭하고 이름 상자에 포함할 범위 『E1517』을 입력한 후 Shift + Enter 를 눌러도 됩니다.

3 H1382셀을 클릭하고 마우스 오른쪽 단추를 클릭한 후 [복사한 셀 삽입]을 선택합니다.

> **Tip**
> 엑셀에서 특정한 데이터를 추출할 때는 하나의 시트에서 새롭게 열이나 행을 추가하거나, 다른 셀 영역에서 표를 다시 그려 작업해야 원본 데이터를 안전하게 보호할 수 있습니다.

4 [삽입하여 붙여넣기] 대화상자가 나타나면 [셀을 오른쪽으로 밀기]를 선택하고 [확인]을 클릭합니다.

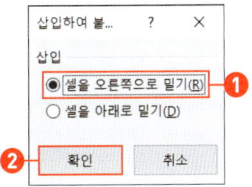

5 붙여넣은 여섯 자리 숫자 데이터를 'yymmdd' 날짜 형식으로 변경해 보겠습니다. H1382:H1517 범위를 선택한 상태에서 [데이터] 탭-[데이터 도구] 그룹의 [텍스트 나누기]를 클릭합니다.

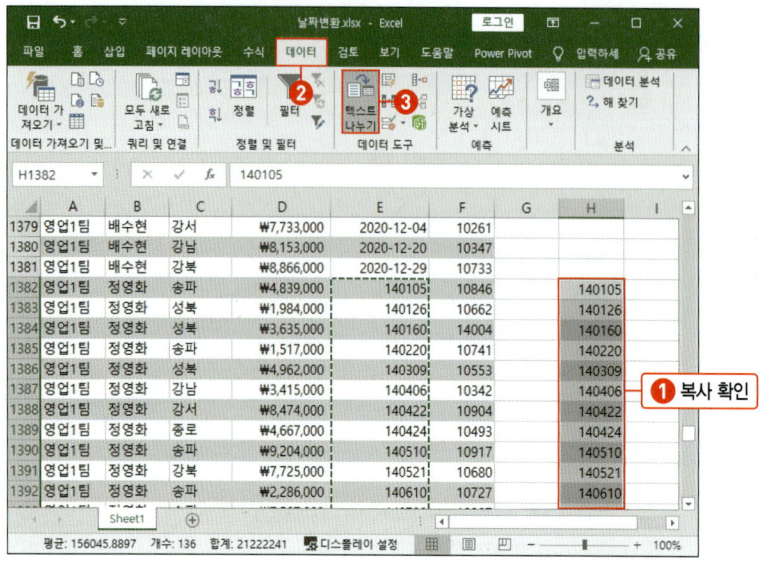

> **Tip**
> 여섯 자리 숫자를 'yymmdd' 형식으로 변경해야 '수주일' 항목의 일반 형식 데이터를 날짜 형식으로 쉽게 바꿀 수 있습니다. 이때 yy는 연도(year)를, mm은 월(month)을, dd는 일(date)을 의미합니다.

6 [텍스트 마법사 - 3단계 중 1단계] 대화상자가 나타나면 [너비가 일정함]을 선택하고 [다음]을 클릭합니다. [텍스트 마법사 - 3단계 중 2단계] 대화상자에서 연, 월, 일에 해당하는 숫자를 클릭하여 구분선을 표시하고 [다음]을 클릭합니다.

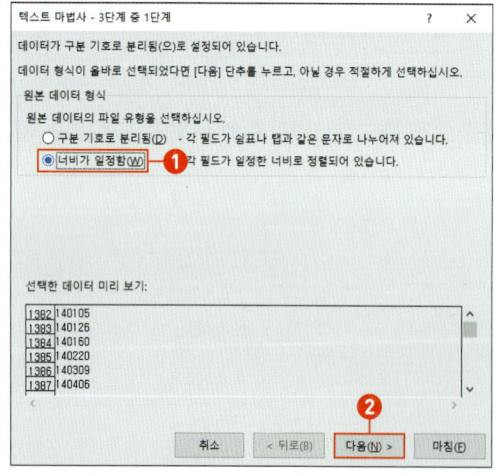
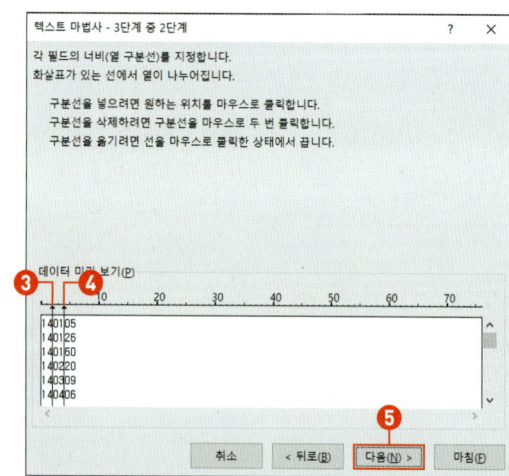

7 [텍스트 마법사 - 3단계 중 3단계] 대화상자가 나타나면 '열 데이터 서식'에서 [일반]이 선택되어 있는지 확인하고 [마침]을 클릭합니다.

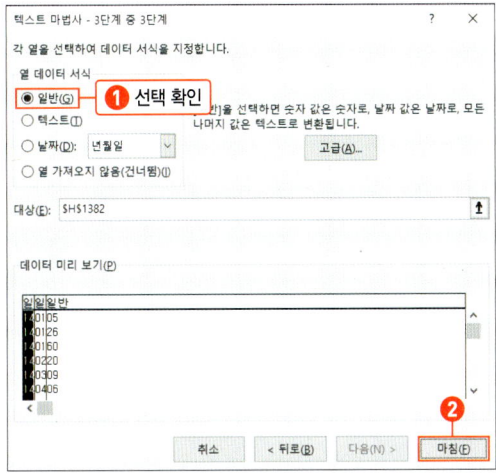

8 데이터가 H열, I열, J열에 걸쳐 연, 월, 일로 분리되어 표시되었으면 L1382셀에 『=DATE(100+H1382,I1382,J1382)』를 입력하고 Enter를 누릅니다.

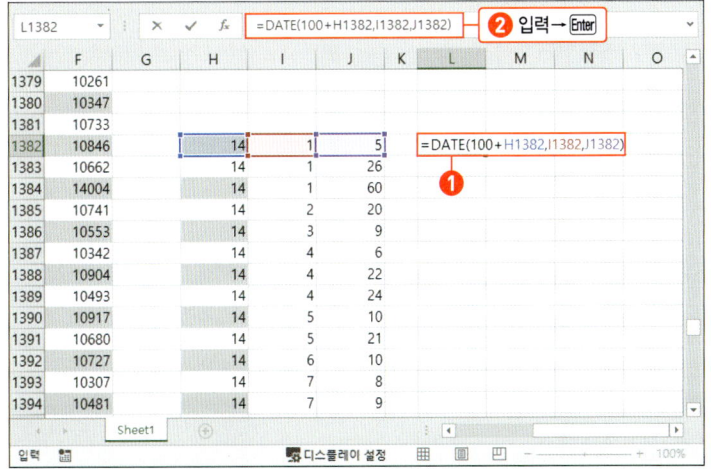

> **Tip**
> DATE 함수는 해당 연, 월, 일의 날짜를 변환하는 함수로, 'DATE(연,월,일)'의 형식으로 사용합니다. H1382셀의 연도 값 기준이 1900년이기 때문에 100을 더해서 2000년대로 표시하기 위해서 '=DATE(100+H1382,I1382,J1382)'와 같이 연도 부분에 『100+H1382』를 입력한 것입니다.

9 L1382셀에 결과값을 구했으면 L1382셀의 자동 채우기 핸들을 L1517셀까지 드래그하여 다른 데이터 값을 채웁니다.

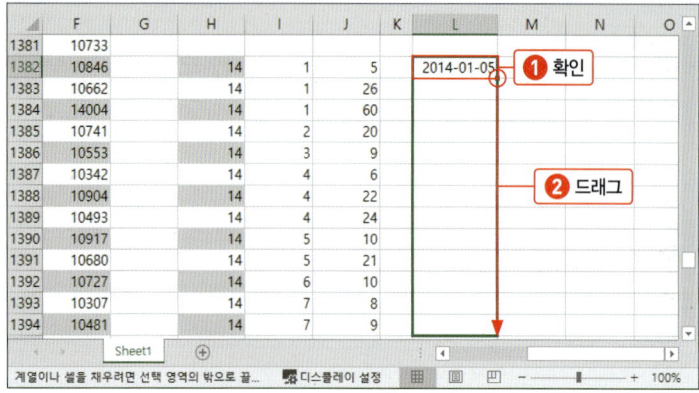

10 날짜로 변환된 L1382:L1517 범위를 선택한 상태에서 마우스 오른쪽 단추를 클릭하고 [복사]를 선택합니다.

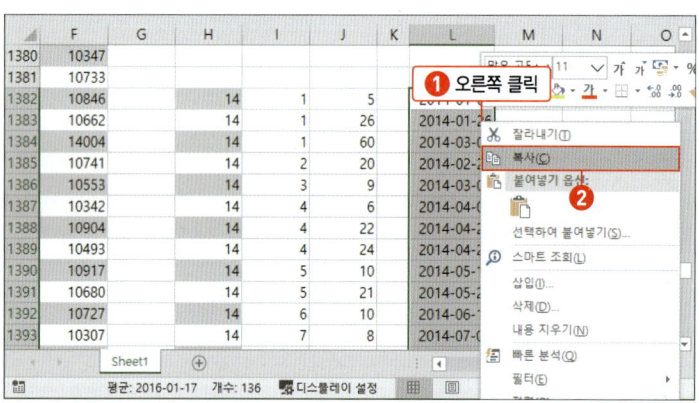

11 데이터를 붙여넣을 E1382셀을 클릭하고 [홈] 탭-[클립보드] 그룹에서 [붙여넣기]의 붙여넣기를 클릭한 후 [선택하여 붙여넣기]를 선택합니다.

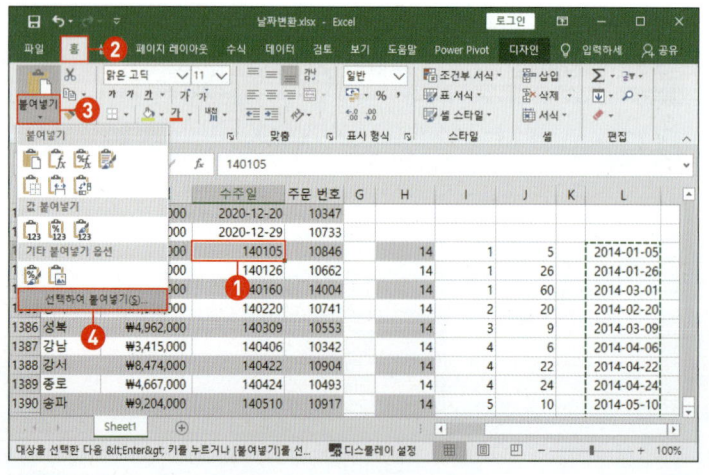

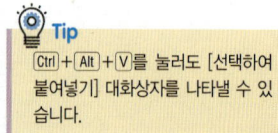

Tip
Ctrl + Alt + V를 눌러도 [선택하여 붙여넣기] 대화상자를 나타낼 수 있습니다.

12 [선택하여 붙여넣기] 대화상자가 나타나면 '붙여넣기'에서 [값]을 선택하고 [확인]을 클릭합니다.

13 E1382셀부터 날짜가 정확하게 붙여넣기되면서 숫자로 표시되었는지 확인합니다. E1382:E1517 범위가 선택된 상태에서 [홈] 탭-[표시 형식] 그룹에서 '표시 형식'의 내림 단추(⌄)를 클릭하고 [간단한 날짜]를 선택합니다.

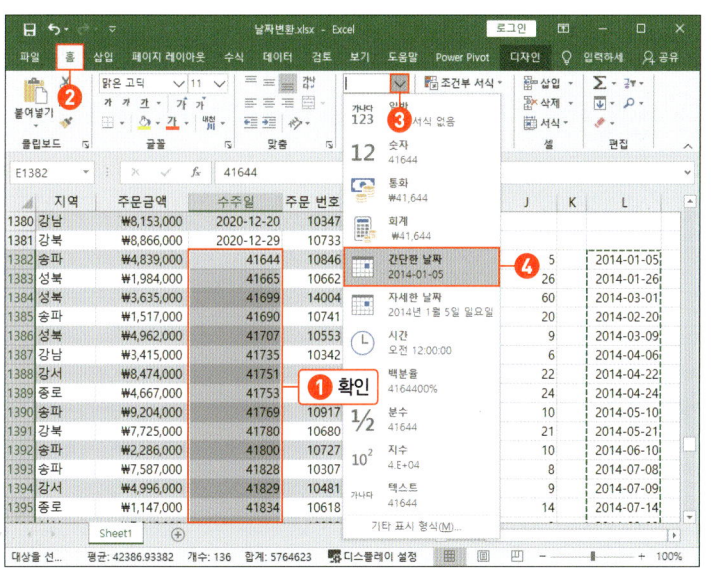

> **Tip**
>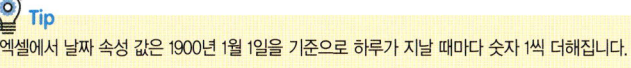
> 엑셀에서 날짜 속성 값은 1900년 1월 1일을 기준으로 하루가 지날 때마다 숫자 1씩 더해집니다.

14 L1382:L1517 범위의 숫자 데이터가 간단한 날짜 형식으로 변경되었는지 확인합니다.

15 H열 머리글부터 L열 머리글까지 드래그하여 H열부터 L열 데이터를 선택합니다. 선택 범위에서 마우스 오른쪽 단추를 클릭하고 [삭제]를 선택하여 날짜 형식으로 변환하기 위해 사용했던 불필요한 영역을 삭제합니다.

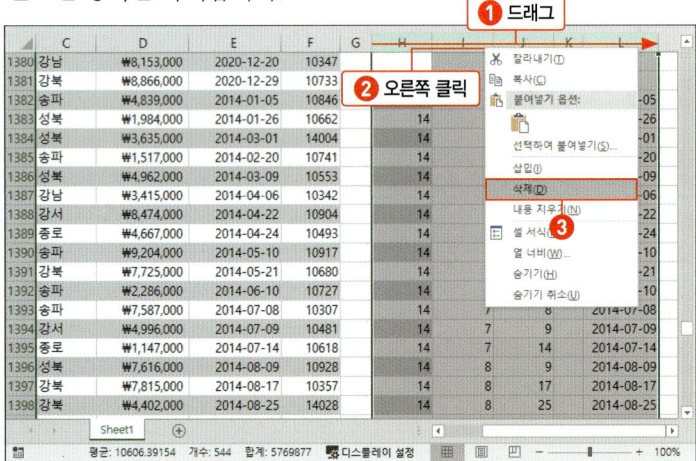

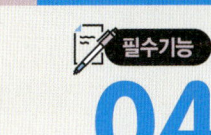

피벗 테이블 이용해 매출액과 매출 평균 구하기

● 예제파일 : 2장\섹션09\피벗차트.xlsx ● 완성파일 : 2장\섹션09\피벗차트(완).xlsx

기능	방법
추천 피벗 테이블	[삽입] 탭-[표] 그룹-[추천 피벗 테이블]
그룹화	마우스 오른쪽 단추 → [그룹]
GETPIVOTDATA 함수	GETPIVOTDATA(값 영역의 필드명,피벗 테이블의 위치,[필드명 1,조건 1,필드명 2,조건 2],…)
AVERAGE 함수	AVERAGE(범위)

1 [Sheet1] 시트에서 데이터 영역에 있는 하나의 셀을 클릭하고 Ctrl+A를 누릅니다. 모든 데이터가 선택되면 [삽입] 탭-[표] 그룹에서 [추천 피벗 테이블]을 클릭합니다.

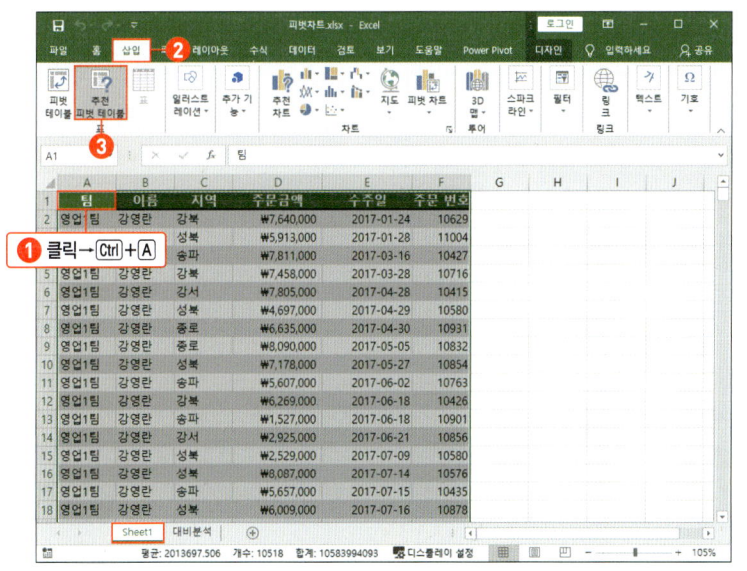

 Tip
보고서에 담을 기초 데이터를 모두 정리했으면 원하는 데이터를 추출하는 일만 남았습니다. 현재 취합한 데이터에는 영업팀 개인별로 2017년부터 2020년 매출 자료가 모두 합쳐져 있기 때문에 2020년 4분기 매출 자료만 뽑아서 정리하기가 쉽지 않지만, 엑셀의 피벗 테이블 기능을 사용하면 매우 편리하게 정리할 수 있습니다.

2 [권장 피벗 테이블] 대화상자가 나타나면 분석하려는 값과 가장 유사한 피벗 테이블을 선택하고 [확인]을 클릭합니다. 여기에서는 이름을 기준으로 한 [합계 : 주문금액(이름 기준)]을 선택합니다.

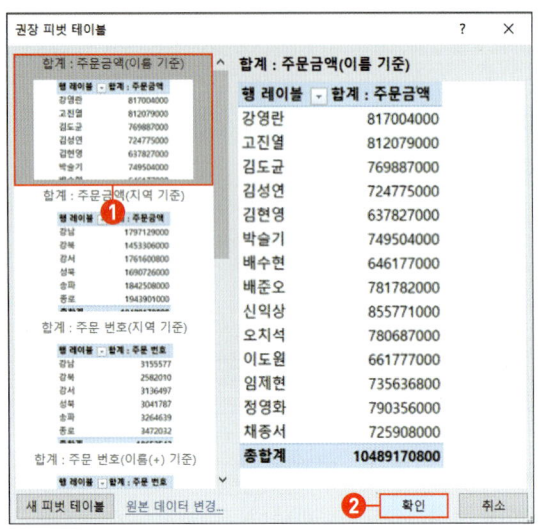

3 새로운 [Sheet2] 시트에 피벗 테이블이 생성되면서 화면의 오른쪽에 [피벗 테이블 필드] 창이 나타나면 이전 단계에서 선택한 [이름]과 [주문금액]에 체크되어 있습니다. 보고서에 [팀]과 [수주일] 데이터를 포함시키기 위해 '보고서에 추가할 필드의 선택'의 [팀]은 '행' 영역의 [이름] 항목의 위로, [수주일]은 [이름] 항목의 아래로 드래그하여 이동합니다.

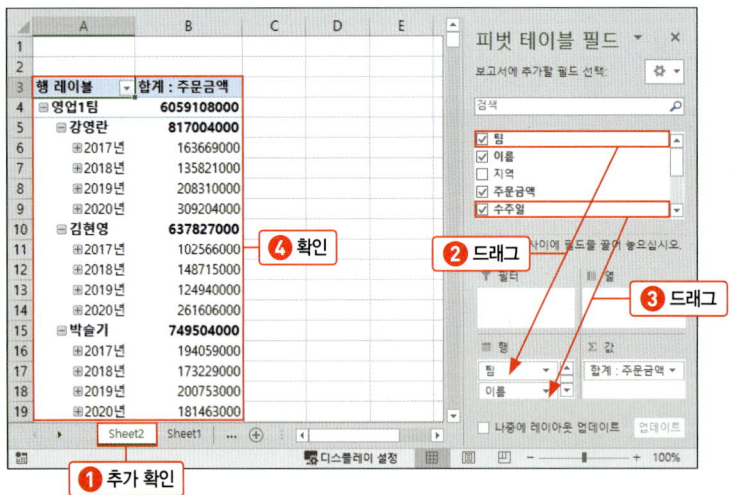

💡 **Tip**
[팀]과 [수주일]을 '행' 필드로 드래그하면 '보고서에 추가할 필드 선택'의 [팀]과 [수주일]에 자동으로 체크됩니다.

4 피벗 테이블의 수주일별로 데이터를 그룹화하기 위해 수주일이 입력된 A6셀을 클릭하고 마우스 오른쪽 단추를 클릭한 후 [그룹]을 선택합니다.

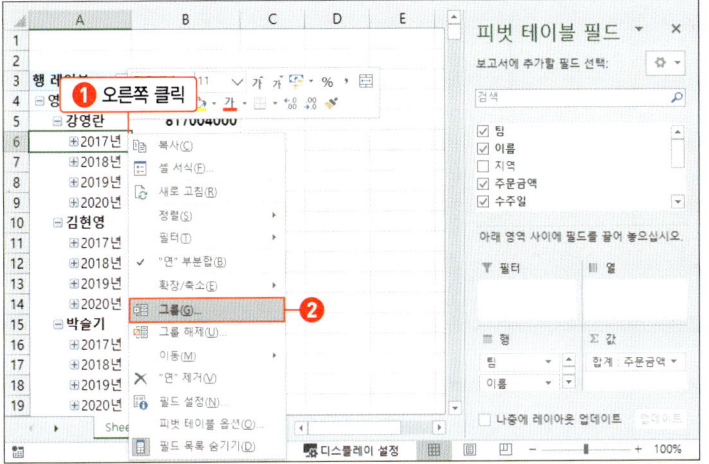

> **Tip**
> 피벗 테이블 기능은 방대한 양의 데이터를 마우스 클릭 몇 번만으로도 빠른 시간 안에 다양하게 분석할 수 있어서 매우 유용합니다. 엑셀 97 버전부터 제공된 피벗 테이블은 데이터 분석을 위한 강력한 기능이었지만, 사용이 너무 복잡했습니다. 하지만 엑셀 2007부터 피벗 기능이 사용하기 쉽고 편리하게 개선되었기 때문에 엑셀을 사용할 때 꼭 알아야 하는 추천 기능이 되었습니다. 따라서 엑셀 2013부터 제공되는 추천 피벗 테이블 기능을 이용하면 더욱 편리하게 데이터를 분석할 수 있습니다.

5 [그룹화] 대화상자가 나타나면 단위 항목을 분석하려는 값인 [분기]와 연도를 구분하기 위해 [연]만 선택하고 [확인]을 클릭합니다. 만약 [월]이 선택되어 있으면 클릭하여 선택을 해제합니다.

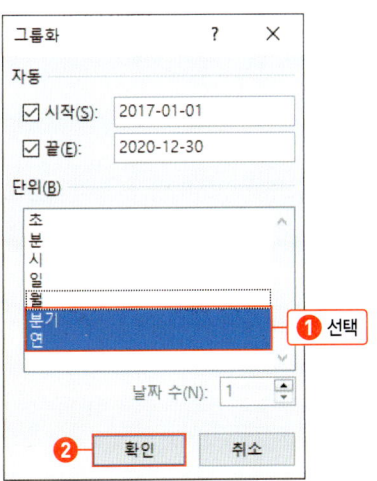

6 수주일이 연도별, 분기별로 그룹화되었는지 확인합니다.

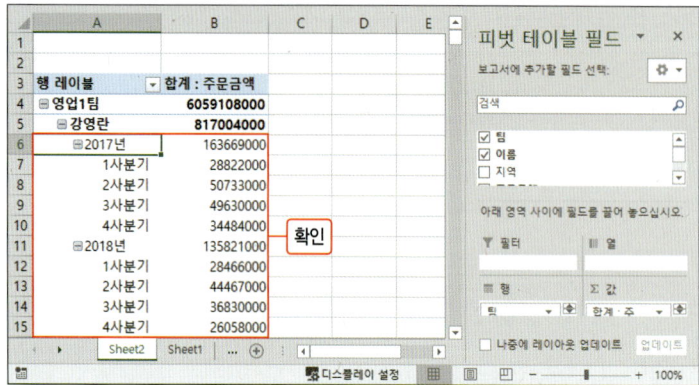

7 현재의 피벗 테이블로는 매출 계획 대비 달성 현황에 대한 차트를 만들 수 없으므로 비교 차트를 만들어 보겠습니다. [대비분석] 시트를 선택하고 영업1팀의 2020년 4분기 매출을 가져오기 위해 '매출' 항목의 D4셀을 클릭한 후 『=』를 입력합니다.

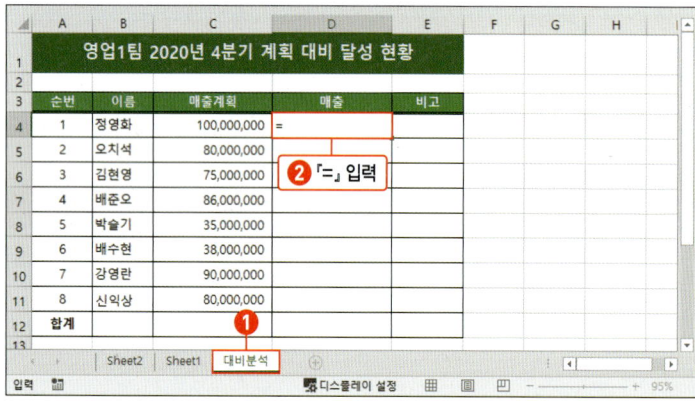

8 [Sheet2] 시트를 선택하고 '정영화'의 2020년 4사분기 실적이 입력된 B172셀을 클릭한 후 Enter를 누릅니다.

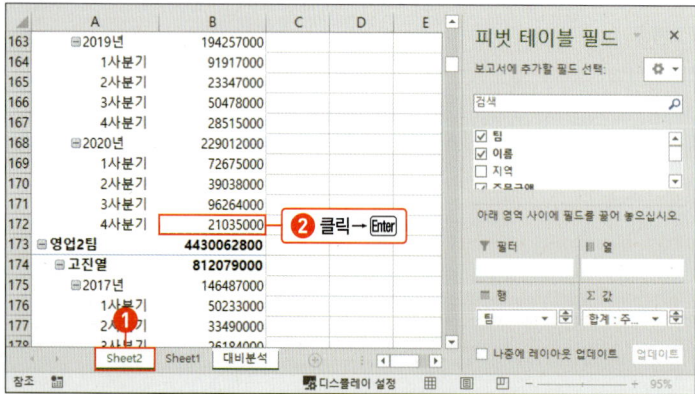

9 [대비분석] 시트의 D4셀에 GETPIVOTDATA 함수가 자동으로 입력되어 계산되면 D4셀을 클릭하여 함수식을 나타내고 '이름' 항목에서 '"정영화"'를 드래그하여 선택한 후 Delete 를 누릅니다. 영업1팀의 개인 이름별로 매출 달성 금액을 입력하기 위해서 '"정영화"'를 삭제한 자리에 『B4』를 입력하고 Enter 를 누릅니다.

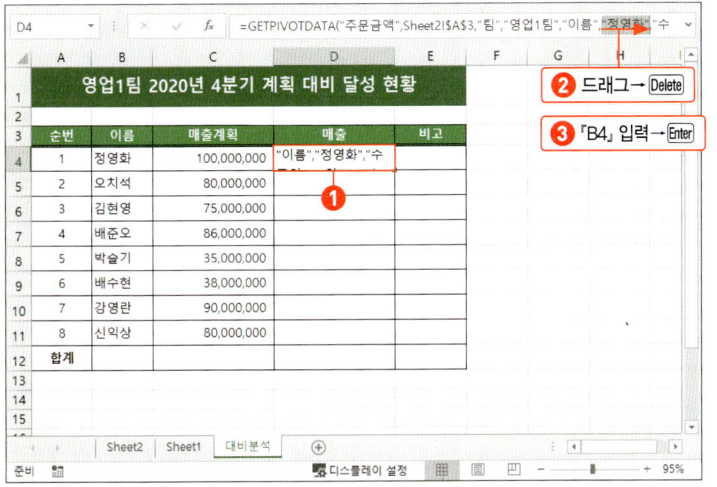

> **Tip**
> '"정영화"'의 삭제할 때 반드시 큰따옴표("")도 함께 삭제해야 합니다. 그리고 GETPIVOTDATA 함수는 피벗 테이블로 구한 분석 값을 추출하여 임의의 셀에 표시할 때 사용하는 함수로, '=GETPIVOTDATA(값 영역의 필드명,피벗 테이블의 위치,[필드명 1,조건 1,필드명 2,조건 2],…)'로 작성합니다.

10 D4셀에 '정영화'의 매출이 정상적으로 표시되면 D4셀의 자동 채우기 핸들을 D11셀까지 드래그하여 개인별 매출을 구합니다.

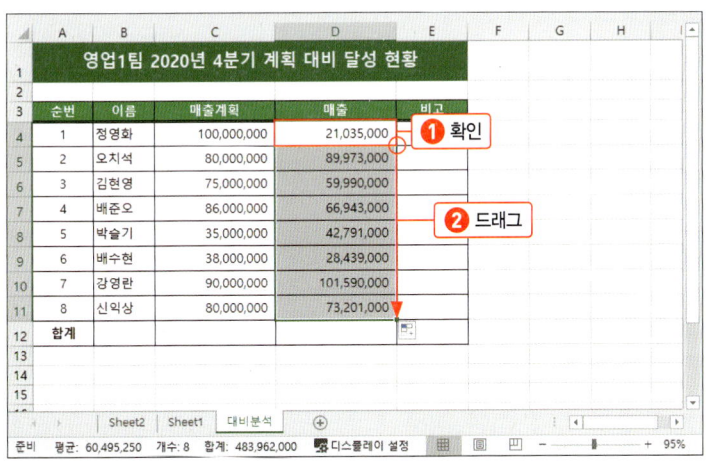

11 매출 계획과 매출액의 비교가 완성되었으면 전체 평균 매출 중 영업1팀의 매출 달성률을 파악하기 위해 매출액의 평균값을 산출해 보겠습니다. G3셀에는 『매출평균』을, G4셀에는 함수식 『=AVERAGE(D4:D11)』을 입력하고 Enter 를 누릅니다.

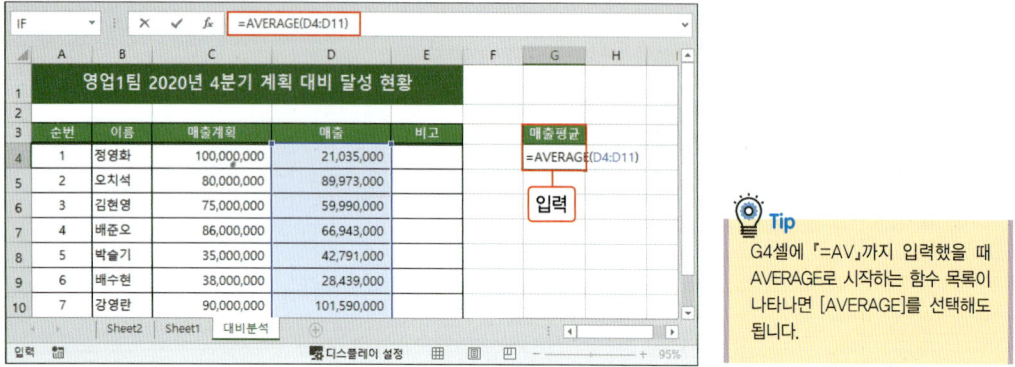

Tip
G4셀에 『=AV』까지 입력했을 때 AVERAGE로 시작하는 함수 목록이 나타나면 [AVERAGE]를 선택해도 됩니다.

12 G4셀에 매출 평균값이 구해지면 평균값을 구하기 위한 셀 영역을 절대값으로 표시해야 합니다. G4셀을 선택하고 수식 입력줄의 함수식에서 셀 번호인 'D4'와 'D11'을 각각 선택한 후 F4 를 눌러 절대 참조인 '$D$4'와 '$D$11'로 변경하고 Enter 를 누릅니다.

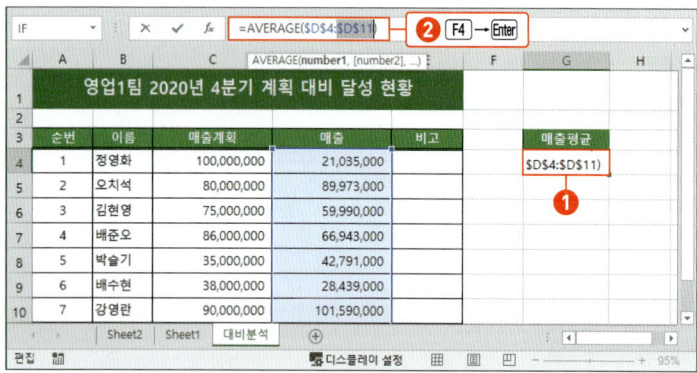

13 G4셀에 '정영화'의 매출 평균값을 구했으면 G4셀의 자동 채우기 핸들을 G11셀까지 드래그하여 나머지 팀원들의 매출 평균값을 계산합니다.

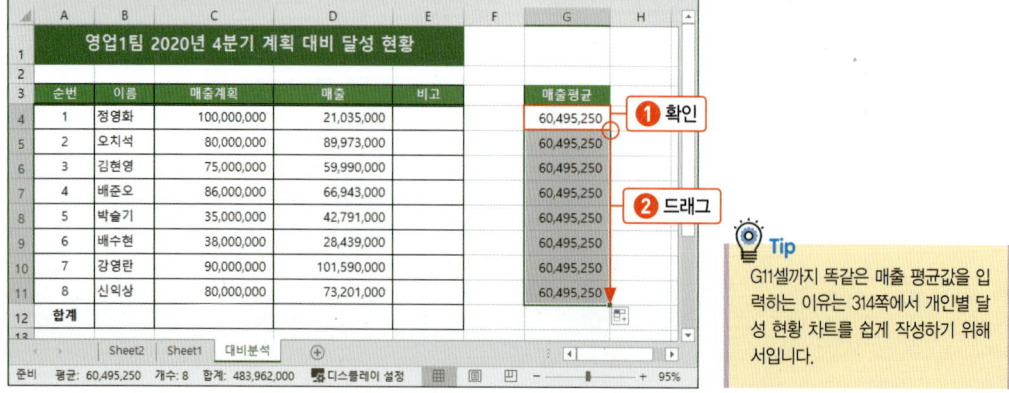

Tip
G11셀까지 똑같은 매출 평균값을 입력하는 이유는 314쪽에서 개인별 달성 현황 차트를 쉽게 작성하기 위해서입니다.

312

05 시각적으로 데이터 표현하기

데이터를 표로 만들었으면 의도하는 메시지를 시각적으로 표현하기 위해 차트로 만드는 것이 좋습니다. 비교를 위한 차트는 다양하지만, 전달하려는 메시지에 가장 잘 어울리는 차트를 정확하게 결정해야 합니다.

차트를 엑셀에서 그릴지, 파워포인트에서 그릴지 상황에 맞게 선택해야 합니다. 복잡한 데이터를 이용해서 차트를 그리거나 데이터를 정확히 전달하는 것이 목적이라면 엑셀을 사용합니다. 반면 데이터를 해석하여 의미를 전달하기 위해서 간단하게 표현하는 차트를 그리려면 파워포인트를 사용하는 것이 좋습니다.

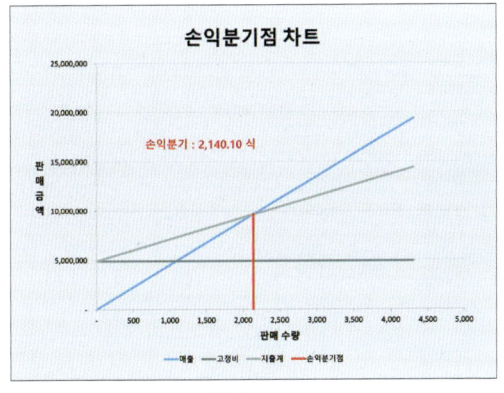

▲ 정확한 데이터를 표현하는 엑셀 차트

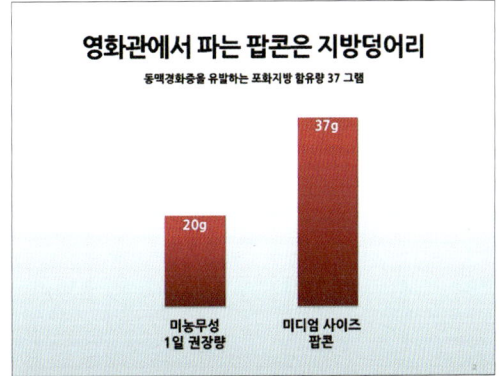

▲ 의미를 전달할 때 유용한 파워포인트 차트

데이터를 시각적으로 표현할 때 핵심 메시지는 항상 위쪽의 제목 부분에 위치해야 합니다. 무엇이 중요한지를 먼저 알려준 후 중요한 것을 눈으로 확인하면서 시선의 흐름이 이동할 수 있게 핵심 사항을 배치합니다.

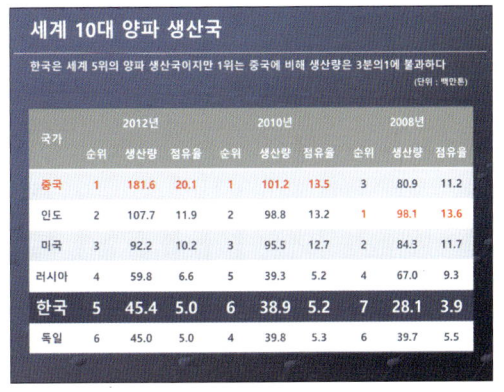

▲ 시각적인 슬라이드의 구조

▲ 시각적인 슬라이드의 배치 사례

비교 수치를 효과적으로 전달하는 차트 작성하기

● 예제파일 : 2장\섹션09\비교차트.xlsx ● 완성파일 : 2장\섹션09\비교차트(완).xlsx

기능	방법
추천 차트	[삽입] 탭-[차트] 그룹-[추천 차트]
[데이터 계열 서식] 창	차트 요소에서 마우스 오른쪽 단추 → [데이터 계열 서식]

1 [대비분석] 시트에서 B3:D11 범위를 선택하고 G열의 매출 평균을 선택하기 위해 Ctrl을 누른 상태에서 G3:G11 범위를 선택합니다. [삽입] 탭-[차트] 그룹에서 [추천 차트]를 클릭합니다.

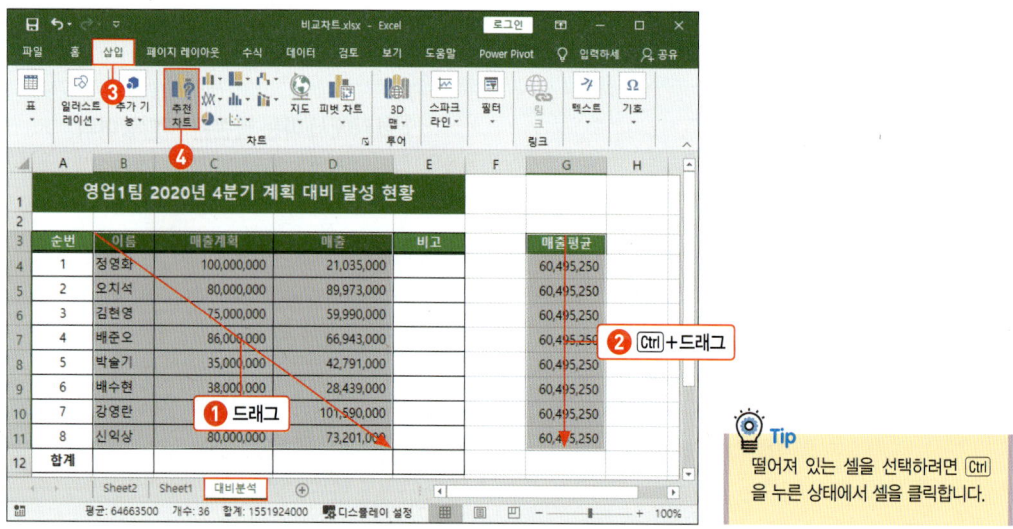

Tip
떨어져 있는 셀을 선택하려면 Ctrl을 누른 상태에서 셀을 클릭합니다.

2 [차트 삽입] 대화상자가 나타나면 팀별 평균 매출 금액 대비 매출 계획과 달성한 매출 금액을 비교하기 위해 [추천 차트] 탭에서 [묶은 세로 막대형]을 선택하고 [확인]을 클릭합니다.

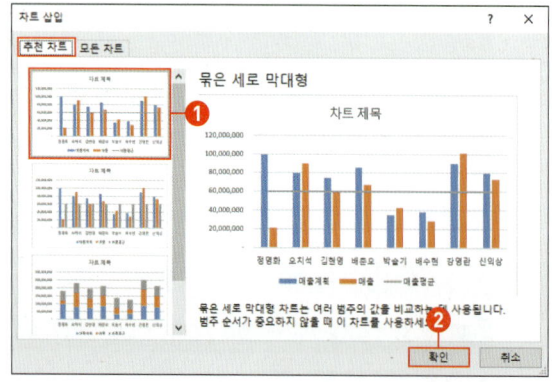

Tip
엑셀 2013 버전부터는 입력한 데이터에 적합한 차트를 추천하는 '추천 차트' 기능이 새롭게 추가되어 편리해졌습니다.

3 묶은 세로 막대형 차트가 삽입되면 차트에서 마우스 오른쪽 단추를 클릭하고 [차트 이동]을 선택합니다.

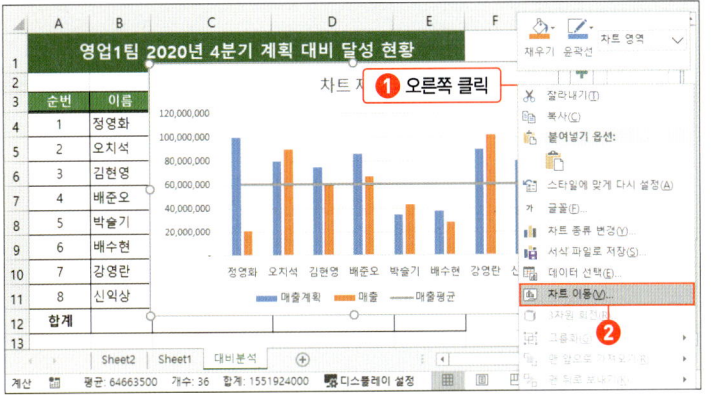

> **Tip**
> [차트 도구]의 [디자인] 탭-[위치] 그룹에서 [차트 이동]을 클릭하여 [차트 이동] 대화상자를 나타내고 [새 시트]를 선택한 후 [확인]을 클릭해도 됩니다.

4 [차트 이동] 대화상자가 나타나면 [새 시트]를 선택하고 『Chart1』을 입력한 후 [확인]을 클릭합니다.

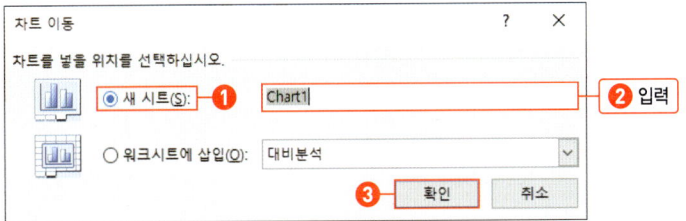

5 새로운 [Chart1] 시트에 차트가 이동했으면 개인별 매출 계획과 달성 매출 금액의 차트를 그룹화하여 좀 더 시각적으로 표현해 볼게요. '매출 계획' 파란색 막대를 선택하고 마우스 오른쪽 단추를 클릭한 후 [데이터 계열 서식]을 선택합니다.

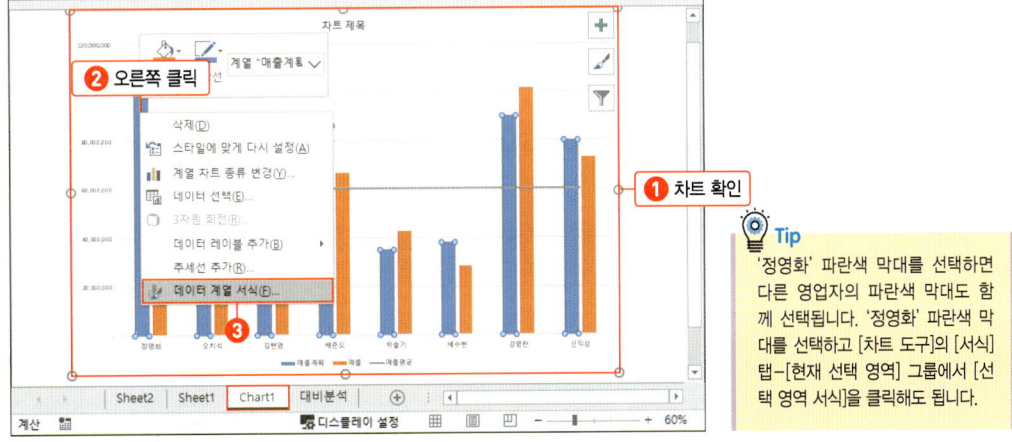

> **Tip**
> '정영화' 파란색 막대를 선택하면 다른 영업자의 파란색 막대도 함께 선택됩니다. '정영화' 파란색 막대를 선택하고 [차트 도구]의 [서식] 탭-[현재 선택 영역] 그룹에서 [선택 영역 서식]을 클릭해도 됩니다.

6 화면의 오른쪽에 [데이터 계열 서식] 창이 나타나면 [계열 옵션]의 '계열 겹치기'에는 『36%』를, '간격 너비'에는 『41%』를 입력하여 막대 계열 간의 겹치기 정도와 간격을 조절합니다.

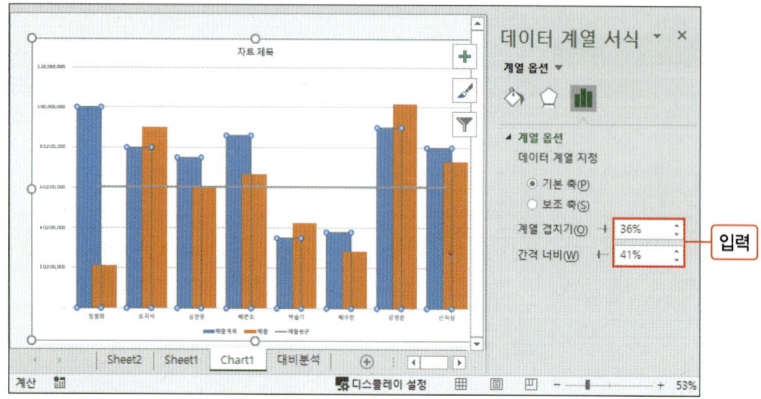

7 매출 차트인 주황색 막대를 선택하고 [데이터 계열 서식] 창에서 '데이터 계열 지정'의 [보조 축]을 선택합니다. 매출 계획 차트와 겹쳐 보이지 않게 '간격 너비'에 『120%』를 입력하고 [데이터 계열 서식] 창을 닫습니다.

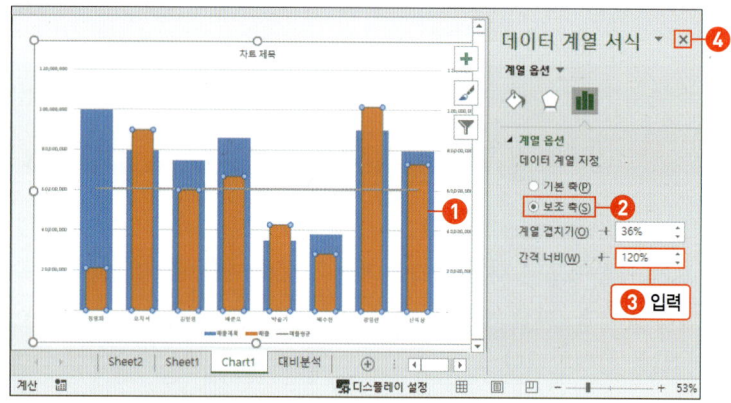

8 [차트 요소] 단추(+)를 클릭하고 [차트 제목]의 체크를 해제하여 차트 제목을 삭제합니다.

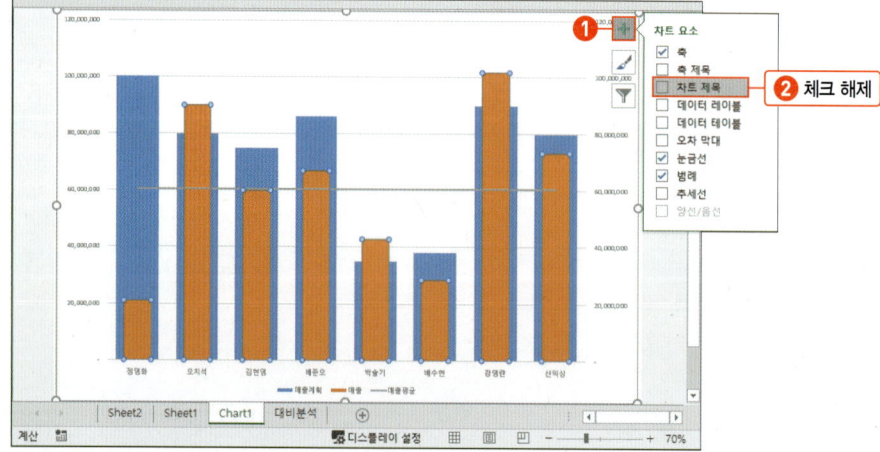

07 파워포인트로 핵심 메시지 강조하기

데이터를 정확하게 분석하려면 엑셀을 기반으로 해서 차트를 만드는 것이 좋습니다. 특히 엑셀 2007 버전부터는 시각적 효과 기능이 강화되어 차트에서 원하는 부분만 강조하여 표현할 수 있습니다.

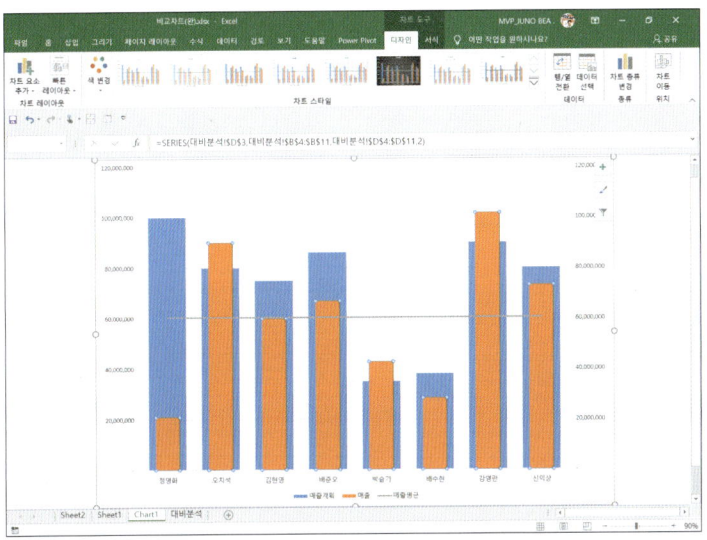

▲ 엑셀에서 완성한 차트

비교 자료가 많아 차트가 복잡할 경우에는 엑셀만으로는 메시지를 제대로 전달하기가 어렵습니다. 이 경우에는 파워포인트를 사용하여 엑셀로 완성한 차트를 시각화하는 것이 좋습니다.

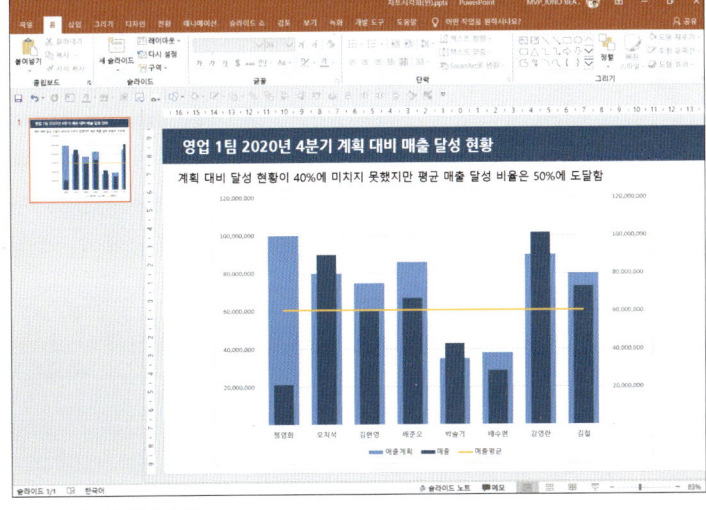

▲ 파워포인트에서 완성한 차트

 **파워포인트로 시각적인 차트 작성하기**

기능	방법
슬라이드 레이아웃	[홈] 탭-[슬라이드] 그룹-[레이아웃]
선택하여 붙여넣기	[홈] 탭-[클립보드] 그룹-[붙여넣기]-[선택하여 붙여넣기]
도형 채우기/도형 윤곽선	[서식] 탭-[도형 스타일] 그룹-[도형 채우기]/[도형 윤곽선]

1 [Chart1] 시트에서 차트를 선택하고 마우스 오른쪽 단추를 클릭한 후 [복사]를 선택합니다.

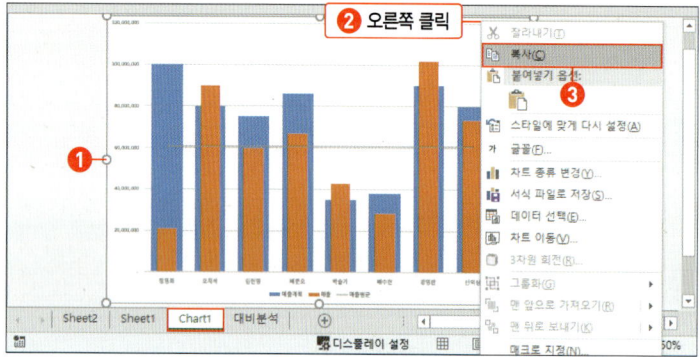

2 새 프레젠테이션 문서를 열고 [홈] 탭-[슬라이드] 그룹에서 [레이아웃]을 클릭한 후 'Office 테마'의 [빈 화면]을 클릭합니다.

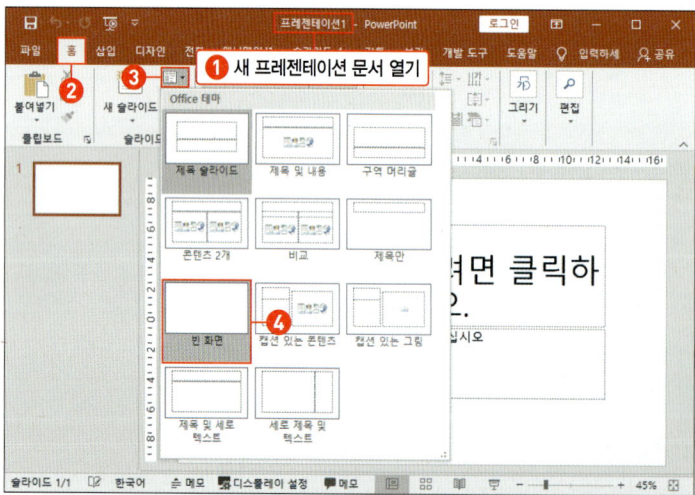

3 빈 화면이 나타나면 [홈] 탭-[클립보드] 그룹에서 [붙여넣기]의 붙여넣기를 클릭하고 [선택하여 붙여넣기]를 선택합니다.

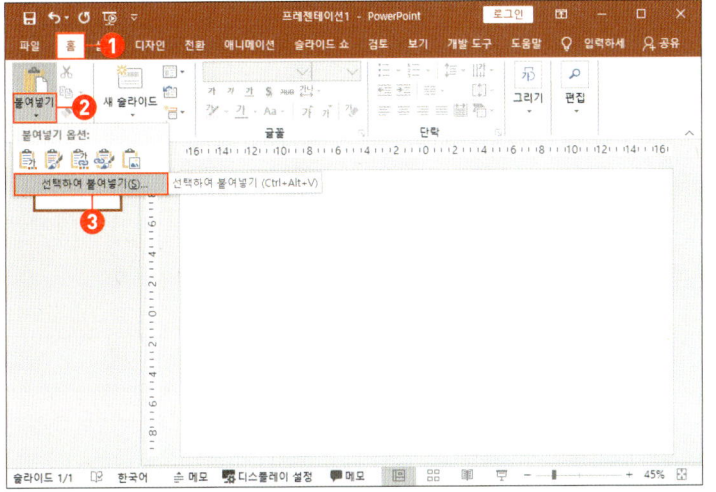

> **Tip**
> Ctrl+Alt+V를 눌러도 [선택하여 붙여넣기] 대화상자를 나타낼 수 있습니다. 차트를 그림으로 붙여넣을 때 JPG 포맷보다 WMF(Windows Metafile Format)를 이용하면 파워포인트에 삽입한 클립아트처럼 분해해서 사용할 수 있습니다.

4 [선택하여 붙여넣기] 대화상자가 나타나면 '형식'에서 [그림 (Windows 메타파일)]을 선택하고 [확인]을 클릭합니다.

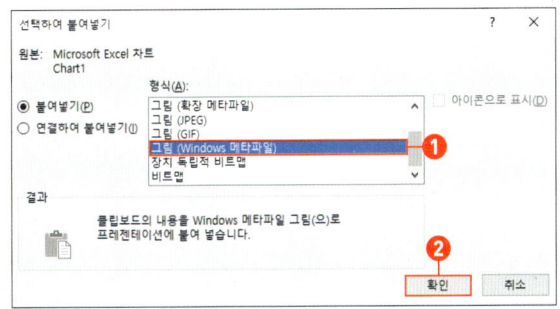

5 붙여넣기한 윈도우 메타파일 그림 차트의 크기와 위치를 조절하고 차트에서 마우스 오른쪽 단추를 클릭한 후 [그룹화]-[그룹 해제]를 선택합니다.

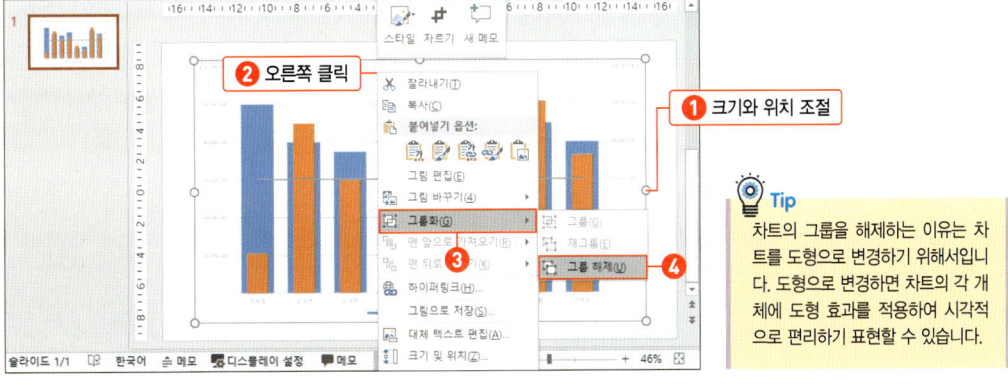

> **Tip**
> 차트의 그룹을 해제하는 이유는 차트를 도형으로 변경하기 위해서입니다. 도형으로 변경하면 차트의 각 개체에 도형 효과를 적용하여 시각적으로 편리하기 표현할 수 있습니다.

6 그림을 그리기 개체로 변환할 것인지 묻은 메시지 창이 나타나면 [예]를 클릭합니다.

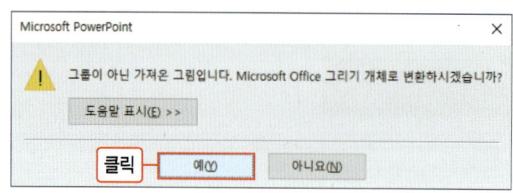

7 **5** 과정을 한 번 더 반복하여 그림 차트의 그룹을 완전히 해제하고 Esc를 눌러 그리기 개체의 선택을 해제합니다.

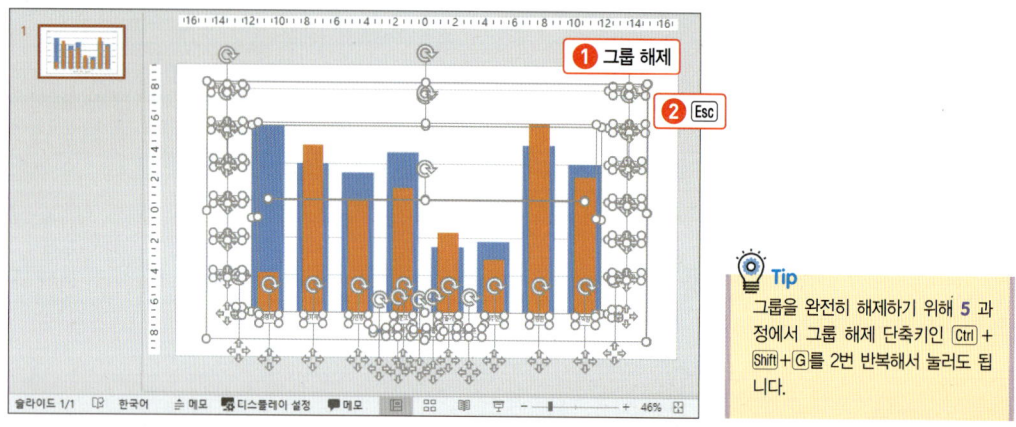

> **Tip**
> 그룹을 완전히 해제하기 위해 **5** 과정에서 그룹 해제 단축키인 Ctrl + Shift + G를 2번 반복해서 눌러도 됩니다.

8 그룹이 해제되어 더 이상 그림이 아닌 도형으로 변환되면 그룹 해제된 개체를 선택하고 색을 변경할 수 있습니다. 주황색 막대를 선택하고 [그리기 도구]의 [서식] 탭-[도형 스타일] 그룹에서 [도형 채우기]를 클릭한 후 '테마 색'의 [파랑, 강조 5, 50% 더 어둡게]를 클릭합니다. 범례에서 '매출'의 색도 같은 색으로 변경합니다.

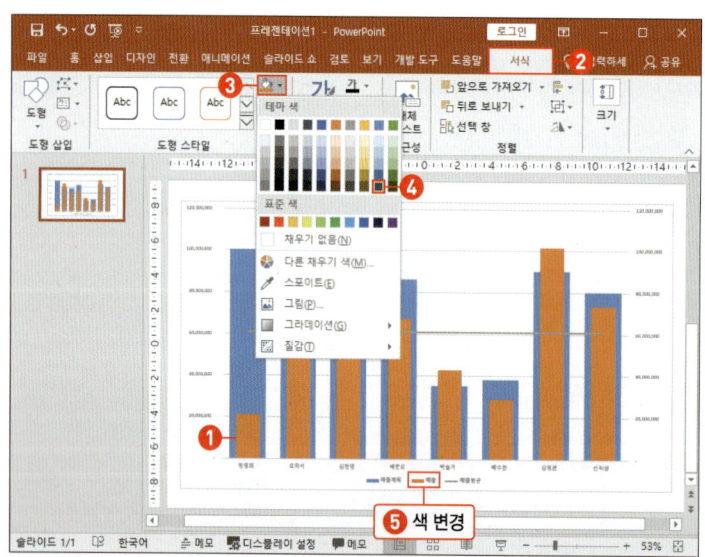

9 차트에서 '매출평균' 선을 선택하고 [그리기 도구]의 [서식] 탭-[도형 스타일] 그룹에서 [도형 윤곽선]을 클릭한 후 '표준 색'의 [주황]을 클릭합니다. 범례에서 '매출평균'의 색도 같은 색으로 변경합니다.

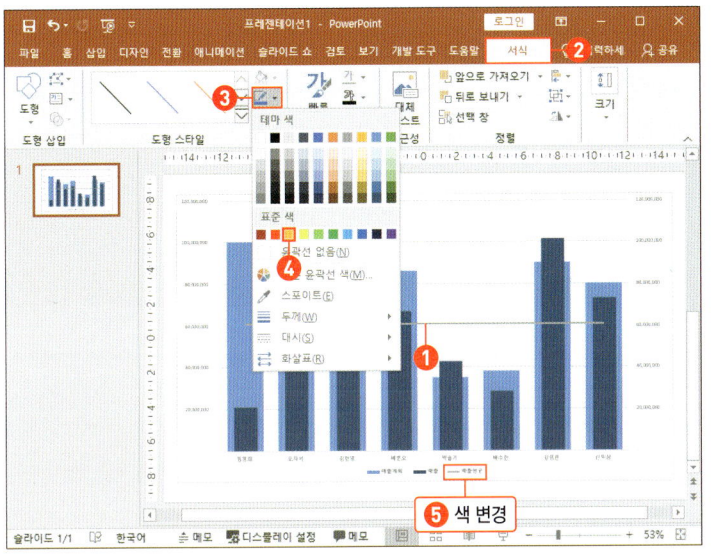

10 색을 보기 좋게 변경했으면 차트에 제목과 템플릿을 적용하여 프레젠테이션을 완성합니다.

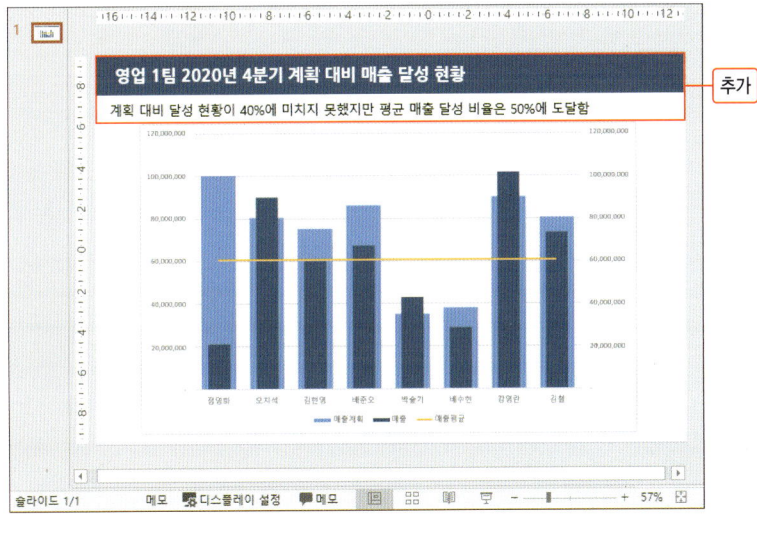

SECTION

10

Z 차트로 장기적인 매출 추이 분석하기

기업의 장기적인 매출 추이를 전망하는 것은 투자자에게 매우 중요합니다. 현재 기업의 매출이 성장세인지, 감소세인지 파악할 수 있으면 투자액이나 인원을 적절하게 재배치할 수 있기 때문입니다. 매출 추이를 예측할 경우 연간 매출 합계를 경과할 달을 순서대로 산출한 후 동향을 판단하는 '매출 연계 이동 합계'를 이용하는 방법이 가장 효과적입니다. 동향은 이후의 방향 및 추세를 나타내는 현재의 상태를 말하는 것으로, 현재까지의 경향을 토대로 향후 흐름과 방향을 판단하기 때문에 '트렌드(trend)'라고도 부릅니다. 이번에는 장기적인 매출 추이를 분석하는 다양한 방법 중에서 엑셀의 Z 차트로 분석하는 방법을 살펴보겠습니다.

장기적인 매출 추이 분석 시나리오

매출 데이터와 계획 대비 달성 현황 차트만으로는 매출이 성장세인지, 감소세인지 알기 어렵습니다. 이 경우 가장 많이 사용하는 꺾은선형 차트로 매출 현황을 살펴보면 선의 기울기를 통해 전체적으로 매출이 성장한다는 것을 알 수 있습니다. 하지만 월별로 성장과 하락이 반복되고 있어서 장기적인 매출 추이를 판단하기가 어렵습니다.

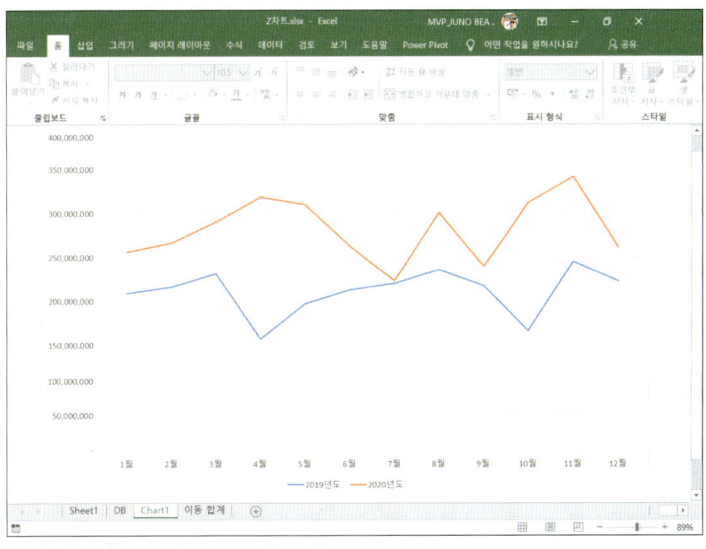

▲ 꺾은선형 그래프로 표현한 2019년도 대 2020년도 매출 비교

1 목적 - 지난 1년간의 매출 데이터를 기준으로, 매출 추이(감소 또는 성장) 분석

2 분석 포인트

- 매출이나 각종 변화량의 추이를 시각적으로 표현
- 상품의 단기적인 트렌드와 장기적 트렌드를 함께 관찰 필요
- 이동 합계 실적의 기울기에 따라 '보합형', '성장형', '쇠퇴형'의 세 가지로 분석

3 수정 포인트

- 특정 연도의 월별 매출을 대비할 경우 기저 효과(base effect, 기준 시점과 비교 시점의 상대적 차이로 인해 진실이 왜곡되어 나타나는 현상. '반사 효과'라고도 함)를 반영해 추이 관찰
- 월별 매출, 매출 누계, 이동 합계 실적을 Z 모양으로 차트화하고 Z 차트 모양의 해석에 대한 이해 필요

01 Z 차트로 엑셀 데이터 표현하기

❶은 월별 매출 추이를 알 수 있는 꺾은선형 차트(2020년도 월별 실적)이고 ❷는 2월을 기점으로 한 금년도 누계 매출을 표시하는 차트(매출 실적)입니다. ❸은 해당 월로부터 1년 전 매출의 합계를 표시하는 꺾은선형 차트(이동 합계 실적)입니다.

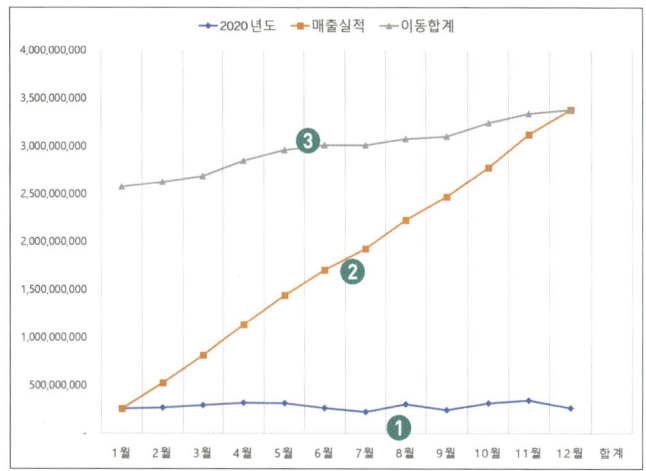

A와 B의 Z 차트를 비교해 보면 월별 매출 추이가 비슷해서 Z 차트 하나만 볼 경우에는 매출 추이 변화가 느껴지지 않습니다. 하지만 2개의 Z 차트를 비교해 보면 월별 매출 추이는 비슷한 반면, 누계 매출 실적과 이동 합계 실적에서는 차이가 큽니다. 즉 월별 매출 추이에서는 알 수 없지만, 이동 합계 실적 기울기가 A의 경우에는 점점 감소 추세이고 B의 경우에는 증가 추세입니다. 이와 같이 Z 차트는 단순한 월별 추이뿐만 아니라 좀 더 장기적인 관점에서 흐름을 분석할 수 있어서 최소 2년 이상 판매되는 제품의 향후 매출을 예측하는 데 매우 유용합니다.

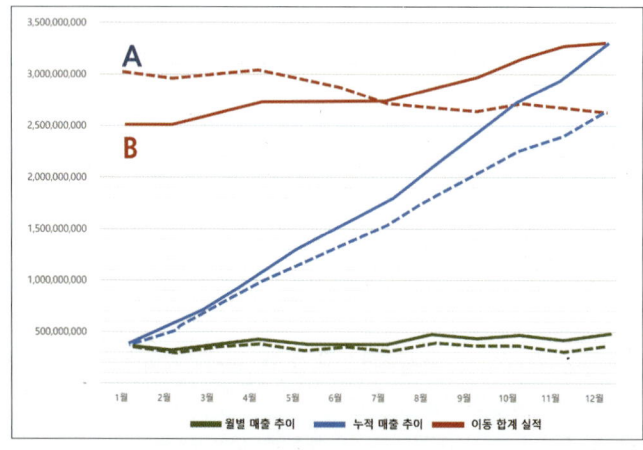

02 매출 방향을 예측하는 Z 차트 작성하기

업무시간단축	기능	방법
	피벗 테이블 만들기	[삽입] 탭-[표] 그룹-[피벗 테이블]
	표식이 있는 꺾은선형 차트	[삽입] 탭-[차트] 그룹-[꺾은선형 또는 영역형 차트 삽입]-[표식이 있는 꺾은선형]
	차트 이동	[디자인] 탭-[위치] 그룹-[차트 이동]

1 3개의 꺾은선형 그래프가 하나의 차트로 구성되는 Z 차트를 작성해 보겠습니다. [DB] 시트에서 데이터 영역에 있는 하나의 셀을 클릭하고 [삽입] 탭-[표] 그룹에서 [피벗 테이블]을 클릭합니다.

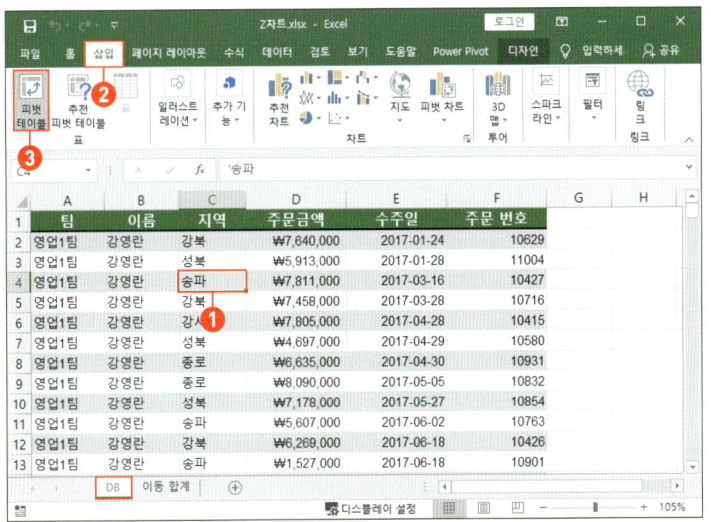

2 [피벗 테이블 만들기] 대화상자가 나타나면 '표/범위'에 분석하려는 데이터 영역인 '표1'이 표시되었는지 확인하고 [확인]을 클릭합니다.

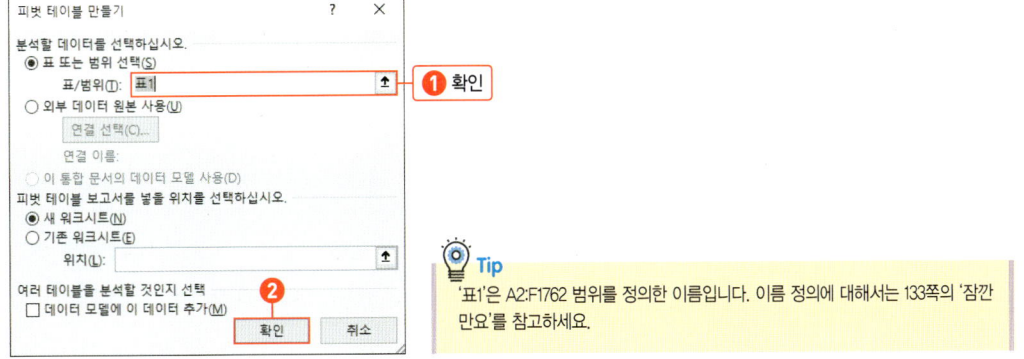

> **Tip**
> '표1'은 A2:F1762 범위를 정의한 이름입니다. 이름 정의에 대해서는 133쪽의 '잠깐만요'를 참고하세요.

325

3 피벗 테이블이 추가된 [Sheet1] 시트가 나타나면 [피벗 테이블 필드] 창에서 [주문금액]은 '값' 영역으로, [수주일]은 '행' 영역으로 드래그합니다.

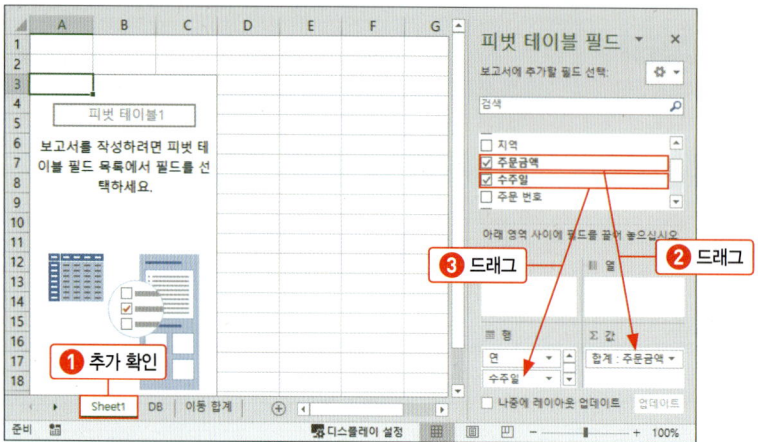

4 '행' 영역에 추가한 [수주일]을 월별과 연도별로 그룹화하기 위해 A4셀을 클릭하고 마우스 오른쪽 단추를 클릭한 후 [그룹]을 선택합니다. [그룹화] 대화상자가 나타나면 '단위'에서 [월]과 [연]만 선택하고 [확인]을 클릭합니다.

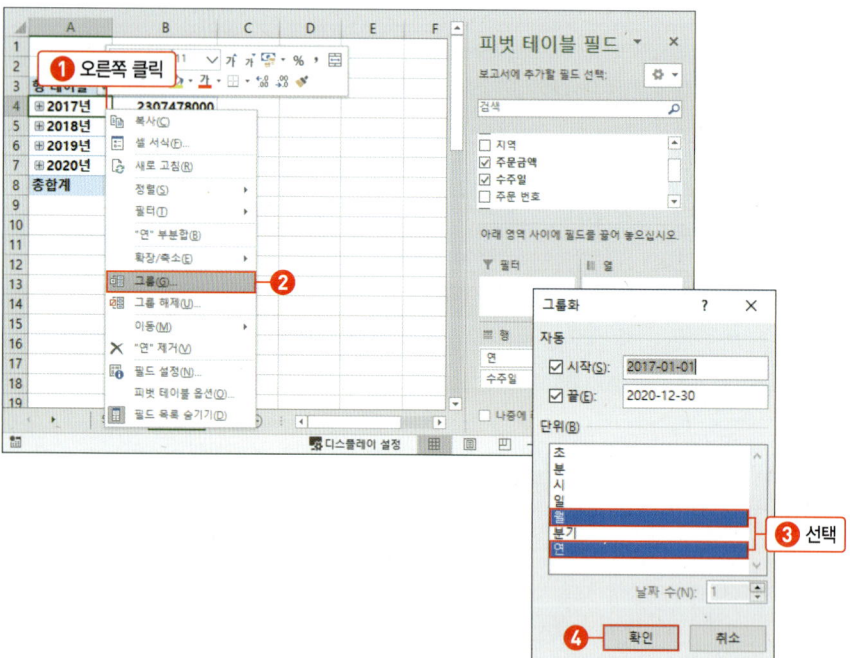

5 연도별과 월별로 매출 합계가 정리된 피벗 테이블 결과가 표시되면 [이동 합계] 시트를 선택합니다.

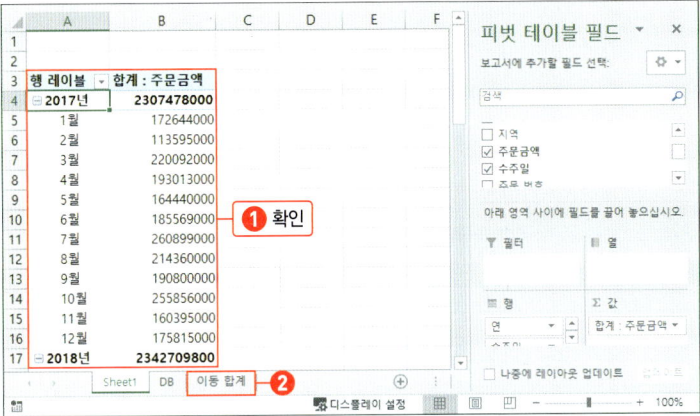

6 [이동 합계] 시트에 Z 차트를 그리기 위해 B4셀에 『=』를 입력하고 데이터를 가져올 [Sheet1] 시트를 클릭합니다.

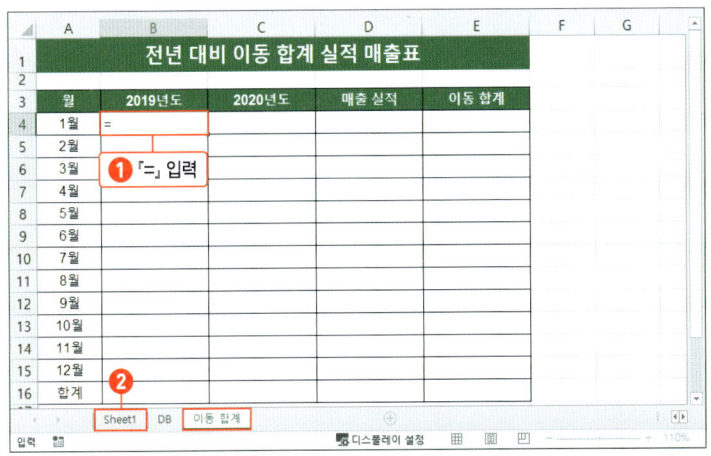

7 [Sheet1] 시트에서 2019년도 1월의 주문 금액인 B31셀을 클릭하고 Enter 를 누릅니다.

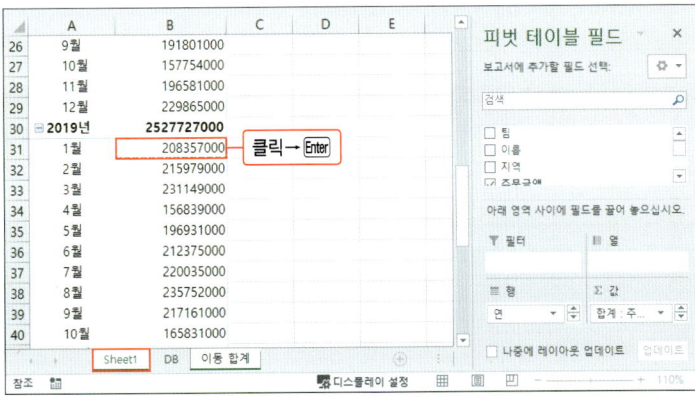

327

8 2019년도 2월부터 12월까지의 매출 합계를 자동으로 채우려면 2019년도 1월 매출 합계 셀인 B4셀의 GETPIVOTDATA 함수식을 수정해야 합니다. B4셀에 입력한 함수식『=GETPIVOTDATA("주문금액",Sheet1!$A$3,"수주일",1,"연",2019)』에서 '수주일' 다음의 항목 '1'을 참조할 월별 셀인 'A4'로 변경하여『=GETPIVOTDATA("주문금액",Sheet1!$A$3,"수주일",A4,"연",2019)』로 작성한 후 Enter를 누릅니다.

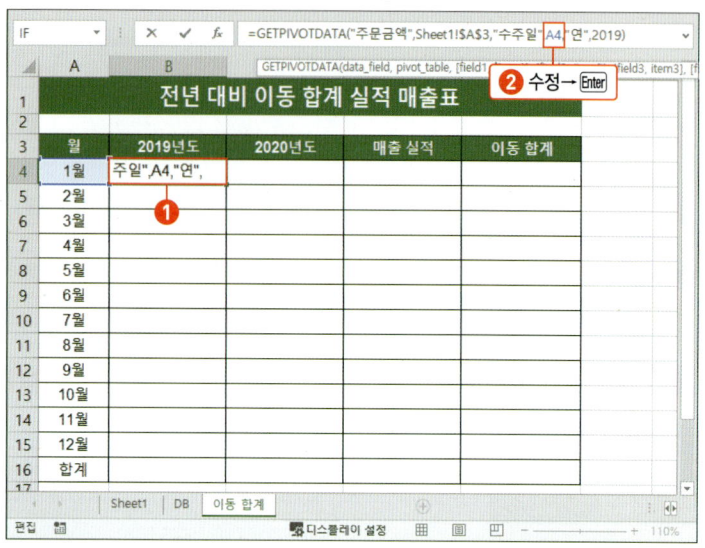

> **Tip**
> GETPIVOTDATA 함수의 인수에 대해서는 333쪽의 '잠깐만요'를 참고합니다.

9 B4셀에 2019년도 1월 매출 합계를 구했으면 B4셀의 자동 채우기 핸들을 B15셀까지 드래그하여 2019년도 12월 매출 합계까지 구합니다.

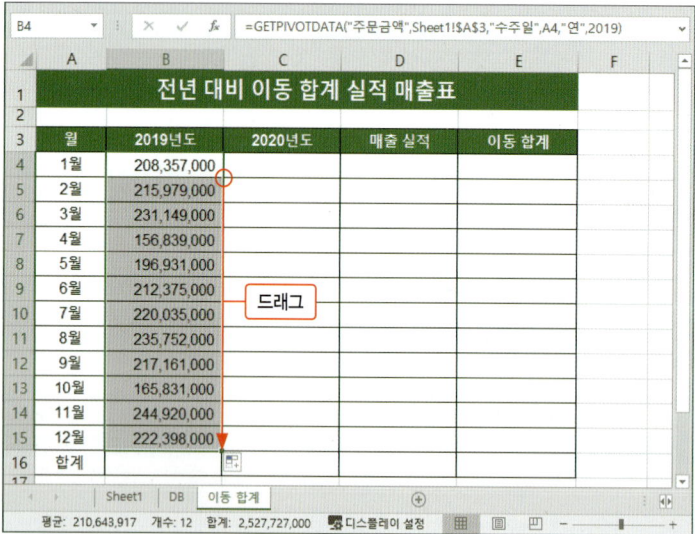

10 이와 같은 방법으로 C4셀에 함수식 '=GETPIVOTDATA("주문금액",Sheet1!$A$3,"수주일", A4,"연",2020)'을 입력하고 Enter를 누릅니다.

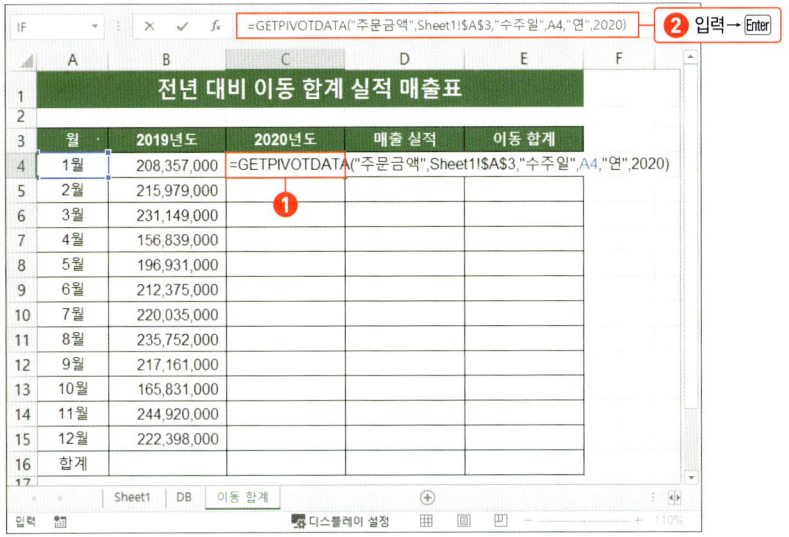

11 C4셀에 2020년도 1월 매출 합계를 구했으면 C4셀의 자동 채우기 핸들을 C15셀까지 드래그하여 나머지 월의 매출 합계를 구합니다. '매출 실적' 항목에 누계 매출 실적을 입력할 것인데, 1월 누계 실적은 2020년도 1월 값이 그대로 입력되지만, 2월부터는 앞 달, 즉 1월의 값이 누적되어 계산되므로 D4셀에는 1월 누계 실적 항목인 『=C4』를 입력하고 Enter를 누릅니다.

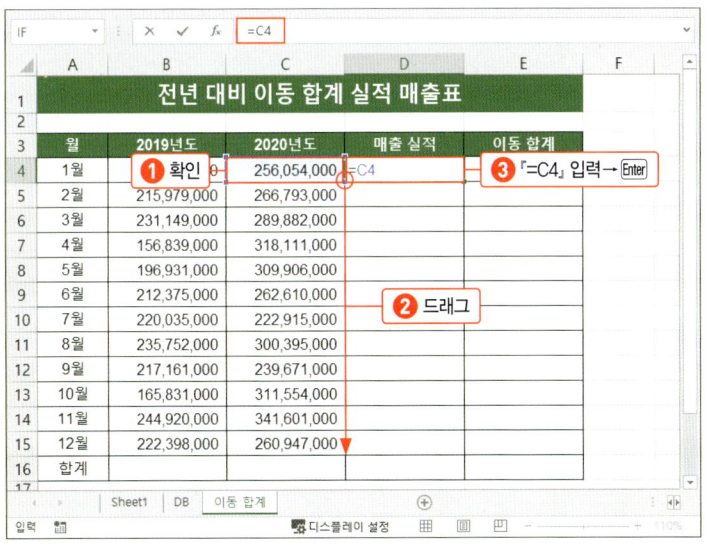

12 D5셀에 『=C5+D4』를 입력하고 Enter 를 누릅니다. D5셀에 2월의 매출 실적을 구했으면 D5셀의 자동 채우기 핸들을 D15셀까지 드래그합니다.

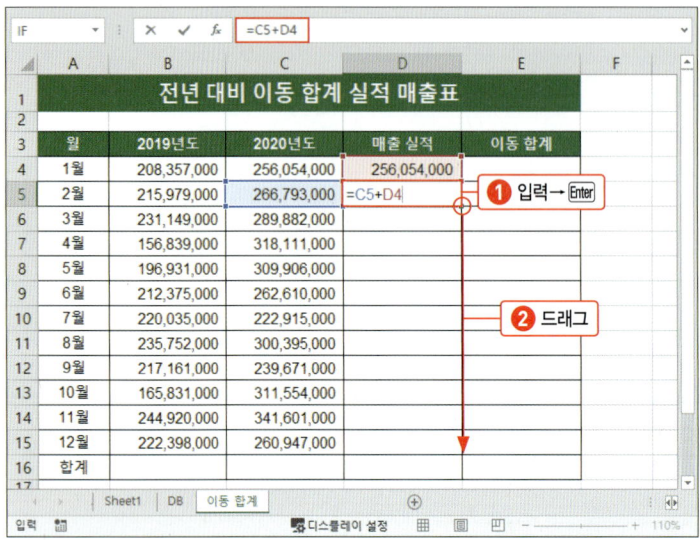

13 '이동 합계' 항목의 실적은 분석하려는 연도(2020년도)의 1월 값을 지난 해(2019년도) 2월부터 당해 1월까지 12개월 매출의 합으로 계산하고, 2월 값은 한 달씩 넘겨 지난 해 3월부터 당해 2월까지 12개월 매출의 합이 되도록 함수식을 입력해야 합니다. 즉 1월 이동 매출 합계 셀인 E4셀을 클릭하고 참조할 영역이 변동되지 않도록 『=SUM($C$4:C4,B5:$B$15)』를 입력한 후 Enter 를 누릅니다.

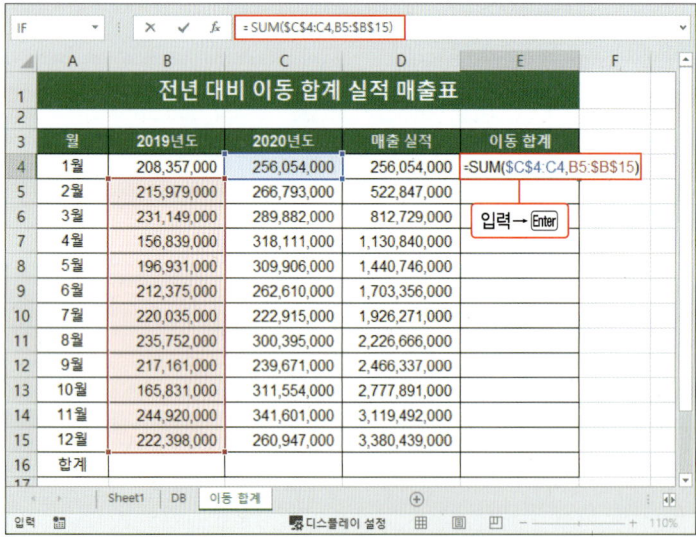

14 E4셀에 1월의 이동 매출 합계를 구했으면 E4셀의 자동 채우기 핸들을 E15셀까지 드래그하여 2월부터 12월까지의 이동 매출 합계를 구합니다.

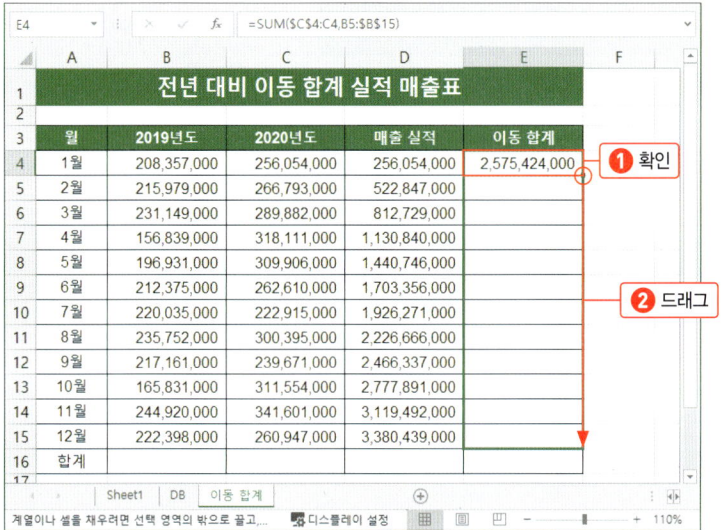

> **Tip**
> 숫자를 잘 표현하려면 [홈] 탭-[표시 형식] 그룹에서 [쉼표 스타일]을 클릭하여 천 단위를 쉼표(,)로 구분합니다.

15 Z 차트로 표현할 C3:E15 범위를 선택합니다. [삽입] 탭-[차트] 그룹에서 [꺾은선형 또는 영역형 차트 삽입]을 클릭하고 '2차원 꺾은선형'의 [표식이 있는 꺾은선형]을 클릭합니다.

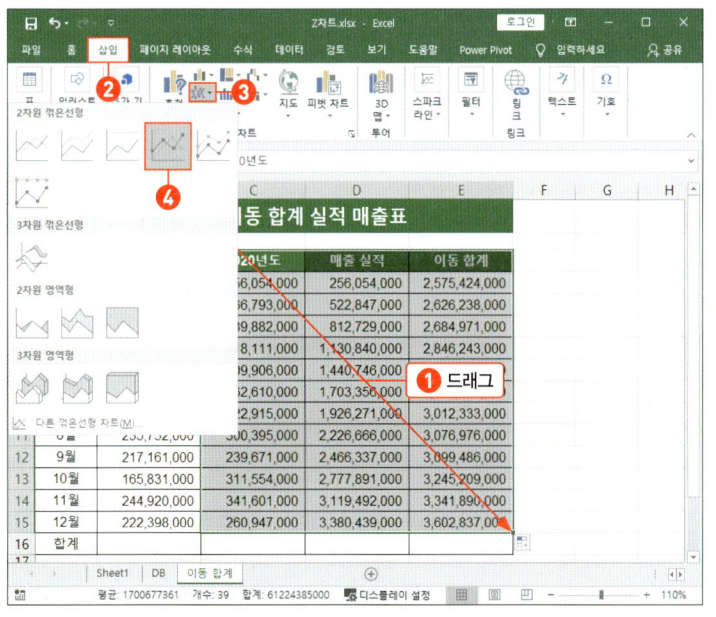

> **Tip**
> [삽입] 탭-[차트] 그룹에서 [추천 차트]를 클릭하고 [모든 차트] 탭에서 [꺾은선형]을 선택해도 됩니다.

331

16 표식이 있는 꺾은선형 차트가 삽입되면 [차트 도구]의 [디자인] 탭-[위치] 그룹에서 [차트 이동]을 클릭합니다.

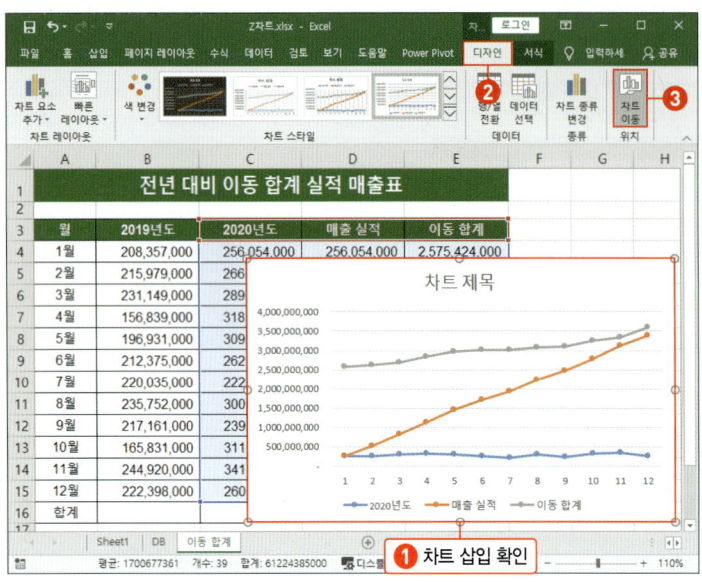

17 [차트 이동] 대화상자가 나타나면 [새 시트]를 선택하고 『Z차트』를 입력한 후 [확인]을 클릭합니다.

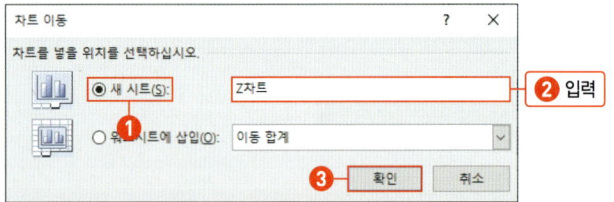

18 [Z차트] 시트가 삽입되면서 표식이 있는 꺾은선형 차트가 이동하면 [차트 스타일] 단추( )를 클릭하고 [스타일 11]을 선택합니다.

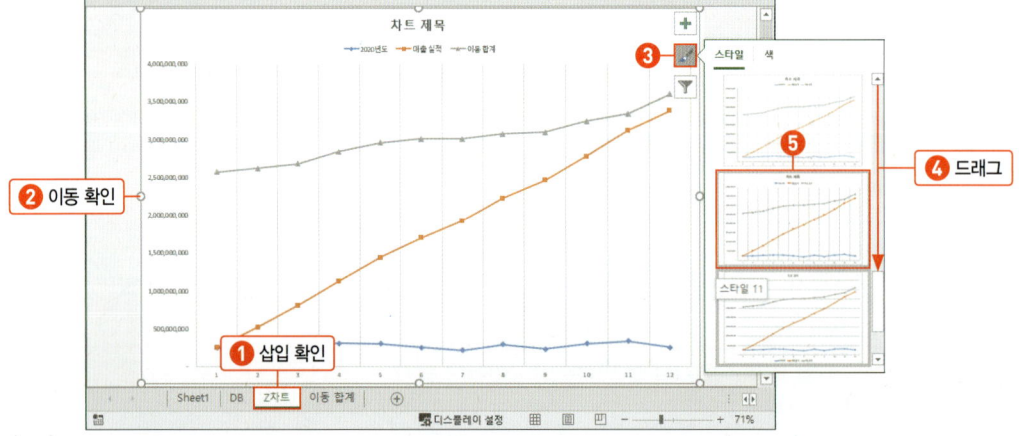

19 Z 차트에 세로로 보조 축이 표시되어 월별로 편리하게 비교할 수 있게 변경되었는지 확인합니다. 차트 제목을 입력하고 가로 축과 세로 축의 글자 크기를 조정하여 차트를 완성하세요.

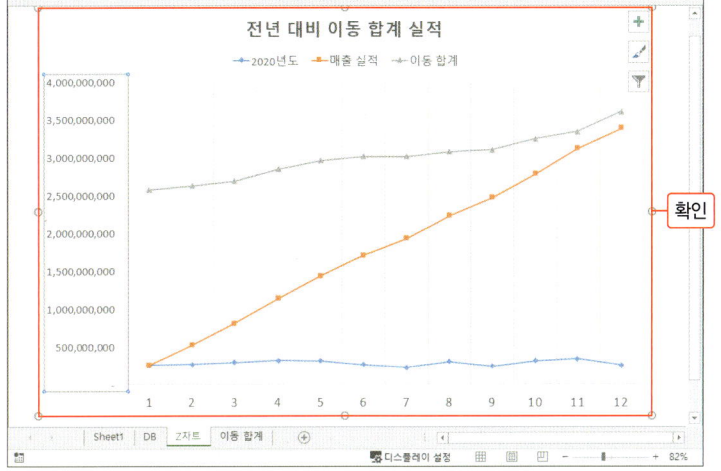

 잠깐만요 :: **GETPIVOTDATA 함수의 인수 살펴보기**

=GETPIVOTDATA(값 영역의 필드명,피벗 테이블의 위치,[필드명 1,조건 1,필드명 2,조건 2],…)

GETPIVOTDATA 함수는 피벗 테이블로 구한 분석 값을 추출하여 임의의 셀에 표시할 때 사용합니다. 함수 형식에서 '필드명'과 '조건명'은 1개부터 126개까지 순서에 관계없이 지정할 수 있습니다.

- **값 영역의 필드명** : 추출하려는 데이터가 포함된 데이터 필드의 이름을 큰따옴표로 묶어서 입력
- **피벗 테이블의 위치** : 피벗 테이블에 있는 임의의 셀 지정
- **필드명** : 추출하려는 데이터를 설명하는 필드명 지정
- **조건** : 추출하려는 데이트를 설명하는 항목명 지정

● 예제파일 : 2장\섹션10\Z차트강조.xlsx, 파워포인트템플릿.pptx   ● 완성파일 : 2장\섹션10\Z차트강조(완).pptx

현장실무 03 | 파워포인트에서 엑셀의 Z 차트 강조하기

기능	방법
제목만 레이아웃	[홈] 탭-[슬라이드] 그룹-[레이아웃]-[제목만]
테마 찾아보기	[디자인] 탭-[테마] 그룹-[자세히] 단추(▼)-[테마 찾아보기]
차트 색	[차트 스타일] 단추(▼) → [색]

1 Z 차트의 모양을 통해 향후 매출의 추이를 '보합형', '성장형', '쇠퇴형'으로 예측할 수 있습니다. 'Z차트강조.xlsx'를 열고 [Z차트] 시트에서 차트를 선택한 후 Ctrl+C를 눌러 복사합니다.

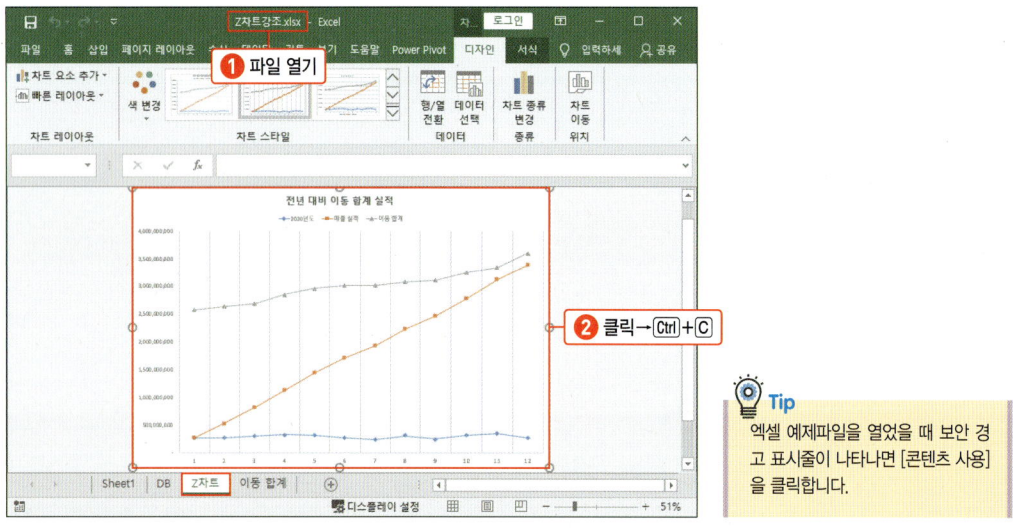

Tip
엑셀 예제파일을 열었을 때 보안 경고 표시줄이 나타나면 [콘텐츠 사용]을 클릭합니다.

2 파워포인트에서 새 프레젠테이션 문서를 열고 [홈] 탭-[슬라이드] 그룹에서 [레이아웃]을 클릭한 후 'Office 테마'의 [제목만]을 선택합니다.

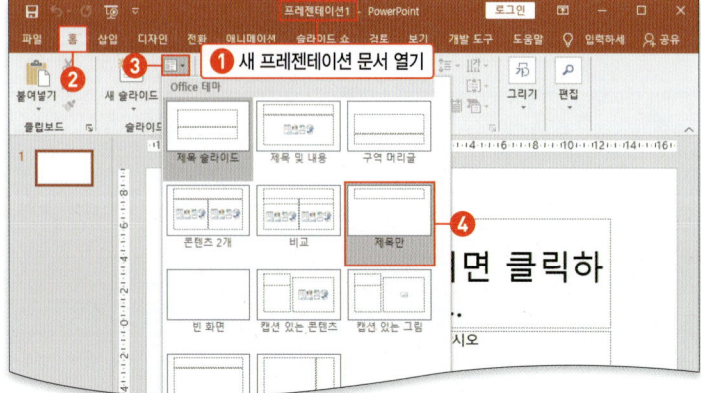

3 슬라이드 화면이 '제목만' 레이아웃으로 변경되면 슬라이드 창에서 Ctrl+V를 누릅니다. 엑셀에서 복사한 차트가 붙여넣기되면 삽입된 차트의 크기를 적당히 조절합니다.

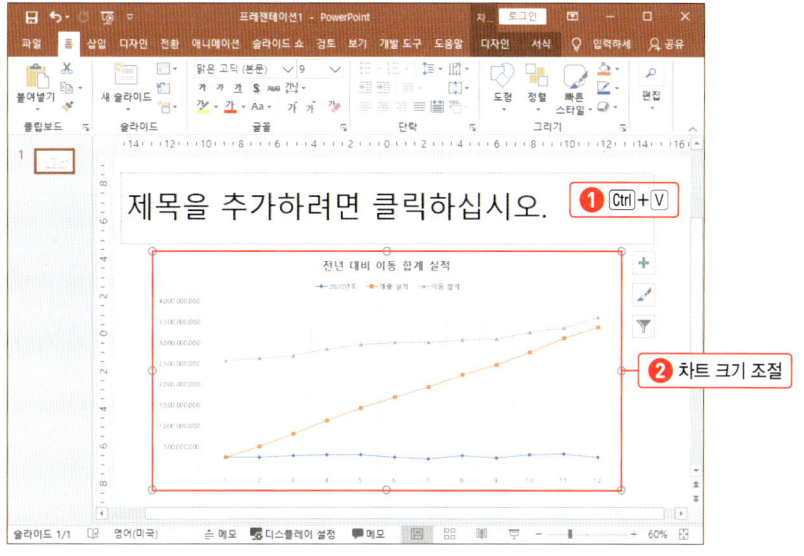

> **Tip**
> 엑셀만으로도 완성도 높은 Z 차트를 만들 수 있지만, Z 차트에 익숙하지 않은 사람들은 Z 차트만으로 원하는 메시지를 제대로 파악하기가 힘듭니다. 이 경우 Z 차트의 꺾은선 기울기를 해석하여 매출 추이를 파악할 수 있도록 기준선을 만들어야 합니다. 기준선 작업은 엑셀보다 차트를 파워포인트로 옮긴 후 작업하는 것이 훨씬 더 수월합니다.

4 시각적 표현을 위해 템플릿을 사용해 보겠습니다. 차트를 선택한 상태에서 [디자인] 탭-[테마] 그룹에서 [자세히] 단추(▽)를 클릭하고 [테마 찾아보기]를 선택합니다.

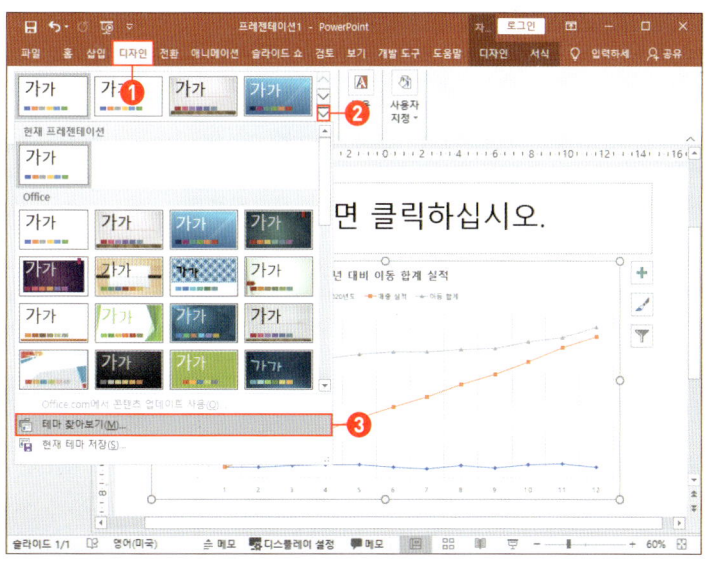

> **Tip**
> [테마 찾아보기]에서는 파워포인트 테마 파일(*.thmx)이 아닌 파워포인트 파일(*.ppt, *.pptx 등)을 선택해도 템플릿 서식 정보를 불러올 수 있습니다.

5 [테마 또는 테마 문서 선택] 대화상자가 나타나면 부록 실습파일에서 '2장\섹션10' 폴더의 '파워포인트템플릿.pptx'를 선택하고 [적용]을 클릭합니다.

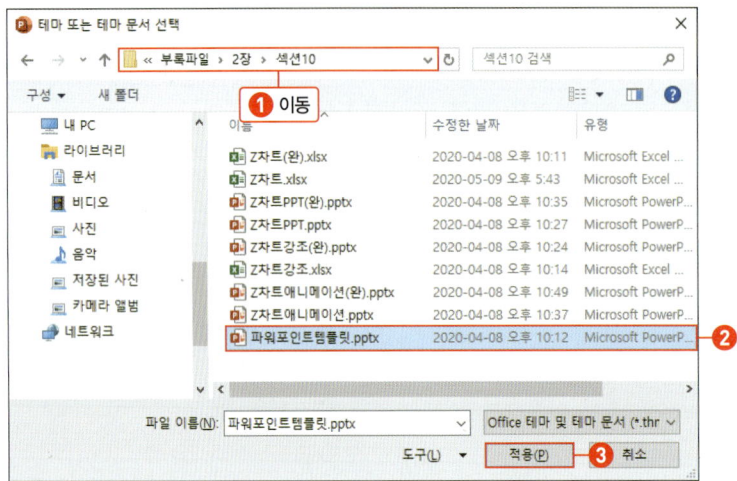

6 적용한 파워포인트의 템플릿이 테마 색상 때문에 색이 잘 구분되지 않으면 스타일 또는 색을 변경할 수 있습니다. 차트의 크기를 조절하고 [차트 스타일] 단추(✏️)를 클릭한 후 [색]의 '색상형'에서 두 번째 [다양한 색상표 2]를 선택합니다.

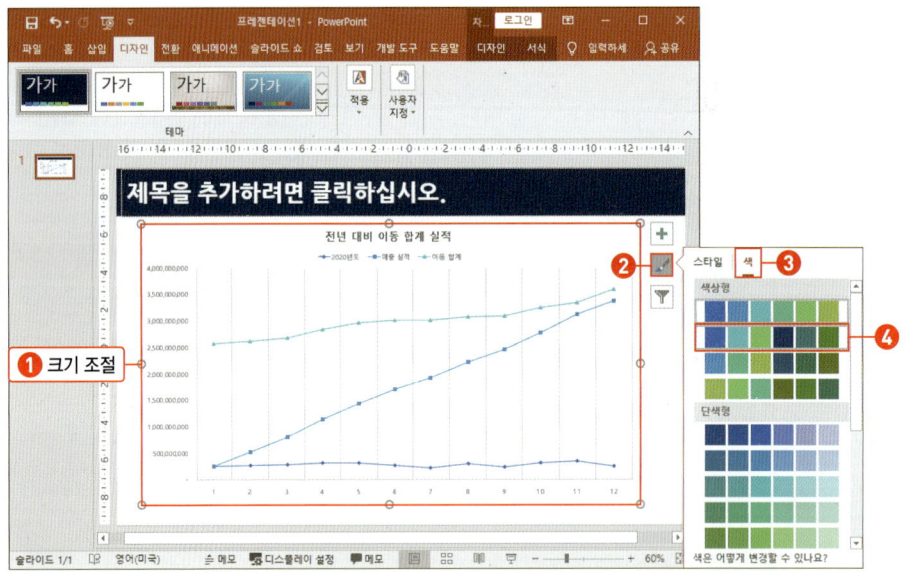

> **Tip**
> 차트의 테마 색을 변경하려면 차트를 선택한 상태에서 [디자인] 탭-[적용] 그룹의 [자세히] 단추(▽)를 클릭하고 [색]을 선택한 후 원하는 테마 색을 고릅니다.

현장실무 04 | Z 차트에 비교 기준선 삽입해 강조하기

기능	방법
자유형 도형	[삽입] 탭-[일러스트레이션] 그룹-[도형]-[자유형]
도형 윤곽선의 색	[서식] 탭-[도형 스타일] 그룹-[도형 윤곽선]-'테마 색'
둥근 점선 윤곽선	[서식] 탭-[도형 스타일] 그룹-[도형 윤곽선]-[대시]-[둥근 점선]
도형을 맨 뒤로 보내기	[서식] 탭-[정렬] 그룹-[뒤로 보내기]-[맨 뒤로 보내기]

1 도형을 이용해 기준선을 추가하기 위해 [삽입] 탭-[일러스트레이션] 그룹에서 [도형]을 클릭하고 '선'의 [자유형](⌐)을 클릭합니다.

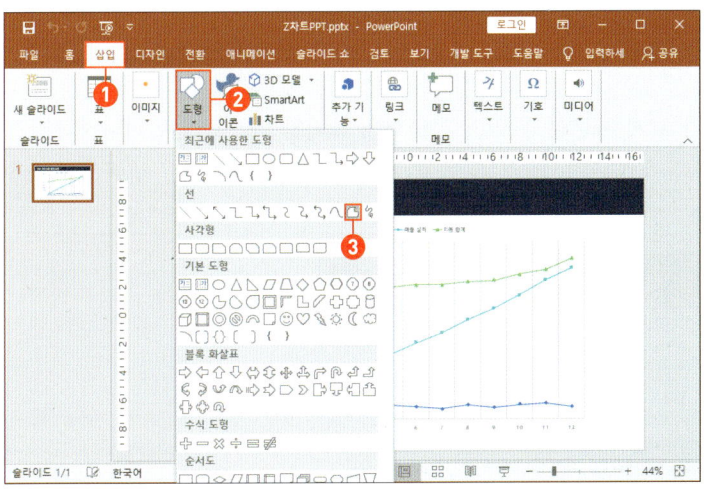

2 마우스 포인터가 + 모양으로 바뀌면 자유형 도형으로 기준선을 그리기 위해 Shift 를 누른 상태에서 다음과 같이 직선을 드래그하여 삽입합니다. 이때 기준선이 Z 차트를 가리지 않도록 그립니다.

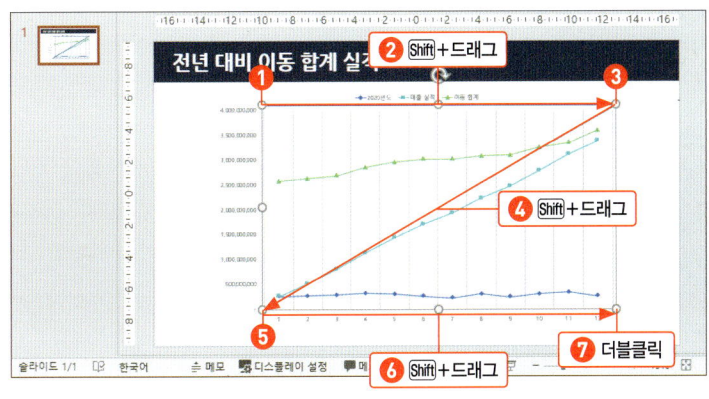

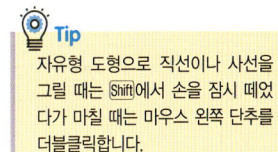

Tip
자유형 도형으로 직선이나 사선을 그릴 때는 Shift 에서 손을 잠시 떼었다가 마칠 때는 마우스 왼쪽 단추를 더블클릭합니다.

3 기준선을 선택한 상태에서 [그리기 도구]의 [서식] 탭-[도형 스타일] 그룹에서 [도형 윤곽선]을 클릭하고 '테마 색'의 [흰색, 배경 1, 25% 더 어둡게]를 클릭합니다. [서식] 탭-[도형 스타일] 그룹에서 [도형 윤곽선]을 클릭하고 [대시]-[둥근 점선]을 선택합니다.

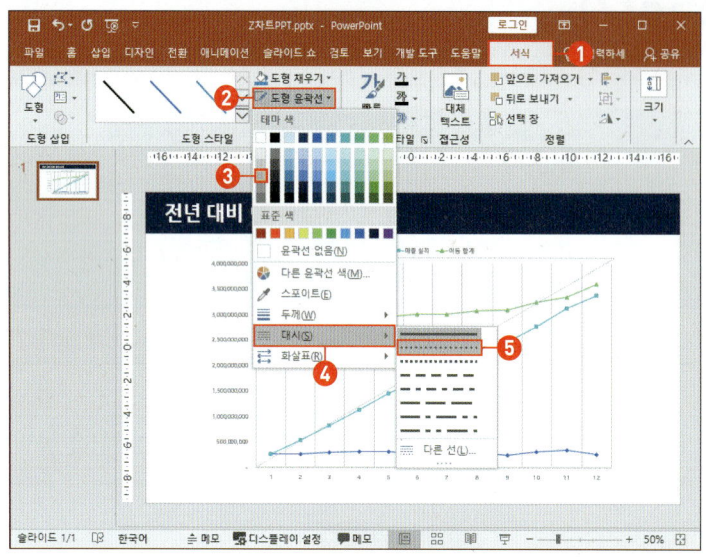

4 기준선을 선택하고 Z 차트와 쉽게 비교할 수 있게 기준선의 높이를 약간 조절합니다. [그리기 도구]의 [서식] 탭-[정렬] 그룹에서 [뒤로 보내기]를 클릭하고 [맨 뒤로 보내기]를 선택하여 Z 차트가 더욱 돋보이게 강조하세요.

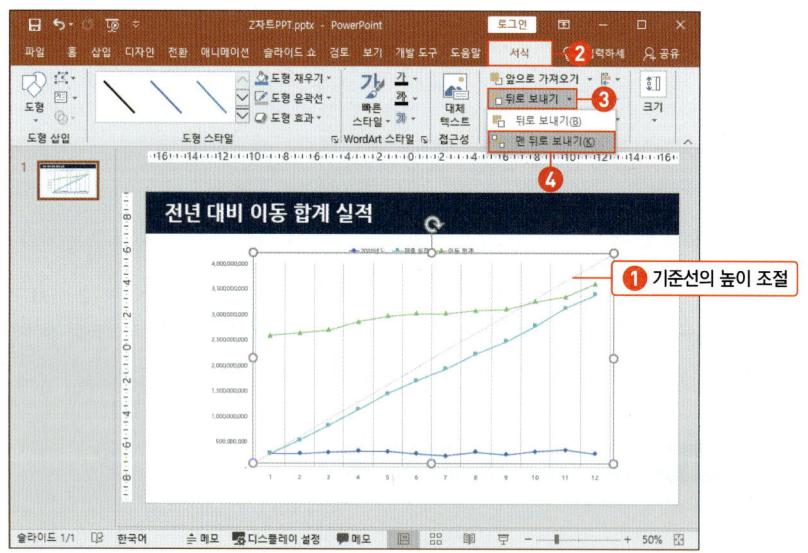

> **Tip**
> [맨 뒤로 보내기]는 [홈] 탭-[그리기] 그룹의 [정렬]의 '개체 순서'에서도 선택할 수 있습니다.

05 차트에 애니메이션 효과 지정하기

기능	방법
애니메이션 효과 옵션	[애니메이션] 탭-[애니메이션] 그룹-[효과 옵션]
애니메이션 창	[애니메이션] 탭-[고급 애니메이션] 그룹-[애니메이션 창]
애니메이션 미리 보기	[애니메이션] 탭-[미리 보기] 그룹-[미리 보기]

1 차트를 선택하고 [애니메이션] 탭-[애니메이션] 그룹에서 [자세히] 단추(▽)를 클릭한 후 '나타내기'의 [닦아내기]를 클릭합니다.

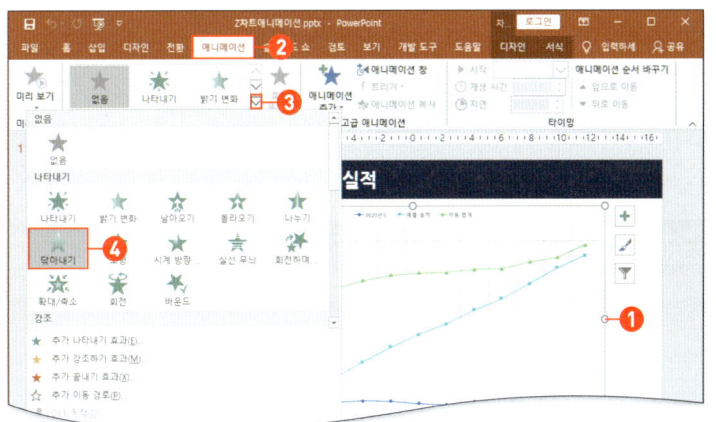

> **Tip**
> Z 차트는 시간에 따른 추이를 나타내는 데 효율적이므로 닦아내기 애니메이션 효과를 적용하여 시각적으로 표현할 수 있습니다.

2 [애니메이션] 탭-[애니메이션] 그룹에서 [효과 옵션]을 클릭하고 '방향'의 [왼쪽에서]와 '시퀀스'의 [계열별로]를 차례대로 선택합니다.

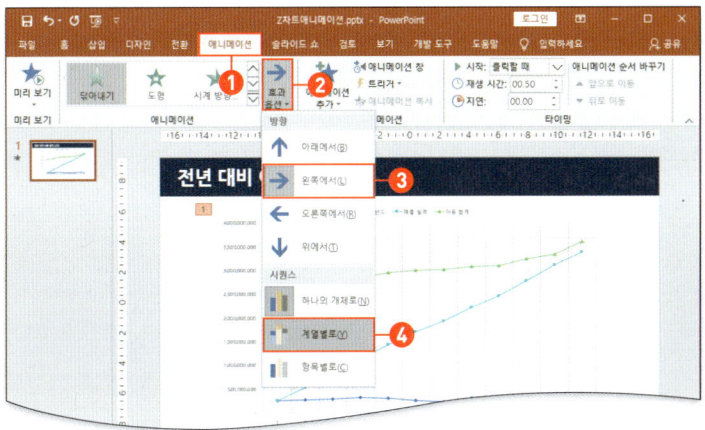

> **Tip**
> '방향'에서는 시선과 시간의 흐름 방향인 [왼쪽에서]를 선택하고 차트의 꺾은선이 각각 나타나도록 '시퀀스'의 [계열별로]를 선택하는 것입니다.

3 각 계열별로 애니메이션을 세부적으로 설정하기 위해 [애니메이션] 탭-[고급 애니메이션] 그룹에서 [애니메이션 창]을 클릭합니다. 화면의 오른쪽에 [애니메이션 창]이 나타나면 [차트 5: 배경]의 아래쪽에 있는 확장 단추( )를 클릭하여 애니메이션 목록을 엽니다.

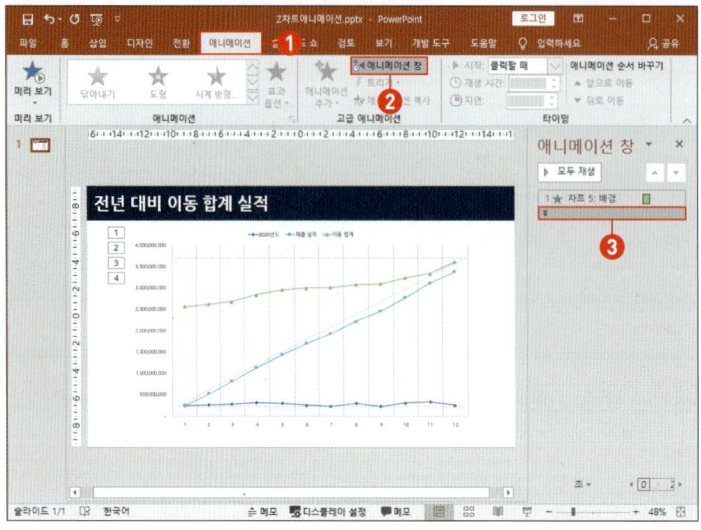

4 차트의 축 눈금과 배경은 애니메이션 효과를 적용할 필요가 없으므로 [차트 5: 배경]만 선택하고 내림 단추( )를 클릭한 후 [제거]를 선택합니다.

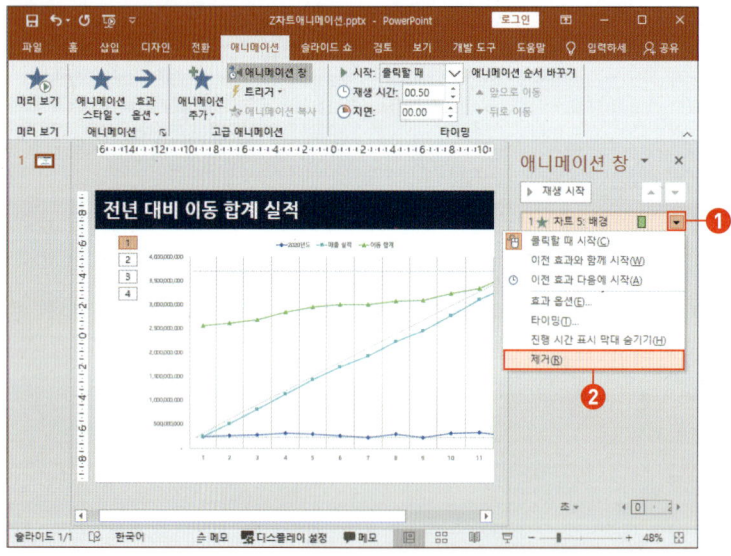

5 Z 차트의 흐름으로 애니메이션 효과를 지정하기 위해 [애니메이션 창]에서 [차트 5: 계열 2]를 선택합니다. [애니메이션] 탭-[애니메이션] 그룹에서 [효과 옵션]을 클릭하고 '방향'을 [오른쪽에서]로 변경한 후 [애니메이션] 탭-[미리 보기] 그룹에서 [미리 보기]의 를 클릭합니다.

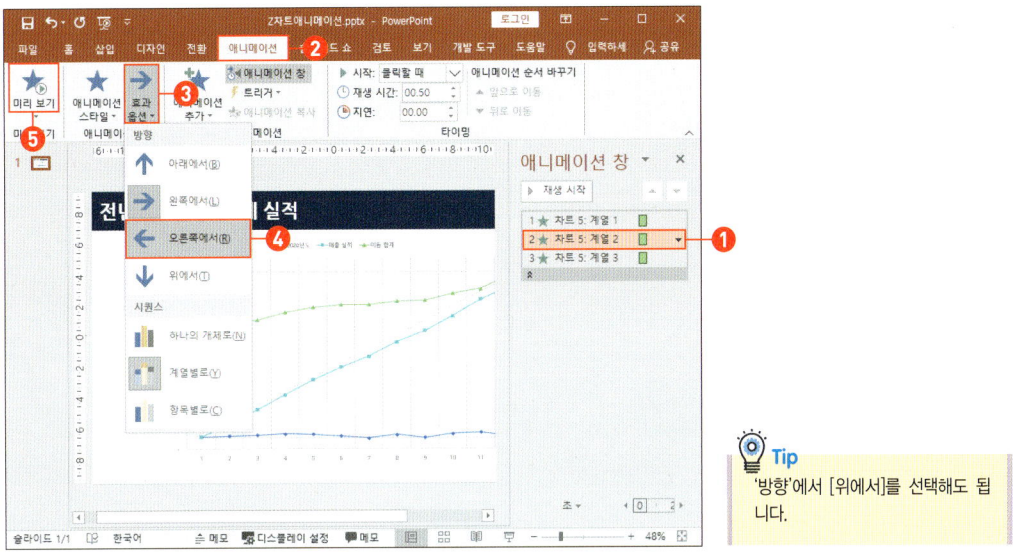

> **Tip**
> '방향'에서 [위에서]를 선택해도 됩니다.

6 애니메이션이 제대로 실행되는지 확인합니다. 발표 진행에 따라 [애니메이션 창]에서 각 계열을 선택하고 [재생 시작]을 클릭하여 [계열별로] 애니메이션을 실행할 수 있습니다.

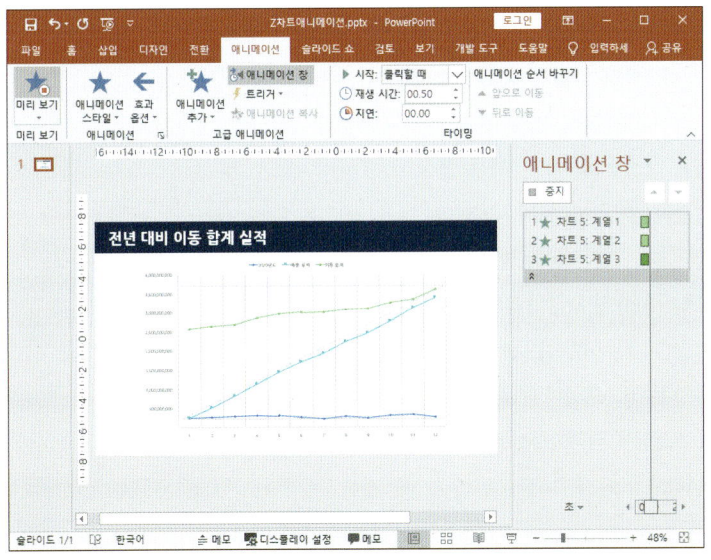

> **Tip**
> [애니메이션 창]에서 [모두 재생]을 클릭하거나 슬라이드 미리 보기 창에서 슬라이드 번호의 아래쪽에 있는 [애니메이션 실행] 단추(★)를 클릭해도 애니메이션이 실행됩니다.
>
>

SECTION

11

마케팅 전략 수립을 위한 제품별 매출 기여도 분석하기

매출 기여도를 분석하여 마케팅 전략을 세울 때 ABC 분석 기법을 적용하는 것이 좋습니다. ABC 분석 기법은 중요도가 다른 것을 분석하여 전략을 다르게 제시하고 지원을 통제하는 방법으로, 선택과 집중이 필요할 때 많이 사용합니다. ABC 분석은 파레토 법칙에서 도출된 분석 방법으로, ERP(Enterprise Resource Planning) 및 시간 관리 등의 관리 체계에서 활용도가 매우 높습니다. 이번에는 관리 대상을 A등급, B등급, C등급으로 나누고 A등급에 해당하는 대상을 집중 관리해서 관리의 효율성을 극대화하는 ABC 분석 방법에 대해 살펴보겠습니다.

제품별 매출 기여도 분석 시나리오

생산 및 판매되는 제품 중에서 매출 기여도가 가장 높은 제품이 무엇인지 분석하여 공격적인 마케팅 전략을 세우려고 합니다. 제품에 따른 매출 기여도를 평가하기 위해 ABC 분석을 사용할 것입니다. 이 분석 방법은 '극히 소수의 요인에 의해서 대세가 결정된다.'라는 파레토 법칙에서 도출된 방법으로, 최종 중점 관리 대상을 선정한 후 집중적으로 관리 노력해서 관리 효과를 높이는 분석 방법입니다.

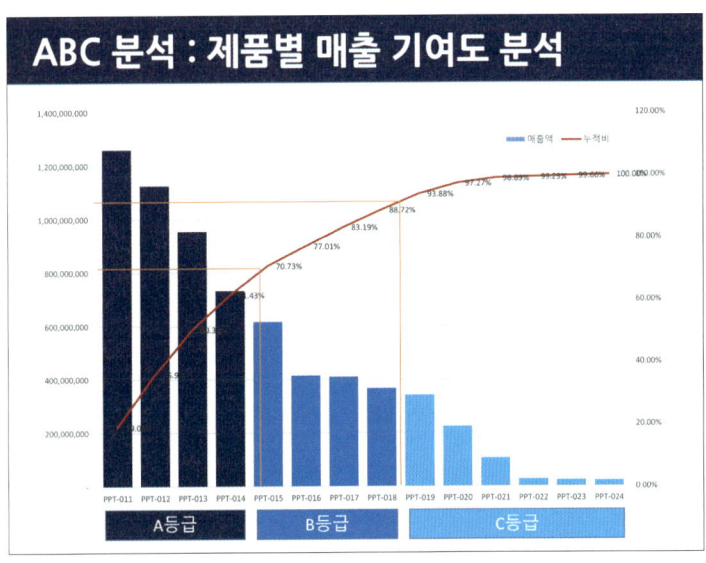

▲ ABC 분석 차트를 이용해 매출 기여도 분석하기

1 목적

제품 중 매출 기여도가 가장 높은 제품 분석

2 분석 포인트

- 매출에 따른 제품별 마케팅 전략을 다르게 진행하기 위한 차트 필요
- 기여도 평가를 위한 ABC 분석 도입
- 최종 중점 관리 대상 선정을 부각시키기 위한 강조 효과

3 분석 순서

① 매출액이 많은 제품 순서대로 정리합니다.
② 총 매출액을 100%로 하여 제품별 백분율을 산출합니다.
③ 누적 구성 비율을 매출 상위 제품부터 순서대로 누적시킵니다.
④ 차트의 세로 축에는 매출액 점유비의 누적치를, 가로 축에는 제품을 기입하고 제품별 누적 구성비를 표시합니다.
⑤ 세로 축의 70%와 90%의 누적치 해당 점에서 가로 선을 그리고, 차트의 선과의 교차점에서 수직선을 그려서 표시합니다. 이때 누적 구성 비율 70%까지는 A 그룹, 90%까지는 B 그룹, 그 이상은 C 그룹으로 분류하고, A 그룹부터 제품 관리의 최종 중점 목표로 정하여 판매 매출에 집중하도록 대책을 세운 후 B 그룹과 C 그룹의 순서대로 전략을 수립합니다.

 잠깐만요 :: 새로 추가된 통계 차트에서 사용 가능한 ABC 분석 차트 살펴보기

엑셀 2016 버전부터 새로운 통계 차트가 포함되어 분석 도구로 엑셀을 편리하게 이용할 수 있습니다. 새로운 파레토 차트로 작성한 후 낮은 버전에서 파일을 열었을 때 'Excel 버전에서는 이 차트를 사용할 수 없습니다.'라고 표시될 수도 있습니다.

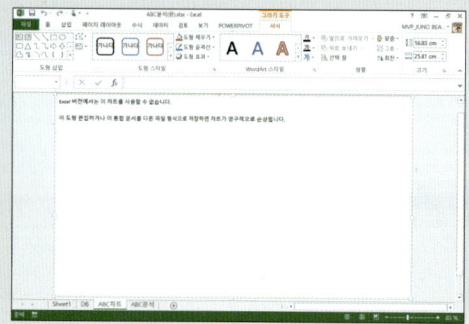

엑셀 2010과 엑셀 2013 버전의 경우 차트 메뉴에 파레토 차트 항목이 없지만, 이중 축 차트 기능과 콤보 차트 기능으로 ABC 분석 차트를 충분히 만들 수 있습니다.

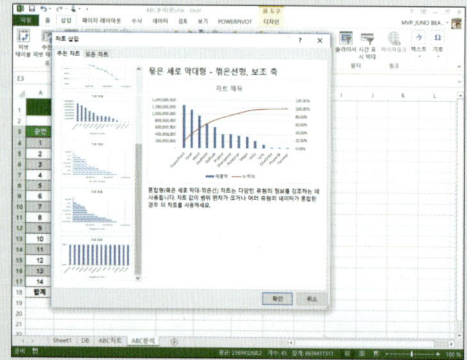 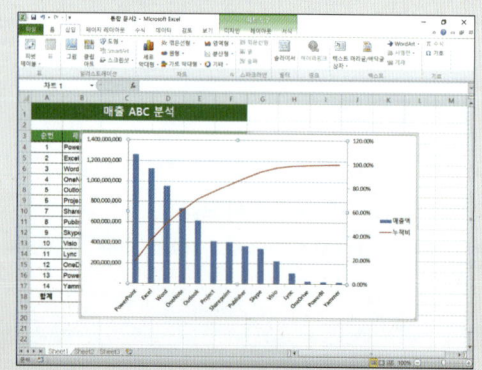

▲ 엑셀 2013에서 콤보 차트로 만든 ABC 분석 차트　　▲ 엑셀 2010에서 이중 축 차트로 표현한 ABC 분석 차트

엑셀로 ABC 매출 기여도 분석 차트 작성하기

● 예제파일 : 2장\섹션11\ABC분석.xlsx ● 완성파일 : 2장\섹션11\ABC분석(완).xlsx

기능	방법
추천 피벗 테이블	[삽입] 탭-[표] 그룹-[추천 피벗 테이블]
추천 차트	[삽입] 탭-[차트] 그룹-[추천 차트]
차트 이동	[디자인] 탭-[위치] 그룹-[차트 이동]
GETPIVOTDATA 함수	GETPIVOTDATA(값 영역의 필드명,피벗 테이블의 위치,[필드명 1, 조건 1,필드명 2,조건 2],…)

 80:20 법칙에 기반을 둔 매출 기여도 분석 차트를 만들기 위해 [DB] 시트에서 A2셀을 클릭하고 [삽입] 탭-[표] 그룹에서 [추천 피벗 테이블]을 클릭합니다. [권장 피벗 테이블] 대화상자가 나타나면 분류하려는 항목을 선택하고 [확인]을 클릭합니다. 여기에서는 [합계 : 주문금액(품명 기준)]을 선택해야 새로운 [Sheet1] 시트에 피벗 테이블이 작성됩니다.

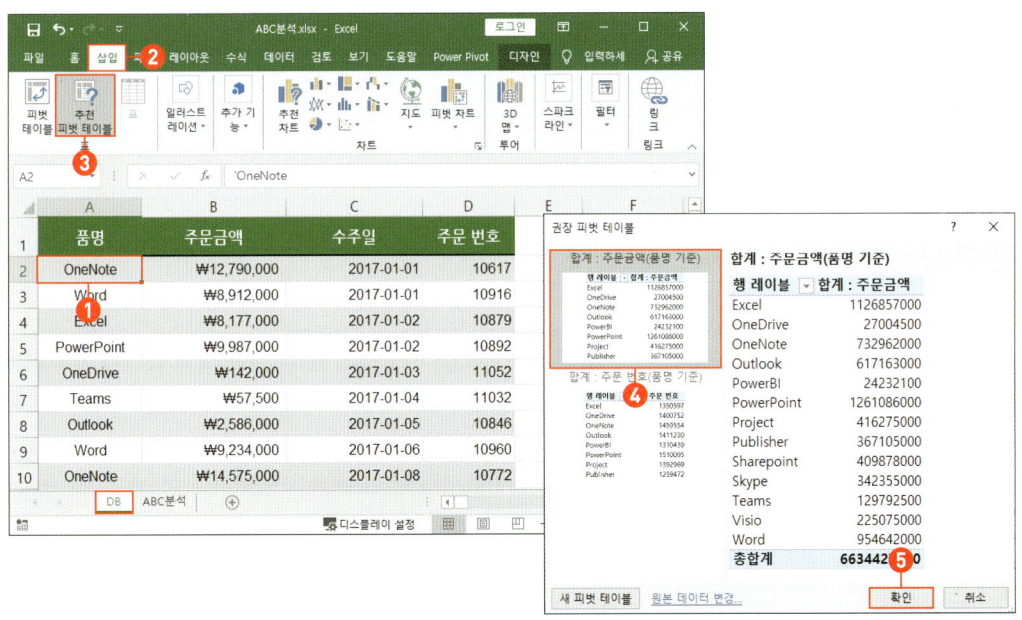

Tip
[삽입] 탭-[표] 그룹에서 [피벗 테이블]을 클릭하여 [피벗 테이블 만들기] 대화상자를 나타낸 후 분석용 항목을 정리할 수 있습니다. 하지만 엑셀 2013 버전부터 제공하는 '추천 피벗 테이블' 기능을 활용하면 좀 더 편리하게 분석 대상을 정리할 수 있습니다.

2 ABC 분석을 위해 데이터를 정리해야 하므로 [ABC분석] 시트를 선택하고 매출액이 입력된 C4셀을 클릭한 후 『=』를 입력합니다.

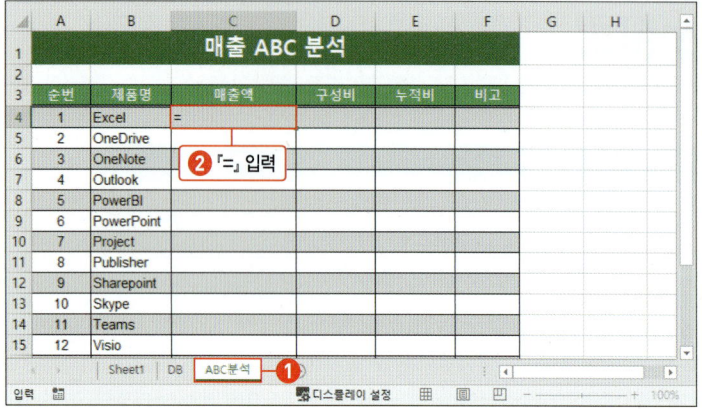

3 [Sheet1] 시트로 이동하여 B4셀을 클릭하고 Enter 를 누릅니다.

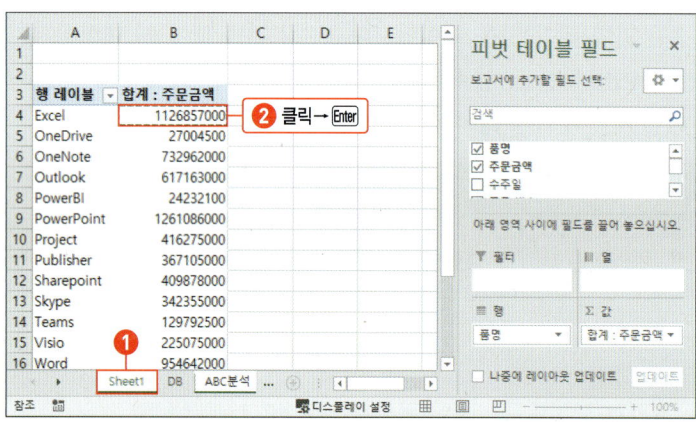

4 [ABC분석] 시트로 되돌아오면서 '매출액' 항목에 값이 구해지면 C4셀을 클릭합니다. C4셀의 함수식 '=GETPIVOTDATA("주문금액",Sheet1!$A$3,"품명","Excel")'에서 '"Excel"'을 지우고 『[제품명]』을 입력한 후 Enter 를 누릅니다.

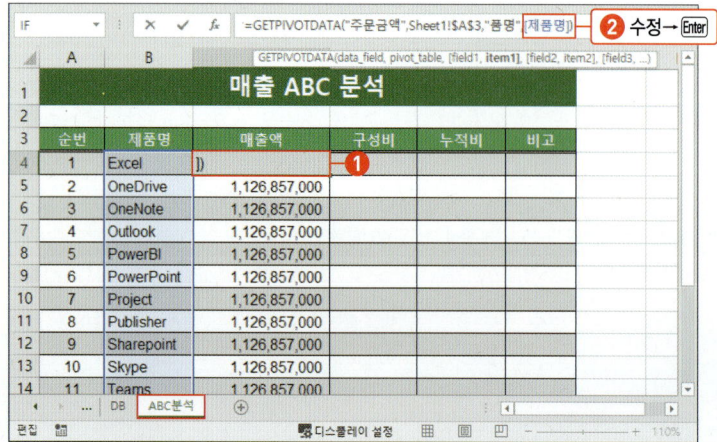

5 C4셀부터 C16셀까지 자동으로 매출액이 계산되면 매출액의 총합을 구하기 위해 C17셀을 클릭하고 『=SUM(C4:C16)』을 입력한 후 Enter를 누릅니다.

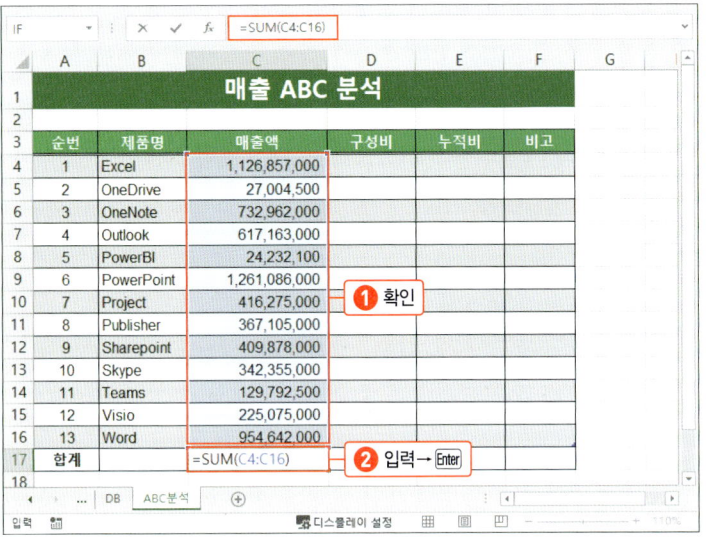

> **Tip**
> '매출액' 항목이 자동으로 계산되지 않고 C4셀에만 'Excel'의 매출액이 구해지면 C4셀의 자동 채우기 핸들을 C16셀까지 드래그하여 나머지 제품의 매출액을 구합니다.

6 구성비는 매출액을 총 매출액의 합계로 나누어야 하므로 D4셀을 클릭하고 『=C4/$C$17』을 입력한 후 Enter를 누릅니다. 그러면 D4셀부터 D16셀까지 자동으로 구성비가 계산됩니다.

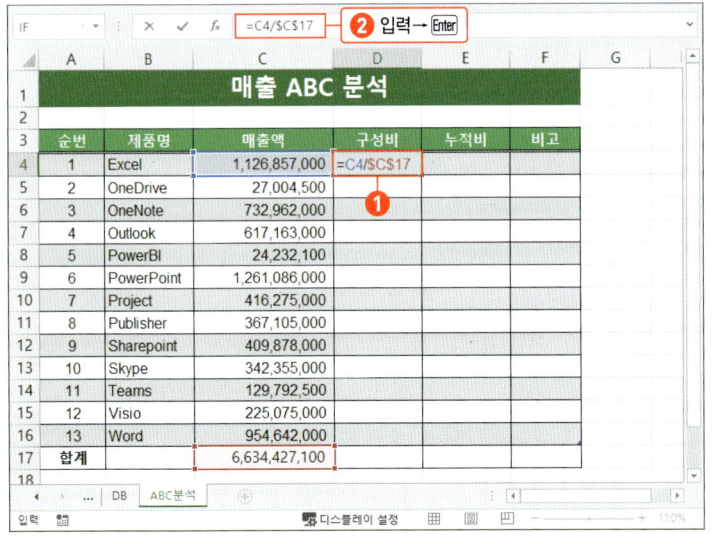

> **Tip**
> 합계 셀의 위치인 C17셀은 고정되어야 하므로 F4를 눌러 절대 참조로 표시합니다.

7 누적비는 '구성비' 항목과 이전 누적비의 합계 값으로 구해지므로 E4셀에는 『=D4』를, E5셀에는 『=D5+E4』를 입력하고 Enter 를 누릅니다. E5셀에 'OneDrive' 제품의 누적비를 구했으면 E5셀의 자동 채우기 핸들을 E16셀까지 드래그하여 나머지 제품의 누적비를 구합니다.

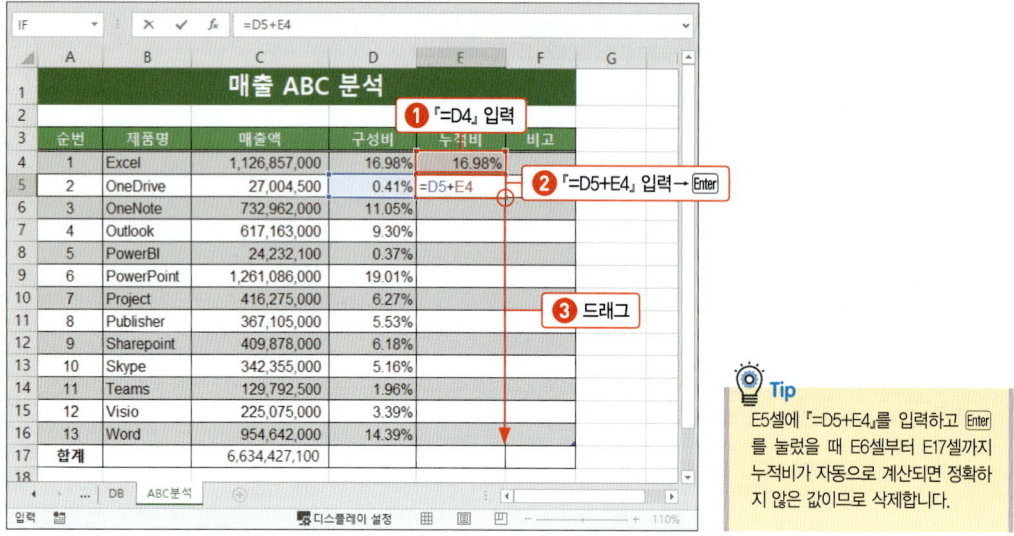

> **Tip**
> E5셀에 『=D5+E4』를 입력하고 Enter 를 눌렀을 때 E6셀부터 E17셀까지 누적비가 자동으로 계산되면 정확하지 않은 값이므로 삭제합니다.

8 데이터를 ABC 분석 차트로 만들기 위해 B3:E16 범위를 선택하고 [삽입] 탭-[차트] 그룹에서 [추천 차트]를 클릭합니다. [차트 삽입] 대화상자가 나타나면 [추천 차트] 탭에서 [파레토]를 선택하고 [확인]을 클릭합니다.

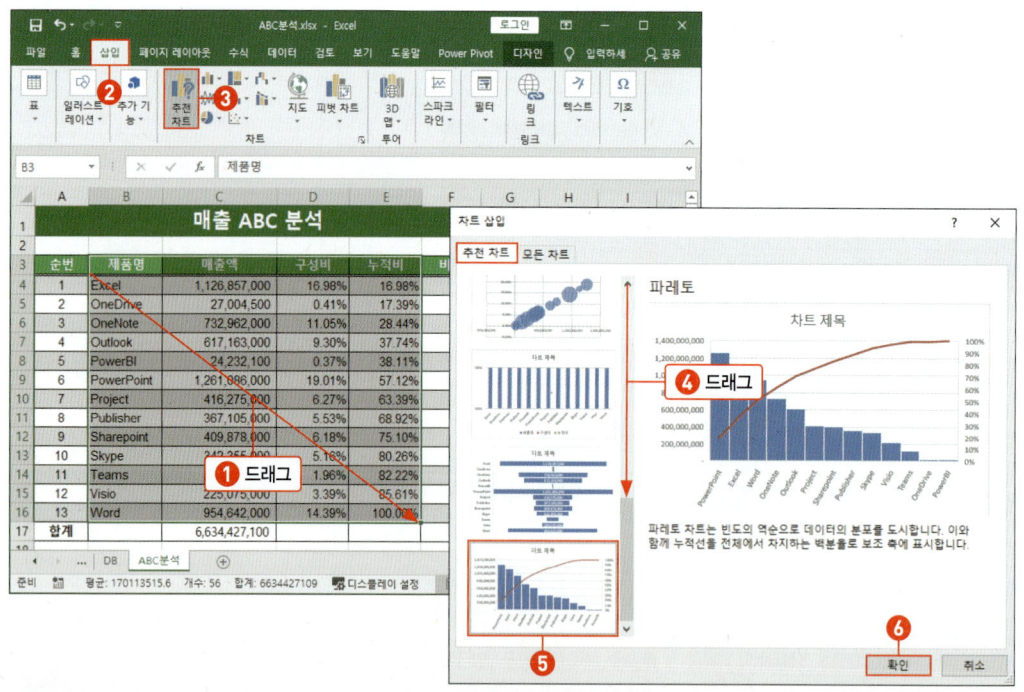

> **Tip**
> 엑셀 2016 버전부터는 파레토 차트가 새롭게 추가되어 더욱 빠르고 쉽게 작성할 수 있습니다.

9 파레토 차트가 삽입되면 [차트 도구]의 [디자인] 탭-[위치] 그룹에서 [차트 이동]을 클릭합니다.

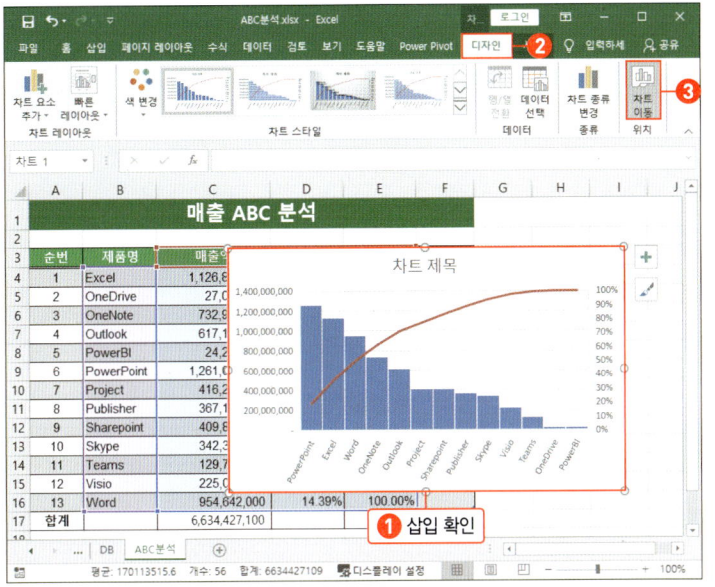

10 [차트 이동] 대화상자에서 [새 시트]를 선택하고 시트명 『ABC차트』를 입력한 후 [확인]을 클릭합니다.

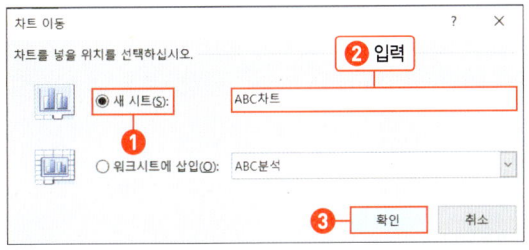

11 [ABC차트] 시트가 새로 생기면서 [ABC분석] 시트에 있던 파레토 차트가 이동되었는지 확인합니다.

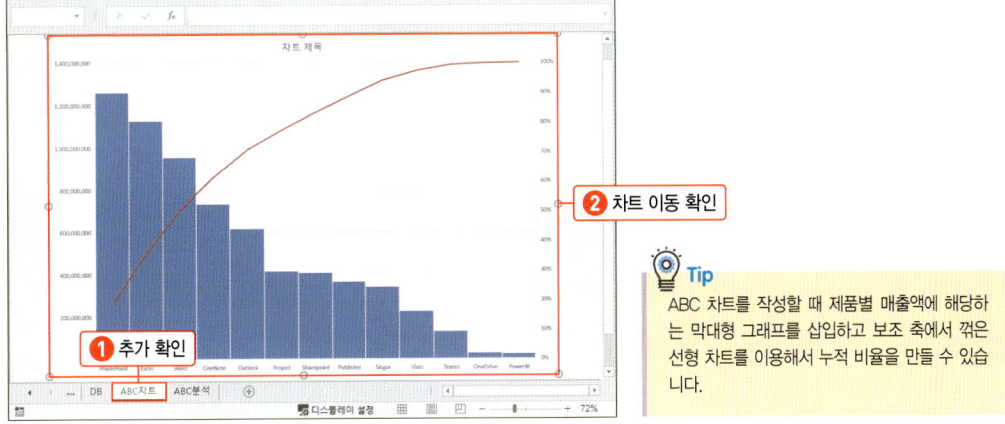

> **Tip**
> ABC 차트를 작성할 때 제품별 매출액에 해당하는 막대형 그래프를 삽입하고 보조 축에서 꺾은 선형 차트를 이용해서 누적 비율을 만들 수 있습니다.

349

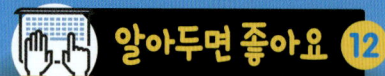

알아두면 좋아요 12 그레이아웃 효과로 차트의 핵심 부분 강조하기

● 예제파일 : 2장\섹션11\ABC차트.pptx ● 완성파일 : 2장\섹션11\ABC차트(완).pptx

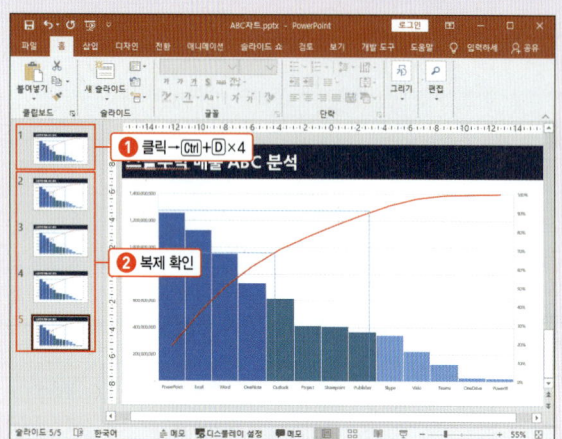

1 슬라이드 미리 보기 창에서 1번 슬라이드를 선택하고 Ctrl+D를 4번 눌러 4개의 슬라이드를 복제합니다.

> **Tip**
> 한 장의 슬라이드에서 애니메이션 효과를 사용하여 그레이아웃 기법을 어렵게 구현하는 것보다 여러 장의 같은 슬라이드를 필요한 수만큼 복제한 후 설명에 맞춰서 슬라이드를 순차적으로 보여주는 것이 좋습니다.

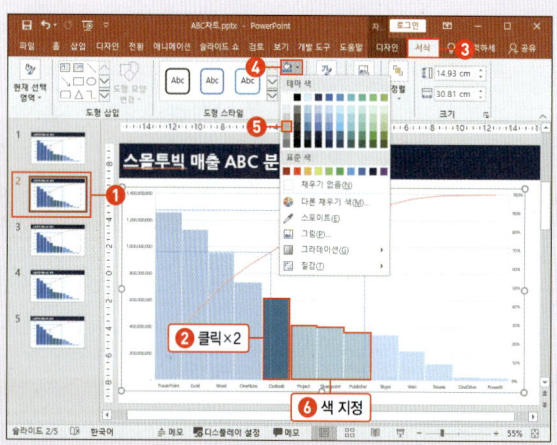

2 2번 슬라이드를 선택하고 A등급 막대만 그대로 둔 상태에서 B등급 첫 번째 막대만 선택합니다. [차트 도구]의 [서식] 탭-[도형 스타일] 그룹에서 [도형 채우기]를 클릭하고 '테마 색'의 [흰색, 배경 1, 25% 더 어둡게]를 적용합니다. 이와 같은 방법으로 B등급의 나머지 막대에도 같은 색을 지정합니다.

> **Tip**
> 원하는 막대를 천천히 2번 클릭하면 그 막대만 선택할 수 있습니다.

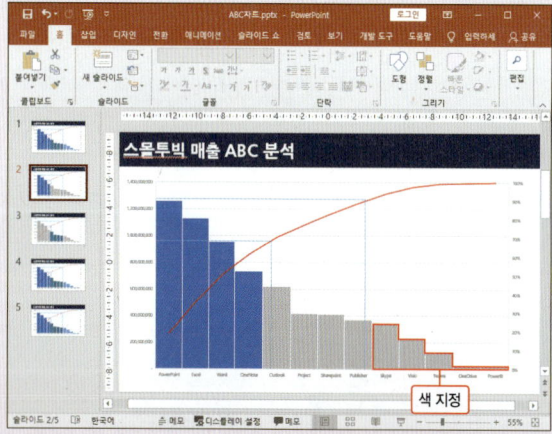

3 C등급 막대에도 같은 색을 지정합니다.

350

설명하지 않는 부분을 회색으로 처리 기법을 '그레이아웃(gray-out)'이라고 합니다. 전달하는 메시지가 많은 차트에서 청중들의 주목을 이끌어야 하는 부분을 강조하려면 그레이아웃 기법을 이용하세요.

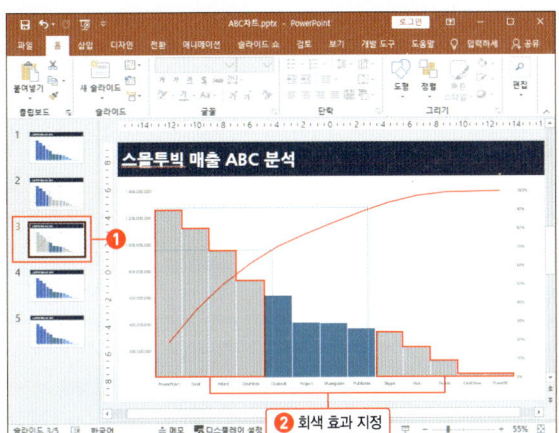

4 3번 슬라이드를 선택하고 B등급 막대를 제외한 나머지 막대에 회색 효과를 지정합니다.

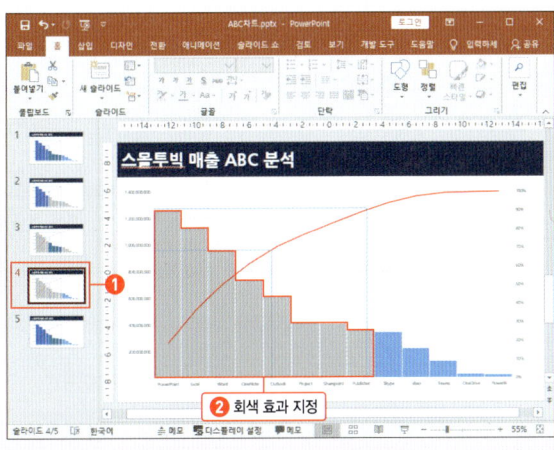

5 4번 슬라이드에서는 C등급 막대를 제외한 나머지 막대에 회색 효과를 지정합니다.

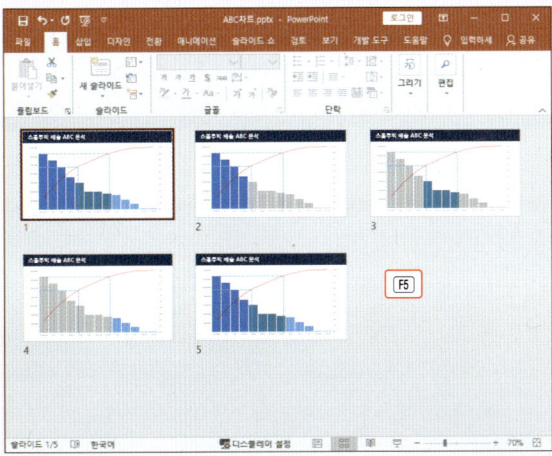

6 5번 슬라이드는 그대로 둔 상태에서 를 눌러 슬라이드 쇼를 진행하고 슬라이드마다 주요 차트가 강조되어 표시되는지 확인합니다.

Tip

슬라이드 화면의 오른쪽 아래에 있는 [여러 슬라이드] 단추(🔲)를 클릭하면 작성한 여러 개의 슬라이드를 한 화면에서 볼 수 있습니다.

엑셀과 파워포인트는 회사 업무에서 가장 많이 사용하는 프로그램입니다. 따라서 이들 프로그램을 모두 잘 다룰 줄 알면 업무에 큰 힘이 되지만, 대부분의 직장인들은 엑셀을 잘 다루면 파워포인트에 약하거나, 반대의 경우가 많습니다. 하지만 실무 현장에서는 이들 프로그램을 마치 하나의 프로그램처럼 사용해서 엑셀로 작업한 차트나 표를 파워포인트로 그대로 옮겨와서 디자인해야 하거나 각각의 프로그램에 데이터를 연동시켜야 하는 경우가 자주 발생합니다. 엑셀과 파워포인트의 연동만 잘해도 업무 시간을 크게 단축할 수 있기 때문에 이번 장에서 살펴보는 연동 실무 예제를 꼭 따라해 보세요.

Section 12 엑셀과 파워포인트를 하나의 프로그램처럼 사용하자!

CHAPTER 03

엑셀과 파워포인트를 연동해 사용하기

SECTION

12

엑셀과 파워포인트를 하나의 프로그램처럼 사용하자!

엑셀과 파워포인트는 '마이크로소프트 오피스(MS Office)'라는 하나의 패키지로 판매되고 있습니다. 이들 프로그램은 비슷해 보이지만, 성격이 매우 다릅니다. 사용자에 따라 더 익숙한 프로그램을 사용하겠지만, 이들 프로그램의 장점을 잘 결합하여 사용할 수 있다면 업무 생산성 향상뿐만 아니라 경쟁력까지 갖출 수 있습니다. 이번에는 엑셀과 파워포인트를 연동하여 사용할 수 있는 다양한 방법 중에서 가장 많이 활용되고 있는 엑셀에서 작업한 표와 차트 결과물을 파워포인트로 이동하는 방법에 대해 배워보겠습니다.

파워포인트에 엑셀 표와 차트 붙여넣기

● 참고파일 : 3장\섹션12\연동_원형차트.xlsx, 연동_원형차트.pptx, 연동_표서식.xlsx, 연동_표서식.pptx

파워포인트에서 직접 표와 차트를 삽입하여 자료를 작성할 수 있지만, 외부 데이터와 연결해서 사용하는 엑셀에서 기초 데이터를 먼저 작성하는 경우가 많습니다. 엑셀 2010 이상 버전부터는 시각화 기능이 많이 추가되어 기초 데이터 작업뿐만 아니라 표나 차트의 시각화 작업까지 가능해 졌습니다. 하지만 엑셀에서 만든 표나 차트를 파워포인트 슬라이드에 붙여넣으면 색상이나 디자 인이 달라지는 경우가 많습니다.

1 복사한 엑셀 차트의 색이 변경되는 이유

엑셀에서 사용한 테마 색과 파워포인트에 지정된 테마 색이 다를 경우 엑셀 차트를 파워포인트로 복사했을 때 색이 자동으로 변경됩니다.

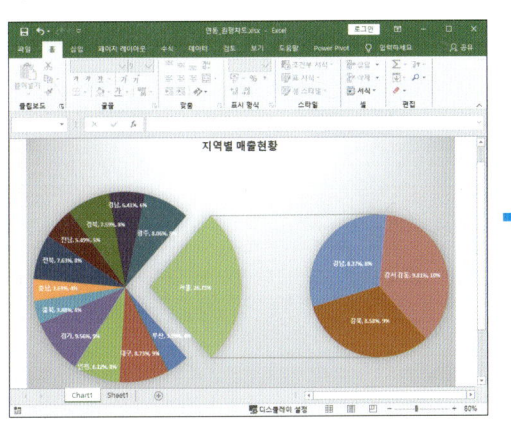
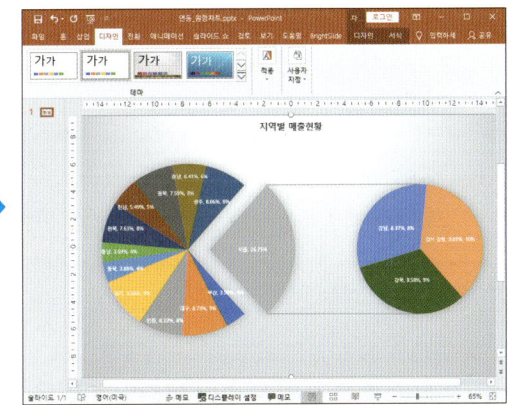

▲ 엑셀에서 작성한 차트를 파워포인트에 붙여넣었을 때 색이 변한 경우

엑셀 차트에서는 [페이지 레이아웃] 탭-[테마] 그룹에서 [색]을 클릭했을 때, 그리고 파워포인트 차트에서는 [디자인] 탭-[적용] 그룹에서 [자세히] 단추(▽)를 클릭하고 [색]을 선택하면 현재 파일에 적용된 테마 색을 확인할 수 있습니다. 왼쪽의 엑셀 차트의 색을 확인해 보면 'Office 2007 - 2010' 테마 색이 지정되어 있지만, 오른쪽의 파워포인트 차트에는 'Office' 테마 색이 적용되어 있습니다. 엑셀 차트를 파워포인트에 그대로 복사했는데도 프로그램에 따라 차트의 테마 색이 변 경되어 적용된 것입니다.

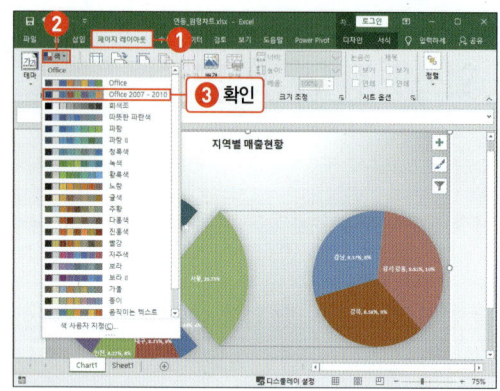
▲ 엑셀에서 테마 색 확인하기

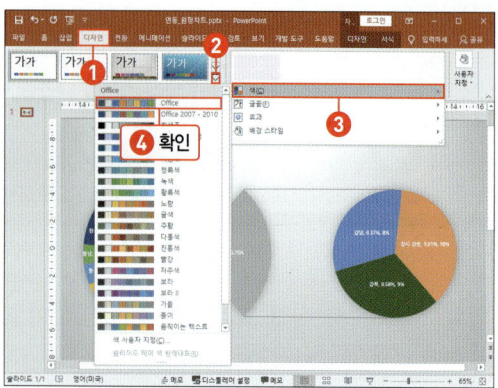
▲ 파워포인트에서 테마 색 확인하기

복사한 엑셀 차트를 파워포인트에 붙여넣었을 때 색이 변경되는 이유는 두 프로그램의 테마 색이 다르게 적용되어 있기 때문입니다. 이 경우 엑셀과 파워포인트의 테마 색을 같게 설정하면 엑셀에서 복사한 차트를 파워포인트에 붙여넣어도 동일한 색상으로 적용됩니다.

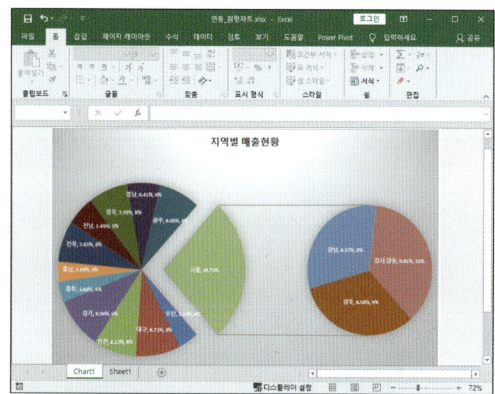
▲ 'Office 2007 - 2010' 테마 색이 적용된 엑셀 차트

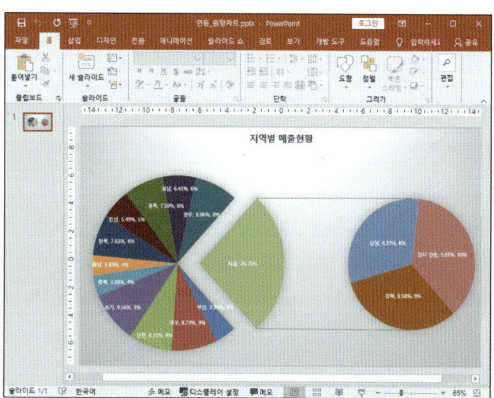
▲ 엑셀 차트의 테마 색과 같게 적용된 파워포인트 차트

2 복사한 엑셀 표의 서식이 변경되는 이유

엑셀에서 만든 표를 복사하여 파워포인트에 붙여넣으면 디자인이 전혀 다른 표가 만들어집니다.

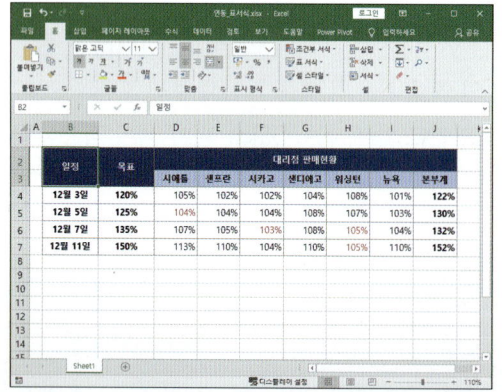
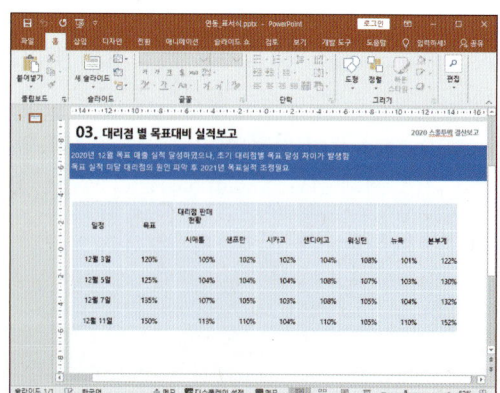
▲ 엑셀에서 작성한 표를 파워포인트에 붙여넣었을 때 디자인이 변한 경우

이렇게 서식이 완전히 바뀌는 이유는 표를 붙여넣을 때 원본 서식으로 가져오지 않았기 때문입니다. 표를 붙여넣을 때 표시되는 [붙여넣기 옵션] 단추()를 클릭하고 [원본 서식 유지]()를 클릭하면 표의 서식이 바뀌는 문제를 해결할 수 있습니다.

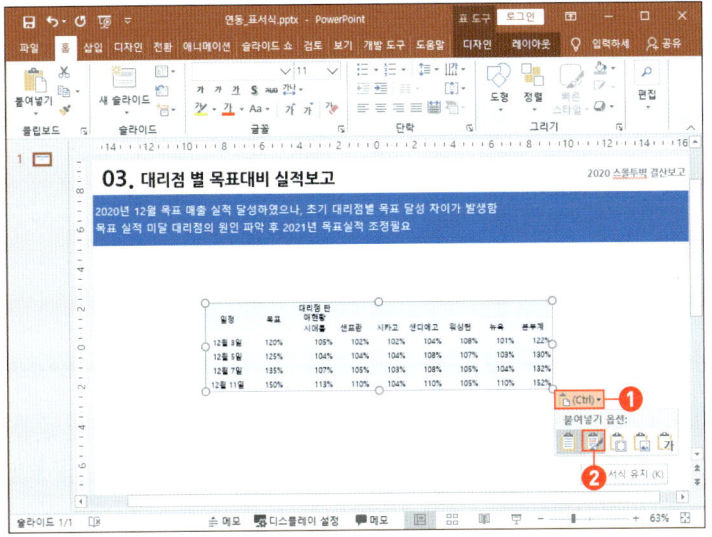

> **Tip**
> [홈] 탭-[클립보드] 그룹에서 [붙여넣기]의 ▼를 클릭하고 '붙여넣기 옵션'의 [원본 서식 유지](📋)를 클릭해도 됩니다. 바로 가기 메뉴를 이용하여 표를 붙여넣을 때도 '붙여넣기 옵션'의 [원본 서식 유지](📋)를 클릭합니다.

잠깐만요 :: 파워포인트에 엑셀 표를 붙여넣을 때 여백 설정하기

붙여넣은 표의 숫자 데이터 값이 오른쪽 정렬되어 있지만, 데이터가 테두리에 너무 붙어서 가독성이 떨어질 수 있습니다. 이때 여백을 조정하려는 데이터 셀을 드래그하여 선택하고 [표 도구]의 [레이아웃] 탭-[맞춤] 그룹에서 [셀 여백]을 클릭한 후 [사용자 지정 여백]을 선택합니다. [셀 텍스트 레이아웃] 대화상자가 나타나면 '안쪽 여백'의 '오른쪽으로'에 적절한 값을 입력하고 [확인]을 클릭합니다.

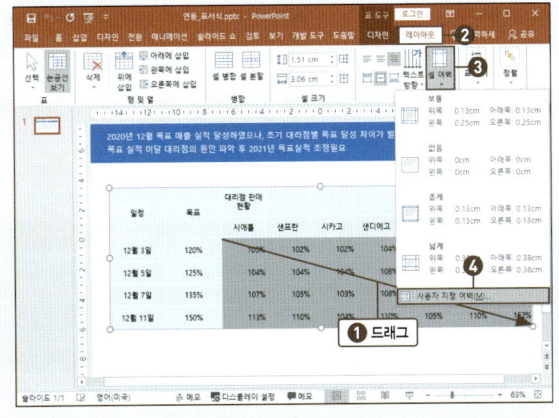

02 색 사용자 지정해 테마 색 통일하기

● 예제파일 : 3장\섹션12\테마색.xlsx, 테마색.pptx

기능	방법
색 사용자 지정	• 엑셀 : [페이지 레이아웃] 탭-[테마] 그룹-[색]-[색 사용자 지정] • 파워포인트 : [디자인] 탭-[적용] 그룹-[자세히] 단추(▽)-[색]-[색 사용자 지정]
테마 색 삭제	[페이지 레이아웃] 탭-[테마] 그룹-[색]에서 마우스 오른쪽 단추 → [삭제]

1 '테마색.xlsx'를 열고 [Chart1] 시트에서 차트를 선택한 후 [페이지 레이아웃] 탭-[테마] 그룹의 [색]을 클릭하고 [색 사용자 지정]을 선택합니다. [새 테마 색 만들기] 대화상자가 나타나면 '이름'에 『s2big』을 입력하고 [저장]을 클릭합니다.

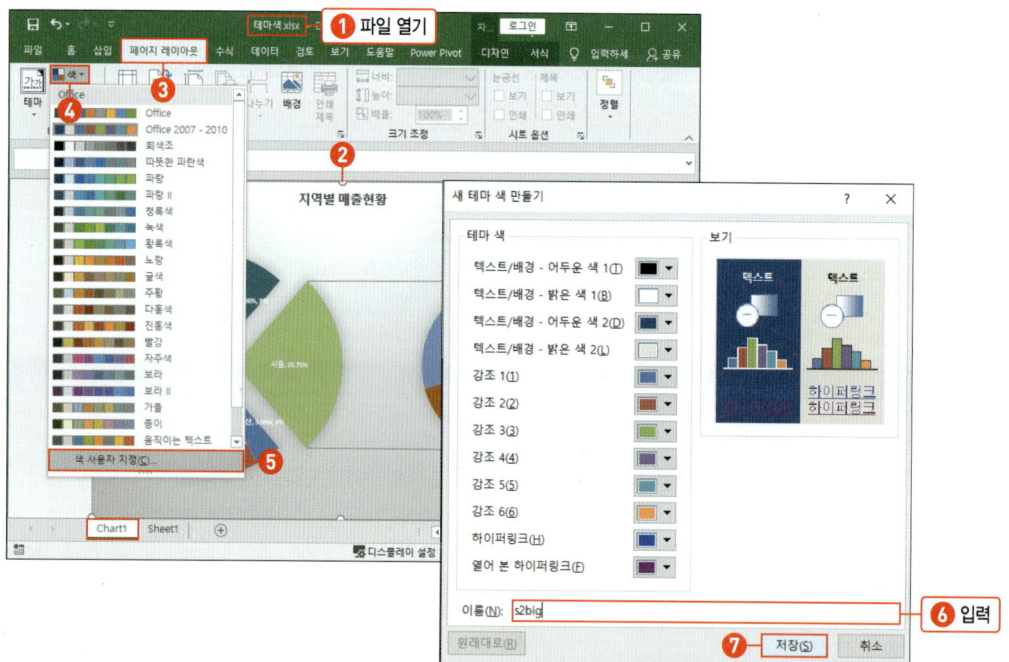

> **Tip**
> 기본으로 제공하는 테마 색 중에서 '색 사용자 지정' 기능을 이용해 동일한 테마 색을 지정해서 사용하면 엑셀과 파워포인트에서 문서를 호환해서 작성할 때 색상이 변경되는 문제를 해결할 수 있습니다. 단순히 엑셀과 파워포인트의 테마 색을 통일하는 것이 목적이면 새 테마 색을 만들 필요가 없습니다. [새 테마 색 만들기]는 사용자가 원하는 색을 직접 지정하고 싶을 때 사용하세요.

2 [페이지 레이아웃] 탭-[테마] 그룹에서 [색]을 클릭하고 '사용자 지정'에 새로 추가된 [s2big]을 확인합니다. 이번에는 새로 추가된 테마 색을 삭제하기 위해 [s2big]에서 마우스 오른쪽 단추를 클릭한 후 [삭제]를 선택합니다.

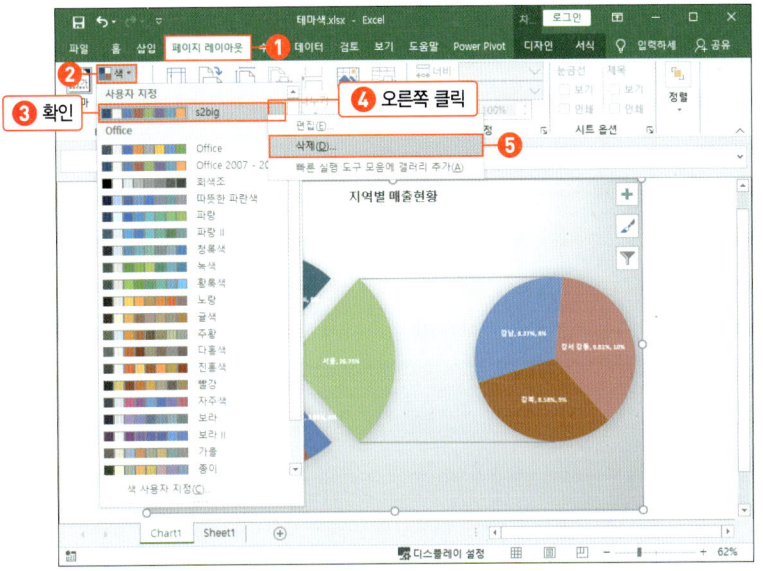

3 이 테마 색을 삭제하겠느냐고 묻는 메시지 창이 나타나면 [예]를 클릭합니다.

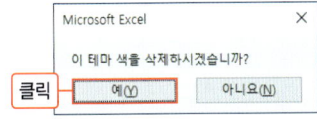

4 파워포인트에서도 테마 색을 지정할 수 있습니다. '테마색.pptx'를 열고 [디자인] 탭-[적용] 그룹에서 [자세히] 단추(▽)를 클릭한 후 [색]-[색 사용자 지정]을 선택합니다.

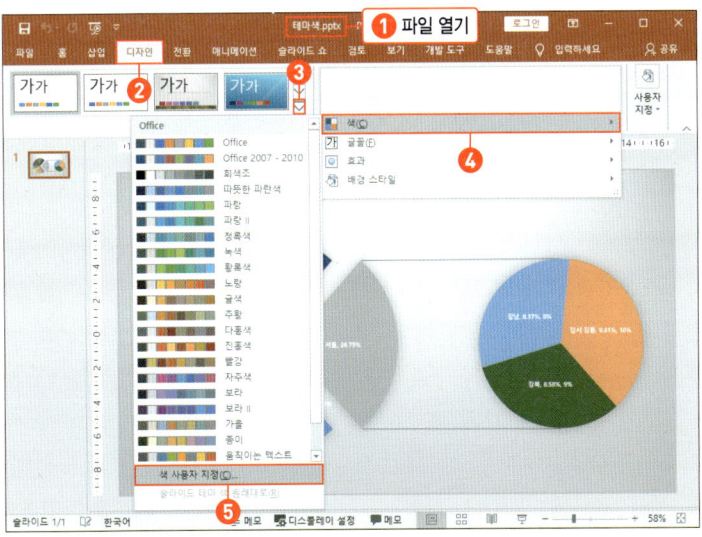

5 [새 테마 색 만들기] 대화상자가 나타나면 '이름'에 『ptia』를 입력하고 [저장]을 클릭합니다.

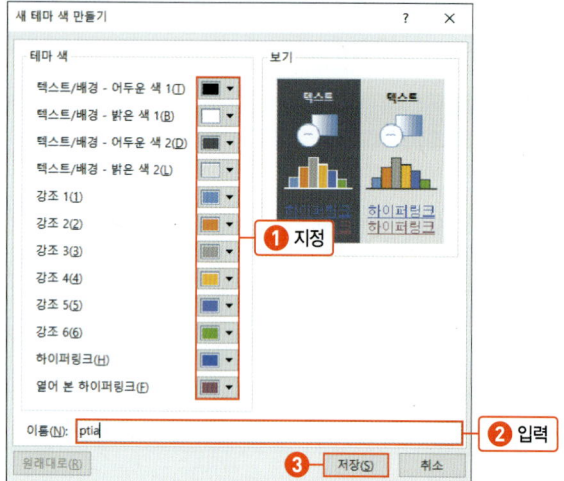

> **Tip**
> 추가한 '색 사용자 지정'의 테마 색은 엑셀과 파워포인트에서 모두 공용으로 사용할 수 있습니다. 따라서 엑셀에서 추가한 새 테마 색은 파워포인트에도 동일하게 표시되므로 테마 색을 다시 추가할 필요가 없습니다.

6 [디자인] 탭-[적용] 그룹에서 [자세히] 단추(▽)를 클릭하고 [색]을 클릭한 후 '사용자 지정'에 'pita' 테마 색이 추가되었는지 확인합니다. 추가한 테마 색을 삭제하려면 'pita' 사용자 지정 색에서 마우스 오른쪽 단추를 클릭하고 [삭제]를 선택하세요.

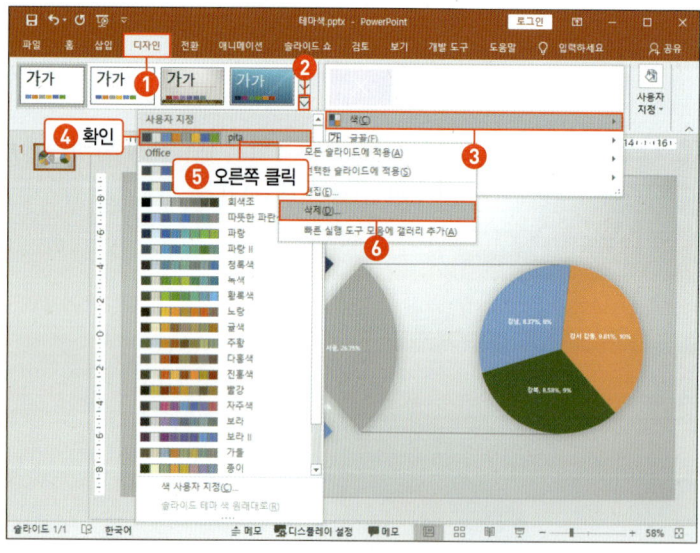

| M 365 | 2010 | 2013 | 2016 | 2019 |

● 예제파일 : 3장\섹션12\데이터연결.xlsx, 데이터연결.pptx ● 완성파일 : 3장\섹션12\데이터연결(완).pptx

03 파워포인트에 자동으로 엑셀 표 연동시키기

기능	방법
선택하여 붙여넣기	[홈] 탭-[클립보드] 그룹-[붙여넣기]-[선택하여 붙여넣기]
워크시트 개체 연결	[선택하여 붙여넣기] 대화상자 → [연결하여 붙여넣기] → [Microsoft Excel 워크시트 개체]

1 '데이터연결.xlsx'를 열고 [Sheet1] 시트에서 엑셀 표인 B2:J7 범위를 선택합니다. 선택한 범위에서 마우스 오른쪽 단추를 클릭하고 [복사]를 선택합니다.

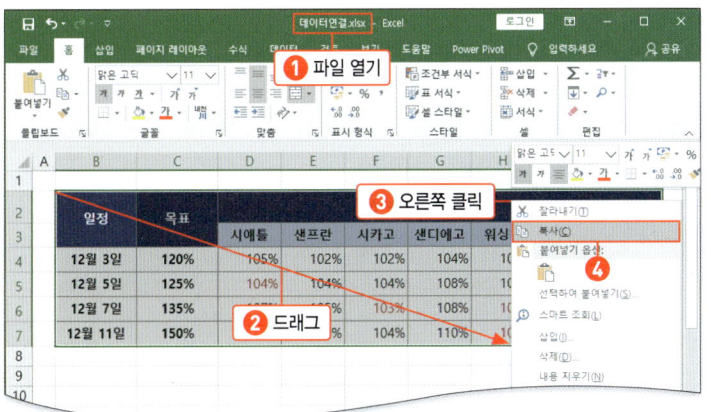

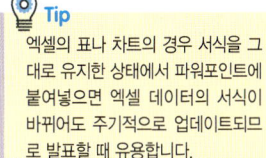

> **Tip**
> 엑셀의 표나 차트의 경우 서식을 그대로 유지한 상태에서 파워포인트에 붙여넣으면 엑셀 데이터의 서식이 바뀌어도 주기적으로 업데이트되므로 발표할 때 유용합니다.

2 '데이터연결.pptx'를 열고 [홈] 탭-[클립보드] 그룹에서 [붙여넣기]의 를 클릭한 후 [선택하여 붙여넣기]를 선택합니다.

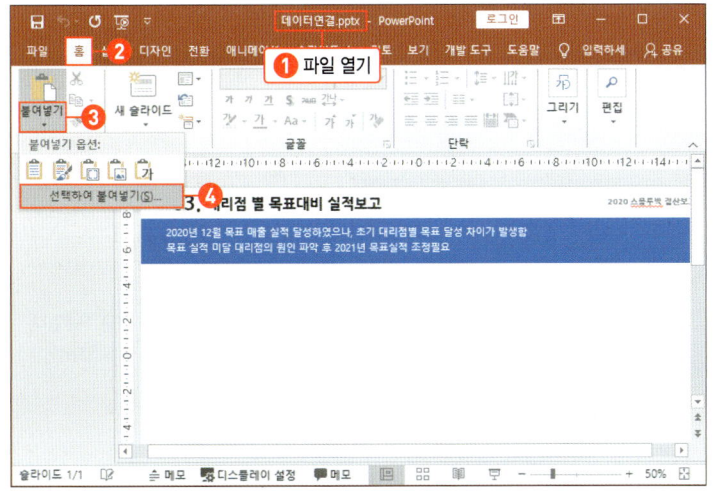

> **Tip**
> 해당 예제 파일의 글꼴은 나눔고딕입니다. 글꼴이 깨져 보이면 부록 실습파일에서 '3장\섹션12' 폴더의 '나눔글꼴설치.exe'를 실행하여 글꼴을 설치하세요.

3 [선택하여 붙여넣기] 대화상자가 나타나면 [연결하여 붙여넣기]를 선택하고 '형식'에서 [Microsoft Excel 워크시트 개체]를 선택한 후 [확인]을 클릭합니다.

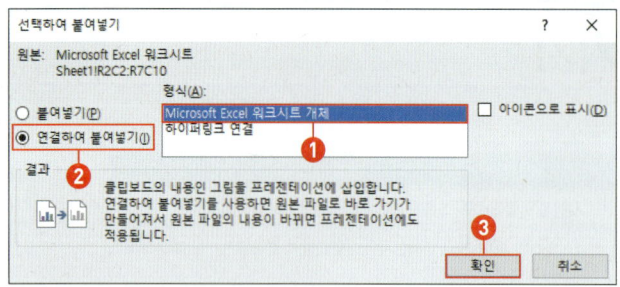

4 엑셀 문서로 되돌아와서 Esc를 눌러 셀 범위의 선택을 해제하고 F7셀에 입력된 값 '104%'를 '204%'로 수정하고 Enter를 누릅니다.

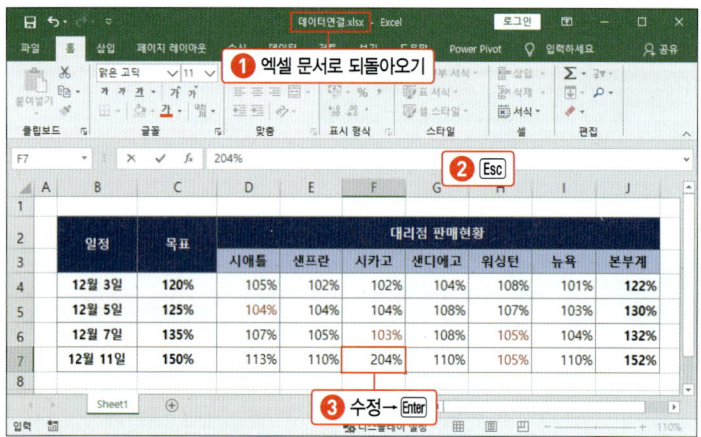

5 파워포인트 문서의 표로 되돌아와서 엑셀에서 수정한 값이 똑같이 변경되었는지 확인합니다.

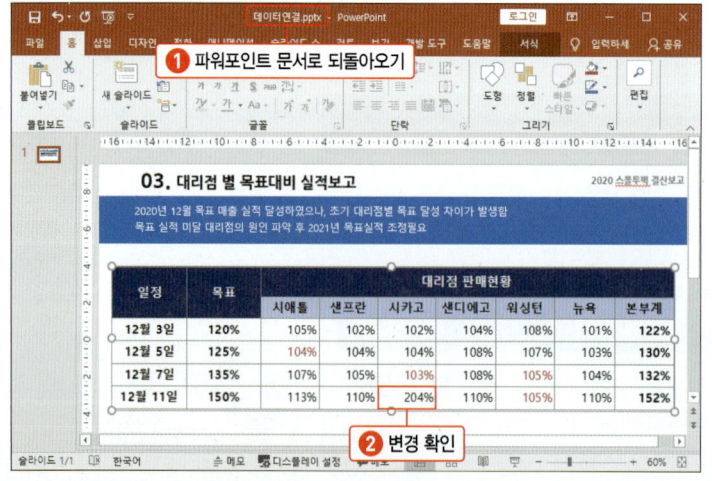

> **Tip**
> 엑셀 표에서 수정한 값이 파워포인트에서 곧바로 업데이트되지 않으면 파워포인트에 붙여넣은 표에서 마우스 오른쪽 단추를 클릭하고 [연결 업데이트]를 선택합니다. 파워포인트에 붙여넣기한 엑셀 표를 더블클릭하면 엑셀 원본 파일이 실행됩니다.

● 예제파일 : 3장\섹션12\데이터연결.xlsx, 개체삽입.pptx   ● 완성파일 : 3장\섹션12\개체삽입(완).pptx

필수기능 04 파워포인트에 엑셀 개체 삽입해 데이터 연결하기

업무시간단축	기능	방법
	개체 삽입	[삽입] 탭-[텍스트] 그룹-[개체]

1 '개체삽입.pptx'를 열고 [삽입] 탭-[텍스트] 그룹의 [개체]를 클릭합니다.

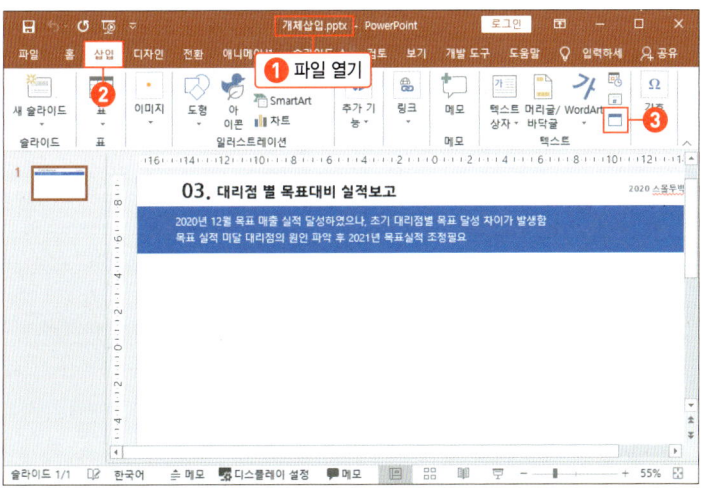

2 [개체 삽입] 대화상자가 나타나면 [파일로부터 만들기]를 선택하고 [찾아보기]를 클릭합니다.

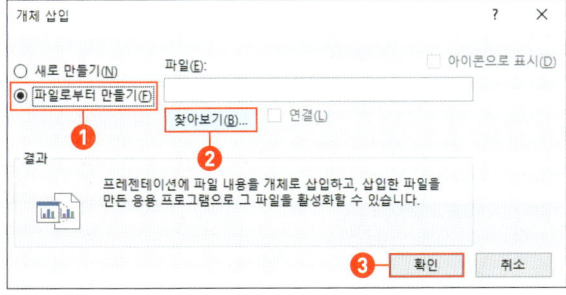

 Tip

'개체 삽입' 기능은 원본 상태를 가장 잘 유지하면서 파워포인트 문서로 삽입이 가능한 방법입니다. 따라서 엑셀의 표 데이터를 원본 그대로 파워포인트에 연결하고 싶을 때 '개체 삽입' 기능을 사용합니다.

3 [찾아보기] 대화상자가 나타나면 부록 실습파일에서 '3장\섹션12' 폴더의 '데이터연결.xlsx'를 선택하고 [확인]을 클릭합니다.

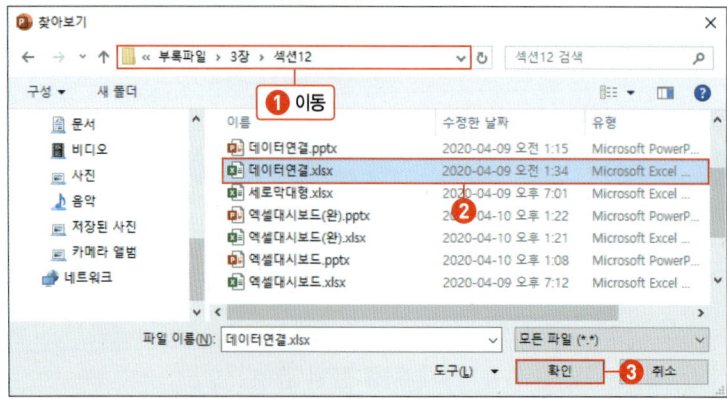

4 [개체 삽입] 대화상자로 되돌아오면 [연결]에 체크하고 [확인]을 클릭합니다.

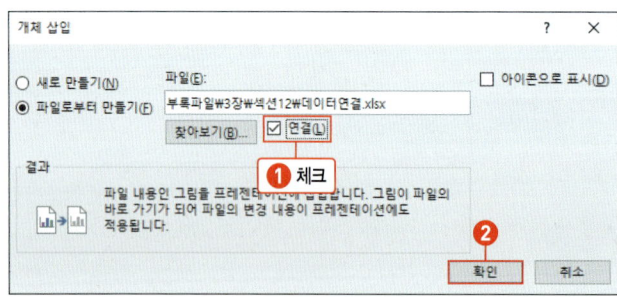

5 3 과정에서 선택한 엑셀 파일이 슬라이드 작업 창에 삽입되면 표의 크기와 위치를 보기 좋게 조절합니다. 엑셀 원본에서 데이터를 수정하면 파워포인트에 삽입된 표 데이터도 동일하게 변경됩니다.

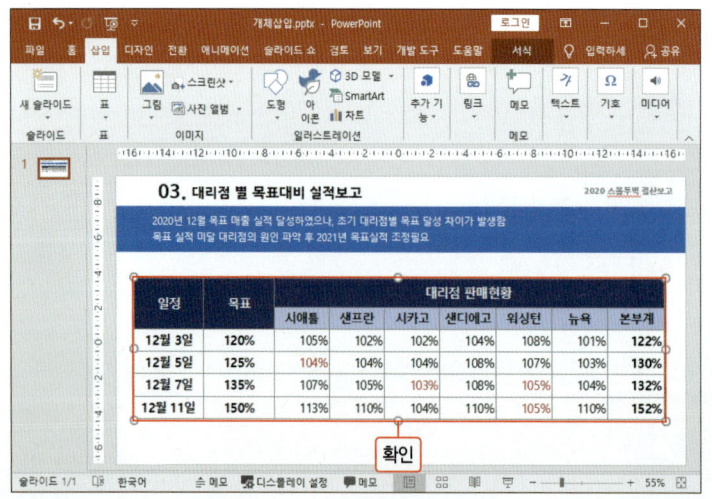

> **Tip**
> '개체 삽입' 기능을 이용해서 엑셀 차트를 파워포인트에 삽입해도 데이터가 연동됩니다. 파워포인트로 개체 삽입된 엑셀 표에 눈금선이 표시되면, '데이터연결.xlsx'를 열고 [보기] 탭-[표시] 그룹에서 [눈금선]의 체크를 해제한 후 저장하세요.

05 붙여넣기 옵션 이용해 차트 데이터 연결하기

M 365 | 2010 | 2013 | 2016 | 2019

● 예제파일 : 3장\섹션12\세로막대형.xlsx, 차트연결.xlsx, 차트연결.pptx   ● 완성파일 : 3장\섹션12\차트연결(완).pptx

기능	방법
대상 테마 사용 및 데이터 연결	[홈] 탭-[클립보드] 그룹-[붙여넣기]-[대상 테마 사용 및 데이터 연결]
데이터 편집	[디자인] 탭-[데이터] 그룹-[데이터 편집]-[데이터 편집]

1 '세로막대형.xlsx'를 열고 [Chart1] 시트의 차트에서 마우스 오른쪽 단추를 클릭한 후 [복사]를 선택합니다.

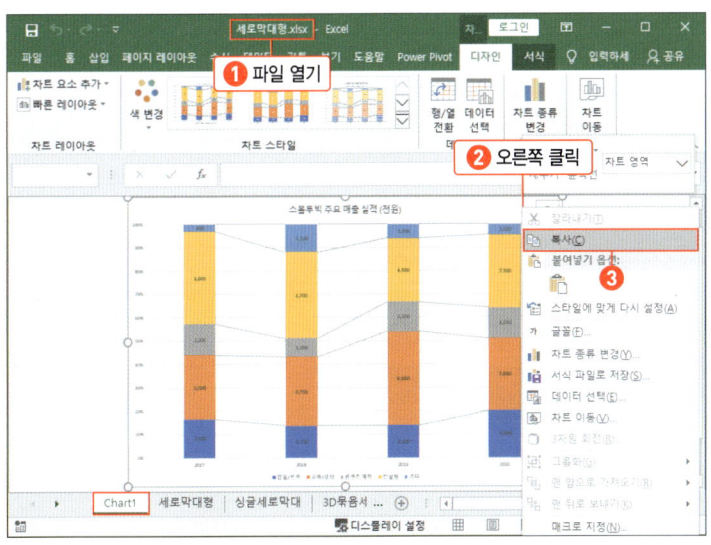

2 '차트연결.pptx'를 열고 [홈] 탭-[클립보드] 그룹에서 [붙여넣기]의 를 클릭한 후 '붙여넣기 옵션'의 [대상 테마 사용 및 데이터 연결](📋)을 클릭합니다.

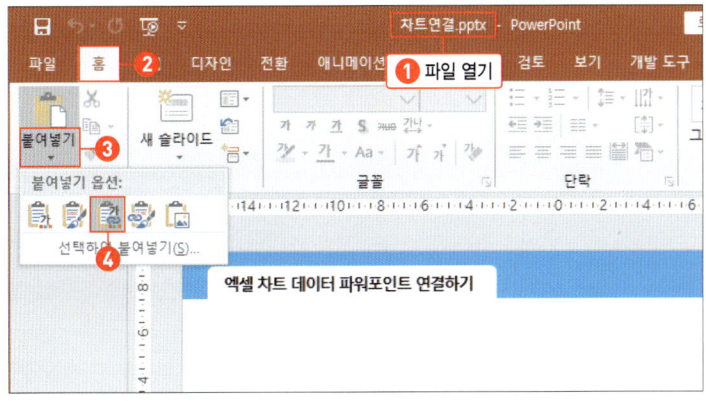

> **Tip**
> 엑셀에서 표나 차트를 복사한 후 파워포인트로 붙여넣기할 때 '붙여넣기 옵션'을 이용하면 쉽고 편리하게 데이터를 연결한 상태로 붙여넣기할 수 있습니다.

3 차트가 붙여넣어지면 [차트 도구]의 [디자인] 탭-[데이터] 그룹에서 [데이터 편집]의 을 클릭한 후 [데이터 편집]을 선택합니다.

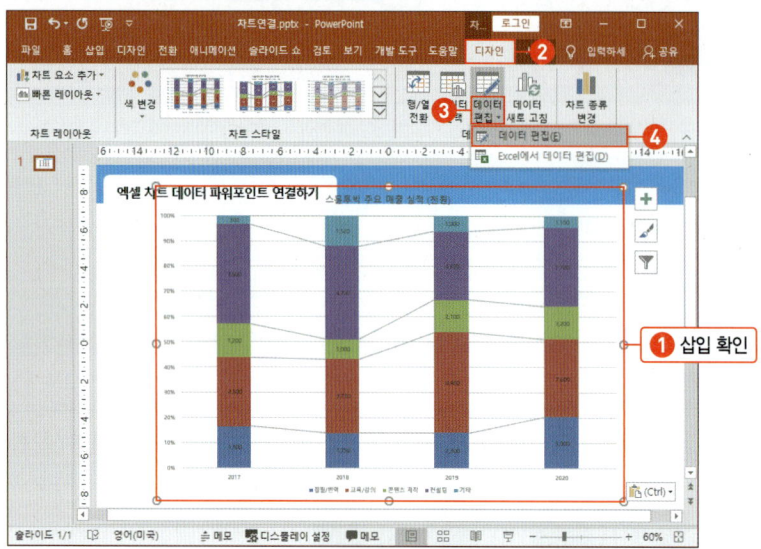

4 엑셀 원본과 연결된 데이터가 새로운 창으로 열리면서 창의 위쪽에 연결된 데이터의 알림 메시지가 표시되었는지 확인합니다.

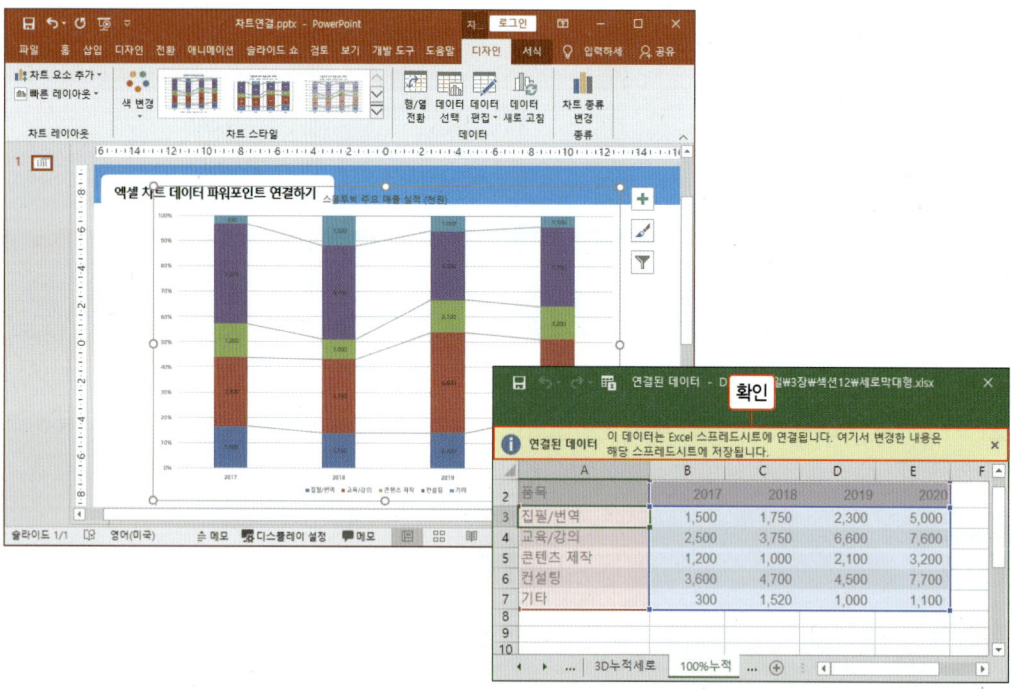

현장실무 06 | 파워포인트 차트에 연결된 엑셀 데이터 변경하기

기능	방법
추천 차트	[삽입] 탭-[차트] 그룹-[추천 차트]
데이터 연결	[홈] 탭-[클립보드] 그룹-[붙여넣기]-[원본 서식 유지 및 데이터 연결]

1 '엑셀대시보드.xlsx'를 열고 [Sheet1] 시트에서 데이터 영역인 A1:G7 범위를 선택한 후 [삽입] 탭-[차트] 그룹에서 [추천 차트]를 클릭합니다.

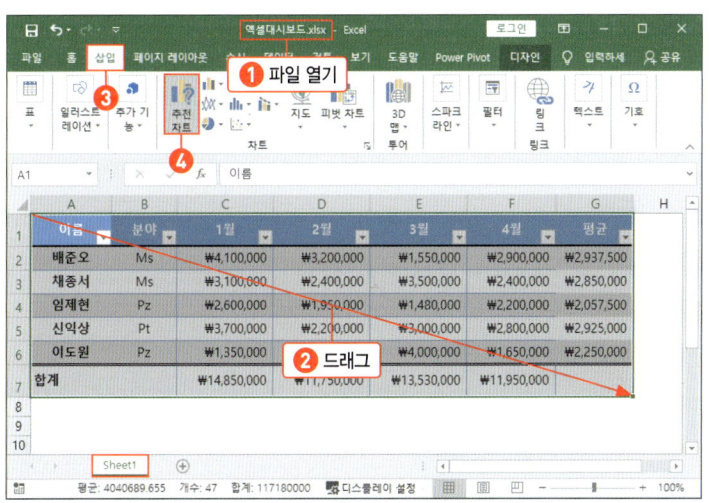

2 [차트 삽입] 대화상자가 나타나면 [추천 차트] 탭에서 [묶은 세로 막대형]을 선택하고 [확인]을 클릭합니다.

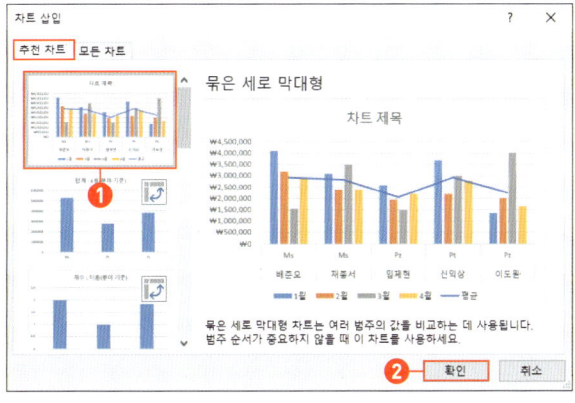

3 차트가 삽입되면 차트에서 마우스 오른쪽 단추를 클릭하고 [잘라내기]를 선택합니다. 엑셀 창을 닫지 말고 [최소화] 단추( )를 클릭하여 작업 표시줄에 최소화하여 표시합니다.

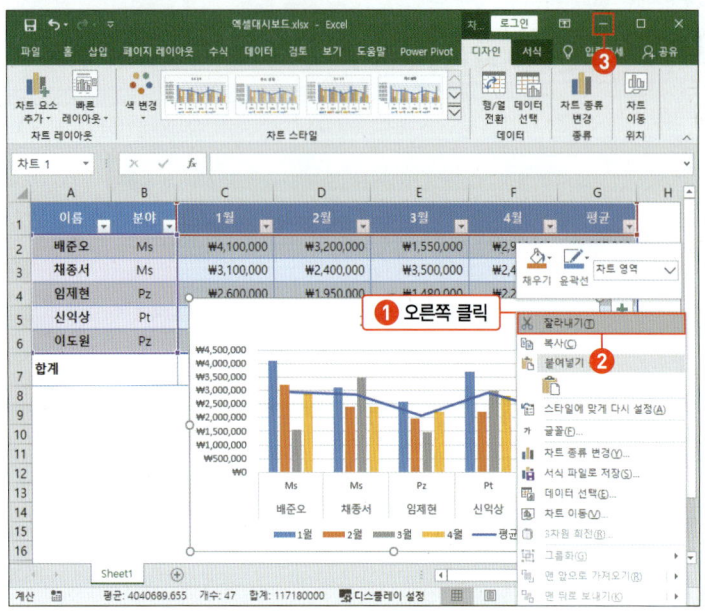

4 '대시보드.pptx'를 열고 [홈] 탭-[클립보드] 그룹에서 [붙여넣기]의 를 클릭한 후 '붙여넣기 옵션'의 [원본 서식 유지 및 데이터 연결]( )을 클릭합니다. 슬라이드에 차트가 붙여넣기되면 차트의 위치와 크기를 보기 좋게 조절하고 파워포인트 파일을 저장합니다.

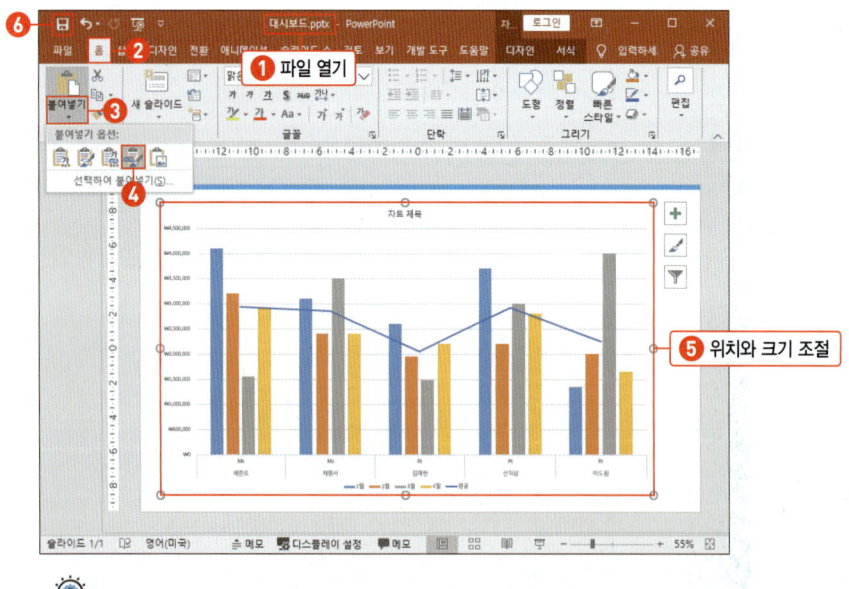

> **Tip**
> 여기에서는 '대시보드(완).pptx'로 저장합니다.

5 파워포인트를 실행한 상태에서 F5 를 눌러 슬라이드 쇼를 시작합니다. 빔 프로젝터가 연결된 상태에서 모니터에 발표자 도구가 표시되었으면 차트 데이터를 변경할 경우 엑셀 데이터를 열고 편집해야 하므로 발표자 도구의 왼쪽 위에 있는 [작업 표시줄 표시]를 클릭하여 작업 표시줄을 실행한 후 작업 표시줄의 엑셀 단추를 클릭하여 엑셀 문서를 엽니다.

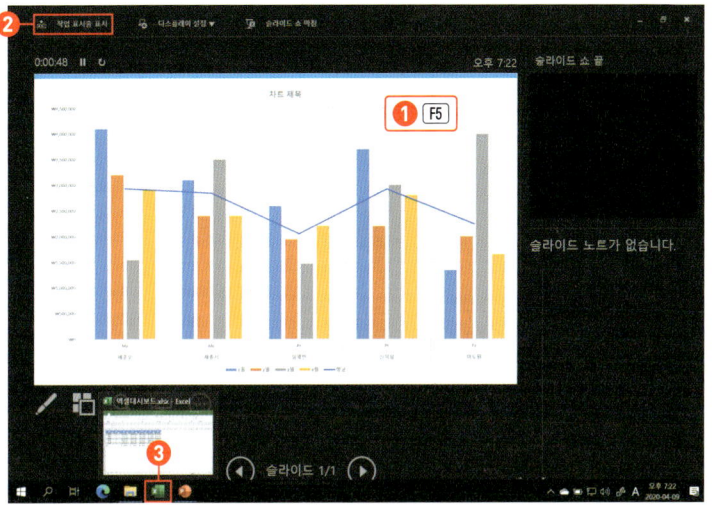

Tip
발표자 보기 도구는 파워포인트의 [슬라이드 쇼] 탭 - [모니터] 그룹에서 [발표자 보기 사용]에 체크해야 합니다.

6 엑셀 원본 파일이 나타나면 '분야' 항목의 필터 단추(▼)를 클릭하고 [Ms]에만 체크한 후 [확인]을 클릭하여 'Ms' 분야의 데이터만 필터링합니다.

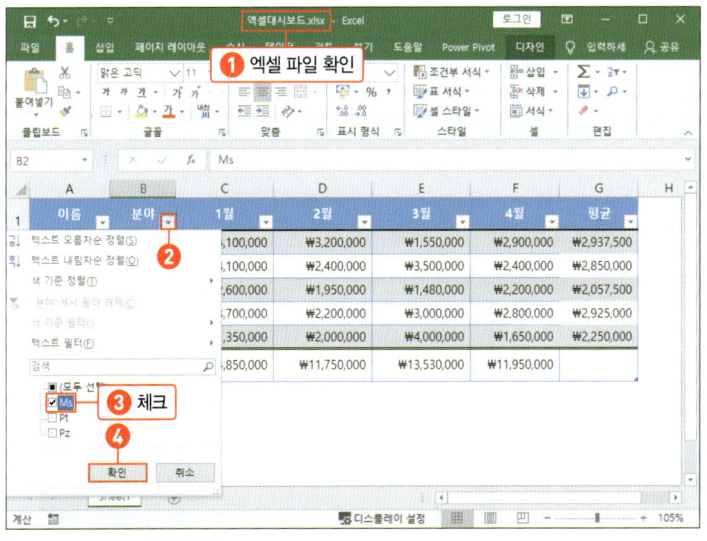

Tip
'분야' 항목의 필터 단추(▼)를 클릭하고 [(모두 선택)]의 체크를 해제한 후 [Ms]에만 체크합니다.

369

7 원본 데이터에서 수정한 값이 슬라이드 쇼 상태의 파워포인트 차트에도 반영되어 'Ms' 분야와 관련된 차트만 표시되었는지 확인합니다.

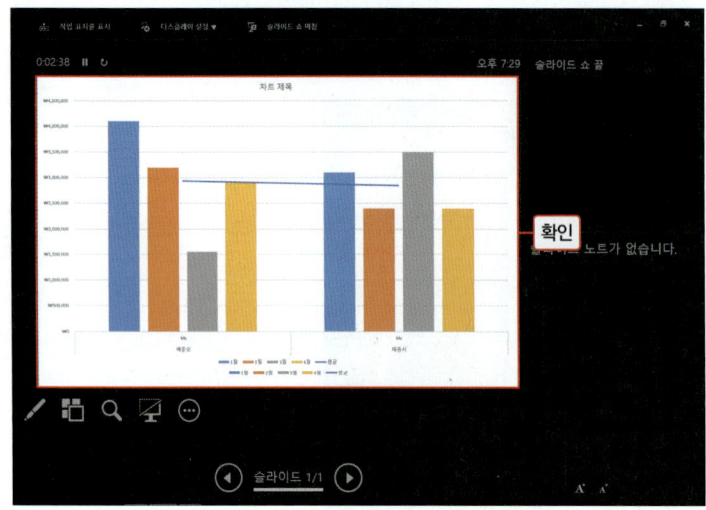

 Tip
파일을 서로 연결하여 사용할 때 연결된 파일이 보관된 경로가 변경되지 않도록 설정해야 합니다. 이렇게 지정하면 외부로 파일을 전달할 때 수정 데이터가 있어도 자동으로 업데이트할 수 있습니다.

잠깐만요 :: 프레젠테이션 실행 도중에 차트 데이터 변경하기

엑셀의 차트 데이터를 파워포인트에 붙여넣으면 데이터를 수정할 때 자동으로 변경됩니다. 하지만 슬라이드쇼를 실행하다가 엑셀을 따로 실행하여 차트 데이터를 변경하는 것은 매우 번거롭습니다. 이 경우 엑셀 데이터를 반드시 파워포인트에 연결해서 삽입해야 엑셀 데이터를 변경하여 파워포인트 차트에 곧바로 반영할 수 있습니다.

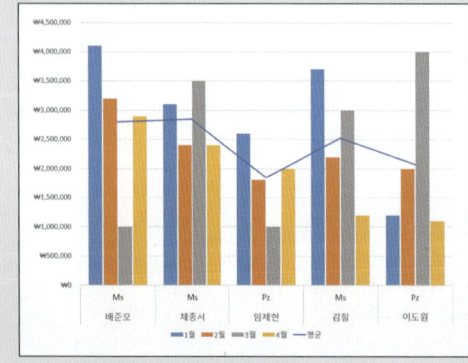
▲ 파워포인트 슬라이드 쇼 화면

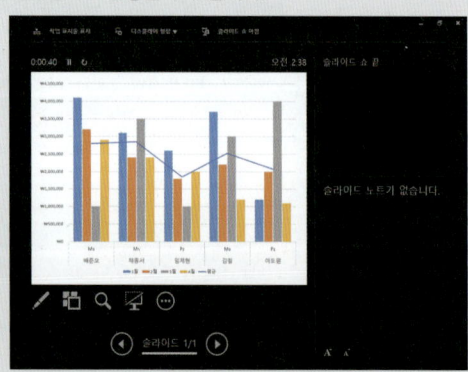
▲ 파워포인트 발표자 도구 화면

현장실무 07 | 파워포인트에 엑셀의 대시보드 연결하여 복사하기

기능	방법
피벗 테이블 만들기	[삽입] 탭-[표] 그룹-[피벗 테이블]
추천 차트	[삽입] 탭-[차트] 그룹-[추천 차트]
슬라이서 삽입	[삽입] 탭-[필터] 그룹-[슬라이서]
차트에서 모든 필드 단추 숨기기	[분석] 탭-[표시/숨기기] 그룹-[필드 단추]-[모두 숨기기]
빠른 레이아웃	[디자인] 탭-[차트 레이아웃] 그룹-[빠른 레이아웃]
실행 설정	[삽입] 탭-[링크] 그룹-[실행]
OLE 동작	[애니메이션] 탭-[애니메이션] 그룹-[자세히] 단추()-[OLE 동작]
애니메이션 창	[애니메이션] 탭-[고급 애니메이션] 그룹-[애니메이션 창]
애니메이션의 시작 타이밍	[애니메이션] 탭-[타이밍] 그룹-'시작'

1 '엑셀대시보드.xlsx'를 열고 [Sheet1] 시트에서 데이터 영역에 있는 하나의 셀을 클릭한 후 [삽입] 탭-[표] 그룹에서 [피벗 테이블]을 클릭합니다.

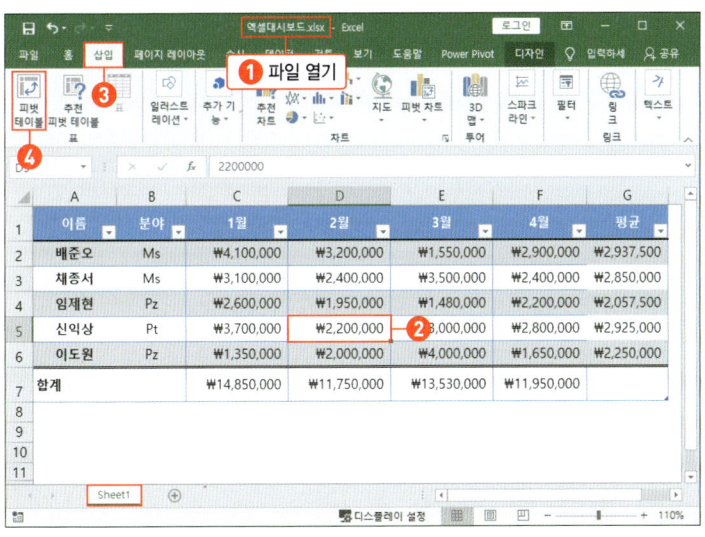

> **Tip**
> 엑셀 데이터를 피벗 테이블로 변환하고 대시보드 형태로 구성하면 슬라이드 쇼를 실행하는 도중에 엑셀 데이터를 열고 수정하는 것보다 훨씬 더 빠르게 변경된 데이터를 차트에 반영할 수 있습니다.

2 [피벗 테이블 만들기] 대화상자가 나타나면 '표/범위'의 데이터 범위를 확인하고 '피벗 테이블 보고서를 넣을 위치를 선택하십시오.'에서 [새 워크시트]를 선택한 후 [확인]을 클릭합니다.

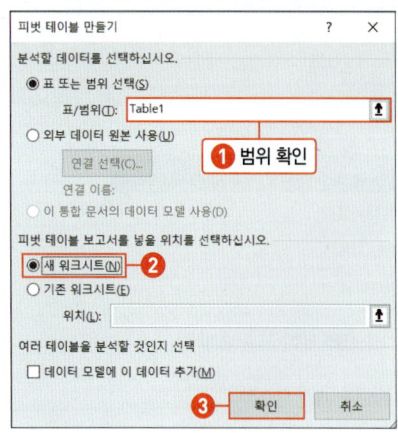

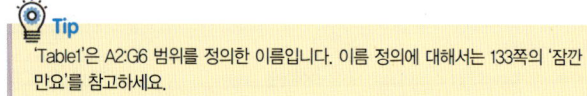

'Table1'은 A2:G6 범위를 정의한 이름입니다. 이름 정의에 대해서는 133쪽의 '잠깐만요'를 참고하세요.

3 새로운 [Sheet2] 시트에 피벗 테이블이 생성되면 [피벗 테이블 필드] 창에서 [분야]와 [이름] 순서대로 '행' 영역으로 드래그합니다.

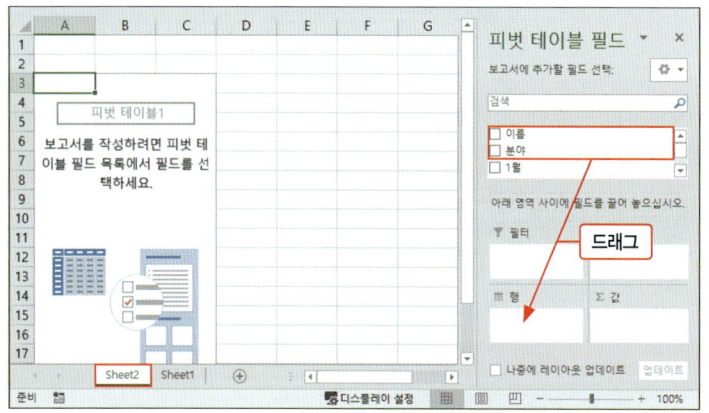

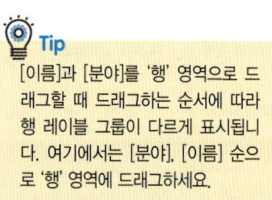

[이름]과 [분야]를 '행' 영역으로 드래그할 때 드래그하는 순서에 따라 행 레이블 그룹이 다르게 표시됩니다. 여기에서는 [분야], [이름] 순으로 '행' 영역에 드래그하세요.

4 이와 같은 방법으로 [1월]부터 [4월]까지와 [평균]을 '값' 영역으로 드래그합니다.

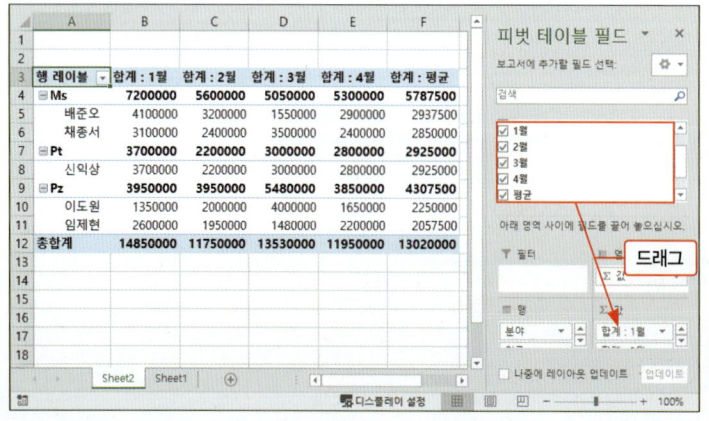

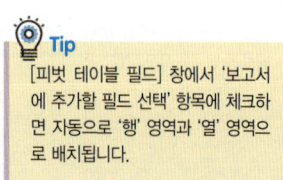

[피벗 테이블 필드] 창에서 '보고서에 추가할 필드 선택' 항목에 체크하면 자동으로 '행' 영역과 '열' 영역으로 배치됩니다.

5 데이터 영역인 A3:F12 범위를 선택하고 [삽입] 탭-[차트] 그룹에서 [추천 차트]를 클릭합니다.

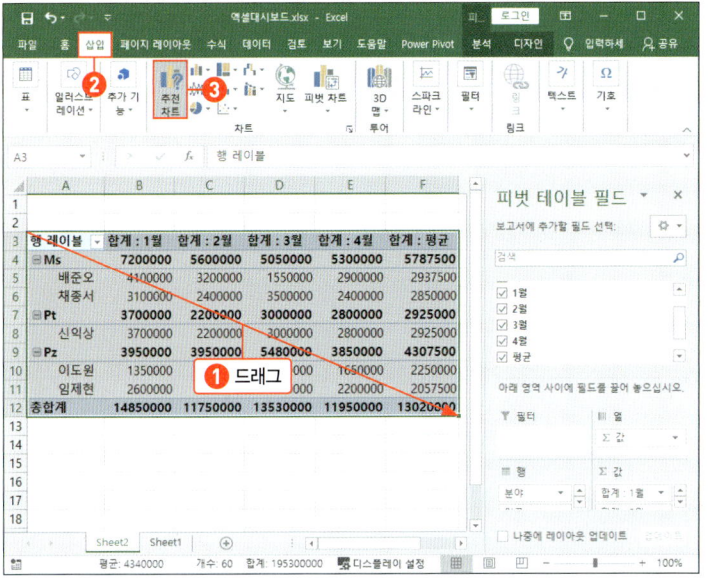

6 [차트 삽입] 대화상자가 나타나면 [모든 차트] 탭에서 [혼합]을 선택합니다. 데이터 계열 영역에서 [합계 : 4월]의 '차트 종류'를 [묶은 세로 막대형]으로 변경하고 [합계 : 평균]의 '보조 축'에 체크한 후 [확인]을 클릭합니다.

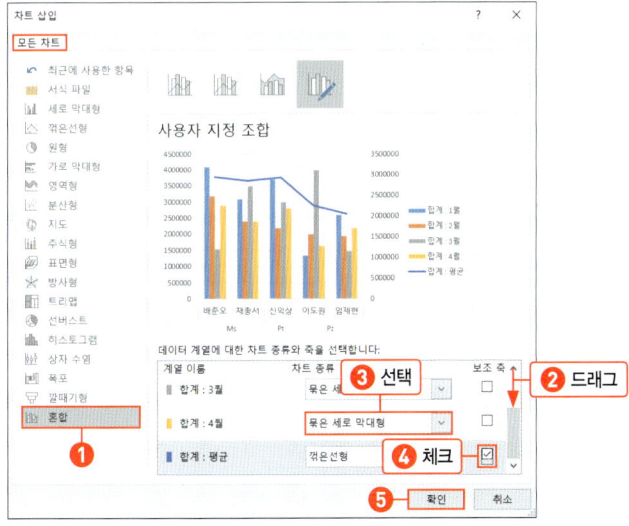

7 콤보 차트가 삽입되면 엑셀 데이터를 빠르게 수정하기 위해 [삽입] 탭-[필터] 그룹에서 [슬라이서]를 클릭합니다.

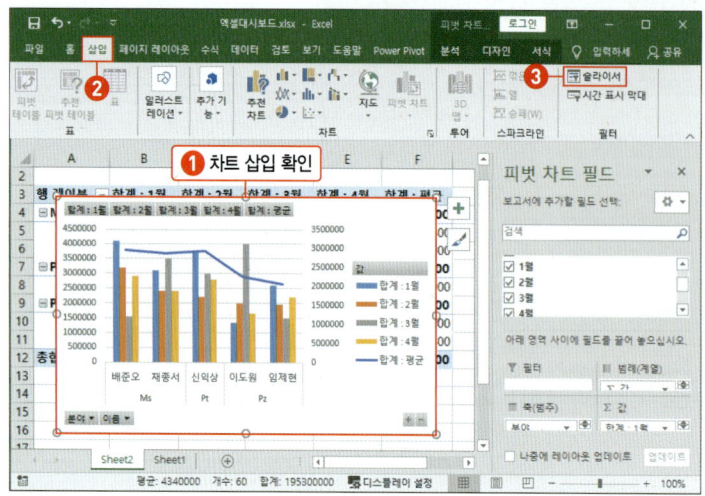

8 [슬라이서 삽입] 대화상자가 나타나면 [이름]과 [분야]에 체크하고 [확인]을 클릭합니다.

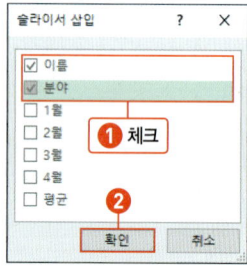

9 [분야] 슬라이서와 [이름] 슬라이서가 삽입되면 대시보드로 사용하기 위해 다음의 화면과 같이 크기와 위치를 조절합니다. 차트의 크기를 조절하고 슬라이서의 왼쪽 위에 배치한 후 표를 차트의 아래쪽에 배치합니다.

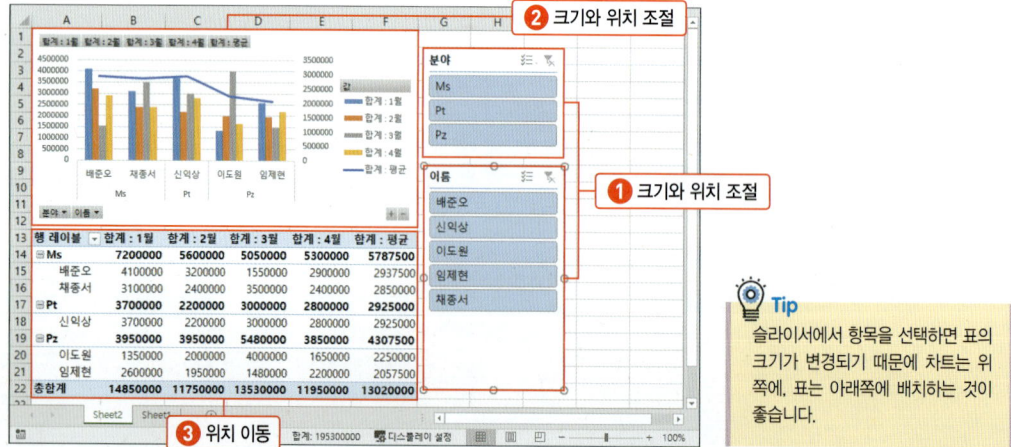

> **Tip**
> 슬라이서에서 항목을 선택하면 표의 크기가 변경되기 때문에 차트는 위쪽에, 표는 아래쪽에 배치하는 것이 좋습니다.

10 차트를 선택하고 [피벗 차트 도구]의 [분석] 탭-[표시/숨기기] 그룹에서 [필드 단추]를 클릭한 후 [모두 숨기기]를 선택합니다.

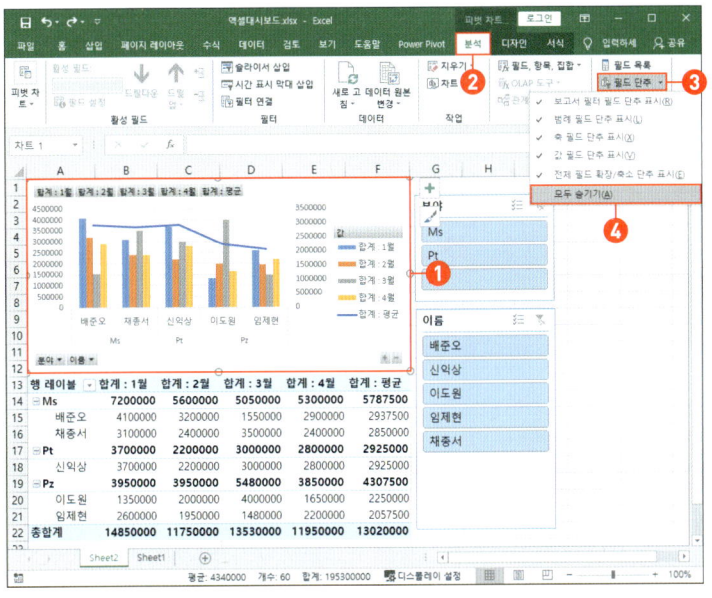

Tip
화면의 오른쪽에 [피벗 차트 필드] 창이 열리면 좀 더 넓은 시트에서 작업하기 위해 닫으세요.

11 [피벗 차트 도구]의 [디자인] 탭-[차트 레이아웃] 그룹에서 [빠른 레이아웃]을 클릭하고 [레이아웃 3]을 클릭하여 차트를 완성합니다.

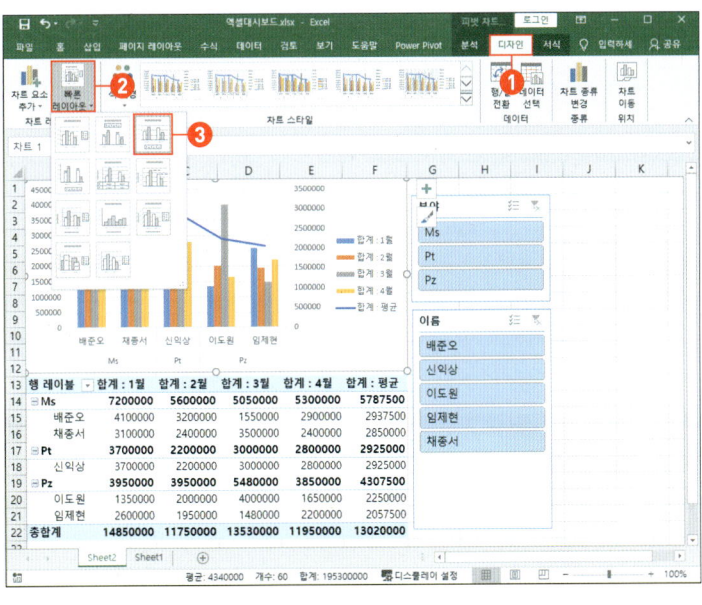

12 [분야] 슬라이서와 [이름] 슬라이서에서 슬라이서 항목을 선택하면서 데이터가 잘 변경되는지 확인하고 차트와 표, 슬라이서가 모두 포함되도록 드래그하여 선택한 후 복사합니다. 슬라이서에서 여러 개의 항목을 선택하려면 Ctrl을 누른 상태에서 차례대로 클릭합니다.

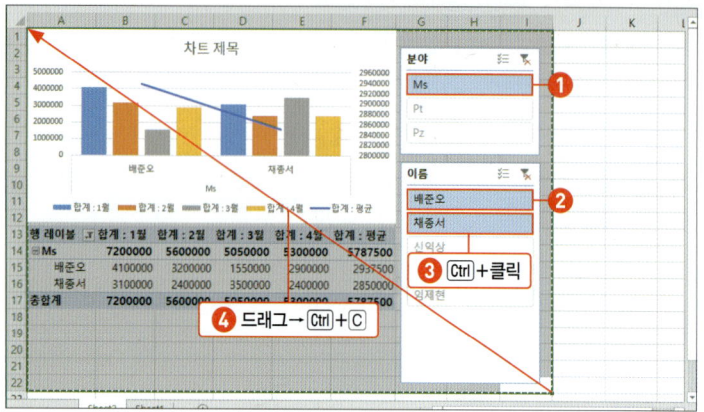

13 '엑셀대시보드.pptx'를 열고 [홈] 탭-[클립보드] 그룹에서 [붙여넣기]의 ▼를 클릭한 후 [선택하여 붙여넣기]를 선택합니다.

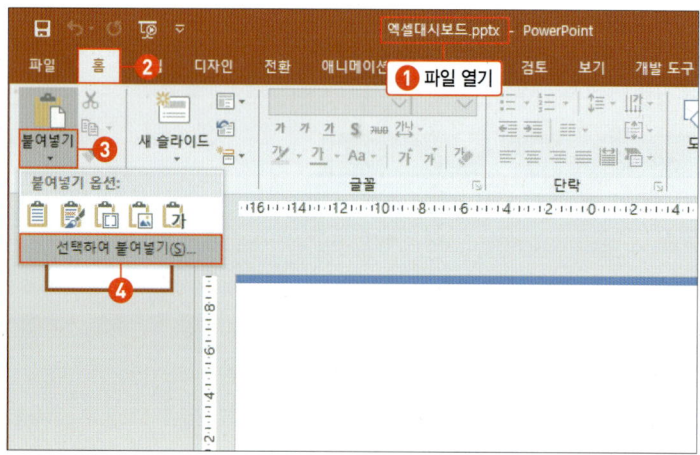

14 [선택하여 붙여넣기] 대화상자가 나타나면 [연결하여 붙여넣기]를 선택하고 '형식'에서 [Microsoft Excel 워크시트 개체]를 선택한 후 [확인]을 클릭합니다.

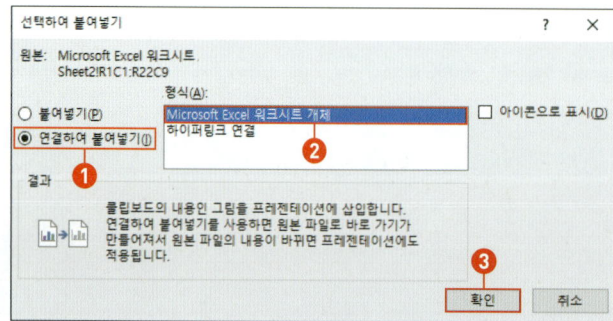

15 12 과정에서 선택한 차트와 표, 슬라이서가 복사되었으면 크기와 위치를 보기 좋게 조절하고 [삽입] 탭-[링크] 그룹에서 [실행]을 클릭합니다.

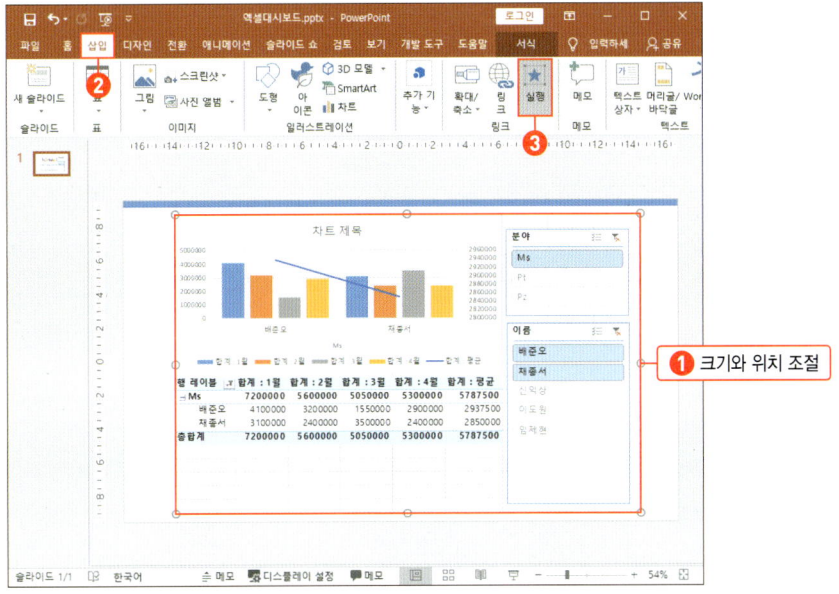

16 [실행 설정] 대화상자가 나타나면 [마우스를 클릭할 때] 탭에서 [개체 실행]을 선택하고 [열기]를 선택한 후 [확인]을 클릭합니다.

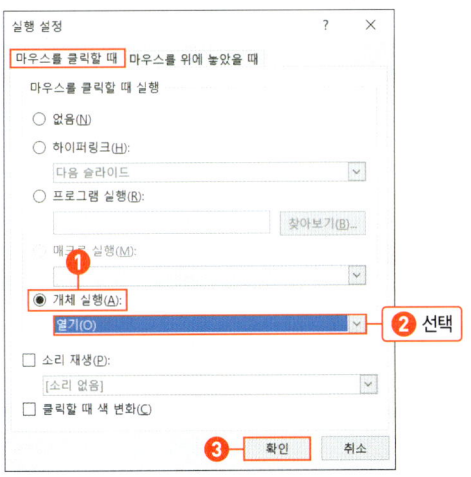

17 [애니메이션] 탭-[애니메이션] 그룹에서 [자세히] 단추(▽)를 클릭하고 [OLE 동작]을 선택합니다.

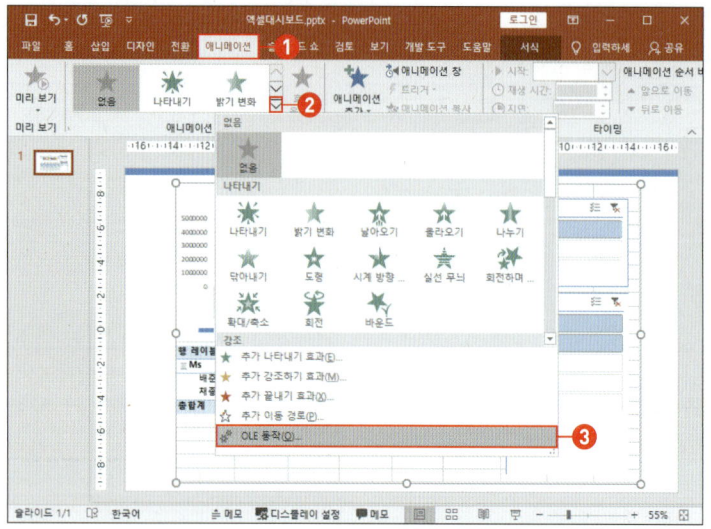

18 [OLE 동작 변경] 대화상자가 나타나면 [열기]를 선택하고 [확인]을 클릭합니다.

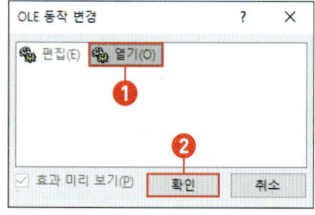

> **Tip**
> OLE(Object Linking and Embedding)는 '개체 연결 및 삽입'의 의미로, 오피스 프로그램에 포함된 그래프와 같은 다양한 개체를 말합니다. 연결 또는 삽입한 개체에 애니메이션 효과와 같은 특별한 명령을 지정할 때 OLE 동작을 이용합니다.

19 [애니메이션] 탭-[고급 애니메이션] 그룹에서 [애니메이션 창]을 클릭합니다. 화면의 오른쪽에 [애니메이션 창]이 나타나면 [개체 2]를 선택한 상태에서 [애니메이션] 탭-[타이밍] 그룹의 '시작'을 [클릭할 때] 또는 [이전 효과와 함께]로 선택합니다.

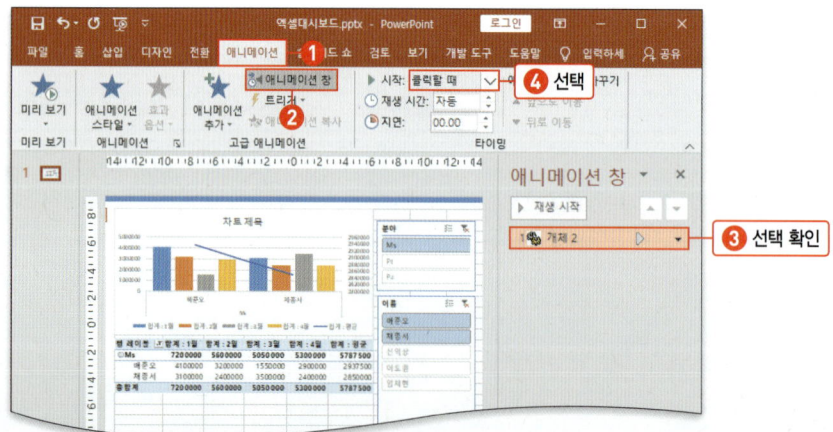

20 F5 를 눌러 슬라이드 쇼가 실행되면 확장 모드인 경우 모니터에 발표자 도구와 함께 빔 프로젝터 화면에 전체 화면이 표시됩니다. 발표자 도구나 빔 프로젝터 화면을 클릭하면 OLE 동작 변경으로 연결된 원본 데이터인 엑셀 파일이 실행됩니다.

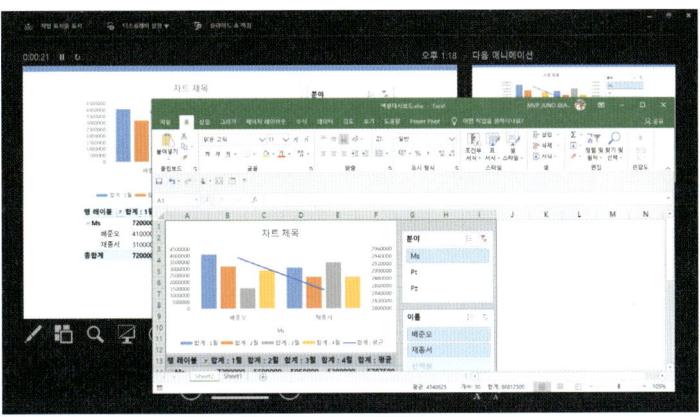

21 실행된 엑셀 파일에서 슬라이서를 실행하면 빔 프로젝터 화면에도 변경된 사항이 즉시 반영되어 나타납니다.

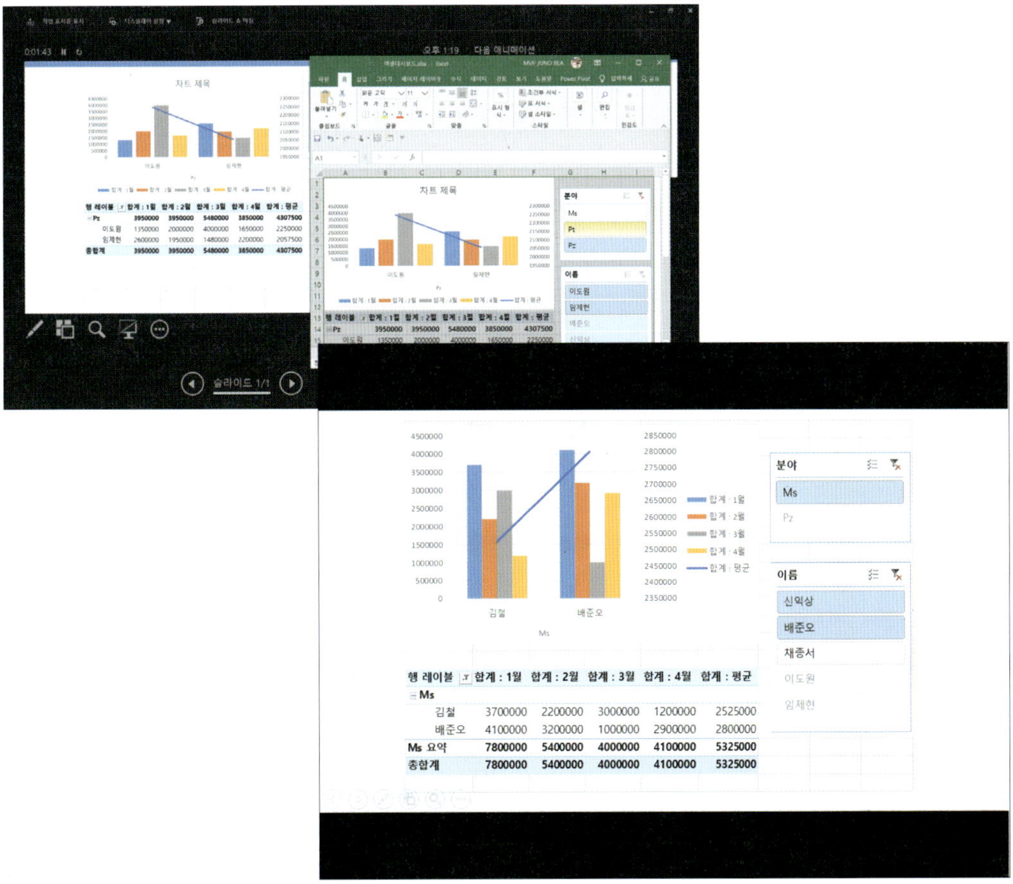

지금까지 배운 엑셀과 파워포인트를 이용해 좀 더 수준 높은 문서를 작성해 보겠습니다. 프로그램을 활용하고 EPS나 SVG 파일을 이용하는 등 다양한 소스를 활용하여 원하는 형식의 문서를 더욱 효과적으로 완성할 수 있습니다.

특별부록

엑셀과 파워포인트를 수준 높게 사용하기

픽토그램 이용해 엑셀 차트 그리기

1 엑셀에 삽입한 차트를 좀 더 색다르게 표현하기 위해 픽토그램을 인터넷에서 검색해 보겠습니다. 웹 브라우저를 실행하고 Flaticon 사이트(http://flaticon.com)에 접속한 후 검색 상자에 『man』을 입력하고 검색 단추(🔍)를 클릭합니다.

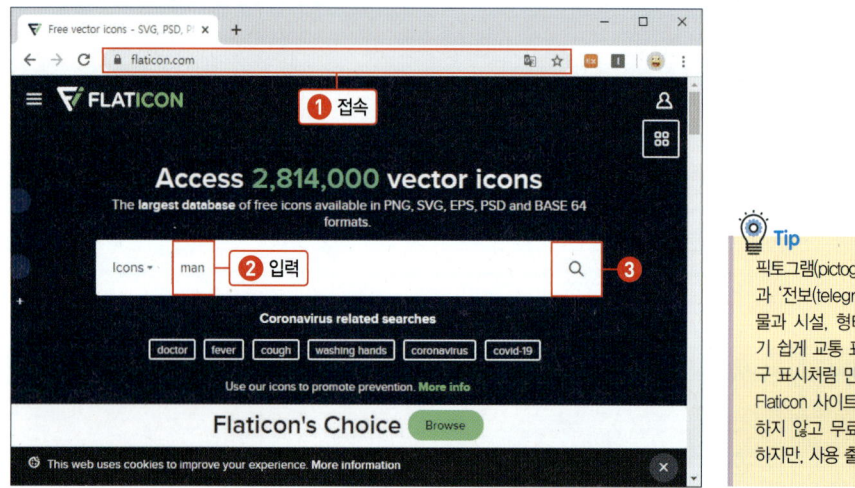

Tip
픽토그램(pictogram)은 '그림(picture)'과 '전보(telegram)'의 합성어로, 사물과 시설, 형태 및 개념을 알아보기 쉽게 교통 표지판이나 비상 탈출구 표시처럼 만든 그림 문자입니다. Flaticon 사이트는 한글 검색을 지원하지 않고 무료로 픽토그램을 제공하지만, 사용 출처를 밝혀야 합니다.

2 관련된 이미지가 검색되면 마음에 드는 아이콘 이미지의 위에 마우스 포인터를 올려놓고 [설정 및 기타] 아이콘(⋯)을 클릭한 후 [Download PNG]를 선택합니다.

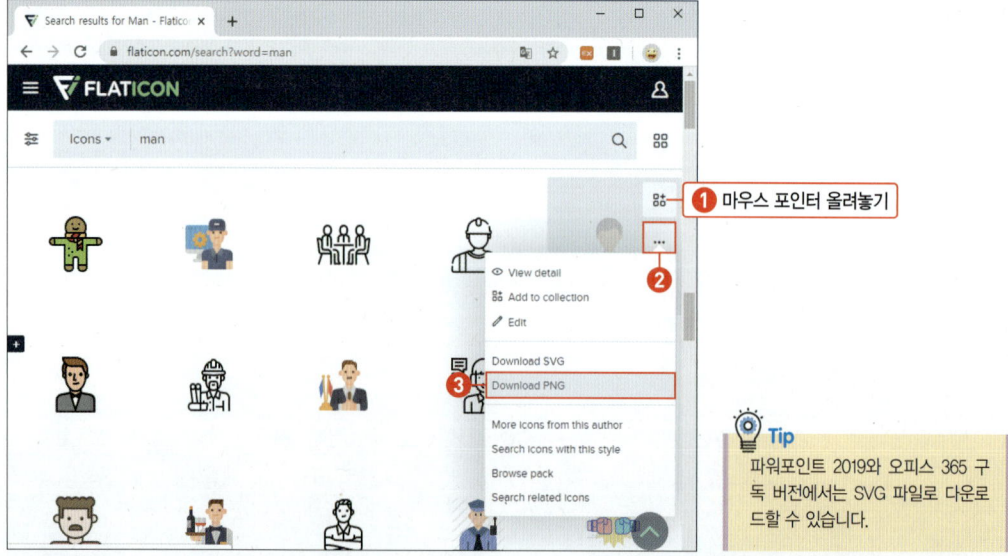

Tip
파워포인트 2019와 오피스 365 구독 버전에서는 SVG 파일로 다운로드할 수 있습니다.

3 다운로드 화면이 나타나면 [Free download]를 클릭합니다.

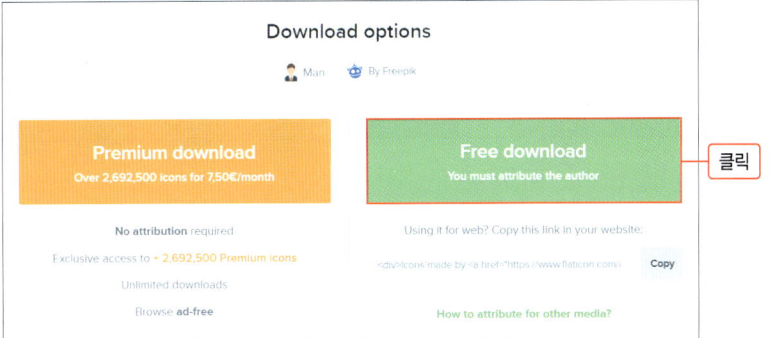

4 웹 브라우저의 아래쪽에서 다운로드 파일을 확인합니다.

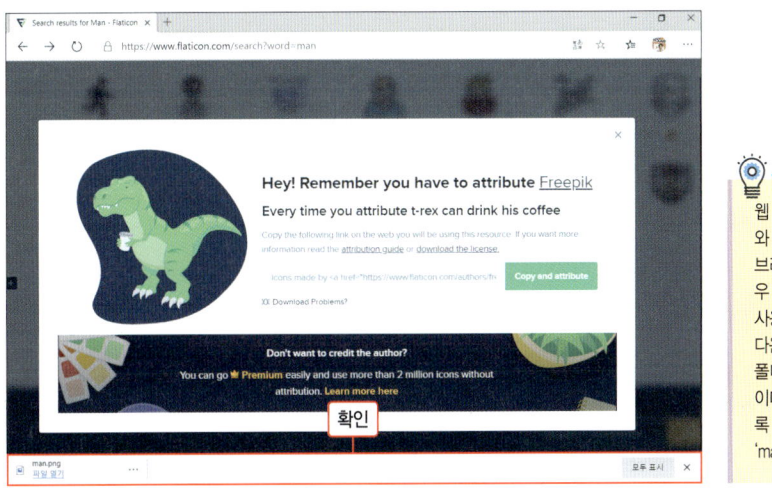

> **Tip**
> 웹 브라우저에 따라 다운로드 표시와 위치가 다를 수 있습니다. 크롬 브라우저와 새 엣지 브라우저의 경우 사용자 설정 전에는 'C:\Users\사용자 이름\Downloads'로 파일이 다운로드되는데, 이미지를 저장하는 폴더를 지정하면 편리합니다. 만약 이미지를 다운로드하지 못했으면 부록 실습파일에서 '특별부록' 폴더의 'man.png'를 삽입하세요.

5 '픽토그램.xlsx'를 열고 [삽입] 탭-[일러스트레이션] 그룹에서 [그림]을 클릭하여 다운로드한 이미지를 삽입한 후 크기와 위치를 적절하게 조절합니다.

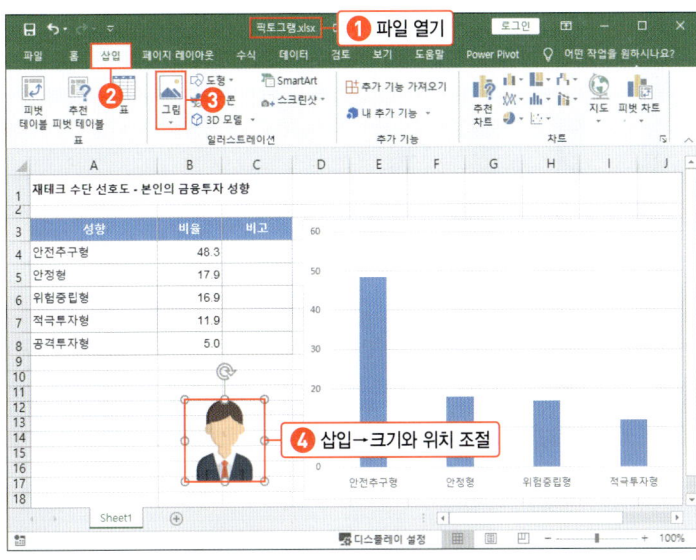

383

6 삽입한 이미지의 좌우 여백이 너무 넓으므로 [그림 도구]의 [서식] 탭-[크기] 그룹에서 [자르기]의 를 클릭합니다. 그림에 자르기 선이 표시되면 좌우 여백 선을 안쪽으로 드래그하여 여백을 조정하고 Esc 를 눌러 자르기 선을 없앱니다.

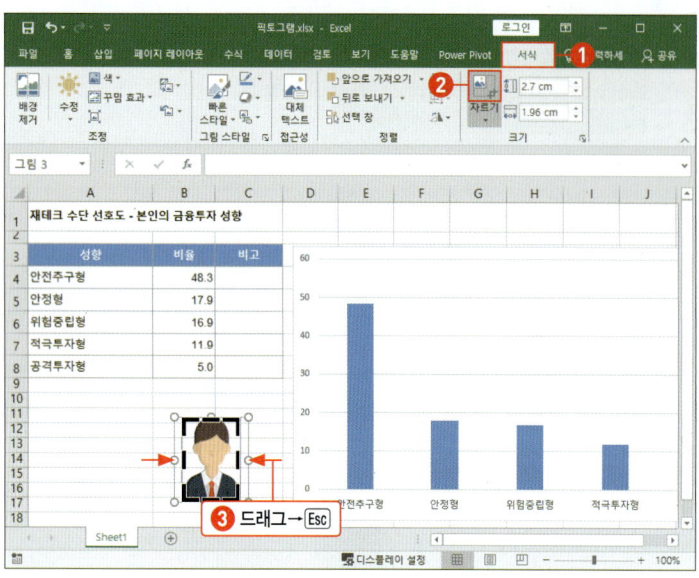

7 이미지에서 마우스 오른쪽 단추를 클릭하고 [복사]를 선택합니다. 차트에서 막대형 그래프를 선택하고 Ctrl + V 를 눌러 차트 막대에 복사한 이미지를 표시합니다.

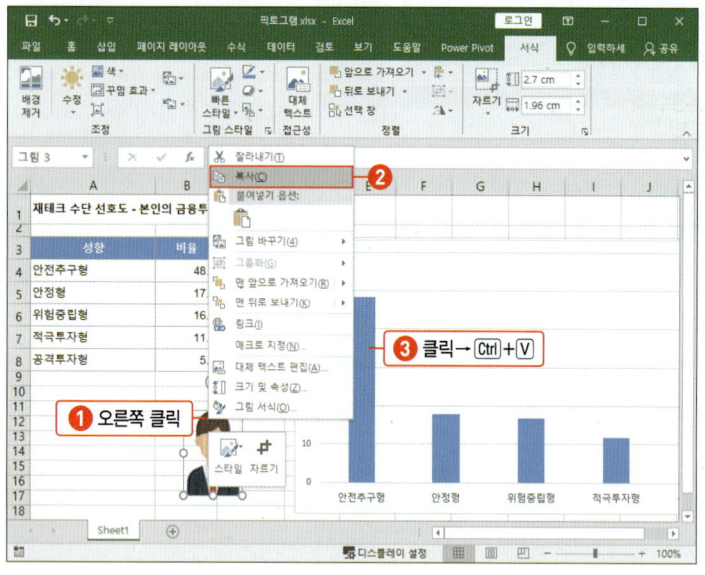

> **Tip**
> 막대를 클릭하면 전체 막대형 그래프가 선택되고 이 상태에서 Ctrl + V 를 누르면 전체 차트에 이미지가 붙여넣기됩니다.

8 차트의 막대에 이미지가 삽입되면 막대형 그래프를 모두 선택한 상태에서 마우스 오른쪽 단추를 클릭하고 [데이터 계열 서식]을 선택합니다.

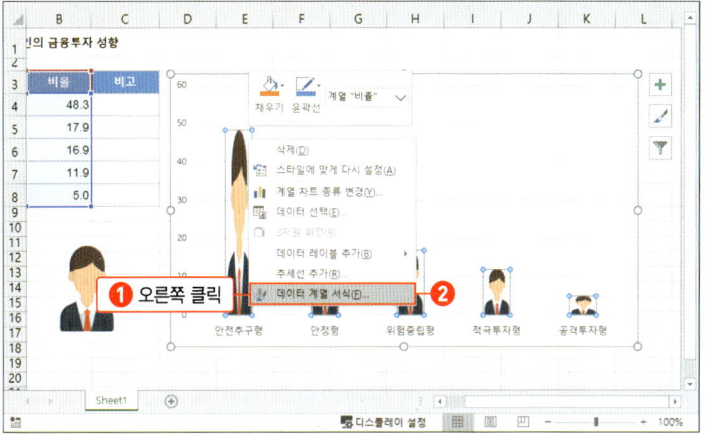

9 화면의 오른쪽에 [데이터 계열 서식] 창이 나타나면 [채우기 및 선]( )을 클릭하고 '채우기'의 [쌓기]를 선택한 후 [데이터 계열 서식] 창을 닫습니다.

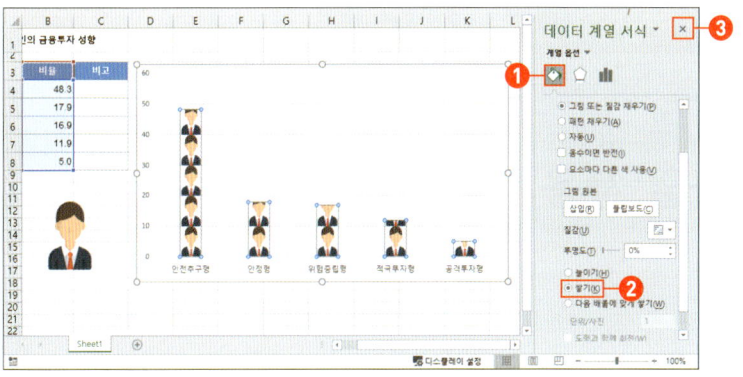

10 원본 이미지를 삭제하여 차트를 완성합니다.

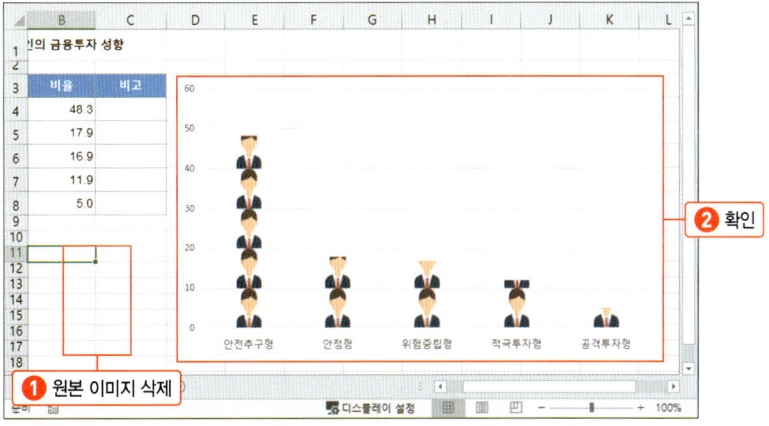

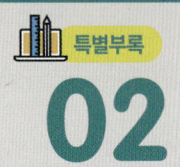

확장 포스트스크립트 파일(EPS) 활용하기

EPS(Encapsulated PostScript)는 포스트스크립트 언어에서 사용하는 그래픽 파일 포맷으로, 파일 손실률이 낮고, 용량이 적어서 전자출판에서 널리 사용되는 그래픽 파일 형식입니다(출처 : 위키피디아, https://ko.wikipedia.org/wiki/EPS).

이전에는 모든 파워포인트에서 EPS 파일을 불러온 후 그룹을 해제하여 사용할 수 있었습니다. 하지만 EPS 파일은 오래 전에 개발되었고 보안에 취약할 뿐만 아니라 2017년 4월 18일 마이크로소프트에서 업데이트 정책을 펼치면서 더 이상 파워포인트에 EPS 파일을 삽입해서 사용할 수 없게 되었습니다. 이후 마이크로소프트에서는 레지스트리를 수정하여 변경하는 방법을 제공했던 적도 있었지만, 보안 업데이트 후에는 이 방법도 더 이상 사용할 수 없습니다.

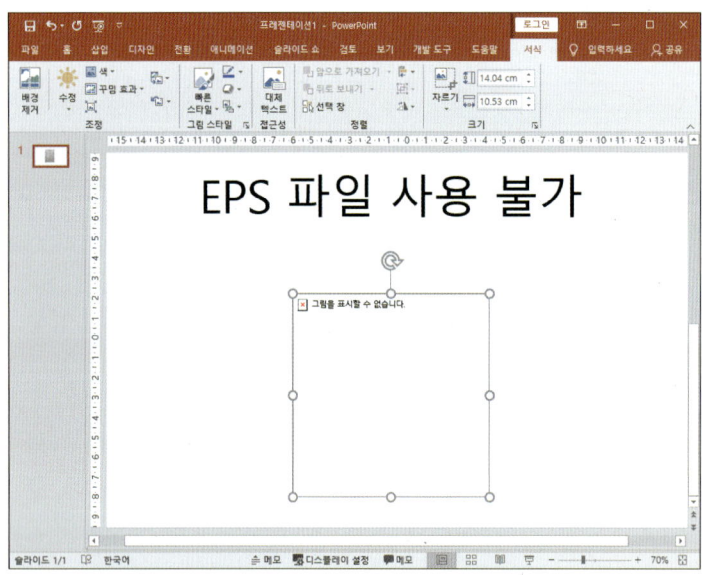

무료 아이콘 사이트에서도 점차 EPS 파일 제공이 줄어들고 있습니다. 하지만 여전히 EPS 파일 사용이 필요하다면 온라인 사이트를 이용해서 변환하는 방법을 추천합니다.

1 웹 브라우저에서 'https://convertio.co/kr/eps-emf'로 이동하고 '벡터 변환기'에서 [파일 선택]을 클릭합니다.

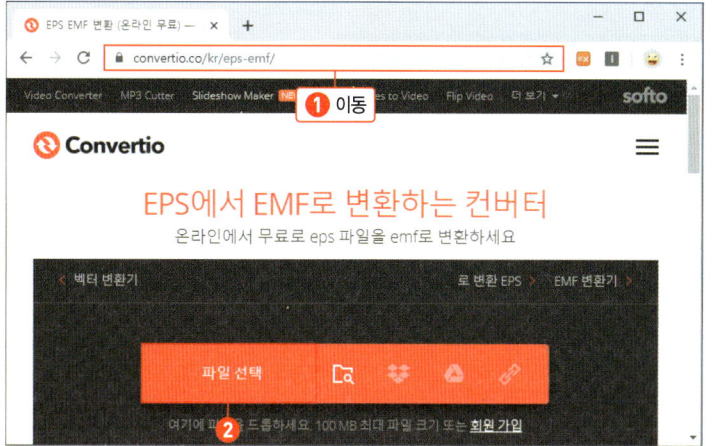

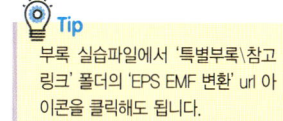

Tip
부록 실습파일에서 '특별부록\참고 링크' 폴더의 'EPS EMF 변환' url 아이콘을 클릭해도 됩니다.

2 [열기] 대화상자가 나타나면 부록 실습파일에서 '특별부록' 폴더의 'woman.eps'를 선택하고 [열기]를 클릭합니다.

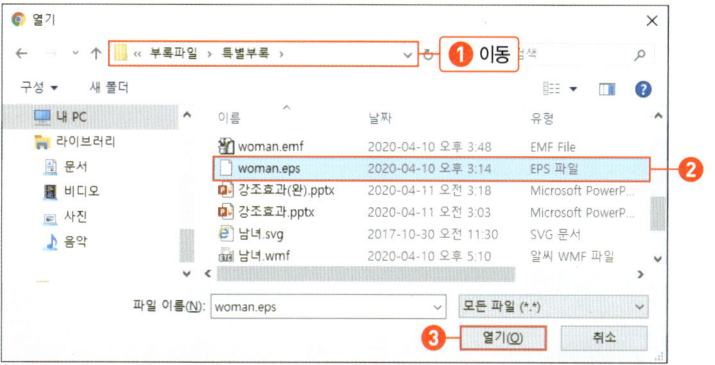

3 변환할 파일 업로드가 완료되었으면 [변환]을 클릭합니다.

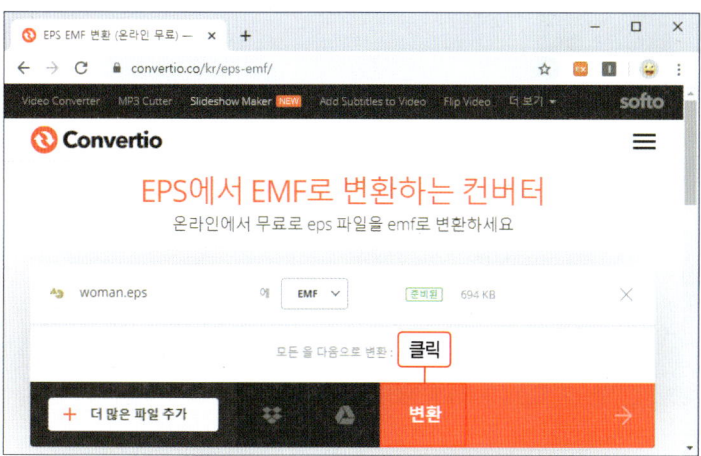

387

4 변환 작업이 완료되면 [다운로드]를 클릭합니다.

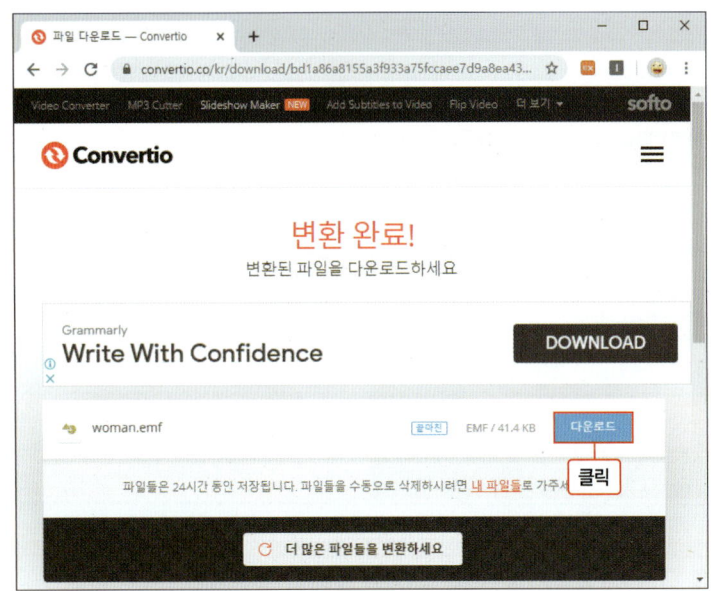

5 파워포인트를 실행한 후 새 프레젠테이션 문서를 열고 [삽입] 탭-[이미지] 그룹에서 [그림]을 클릭한 후 변환이 완료된 EMF 파일을 선택하여 삽입합니다. 삽입한 EMF 파일을 선택하고 Ctrl + Shift + G 를 눌러 EMF 파일의 그룹을 해제하면 분리된 개체를 편집해서 사용할 수 있어요.

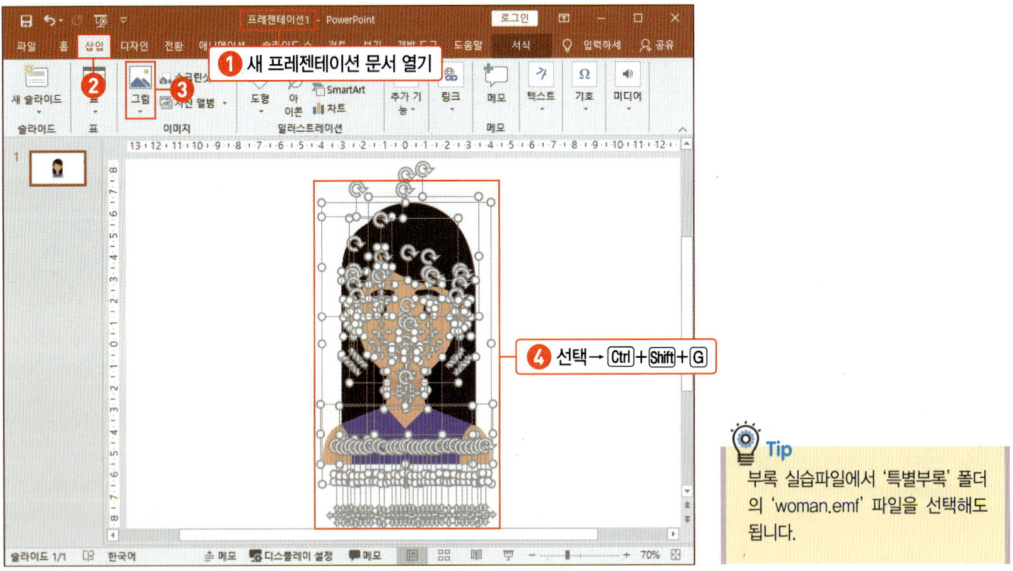

> **Tip**
> 부록 실습파일에서 '특별부록' 폴더의 'woman.emf' 파일을 선택해도 됩니다.

알아두면 좋아요 ⑬ EPS 파일을 제공하는 유용한 사이트 살펴보기 ①

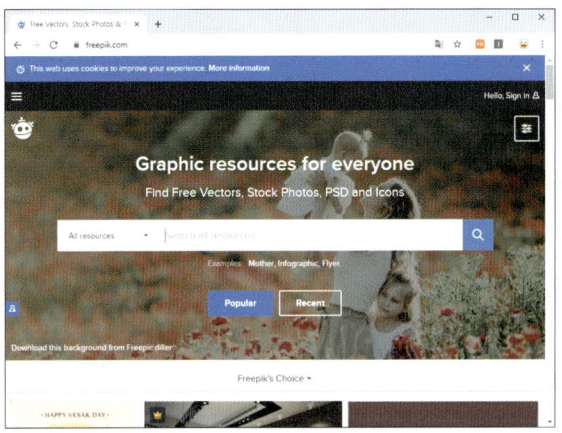

■ **Freepik** – http://www.freepik.com

Freepik은 훌륭한 일러스트레이터 그래픽 소스를 구할 수 있는 사이트입니다. 파일을 다운로드해서 압축을 풀면 어도비 일러스트레이터 파일(ai)과 EPS 파일이 함께 제공됩니다. 무료로 사용할 경우에는 사이트와 작가 이름을 반드시 표기해야 합니다. 그리고 압축 파일에 포함된 저작권 라이선스를 꼭 확인하세요.

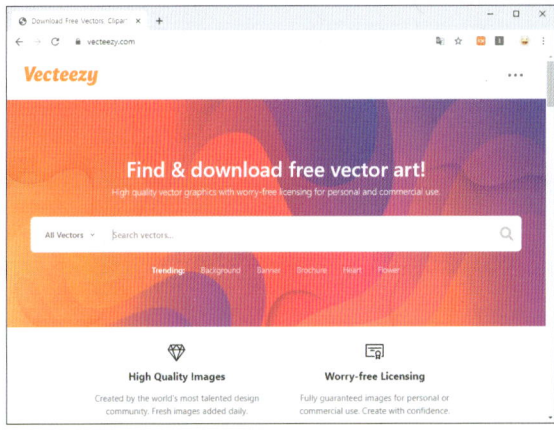

■ **Vecteezy** – http://www.vecteezy.com

Freepik 사이트와 마찬가지로 EPS 파일뿐만 아니라 어도비 일러스트레이터 파일(ai)로 된 벡터 파일을 다운로드할 수 있습니다. 무료로 사용할 수 있지만, 반드시 사이트 정보와 작가 이름을 표시해야 합니다.

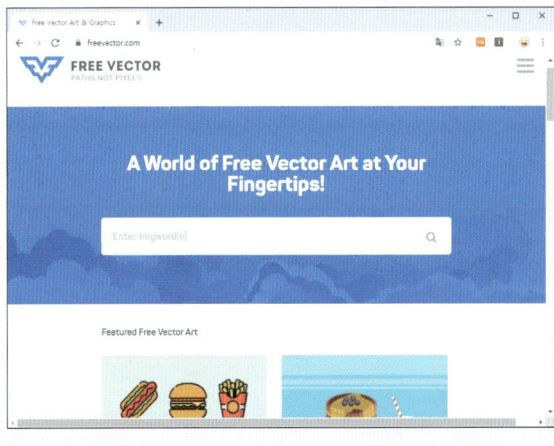

■ **Free Vector** – http://www.freevector.com

EPS 파일뿐만 아니라 어도비 일러스트레이터 파일(ai)과 SVG 파일도 다운로드할 수 있습니다. 일부 아이콘을 사용할 경우에는 반드시 사이트와 작가 이름을 표시해야 합니다.

파워포인트에서 SVG 파일 사용하기

1 파워포인트 2019와 구독형 오피스 365 파워포인트 버전에서는 SVG(Scalable Vector Graphics) 벡터 파일을 사용할 수 있습니다. 'SVG파일.pptx'를 실행하고 [삽입] 탭-[일러스트레이션] 그룹에서 [아이콘]을 클릭하세요.

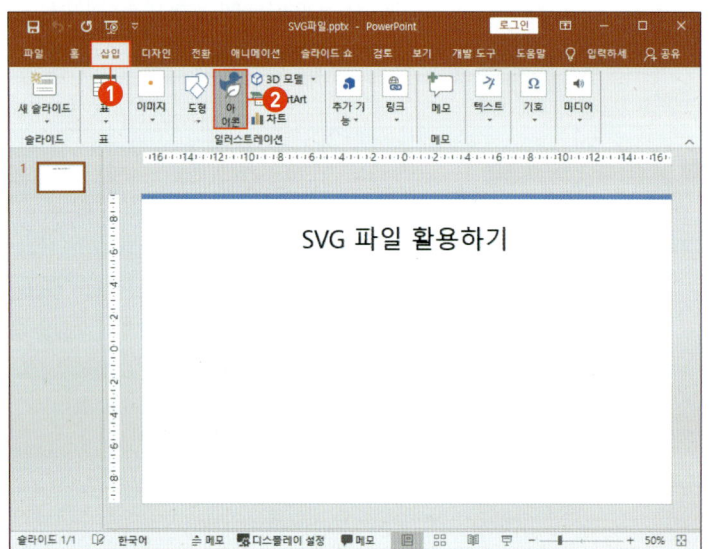

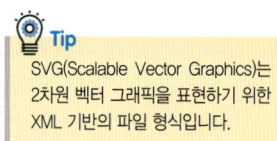

Tip
SVG(Scalable Vector Graphics)는 2차원 벡터 그래픽을 표현하기 위한 XML 기반의 파일 형식입니다.

2 [아이콘 삽입] 창이 나타나면 사용하려는 아이콘을 선택하고 [삽입]을 클릭합니다. 여기에서는 [사람] 범주의 남자 아이콘을 선택합니다.

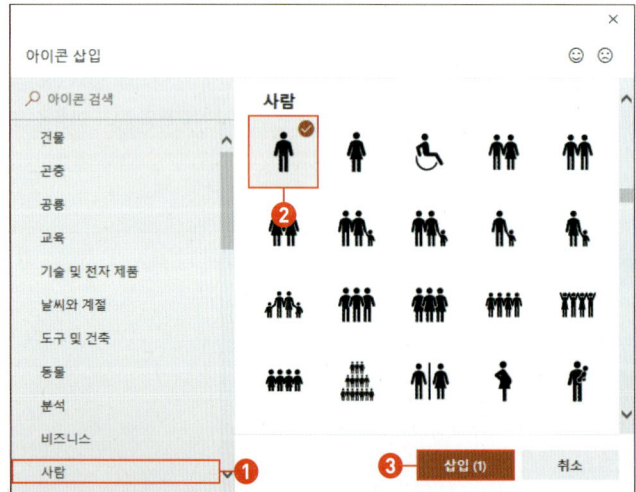

3 선택한 남자 아이콘이 프레젠테이션 문서에 추가되면서 리본 메뉴에 [그래픽 도구]의 [서식] 탭이 새롭게 표시됩니다. 남자 아이콘의 크기를 확대하고 [그래픽 도구]의 [서식] 탭-[그래픽 스타일] 그룹에서 [그래픽 채우기]를 클릭한 후 '표준 색'의 [파랑]을 클릭합니다.

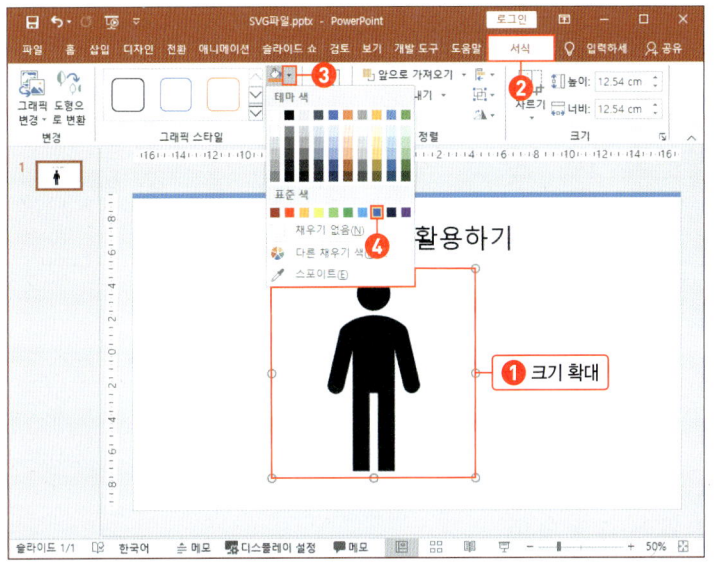

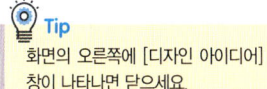

Tip
화면의 오른쪽에 [디자인 아이디어] 창이 나타나면 닫으세요.

4 이와 같은 방법으로 여자 아이콘을 삽입하고 빨강으로 채웁니다.

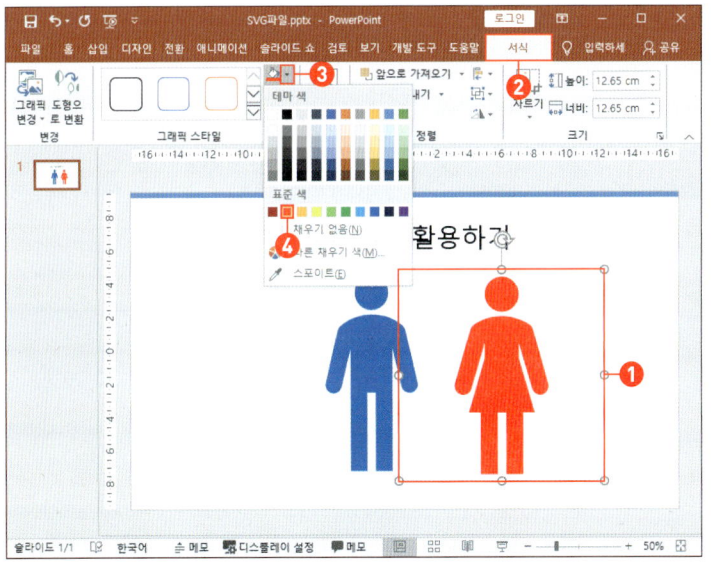

 잠깐만요 :: SVG 아이콘을 일반 도형으로 변경하기

SVG 아이콘을 삽입한 후 [그래픽 도구]의 [서식] 탭의 그래픽 스타일 기능이 충분히 지원되지 않아 아이콘 색상과 윤곽선 스타일 조정이 제한적일 수 있습니다. 이 경우에는 [그래픽 도구]의 [서식] 탭-[변경] 그룹에서 [도형으로 변환]을 클릭하여 SVG 아이콘을 일반 도형으로 변경하여 사용할 수 있습니다.

잠깐만요 :: [아이콘 삽입] 창에서 제공하는 아이콘 살펴보기

마이크로소프트 365 파워포인트(버전 2004(빌드 12730,20024 간편 실행), 오피스 참가자)에서는 [삽입] 탭-[일러스트레이션] 그룹에서 [아이콘]을 클릭하면 스톡 이미지와 사람 컷아웃, 아이콘, 스티커 등 다양한 소스를 활용할 수 있습니다.

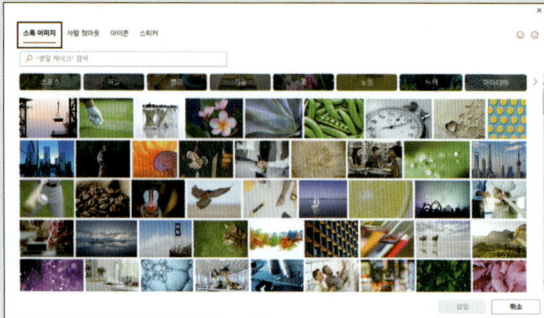

■ **스톡 이미지**

스톡 이미지(stock image)는 광고에 사용하는 고급 이미지를 말합니다. 무료 이미지 사이트를 찾아다닐 필요없이 스톡 이미지를 이용해서 고급 이미지를 사용할 수 있습니다.

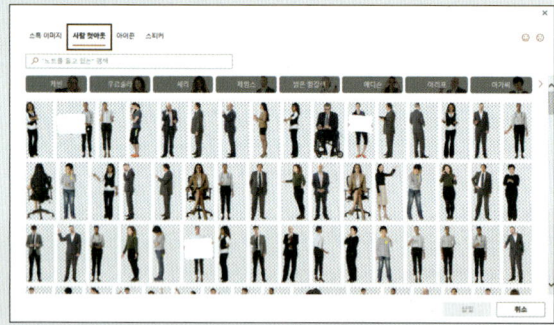

■ **사람 컷아웃**

인물 중심으로 배경이 제거된 이미지를 사용할 수 있습니다.

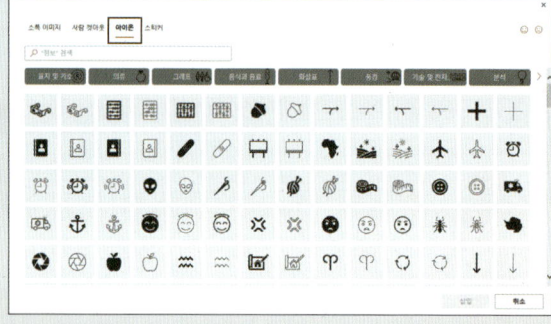

■ **아이콘**

오피스 2016, 2019 버전보다 더욱 다양한 아이콘이 추가되었습니다.

■ **스티커**

SNS 사이트에서 사용하던 스티커를 파워포인트에서도 사용할 수 있습니다.

특별부록 04 | SVG 벡터 파일을 이미지 파일로 변환하기

위키미디어 사이트(www.wikimedia.org)와 같은 기타 오픈 소스 사이트에서 제공하는 로고나 아이콘 등의 벡터 파일은 SVG 파일 형태인 경우가 많습니다. SVG(Scalable Vector Graphics) 파일은 오픈된 표준 벡터 그래픽 파일 형식으로, 인터넷 익스플로러 9 이상의 주요 웹 브라우저에서 대부분 지원됩니다. 하지만 웹 브라우저가 아닌 파워포인트나 엑셀 프로그램 등에서는 곧바로 SVG 파일을 삽입해서 사용할 수 없기 때문에 파일 형식을 변환해서 사용해야 합니다.

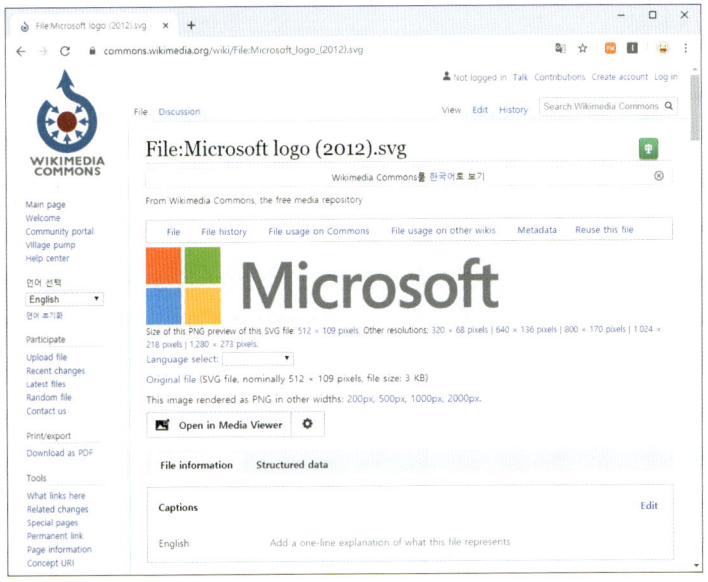

▲ 위키미디어 사이트에 소개된 마이크로소프트의 'logo.svg' 파일

1 https://cloudconvert.com 이용하기

SVG 파일을 파워포인트에서도 삽입하여 사용할 수 있는 이미지 파일 형식으로 변환하려면 웹 사이트(https://cloudconvert.com)에 접속한 후 웹 사이트나 구글 드라이브, 드롭박스, 원드라이브 등에 파일을 올려놓습니다. 그러면 이 사이트에서는 올려놓은 파일을 PDF 문서나 이미지(jpg, png, svg 등)로 무료로 변환할 수 있습니다. 이때 로그인하지 않은 무료 사용자는 변환 횟수 제한이 있습니다.

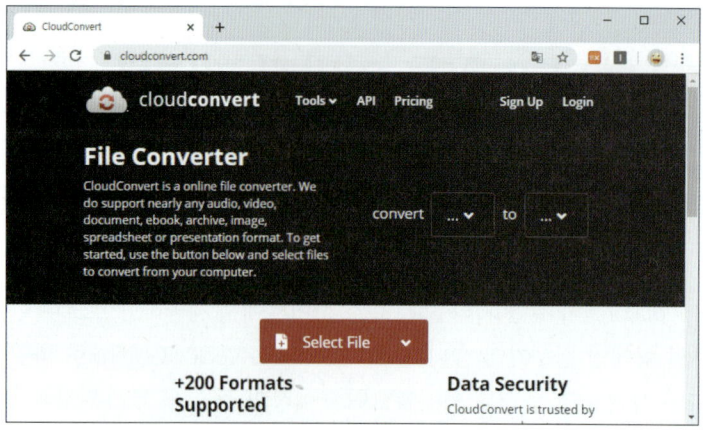

▲ SVG 파일을 PDF 문서나 이미지를 무료 변환할 수 있는 cloudconvert 사이트

2 SVG Convert 프로그램 이용하기

SVG Convert는 2004년부터 C/C++, C# 분야에서 마이크로소프트의 MVP로 활동하고 있는 정성태 님이 제작한 프로그램입니다(http://www.sysnet.pe.kr). 이 프로그램에서는 SVG 파일을 WMF로 변환하고, SVG 파일을 WMF로 변환한 후 그룹을 해제할 수 있습니다.

1 부록 실습파일의 '특별부록' 폴더에서 'SvgConverter-v1.0.0.1.zip'의 압축을 해제하고 'SvgConverter.exe'를 실행합니다.

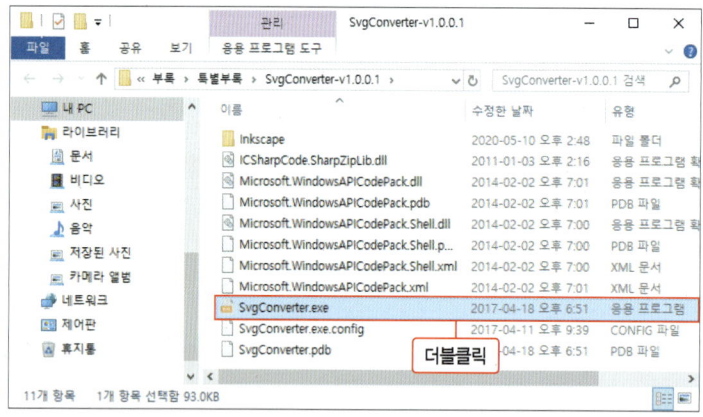

2 [SVG Convert (using Inkscape)] 창이 나타나면 [Select]를 클릭합니다. [폴더 선택] 대화상자가 나타나면 부록 실습파일에서 '특별부록' 폴더를 선택하고 [폴더 선택]을 클릭합니다. [SVG Convert (using Inkscape)] 창으로 되돌아온 후 '특별부록' 폴더에 있는 '남녀.svg'가 표시되면 선택하고 [Convert]를 클릭합니다. '남녀.svg'가 '남녀.wmf'로 변환되었으면 [SVG Convert (using Inkscape)] 창을 닫습니다.

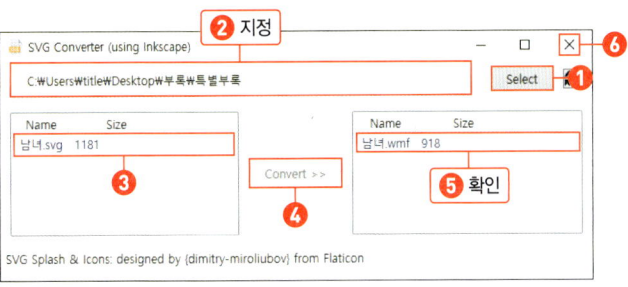

3 'SVG 파일.pptx'를 열고 [삽입] 탭-[이미지] 그룹에서 [그림]을 클릭하여 **2** 과정에서 WMF 파일로 변환된 '남녀.wmf'를 삽입합니다. WMF 파일의 크기를 조절하고 파일을 선택한 상태에서 그룹 해제 단축키 Ctrl+Shift+G를 누릅니다. 오피스 그리기 개체로 변환할 것인지 묻는 메시지 창이 나타나면 [예]를 클릭합니다.

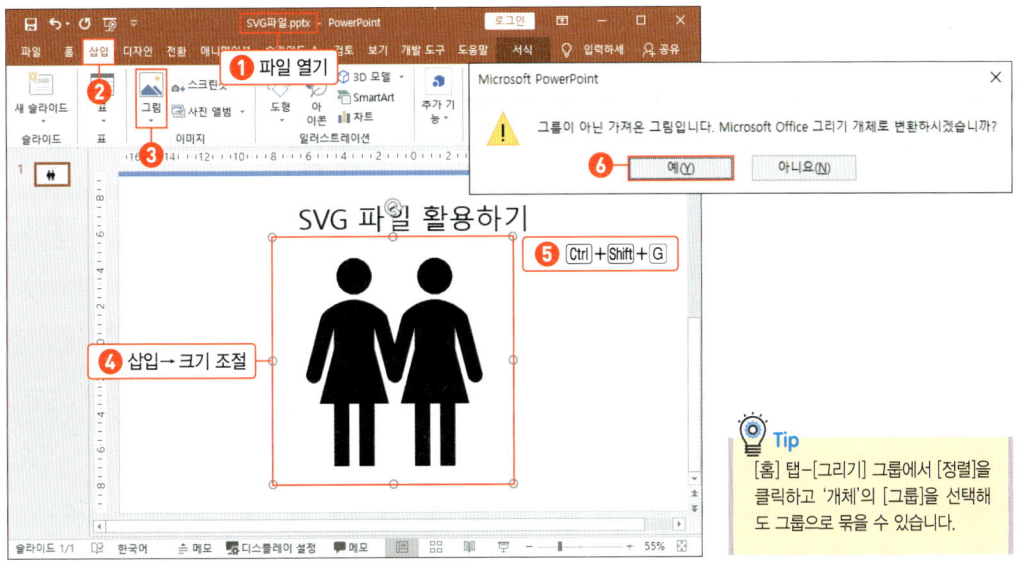

Tip
[홈] 탭-[그리기] 그룹에서 [정렬]을 클릭하고 '개체'의 [그룹]을 선택해도 그룹으로 묶을 수 있습니다.

4 그리기 개체로 변환되었으면 다시 Ctrl+Shift+G를 눌러 그룹을 해제합니다.

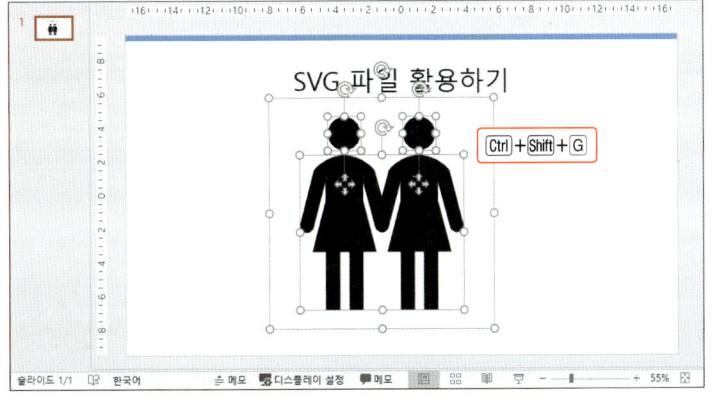

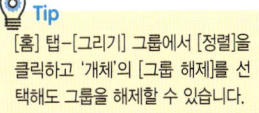

Tip
[홈] 탭-[그리기] 그룹에서 [정렬]을 클릭하고 '개체'의 [그룹 해제]를 선택해도 그룹을 해제할 수 있습니다.

파일 탐색기에서 SVG 파일 미리 보기

SVG 파일은 파워포인트에 삽입할 수 있는 등 활용도가 높아졌지만, 파일 탐색기에서는 SVG 파일을 미리 볼 수 없습니다. 따라서 파워포인트에 SVG 파일을 삽입하거나 웹 브라우저 또는 기타 전용 이미지 뷰어를 통해서 SVG 파일을 확인해야 하지만, 외부 프로그램을 이용해 파일 탐색기에서 SVG 파일을 미리 보는 방법으로 이러한 불편을 해결할 수 있습니다.

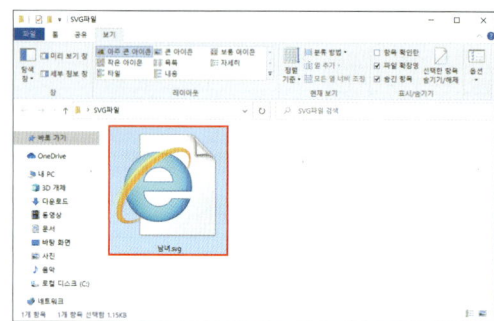
▲ 파일 탐색기에서 SVG 파일을 미리 볼 수 없는 경우

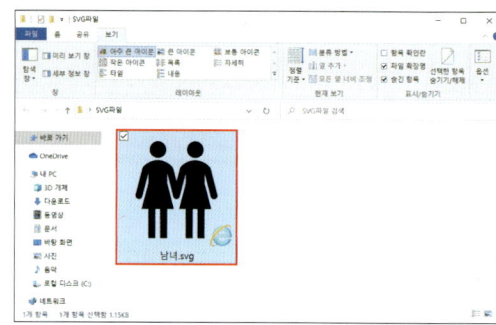
▲ 파일 탐색기에서 SVG 파일을 미리 볼 수 있는 경우

1 'https://github.com/tibold/svg-explorer-extension/releases' 사이트에 접속하고 화면의 아래쪽으로 이동한 후 사용중인 운영체제에 맞는 제품(32비트용, 64비트용)을 선택하여 다운로드합니다.

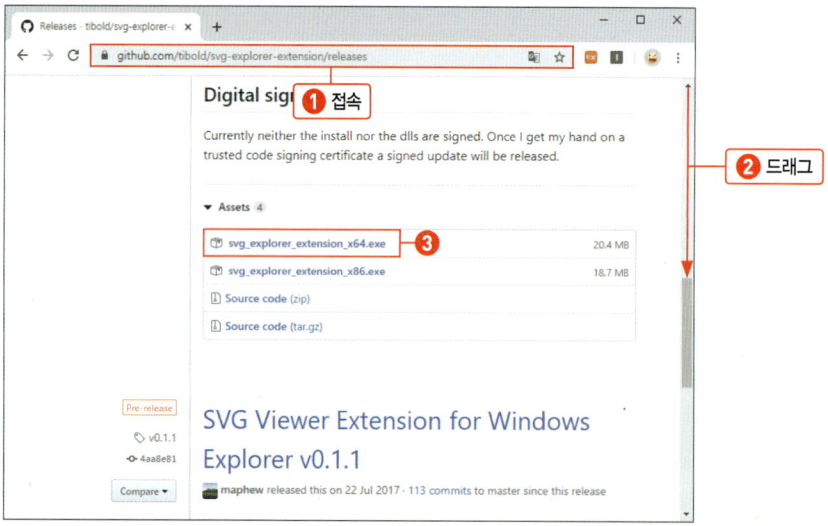

2 [보안 경고] 창이 나타나면 [더 보기]를 클릭합니다.

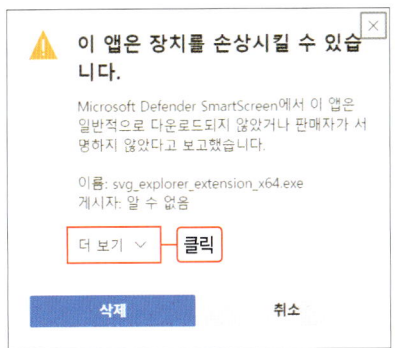
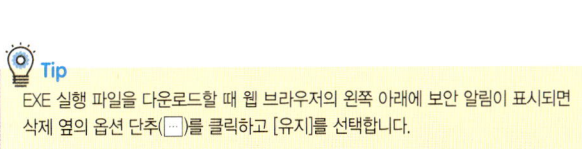

> **Tip**
> EXE 실행 파일을 다운로드할 때 웹 브라우저의 왼쪽 아래에 보안 알림이 표시되면 삭제 옆의 옵션 단추(⋯)를 클릭하고 [유지]를 선택합니다.

3 다음 화면에서 [그래도 계속]을 클릭하여 설치 파일이 지정된 다운로드 폴더로 다운로드합니다.

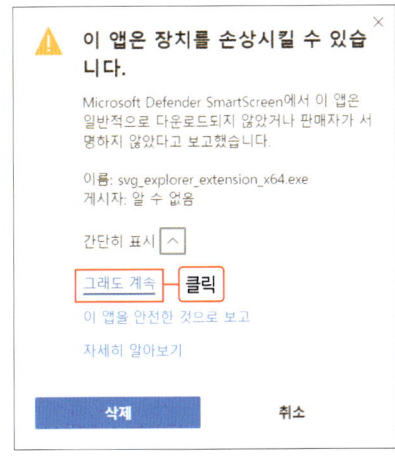

4 다운로드한 설치 파일을 더블클릭하여 실행합니다. 'Microsoft Defender SmartScreen' 보안 알림 창이 나타나면 [추가 정보]를 클릭합니다.

5 [실행]을 클릭하여 설치를 진행합니다.

6 SVG Explorer Extension을 설치했으면 파일 탐색기에서 SVG 파일을 미리 볼 수 있습니다.

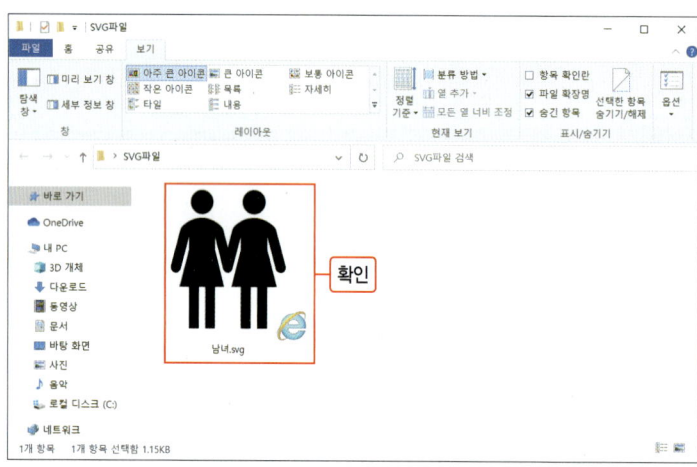

알아두면 좋아요 13 SVG 파일을 제공하는 유용한 사이트 살펴보기 ②

389쪽의 '알아두면 좋아요 13'의 'EPS 파일을 제공하는 유용한 사이트 살펴보기 ①'에서 소개한 사이트 외에도 SVG 파일을 제공하는 유용한 사이트를 소개합니다.

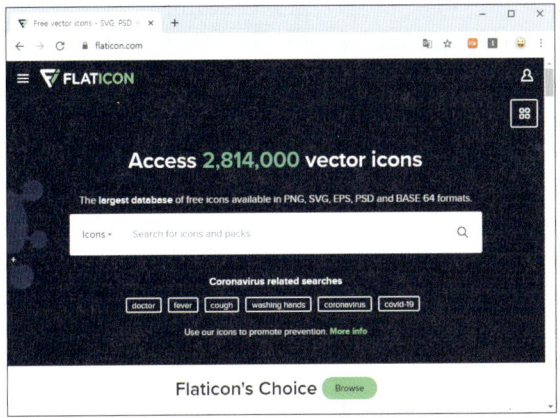

■ **Flaticon** – http://www.flaticon.com

Flaticon에서는 출처를 표시하여 사용이 가능한 컬러 및 흑백 아이콘을 다운로드할 수 있습니다.

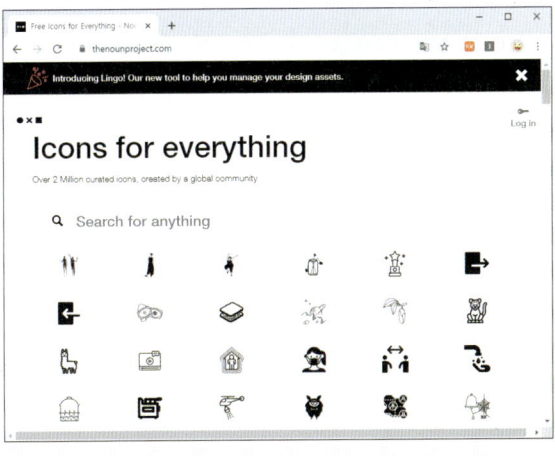

■ **Noun Project** – http://thenounproject.com

Noun Project에서는 다양한 흑백 아이콘을 다운로드할 수 있습니다. 단 다운로드하려면 사이트에 로그인해야 합니다. 이때 페이스북 계정으로도 로그인할 수 있어요.

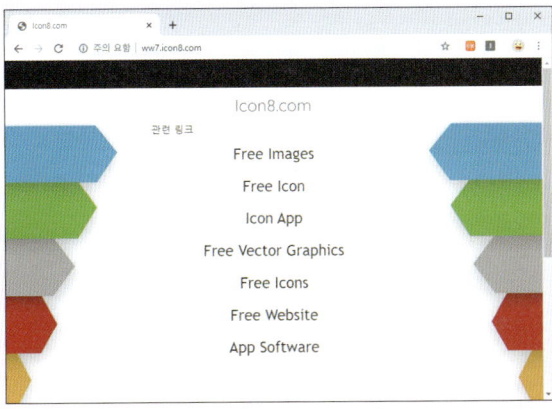

■ **Icon8** – http://icons8.com

Icon8은 수많은 종류의 아이콘을 보유하고 있는 사이트입니다. 일부 크기의 png 이미지는 무료로 사용할 수 있지만, SVG 파일은 유료로 제공합니다. 윈도우용 앱을 제공하고 있어서 복사/붙여넣기로 편리하게 사용할 수 있어요.

399

엑셀 차트 분해해 파워포인트 차트 꾸미기

1 1번 슬라이드의 차트에서 마우스 오른쪽 단추를 클릭하고 [복사]를 선택합니다.

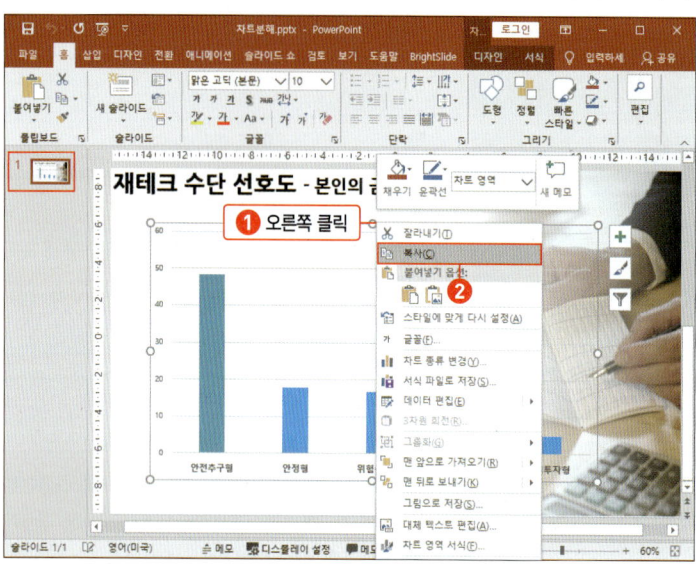

2 [홈] 탭-[슬라이드] 그룹에서 [새 슬라이드]의 아이콘을 클릭합니다. 새 슬라이드가 삽입되면서 2번 슬라이드가 추가되면 [홈] 탭-[클립보드] 그룹에서 [붙여넣기]의 아이콘을 클릭하고 [선택하여 붙여넣기]를 선택합니다.

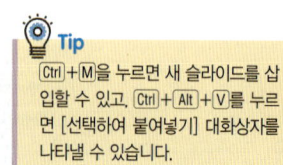

Tip
Ctrl+M을 누르면 새 슬라이드를 삽입할 수 있고, Ctrl+Alt+V를 누르면 [선택하여 붙여넣기] 대화상자를 나타낼 수 있습니다.

3 [선택하여 붙여넣기] 대화상자가 나타나면 '형식'에서 [그림 (Windows 메타파일)]을 선택하고 [확인]을 클릭합니다.

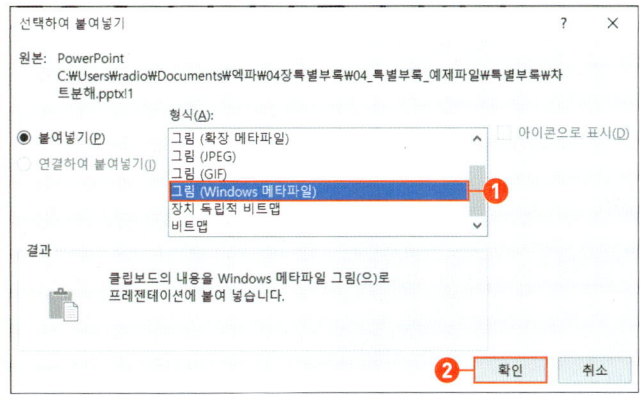

4 차트가 붙여넣기되면 차트에서 마우스 오른쪽 단추를 클릭하고 [그룹화]-[그룹 해제]를 선택합니다.

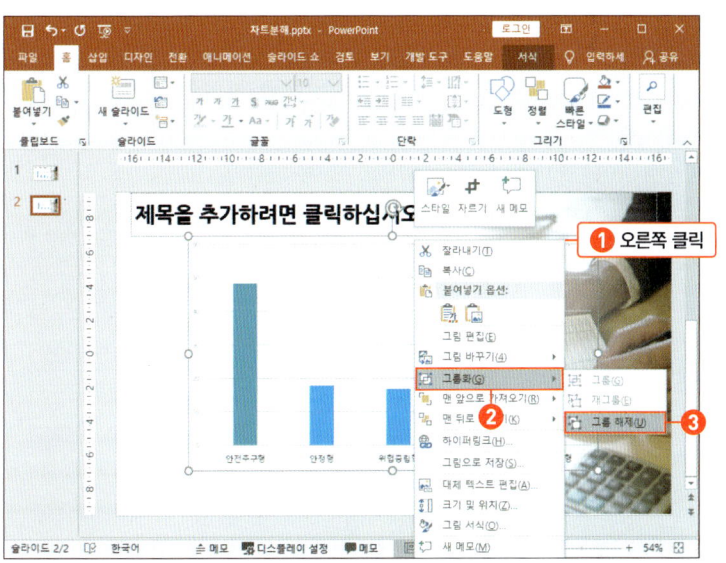

 Tip
엑셀 차트를 복사하여 파워포인트에 붙여넣을 때 엑셀 차트를 그룹 해제하여 사용하면 차트의 각 개체에 다양한 효과를 줄 수 있습니다. 이렇게 효과를 지정하면 파워포인트에서 도형으로 차트를 만드는 것보다 훨씬 더 편리합니다.

5 그리기 개체로 변환하겠느냐고 묻는 메시지 창이 나타나면 [예]를 클릭합니다.

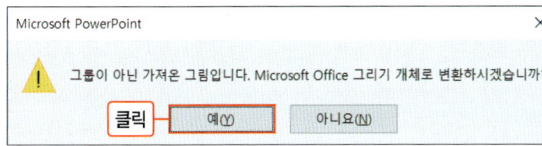

6 이와 같은 방법으로 그룹을 추가 해제하여 차트 개체의 그룹을 모두 해제하고 Esc를 눌러 개체의 선택을 해제합니다.

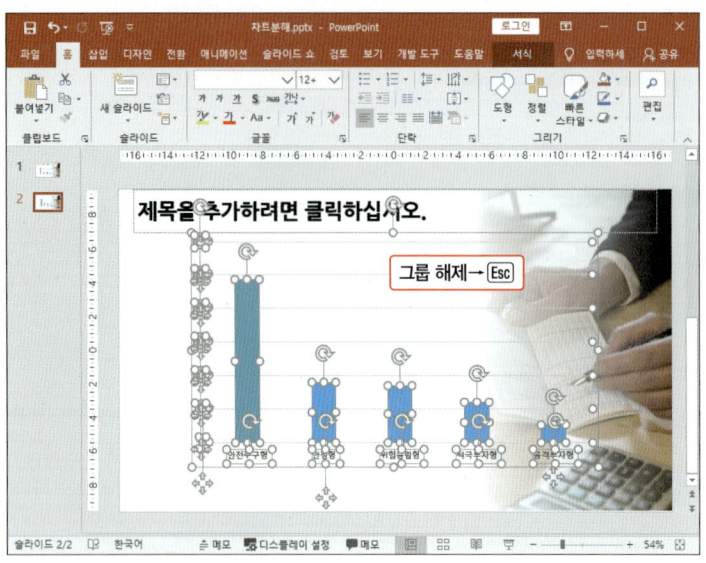

7 그룹을 해제한 차트 개체 중에서 강조할 항목인 '안전추구형' 막대만 선택합니다. [그리기 도구]의 [서식] 탭-[도형 스타일] 그룹에서 [도형 채우기]를 클릭하고 '표준 색'의 [빨강]을 클릭하여 '안전추구형' 막대의 색만 변경합니다.

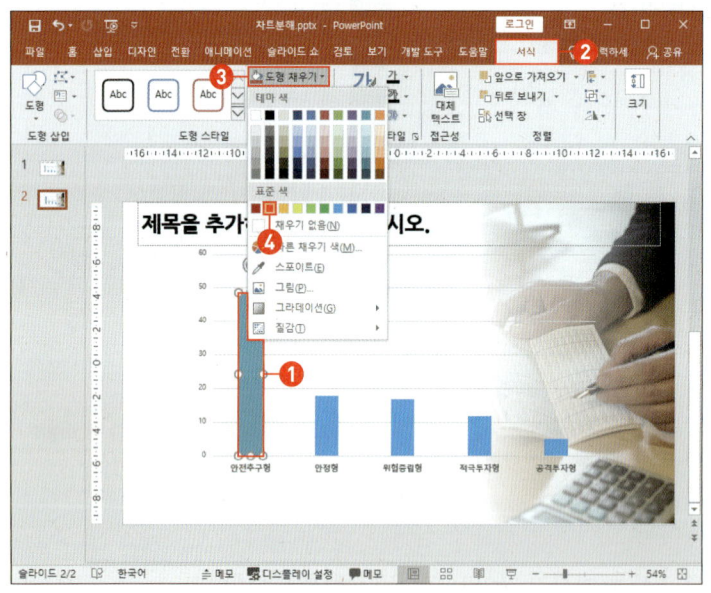

> **Tip**
> 단순하게 구성된 엑셀 차트는 쉽게 그룹을 해제하여 각 개체를 독립적으로 변경할 수 있습니다. 하지만 여러 개의 항목과 계열로 복잡하게 구성된 차트는 개별적으로 분리할 수 없습니다.

검색 사이트에서 필요한 이미지 찾기

엑셀 또는 파워포인트로 작업할 때 이미지가 필요하면 이미지를 판매하는 전문 사이트를 이용해도 됩니다. 하지만 대표적인 검색 포털 사이트인 마이크로소프트 빙(bing, www.bing.com)이나 구글 이미지(images.google.com)에서 해상도 높은 이미지를 검색할 수 있습니다. 문서에 삽입할 이미지를 찾는 것이기 때문에 사이즈가 큰 이미지를 검색하는 방법을 알아두어야 합니다.

1 마이크로소프트 빙(bing)에서 이미지 검색하기

마이크로소프트 빙 검색 사이트는 우리나라에서는 인지도가 낮은 편이지만, 이미지 검색 능력은 매우 우수합니다. 빙 사이트(www.bing.com)에 접속하고 왼쪽 위에 있는 [이미지]를 클릭합니다. 이미지 화면으로 이동하면 검색 상자에 『polygon texture』를 입력하고 [웹 검색] 단추(Q)를 클릭합니다.

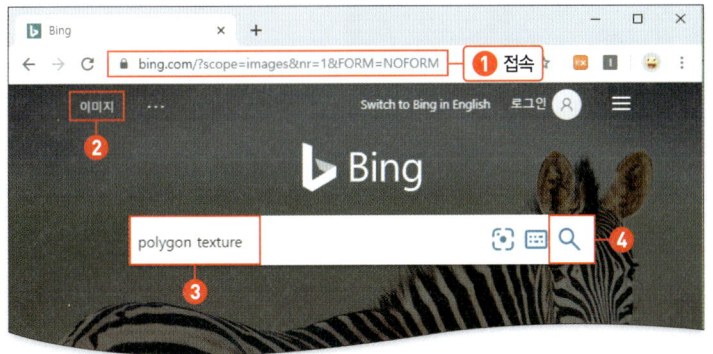

검색 결과 중에서 원하는 이미지를 클릭한 후 이미지 상세 페이지로 이동합니다. 이미지 아래쪽의 [비주얼 검색]을 통해 유사 이미지를 재검색하거나 이미지 파일을 저장할 수 있어요.

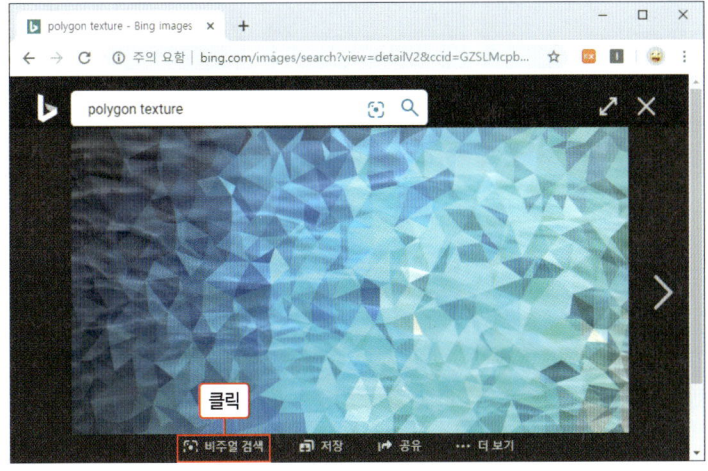

2 구글 이미지(images.google)에서 이미지 검색하기

구글 이미지 검색은 이미 많은 사람들이 사용하고 있는 이미지 검색 방법입니다. 구글 이미지 사이트(images.google.com)에 접속하고 검색 상자에 『polygon texture』를 입력한 후 [검색] 단추(🔍)를 클릭합니다. 검색 결과에서 해당 이미지를 클릭하면 화면의 오른쪽에 상세 페이지가 표시됩니다. 다른 크기의 이미지를 검색하려면 검색 결과 이미지의 위에서 마우스 오른쪽 단추를 클릭하고 [Google에서 이미지 검색]을 선택하세요.

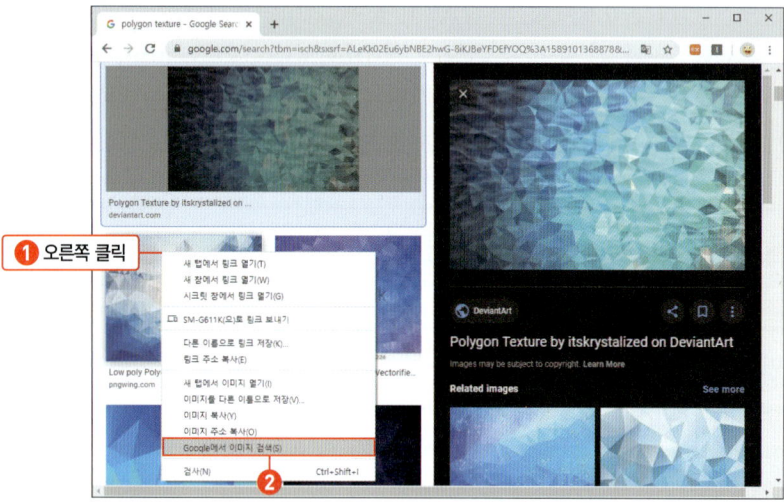

새 탭에 선택된 이미지로 검색한 결과가 표시되면 페이지의 위쪽 결과 부분에서 '다른 크기로 보기' 범주의 [모든 크기]를 선택하세요. 같은 이미지이지만 크기가 다양한 결과가 표시됩니다.

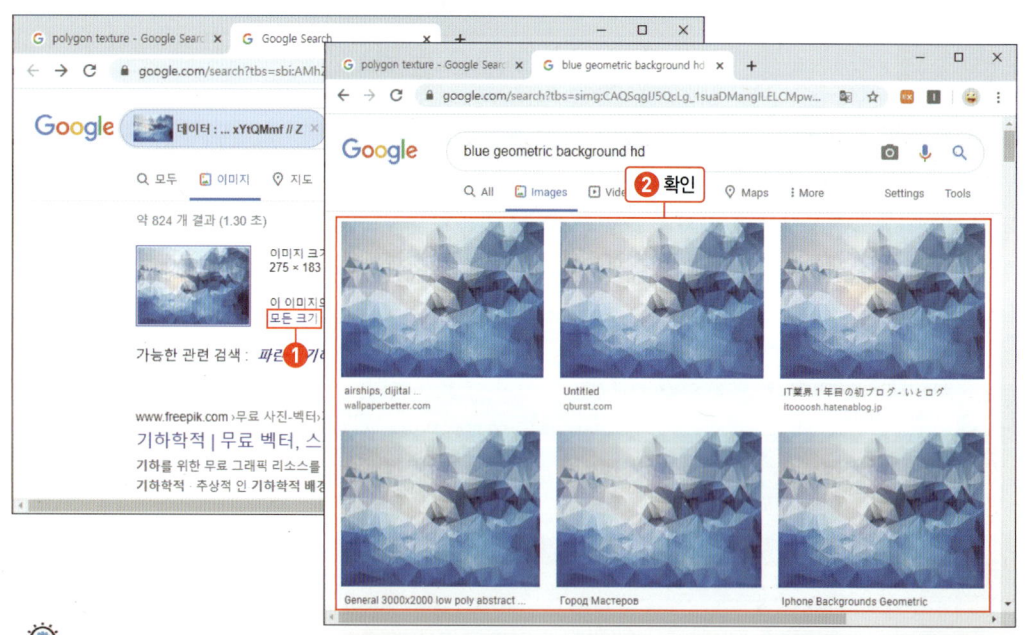

> **Tip**
> 사용중인 웹 브라우저에 따라 마우스 오른쪽 단추를 클릭했을 때의 메뉴가 다르게 표시될 수 있습니다. 여기에서 사용한 웹 브라우저는 크로미움 기반의 새 Microsoft Edge를 사용했는데, 이것에 대해서는 부록 실습파일에서 '특별부록\참고링크' 폴더의 '새 Microsoft Edge 브라우저 다운로드'를 참고하세요(https://www.microsoft.com/ko-kr/edge/?form=MA13DE&OCID=MA13DE).

알아두면 좋아요 ⑭ 무료 이미지 검색 사이트 살펴보기

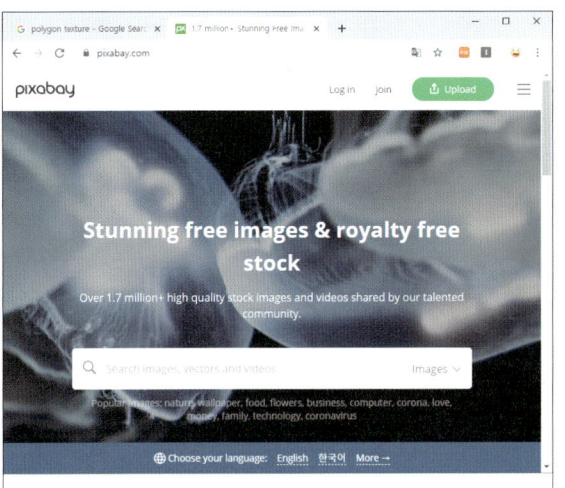

■ **Pixabay** – http://pixabay.com

Pixabay는 많이 알려진 대표적인 무료 이미지 제공 사이트입니다. 상업적으로도 사용할 수 있고, 출처를 밝히지 않고도 사용이 가능합니다. 가입하지 않아도 다운로드할 수 있지만, 무료 가입 후에는 고해상도 이미지를 다운로드할 수 있어서 매우 유용합니다.

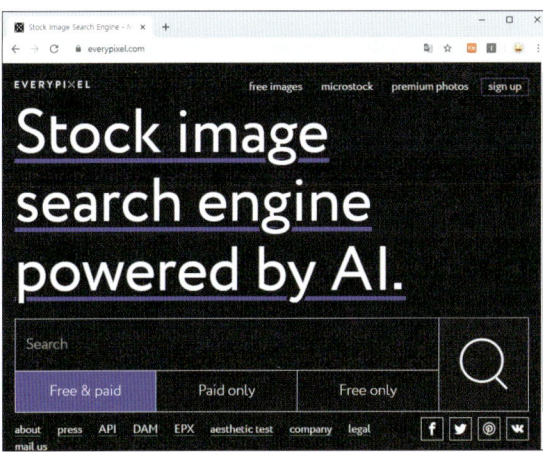

■ **Every Pixel** – http://www.everypixel.com

Every Pixel은 인터넷의 이미지를 검색해 주는 사이트입니다. 검색 창의 옆에 유료 이미지와 무료 이미지를 구분하여 검색할 수 있는 옵션이 있고, 검색한 무료 이미지는 다운로드할 수 있습니다.

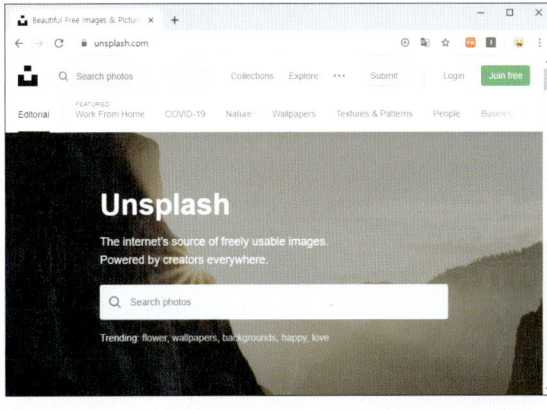

■ **Unsplash** – http://unsplash.com

Unsplash는 알려진 무료 이미지 검색 및 다운로드 사이트입니다. 가입하지 않아도 다운로드할 수 있지만, 무료로 가입하면 더욱 편리하게 사용할 수 있습니다. 그리고 페이스북 계정과 연동 가능합니다.

알아두면 좋아요 15 인포그래픽 차트 참고 사이트 살펴보기

■ 데이터솜 - http://www.datasom.co.kr

데이터솜은 여러 가지 통계 자료를 모아서 서비스하는 사이트로, 실무에 매우 유용합니다. 원하는 키워드로 검색하면 관련 통계 자료를 쉽게 찾을 수 있습니다.

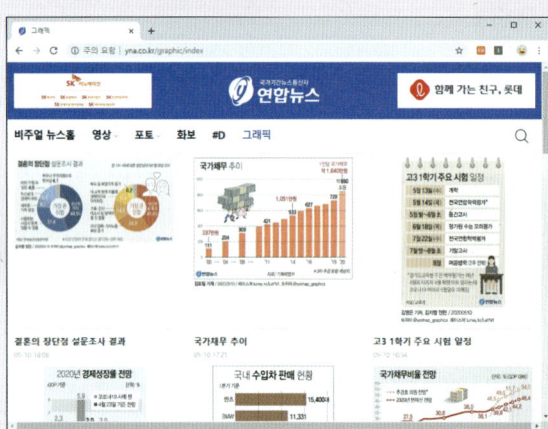

■ 연합뉴스그래픽

- http://www.yna.co.kr/graphic/index

연합뉴스그래픽은 이슈화된 뉴스를 그래픽으로 소개하는 사이트입니다. 연합뉴스그래픽 뉴스의 자료를 살펴보면 많은 정보를 한 장에 정리하는 방법에 대한 아이디어를 얻을 수 있습니다.

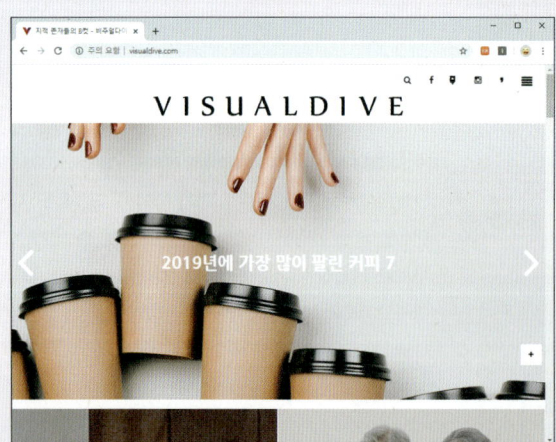

■ 비주얼다이브(VISUALDIVE)

- http://www.visualdive.com

비주얼다이브는 인포그래픽 뉴스와 데이터 시각화와 관련된 볼거리가 풍부한 사이트입니다.

데이터 시각화 능력은 데이터의 표현 방법에 따라 보는 사람들의 이해도를 높일 수 있기 때문에 요즘과 같은 빅데이터 시대에 더욱 필요합니다. 최근에는 여러 매체에 인포그래픽 자료가 많이 소개되고 있는데, 그 중에서 유용한 참고 사이트를 소개합니다.

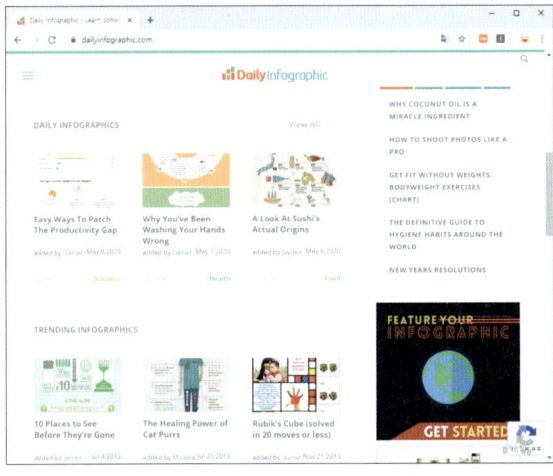

■ 인포그램 - http://www.infogram.kr

인포그램은 인포그래픽 자료뿐만 아니라 파워포인트 디자인과 카드뉴스도 함께 볼 수 있는 곳입니다. 이곳에서 운영하는 네이버 블로그 사이트(https://blog.naver.com/infogram)에서는 다양한 무료 템플릿뿐만 아니라 디자인 관련 정보를 제공하고 있습니다.

■ 데일리인포그래픽(DailyInfographic)

- http://www.dailyinfographic.com

데일리인포그래픽은 해외의 유명한 인포그래픽 사이트입니다. 인포그래픽은 언어의 장벽을 넘어서 이미지로 소통하는 도구로, 데일리인포그래픽에서는 외국어를 잘 몰라도 대중들을 이해시킬 수 있는 풍부한 인포그래픽을 제공하고 있습니다.

다음의 인포그래픽 참고 사이트에서는 프레젠테이션 문서를 디자인할 때 필요한 소스나 아이디어를 얻을 수 있습니다.

사이트	URL
데이터뉴스	http://www.datanews.co.kr
브라이트카본	https://www.brightcarbon.com
비주얼리	https://visual.ly/product/infographic-design
인포그래픽랩스	https://infographiclabs.com
칸바	https://www.canva.com
쿨인포그래픽스	https://coolinfographics.com
크리에이틀리	https://creately.com
핀터레스트	https://www.pinterest.co.kr

407

이미지의 크기를 크게 조절하기

파워포인트에서 이미지로 작업할 때 작은 이미지보다 큰 이미지를 사용해야 청중들에게 좀 더 감성적으로 메시지를 전달해서 오래 기억에 남길 수 있습니다. 검색 포털 사이트에서 사이즈가 큰 이미지를 구하지 못했으면 작은 이미지의 크기를 강제로 늘려서 크게 표시할 수 있습니다. 다만 이미지의 크기를 확대하는 과정에서 이미지 픽셀이 깨질 수 있으므로 전문 그래픽 도구를 이용하여 선명하게 처리하거나 ImageEnlarger.com 사이트에서 작업하는 것이 좋습니다. 포토샵이나 일러스트레이터와 같이 그래픽 전문 툴이 없으면 ImageEnlarger 사이트에서 5MB 이하의 이미지 파일의 크기를 크게 늘려 저장할 수 있습니다.

ImageEnlarger 사이트(http://www.imageenlarger.com)로 이동하여 'Upload a file'의 [찾아보기]를 클릭하고 크기를 조절하려는 이미지를 선택합니다. 'Select output format'에서 이미지 파일의 형식을 결정하고 'Zoom factor'나 'Target width'에서 이미지의 너비나 높이를 입력합니다. 이때 'Target width'나 'Target hight' 중에서 한 가지 값만 입력하면 일정한 비율을 유지하면서 이미지의 크기를 조정할 수 있습니다.

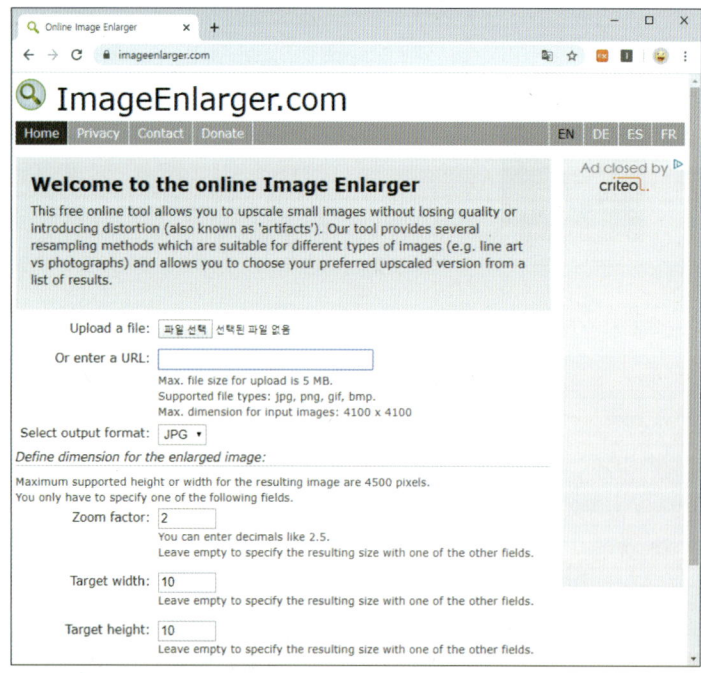

▲ 이미지의 너비, 높이, 비율을 지정해 이미지의 크기를 조정할 수 있는 Image Enlarger 사이트

잠깐만요 :: 이미지 배경을 제거하는 사이트 살펴보기

- EnumCut – http://www.enumcut.com

우리나라 개발자가 만든 사이트로, 크레딧을 구입한 후 온라인에서 이미지의 배경을 제거할 수 있습니다.

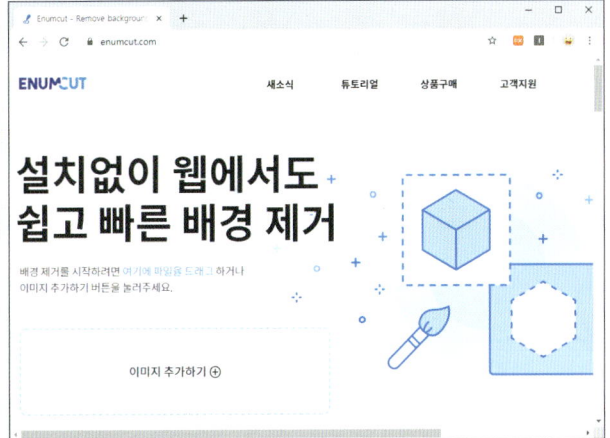

- Clipping Magic – http://ko.clippingmagic.com

해외 사이트로, 크레딧을 구입하거나 월간 또는 연간 구독형으로 온라인에서 이미지의 배경을 제거할 수 있습니다.

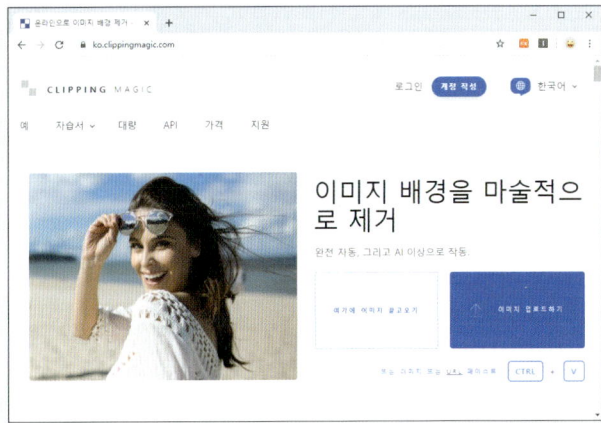

- removebg – http://www.remove.bg/ko

인물 이미지의 배경을 제거하는 데 탁월한 사이트입니다. 배경을 제거한 후 작은 사이즈의 이미지는 무료로 다운로드할 수 있습니다.

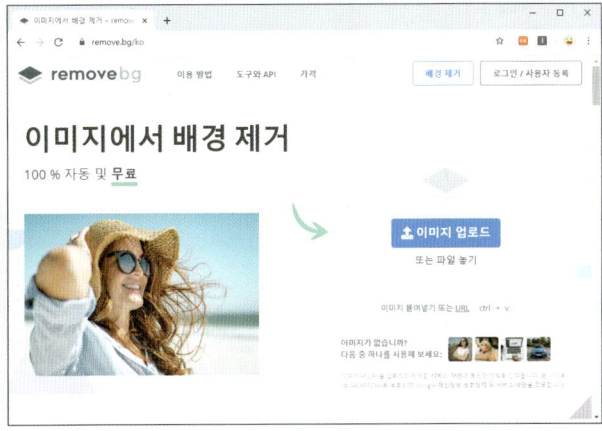

M 365 | 2010 | 2013 | 2016 | 2019　　　　　　　　　　　● 참고파일 : 특별부록\idea_freepik.jpg

이미지를 벡터 파일로 만들기

JPG, PNG 등과 같은 비트맵 이미지의 크기를 늘리면 이미지를 구성하는 픽셀(pixels)이 깨져 보입니다. 이미지를 늘려서 사용해야 하거나, 이미지에 다른 효과를 줄 때 이미지를 벡터 파일 포맷인 SVG 파일로 변환해서 사용할 수 있습니다.

▲ 이미지를 400% 확대했을 때의 비트맵 이미지(왼쪽)와 벡터 이미지(오른쪽)

Image Vectorizer 사이트(http://www.vectorizer.io)에 접속한 후 [Upload Image]를 클릭하여 벡터 파일로 변환할 이미지를 업로드합니다. 이때 최대 1MB 크기의 이미지를 변환할 수 있습니다.

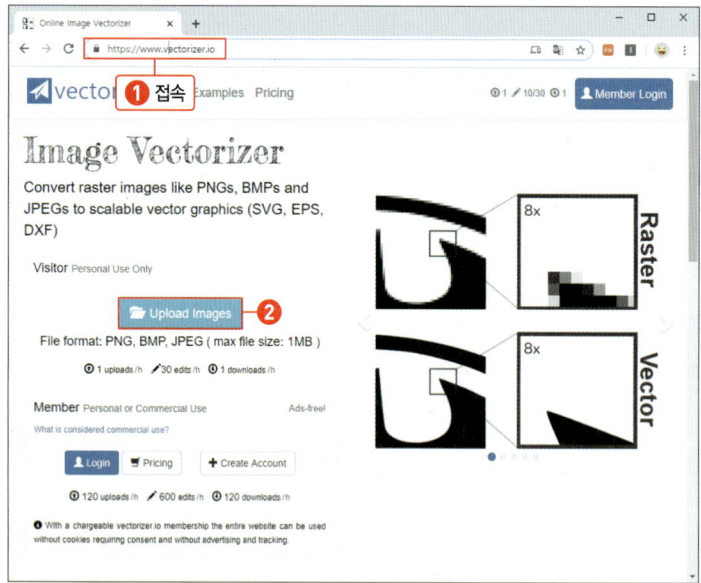

이미지 벡터화는 자동으로 진행되지만, 페이지 아래쪽의 설정을 통해서 사용자가 원하는 형태로 벡터 파일을 만들 수 있습니다.

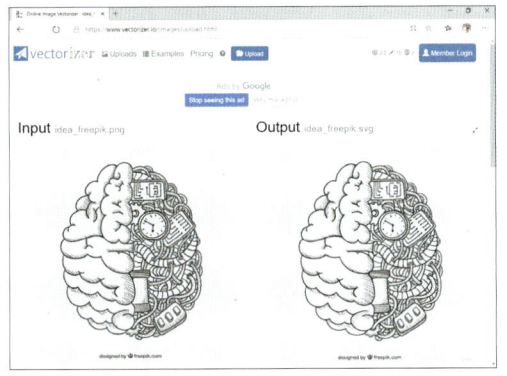 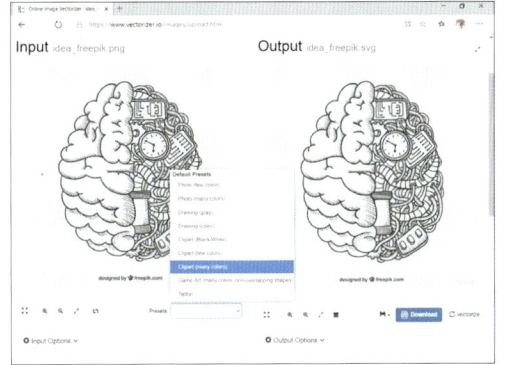

유료 서비스이지만, 온라인과 오프라인에서 이미지를 벡터 파일로 변환해 주는 Vector Magic 사이트(https://ko.vectormagic.com)도 참고해 보세요.

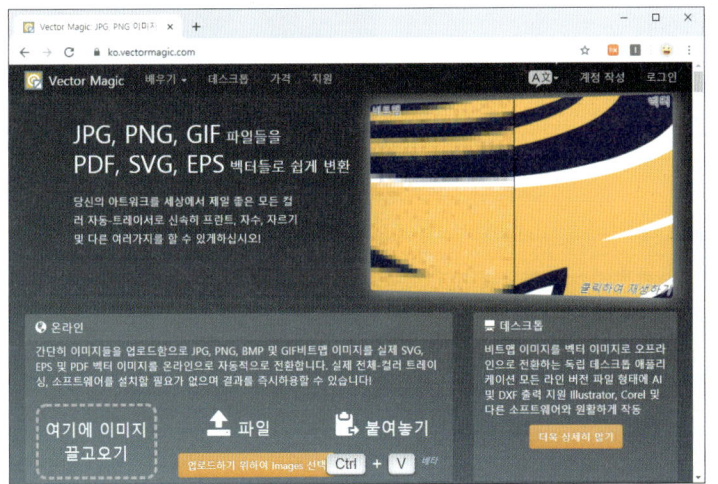

 잠깐만요 :: 다운로드 가능한 라이선스의 종류 살펴보기

이미지 다운로드 사이트에서 제공하는 라이선스는 다음과 같습니다. 이미지를 다운로드하기 전에 유료인지, 무료인지와 사용 가능 범위를 확인해야 합니다.

라이선스의 종류	특징
GPL(General Public License)	• 무료 라이선스 • GPL을 이용해서 만든 제품도 똑같이 무료로 제공되어야 한다는 것이 원칙
LGPL(Lesser General Public License)	• GPL을 변형하여 더욱 폭넓게 허가된 라이선스 • GPL과 LGPL의 두 가지 라이선스를 이용하여 상업적으로 활용하려면 좀 더 주의해야 함
Free for personal use only	• 개인 사용자만 무료 • 상업적으로는 사용 불가
Creative Commons(Attribution 3.0 Unported)	• 'CCL'이라고 표시 가능 • 특정 조건에 따라 저작물 배포를 허용하는 저작권 라이선스 중 하나

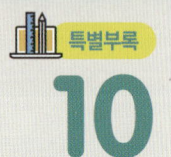

● 예제파일 : 특별부록\펭귄.jpg   ● 완성파일 : 특별부록\펭귄(완).jpg

특별부록 10 이미지에서 필요 없는 영역 제거하기

파워포인트 2010 버전부터는 [그림 도구]의 [서식] 탭-[조정] 그룹에서 [배경 제거]를 클릭하여 이미지의 배경을 제거할 수 있습니다.

▲ 파워포인트 2019에서 배경 제거하기

▲ 파워포인트 2019에서 보관할 영역 표시하기

파워포인트에서 배경은 제거할 수 있지만, 그림의 일부 영역을 제거하는 기능은 제공하지 않습니다. 하지만 윈도우 10에서 무료로 제공하는 '그림판 3D'를 이용하면 그림의 일부 영역을 제거할 수 있습니다.

1 윈도우에서 [시작] 단추(⊞)를 클릭하고 [그림판 3D]를 선택합니다.

> **Tip**
> 윈도우 10을 사용중인데 그림판 3D가 설치되어 있지 않다면 마이크로소프트 스토어(https://www.microsoft.com/ko-kr/store/apps/windows)에서 무료로 다운로드할 수 있습니다.

2 그림판 3D 프로그램이 실행되면 시작 화면에서 [열기]를 클릭합니다.

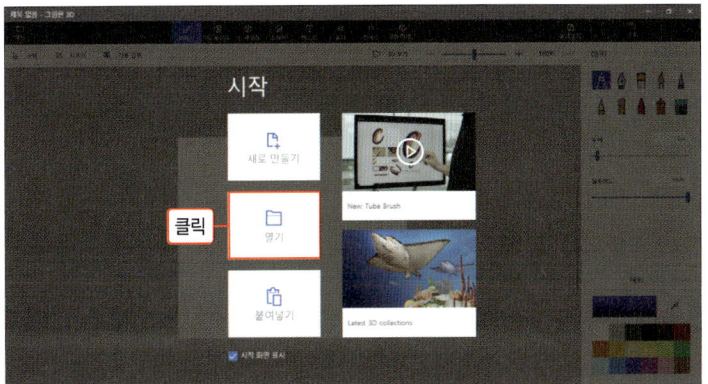

3 [열기] 화면에서 [파일 찾아보기]를 클릭합니다. [열기] 대화상자가 나타나면 부록 실습파일에서 '특별부록' 폴더의 '펭귄.jpg'를 선택하고 [열기]를 클릭하세요.

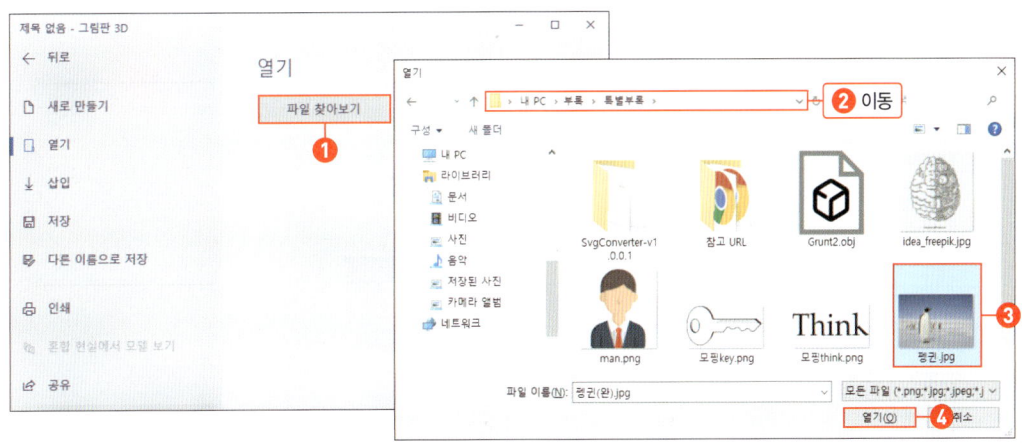

4 그림판 3D 프로그램에 불러온 그림 영역에서 가운데 펭귄만 남기고 나머지 펭귄 이미지는 삭제해 볼게요. [그림판 3D의 위쪽에서 [자동 선택]을 클릭합니다.

5 자동 영역이 실행되면 왼쪽에 있는 펭귄 그룹을 선택하고 '자동 선택'에서 [다음]을 클릭합니다.

6 자동 선택으로 지정한 펭귄 이미지가 선택되었는지 확인합니다.

7 누락된 그림 영역이 있으면 '자동 선택' 범주의 [추가] 기능을 이용하여 누락된 펭귄 이미지를 선택합니다. '자동 선택' 범주의 [배경 자동 채우기]에 체크되었는지 확인하고 [완료]를 클릭하세요.

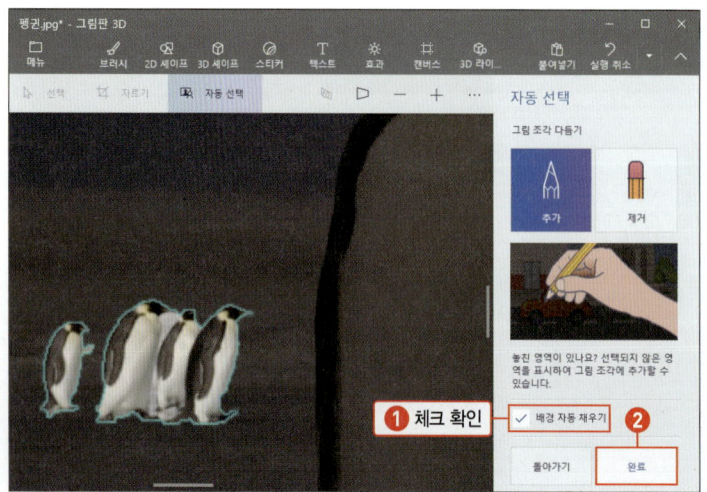

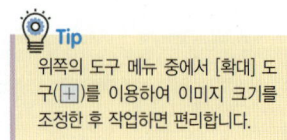

Tip
위쪽의 도구 메뉴 중에서 [확대] 도구(⊞)를 이용하여 이미지 크기를 조정한 후 작업하면 편리합니다.

8 자동 선택으로 작업한 펭귄 영역이 선택되었는지 확인합니다.

9 Delete 를 눌러 그림 영역에서 펭귄 이미지를 제거합니다.

> **잠깐만요 ::** **불필요한 이미지 영역을 제거해 주는 InPaint Online**
>
> ■ http://online.theinpaint.com
>
> 그림판 3D보다 좀 더 편리하게 이미지에서 불필요한 영역을 제거해 주는 사이트도 있습니다. InPaint Online에서는 설치용 프로그램도 제공하지만, 온라인에서 이미지의 불필요한 영역을 제거할 수 있어요. 작업이 완료된 이미지를 다운로드할 때 비용을 지불해야 하는 방식으로, 원본이 꼭 필요 없다면 불필요한 영역을 제거한 후 캡처해서 사용할 수도 있습니다.
>
>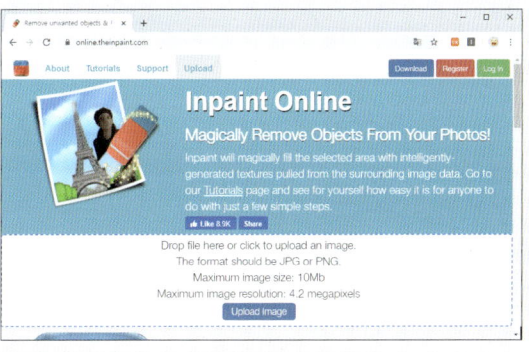

10 04~09 과정을 다시 작업하여 그림 영역의 오른쪽에 있는 펭귄 이미지를 삭제합니다.

 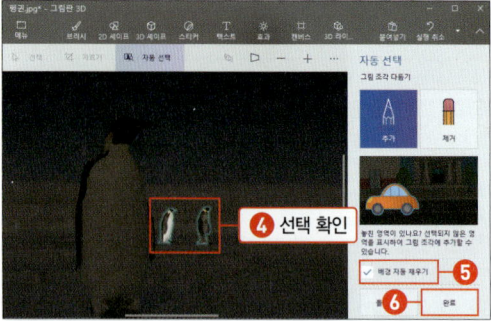

11 그림판 3D의 왼쪽 위에 있는 [메뉴](📋)를 선택하고 [다른 이름으로 저장]을 선택한 후 '복사본으로 저장' 범주에서 [이미지]를 클릭하여 저장합니다.

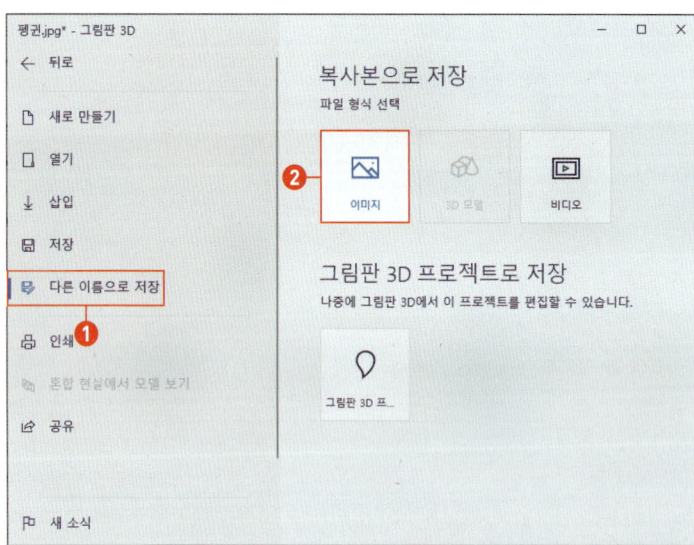

특별부록 11
파워포인트의 모핑 전환 효과로 프레지 효과 연출하기

● 예제파일 : 특별부록\모핑key.png, 모핑think.png ● 완성파일 : 특별부록\모핑화면전환.mp4, 모핑화면전환.pptx

1 파워포인트에서 새 프레젠테이션 문서를 열고 [홈] 탭-[슬라이드] 그룹에서 [레이아웃]을 클릭한 후 'Office 테마'의 [빈 화면]을 선택합니다.

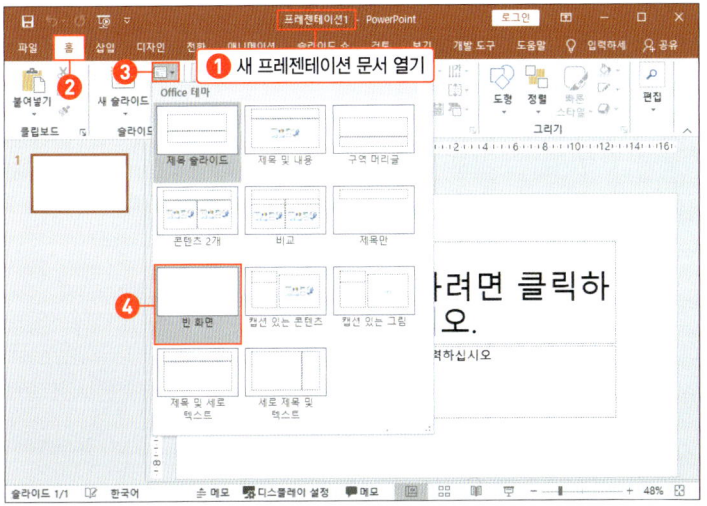

> **Tip**
> 파워포인트 2019 버전과 마이크로소프트 365용 파워포인트에 추가된 '모핑' 전환 기능을 이용하면 슬라이드와 슬라이드 간에 개체를 자연스럽게 이동하고 내용 흐름을 부드럽게 연결할 수 있습니다. 그리고 파워포인트 애니메이션의 이동 경로 효과와 강조의 크게/작게 기능을 이용해서 복잡하게 작업할 필요가 없습니다. MSI로 설치된 파워포인트 2016(빌드 16.0.4358.1000 이상)에서는 파워포인트 2019와 마이크로소프트 365에서 만들어진 모핑 전환 재생을 지원합니다.

2 작업할 슬라이드가 빈 화면으로 나타나면 [삽입] 탭-[이미지] 그룹에서 [그림]을 클릭합니다.

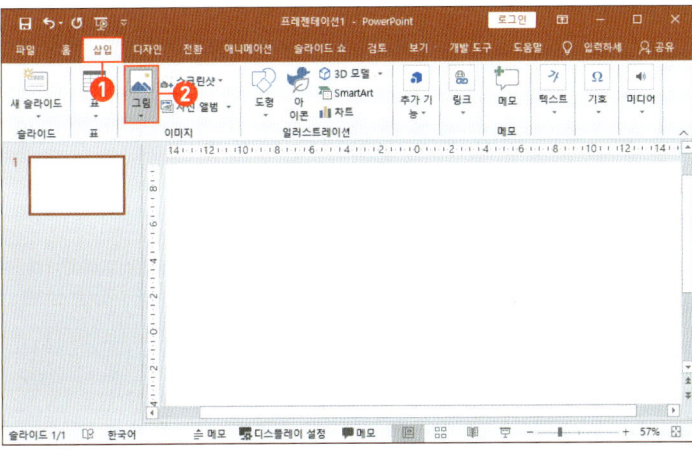

417

3 [그림 삽입] 대화상자가 나타나면 Ctrl 을 이용해 부록 실습파일에서 '특별부록' 폴더의 '모핑key.png'와 '모핑think.png'를 차례대로 선택하고 [삽입]을 클릭합니다.

4 삽입한 'Think' 이미지만 선택하고 크기를 조절하여 슬라이드의 가운데에 배치합니다. [홈] 탭-[편집] 그룹에서 [선택]을 클릭하고 [선택 창]을 선택합니다.

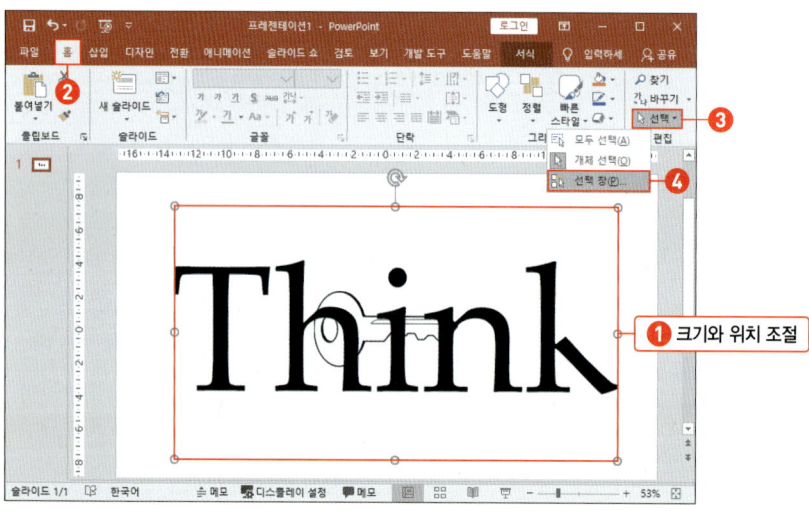

5 화면의 오른쪽에 [선택] 창이 나타나면 [그림 4]를 선택하여 열쇠 이미지만 선택하고 [선택] 창을 닫습니다.

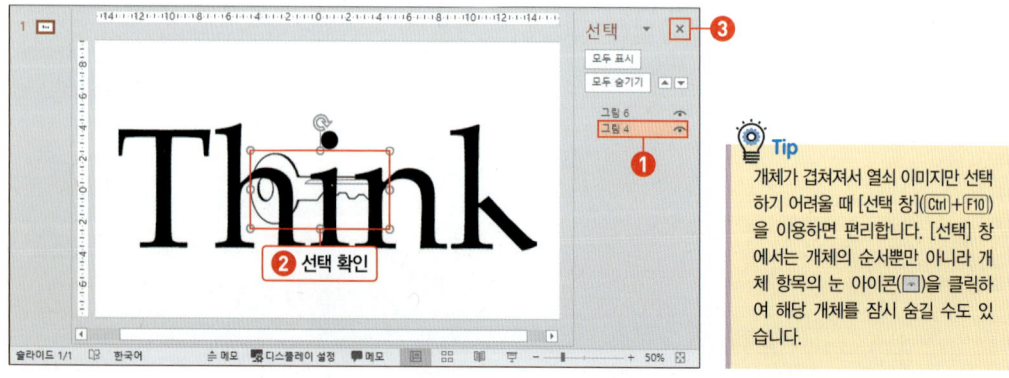

Tip
개체가 겹쳐져서 열쇠 이미지만 선택하기 어려울 때 [선택 창](Ctrl + F10)을 이용하면 편리합니다. [선택] 창에서는 개체의 순서뿐만 아니라 개체 항목의 눈 아이콘( )을 클릭하여 해당 개체를 잠시 숨길 수도 있습니다.

6 열쇠 이미지의 크기를 조절하고 'Think'의 'K' 부분으로 드래그하여 겹치지 않게 배치합니다.

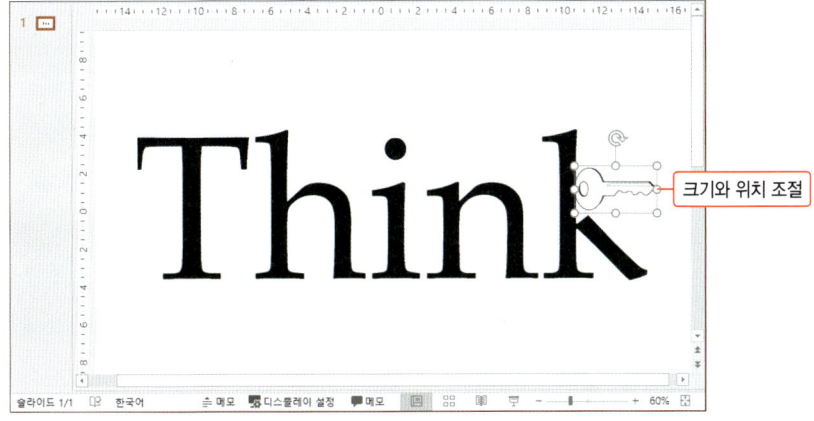

7 Alt를 누른 상태에서 ←를 2번 눌러 20도 간격으로 회전합니다. 열쇠 이미지가 알파벳 K의 한 획처럼 표시되었으면 Ctrl+A를 눌러 모든 개체를 선택하고 Ctrl+G를 눌러 그룹으로 묶습니다.

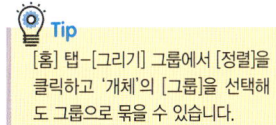

Tip
[홈] 탭-[그리기] 그룹에서 [정렬]을 클릭하고 '개체'의 [그룹]을 선택해도 그룹으로 묶을 수 있습니다.

8 슬라이드 미리 보기 창에서 1번 슬라이드를 선택하고 Ctrl+D를 눌러 복제합니다.

419

9 다시 1번 슬라이드를 선택하고 그림을 선택한 후 Alt 를 누른 상태에서 →를 두 번 눌러 열쇠 이미지를 수평으로 배치합니다. 열쇠 이미지가 슬라이드 중앙에 위치하도록 크기를 조절하세요.

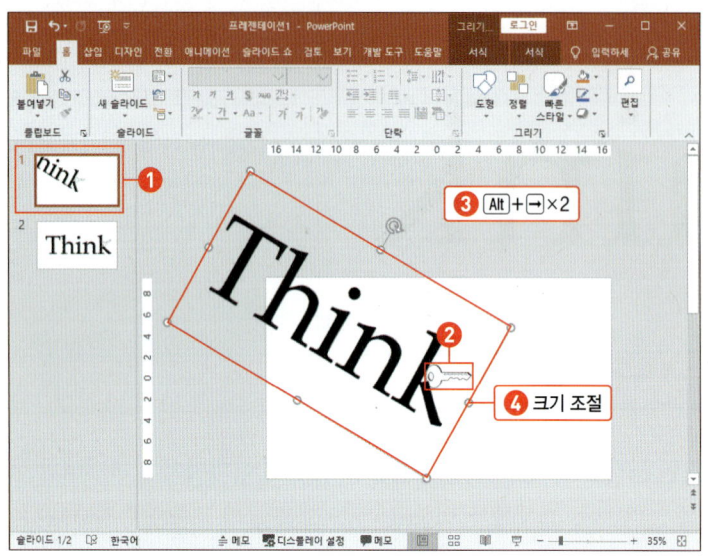

> **Tip**
> Ctrl 을 누른 상태에서 마우스휠을 위아래로 굴리면 슬라이드 작업 창을 확대 또는 축소할 수 있습니다.

10 [삽입] 탭-[텍스트] 그룹에서 [텍스트 상자]의 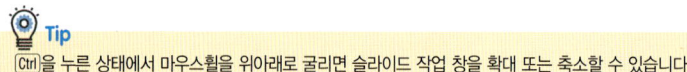를 클릭하고 [가로 텍스트 상자 그리기]를 클릭합니다. 열쇠 이미지의 위에 텍스트 상자를 삽입하고 『문제 해결을 위한 열쇠는』을 입력한 후 텍스트의 크기를 조절합니다.

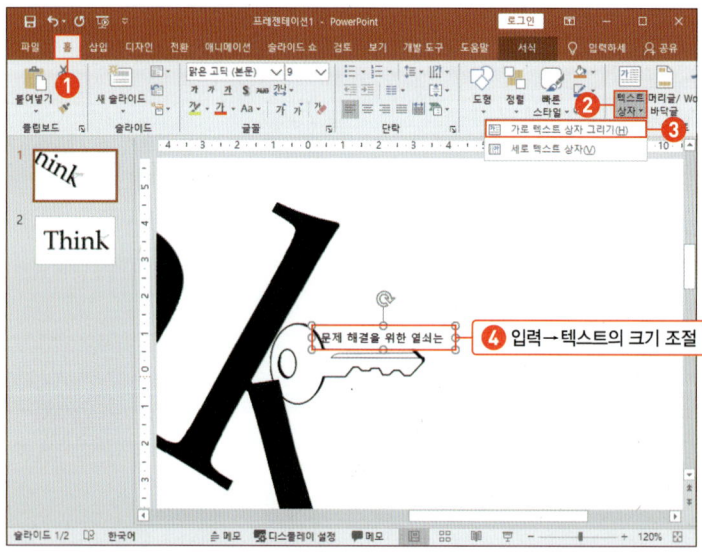

11 2번 슬라이드를 선택하고 [삽입] 탭-[텍스트] 그룹에서 [텍스트 상자]의 텍스트상자를 클릭한 후 [가로 텍스트 상자 그리기]를 선택해서 'Think'의 아래쪽에 '생각 정리에서부터 시작됩니다.'를 입력하고 텍스트의 크기를 조절합니다. [전환] 탭-[슬라이드 화면 전환] 그룹에서 [모핑]을 클릭하여 화면 전환 효과를 지정합니다.

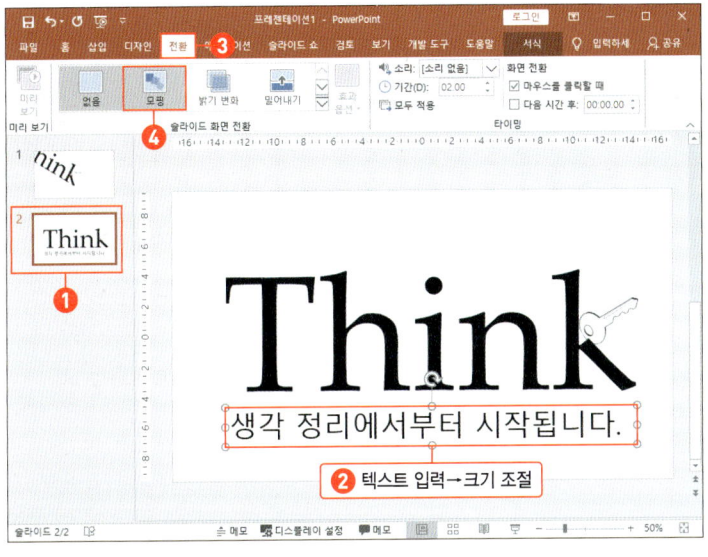

12 1번 슬라이드를 선택하고 열쇠 이미지만 잘 표시되도록 지정해 볼께요. 'Think' 개체를 선택하고 [그림 도구]의 [서식] 탭-[조정] 그룹에서 [수정]을 선택한 후 [그림 수정 옵션]을 선택합니다.

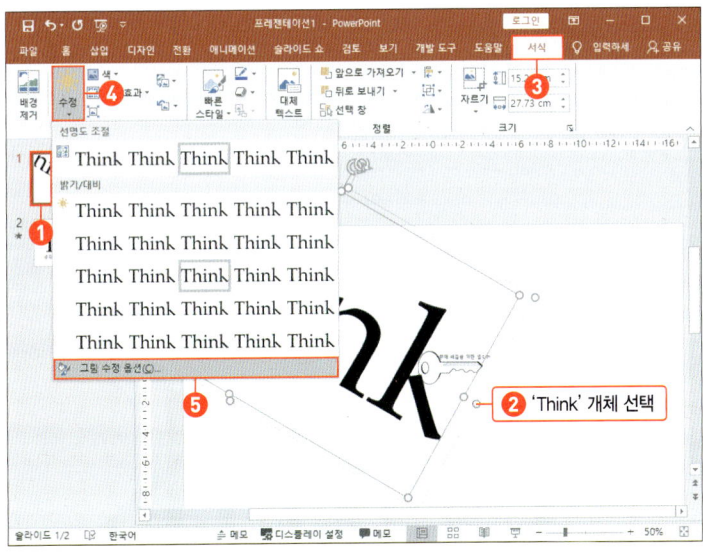

13 화면의 오른쪽에 [그림 서식] 창이 나타나면 [그림]( )에서 '밝기/대비'의 '밝기'를 [100%]로 지정합니다. 'Think' 개체가 흰색으로 변경되면 [그림 서식] 창을 닫고 F5 를 누릅니다.

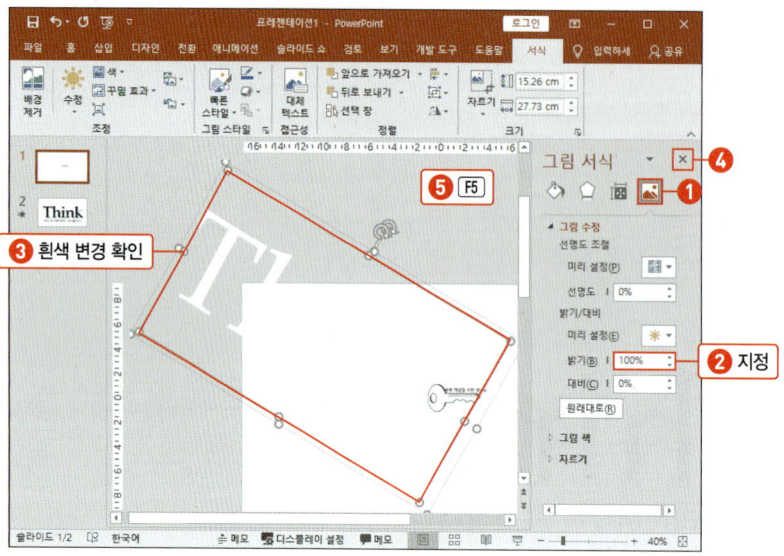

14 슬라이드 쇼가 실행되면 자연스럽게 화면이 전환되면서 1번 슬라이드와 2번 슬라이드가 연결되어 표시됩니다.

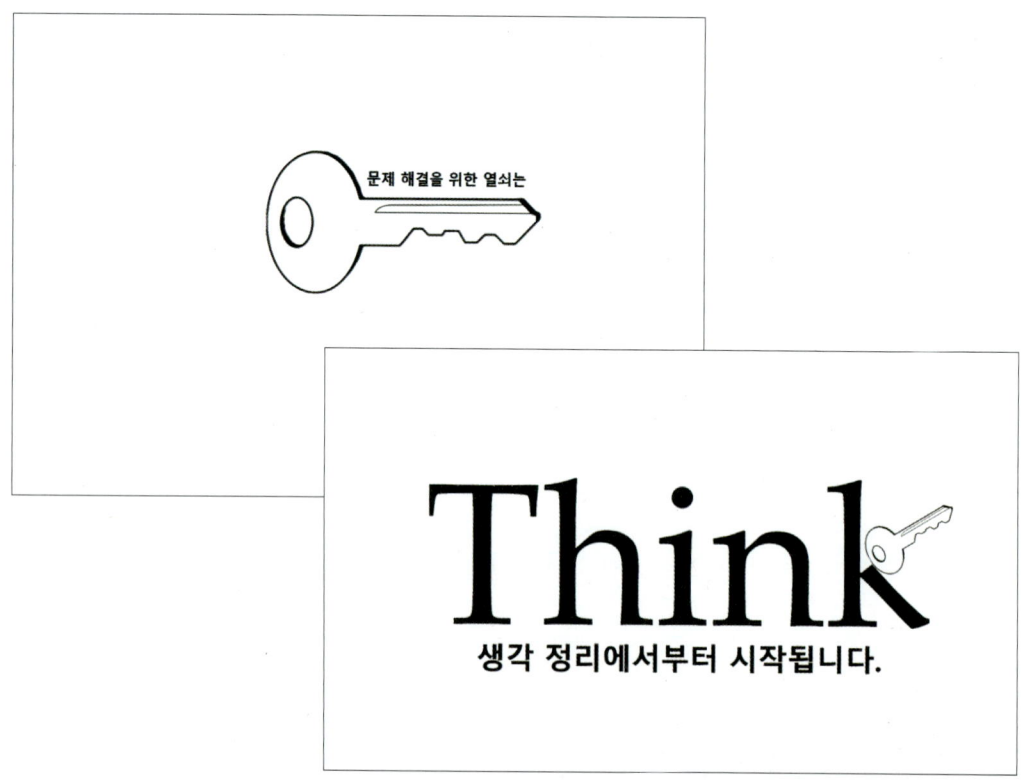

PowerPointLabs 기능으로 애니메이션 효과 쉽게 사용하기

특별부록 12

● 예제파일 : 특별부록\이동애니메이션.pptx ● 완성파일 : 특별부록\이동애니메이션(완).ppsx

1 PowerPointLabs 사이트(powerpointlabs.info)에 접속하고 [Grab it while it's free]를 클릭합니다.

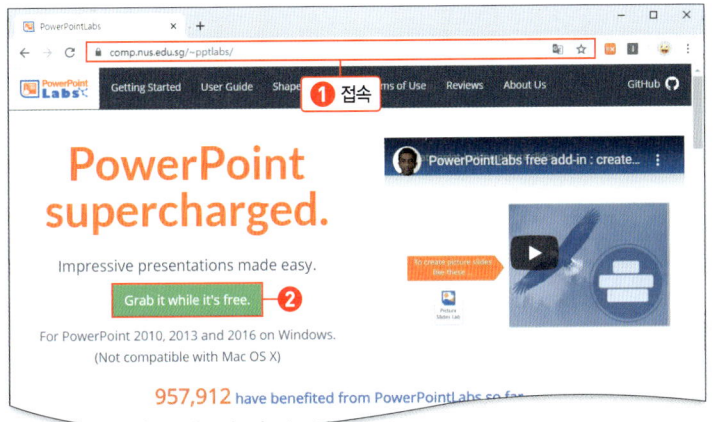

> **Tip**
> 파워포인트로 발표할 경우 애니메이션 효과를 잘 사용하면 청중들이 내용을 이해하는 데 도움이 되고, 청중들이 발표자의 설명보다 앞서 나가지 못하도록 단계적으로 내용을 표시하는 데도 효과적입니다. 하지만 애니메이션 효과를 설정하는 데 너무 많은 시간이 걸리기 때문에 쉬운 작업은 아닙니다. 애니메이션 작업을 쉽게 도와주는 PowerPointLabs 기능은 싱가포르 국립대학교의 컴퓨터전공팀에서 개발한 파워포인트 추가 기능으로, 파워포인트 2010 버전부터 사용이 가능하고 무료로 제공되고 있습니다.

2 프로그램을 다운로드하려면 간단한 설문 조사 과정을 거쳐야 합니다. 이메일 주소와 사용중인 버전을 체크하면 입력한 이메일 주소로 다운로드 링크가 전송되므로 항목을 입력한 후에는 [제출]을 클릭합니다.

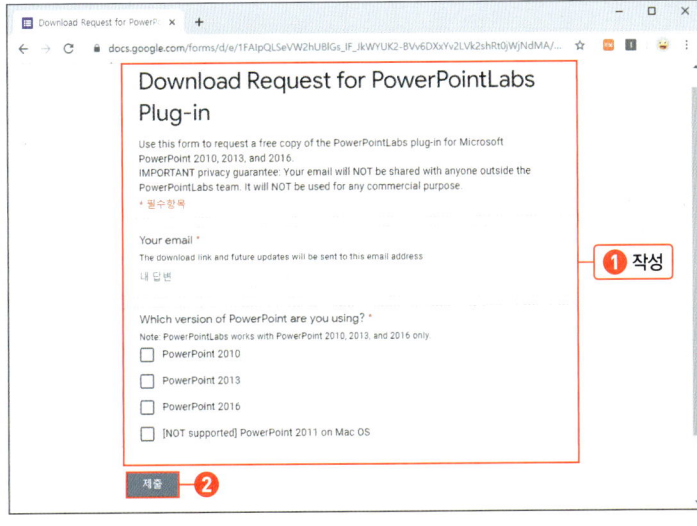

423

3 설문 조사를 제출 완료하면 다운로드 파일 링크 화면이 표시됩니다. 링크를 클릭하여 파일을 다운로드하세요.

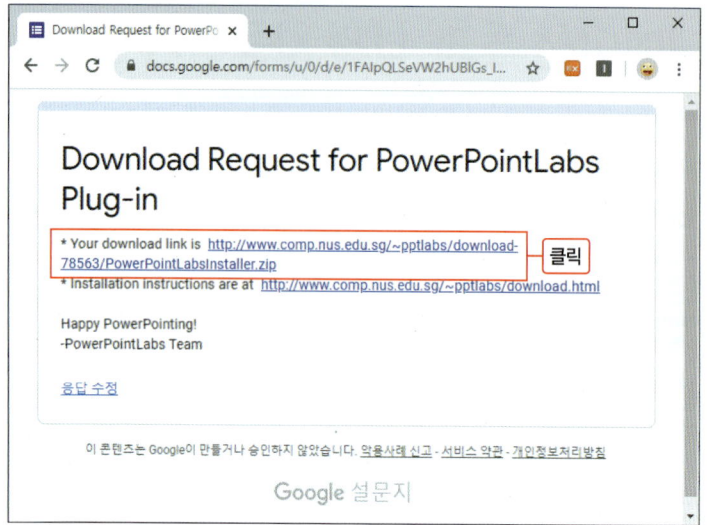

4 다운로드한 'PowerPointLabsInstaller.zip'의 압축을 해제하고 'setup.exe'를 클릭하여 설치를 시작합니다. 설치 프로그램이 표시되면 [Start installation]을 클릭하여 설치를 진행합니다.

 Tip

PowerPointLabs 프로그램은 매크로 기능을 이용한 추가 기능이 아니라 VSTO(Visual Studio Tools for Office) 도구를 이용한 프로그램입니다. 그리고 추가 설치 프로그램을 설치하려면 인터넷에 연결되어 있어야 합니다. 'setup.exe' 파일을 클릭하면 컴퓨터 환경에 따라 (.NET framework 3.5, NET 2.0 및 3.0 포함) 기능을 다운로드하라는 안내가 표시될 수 있으므로 해당 윈도우 기능을 설치해야 합니다.

5 설치 관련 메시지가 표시되면 [설치]를 클릭하여 계속 설치합니다.

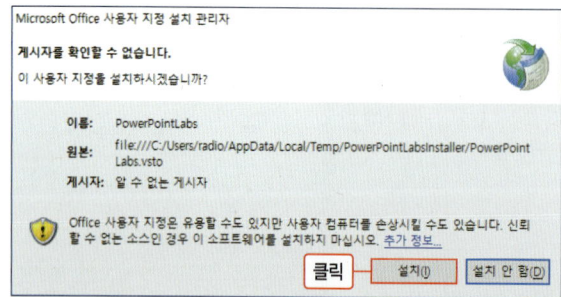

6 설치가 완료되면 파워포인트가 자동 실행되면서 리본 메뉴에 [PowerPointLabs] 탭이 추가되고 Tutorial 파일이 열립니다.

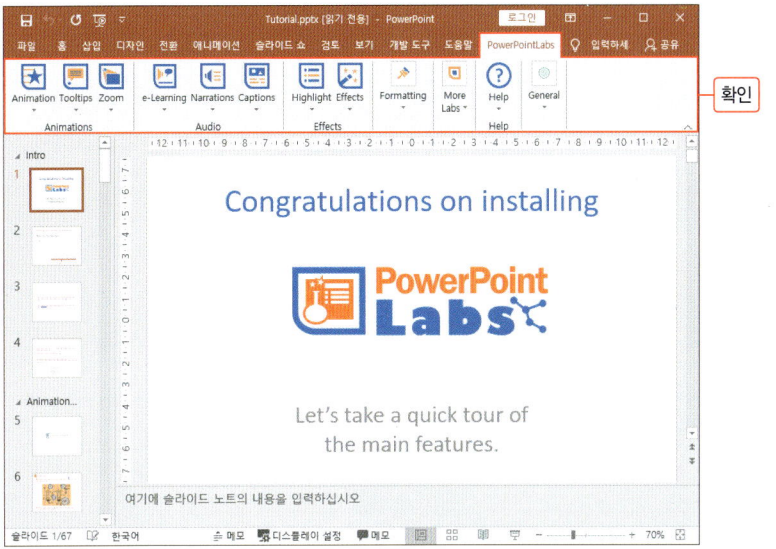

7 PowerPointLabs를 이용하여 모핑 전환 효과와 유사한 기능을 쉽게 만들 수 있습니다. 부록 실습파일에서 '특별부록' 폴더의 '이동애니메이션.pptx'를 실행하고 1번 슬라이드에서 [PowerPointLabs] 탭-[Animations] 그룹의 [Animation]-[Add Animation Slide]를 선택합니다.

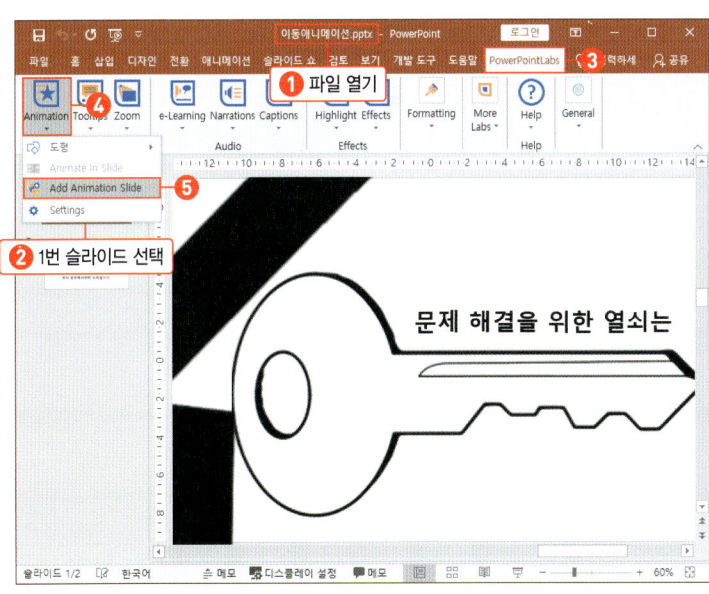

425

8 [Add Animation Slide]를 클릭만 해도 애니메이션 작업이 완료되었습니다. 자동으로 2번 슬라이드와 4번 슬라이드가 추가되지만, 새로 추가된 슬라이드는 슬라이드 쇼를 실행할 때 표시되지 않습니다. 추가된 4번 슬라이드는 숨김 슬라이드이기 때문에 삭제해도 애니메이션 효과에 영향을 미치지 않습니다.

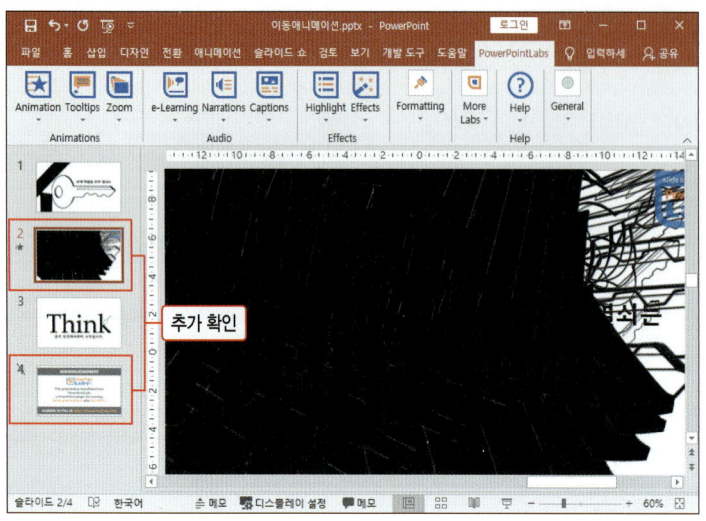

9 F5를 눌러 슬라이드 쇼를 실행하고 자동으로 설정되어 모핑 효과와 비슷하게 동작하는 애니메이션 효과를 확인합니다.

10 2번 슬라이드를 선택하고 [애니메이션] 탭-[고급 애니메이션] 그룹에서 [애니메이션 창]을 클릭합니다. 화면의 오른쪽에 [애니메이션 창]이 나타나면 복잡한 효과가 자동으로 만들어진 애니메이션을 확인할 수 있습니다.

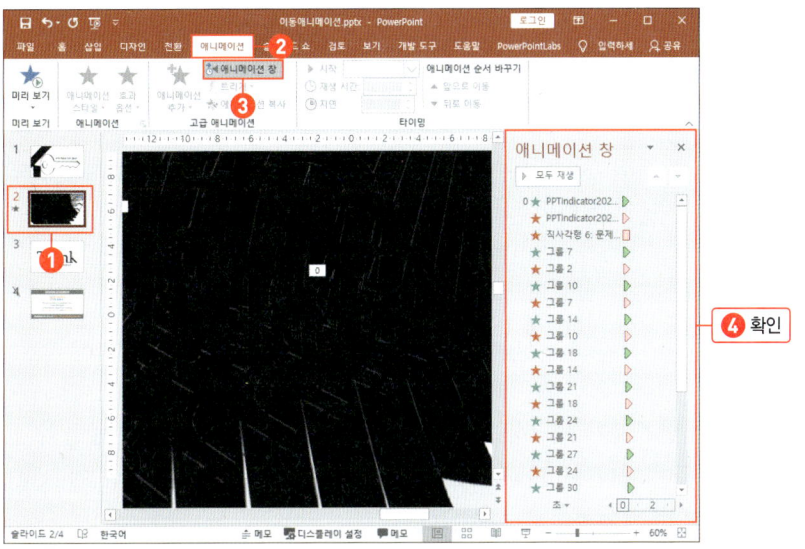

 Tip
PowerPointLabs 기능을 이용할 경우 모핑 효과에서 Think 이미지의 밝기를 조정하여 흰색으로 만들지 않아야 훨씬 자연스럽게 표시됩니다.
PowerPointLabs를 이용해서 만든 애니메이션 효과는 파워포인트 2007에서도 정상적으로 작동합니다.

잠깐만요 :: 리본 메뉴에서 'PowerPointLabs' 기능 숨기기

'PowerPointLabs'와 같은 추가 기능은 사용하지 않을 경우에는 리본 메뉴에서 보이지 않게 잠시 숨길 수 있습니다. [개발 도구] 탭-[추가 기능] 그룹에서 [COM 추가 기능]을 선택합니다. [COM 추가 기능] 대화상자가 나타나면 [PowerPointLabs]의 체크를 해제하고 [확인]을 클릭합니다.

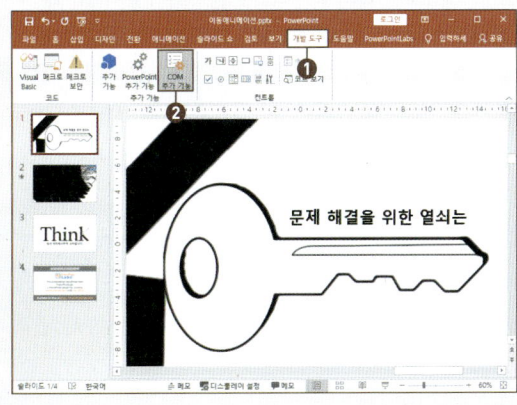
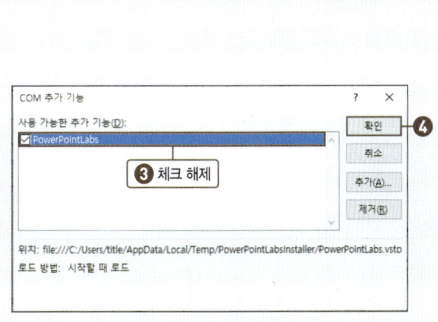

427

● 예제파일 : 특별부록\텍스트강조.pptx, 강조효과.pptx, 시선고정.pptx
● 완성파일 : 특별부록\텍스트Pt강조.pptx, 텍스트Bg강조.pptx, 강조효과(완).pptx, 시선고정(완).pptx

PowerPointLabs에서 제공하는 애니메이션 효과 살펴보기

PowerPointLabs 기능을 이용하면 복잡한 애니메이션 효과를 몇 번의 클릭만으로 쉽게 지정할 수 있습니다. PowerPointLabs에서 제공하는 다양한 기능 중에서 실무에 활용도가 높고 유용한 기능을 소개하겠습니다.

1 텍스트 강조하기

텍스트로 구성된 슬라이드에서 발표자가 설명하는 단락이나 단어가 강조 표시되면 청중들의 집중도를 크게 향상시키는 데 도움이 됩니다. [PowerPointLabs] 탭-[Effects] 그룹에서 [Highlight]를 클릭하면 텍스트 강조 효과를 쉽게 연출할 수 있습니다.

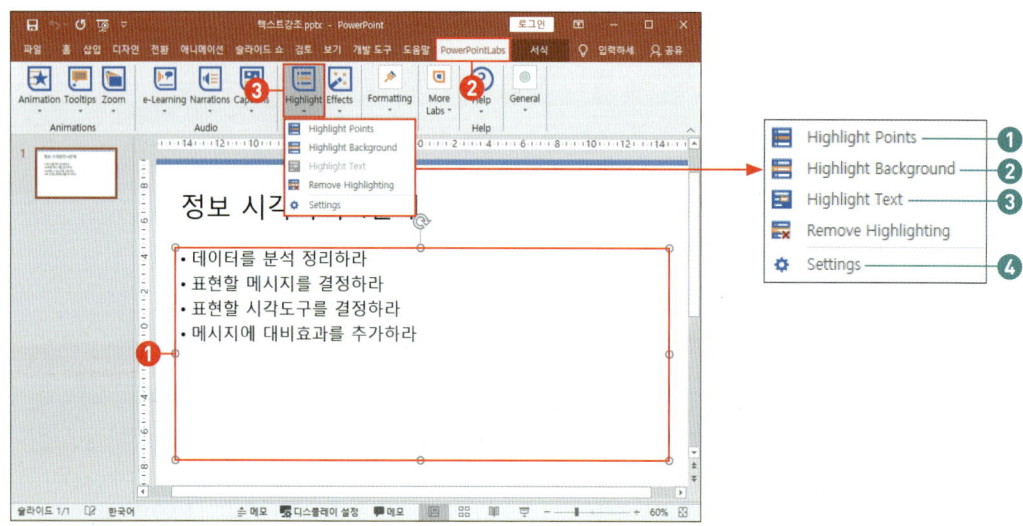

❶ Highlight Points : 슬라이드 쇼를 실행하면 클릭할 때마다 텍스트 단락이 붉은색으로 강조되어 표시됩니다.

❷ Highlight Background : 슬라이드 쇼에서 슬라이드를 클릭할 때마다 텍스트 배경이 강조되어 표시됩니다.

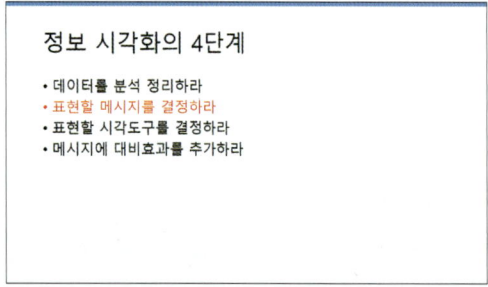

▲ Highlight Points 애니메이션 효과　　　　▲ Highlight Background 애니메이션 효과

❸ **Highlight Text** : 슬라이드 쇼에서 특정 단어를 강조하여 표시합니다.
❹ **Settings** : 슬라이드 쇼에서 강조 색을 변경합니다.

> **Tip**
> 부록 실습파일의 '특별부록' 폴더에서 제공하는 '텍스트Pt강조.pptx'와 '텍스트Bg강조.pptx'에서 애니메이션 효과를 확인할 수 있습니다.

2 선택한 영역을 스포트라이트해서 강조하기 – Spotlight

시스템 개요나 구성도 등 슬라이드의 내용이 복잡하게 구성되어 있을 경우 설명하는 부분을 강조해서 표시하면 청중들의 시선을 효과적으로 집중시킬 수 있습니다. [삽입] 탭-[일러스트레이션] 그룹에서 [도형]을 클릭하고 '사각형'의 [직사각형]()을 클릭한 후 강조할 영역에서 드래그하여 직사각형을 그립니다. [PowerPointLabs] 탭-[Effects] 그룹에서 [Effects]를 클릭하고 [Spotlight]-[Create Spotlight]를 선택한 후 F5 를 누릅니다.

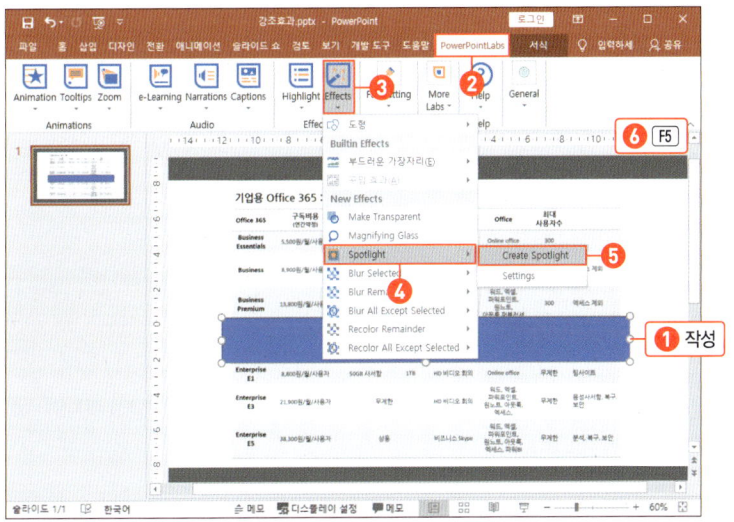

슬라이드 쇼가 실행되면 슬라이드를 클릭해서 화면을 전환할 때마다 사각형으로 선택된 영역이 강조되어 표시됩니다.

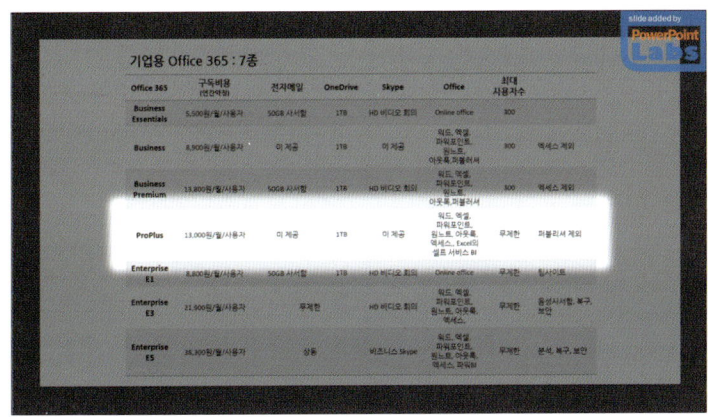

▲ Create Spotlight 애니메이션 효과 지정하기

> **Tip**
> [PowerPointLabs] 탭-[Effects] 그룹에서 [Effects]를 클릭하고 [Spotlight]-[Settings]를 선택하여 Spotlight Transparency 값을 조절하면 Spotlight의 밝기를 조절할 수 있습니다. 부록 실습파일의 '특별부록' 폴더에서 제공하는 '강조효과(완).pptx'에서 애니메이션 효과를 확인할 수 있습니다.

3 주목할 부분을 애니메이션으로 표시하기 - Animate In Slide

[삽입] 탭-[일러스트레이션] 그룹에서 [도형]을 클릭하고 '사각형'의 [직사각형](□)을 클릭한 후 강조하려는 부분에 주황색 점선 사각형을 그립니다. Ctrl 을 이용해서 강조하려는 주황색 점선 사각형을 모두 선택하고 [PowerPointLabs] 탭-[Animations] 그룹에서 [Animation]-[Animate In Slide]를 선택한 후 F5 를 누릅니다.

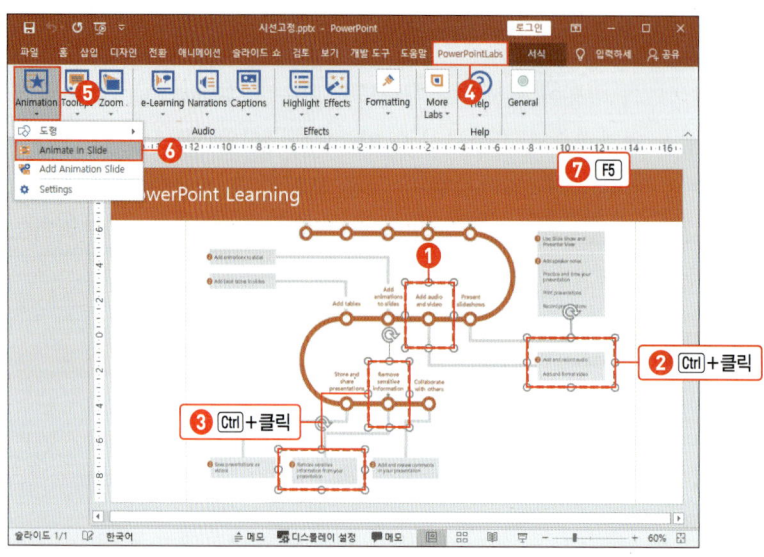

 Tip
주황색 점선 사각형은 직사각형을 더블클릭하여 [도형 서식] 창을 열고 선의 모양과 색을 지정하세요.

슬라이드 쇼가 실행되면 슬라이드를 클릭해서 화면을 전환할 때마다 선택한 도형만 차례대로 표시되어 청중들의 시선을 주목시킬 수 있습니다.

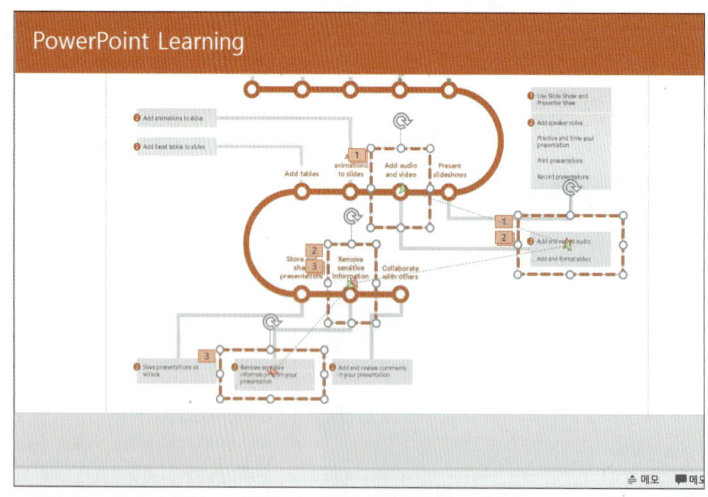

▲ Animate in Slide 애니메이션 효과 지정하기

 Tip
부록 실습파일의 '특별부록' 폴더에서 제공하는 '시선고정(완).pptx'에서 애니메이션 효과를 확인할 수 있습니다. PowerPointLabs의 좀 더 다양한 기능은 'Tutorial.pptx'를 참고하세요.

● 예제파일 : 특별부록\확대축소.pptx　● 완성파일 : 특별부록\확대축소(완).pptx, 확대축소.mp4

확대/축소 기능으로 생동감 넘치는 발표 자료 만들기

파워포인트 2019 버전과 마이크로소프트 365용 파워포인트를 사용하면 [삽입] 탭-[링크] 그룹에서 [확대/축소]를 사용할 수 있습니다. 확대/축소 기능을 이용하면 프레지(Prezi, www.prezi.com)에서 보여주는 ZUI(Zooming User Interface) 방식의 생동감 넘치는 애니메이션을 연출할 수 있습니다. 이번에는 1번 슬라이드에서 각 번호에 2~9번 슬라이드를 확대/축소 기능으로 삽입하고 각 번호를 클릭할 때마다 삽입된 슬라이드가 확대 표시되도록 지정해 보겠습니다.

1 슬라이드 미리 보기 창의 1번 슬라이드와 2번 슬라이드의 사이에서 마우스 오른쪽 단추를 클릭하고 [구역 추가]를 선택합니다.

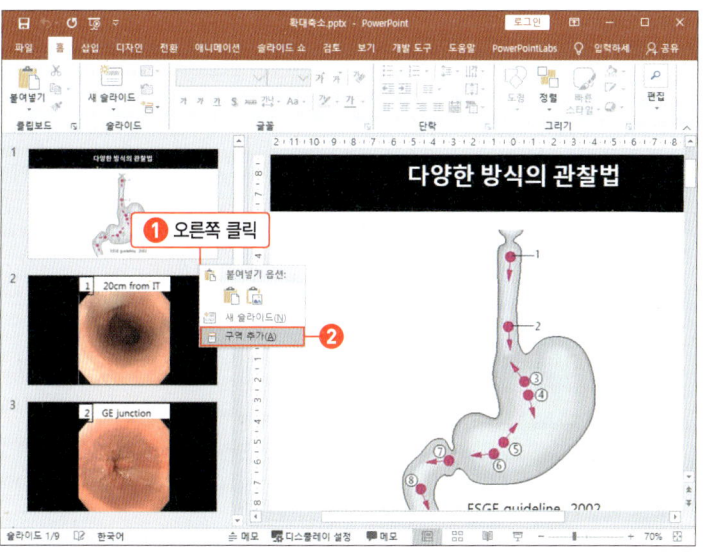

2 [구역 이름 바꾸기] 대화상자가 나타나면 구역 이름을 지정하고 [이름 바꾸기]를 클릭합니다.

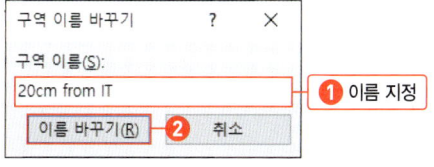

3 2 과정에서 지정한 구역 이름을 확인하고 각 슬라이드마다 구역을 추가합니다. 1번 슬라이드를 선택하고 [삽입] 탭-[링크] 그룹에서 [확대/축소]를 클릭한 후 [구역 확대/축소]를 선택합니다.

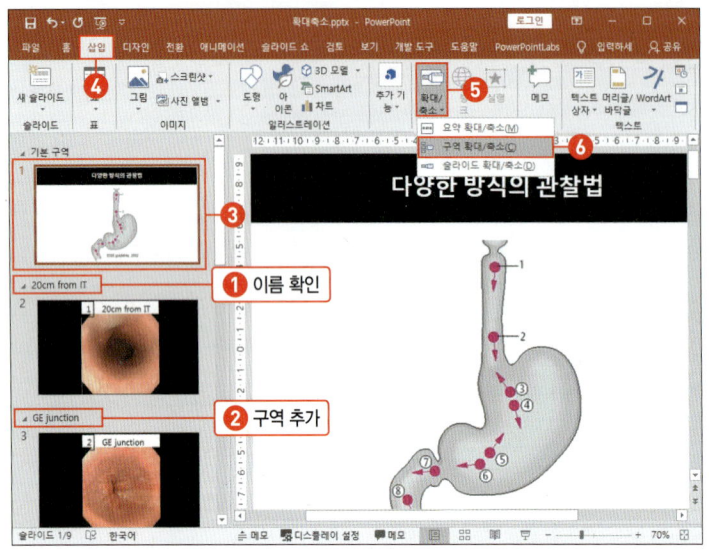

> **Tip**
> 이렇게 구역을 추가한 상태에서 확대/축소 기능을 이용하면 해당 구역이 확대 표시되었다가 구역의 끝에서는 자동으로 축소 페이지로 이동합니다.

4 [구역 확대/축소 삽입] 대화상자가 나타나면 [섹션2]부터 [섹션9]까지 모두 체크하고 [삽입]을 클릭합니다.

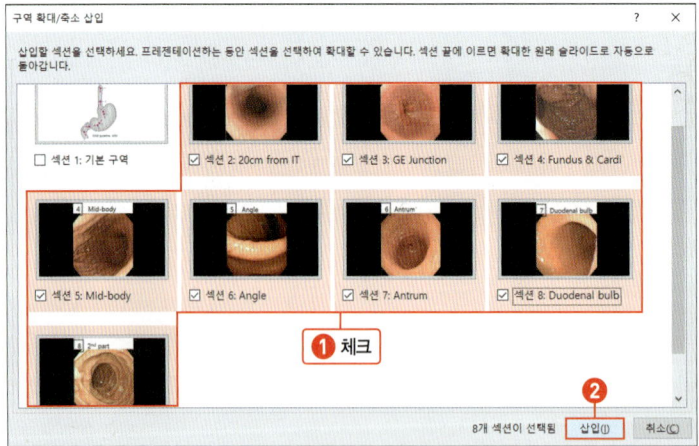

432

5 8개의 축소 슬라이드가 삽입되면 크기를 작게 조절하고 각 번호에 맞게 배치한 후 F5 를 누릅니다.

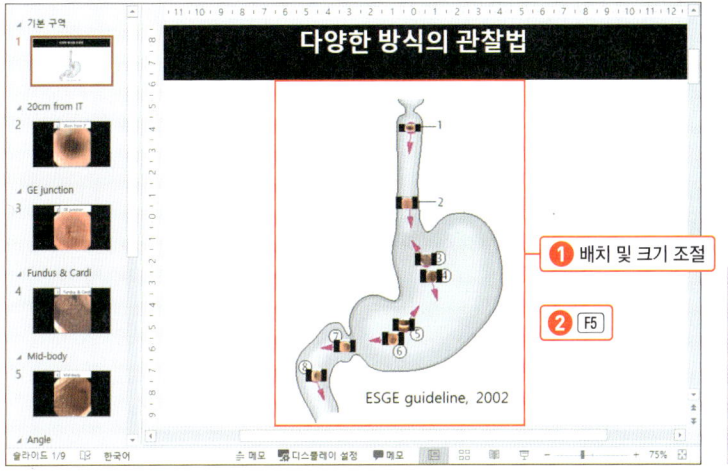

> **Tip**
> 슬라이드 편집 화면에서 Ctrl+마우스 스휠을 움직여서 슬라이드 편집 화면의 크기를 조절하여 작업할 수 있습니다. 이때 특정 개체를 선택한 후 조절하면 선택한 개체를 중심으로 슬라이드가 확대/축소됩니다.

6 슬라이드 쇼가 실행되면 1번 슬라이드에 삽입된 3번 축소 슬라이드를 클릭합니다.

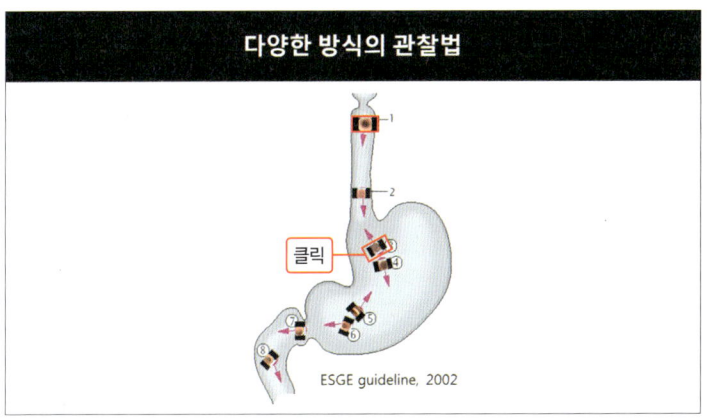

7 3번 축소 슬라이드가 전체 화면으로 확대 표시되는지 확인합니다. 슬라이드를 다시 클릭하면 전체 그림인 1번 슬라이드로 되돌아갑니다.

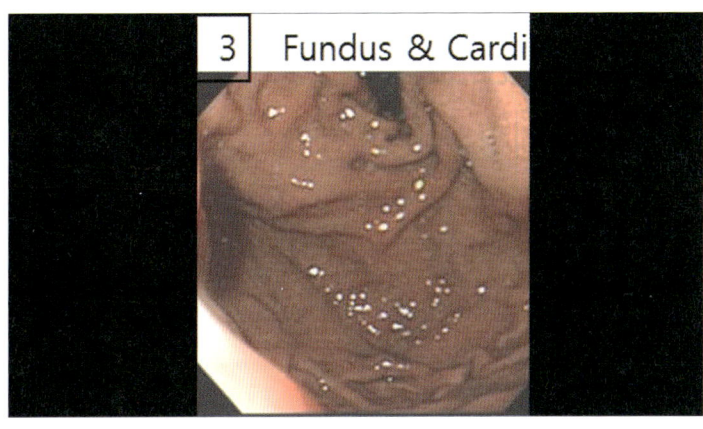

> **Tip**
> 슬라이드 쇼를 실행한 후 축소 슬라이드를 클릭할 필요 없이 슬라이드 화면을 클릭하면 삽입된 축소 슬라이드의 순서대로 표시됩니다. 원하는 축소 슬라이드를 클릭하면 해당 슬라이드가 표시되는데, 부록 CD의 '특별부록' 폴더에서 제공하는 '확대축소.mp4'를 실행하면 확대/축소 동작 화면을 확인할 수 있습니다.

8 1번 슬라이드에 삽입된 축소 슬라이드를 표시하지 않으려면 축소 슬라이드를 이미지로 교체하여 사용할 수 있습니다. 1번 슬라이드에서 첫 번째 축소 슬라이드를 선택하고 [확대/축소 도구]의 [서식] 탭-[확대/축소 옵션] 그룹에서 [이미지 변경]의 를 클릭합니다.

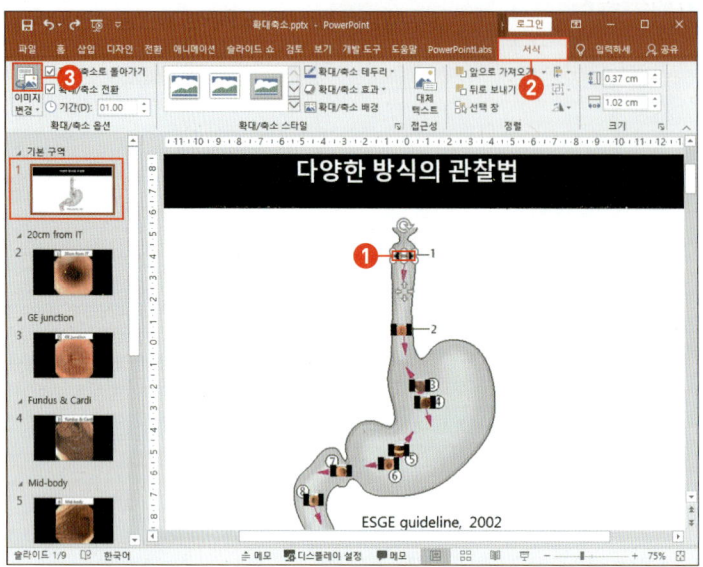

9 [그림 삽입] 창이 나타나면 [파일에서]를 선택합니다.

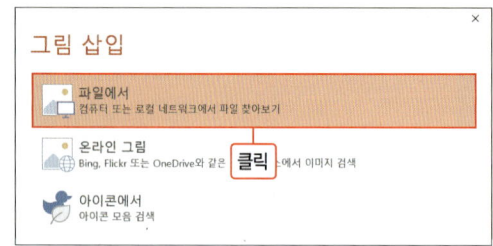

10 [그림 삽입] 대화상자가 나타나면 부록 실습파일에서 '특별부록' 폴더의 '확대축소대체.png'를 선택하고 [삽입]을 클릭합니다.

11 Ctrl+마우스휠을 굴려서 슬라이드를 확대한 후 축소 슬라이드가 '확대축소대체.png'로 대체 되었는지 확인합니다. '확대축소대체.png'를 1번 슬라이드의 그림에 맞춰 정렬합니다.

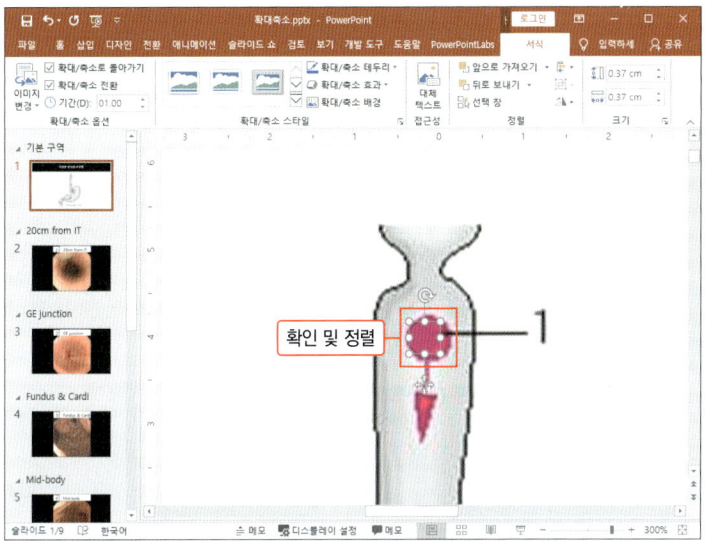

12 이와 같은 방법으로 1번 슬라이드에 삽입된 모든 축소 슬라이드에 이 과정을 지정합니다.

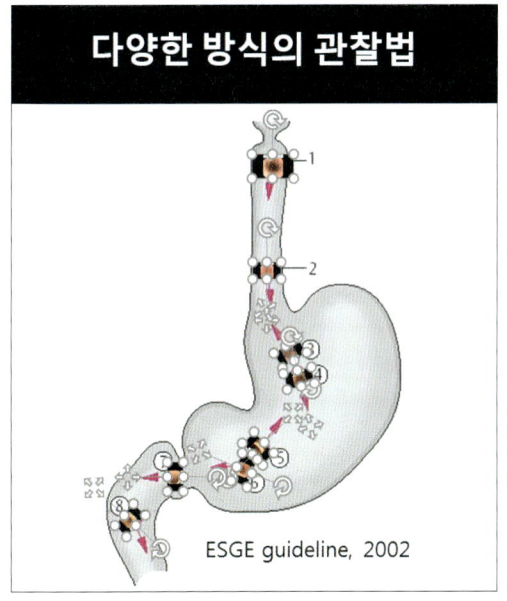

▲ 축소 슬라이드 이미지를 변경하기 전

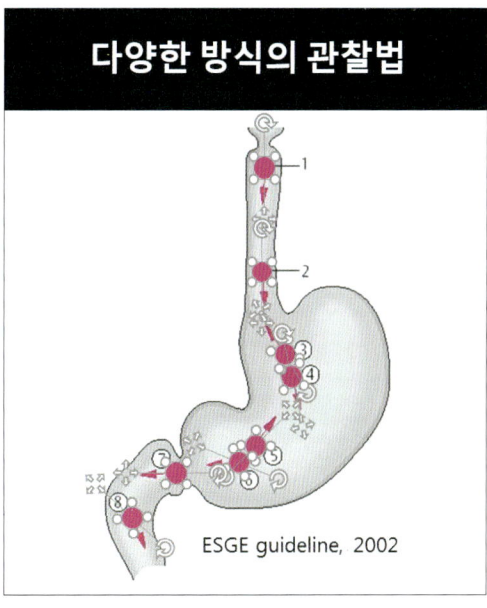

▲ 축소 슬라이드 이미지를 변경한 후

> **Tip**
> [확대/축소 도구]의 [서식] 탭-[확대/축소 옵션] 그룹의 [기간]에서 확대/축소할 때의 전환 시간을 조절할 수 있습니다.

3D 모델로 입체감 있는 프레젠테이션 발표하기

윈도우 출시와 함께 32년 동안 사용되었던 그림판(Microsoft Paint)은 2017년 가을부터 사용할 수 없습니다. 대신 윈도우 10에 3D 뷰와 그림판 3D, 3D 빌더(3D Builder)가 포함되면서 파워포인트 2019 버전과 마이크로소프트 365용 파워포인트에 3D 모델을 삽입하여 입체감 있는 프레젠테이션을 작성할 수 있게 되었습니다.

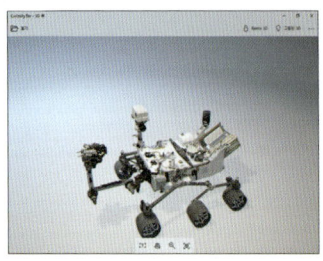

▲ 3D 뷰

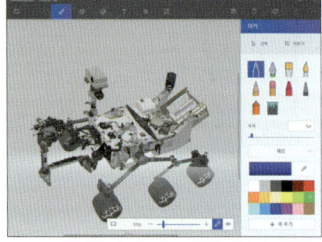

▲ 그림판 3D

▲ 3D 빌더

1 [삽입] 탭-[일러스트레이션] 그룹에서 [3D 모델]을 클릭하고 [파일에서]를 선택합니다. [3D 모델 삽입] 대화상자가 나타나면 부록 실습파일에서 '특별부록' 폴더의 'Grunt2.obj'를 선택하고 [삽입]을 클릭합니다.

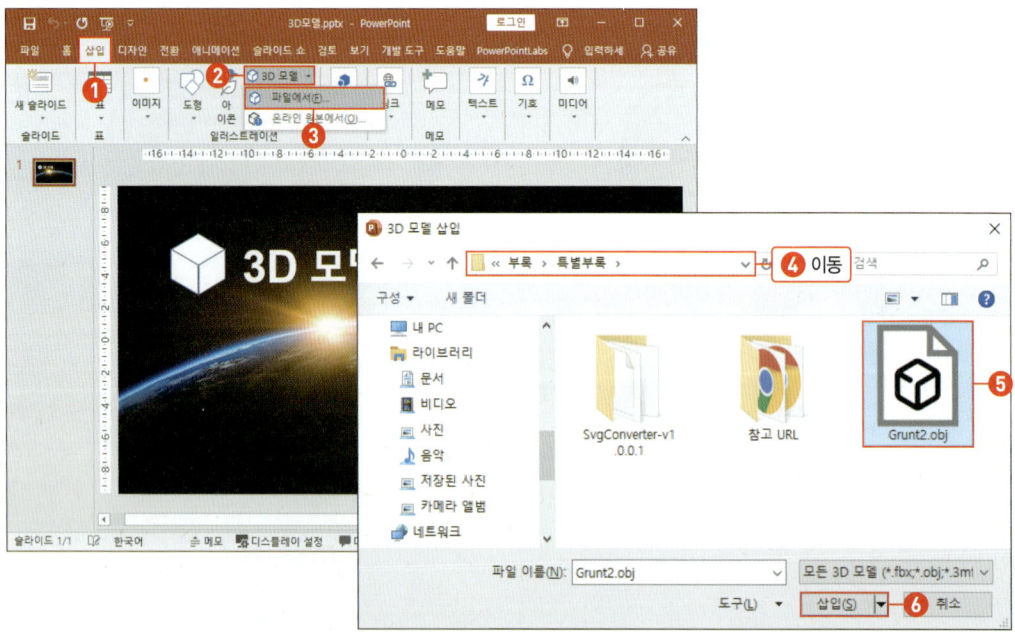

2 3D 모델 개체가 삽입되면 마우스로 그림의 가운데에 있는 가운데 3D 조절 핸들(🔘)을 드래그하여 회전한 후 슬라이드의 오른쪽에 배치합니다. 슬라이드 미리 보기 창에서 1번 슬라이드를 선택하고 Ctrl+D를 눌러 슬라이드를 복제합니다.

> **Tip**
> 슬라이드 미리 보기의 1번 슬라이드에서 마우스 오른쪽 단추를 클릭하고 [슬라이드 복제]를 선택해도 됩니다.

3 2번 슬라이드를 선택하고 '3D 모델'이라고 입력된 텍스트 개체와 아이콘을 삭제한 후 3D 모델 개체를 왼쪽으로 이동합니다. 3D 모델 개체를 선택한 상태에서 [3D 모델 도구]의 [서식] 탭 - [3D 모델 보기] 그룹에서 미리 보기로 표시된 [기본 보기]를 선택합니다.

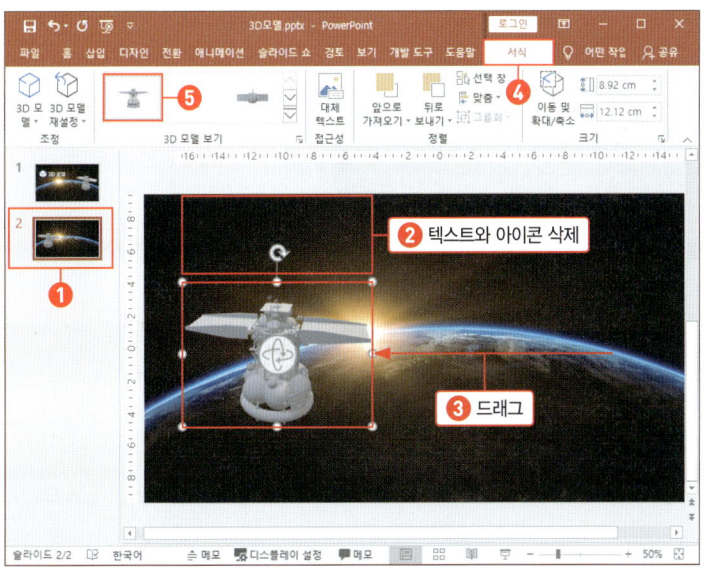

4 [삽입] 탭-[텍스트] 그룹에서 [텍스트 상자]의 [텍스트 상자]를 클릭하고 [가로 텍스트 상자 그리기]를 선택합니다. 슬라이드의 오른쪽 영역에 텍스트 상자를 그리고『Model: S2B5525 SPEC: 170m×185m』를 입력한 후 글자 크기를 보기 좋게 지정합니다.

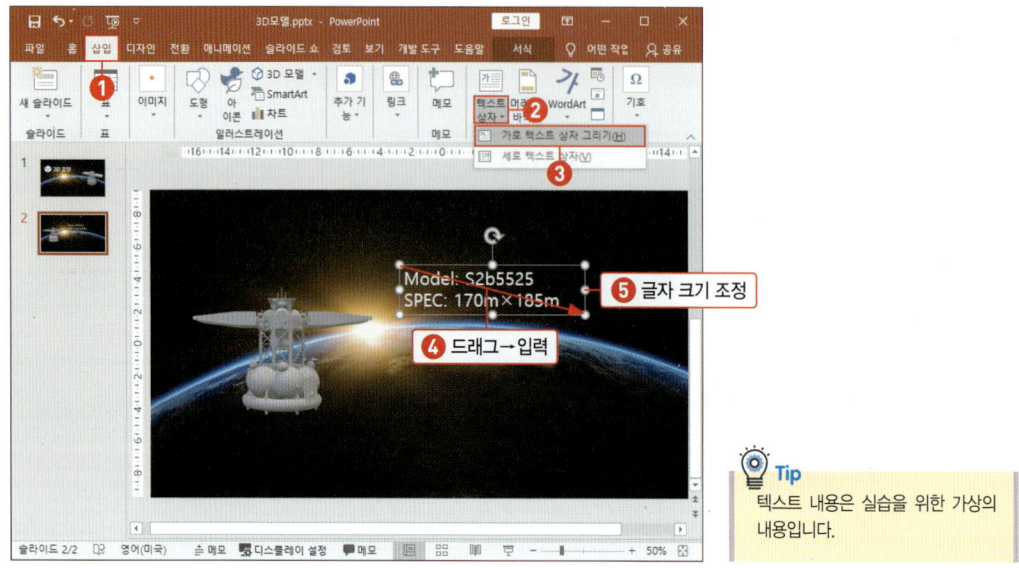

Tip
텍스트 내용은 실습을 위한 가상의 내용입니다.

5 슬라이드 미리 보기 창에서 2번 슬라이드를 선택하고 Ctrl+D를 누릅니다. 3번 슬라이드가 복제되면 3D 모델 개체를 선택하고 [3D 모델 도구]의 [서식] 탭-[3D 모델 보기] 그룹에서 미리 보기로 표시된 [위쪽]을 선택합니다.

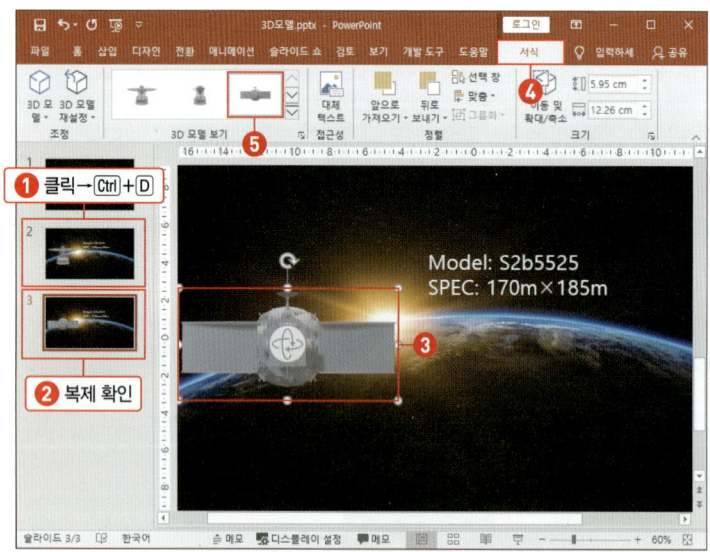

438

6 5 과정을 반복하여 3D 모델 개체의 보기 방향을 4번 슬라이드에서는 [오른쪽]으로, 5번 슬라이드에서는 [아래쪽]으로 설정합니다.

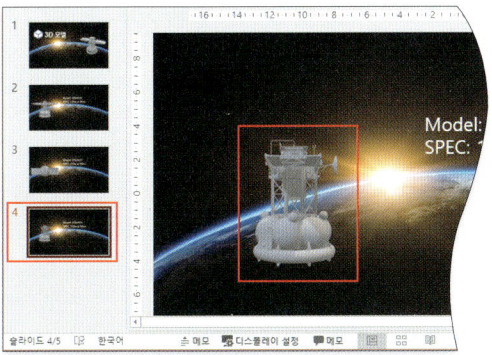
▲ 4번 슬라이드

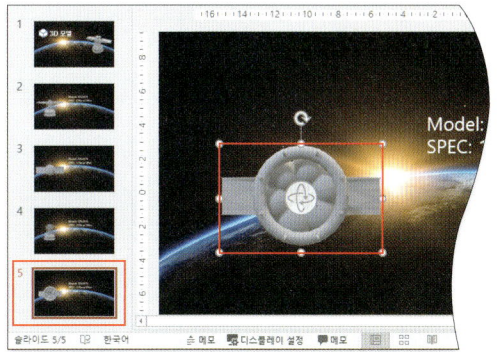
▲ 5번 슬라이드

7 마지막 6번 슬라이드에는 [위쪽 뒤 오른쪽] 3D 모델 개체의 보기 방향을 지정하고 회전 조절 핸들과 크기를 조절하여 적절하게 배치합니다.

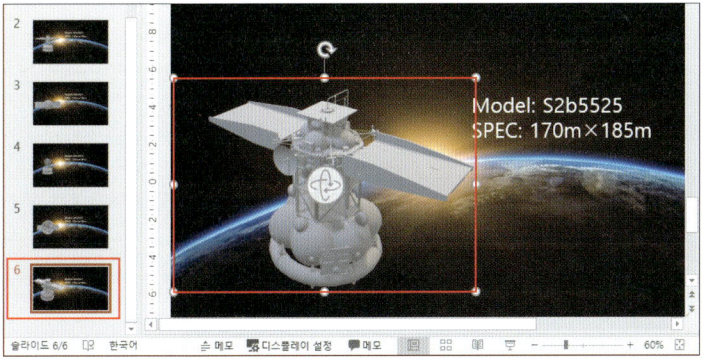

8 슬라이드 미리 보기 창에서 2번 슬라이드를 선택하고 Shift를 누른 상태에서 6번 슬라이드를 클릭하여 2~6번 슬라이드를 모두 선택합니다. [전환] 탭-[슬라이드 화면 전환] 그룹에서 [모핑] 전환 효과를 선택하고 F5를 누릅니다.

9 슬라이드 쇼가 실행되면 3D 모델 개체가 자연스럽게 움직이는지 확인합니다.

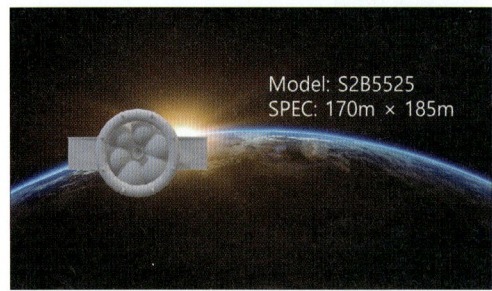

> **Tip**
> 부록 실습파일의 '특별부록' 폴더에서 제공하는 '3D모델(완).pptx'와 '3D모델.mp4'에서 3D 모델 개체와 모핑 효과를 활용한 결과물을 확인할 수 있습니다.

잠깐만요 :: 파워포인트에서 사용 가능한 3D 모델 형식 살펴보기

종류	파일 형식	종류	파일 형식
3D 제조 형식(3D Manufacturing Format)	*.fbx	Filmbox 형식	*.obj
StereoLithography 형식	*.3mf	개체 형식(Object Format)	*.ply
다각형 형식(Polygon Format)	*.stl	이진 GL 전송 형식(Binary GL Transmission Format)	*.glb

알아두면 좋아요 ⑯ 3D 모델 개체를 무료 제공하는 사이트 살펴보기

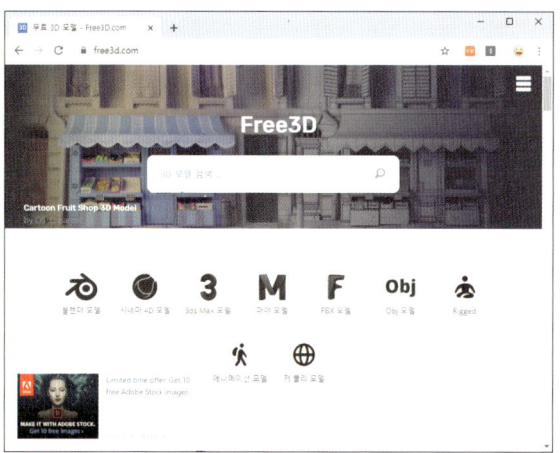

■ **Free3D** – http://free3d.com
Free3D에서는 무료로 3D 모델 개체를 다운로드할 수 있습니다. 로그인하지 않으면 다운로드의 수에 제약이 있으므로 무료 회원으로 가입한 후 사용하는 것이 좋습니다.

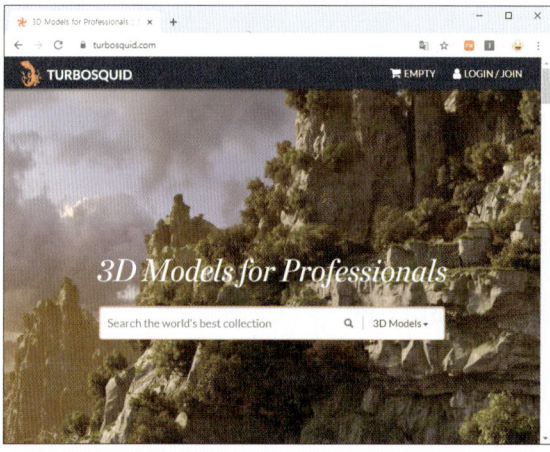

■ **TurboSquid** – http://www.turbosquid.com
TurboSquid는 3D 모델을 검색해서 찾을 수 있습니다. 찾은 결과의 위쪽에 있는 가격 필터 기능을 이용하면 무료 제공 3D 모델도 제공합니다.

■ **문화재청 문화유산 3D 프린팅 데이터**
– https://www.data.go.kr/dataset/15028100/fileData.do
공공데이터포털에서 제공하고 있는 우리나라 문화재의 3D 프린팅 데이터입니다. 3D 파일을 다운로드해서 파워포인트에 삽입할 수 있습니다.

| M 365 | 2010 | 2013 | 2016 | 2019 |

●예제파일 : 특별부록\TipsPPT.zip, TipsPPT실습.pptx

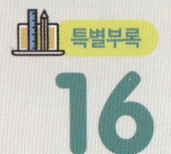

슬라이드 쇼 화면 캡처를 도와주는 TipsPPT 유틸리티 이용하기

특별부록 16

파워포인트 슬라이드 쇼 화면을 캡처해서 자료를 만들어야 할 때가 있습니다. 슬라이드 쇼 화면 크기를 사용자가 원하는 대로 설정하고, 쉽게 캡처도 할 수 있는 무료 유틸리티 TipsPPT를 소개합니다. TipsPPT는 2012년부터 Microsoft MVP(MSDT/VC++)로 활발하게 활동하시는 김성엽 님이 만든 프로그램으로, 제작자의 허락을 받고 소개합니다.

> 김성엽 님 소개 웹페이지 – https://bit.ly/김성엽

1 TipsPPT 유틸리티는 김성엽 님의 블로그에서 다운로드할 수 있습니다. 웹 브라우저에서 'https://bit.ly/tipsppttool'에 접속한 후 화면의 아래쪽에서 'TipsPPT.zip' 파일을 다운로드합니다.

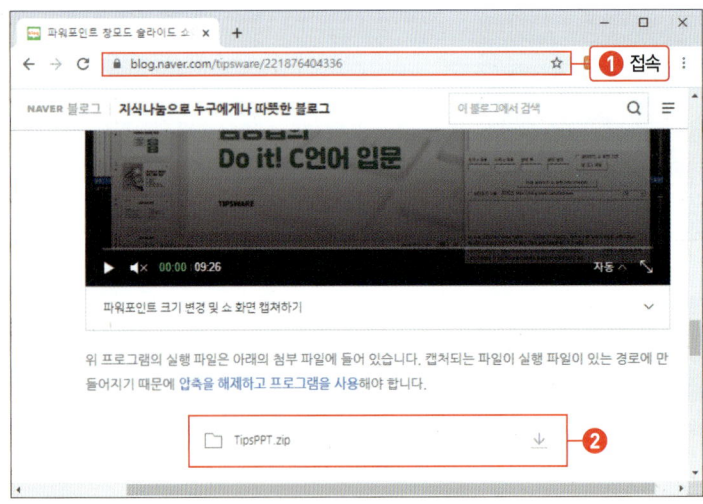

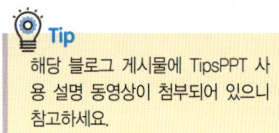

Tip
해당 블로그 게시물에 TipsPPT 사용 설명 동영상이 첨부되어 있으니 참고하세요.

2 다운로드한 'TipsPPT.zip' 파일의 압축을 해제하고 'TipsPPT.exe'를 더블클릭하여 실행합니다.

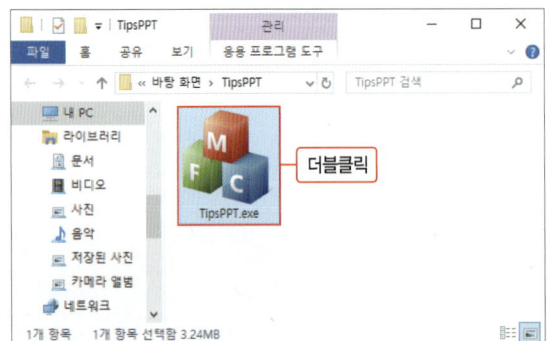

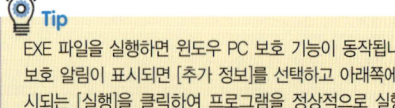

Tip
EXE 파일을 실행하면 윈도우 PC 보호 기능이 동작됩니다. 보호 알림이 표시되면 [추가 정보]를 선택하고 아래쪽에 표시되는 [실행]을 클릭하여 프로그램을 정상적으로 실행합니다.

3 캡처할 'TipsPPT실습.pptx'를 엽니다. TipsPPT를 선택하고 위쪽에 있는 [PPT 프로그램 찾기]를 클릭하면 목록에 실행 중인 파워포인트 파일이 표시됩니다.

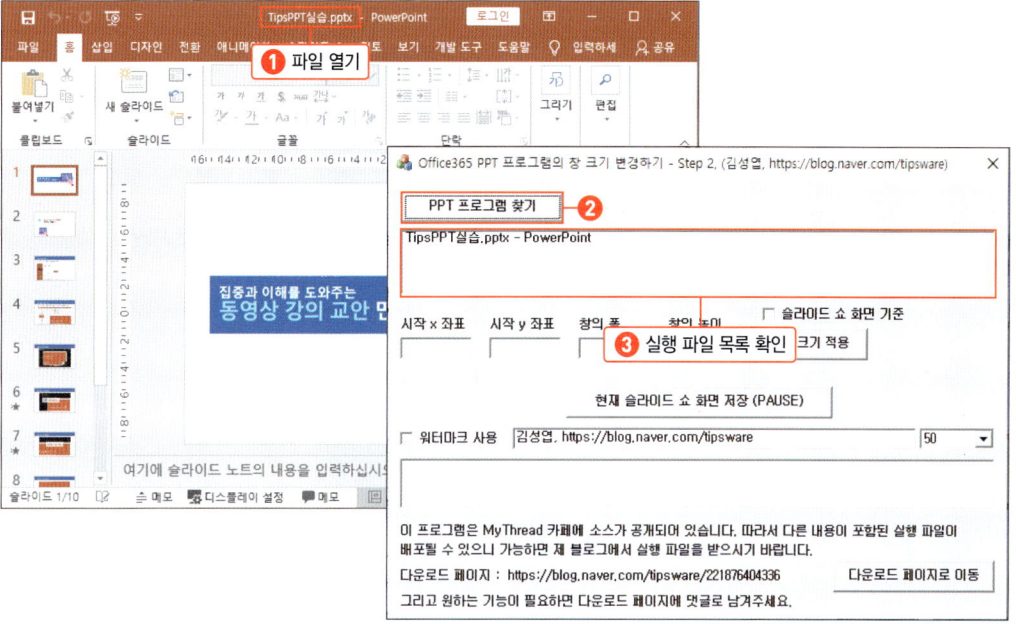

4 파워포인트 목록을 선택하면 자동으로 파워포인트의 위치와 창 크기가 표시되는데, 파워포인트가 위치할 좌표와 창의 크기는 사용자가 설정할 수 있습니다. 모니터 해상도를 기준으로 왼쪽 위의 위치값은 0×0인데, 여기에서는 '시작 x 좌표'와 '시작 y 좌표'에는 『0』, '창의 폭'에는 『1280』, '창의 높이'에는 『800』을 입력하고 [창 크기 적용]을 클릭합니다. 그러면 실행중인 프레젠테이션 문서의 위치와 크기가 지정한 값으로 정렬됩니다.

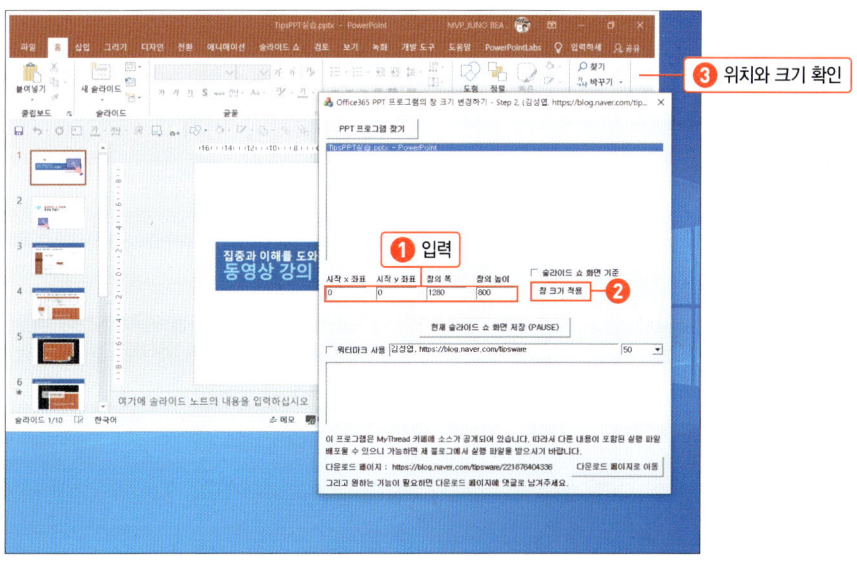

5 프레젠테이션 문서를 선택하고 작업 표시줄에서 [읽기용 보기] 단추(▬)를 클릭하여 읽기용 보기 모드로 전환합니다. 읽기용 보기 모드에서는 슬라이드 화면의 위와 아래에 검은색 여백이 보입니다.

6 TipsPPT에서 '창의 높이' 값을 조절하고 [창 크기 적용]을 클릭하면 슬라이드 화면에 검은색 여백이 표시되지 않아 여백 없이 화면을 캡처할 수 있습니다. 여기에서는 창의 높이에 『785』를 입력합니다.

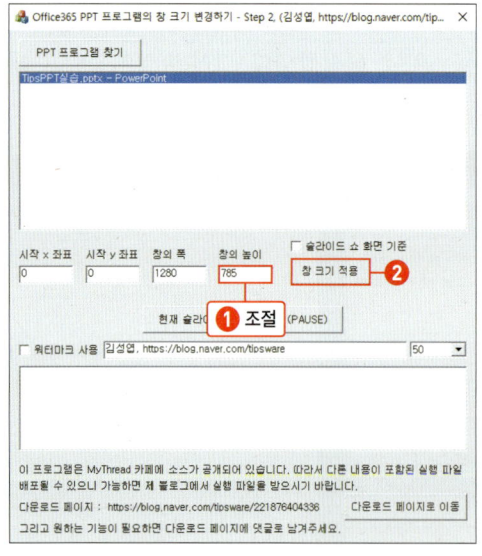

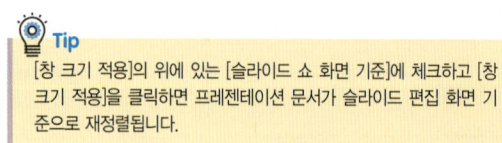

Tip
[창 크기 적용]의 위에 있는 [슬라이드 쇼 화면 기준]에 체크하고 [창 크기 적용]을 클릭하면 프레젠테이션 문서가 슬라이드 편집 화면 기준으로 재정렬됩니다.

7 캡처 준비가 완료되었으면 별도의 캡처 프로그램 없이 TipsPPT로 캡처할 수 있습니다. 캡처하려는 슬라이드 화면을 표시하고 TipsPPT에서 [현재 슬라이드 쇼 화면 저장 (PAUSE)]을 클릭하면 화면의 아래쪽에 캡처 목록이 표시됩니다.

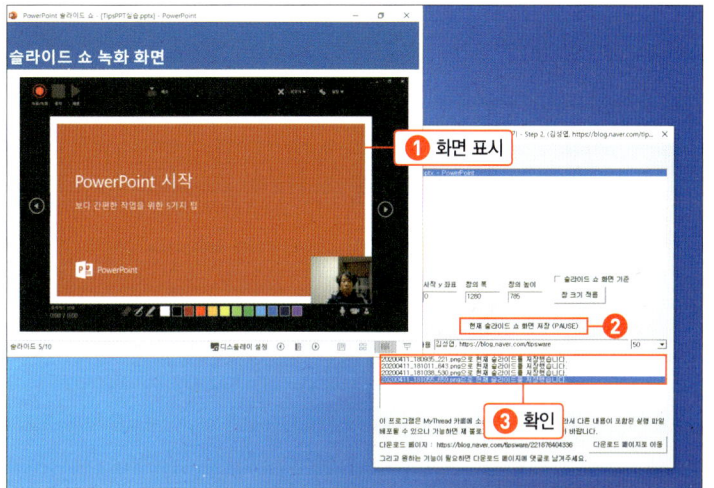

> **Tip**
> TipsPPT를 계속 선택할 필요 없이 Pause 를 눌러 캡처할 수 있고, 프레젠테이션 문서 화면이 먼저 선택되어 있어도 Pause 로 캡처가 가능합니다. 캡처 파일은 'TipsPPT.exe' 파일이 있는 폴더에 저장됩니다.

8 캡처한 이미지에 저작권이나 출처를 표시하기 위해 '워터마크' 기능도 제공합니다. [현재 슬라이드 쇼 화면 저장 (PAUSE)]의 아래쪽에 있는 [워터마크 사용]에 체크하고 '김성엽, https://blog.naver.com/tipsware' 대신 원하는 워터마크 문구를 입력할 수 있습니다. 여기에서는 『직장인을 위한 실무 엑셀&파워포인트』를 입력하고 [현재 슬라이드 쇼 화면 저장 (PAUSE)]을 클릭하거나 Pause 를 누릅니다.

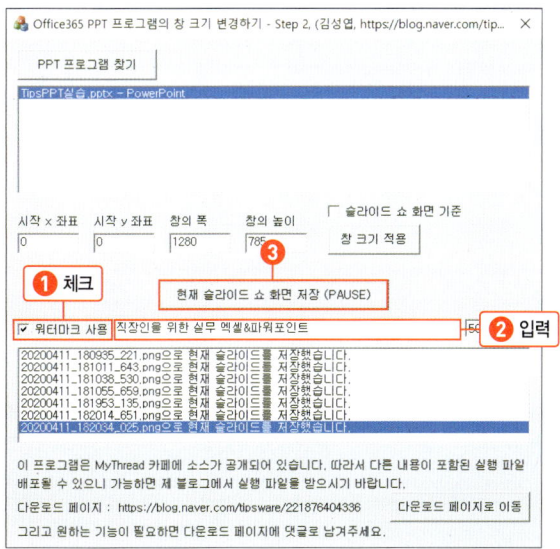

> **Tip**
> 입력하는 문구 옆에 숫자를 지정하면 삽입하는 워터마크 문구의 투명도를 설정할 수 있습니다.

445

9 캡처 파일이 저장된 경로('TipsPPT.exe' 파일이 위치한 폴더)로 이동해서 워터마크가 삽입된 이미지를 클릭합니다.

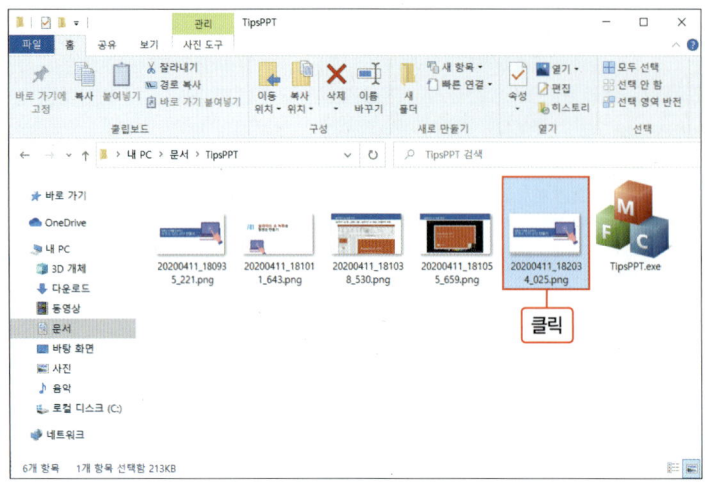

10 슬라이드의 아래쪽에 입력한 문구가 표시되었는지 확인합니다.

| M 365 | 2010 | 2013 | 2016 | 2019 |

예제파일 : 특별부록\Setup_BrightSlide.exe, BrightSlide실습.pptx

특별부록 17 | 번거로운 작업을 도와주는 PowerPoint add-in 익히기

BrightCarbon은 영국과 미국에 사무실을 두고 있는 프레젠테이션 디자인 에이전시입니다. 여기에서는 홈페이지와 SNS를 통해 다양한 프레젠테이션 팁과 정보를 제공하고, 파워포인트를 빠르고 쉽게 작업할 수 있도록 도와주는 BrightSlide PowerPoint add-in 프로그램을 제공합니다.

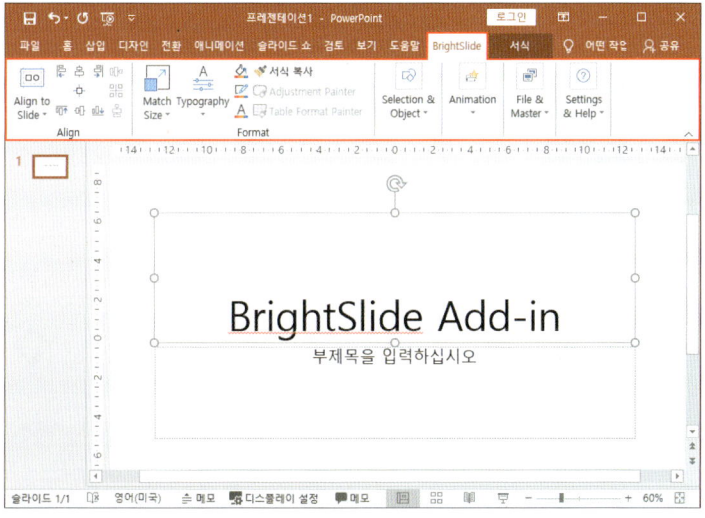

▲ BrightSlide 추가 기능이 설치된 모습

■ BrightSlide 설치하고 라이선스 등록하기

1 웹 브라우저에서 'https://www.brightcarbon.com/brightslide'에 접속한 후 [Download for free]를 클릭하여 프로그램을 다운로드합니다.

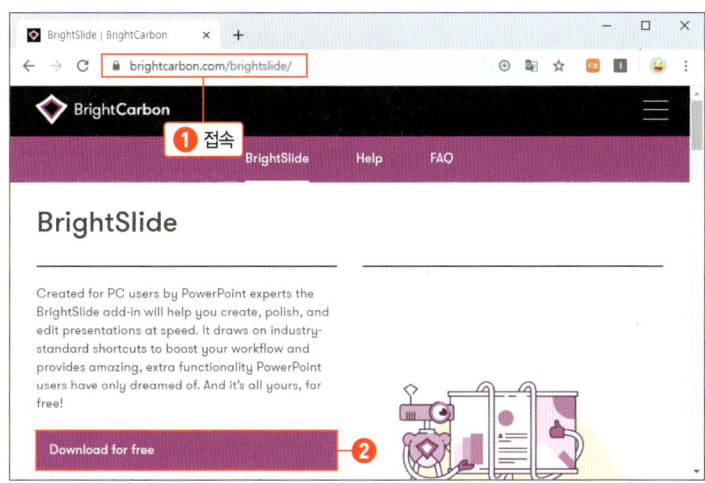

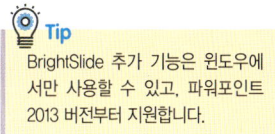

Tip
BrightSlide 추가 기능은 윈도우에서만 사용할 수 있고, 파워포인트 2013 버전부터 지원합니다.

447

2 다운로드한 'Setup_BrightSlide_x.x.x.x.exe' 파일을 실행하고 다음의 과정대로 설치합니다. 이 때 실행중인 파워포인트는 종료하고 설치하세요.

❶ 설치 프로그램이 시작되면 [Next]를 클릭합니다.
❷ 라이선스 승인에 동의하고 [Next]를 클릭합니다.

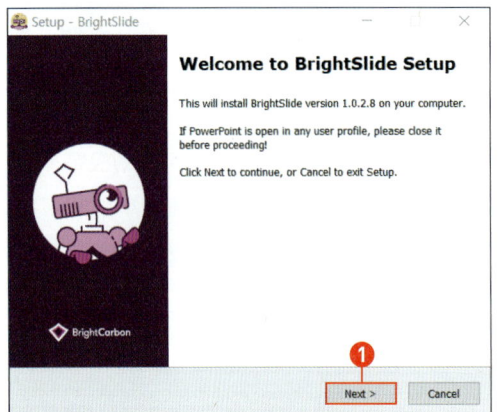
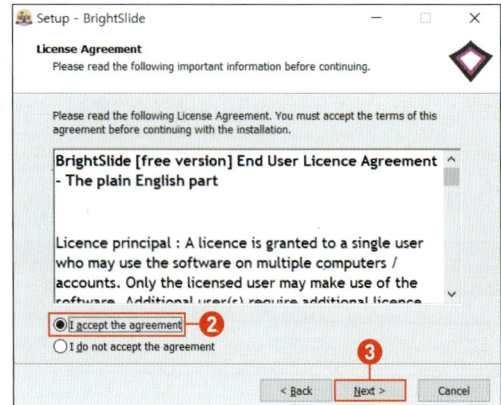

❸ 설치 정보를 확인하고 [Next]를 클릭합니다.
❹ 설치 경로를 확인하고 [Next]를 클릭합니다.

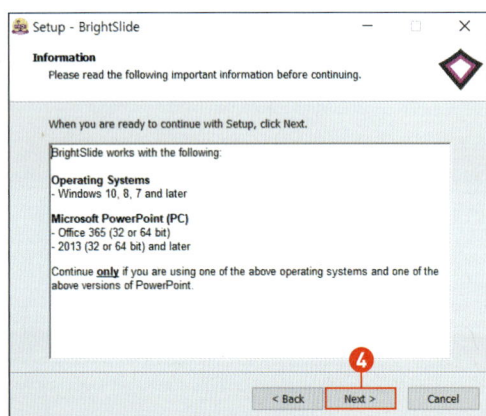
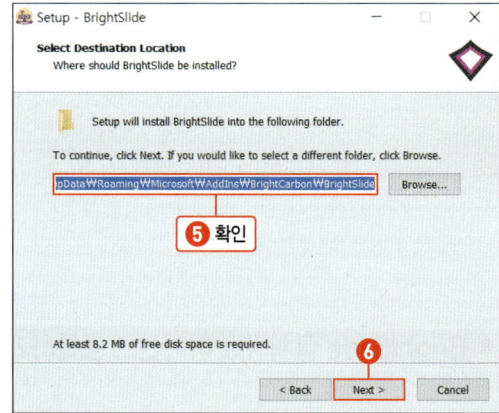

❺ 시작 메뉴의 폴더 이름을 확인하고 [Next]를 클릭합니다.
❻ 설치 작업 준비를 마쳤으면 [Install]을 클릭하여 설치를 진행합니다.

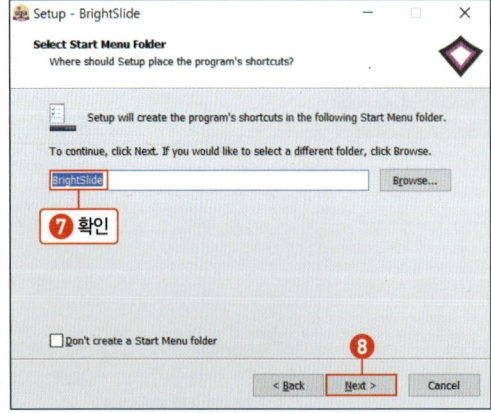
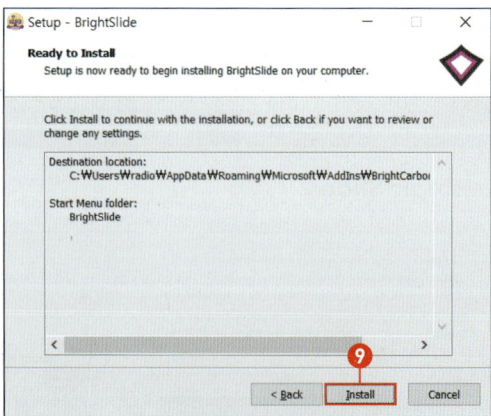

❼ BrightSlide Assets 사용에 대한 사용자 계정 컨트롤이 실행되면 [예]를 클릭합니다.
❽ 모든 설치 작업이 완료되었으면 [Finish]를 클릭합니다.

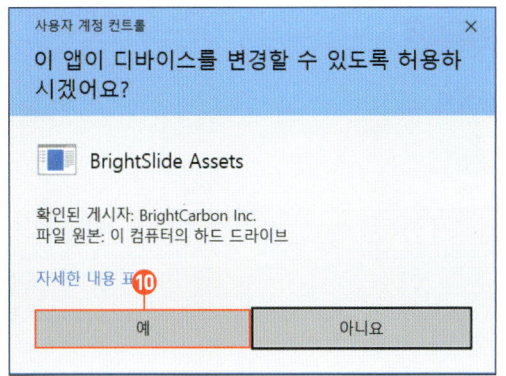

3 설치가 끝나면서 파워포인트가 실행되면 무료 라이선스를 등록하기 위해 [BrightSlide] 탭-[Settings & Help] 그룹에서 [About]를 클릭합니다.

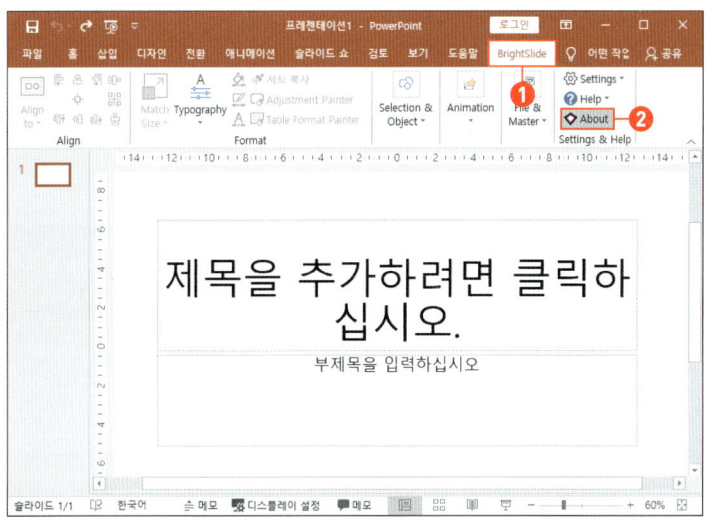

4 [About BrightSlide] 대화상자가 나타나면 [Register]를 클릭합니다.

5 서버로 연결하는 작업을 거친 후 라이선스 등록 창이 표시되면 이름과 이메일, 조직명을 입력하고 사용권 승인에 체크한 후 [OK]를 클릭합니다.

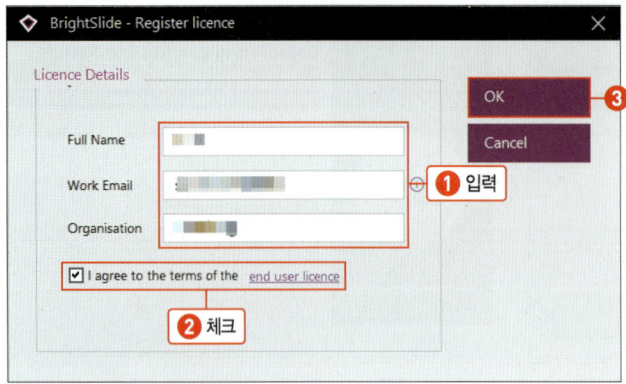

6 등록한 이메일로 확인 메일을 발송했다는 안내 창이 나타나면 [OK]를 클릭합니다.

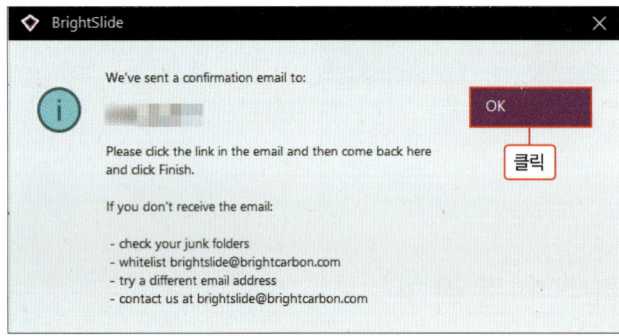

7 등록한 이메일함으로 이동하여 메일을 확인합니다.

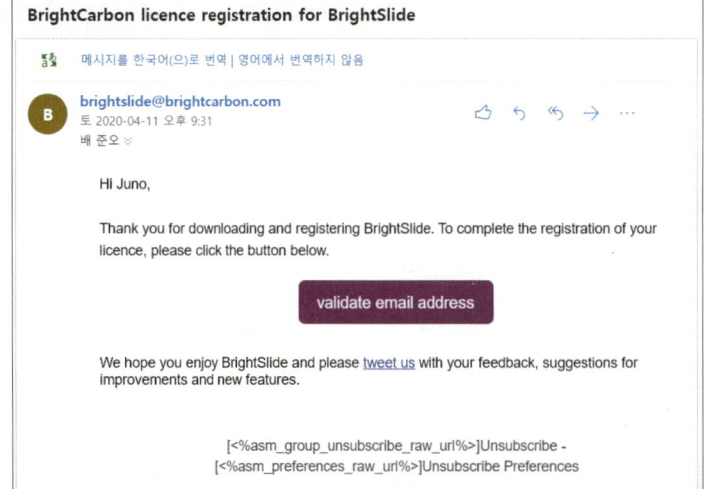

8 메일을 확인했으면 다시 등록중인 파워포인트로 이동하여 BrightSlide 등록 창에서 [Finish]를 클릭합니다.

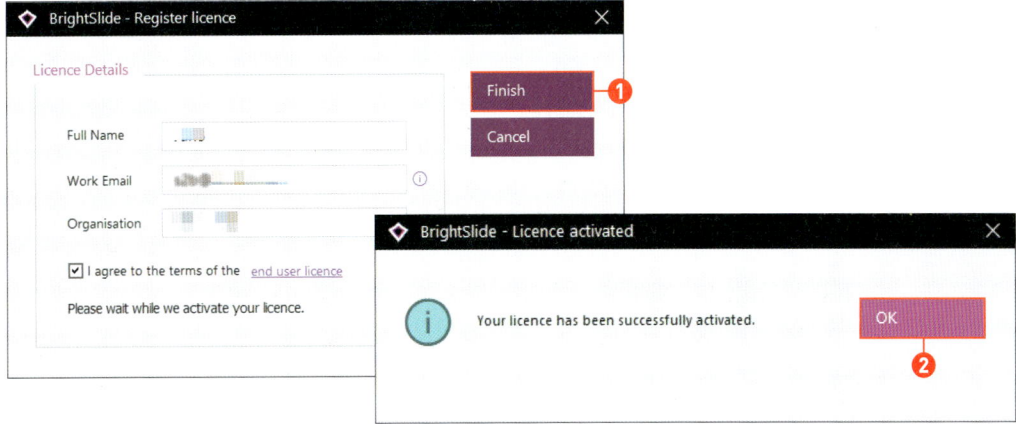

■ BrightSlide의 주요 기능 소개하기

BrightSlide 추가 기능에는 파워포인트에는 포함되지 않은 편리한 기능이 많이 포함되어 있습니다. 여기서는 대표적인 몇 가지 기능을 소개합니다.

1 개체 자동 정렬하기

파워포인트의 프레젠테이션 문서에 삽입된 여러 개의 아이콘과 도형을 사용자가 지정한 배열을 이용해 자동으로 정렬하는 기능입니다. 프레젠테이션 문서에 아이콘을 삽입한 후 아이콘을 모두 선택하고 [BrightSlide] 탭-[Align] 그룹에서 [Distribute to Grid]를 클릭합니다. [Distribute to Grid] 대화상자가 나타나면서 삽입된 아이콘이 자동으로 정렬되면 행과 열 및 아이콘 간의 간격을 조절할 수 있습니다.

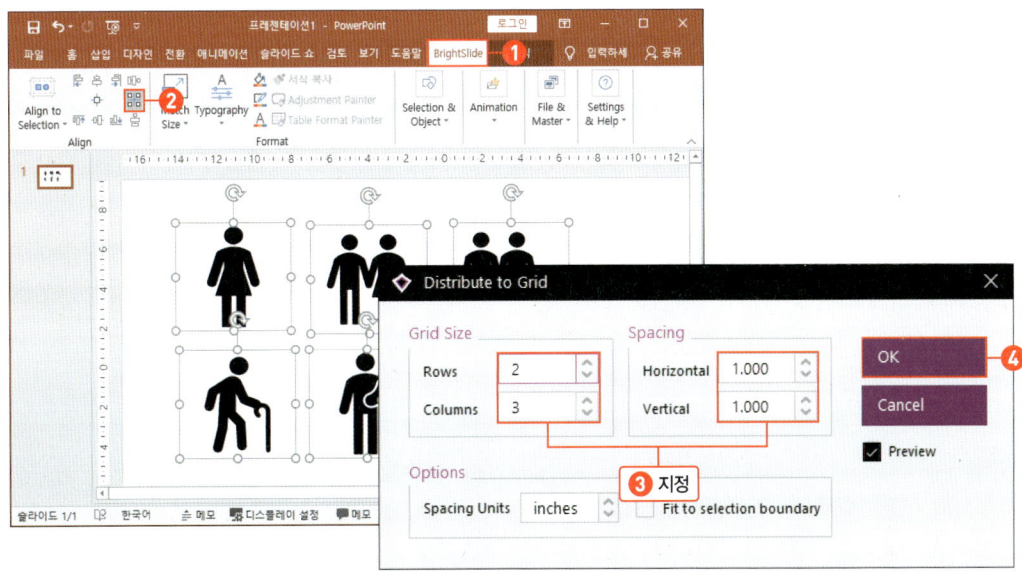

2 개체 간의 위치 바꾸기

이미 자리잡은 개체 간의 위치를 바꾸는 작업도 번거로운 작업 중 하나입니다. 서로 자리를 바꿀 도형들을 선택하고 [BrightSlide] 탭-[Selection & Object] 그룹에서 [Swap Objects]를 클릭하여 선택한 도형의 위치를 서로 바꿀 수 있습니다.

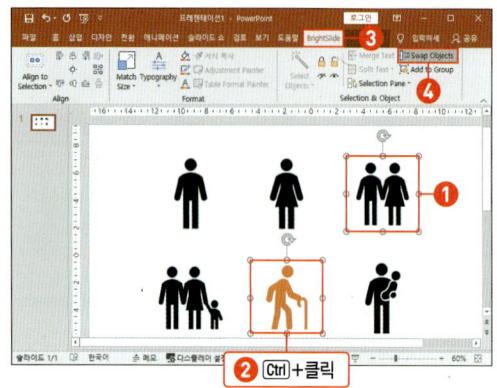
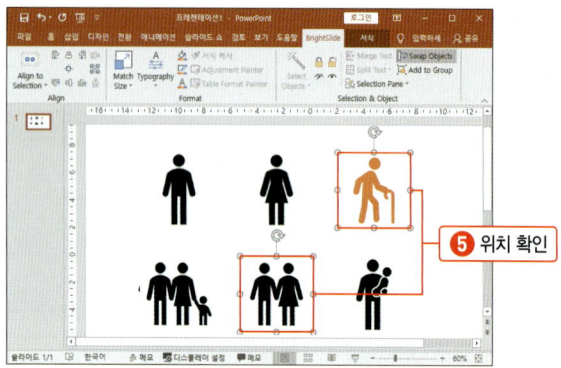

3 자동 그리기 안내선 추가하기

초보자에게는 파워포인트 그리기 안내선을 설정하는 작업이 쉽지 않습니다. [BrightSlide] 탭-[File & Master] 그룹에서 [Guides]-[Create Guides]-[Add to Normal View]를 클릭하면 슬라이드 편집 화면에 자동으로 그리기 안내선을 설정할 수 있습니다. 또한 'Create Guides' 기능을 이용하여 여백과 안내선의 간격과 개수 등을 설정할 수도 있습니다.

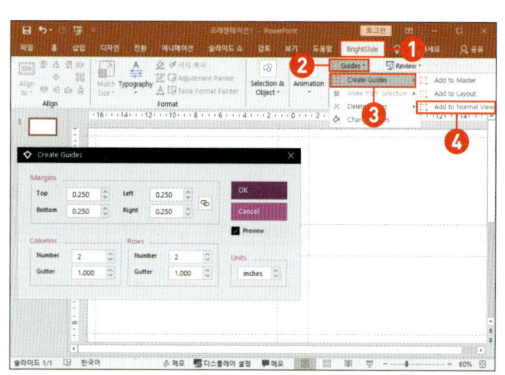

4 표 서식 복사하기

'서식 복사' 기능을 이용하면 매우 편리하지만, 파워포인트에서는 표 서식을 복사 및 붙여넣는 기능을 제공하지 않습니다. 반면 BrigtSlide에서는 표 서식 복사 기능을 제공합니다. 서식을 복사할 표를 선택하고 [BrightSlide] 탭-[Format] 그룹에서 [Table Format Painter]를 클릭한 후 적용할 표를 클릭하면 완성됩니다.

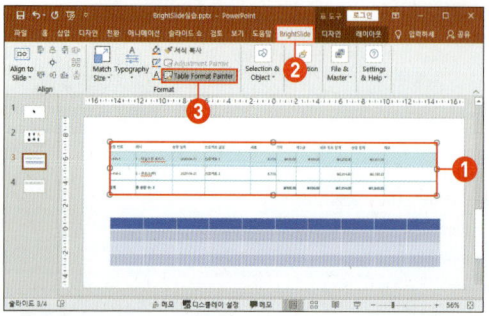
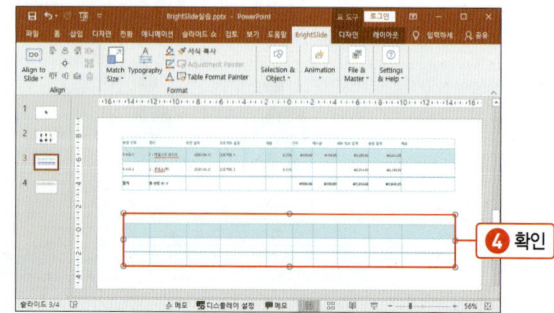

5 표를 텍스트로 변환하기

표를 시각적으로 표현하기 위해 표 서식이 아니라 도형 개체로 변경한 후 작업할 때가 있습니다. 이때 BrightSlide의 표 변환 도구를 이용하면 편리합니다. 변환할 표를 선택하고 표에서 마우스 오른쪽 단추를 클릭한 후 [Convert Table to Text]를 선택합니다.

[Convert Table to Text] 대화상자에서 각 셀을 텍스트 개체로 변환하기 위해 [Convert each cell to a text box]를 선택합니다. 비어 있는 셀도 변환하도록 [Convert empty cells]에 체크하고 [OK]를 클릭합니다.

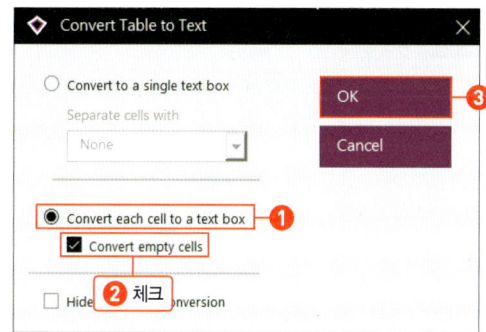

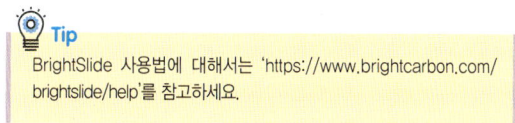

Tip
BrightSlide 사용법에 대해서는 'https://www.brightcarbon.com/brightslide/help'를 참고하세요.

표의 각 셀을 클릭하면서 빈 셀까지 모두 텍스트 객체로 변환되었는지 확인합니다.

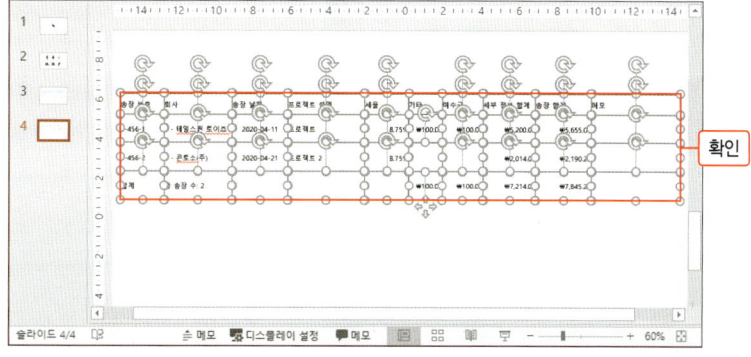

특별부록 18 | 원격 발표 작업을 위한 슬라이드 쇼 녹화 기능 익히기

긴급한 상황이나 멀리 떨어져 있는 장소에 직접 방문하여 발표할 수 없을 때 파워포인트 슬라이드 쇼 녹화 기능을 이용하면 이러한 문제를 쉽게 해결할 수 있습니다.

1 [슬라이드 쇼] 탭-[설정] 그룹에서 [슬라이드 쇼 녹화]를 클릭하고 [처음부터 녹화]를 선택합니다.

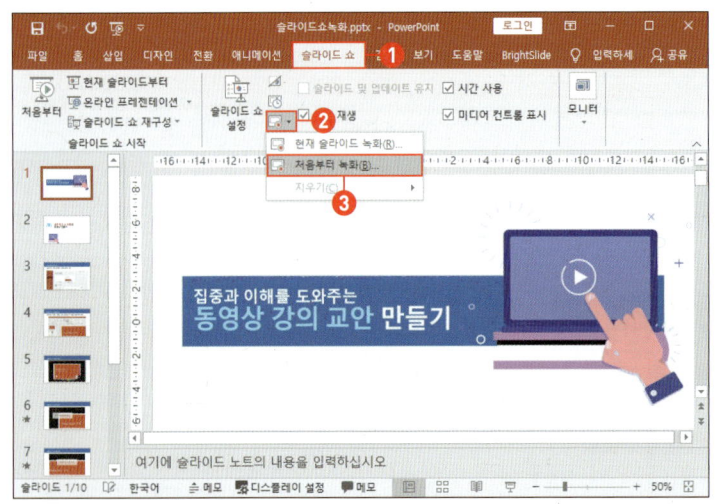

> **Tip**
> 슬라이드쇼 녹화를 위해 주변 소음이 적은 조용한 장소에서 작업하는 것이 좋습니다.

2 슬라이드 쇼 녹화를 위한 화면으로 전환되어 표시됩니다.

> **Tip**
> 예시 작업에서는 웹 카메라 및 입력 소리를 비활성 상태로 설정했습니다.

❶ 슬라이드 녹화를 시작 및 중지하고 녹화된 영상을 확인할 수 있습니다.
❷ 슬라이드 노트에 입력한 내용을 확인할 수 있습니다.
❸ 슬라이드 쇼의 녹화 도중에 강조 표시할 때 펜이나 형광펜 도구를 사용할 수 있습니다.
❹ 녹화된 시간과 녹음 파일을 지울 수 있습니다.
❺ 입력 마이크, 스피커, 웹캠의 설정 환경을 조절할 수 있습니다.
❻ 마이크와 비디오를 켜고 끌 수 있습니다.

3 [녹음/녹화] 단추(●)를 클릭하여 슬라이드 쇼를 녹화합니다. 녹화 도중에 슬라이드 내용을 설명하거나 펜 또는 형광펜 기능을 이용하여 표시합니다.

> **Tip**
> 슬라이드쇼 녹화는 파워포인트 2010, 2013, 2016 버전에서도 지원됩니다. 다만 파워포인트 2019 버전과 M365 버전에서는 좀 더 향상된 슬라이드쇼 녹화 기능을 사용할 수 있습니다.

4 슬라이드 쇼의 녹화가 완료되면 슬라이드 쇼를 녹화할 때 입력한 주석과 녹음 내용이 슬라이드 쇼 전환 시간과 함께 기록됩니다. 여러 슬라이드 보기로 전환해서 각 슬라이드에 걸린 시간이 축소판 슬라이드의 아래쪽에 표시되었는지 확인합니다.

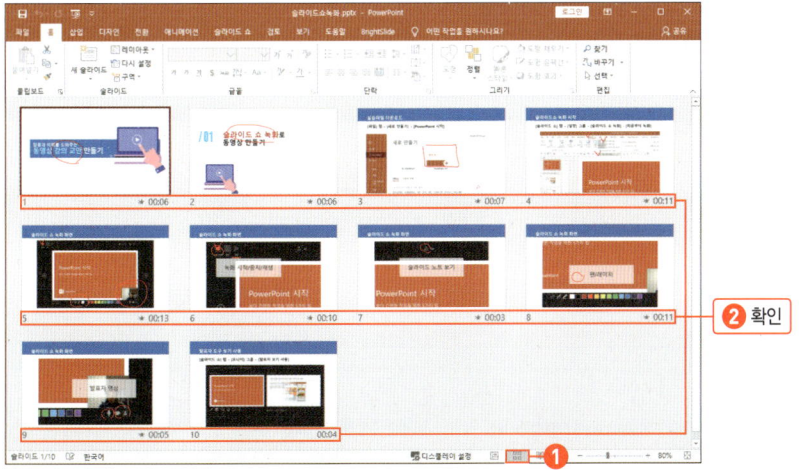

5 수정이 필요한 슬라이드가 있으면 처음부터 다시 녹화를 시작할 필요가 없습니다. 수정해야 하는 슬라이드를 선택하고 [슬라이드 쇼] 탭-[설정] 그룹에서 [슬라이드 쇼 녹화]의 ▼를 클릭한 후 [현재 슬라이드 녹화]를 선택하세요.

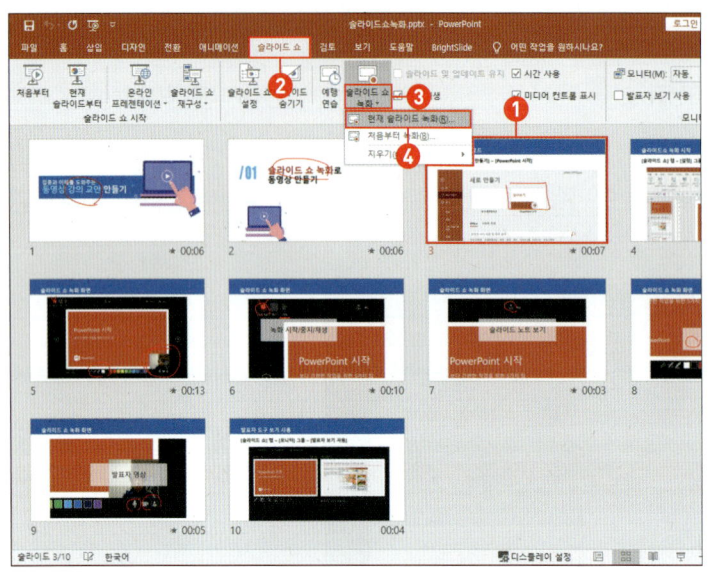

> **Tip**
> 슬라이드를 녹화한 후 내용을 삭제하려면 [슬라이드 쇼] 탭-[설정] 그룹에서 [슬라이드 쇼 녹화]를 클릭하고 [지우기]에서 현재 슬라이드나 전체 슬라이드의 내용을 선택하여 지울 수 있습니다.

6 작업이 끝났으면 F5 를 누릅니다. 슬라이드 쇼가 실행되면서 별도의 조작이 없어도 녹화된 시간에 맞춰 슬라이드가 자동으로 진행됩니다.

> **Tip**
> 부록 실습파일의 '특별부록' 폴더에서 제공하는 '슬라이드쇼녹화(완).ppsx'에서 녹화된 내용을 확인할 수 있습니다. 단 녹화 파일에서는 소리 녹음과 비디오 영상을 의도적으로 포함시키지 않았습니다.

7 슬라이드 쇼로 녹화된 파일은 PowerPoint 쇼(*.ppsx) 파일이나 비디오 파일로 만들어서 공유할 수 있습니다. [파일] 탭-[다른 이름으로 저장]을 선택하여 파일이 저장될 위치를 선택하세요.

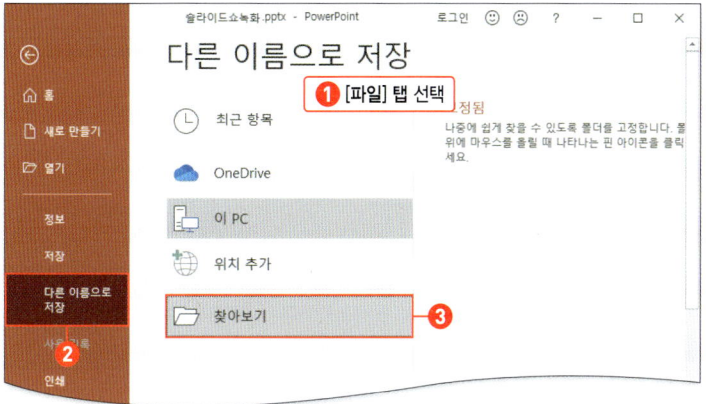

8 [다른 이름으로 저장] 대화상자가 나타나면 '파일 형식'에서 [PowerPoint 쇼 (*.ppsx)]를 선택하고 [저장]을 클릭합니다.

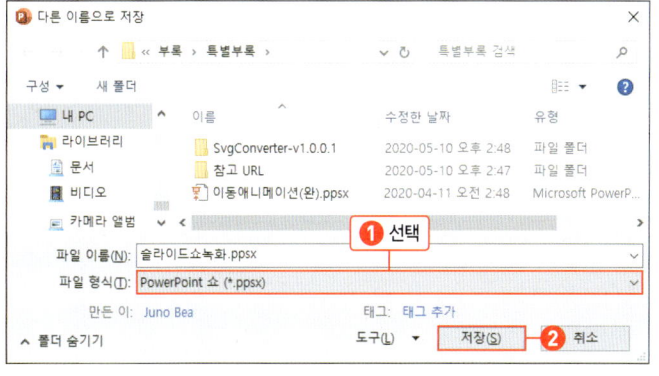

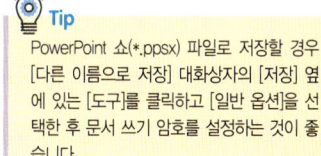

Tip
PowerPoint 쇼(*.ppsx) 파일로 저장할 경우 [다른 이름으로 저장] 대화상자의 [저장] 옆에 있는 [도구]를 클릭하고 [일반 옵션]을 선택한 후 문서 쓰기 암호를 설정하는 것이 좋습니다.

9 비디오로 저장하려면 [파일] 탭-[내보내기]를 선택하고 [비디오 만들기]를 선택합니다.

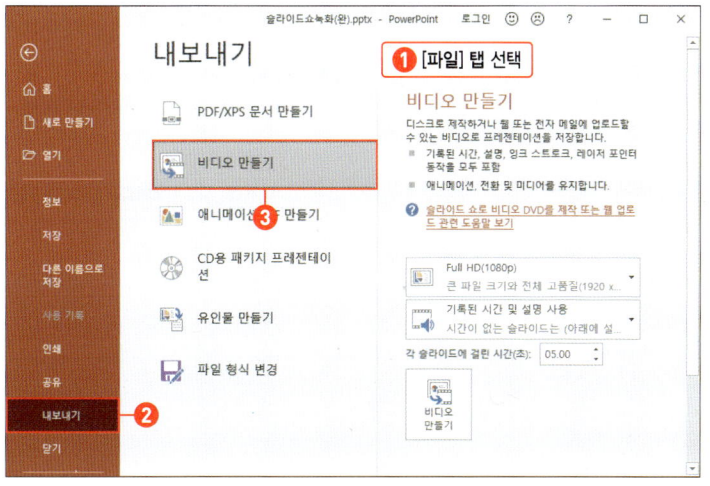

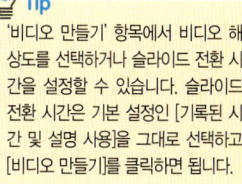

Tip
'비디오 만들기' 항목에서 비디오 해상도를 선택하거나 슬라이드 전환 시간을 설정할 수 있습니다. 슬라이드 전환 시간은 기본 설정인 [기록된 시간 및 설명 사용]을 그대로 선택하고 [비디오 만들기]를 클릭하면 됩니다.

찾아보기

기호 & 단축키

Alt	45
Alt + Shift + ←	28
Ctrl + 방향키(↑, ↓, →, ←)	28, 34
Ctrl + ;	28
Ctrl + /	36
Ctrl + [,]	196
Ctrl + A	295, 307
Ctrl + Alt + V	299
Ctrl + B	196
Ctrl + D	277
Ctrl + Enter	33, 299
Ctrl + I	196
Ctrl + PgDn	132
Ctrl + PgUp	132
Ctrl + Shift + 방향키(↑, ↓, →, ←)	35
Ctrl + Shift + ↓	106, 134
Ctrl + Shift + +	196
Ctrl + Shift + G	388, 395
Ctrl + Shift + Z	196
Ctrl + U	196
F2	36
F5	351, 378
F11	147
F12	199
Shift + Alt + ↑	192, 196
Shift + Alt + ↓	196
Shift + F3	196
Shift + F11	106
Shift + Tab	192, 196
Shift + 자동 채우기 핸들	34

영문 & 숫자

Animate in Slide	430
Arial	18
AVERAGE 함수	307
BrightSlide	447
Color Combos	286
Color Snap	285
COLORWORLD	286
COM 추가 기능	21
DATE 함수	74, 300
EnumCut	409
EPS	386, 389
[Excel 옵션] 창	17, 21
Flat UI Color	286
GETPIVOTDATA 함수	115, 307, 329, 345
ImageEnlarger	408
Just Color Picker	264
Office 테마	245, 334
Office Insider	197
[OLE 동작 변경] 대화상자	378
PDF 문서	88, 200
[Power Pivot] 탭	22, 32
PowerPoint Designer	203~204
PowerPointLabs	423, 428
[PowerPoint 옵션] 창	203, 209
RGB	264
ROW 함수	42
Spotlight	429
SUBSTITUTE 함수	61
SUM 함수	71, 330
SUMIF 함수	134
SVG 아이콘	391
SVG 파일	390, 393, 396
SVG Convert 프로그램	394
TipsPPT 유틸리티	442
VLOOKUP 함수	128, 130, 136
Z 차트	324~325
[3D 모델 삽입] 대화상자	436

ㄱ

가로 막대형 차트	266
가로 텍스트 상자 그리기	420, 438
[개발 도구] 탭	208, 427
개발자 도구	199
개요 보기	192
[개체 삽입] 대화상자	255, 363
[계열 편집] 대화상자	148
[고급 필터] 대화상자	86, 126
[구역 이름 바꾸기] 대화상자	431
[구역 확대/축소 삽입] 대화상자	432
그레이아웃 효과	350
그룹 해제	319, 395
[그룹화] 대화상자	96, 104, 309, 326
[그림 삽입] 대화상자	418, 434
[그림 서식] 창	422
그림 수정 옵션	421
글머리 기호	220~222
[글머리 기호 및 번호 매기기] 대화상자	222
기본 테마로 설정	225, 230
[기호] 대화상자	222
깔대기형 차트	159
꺾은선형 차트	139, 158

ㄴ

나눔 글꼴	218
내용 지우기	41~42
네스PDF	89
[녹화] 탭	208
눈금선	212
눈금자	212, 220
눈 아이콘	280~281

ㄷ

대상 테마 사용 및 데이터 연결	163, 365
[데이터 계열 서식] 창	157, 160, 316, 385
데이터 레이블	154
데이터 막대	48, 50, 52
데이터 분석	22
데이터 선택	143, 147, 164
데이터 유효성 검사	111, 113
[데이터 원본 선택] 대화상자	143, 165
데이터 편집	366
도형 모양 변경	241~242
도형 윤곽선	173, 321, 338
도형 채우기	320, 402

ㄹ

레이아웃 마스터	215, 220
레지스트리	386
[레지스트리 편집기] 창	31
리본 메뉴 아래에 표시	26

ㅁ

마이크로소프트 365	167, 204
마인드맵	185
만다라트	185
맑은 고딕	17~18
맞춤	252, 277
맞춤 확인	227
매크로	24
머리글 포함	65, 128
머리글 행	246, 254
모핑	417, 421
목록에 고정	231

ㅂ

바꾸기	69
방사형 차트	139, 159
배경 제거	278, 412
벡터 변환기	387
벡터 파일	390
변경 내용 유지	279
보관할 영역 표시	278
보안 센터	24
분산형 차트	158
붙여넣기 옵션	357, 365
[붙여넣기 옵션] 단추	57
브레인라이팅	184, 186
브레인스토밍	183
빙	403
빠른 레이아웃	153, 375
빠른 실행 도구 모음	25, 209
[빠른 실행 도구 모음 사용자 지정] 단추	209
빠른 채우기	82

ㅅ

[사용자 지정 자동 필터] 대화상자	121
[삽입하여 붙여넣기] 대화상자	301
상자 수염 차트	139, 159, 170
[새 서식 규칙] 대화상자	51
[새 시트] 단추	315
[새 이름] 대화상자	133
[새 테마 색 만들기] 대화상자	358, 360
선버스트	159, 168
선으로 데이터 요소 연결	47
[선택] 창	280, 418
[선택하여 붙여넣기] 대화상자	81, 112, 305
세로 막대형 차트	143, 266
셀 여백	252, 357
[셀 텍스트 레이아웃] 대화상자	252, 357
숫자 오름차순 정렬	40
스마트아트 그래픽	239
스톡 이미지	392
스티커	392
스포이트	265
슬라이드 마스터	215, 219, 226
슬라이서	374
[슬라이서 삽입] 대화상자	94, 98, 123
[실행] 대화상자	29
[실행 설정] 대화상자	377
실행 취소 최대 횟수	207

ㅇ

[아이콘 삽입] 창	390, 392
안내선	212, 452
알PDF	89

찾아보기

애니메이션 창	340, 378
엣지 브라우저	198
연꽃 기법	185
연동	352, 361
영역형 차트	139, 158
오피스 참가자	197
와이드 스크린	228
와일드카드 문자	121
원격 발표	454
유령 문자	70
유사색	283
원형 차트	158, 177
[음수 값 및 축 설정] 대화상자	53
[이동] 대화상자	45, 67, 298
[이동 옵션] 대화상자	67, 298
이름 바꾸기	431
이름 정의	133

ㅈ

[자동 고침] 대화상자	205
자동 고침 옵션	206
자동 서식	25, 27
점 삭제	243
점 편집	242
제거할 영역 표시	279
조건부 서식	48, 84
주식형 차트	139, 159
[중복 값] 대화상자	84
중복된 항목 제거	107
[중복된 항목 제거 경고] 대화상자	109
지도 차트	139, 159, 167

ㅊ

[차트 삽입] 대화상자	101, 314, 348
차트 스타일	153, 163
[차트 스타일] 단추	152, 163, 336
[차트 요소] 단추	152, 164
[차트 이동] 대화상자	315, 332, 349
[차트 종류 변경] 대화상자	151
[차트 필터] 단추	152
참조되는 셀 추적	36
[찾기 및 바꾸기] 대화상자	69, 72
찾기 및 선택	298
추천 차트	101, 142, 314
[축 레이블] 대화상자	143, 165
[축 서식] 창	155

ㅋ~ㅌ

콤보 차트	159, 162
크롬 브라우저	198
테두리	41
[테마 또는 테마 문서 선택] 대화상자	226, 336
테마 색	173, 276
테마 추출	284
텍스트 나누기	302
[텍스트를 표로 변환] 대화상자	257
텍스트 마법사	75, 302
통합	64
투명도	275
트리맵 차트	139, 159, 168

ㅍ

파레토 차트	169, 172
펌 방지	198
페이지 나누기	23
[폴더 옵션] 대화상자	190
폭포 차트	159, 170
[표 만들기] 대화상자	65, 122, 145
표면형 차트	159
[표 삽입] 단추	245
표 스타일	246
표식이 있는 꺾은선형 차트	46, 332
표 테두리	246
피벗 테이블	91, 325, 371
[피벗 테이블 만들기] 대화상자	372
[피벗 테이블 필드] 창	95, 104
픽토그램	382
필드 단추	375
필터	66

ㅎ

한/영 자동 고침	205
해 찾기	22
행 삭제	258
행/열 전환	146, 149
[현재 테마 저장] 대화상자	224, 229
확장 포스트스크립트 파일	386
히스토그램	139, 159, 169

오피스 분야 베스트셀러 1위!
500만 독자가 선택한 길벗의 《무작정 따라하기》 시리즈

1. 두 가지 이상의 프로그램을 한 권으로 끝내고 싶을 때!

핵심 기능만 쏙! 실무를 단숨에!

모든 버전 사용 가능

2016 버전 / 2013 버전

  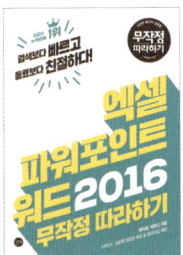 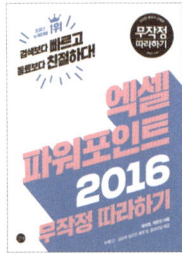

2. A-Z, 프로그램의 기본과 활용을 제대로 익히고 싶을 때!

기초 탄탄! 실무 충실!

2019 버전 / 2016 버전

2013 버전

 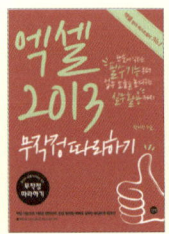  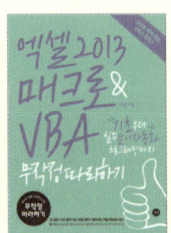 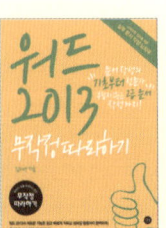 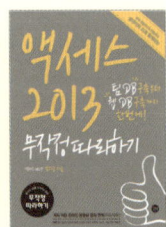

'독자의 1초를 아껴주는 정성' 검색보다 빠르고 동료보다 친절하다 :
길벗 출판사의 〈무작정 따라하기〉 시리즈는 개개인의 실력과 사용 목적(상황)에 따라 독자에게 꼭 맞는 책을 찾아 학습할 수 있도록 도와줍니다.

3 현업에 꼭 필요한 실무 예제로 업무력을 강화하고 싶을 때!

버전 범용

직장인 업무 지침서! 현장 밀착 실무

2013 버전

효율적인 업무 정리부터 PPT 디자인까지 총망라!

프로 비즈니스맨 지침서

| 무작정 따라하기 |

20년 이상 500만 독자에게 인정받은 길벗만의 노하우로, 독자의 1초를 아껴줄 수 있는 책을 한 권 한 권 정성들여 만들었습니다.